中国鑑湖

第八辑·邱志荣 主编

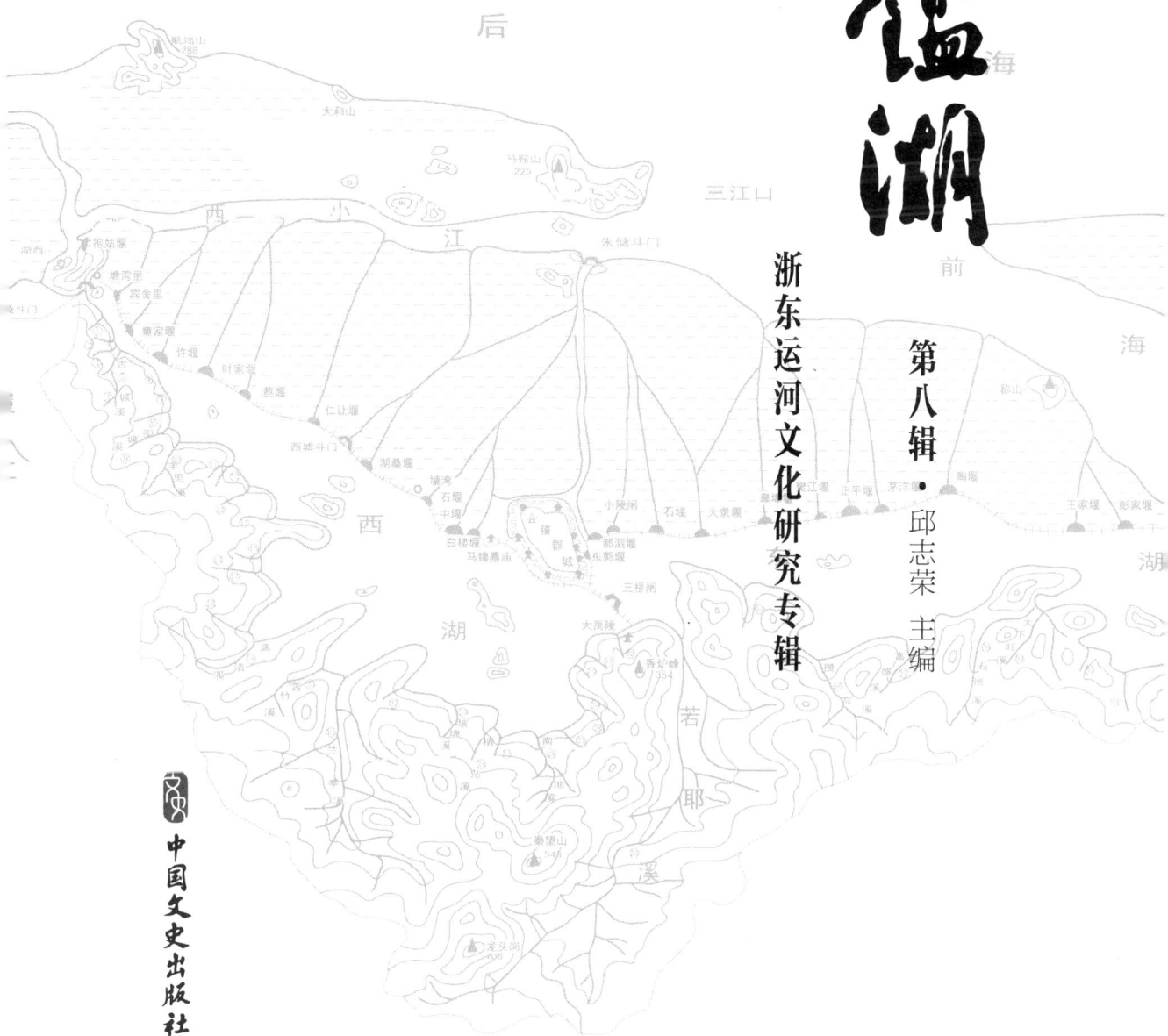

浙东运河文化研究专辑

中国文史出版社

图书在版编目（CIP）数据

中国鉴湖 . 第八辑／邱志荣主编 . —北京：中国文史出版社，2023.7

ISBN 978-7-5205-4107-7

Ⅰ.①中… Ⅱ.①邱… Ⅲ.①鉴湖 – 文集 Ⅳ.①K928.43–53

中国国家版本馆 CIP 数据核字（2023）第 093258 号

责任编辑：王文运

出版发行：中国文史出版社

社　　址：北京市海淀区西八里庄路 69 号　　邮编：100142

电　　话：010 – 81136606　81136602　81136603（发行部）

传　　真：010 – 81136655

印　　装：廊坊市海涛印刷有限公司

经　　销：全国新华书店

开　　本：787mm × 1092mm　1/16

印　　张：33.75

字　　数：658 千字

版　　次：2023 年 12 月北京第 1 版

印　　次：2023 年 12 月第 1 次印刷

定　　价：136.00 元

目　录

特　稿

《绍兴尧舜禹遗迹图》的编制与文化探源 …………… 邱志荣　张卫东　戴秀丽（ 1 ）

水利视野下的大禹治水及其文化意义 ……………………………… 谭徐明（ 11 ）

考古视野下的中国上古时代水利（下）…………………………… 牛志奇（ 18 ）

中国古代水文题刻述略……………………………………………… 李云鹏（ 23 ）

课 题 研 究

谈谈大运河的旅游文化遗产
　　——以明清时期"江北小苏州"济宁为例 ………………… 孙竞昊（ 29 ）

论越国山阴故水道的历史作用和地位………………………………… 邱志荣（ 36 ）

浙东运河沿线藏书史实研究………………………………………… 赵任飞（ 50 ）

南宋浙东运河（绍兴段）水利景观整治述评……………… 金小军　张　权（ 65 ）

唐五代时期浙东运河与海上丝绸之路的互动关联研究……………… 徐淑华（ 71 ）

它山堰与水运
　　——从两首回沙闸诗说起 ………………………………… 张卫东（ 86 ）

大运河建设成为国家文化地标的战略思考………………………… 张环宙（ 93 ）

《越人歌》与浙东运河诗路的缘起 ………………………………… 钟小安（ 99 ）

陆游研究…………………………………………………………… 谭徐明（121）

从"中华茶源"到"东南茶都"
　　——史前至唐代的浙东运河制茶业………………………… 金晓刚（138）

一体化推进古城"清水工程"……………………………… 丁兴根　戴秀丽（150）

浙 东 水 利

浙东运河之头：萧山西兴铁岭关兴废 …………………… 周潮生（154）

浙东运河西兴运口兴衰论略 …………………………… 陈志根（158）

萧山围垦历史研究 …………………………………… 陈志富（167）

绍兴水城河道的治理、填废与现状 ………………… 任桂全（176）

绍兴城市水利简史（下篇）………………………… 陈鹏儿（203）

南宋绍兴府城至宋六陵水陆交通线路路径研究 …… 周筱芳　徐　瑾（222）

鉴湖西跨湖桥研究 …………………………………… 周燕儿（234）

"羊山勒石"：清末百沥海塘大修的历史见证 ………… 童志洪（254）

绍兴市柯桥区钱塘江风暴潮防御体系的构建 ……… 来移年（267）

曹娥江大闸的运行管理 …………………… 张明祥　刘志奇（275）

姚江源头探讨 ………………………………………… 毛士英（303）

鄞西两水系的消长、替代与融合 …………………… 楼稼平（311）

运 河 文 化

宋代钱塘江流域的潮神、海神和龙王等信仰 ………… 徐吉军（316）

唐诗之路与越州经济的发展 ………………………… 许超雄（339）

吴越国时期的东府越州 ……………………………… 胡文炜（361）

绍兴柯岩《僧海岳摩崖》浅识 ……………………… 周燕儿（367）

漫话浙东古运河（四）……………………………… 裘士雄（375）

鉴湖源流文化资源考之四：坡塘江（附南池江）…… 张钧德（390）

浙东运河两岸宗谱人文资源及其整体开发之构想
　　——以萧山段为例 ……………………………… 李维松（408）

东山文化的历史价值和时代意义 …………………… 方建平（416）

历史文化名城保护更新中的文献支持
　　——以绍兴为例 ………………………………… 蔡　彦（422）

统论王阳明在绍兴的文化遗产 ……………………… 那秋生（433）

鲁迅与大运河 ………………………………………… 何信恩（444）

鲁迅先生的禹陵情结 ………………………………… 柳哲霖（449）

鉴湖女侠：舍身救民是圣贤　好吟词赋作书痴 …… 娄国忠（454）

鉴 湖 述 评

跨越千年的禹迹图……………………………………邱志荣 张卫东（464）

《中国禹迹图》生动呈现大禹治水历史和文化……………………周能兵（467）

圣贤之声 回响千年……………………………………马振寰 祁 潇（471）

关于《中国禹迹图》编制工作的几点认识……………………陈永明（473）

《浙江尧舜遗迹图》发布：发掘尧舜禹文化的当代价值………项 菁 周 健（475）

循着尧舜禹足迹，探源中华文明………………………………童 波（477）

拨开迷雾看"绝"书……………………………………………颜越虎（482）

《绍兴市水利志》的多元意义………………………………汪 毅（486）

读志 用志 修志

　——《绍兴市水利志》读后感…………………………李能成（493）

特色和亮点：我读《绍兴市水利志》的感受………………何宝康（500）

且看长卷画鉴湖

　——《绍兴市水利志》出版的前前后后…………………徐霞鸿（502）

水 乡 拾 珠

《禹迹图》献词………………………………………………范子烨（508）

壮哉！夏盖山………………………………………………戴哲恒（510）

东浦，鉴水潋滟听新曲………………………………………丁兴根（513）

越窑青瓷：从浙东运河传播海内外…………………………茹静文（515）

绍兴迎恩门水街与南宋皇帝的不解之缘……………………戴秀丽（517）

则水牌村水利文物的发现与保护……………………………壹 之（519）

绍兴古桥群（组诗）…………………………………………马元泉（521）

大美姚江赋…………………………………………………陈洪勋（525）

西兴：一个运河与诗路起始的地方…………………………龚真真（527）

追 忆 思 念

往事历历忆陈老……………………………………………何信恩（530）

《绍兴尧舜禹遗迹图》的编制与文化探源

邱志荣[1]　张卫东[2]　戴秀丽[3]

（1、3.绍兴市鉴湖研究会　2.中国水利报社）

"所谓'禹迹'，是根据史料中有关大禹治水及其他活动足迹传说的记载，至今留存的有关大禹的祭祀活动、纪念建筑设施、地物表征、碑刻题刻、地名遗存物等不可移动的自然、历史物质遗存、遗址、遗迹。""特别重要的可移动文物或非物质文化遗产，可作为其依附的不可移动禹迹物项的构成，收录入图。"[①]据此，尧舜禹遗迹图的实质均为"文化遗迹图"，概念基本相同。

绍兴是大禹治水毕功之地和大禹陵所在地，一直致力于大禹文化的保护和传承。自2018年起先后发布了《绍兴禹迹图》《浙江禹迹图》《绍兴禹迹标识导读》《绍兴舜迹简图》《禹迹图编制导则》《中国禹迹图》《浙江尧舜遗迹图》等，具有连续性、系统性的特点，取得了可喜的成绩。

以上尧舜禹遗迹图的编制，不仅是资料的集聚，更具有多学科文化的研究价值。

一、编制过程

（一）禹迹图

1.《绍兴禹迹图》

2018年4月16日下午，绍兴举行"浙江·绍兴2018年公祭大禹陵典礼"和第34届兰亭书法节新闻发布会，发布了出中共绍兴市委宣传部和绍兴市鉴湖研究会联合编制的《绍兴禹迹图》。此图共有禹迹127处。这是我国第一张以市为单位，完备、系统编录大禹文化遗迹的区域性分布图。发布后，在我国传播广泛，学术界反响良好，并交流到日本、韩国等国家和地区。

邱志荣：中国水利史研究会副会长，绍兴市鉴湖研究会会长。张卫东：中国水利报社原副总编辑。戴秀丽：绍兴市鉴湖研究会副秘书长、工程师。

① 《禹迹图编制导则》。

2.《浙江禹迹图》

2019 年 4 月，在绍兴"2019 年公祭大禹陵典礼"前夕，绍兴市文化广电旅游局、绍兴市水利局联合主办编制的《浙江禹迹图》由中国文史出版社出版发行，并于 4 月 2 日上午由中共绍兴市委宣传部在浙江省政府新闻发布平台发布。该图按全省 11 个地市、八大水系地貌单元划分标注禹迹位置，由正图、考释、附录三部分组成。共收录"浙江禹迹"209 处，"防风遗址"4 处，"越地舜迹"37 处，"浙江大禹同时代新石器文化遗址"30 处等内容。这是我国第一张以省为单位，规范、系统编录大禹文化遗迹的区域性分布图。

3.《中国禹迹图》

2022 年 4 月 19 日，由绍兴市文化广电旅游局主办，绍兴市鉴湖研究会承办编辑的《中国禹迹图》在 2022 年祭禹前夕由绍兴市文化广电旅游局组织在绍兴图书馆正式发布。此图集近五年的系统研究成果，依据《禹迹图编制导则》规范，在国内众多专家、学者的共同努力和社会各界的大力支持下编制完成。图由正图、前言、表格、照片、资料汇编 5 部分组成；共精选全国 26 个省、自治区、直辖市 323 个禹迹点，其中有全国重点文物保护单位 31 处，省级文物保护单位 27 处，市、县级文物保护单位 11 处；又分 11 个流域；分不可移动文物 308 处，可移动文物 13 处，涉及非物质文化遗产多处。禹迹图例标注 14 类基本按《浙江禹迹图》以及《中国文物地图集》[①]确定。这是我国第一张从先秦以来大禹文化记载、传播、考证与发展的视角而绘制的禹迹历史汇总地图，也是保护、研究、传承、利用大禹文化的又一重要创新。审图号：GS 浙〔2022〕1 号。

（二）尧舜遗迹图

1.《绍兴舜迹简图》

2021 年 10 月 29 日上午，《绍兴舜迹简图》在绍兴王坛"2021 年虞舜文化旅游节"上正式发布。本图根据绍兴历史上有关大舜文化的记载、民间传说，结合现场调查，综合整理，于 2021 年 10 月编制而成。共有舜迹 28 处。

2.《浙江尧舜遗迹图》

2022 年 10 月 22 日，绍兴市文化广电旅游局在柯桥区王坛镇绍兴舜王庙会上，发布了与绍兴市鉴湖研究会共同编制的《浙江尧舜遗迹图》，审图号：浙 S〔2022〕41 号。这是我国第一张以省为单位发布的尧舜文化遗迹地图，共精选尧迹 16 处，舜迹 103 处，总计 119 处。图由前言、正图、照片、表格等部分组成。此图发布标志着绍兴在尧舜禹文化研究，五千年中华文明史进程探索道路上又迈出了坚实的一步。

---

① 《中国文物地图集》，文物出版社 2009 年版。

二、浙江尧舜禹遗迹主要分布范围和特点

（一）浙江禹迹分布

1.《绍兴禹迹图》禹迹分布

其中陵、庙、祠类 21 处，地名类 22 处，山、湖自然实体类 25 处，碑刻、摩崖、雕塑类 59 处，共 127 处。2021 年 6 月—7 月，由绍兴市文化广电旅游局主办，绍兴市鉴湖研究会承办，在《绍兴禹迹图》中选择 64 个禹迹点，开展了绍兴禹迹标识牌制作和安装。其中越城区 18 个，柯桥区 20 个，上虞区 7 个，嵊州市 7 个，新昌县 10 个，诸暨市 2 个。按类型可分为：祭祀类 23 处，包括陵、庙、祠、寺、殿、像等类型；山体类 20 处，包括山、峰、穴、岩、石、台等类型；水体类 13 处，包括江、河、湖、溪、浦、塘、桥、井等类型；地名类 6 处，包括县、乡、村、坊等类型；歌舞类 2 处。

2.《浙江禹迹图》禹迹分布

其中杭州 12 处，宁波 13 处，温州 2 处，绍兴 59 处，湖州 12 处，嘉兴 1 处，金华 28 处，衢州 5 处，台州 36 处，丽水 37 处，舟山 4 处。按内容分，自然实体类 46 处，祭祀类 119 处，人工建筑 12 处，歌舞类 2 处，地名类 30 处。

3. 范围和特点

从以上分布可知浙江禹迹点主要集中在绍兴，绍兴又主要以绍兴古城为中心，集中在今越城区和柯桥区，位置多在靠近会稽山麓、水网或沿海岸线一带。

（二）浙江尧舜遗迹分布

1.《绍兴舜迹简图》舜迹分布

其中柯桥区 3 处，上虞区 14 处，嵊州市 3 处，萧山区 3 处，余姚市 5 处。

2.《浙江尧舜遗迹图》尧迹、舜迹分布

尧迹：杭州市 2 处，宁波市 3 处，温州市 1 处，绍兴市 6 处，湖州市 4 处。

舜迹：杭州市 7 处，宁波市 19 处，温州市 1 处，绍兴市 61 处，湖州市 3 处，嘉兴市 1 处，金华市 6 处，衢州市 1 处，丽水市 3 处，舟山市 1 处。主要类别有寺庙、地名、山川、井、田、絮舞、雕塑等。

3. 范围和特点

据上可知浙江舜迹主要集中在绍兴市及周边，其中上虞区 34 处，柯桥区 18 处，嵊州市 8 处，宁波余姚市 16 处。地理位置多在会稽山东南部和曹娥江以东区域。

相对而言，浙江的尧迹并不多。《浙江尧舜遗迹图》收录的 16 处较为分散，数量上以绍兴市柯桥、上虞两区为多，地域上多与舜迹相连，形式上又多为地名和纪念、祭祀地。

三、遗迹图编制的进一步文化探源

绍兴编制尧舜禹遗迹图的核心目的：一是对尧舜禹文化资源进行全面调查，系统梳理；二是对所取得的成果进行多学科的深入研究，厘清来龙去脉，探寻中华民族多元一体的历史文化发展规律；三是加强尧舜禹文化遗迹的保护，促进文旅融合。

（一）越地的尧舜禹文化遗迹多和治水关联

舜禹故迹与治水活动常常是连在一起的。《方舆胜览》卷四："古迹尧市（在长兴县。尧时洪水，于此山作市）"。《水经注·浙江水》中在关于舜与"百官桥"之记述之后，又记"亦云：禹与诸侯会事讫，因相虞乐，故曰上虞。二说不同，未详孰是。"究其原因，应与舜禹在同一时期共同治平洪水有关。这从《史记·夏本纪第二》中也得到了反映："当帝尧之时，鸿水滔天，浩浩怀山襄陵，下民其忧。"于是尧先用鲧治水，"九年而水不息，功用不成。于是帝尧乃求人，更得舜。舜登用，摄行天子之政，巡狩。行视鲧之治水无状，乃殛鲧于羽山以死。天下皆以舜之诛为是。于是舜举鲧子禹，而使续鲧之业。""禹伤先人父鲧功之不成受诛，乃劳身焦思，居外十三年，过家门不敢入。"于是治水获得成功。

因此而论，尧舜禹治水在同一时期，即"舜禹之时，鸿水未治，尧传于舜，舜受为帝，与禹分部行治鸿水"。尧更重决策，禹更重实践，而舜介于两者之间。尧舜禹文化在早期又主要随着道教的传播走到了全国各地。道家推崇的三官大帝（三元大帝）即天官、地官、水官，其中非常流行的一说即"天官为唐尧，地官为虞舜，水官为大禹"，三官的职责就是赐福、赦罪、解厄，与尧舜禹的人格魅力、特征形象十分贴合。此外，还有"舜南治水，死于苍梧；禹东治水，死于会稽"之说。[①]这个传说表达了人民群众对舜禹二帝的深切怀念之情，也是认为舜禹共同治水，关系尤其密不可分的反映。

（二）从海侵海退过程看尧舜禹文化的传播

1. 海侵海退对越地自然环境的影响

浙东原本是"万流所凑，涛湖泛决，触地成川，枝津交渠"[②]之地，水环境的变迁、人们的治水活动等对这里的文明发展起着至关重要的作用。

"古地理学"研究表明，从第四纪更新世末期以来，自然界地理环境经历了星轮虫、假轮虫和卷转虫三次沧海桑田的剧烈变迁。[③]其中星轮虫海侵发生于距今10万年以前，海退则在7万年以前，这次海侵就全球来说，留存下来的地貌标志已经

---

① ［东汉］王充《论衡》。
② 郦道元著，陈桥驿校释：《水经注校释》，杭州大学出版社1999年版，第524页。
③ 陈桥驿：《吴越文化论丛》，中华书局1999年版，第40—46页。

很少了。

假轮虫海侵。发生于距今4万多年以前，海退则始于距今约2.5万年以前。这次海退是全球性的，中国东部海岸后退约600公里，东海中的最后一道贝壳堤位于东海大陆架−155米，14C测年为14780±700年前。到了2.3万年前，东海岸后退到−136米的位置上，即在今舟山群岛以东约360公里的海域中，不仅今舟山群岛全处内陆，形成宁绍平原和杭嘉湖平原以东一条东北—西南的弧形丘陵带，在这丘陵带以东还有大片内陆。钱塘江河口约在今河口以外300公里，现在的杭州湾及宁绍平原支流不受潮汐的影响。

卷转虫海侵。从全新世之初就开始掀起，距今1.2万年前后，海岸到达现水深−110米的位置上。距今1.1万年前后，上升到−60米的位置。在距今8000年前，海面上升到−5米的位置，舟山丘陵早已和大陆分离成为群岛。而到7000—6000年前，这次海侵到达最高峰，东海海域内侵，今杭嘉湖平原西部和宁绍平原南部成为一片浅海。卷转虫海侵在距今6000年前到达高峰后，海面稳定一个时期，随后发生海退。这其中海侵、海退或又几度发生。

卷转虫海侵的全盛期（距今约7000—6000年）宁绍平原成为一片浅海，越部族的活动中心退到了会稽—四明山区。《吴越春秋》记载当时"人民山居"[①]。大约在距今4000年前后，海岸线已后退到了柯桥—绍兴—上虞—余姚—句章—镇海一线。于是越部族开始有居民从会稽山、四明山内地逐年北移，加快对一些咸潮影响较小的山麓冲积扇地带进行不断扩大的垦殖。此外，平原上多有高度在20~100米的山丘，这便为越部族聚落发展和生产范围都不断向平原扩大创造了有利条件。但海侵过后的宁绍平原仍多为湖泊沼泽和咸潮出没之地，不利于人们生产、生活，因之越部族的中心活动区域仍主要是迁徙农业和狩猎业，即《吴越春秋》卷六所称："随陵陆而耕种，或逐禽鹿而给食。"东汉《论衡》转引《传》《书》曰："舜葬苍梧，象为之耕；禹葬会稽，鸟为之田。"据云南农业大学研究，"象耕鸟耘"并非神话，而是热带泥沼发育地区特有的比较原始的农业耕作现象。这种现象在舜禹文化的传播中如影随形，有舜迹必有象田，有禹迹常有鸟田。由此看来，舜禹文化在浙东平原能得以生根发芽、弘扬光大，或许与"东南地卑，万流所凑，涛湖泛决"的自然地理条件有一定关联。

2. 对舜禹文化遗迹分布影响的探究

如果按照海侵海退的发展过程看，舜的活动多在山区，是海水尚未退去的环境，因此活动之地多在会稽山东南部。

而到大禹时期，经过13年艰苦卓绝的劳作，地平天成，治水获得成功，会稽禹

---

① 《吴越春秋》卷六。

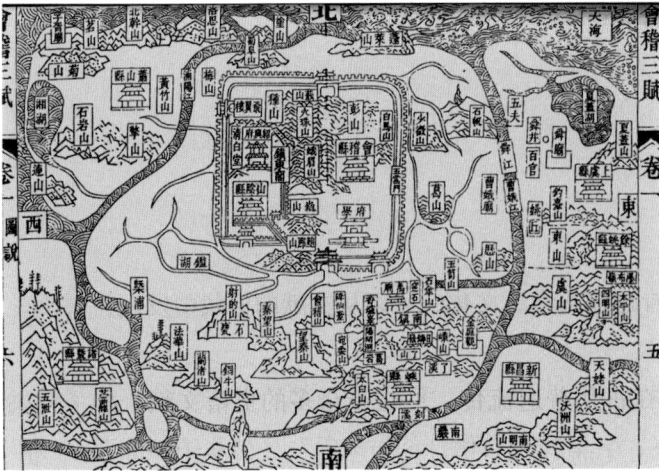

图 1　南宋绍兴府图中舜禹文化遗存（录自宋王十朋《会稽三赋》）

迹已多在山麓和平原中心一带。

3. 王十朋《会稽三赋》图的分析

以上观点从宋代王十朋《会稽三赋》图中也可得到舜禹文化遗存分布的实证（图 1）。

其中舜迹有虞山、余姚、百官、舜井、舜庙、舜江、姚丘、历山、湘湖等。

禹迹有会稽山、宛委山、阳明洞、禹庙、涂山、窆石、了溪、夏盖山、夏盖湖等。

图中内容之丰富，遗存之多，可谓越地第一张"舜禹遗迹图"。

（三）"禹先起"之说的印证

1. 考古与环境的分析

关于大禹是否来越治水并留下工程实绩，尚无确实的考古证实，但至少以下几点可以明确：

第一，4000 年前宁绍平原是海侵过后的一片浅海或沼泽之地，在当时的生产力和特定的地理环境下，人类不可能有能力较大范围地改造这一自然环境。

第二，考古发现的钱塘江流域文化遗址，尤其是良渚文化尚无法与同一时期传说的大禹治水产生融合与互证。

第三，有记载和现代考证研究发现越部族大规模开发山会平原、兴修水利始于约 2500 年前的越王勾践时，此前越部族活动中心主要在会稽丘陵。

第四，促成宁绍平原由浅海变为咸潮直薄的沼泽之地，并逐渐具备开发条件的根本原因是第四纪的自然循环，即气候由暖变冷，形成海平面下降出现海退所致。此为自然界的演变，非人类活动。

第五，同一时期在中国广西产生了"盘古开天地"的传说，在西方诞生了"诺亚造方舟"神话。

以上分析产生两种可能：

一是当越民族在会稽山上俯视以往这片茫茫大海，曾使他们望而生畏的水环境，逐渐变为沼泽地，生存环境有所改变时，他们必然会难以理解，思索是何种早就期盼的神力造成了这一改变。由于人们无法解释海退的自然现象，必然会将此变迁归属为大禹治水，地平天成。

二是如果大禹当时未曾来过会稽，而是神话传说，文化的流传和丰富，民族统一和地位的要求，大禹治水的文明足迹也会同到过中国其他地区一样，到了古越，并在古越得到弘扬光大。

2. 古文献记载的分析

如果仅从文化传播的角度看越地的舜禹文化，可以从文献的记载中发现，禹文化的传播到越是先于舜的。

大禹在越治水的历史传说在古代普遍流传，见之于众多的史籍文献，如《竹书纪年·夏后记》："（禹）八年春，会诸侯于会稽，杀防风氏"；《韩非子·饰邪》："禹朝诸侯之君会稽之上，防风之君后至而禹斩之。"《史记·孔子世家》亦记："吴伐越，堕会稽，得骨节专车。吴使使问仲尼：'骨何者最大？'仲尼曰：'禹致群神于会稽山，防风氏后至，禹杀而戮之，其节专车，此为大矣'。"此外，司马迁在年轻时曾经南游江、淮，"上会稽，探禹穴"[①]。他在《史记·夏本纪》中记述："十年，帝禹东巡狩，至于会稽而崩。"《史记·秦始皇本纪》又记秦始皇三十七年（前210）来到越地，"上会稽，祭大禹，望于南海，而立石刻颂秦德"。

对大禹来越治水，当以战国人的著述，东汉人袁康、吴平加以辑录增删[②]的《越绝书》记载为详，此书记大禹曾两次来越，并葬于会稽山："禹始也，忧民救水，到大越，上茅山，大会计，爵有德，封有功，更名茅山曰会稽。及其王也，巡狩大越，见耆老，纳诗书，审铨衡，平斗斛。因病亡死，葬会稽，苇椁桐棺，穿圹七尺；上无漏泄，下无即水；坛高三尺，土阶三等，延袤一亩。"

而关于舜的记载目前所见到的资料是《水经注·浙江水》："《晋太康地记》曰：舜避丹朱于此，故以名县，百官从之，故县北有百官桥。"此便为上虞"百官"地名之来历，亦为曹娥江古名"舜江"的由来。

唐代《史记·夏本纪·正义》："又越州余姚县，顾野王云：舜后支庶所封之地。舜姚姓，故云余姚。县西七十里有汉上虞故县。《会稽旧记》云：舜上虞人，去虞三十里有姚丘，即舜所生也。"

3. 祭祀寺庙的证明

除以上文献记载外，还可从寺庙祭祀活动中得到印证。

禹宗庙。《越绝书》卷八载："故禹宗庙，在小城南门外，大城内，禹稷在庙西，今南里。"说明当时在越国大小城内已建有大禹庙。这是有记载的越人对大禹最早和

---

① 《史记·太史公自序》。

② 陈桥驿：《点校本〈越绝书〉序》，载陈桥驿：《吴越文化论丛》，中华书局1999年版，第165页。

最有权威的祭祀标志地，体现了越人对大禹的崇拜和敬诚之心。这一禹迹定点在绍兴城飞来山（塔山）北侧。[①]

越地的大舜庙。目前可考的最早的是建于唐长庆元年（821），在百官上街堰头附近的面朝虞山舜水的舜帝庙。陆游有《舜庙怀古》诗："云断苍梧竟不归，江边古庙锁朱扉。山川不为兴亡改，风月应怜感慨非。孤枕有时莺唤梦，斜风无赖客添衣。千年回首消磨尽，输与渔舟送落晖。"到清道光二十三年（1843）和民国 10 年（1921），此舜帝庙又经多次重修扩建，气势雄伟，名播江南。

由上可见，越地之禹迹先起，舜迹相对较迟。

（四）尧舜禹文化是越文化的源头文化

1. 大舜德为先、重教化、忍让的精神

舜是中华道德文化的鼻祖，被后人尊为"百孝之首""文明之源"。舜具有伟大的思想道德和教化能力，他以大局为重，具有超人的忍耐性和意志力。面对来自家庭迫害和社会的种种困境，依靠道德感化、智慧化解，逢凶化吉。司马迁《史记·五帝本纪》关于舜的记载：

> 舜父瞽叟盲，而舜母死，瞽叟更娶妻而生象，象傲。瞽叟爱后妻子，常欲杀舜，舜避逃；及有小过，则受罪。顺事父及后母与弟，日以笃谨，匪有解。

又：

> 瞽叟尚复欲杀之，使舜上涂廪，瞽叟从下纵火焚廪。舜乃以两笠自扞而下，去，得不死。后瞽叟又使舜穿井，舜穿井为匿空旁出。舜既入深，瞽叟与象共下土实井，舜从匿空出，去。瞽叟、象喜，以舜为已死。象曰："本谋者象。"象与其父母分，于是曰："舜妻尧二女，与琴，象取之。牛羊仓廪予父母。"象乃止舜宫居，鼓其琴。舜往见之。象鄂不怿，曰："我思舜正郁陶！"舜曰："然，尔其庶矣！"舜复事瞽叟爱弟弥谨。于是尧乃试舜五典百官，皆治。

终于，"尧老，使舜摄行天子政，巡狩"，成就了为中华文明发展作出巨大贡献的大业。

2. 大禹献身、求实、负责、坚韧不拔的精神

大禹是华夏族治水英雄和立国之祖，被尊为"绩奠九州垂万世，统承二帝首

---

① 何俊杰、邱志荣、张卫东主编：《绍兴禹迹标识导读》，中国文史出版社 2021 年版，第 46 页。

三王"。① 大禹治水的核心价值是人民利益高于一切。

在尧之时，洪水滔天，天下受灾。舜"举鲧子禹，而使续鲧之业"。② 大禹之父鲧受命于洪水滔天之际，"九年而水不息，功用不成"。③ 鲧之治水不可谓不尽力，而真实的原因是这场历史时期的特大洪水，是卷转虫海侵引起的沧海变幻的自然现象，非人力所可抗拒。鲧被杀当然是禹家族的耻辱，大禹被舜推举治水既是对禹的肯定，又是对禹能力的考验，充满着政治风险。禹的伟大之处是不计个人的恩仇，而以国家、民族的利益为重，肩负起了治水的重任。禹牢记鲧治水失败教训，"伤先人父鲧功之不成受诛"，他集中精力，认真谋划，遍行高山大川，历尽千难万险，终获治水成功。

大禹治水成功的过程，也同时是传说中禹统一各部族建立夏王朝的过程，治水是和建立国家结合在一起的。这从禹和舜及皋陶的对话中也可以看出，禹曰："鸿水滔天，浩浩怀山襄陵，下民皆服于水。予陆行乘车，水行乘舟，泥行乘橇，山行乘檋，行山刊木。与益予众庶稻鲜食。以决九川致四海，浚畎浍致之川。与稷予众庶难得之食。食少，调有余补不足，徙居。众民乃定，万国为治。"④《史记·五帝本纪》在记舜在对22位人臣的考核和论功时也评说："此二十二人咸成厥功……唯禹之功为大，披九山，通九泽，决九河，定九州，各以其职来贡，不失厥宜。方五千里，至于荒服。南抚交阯、北发，西戎、析枝、渠廋、氐、羌、北山戎，发、息慎，东长、鸟夷，四海之内咸戴帝舜之功。"可见禹治水是和部族归顺、国家统一结合在一起的。

正是大禹这种以民族利益为重、绝对忠诚国家的思想，任劳任怨、万难不屈的意志，才使大禹治水传说具有崇高的为国献身精神和成功的基础。

3. 勾践"卧薪尝胆"的精神与传承

越王勾践在被吴国全面战败的形势下，以"卧薪尝胆"的胆剑精神，反败为胜，其实就是传承了舜、禹以全局为重、坚韧不拔的思想和精神。

夫椒一战，越国大败，"越王乃以余兵五千人保栖会稽，吴王追而围之"。⑤ 勾践曾准备拼死一战，"欲杀妻子，燔宝器，触战以死"。⑥ 然而国家利益高于一切，勾践在国之将亡时，以一种卓越的忍受能力决定与大夫文种行成于吴，膝行顿首对吴王曰："君王亡臣勾践使陪臣种敢告下执事：'勾践请为臣，妻为妾'。"战必败，败必亡国；入吴为臣也不一定能够返国雪耻，存在重大风险。在这种历史重要转折期，勾践若无超凡能力和雄才大略，是不可能作出此决策的。《吴越春秋·勾践入臣外传》载：

① 嘉庆《山阴县志·卷首·皇言》。
② 《史记·夏本纪》。
③ 《史记·夏本纪》。
④ 《史记·夏本纪》。
⑤ 《史记·越王勾践世家》。
⑥ 《史记·越王勾践世家》。

"越王服犊鼻，著樵头。夫人衣无缘之裳，施左关之襦。夫斫剉养马，妻给水、除粪、洒扫。三年不愠怒，面无恨色。"更有甚之，"越王因拜，请尝大王之溲，以决吉凶"。受辱三年，取得吴王信任归国。《吴越春秋·勾践归国外传》又载："越王念复吴仇，非一旦也。苦身劳心，夜以接日。目卧则攻之以蓼，足寒则渍之以水。冬常抱冰，夏还握火。愁心苦志，悬胆于户，出入尝之，不绝于口，中夜潸泣，泣而复啸。"此外，"身自耕作，夫人自织，食不加肉，衣不重采，折节下贤人。厚遇宾客，振贫吊死，与百姓同其劳。"①此便为历史上著名的"卧薪尝胆"和"胆剑精神"。

通过"十年生聚，十年教训"，越国终于反败为胜，灭亡吴国。不但复仇雪耻，也在历史上留下了浓彩重笔，因此更彰其名。再看吴王夫差："二十三年十一月丁卯，越败吴。越王勾践欲迁吴王夫差于甬东，予百家居之。吴王曰：'孤老矣，不能事君王也。吾悔不用子胥之言，自令陷此。'遂自刭死。"②此不作其他评论，就失败后的心态和承受能力而言，夫差不如勾践。

4. 尧舜禹文化在越地的认同

司马迁《史记·夏本纪》有"十年，帝禹东巡狩，至于会稽而崩"之说。《史记·越王勾践世家》记："越王勾践，其先禹之苗裔，而夏后帝少康之庶子也。封于会稽，以奉守禹之祀。"

勾践二十七年（前470），勾践在临终前对太子兴夷说，"吾自禹之后"③，明确了其家族是大禹的后代。这或许是勾践临终前的政治遗言，全面接受了尧舜禹先进的思想文化，也因此奠定了尧舜禹文化在越地的基石。

"禹陵风雨思王会，越国山川出霸才"④则是越文化的传承和弘扬。毛泽东诗"鉴湖越台名士乡，忧忡为国痛断肠；剑南歌接秋风吟，一例氤氲入诗囊"⑤是对胆剑精神高度的概括和评价。

时至今日，胆剑精神已概括为"卧薪尝胆、奋发图强、敢作敢为、创新创业"⑥，成为中华民族宝贵的精神遗产。

① 《史记·越王勾践世家》。
② 《史记·吴太伯世家》。
③ 《吴越春秋·勾践伐吴外传》。
④ ［明］陈子龙：《钱塘东望有感》。
⑤ 毛泽东：《纪念鲁迅八十寿辰》，1996年9月20日《人民日报》第11版。
⑥ 中央党校采访实录编辑室：《习近平在浙江》，中共中央党校出版社2021年版，第234—235页。

水利视野下的大禹治水及其文化意义

谭徐明

（中国水利水电科学研究院）

关于史前大洪水和大禹治水在中华文明起源的研究中，已有多个学科领域从不同视角予以阐释。中国是世界粟和稻作农业的发祥地。在季风区的自然环境下，水的利用与管理是文明进程重要标识。论文以史前农业与水利关系为切入点，揭示大洪水和禹治水前后的社会形态演变以及水利发生和早期演进，进而在水利的大视野下阐释大禹治水后文明的走向及其文化影响。

一、大禹时代前的社会性态分析

考古发现证实新石器早期到中期，即中原仰韶和龙山文化时期（距今约 10000—4000 年）初步形成了旱作和稻作两个农业体系。以氏族血缘的原始部落，一旦获得农业支撑，就可以从狩猎、采集的游牧部落转向世代定居。农业区出现的时期大约相当于《史记》记载的华夏族五帝时期。[①] 农业区的分布，对水的依赖程度反映出不同区域间自然、政治、经济、文化的差异。谷物从播种到收获要求耕耘者遵守自然规律，以四季变化安排生活和生产。对自然的崇拜、文字的发明，以及氏族制度和祖先崇拜无不源于农业和定居。

（一）史前农业区的分布

中国是水稻和旱作粟、麦、稷等谷类的发祥地，仰韶文化时期华北、西北和东北地区粟的人工种植已经普遍。[②] 其中河北武安磁山遗址发现了距今 8000 年的 88 处粟遗存的窖穴，根据堆积物测算达 10 万公斤之多，粟灰堆积层 0.3~2 米。西安半坡仰韶文化遗址中发现了 200 多个窖穴，6 处陶窑遗址，距今 6000—6700 年的粟壳保存

谭徐明：中国水利史研究会会长，中国水利水电科学研究院教授。

① 严文明：《东方文明的摇篮》，《农业发生与文明起源》，科学出版社 2000 年版，第 164—168 页。

② 何炳棣：《黄土与中国农业的起源》，中华书局 2017 年版，第 115 页。

完好。磁山地处太行山东麓漳河三级支流洺河北岸，西安半坡遗址在渭河二级支流浐河东岸，这两处遗址区均为山前台地，保水性较好的红黄土壤，多年平均降雨量700毫米。

以粟、黍为主的旱作物，耐旱、耐盐碱且耕作技术要求不高，生长期要求光照长，前期温度渐高，中后期温度渐低，在年降雨量大于400毫米的平原或山地都可以有收成。半干旱、干旱地区旱作农业区灌溉的发生应该晚于生活、生产（主要是制陶）供水。仰韶和龙山文化遗址分布在山前台地，山前平原这些泉水出露的地方，证明雨养农业是最早的农业形态。水源的发现和维护，凿井、种植和制陶是北方旱作农业区距今8000至4000年所能企及的文明程度。山西襄汾县陶寺遗址（前2300—前1900年）被认为是尧的都城，位于汾河谷地过渡的黄土塬，发现了深13米水井，井分布于聚落中心，应该是生活供水的公共水井。考古环境还原指出4000多年前这一区域降雨略大于现代，估计年降雨量400~600毫米，水资源条件适宜无灌溉旱作物种植。[1]神农氏是传说培育出粟、黍、稷的华夏先祖，活动在黄河中游渭河、汾河支流流域，这一史前遗址发现证实诸夏部族以粟类谷物为主的旱作农业圈已经形成。

稻作农业从野生稻驯化到规模化的栽培稻，是稻作农业从雨养到有灌溉的过程。稻作农业最先发生在适宜稻作，但不是水量特别丰沛地区。在降雨量超过1500毫米华南地区，狩猎和野生稻采集延续了更长时间，农业发生或许在战国至秦汉时期。稻作在降雨量600~1500毫米区域，需要水利工程设施保障水稻季节性灌溉需求。黄河、淮河流域的稻作农业发生在距今7000年。河南渑池仰韶村、柳子镇等典型的仰韶文化层都发现了稻谷遗存。长江中下游及太湖流域湖南、湖北、江西、江苏、浙江等多个文化遗址发现了距今10000至7000年稻作农业遗存。湖南澧县彭汕头遗址出现了栽培稻化石、浙江河姆渡和江苏苏州草鞋山遗址则发现了水稻田和沟渠。江汉平原屈家岭文化时期（相当于中原龙山文化早期）已经大范围种植水稻，米已经成为主要食物来源。[2]史前稻作农业分散在长江、淮河、黄河多个独立的文化区，且旱作与稻作兼有种植。

（二）聚落及城邑水利工程出现演进

井、壕、沟渠是史前聚落、都邑出现的标志性水利工程。壕沟或是出于防御的需要（野兽或外敌）的旱沟，或用于排泄洪水或污水。而井却是生活用水的来源，它的出现意味着聚落定居或城邑公共用水的产生，是社会形态和生产力大变革的标志。

井在技术上的突破：一是地下水源的勘探；二是井的开凿和井壁衬砌。20世纪

---

[1] 中国社会科学研究院考古研究所等：《襄汾陶寺——1978—1985年发掘报告》，文物出版社2015年版，第148—156、1143页。

[2] 何炳棣：《黄土与中国农业的起源》，中华书局2017年版，第132—136页。

以来，考古界在黄河、淮河、长江流域陆续发掘了距今 7000 至 4000 年史前聚落和城邑遗址。这些史前聚落或城邑呈方形、圆形和椭圆形，大多有夯土城垣，外围有壕沟环绕，居住区有水井等起码的生活设施，在半干旱地区最大水井深度超过 10 米。

浙江余姚河姆渡遗址中，距今 5600 年的井（图 1），考古认定为"原始水井"[①]，这是迄今为止最早期的聚落供水工程，井遗址是直径约 6 米呈锅底不规则圆形坑，圆形大坑中部是边长 2 米方井，最大深度 1.35 米，应该称为"塘井"更符合形制和功能。这是一处聚落生活用水的水源，丰水时水塘边取水，枯水时水位下降，踏步至井边取水。这一水源工程显然是部落重要的公共设施，"塘井"有棚顶，塘周有土埂、木构井台，井壁用木桩衬护，显然着力兴建并可能有好的维护。井塘

图 1　河姆渡井塘水源工程复原（引自《建筑考古学论文集》）

结合的工程，具有自然适应性，大大地延长了供水保证率，即使在很长时间干旱，井内依然有水；而且地表水通过坑塘过滤渗入，井水可以有较好水质。2019 年，我们在浙江浦江县山区河松溪发现了与之功能相似的"溪井"。这是在比降大的松溪中，在靠岸的河道中设置渗井，是干旱枯水时的备用水源。浦江的"溪井"从水利工程技术角度讲应该与河姆渡的"塘井"属于同一类型的水源工程。

龙山文化时期，中原地区史前文明进入了快速发展期，河南安阳洹河沿岸 7.7 公里内发现了 19 个龙山文化聚落。在众多的龙山聚落遗址中几乎都有水井的发现，这一时期的水井井口变小，井深超过 5 米，最大达到 15 米的深水井。山西襄汾陶寺龙山文化遗址（前 2300—前 1900 年），被认为是华夏尧帝时的都城，一共发现了 5 处水井，其中发掘了 4 处。陶寺水井井口圆形，口径 3 米，井深 13～15 米，井内木构衬护呈正方体井字形，有立柱支护、挡板护壁，位于城邑中心。[②]陶寺遗址还发现了居住区内与城外相通的排水渠、导洪沟。[③]跨夏、商、周三代的仰韶和龙山文化遗存距今 5000—3000 年河南登封王城岗阳城遗址，偃师二里头遗址，发掘出大型宫殿建筑的夯土地基以及数量众多的水井、道路，铸铜、制陶的作坊遗址。

从新石器晚期（前 5000—前 2000 年）在长江和太湖流域良渚文化、屈家岭文

① 杨鸿勋：《建筑考古学论文集》，文物出版社 1987 年版，第 52 页。
② 《襄汾陶寺——1978—1985 年考古发掘报告》，文物出版社 2015 年版，第 148—156 页。
③ 何驽：《陶寺遗址的水资源利用和水控制》，社科院考古所中国考古网，2019 年 12 月 9 日。

化、三星堆文化遗址出现井、沟渠和蓄水池多类型水利工程，可以满足生活、生产需要的设施。尤其是余杭良渚遗址，具有王国规模的文化遗址区有土石夯筑达体量祭祀建筑，内城和外围相通沟渠，部分河段用木桩衬砌。在城池外围丘陵区发现了草包泥埽工修筑的工程（图2、图3）。

图2 良渚遗址水工构件草袋埽工（2013）

图3 良渚遗址区沟渠及其木桩护岸（2015年）

从传说时代文化集团活动范围来看，旱作及稻作农业区主要分布在诸夏（今山西、陕西、河北、河南）、东夷（今安徽、河南、山东）、三苗（今湖南、湖北、安徽）、东越（百越的支系，江苏、浙江、福建），所处的时代大约相当于华夏部族五帝时期。

考古学揭示出良渚、陶寺等城邑遗址中出现了井、排水渠、导洪沟，以及埽工、木桩、抛石材料的构筑物，说明只有威权性的社会组织或统治阶层出现，才有可能有这类公共性水利工程建设和管理。

二、大禹治水与文明的走向

诸夏部族活动在黄河中下游流域，是最早定居从事农耕的一族，华夏以神农为祖先神。轩辕击败蚩尤代神农是为黄帝。华夏历黄帝、颛顼、帝喾、尧、舜五帝的时代，是方国林立时代，氏族部落向部落联盟过渡的时代。黄帝时"治五气，艺五种，抚万民，度四方""置左右大监，监于万国。万国和，而鬼神山川封禅与多焉"。① 尧

---

① ［汉］司马迁：《史记·五帝本纪》，中华书局1959年版，第3页。

舜帝时华夏部落联盟已经形成了核心统治阶层，设置刑、礼、农、山泽等职官。[①] 诸夏各部落与诸夷、戎狄、三苗或征战、或结盟，社会形态开始发生改变。

大洪水发生在尧舜时期。"洪水滔天，浩浩怀山襄陵，下民昏垫"[②]，同时期共工治水、女娲补天之类的传说或神话，反映出大洪水是各部落面临的共同遭遇。关于大洪水和治水活动出自《尚书·虞夏》的《尧典》《舜典》《益稷》《禹贡》诸篇，后为先秦诸子著作和汉代司马迁《史记》引用，累加作者的政治述求，阐发各家思想而赋予了大禹治水更多的传说色彩。

古气象史的史前大洪水发生距今 5000—4000 年，这是全球性大灾变，这是包括极地、热带—亚热带山地冰芯、湖泊年代地层、石笋以及树木年轮等高分辨率记录的古气候突变事件。大旱、大洪水对世界许多地区早期文明发展进程产生了重大影响。古气候重构认为大洪水历时约 150 年，禹治水当在灾变后期。[③]

汉司马迁采《尚书·虞夏》及战国《孟子》《论语》诸书，在《史记·夏本纪》《史记·河渠书》做了系统的梳理。《史记·夏本纪》记载如下：

> 禹乃遂与益、后稷奉帝命，命诸侯百姓兴人徒以傅土，行山表木，定高山大川。禹伤先人父鲧功之不成受诛，乃劳身焦思，居外十三年，过家门不敢入。薄衣食，致孝于鬼神。卑宫室，致费于沟淢。陆行乘车，水行乘船，泥行乘橇，山行乘檋。左准绳，右规矩。载四时，以开九州，通九道，陂九泽，度九山。令益予众庶稻，可种卑湿。命后稷予众庶难得之食。食少，调有余相给，以均诸侯。禹乃行相地宜所有以贡，及山川之便利。

文中司马迁所称诸侯者，应是诸夏联盟各部落，这是史前规模浩大的治水活动。禹身先士卒致力于沟淢且指挥调度人力和物资。"命后稷予众庶难得之食。食少，调有余相给，以均诸侯"，以及"行相地宜所有以贡，及山川之便利"，是既调度粮食也征收贡赋。"令益予众庶稻，可种卑湿"，治水同时还令伯益种稻。这是禹的时代：治水、辟土、农耕、贡赋，部落联盟的领袖在治水活动中缔造出了国家的雏形。

距大禹治水两千年之后的战国时期，诸子百家从各自政治理念出发，对大洪水和

---

① 《史记·五帝本纪》："皋陶为大理，平民各伏得其实；伯益主礼，上下咸让；垂主工师，百功致功；益主虞，山泽辟；弃主稷，百谷时茂；契主司徒，百姓亲和；龙主宾客，远人至。"中华书局 1959 年版，第 43 页。

② 引自《十三经注疏》，《尚书·益稷》："禹曰：洪水滔天，浩浩怀山襄陵，下民昏垫。予乘四载，随山刊木。暨益奏庶鲜食。予决九川，距四海，浚畎浍距川"。战国诸子及汉司马迁禹治水记载主要出自《尚书》，中华书局 1980 年影印版，第 141 页。

③ 吴文祥、葛全胜：《夏朝前夕洪水发生的可能性及大禹治水真相》，《第四纪研究》2005 年第 6 期，第 741—747 页。

禹治水的历史进行了各自的梳理。举《孟子》《尚书》为例。《孟子·滕文公》："当尧之时，天下犹未平，洪水横流，泛滥于天下。草木畅茂，禽兽繁殖；五谷不登，禽兽逼人。兽蹄鸟迹之道交于中国。尧独忧之，举舜而敷治焉。舜使益掌火。益烈山泽而焚之，禽兽逃匿。禹疏九河，瀹济、漯而注诸海；决汝、汉，排淮、泗而注之江。然后中国得而食也。"[1] 从孟子这段论述，不难得出治水是华夏民族生存和发展的必然选择，治水导致了社会形态的改变。孟子对治水历史及其意义的阐释影响深远，成为后世水利作为国家行为的文化支撑。"禹别九州，随山浚川，任土作贡"，禹治水成功后，制九州贡赋之法[2]，将水落洲分后的中国，按地域分为冀、兖、青、徐、扬、荆、豫、梁、雍九州。九州中国的最早地理观，应该是自西周至战国逐渐形成，由夏商周的中国疆域，演变而为中国政区的概念。九州各州的山川地理得到最早的系统梳理，完成了江河大山的定名。

夏与商、周及秦汉时国家形态是不一样的，夏是在部落联盟基础上形成的邦国。即以城邑邦国为政治中心，各邦国有各自的文化如战国及汉代禹会涂山、娶涂山氏为妻，禹会会稽的传说，都反映出夏邦国时期部落联盟的深刻印迹。不同文化地域也有各自的治水传说。唐虞部落即西周的晋有台骀、古蜀国有鳖灵这类水神。商祀自然神灵，以统治权神授天赋自许。取而代之的周开始将禹作为祖先神，以夏承继来确立疆域的正当性。春秋战国各诸侯国无不以同样仿效，夏土的继承和禹崇拜成为最早中国疆域形成的文化基础。在华夏文化认同过程中，夏、商、周三代以后随着东夷、三苗、夷狄、东越不断融入，直至秦汉巴蜀归于中国，九州的中国即华夏疆域从意识形态被确立下来。

三、结语

大禹治水发生在氏族部落走向部落联盟的时期。距今 7000—5000 年，井、沟渠、塘一类用于生活、生产的水利设施出现，水利的发端始于此时。

井的发明标志水资源地下水利用进入新技术阶段，首先是陶制作普及，陶的使用进入了日常生活、生产范畴，使井运用范围扩大，人们可以用陶罐、木桶、竹筒之类的器具在河流较远的地方取水，获得比河流更为稳定、干净的水源，由是部落的栖息地可以固定在一个区域内，聚落定居地的农耕因此而发生、发展。井是史前水利重要的发明，影响了社会形态的变革。沟渠是从部落到都邑演变进程中，随着地域政治经济中心——城邦早期国家形成，规模化稻作农业时期的产物。最早用于灌溉的沟渠可能出现在黄淮流域年降雨量 700～900 毫米的稻作农业区。

---

① 引自《十三经注疏》，《孟子注疏·滕文公章句上》卷五，中华书局 1980 年影印版，第 2705 页。
② 引自《十三经注疏》，《尚书·禹贡》，中华书局 1980 年影印版，第 146 页。

　　距今两千年，与春秋战国同期的世界各大宗教先后诞生。欧亚大陆有洪水与诺亚方舟的创世神话。而同时期的大禹崇拜没有走向宗教，而是进入了国家礼制，禹不仅作为治水神，更是华夏民族的祖先神，集道统为一体。大禹治水奠定了华夏民族的文化基因：威权认同下的社会行为，天下为公、大道行焉的道德标准。

　　自黄帝至禹的时代是古史时期或称传说时代邦国林立，从部落联盟走向国家过渡阶段。考古学证实，大禹治水前多个文化中心分布于长江，黄河，淮河二、三级支流的台地或小盆地。大禹治水正是在这样的社会形态下发生的。治水是华夏部族在灾害中求生存的必然选择，治水活动推动了部落联盟向国家演进，并对中华民族文化基因形成有重要影响。大禹治水是中国五千年文明自华夏黄帝而一以贯之的里程碑。

考古视野下的中国上古时代水利（下）

牛志奇

（水利部）

长江是中华民族的母亲河，是中华民族发展的重要支撑。长江以其庞大的河湖水系，独特完整的自然生态系统，从远古走来，孕育了灿烂的长江文明，造就了从巴山蜀水到江南水乡的千年文脉，是中华民族的代表性符号和中华文明的标志性象征，长江流域在中国古代文明的形成过程中发挥了重大作用。

水是人类的生命之源，万物之宗，自古至今深刻影响着人类社会的发展和变革。正如春秋时期的著名政治家管仲在《管子·水地篇》所说："水者，何也？万物之本原也，诸生之宗室也。"长江文化的发展，也印证了这一点，从长江流域漫长而悠久的历史看，从长江流域的考古成果看，水利在长江文明中具有重要的地位和作用。

一、水利是最早进入长江文明形态的关键要素

长江文明是中华文明的重要组成部分，长江也是中华文明的起源地之一。其起源和形成经历了一个漫长的过程。早在史前时代，长江地区已有相当高度的文化，如浙江的河姆渡文化、浙江的良渚古城遗址、湖北的石家河遗址、湖南澧水的城头山古城遗址，其中良渚文明证实了中华五千年文明史；石家河遗址是长江中游地区史前文明中心，由它命名的石家河文化代表了长江中游地区史前文化发展的最高水平，是三星堆文化、楚文化的重要源头。这些都说明长江流域，特别是长江中下游地区，早在史前时期已经显示其高度的文明特质。

文明要素的不断发展积累和汇集，达到一定程度时才能形成成熟的文明，学者提出文明应当包括四项要素，即文字、城市、大型礼仪性建筑以及青铜器。也有学者提出应有六条标志，即城市的出现、文字的书写、冶金术和金属器的使用、密集型的农

牛志奇：水利部财务司副司长（正司级），研究员。

业、宗教的统一力量、礼仪性的建筑。无论是"四项要素"还是"六条标志"，其中都有"城市"这个要素，可见城市是进入文明阶段的重要标志之一。本文以良渚古城遗址、石家河遗址、城头山古城、城河遗址为例，揭示这些大型遗址中所包含的水利理念、水利工程体系、原始灌溉系统、城市排水设施等水利要素。

（一）良渚遗址中的大型水利系统

2019 年，"良渚古城遗址"被列入世界遗产名录，这是我国第一次取得新石器时代文明遗址——良渚古城遗址的重大考古成果，使我国文明史的出现时间得到进一步延伸，也意味着我国五千年文明有了强有力的历史遗迹支持，成为中华五千年文明史的实证，也是中国乃至东亚地区最早的城市文明遗迹。良渚古城遗址是距今 5300—4300 年的遗址，考古发现的遗存主要有四种类型，其中重要的一种类型是庞大的水利系统，水利系统是中国迄今发现的最早的大型水利工程遗址，也是世界上迄今发现的最早的堤坝系统之一，水利系统是良渚文明的重要标志，也是申遗的重要组成部分。其水利系统包括上坝、下坝和山前长堤，大小共 11 处人工坝体遗址，其中上坝 6 条，分为东西两组，其影响的范围超过 100 平方公里。良渚古城的外围水利系统位于古城的西北部和北部，以自然山体为依托，在两山谷口之间，以南北走向修筑了两组用黄土夹杂裹泥稻草包修筑的堤坝。良渚古城外围水利工程是人类历史上最早的复杂的大型水利设施，其伟大之处在于它是一个中小流域性水利系统，将良渚古城外围的水利工程与古城内外水网相联通，发挥其防洪、拒咸蓄淡、运输、调水、灌溉等功能。

（二）城头山遗址中的原始灌溉系统

城头山遗址，是中国南方史前大溪文化—石家河文化时期的古城遗址，距今 6000 多年。位于湖南省常德市澧县城头山镇（原车溪乡南岳村），该遗址是一处新石器时代城址。城址平面略呈圆形，由护城河、夯土城墙、东、南、西、北四门和城西南部的夯土台基组成，城址直径 310 米，墙底部宽约 20 米，残余的城墙顶部宽约 7 米，内坡平缓，外坡陡直。护城河宽 35~50 米，深约 4 米，与城墙外侧紧相连接。护城河是自然河道与人工开的河道相合而成，护城河不仅是防御设施，也具有交通上的重要功能。在城头山遗址发现了古稻田，考古学家推断这是世界上发现最早的水稻田，距今 6000 多年。同时还发现了与水稻田相配套的原始灌溉系统，有水坑和水沟，均位于稻田以西的原生土层面高出稻田的地方。发掘区内发现三个水坑，坑 1 直径 1.2 米，深 1.3 米，锅底形，底部有很浅的一层淤泥；坑 2，一半压在发掘区外，直径 1.2 米左右；坑 3，仅揭示 1/4 的面积，推算坑口直径在 1.5 米左右。考古专家还发现从西南向东北注入坑 1 的两条水沟，认为是作为灌溉用的水沟。水沟与水坑无疑是与稻田配套的水利设施，说明当时的先民们已经认识到原始的灌溉设施对人工栽培水稻的重要作用，促进了农业生产的进步，向文明迈出了步伐。

城市是文明产生的一个重要标志，是文明社会的奠基石，而水利是其中重要的要素。长江流域这两个典型遗址中的水利要素也证明了这一点，基于治水的内生性需求，使得水利理念和行为在城市的发育、形成和发展的过程中得以运用，不受水害的侵扰、有足够的水资源来使用、有完备的排水设施保证城市的运行、有原始的灌溉保证农业生产，它使人们能够在同水旱灾害的斗争过程中获得保护和发展的动力，从而进行更伟大的文明创造和建设。正如德裔美国历史学家和汉学家卡尔·魏特夫所提出的：在自然环境制造出的所有挑战中，正是不稳定的水环境所带来的任务，刺激人类发展出了社会控制这种水利办法。把魏特夫提到的"水利办法"放到这两个遗址中去认识，最好诠释了人类是如何发展出了"水利办法"。由于水利这个关键要素的存在，使得代表着文明标志的城市从萌芽开始，逐渐发展起来。同时，由于城市的发展，也促使其他文明要素的发育、聚集、成熟，如冶金术和金属器的使用、密集型的农业、宗教的统一力量、礼仪性的建筑等，保证了农业生产，保护了大型礼仪性建筑，发展了手工业，促进了文明的不断发展与壮大。

所以，这两个遗址所代表的长江流域或地区陆续进入了文明阶段时，水利是最早进入长江文明形态的关键要素。

二、水利的独有特质决定了在长江文明进程中的作用

（一）水的自然属性

人类自古以来逐水而居，每一个区域，每个文明古国，都是因河而先文明。世界上的四大文明古国都源于大河的孕育，大河文明是孕育人类文明的重要载体。我国著名历史学家、古文字学家李学勤在《长江文化史》一书中指出："早自史前时期，长江地区已有相当高度的文化且有着很多自身的特点，显示出文化的一定优势，为我国古代文化繁荣做出了特殊的贡献。"由此可以说，长江、黄河同是中华民族的母亲河，孕育了伟大的中华文明。

城头山遗址的选址。据专家考证，较澧阳平原的大部分地方要高出数米和十几米，1998年的大洪水都没有对其所在的徐家岗以及周边农田造成丝毫损失，说明城头山的先民们在选址的时候，考虑到这个位置处于丘陵进入平原地区，既能避水患，又能得水利，种植水稻。这也印证了春秋战国时管仲在《管子·乘马》中著名的阐述："凡立国都，非于大山之下，必于广川之上，高毋近旱而水用足，下毋近水而沟防省。因天材，就地利。"这段论述应该是水利规划最早的理论表述，它指出凡是营建都城、城址的选择，因天材，就地利，靠山近水。如选高地，要有水源保障；若近河湖，则有地形优势，以利排水而省修防之功。城头山考古发现证明早于管仲两千多

年，城池选择和建设已经具备了这一智慧，实施了与自然环境相结合的利用水资源、控制水患的行为。

良渚古城遗址位于东苕溪的东侧，处于河网密布的地区，良渚的先民们要避开水患，在与水的争斗中解决自身生存问题，又要利用水带来的益处，修筑的环城河、内城沟渠，高台（避水），构成城河与外河联通，具有防洪、供水与排水等综合功能，保证了良渚遗址群人们的安全，既能趋利避害，又兼得山泽之利，使得良渚古城的文明之源得以孕育，也促进了良渚文化向长江下游环太湖区域的辐射，领先迈出了踏入长江文明的脚步，是长江文明的标志性象征。

江汉平原考古显示的聚落分布情况，大致是城垣类遗址分布在地势较低或河谷地带等易遭受水患灾害的区域，而环壕遗址则一般远离河谷或地势较高，如石家河遗址，在考古过程中，遗址的东部未能发现城墙遗迹，西墙则可能是用于积累西部水源的堤坝，进而引水至谭家岭周边用于水稻种植。再如屈家岭遗址，位于湖北省京山市屈家岭，该遗址是一处以黑陶为主的文化遗存，是长江流域第一个新石器时代考古学文化——"屈家岭文化"的命名地。遗址位于两条河交汇处，同时也通过挖掘壕沟的方式沟通沟渠，形成整个聚落被水环绕的防御格局，考古专家认为，该流域的各聚落可能通过拦截河流，建小型水坝，引水灌溉种植水稻等农作物。综上所述，长江流域不同的地理、水文水资源环境，各个遗址的治水模式和治水理念有所不同，也反映出长江流域的史前人类治水行为方式各具特色。

水的自然存在状态不完全符合人类的需要，只有兴修水利工程，才能满足人民生活和生产的需要。德国古典哲学家黑格尔在关于地理环境对世界历史发展影响的演讲中指出，作为人类物质活动和精神活动的表演场所，即自然联系的作用，既不能夸大也不应低估，而是一种主要的和必要的基础。不同的自然类型和生长其上的居民类型与性格是密切关联的。在所谓自然环境或自然联系中，他指出气候和大河的两个属性对我们理解包括长江文明在内的大河文明具有启发意义。以上几处长江流域史前遗址的考古发现证明，史前人类根据水的自然状态，按照兴利除弊的生存需要，不断对水的认识和利用进行深化，使得史前治水显示出了文明的高度，证明了水不仅是生命之源，也是文明之源，推动着长江文明的发展进程。

（二）水利的社会属性

治水史也是一部治国史。从古到今，中华民族一直在与水旱灾害进行着抗争，从治水的历史视野中可以看到治水的社会性与国家性体现。史前治水需要大规模的人力聚集，使得社会组织能力和领导得以发育，促使阶层的分化，从而形成集权的国家形态向文明阶段迈进。如良渚遗址中的工程量相当巨大，根据考古发现的情况初步估算，总计 1200 万立方米。以当时的生产力，"这样的工程量即使动用 1 万个劳动力也需要 10 年甚至更长时间"。能组织这么大规模的人力来进行如此浩大的工程，如果仅仅是一个部落或者一个联盟是不可想象的，应该是动员了相当广阔地方的人力，然后需要有一个凌驾于社会之上的国家政权完成，只有在相对集权的国家形态下，才能实现有组织的社会动员，动员大量的人力、物力、财力投入水利工程建设中，它不仅反映了强大的社会组织力，还有统治权威的体现。所以，治水造就了集权国家形态的形成。我国著名考古学家严文明将良渚文明称为"广域王权国家"，这与良渚的水利要素作用紧密相关。那么，从治水到国家形态的形成，有着必然的逻辑关系。英国牛津大学教授 Jessica Rawson 评论："良渚古城外围存在着由许多条坝体构成的庞大水利系统，说明当时的统治者十分清晰如何规划水利工程建设和管理劳动力，这为人类了解早期国家的组织方式提供了很大帮助。"中国社会科学院考古研究所副研究员李志鹏在其文章中评价："良渚文明可以称为发达的水利文明。良渚人精妙的治水智慧与超强的水利工程设计、组织、实施能力，造就了可比肩五千年前其他世界古老文明的辉煌良渚文明。"所以，良渚水利考古证明了治水促进国家文明体系形态的逐渐形成，并日益扩展到文明起源的各个方面，成为推动长江文明进程的重要力量。

城河城址是石家河文化中一所重要遗址，距今 4300 多年，位于湖北省荆门市沙洋县后港镇双村村，面积为 100 万平方米，为大型城址，且护城河、城壕、城垣保存比较完整。城河及其支流分别从遗址西、南及东侧流经，于遗址东南方汇合。考古专家认为：流经城内的城河并非自然河流，而是经改造后的人工水系，目的是为了解决当时城内大量人口的用水、排水问题。城河遗址对水系的利用、管理，在当时是一个很大的社会行为，说明这里社会发展水平已达到相当的高度，体现治水的社会性，为进一步认识史前人类生产关系、社会关系和文明进程，提供了水利视角。

良渚、石家河、屈家岭、城头山这些长江流域的典型史前文化遗址，是具有标志性意义的遗址：良渚文明实证了中华五千多年文明史；石家河遗址及由它命名的石家河文化代表了长江中游地区史前文化发展的最高水平，在中华民族文明起源与发展史上占有十分重要的地位；屈家岭遗址是研究长江流域文明起源与发展的标志性大遗址之一，表明这里是长江中游农耕文明的发祥地；城头山古文化遗址不仅发现中国目前最早的大溪文化早期城址，还发现了目前世界最早的人工栽培水稻田，代表了长江流域新石器时代古文明的发展高度。这些代表性遗址所蕴含的丰富文化内涵和历史基因，说明长江流域同黄河流域一样也是中华文明的摇篮，是中华民族的代表性符号和中华文明的标志性象征。而这些遗址中所呈现出的水利要素，充分证明了水利是最早进入长江文明形态的关键要素，水利在长江文明起源期体现了文明所到达的高度，水利在长江文明的发展进程中有着重要的地位和作用。

中国古代水文题刻述略

李云鹏

（中国水利水电科学研究院）

在古代，水文题刻成为提供直观、明确、可信的水文记录的重要历史资料；在今天，是重要的水利遗产。

水文题刻是保留典型场次旱涝水情水文信息的重要形式。在古代尚未形成系统完善的水文观测与记录制度的时期，水文题刻成为提供直观、明确、可信的水文记录的重要历史资料，对历史典型场次水旱灾害水文复原、长时序水文规律研究具有重要而独特的文献价值，也是重要的水利遗产。

一、精心雕琢的智慧结晶

历经沧桑保留下来的水文题刻形式多样、功能不一，是古人因地制宜、精心雕琢的智慧结晶。

从形式上看，目前发现的多数水文题刻，都是利用深谷河岸侧壁的天然岩体，将某一场次洪水的时间、水位等信息直接题写刻画于天然或稍加处理的岩面上（即摩崖石刻），题刻位置一般即此处最高洪水水位上侧。直接刻画洪水题刻的岩体一般比较稳定、坚固，除非发生地震、滑坡等大的地质活动，在历史时期内岩体不会移动。由于其位置相对固定，水位、断面信息明确，在所处河段未发生大的变迁情况下，可以结合地形情况直接推算所处断面场次洪水的流量。但由于刻痕直接暴露于大气之中，易受风化影响，若历时久远，字迹容易模糊甚至消失。

当然，也有利用河床坚硬基岩雕塑成形，结合雕塑刻画水位、题写时间，描述水情等场次水文信息。这类题刻兼具资料价值和历史文化价值。重庆涪陵白鹤梁题刻就是结合雕塑题刻水文信息的典型，其水文标志和预警通过石鱼形象直观地展示，通俗

李云鹏：中国水利水电科学研究院高级工程师。

易懂；部分水文题记信息则以其旁的石鱼部位为参照，描述精确。这类枯水题刻由于大多数时间没于水中，受风化影响较小，保存较好。

古人也依托河道附近的桥梁、庙宇等建筑，在其墙、柱、墩等稳固结构上，刻画某场次洪水水位到达的位置；或者在建筑旁的岩体上题刻，以建筑、桥梁等为参考系描述洪水情况；也有在建筑内立碑题刻的。建筑相对自然岩体来说稳定性较差，水文题刻易随着建筑的损毁、改建而消失，或失去参考系而增加水情考证的难度。这类建筑题刻不易保存，因此存世数量较少。

水则、志桩及其他具有水文要素标示功能的石人等，属于可移动的水文测量设施，历史上曾将其大量应用在工程运行监测上。但这类水则如果位置发生变化，其基准点相应改变，那么同一块水则之前测量的水位便失去价值，故其稳定性、可靠性一般较差。

从功能上看，大多数水文题刻是古人为记录当时特大洪水或特大干旱水位而做，这对古代场次水文复原具有重要的资料价值。比如，根据某些场次洪水或旱情，在不同断面都有题刻标划，构成上下游连续的水位信息或过程；某些断面位置，记录了不同年份特大洪水或枯水的情况，形成直接对比，为确定场次洪水量级提供了重要依据。

图1 江津莲花石上的题刻

绝大多数水文题刻都是标划江河场次洪水最高水位的，以长江流域为最多。标划的历史特大洪水自宋代至民国时期，时间跨度约1000年。相比而言，标划枯水水位的题刻较少，目前已发现的主要有重庆市涪陵白鹤梁、渝州灵石、江津莲花石、巴县迎春石、丰都龙床石和云阳龙脊石。其中，白鹤梁水文题刻因数量多、时间跨度长，被誉为"世界水文史上的奇迹"（图1）。

除了记录自然江河典型场次水文信息，水文题刻还为工程运行提供实时定量依据。这类水文题刻多具有类似水尺的水位标示功能，在历史时期为特定工程的具体运行操作提供实时定量数据参考。都江堰石人、水志，浙东地区的山会水则、三江闸水则以及大江大河上的水志桩等都属此类，集中体现了当时水利科学技术水平及工程管理制度，具有重要历史及科技价值。

二、共探分布广泛的水文遗存

（一）长江流域：数量最多、种类丰富

长江发源于青藏高原唐古拉山，湖北宜昌以上为上游，流经高山峡谷，两岸石壁林立，便于雕刻题记。因此，长江上游流域是发现水文题刻最多的地区，也是题刻种类最多的，有洪水题刻、枯水题刻、水运题刻、工程水文石刻之分。

为三峡工程建设的需要，长江水利委员会曾于 1952—1974 年间，先后 11 次对宜宾至宜昌的川江河段洪水题刻进行实地调查，共发现 178 处。整个长江流域宋代洪水题刻共 5 处；明清时期洪水题刻、碑记、洪痕共计有 1000 余处，其中干流 200 余处，集中在上游 100 余处。

长江上的洪水题刻水位标示方式多样。最多的就是直接在当时洪水淹没线位置题刻"大水至此"或"到此""淹此"之类的文字，文字高程即当时水位高程。有的题刻仅写"××年大水"或"水迹"，以文字位置标示当时水位高程。还有大量题刻用符号专门标划出了当时的水位线；或者以建筑物为参照，文字描述当时水位与建筑特征部位的相对位置。宋代有时用"水作"刻痕来标划水位线，另有题刻文字描述洪水时间并说明与"水作"的关系。用符号明确标划水位线高程的，常用符号有横线、三角形加横线、箭头等几种形式。有的题刻则通过文字和数据描述，明确当时水位与岩石或建筑特征部位的相对位置。

除岩刻之外，在长江上游干流沿岸的一些古代建筑物上也发现不少记录洪水水情的碑刻或水痕遗迹，主要集中在四川、湖北等省。有一些特大洪水场次，在不同河段都留存有对同一洪水过程的洪痕题刻。长江流域题刻最多的是 1870 年大水，在长江上游各段共有 90 余处。另一场题刻较多的洪水是明正德十五年（1520）洪水，在宜宾至重庆河段有 4 处题刻。

枯水同洪水一样关系民生，在长江上中游还有一些记录枯水位的题刻。白鹤梁位于乌江汇入长江口上游约 1 公里处的长江干流中，在梁脊长约 220 米的中段坡面上分布自唐代以来的文字题刻 165 段共计 3 万余字，其中与水文有关的题刻 108 段，它们记录了长江 1200 年间的 72 个枯水年份水情信息。

重庆朝天门左面有长约 200 米的石梁延伸向江心，灵石题刻即位于石梁中部水下石盘上，记载了汉、晋、唐、宋、清各代共计 17 个枯水水文年份，又称雍熙碑、丰年碑，"每水落碑出，年丰，人争摹拓，数十年不一见"。

云阳龙脊石是一砂岩石梁，位于四川云阳城南长江中，靠张桓侯庙下游约 150 米处。脊石分上、中、下三段露出江面，三段石脊上均有题刻，共计有 170 余段，其中高程在平均枯水年水位以下的可用题记 68 段。

龙滚滩处于重庆市垫江县最大河流高滩河的上游，在始建于同治年间的石平桥第五、第六孔间桥墩下的石滩上，分别标记了道光四年（1824）、同治十三年（1874）两个大旱年时此处的水位。

除洪水、枯水题刻外，还有水运题刻。历史上长江是中国南部重要的水运航道，长江三峡河段暗滩、礁石密布，是长江水运最危险的河段。古人通过长期航运实践，总结长江水位与行船安全的关系规律，在最危险的位置立石警示，提醒船只在合理的水位通过。例如，长江三峡中的巫峡口古代水文石刻"我示行周"位于峡口南岸，刻于清光绪年间（1905），长约4米，宽约1米。四川奉节白帝城小滟滪堆碑刻是长江上另一处服务于水运的枯水水文题刻，位于长江入瞿塘峡口之夔沱，在滟滪堆旁的小滟滪堆悬崖上嵌立两块碑石作为水运枯水警示标志（图2）。

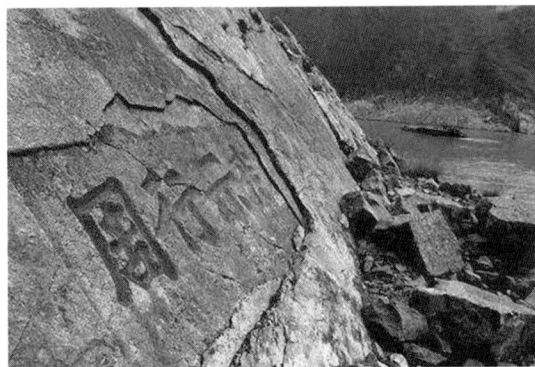

图2 "我示行周"刻石

最后，值得一提的是工程水文石刻。早在秦国修建都江堰、开宝瓶口时，古人就在长江支流岷江两岸岩壁上刻有分划用来测量水位的高低。据《华阳国志·蜀志》记载，李冰修都江堰时，"于玉女房下白沙邮作三石人，立三水中，与江神要：水竭不至足，盛不没肩"。20世纪70年代在都江堰渠首附近的外江中发掘出的两尊汉代石人，证实此言非虚。北宋时，都江堰水则为刻在宝瓶口离堆崖岸上的十划水尺，清乾隆三十年（1765）在宝瓶口左岸重建水则，共24划，一直沿用至今。

（二）黄河流域：翔实记述历史水利事件

黄河是华夏文明的发祥地，也是历代对中国影响最大、水利活动最为频繁、工程数量规模最大的一条自然江河。黄河流域留存着大量与水利活动、水旱灾害有关的摩崖石刻、碑刻等，但多以记述水利事件为主，如三门峡一带记述历代开三门航道的岩刻等；洪水题刻也有一些，但总量远低于长江流域。

《水经注》中记载的伊河龙门洪水题刻，经考证是中国最早的洪水题刻，记录了魏文帝黄初四年（223）黄河流域伊河的涨水情况。伊河为黄河三门峡以下的伊洛河的支流，其下游即龙门（又名伊阙），此处两岸为岩石陡壁，河宽200多米。《水经注》载："阙左壁有石铭云：黄初四年六月二十四日辛巳，大出水，举高四丈五尺，齐此已下。盖记水之涨减也。"现已风化不存。

据黄河水利委员会勘测设计研究院史辅成等考察，黄河流域发现多处记录历史特大洪水的碑刻、石刻或建筑壁刻。黄河干流中游吴堡县城南杨家店《重修河神庙碑》残段上游关于道光二十三年（1843）洪水的文字，绥德县城强家砭石碑记录了民国 8 年（1919）7 月无定河的一次洪水，时间、地点明确但缺乏定量描述的水文信息。有些近河建筑上刻有关于某历史场次洪水的信息，基本标示出了当时的最高洪水位；也有专门设立指水碑来标示洪水位的，如黄河下游支流沁河上阳城县九女祠庙门石壁、阳城县润城镇龙王庙指水碑，北洛河蒲城河城村关帝庙墙壁上、渑池县东柳窝村道光年间的指水碑等。

黄河善决、善徙、善淤，历来是国家江河治理的重中之重。为以堤防为主的防洪工程建设而服务的水位测量设施和技术很早就开始应用了。北宋时黄河干流的险工段就已设有水尺，而且有水位涨落的日志记录，称作"水历"。明清时期黄河中下游河道上设置大量志桩来监测水位变化，并逐步建立起完善的报汛制度，上游发生洪水时由专门的人马定期向下游传报汛情，提醒下游做好迎汛准备。志桩类似于现在的水尺，但由于各处并没有统一的高程基点，当时的志桩只限于测量所在断面的水位变化情况，不同断面的水位数据无法作对比。

黄河中下游流域农业发达，干支流上的引水灌溉工程在宋代也有辅助水位测量设施。如泾河上的引水灌溉工程最早始于战国时期的郑国渠（今称泾惠渠），历代渠首位置经常发生变化。宋代的引泾工程称丰利渠，其进水口左侧崖壁上刻有等距水尺，其痕迹至今保留，但其上文字多已不能辨识。

在山西平陆、闻喜、新绛、万荣、盐湖、芮城等地还发现众多记载光绪初年大旱灾情的碑刻，全面反映了当时雨情、灾情发展过程，芮城几处古民居的砖刻上记录有清代几场暴雨洪涝及雹灾的情形，具有重要水文资料价值。

（三）东南地区：广泛应用"水则"

东南地区太湖、钱塘江流域及东南沿海区域，由于地形平坦，鲜有类似长江上游的水位岩刻，但至迟在宋代就已经广泛运用"水则"来测量水位了，最具代表性的就是宁波"平"水则（图 3），绍兴鉴湖、山会和三江水

图 3　宁波水则碑

则，以及太湖出口的吴江水则。在东南沿海一带的高山石崖、山区丘陵地区也有一些记录海啸和江河洪水的题刻。如温州永中街道坦头村峰门山崖壁上刻有"乾道二年（1166）水满至此"，记录了当时特大海啸时最高水位（海拔 69.68 米）。在浙江丽水城南郊南明山的高阳洞壁上，发现记录南宋绍兴十四年（1144）与十六年（1146）当地两次水灾的长篇题刻，是研究瓯江水文的珍贵资料。

谈谈大运河的旅游文化遗产

——以明清时期"江北小苏州"济宁为例

孙竞昊

（浙江大学江南区域史研究中心）

摘要： 本文聚焦于明清时期有"江北小苏州"之称的北方运河城市济宁——其旅游文化别具一格。彼时的济宁作为繁华的运河城市，拥有丰裕的城市旅游资源。济宁因运河而兴，其处在该南北大动脉的居中位置，使其对外来影响高度开放。济宁的社会风尚，包括发型、美食、服饰都体现了某种江南风格。精英文化中也表现出活泼浪漫的趋向，异于北方的保守、刻板形象。这种特征也体现在城市景致上，反映了刻意塑造地方文化认同的地方文化工程。而高度发展的商业化、城市化设施和气氛，为旅游业的繁荣提供了优异的条件。明清济宁的个案既表现出其地方个性，也反映出运河城市的共性。

"旅游业"（tourism）作为一种产业是现代的事情，还被纳入社会和政府的规划与管理范畴。但旅游是中外古今再平常不过的行为。在中国传统时代，旅游和旅游文化十分普遍而发达，而旅游空间不仅有远离闹市的人间仙境，还有热热闹闹的都市街衢。

明清时期的大运河不仅传输漕粮和其他官方与私人的其他物品，而且为长短距离的旅游提供了便利。而因应运河上熙熙攘攘运输与旅游的需要，也在不同程度上影响了沿线城与乡的景致和结构，在生机勃勃的城市和市镇尤其如此。换句话说，一些城市和市镇在因运河而崛起和发展中，开掘了当地的文化资源，进而强化了地方的特色，并促进了旅游行业的发展。明清时期被称为"江北小苏州"的济宁，就是一个非常有趣的典范，可以丰富我们对传统时代旅游文化遗产的了解和理解。

下面的这首竹枝词点出"小苏州"的若干亮色，生动地展现了一个尽享舟楫之利益的运河商埠场景。

竹 枝 词

佚 名

济宁人号小苏州，城面青山州枕流。

宣阜门前争眺望，云帆无数傍人舟。

城中阛阓杂嚣尘，城外人家接水滨。

红日一竿晨起候，通衢多是卖鱼人。

这个城市鲜明的特点：它在地理上位于北方，却呈现出许多江南城市传统相关特点的"南方化"特征。这不仅使得当地人引以为傲，而且吸引了南北各地慕名而来的外乡人（图1）。

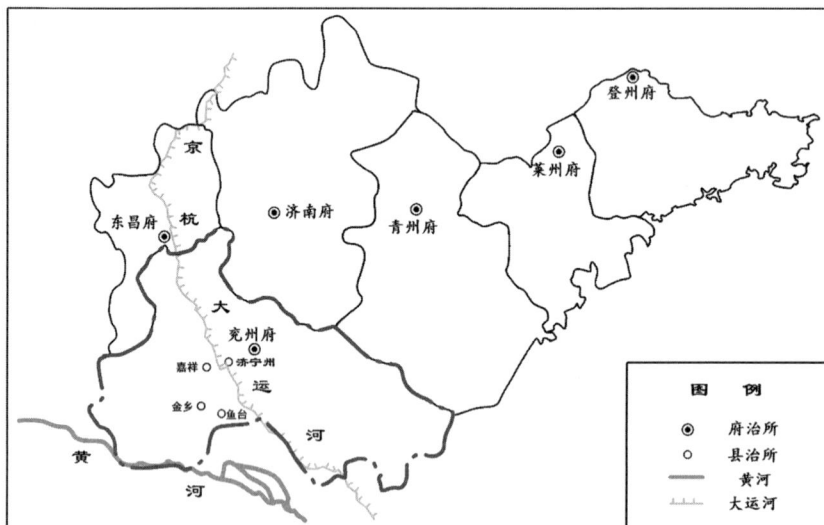

图 1　明代山东政区示意图（万历十年）

一、背景与缘由：流动的大运河对地方文化属性的重塑

元代重修大运河，北端直抵大都（即北京）。原本属于传统北方农耕经济区域的山东西部沿运河沿线开始了商业化发展的新纪元。在接下来的明清时期5个多世纪里，京杭大运河是庞大的中华帝国得以维系和强盛的生命线，这一国家战略实施的副产品便是北方运河地区的商业化和城市化：一些新型的市镇和城市兴起或扩张，一些原本具有浓重政治中心属性的府（州、县）治所的经济功能、市场机制大为增强。济宁的城市化道路与城市形态就是肇始于大运河交通因素的一个典型，是大运河的运行把它从一个普通州县治所变成了一个大商埠。

在作为南北大动脉的运河上，不仅有物品和资本的频繁、巨量的流动，还有来自各地的社会组织、文化风习、精神信仰的交汇。济宁虽然在地理上处于北方，但由于其在南北交通的居中位置，济宁对外来影响高度开放，而且来自南方的人和事扮演了重要角色，使得其在各个方面具有明显的江南都市特色与气质。

济宁的社会风尚，包括发型、美食、服饰都体现了某种江南风格。受南方习俗影响，济宁居民嗜好绿茶，这在山东比较特殊。

济宁的美食也是如此。无论对当地人，还是外来游客，济宁的食谱多样而精美。济宁富有特色的烹饪调和了南北风味，是鲁菜旗下的分支。如苏州商人创办、当地豪门孙家接手的"玉堂酱园"的咸菜、调料，不同于一般北方的纯粹咸味，而是咸中带甜。奢华的餐馆吸引了远近食客，提高了济宁的高消费名声。直到20世纪初，20多家主要餐馆以其独特的菜肴而闻名。此外，街道和小巷中的经济实惠小吃和点心摊也为普通居民带来了美味，济宁人素有出门吃早餐的习惯。

市井风俗如此，精英的雅文化也如此。明清时期济宁科举及第的成功在山东西部可谓鹤立鸡群，由此培育了相当规模的儒家士大夫群体，其在地方社会的文化权力话语中享有霸权。当地相关地方历史文献，既印证着北方人似乎应该恪守传统的保守性态度，也反映了商业化风习的浸润，特别是活泼的南方因素。然而，这种矛盾映照出济宁士绅内心的纠结和调适，即将"北方"的和"南方"的思想旨趣融合起来。

济宁旧称任城。作为广义上的孔孟之乡，地方文献可以赞美当地涌现出的鸿儒饱学之士，同时也凸显了当地文学艺术中的自由主义性格。在回顾当地文化的发展历程时，清康熙《济宁州志》记载："任城建为国，列为郡县，名贤踵续，历三代后又千有余年。艺文断自李、杜，然皆客游兹土。"李白高歌"我本楚狂人，凤歌笑孔丘"，其放浪不羁的生活方式和天马行空的诗歌风格确实不符合儒家思想的准绳。

所以，这种非正统的"艺文"风格将济宁与以曲阜为传统象征的正统山东文化区别开来。似乎济宁士绅们意识到济宁处在曲阜的正统儒学的影子下，与他们置身其中被运河搅动的活泼生动的日常生活风格不协和。而李白诗歌中所体现的自由浪漫气质，通过流行的礼仪渗透，进而塑造了广大民众的日常行为。近代开埠之后，有传教士观察到，在济宁日常生活形态里，即使白丁也具有绅士文人般闲雅从容的风度。

二、文人雅士的文化构建：带有鲜明地方特色的公共与私人景观

正是在这种以运河为载体的南北大流动、大交流的语境里，济宁在明清时期成为一个重要的商业和文化重镇，旅游事业也令人瞩目。

济宁作为一个独特的文化场所，其名声尤其依赖于它的那些著名景点。明清时期济宁在人们心目中最重要的形象莫过于南城门上的太白楼。有些游客来到济宁，就是

由于太白楼的吸引力。

史载："太白酒楼在南城上，唐李白游任城，任城令贺知章觞之于此，咸通中建楼，往来名人题咏，石碣林立，如聚笏。"

毗邻太白楼，元代出现了纪念李白与款待他来访的"任城令"贺知章的二贤祠，尽管只是以讹传讹，因为时任县令是另一位不知名的贺姓官员，而身为朝廷高官的贺知章后来在长安会见了较自己年少近40岁的李白，欣赏并举荐他。

济宁的许多其他热门景点也都被赋予了文学和文化的意义。例如，南池，又称杜池、少陵池，昭示了杜甫与该地区的关系——无论杜甫来访的传说同样如何不真实。"南池在南城白楼下，洸、泗两水所经……蓄荷数亩。杜甫与许主簿泛舟南池，有诗。"（图2）

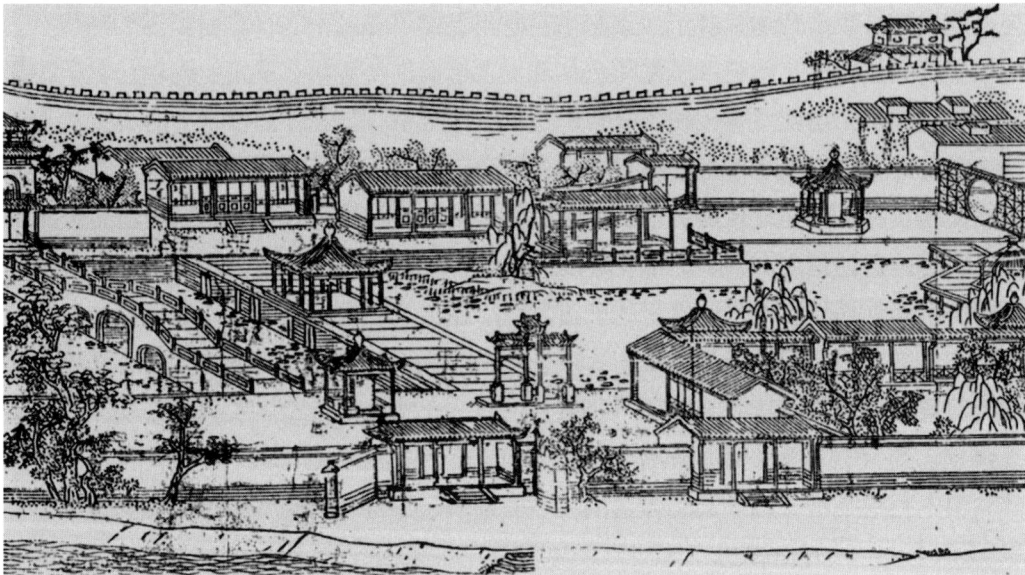

图2　清代道光年间地方志上的插图"南池荷净"

济宁城市的生活空间与园林联系在一起："州素号繁华，人物风雅，园亭池馆之胜甲于诸州。"许多优美的花园、府邸和名胜沿着与大运河相连的水道建成。明清时期苏州、扬州带动起全国的花园建设热潮。这种习尚尤其沿着大运河北上，延伸至济宁，使其城市景观与江南城市相似，并具有类似的功能，吸引了外部游客的进入。所有现存的清代和民国初期济宁地方志都强调了城市园林的意义，包括带有说明性诗歌的图像，在城市环境中展示当地的"名胜"。明末清初的济宁著名士人郑与侨在其回忆晚明济宁园林的《名园记》序言中感叹道："不出园，而济可知；不出济，而天下可知。"作为一个明朝遗民，郑与侨对亭园的回忆可能有所夸张，但他揭示了晚明济宁盛行而卓著的园林文化。

在明清济宁的城市景致图案上，城墙也是富有特色形象的一部分。太白楼、浣笔泉、南池，以及其他的名胜如运河祠，都坐落在南城墙内外或城外运河岸边。以南门城楼为中心，聚集了这个城市最著名的文化、旅游、宗教景观。

同时，沿着附近的运河和河湖所建的祠堂、庙宇和庄园，济宁的秀美景致延伸到了城外。所谓"任城八景"分布在城内外以及这条风景带上。

关于太白楼这些历史名胜的传说其实十分缥缈，但强烈的诗文情愫推动了一代又一代文人雅士接受它们，成为历史记忆的一部分，即都乐意将这类逸事视为"真相"，至少在努力增强地方声誉的背景下，将其当作事实。这种努力表明，精英们运用济宁的文学遗产来创造想象，以地方文化认同建构该地的地方景点。

游览济宁的文人们也一味地渲染这些未经证实的逸闻，而不是怀疑其真实性。他们中不少是明清时代写诗赋辞的名士，还有南巡经过的清代皇帝。康熙帝与乾隆帝数次驻跸济宁，每次都游览当地名胜，留下诗歌和墨迹，称颂李白、杜甫在济宁的旧事。这些往事都提高了提升济宁的文化地位。

攀援史上最伟大的诗人，太白楼等地方古迹的价值便被竭力推崇起来。显然，济宁人选择了有利于当地声誉的历史成分，而忽视了合理性的怀疑。为了与历史上伟大的诗人扯上关系，太白楼等纪念遗址被济宁当地文化的推动者所利用。这些景点之所以获取盛名，不是由于它们的物质构造或形象，而是由于它们所得以代表或传达的文学、艺术、文化联系。济宁居民更乐意纳入外来的文人骚客，如李白、杜甫，从而凸显济宁与众不同的地方认同。这种带有宣示性的经典和文化遗迹可以勾起某种浪漫的联想，取得构制地方形象的想象性。

太白楼、南池等当地名胜古迹是当地公共集会的地点和文化及社会活动的舞台。诗会通常在太白楼上举办，诗人们鸟瞰运河与城镇美景，饮酒赋诗，谈古论今。特别是在例行的节日如九九重阳节，太白楼成了驻足凭栏的最佳去处。

同样，太白楼也是当地文人和官员招待外地同侪的理想场所。在他们大量诗赋的标题中，出现了"邀客""聚饮""饮别""唱和"等词语，表现了这些访问者的身份特征。这些文化活动在风景如画的地点举行，不仅促进了社会交往，同时也培育了城市在区域之外的公共形象。

三、商业化发达的便利设施和奢华的社会时尚

济宁城的物质外观和文化心理与运河牵动起的商业、经济活动相关。城市旅游业需要服务业，并刺激消费主义。在济宁，观光旅游与商业娱乐密切相关。郑与侨描绘了从南城墙上的太白楼放眼望去的热闹景象：

高居城颠，下临运道，千帆上下，一一自檐槛间去。东望大泽，如几案间物。西眺平湖，镜光遥展。湖外诸山，岩岫参差。峰峦近远……古南池，乃少陵趋庭时偶憩之所在。南城东便门外，负城面漕……前为坊，进为广庭之间，再进为桥……池之南岸，以垣界之。垣外皆妓女居停，多丝竹音。遵岸西行，直达广庭。庭宏厂，内外环列名人碑碣。浏览之余，官舫漕艘，来与目会。漕河对岸，毂击骑联，应接不暇。回卧员亭下，天风习习，荷香尽扑鼻矣。

这段话包含了景点、诗文意蕴、交通网络、商业以及娱乐场所的信息。一些风景、宗教或文化地点都带有商业印记。城市和郊区的商业化都市环境为当地民众与游客提供了舒适的设施和膳宿，为城市的文艺和文化的社交提供了场地。明清时期，前往曲阜朝拜圣人遗迹的人往往沿着大运河而来，并且乐意在济宁寄宿，一是凭吊游览当地名胜，二是因为这里有舒适方便的生活和娱乐条件（图3）。

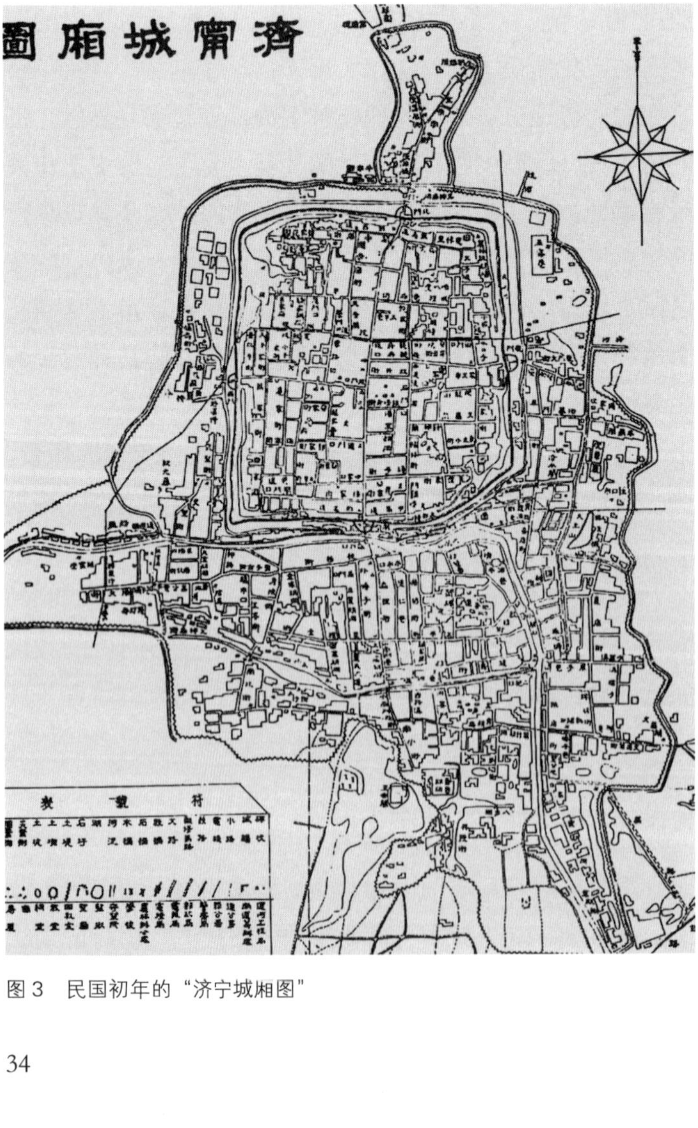

明代中期以来济宁发达的服务业设施与条件沿着商业化的方向不断发展。济宁居民热衷于时尚，南来北往的游客与当地人气味相投，尤其是"苏（州）样""扬（州）样"沿着运河流行起来。而济宁高档、齐全、舒适而且富有特色的硬件设施迎合了这种喜好。

而且，流行的娱乐生活与文人雅士的追求有所重合，比如饮茶。济宁是南方所产茶叶最大的全国集散中心之一，饮茶在日常生活中尤为流行。茶馆集中

图3 民国初年的"济宁城厢图"

在南部城墙和运河之间，以及附近的运河闸口。有专门的茶馆出售茶水并提供社交场所，还有开设在戏园、餐馆和旅店中的茶馆。有些是提供给专门的顾客，特别是高档茶馆提供奢华的服务和文雅的礼议。总之，渔民、脚夫、苦力、小贩、商人、掮客、牙商、文吏、衙役、讼师、说客，以及棋手、民间艺人、戏迷或票友、文人都有他们喜欢的茶馆。作为以市场繁荣为基础的流行城市休闲文化的组成部分，这种浓厚的茶文化氛围使济宁赢得了另一个别号——"小北京"。

四、小结与启示

一些学者用"大运河文化"一词来描述山东西部运河城市的多元性文化景象和特征。在运河区域，本土和外来文化元素碰撞、竞争和融合，沿着运道的各个地域形成了具有相通性的混溶文化。像其他北方运河城镇一样，济宁将自身历史遗产与外部的各种成分融合在一起，形成了一种多元多彩的城市文化。其中，来自江南的文化特征和社会因素在构建济宁的地方认同中发挥了至关重要的作用，济宁盎然的南方城市生机体现在其物质景观、人文精神、社会成分以及日常生活的构造和结构中。在这个意义上，济宁在明清时代或者中华帝国晚期是一座"南方化"城市，尽管其坐落于地理上的北方。这个丰富多彩的文化图案符合运河城市流动人口的复杂混合。总之，给济宁带来可识别的标志是其城市景观和社会风尚，而这须归因于运河对其经济和社会的影响。

正因为如此，其自身的魅力增强了当地人的自豪感，一代代文人雅士不断营造城市的文化认同。也正因为其自身的特色与优势，不必刻意迎合外地人，却成为闻名遐迩的旅游胜地，而其旅游价值是文化高于自然。

论越国山阴故水道的历史作用和地位

邱志荣

（绍兴市鉴湖研究会）

摘要： 山阴故水道位于山会平原东部，兴建于 2500 年前越王勾践之时，是我国最早的人工运河之一，也是浙东运河的核心和标志性河段。通江达海，好运天下。在越国时期"或水或塘，因熟积以备天下"，是为越国复兴基地的交通枢纽，东汉时成为"境绝利溥，莫如鉴湖"的东湖，延续至今仍是河道依旧，碧水蓝天；纤道蜿蜒，舟船辐辏，是为中国大运河的瑰宝。

一、地理位置

《越绝书》卷八记载："山阴古故陆道，出东郭，随直渎阳春亭；山阴故水道，出东郭，从郡阳春亭，去县五十里。"《越绝书》卷八"地传"是越国山川地理、政治、宗教活动、生产基地、水利工程、交通航运等的集中记述篇。其中又主要由以下几部分组成：第一部分为勾践大小城及城内的主要活动基地；第二部分为城外的名人城池，如"阳城里""北阳城里"；第三部分为庙宇及冢墓，如"禹宗庙""独山大冢""若耶大冢"等；第四部分是军事屯兵基地，如"会稽山上城""射浦"等；第五部分为生产基地，如"富中大塘"、"练塘"（又称炼塘）、"鸡山"、"豕山"等；第六部分为交通道路，即"山阴古故陆道""山阴故水道"等。

这里需要指出的是，"山阴古故陆道""山阴故水道"和《越绝书》卷二中"吴古故陆道""吴古故水道"一样是专条记载的，因之，山阴水陆故道同吴水陆故道类同，应分别是两国当时主要的水路和陆路。

山阴故水道"出东郭，从郡阳春亭"，"东郭"和"阳春亭"均在今绍兴城东的萧绍运河边。"去县五十里"和《越绝书》卷八中记载绍兴东部的练塘位置相同："练塘者，勾践时采锡山为炭，称炭聚，载从炭渎至练塘，各因事名之，去县五十里。"练塘的地名今尚在，位于今上虞东关西，在距今萧绍运河 200 米处。从绍兴城东至练塘村按古代里程算，约为 50 里。练塘为勾践冶炼之处，"《旧经》云：越王铸剑之处"。据考证，练塘西北面为称为"樱山"等的一片紧邻的小山丘，东北面则有前高田头村、后高田头村。"村处小河两岸，地势较高，故名高田头。"[①] 由此可见练塘一带为平原内地势较高、受潮汐影响较少之地，练塘之塘应为早期之堤塘及沿海码头，外阻潮汐，内为一个冶炼基地，又沟通了山阴故水道，为水上交通便捷之地。《越绝书》卷八所记的山阴故水道正是在绍兴城东郭，至阳春亭东向直达练塘。

二、建成年代

笔者认为应早于越王勾践时代。这里不但可以从《越绝书》上都加了一个"古"字以证之，又可从故水道所处的地理位置和作用得到佐证。

卷转虫海侵海退后山会平原成为一片海潮直薄之地。同时越族居民向平原开发和发展也是一个渐进的过程。这里就必须注意到以下问题：

一是仨这一片海潮直薄之地，所谓"西则迫江，东则薄海，水属苍天，下不知所止。交错相过，波涛浚流，沉而复起，因复相还。浩浩之水，朝夕既有时，动作若惊骇，声音若雷霆。波涛援而起，船失不能救，未知命之所维"的环境中[②]，要开发生产和保障生活饮用水，必须筑塘实行御潮蓄淡。《越绝书》卷八中越地有此类塘的记载为数不少，诸如富中大塘、苦竹城、练塘、吴塘等。

二是在海侵海退后距今约 4000 年至越王勾践距今 2500 年的时段里，越部族既"以船为车、以楫为马"[③]，因此在平原内必然会有众多河道可通航，舟楫是越族主要交通工具和方式。

三是勾践到山会平原建城，不可能在无交通基础条件的区域内形成一个政治、经济、文化中心。其实，关于绍兴河道如何形成，明代王士性有很好的解释："日久非一时，人众非一力。"[④] 反映了历史上绍兴河道形成和变迁的客观规律。

笔者认为最早开挖山阴故水道的目的并非仅是为航运，应主要是为了挡潮和发展塘以南的生产基地。因为处在海潮直薄的沼泽之地和感潮河段上，只有建塘才能改变自然生态环境，御咸蓄淡，确保农业生产灌溉。在开挖河道时，以其泥土、石块在紧邻的河岸上筑起故陆道，形成了一河一路的格局。随着环境的改善，生产基地不断向北部平原拓展，故水道和故陆道的交通航运地位便随之不断上升。而到越王勾践时随

① 浙江省上虞县地名委员会编：《上虞县地名志》，内部资料，1983 年版，第 172 页。
② 《越绝书》卷四。
③ 《越绝书》卷四。
④ ［明］王士性：《广志绎》，中华书局 1981 年版，第 71 页。

着迁都平原及东部地区发展经济和政治、军事的需要，必定会对并存的此故水道、故陆道进行集中统一整治建设，使其成为越国东部主要的交通通道。

三、越国水上交通网络的形成

山阴故水道早于勾践时便已建成，至勾践时又进一步疏凿和整治，使之和古陆道一起成为越国主要的水陆交通主干道（图1）。

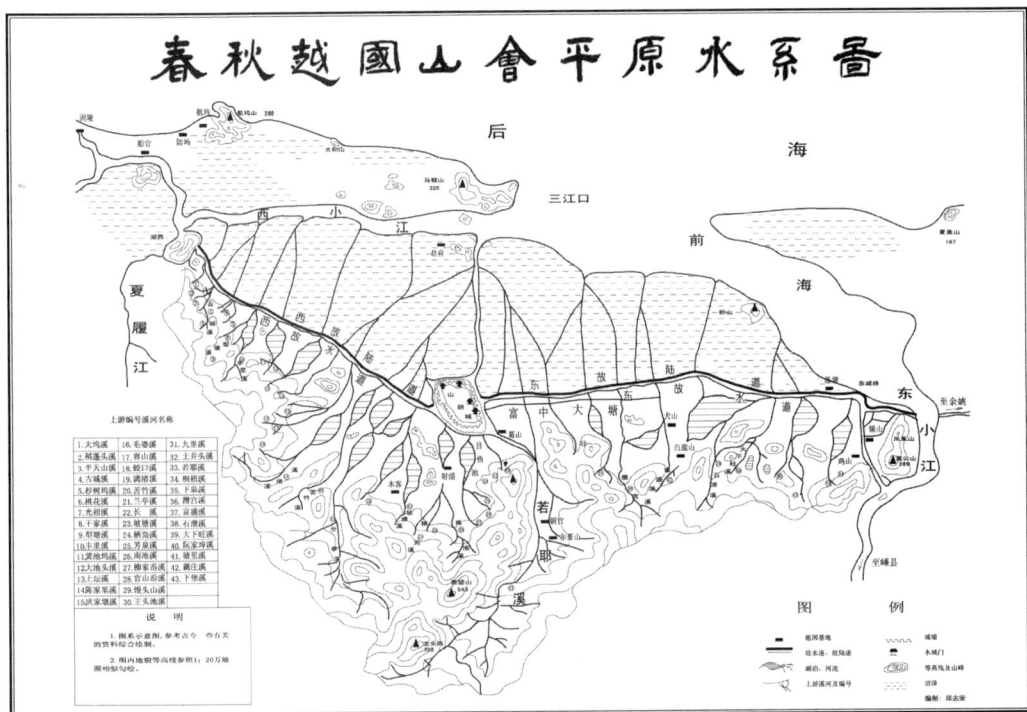

图1　春秋越国山会平原水系图

（一）山阴城内河道

越王勾践在筑小城时设"陆门四，水门一"[1]，此为绍兴城第一座水城门。位于今绍兴龙山以南的酒务桥附近，沟通了当时小城内外的河道。之后，又建大城，设"陆门三，水门三"[2]。大小城范围设四个水门，表明了城中河道之发达。据考证越国时城内主要水道大致格局为：一是由东山阴故水道进城东郭门至凤仪桥至水偏门的河道；二是从凤仪桥至仓桥的南北向环山河，即小护城河；三是从南门至小江桥南北向的府河；四是从酒务桥北向东过府河，再从清道桥经东街到五云门的东西向河道；五是从

---

[1] 《越绝书》卷八。

[2] 《越绝书》卷八。

大善桥南北接府河东至都泗门的东西向河道；六是从西迎恩门向东至小江桥，至探花桥，再南向至长安桥，东至都泗门的东西向河道。此外城内纵横交错的河道，或水或塘或池必有众多。大城中的 3 座水门分别为东郭门、南门及都泗门。城北不筑门，无水门但必有水道。不开稽山门水门应是此为若耶溪水直冲之地，否则难以抵御上游山洪之冲（图 2）。

山阴故水道沟通了山阴城内的河道，主要作用有二：一为水上航运，二为向城内提供淡水资源，调节水位。

图 2　勾践大小城位置图

（二）若耶溪河道

若耶溪发源于今绍兴县平水镇上嵋岙村龙头岗，北至城区稽山门，全长 26.55 公里，集雨面积 152.42 平方公里，多年平均来水量 7804 万立方米[①]，是山会平原南部山区北向最大的河流，为"三十六源"之首。若耶溪支流众多，来水丰沛，交注汇合，至龙舌嘴分为东西两江，东江过今绍兴大禹陵东侧进入平原河网，西江沿今绍兴城环城东河进入山会平原，流注泗汇头、外官塘至三江口入海，可谓山会平原南北向的中心河。

若耶溪不仅在山会平原地理位置上十分重要，并且在越民族的发展史上也有着极为重要的地位，被称为越民族的母亲河。从越王无余之旧都，到越王勾践迁都至平阳，又迁都至至今城址未变的山阴小城和大城，均在若耶溪周边，越族政治中心可谓一直以若耶溪为中轴线发展，也被称作越族母亲河。

山阴故水道在东郭门外和若耶溪相交，连通了山会平原东西部和越族中心若耶溪的水上交通。

（三）山会平原西部河道

山阴故水道、故陆道均位于绍兴城东部，而《越绝书》中有关西部记载多为越国军事基地、沿海码头等。是否山会平原西部当时尚无开发或无东西的航道？陈桥驿先生在绍兴运河园《运河纪事·序》[②]中认为："《越绝书》为先秦古籍，经东汉初人整理辑缀，增入汉事而删节越史，其所记古运河显有缺失。山阴为秦所建县，既称'山阴故水道'，则此水道必流贯山阴全境'水道'而称'故'。足证此古运河为先秦所存在。"

越国时从山阴城至西部钱塘江的水上要道究竟位于何处？对此可作如下解释：东汉建成的鉴湖大部分湖堤形成时间要早于汉代，湖堤从海退后到勾践时逐渐筑土坝形成是一个长期的过程，即山阴故水道和故陆道的位置，到东汉马臻筑鉴湖时则进行了堤防全面的加固加高和众多涵闸设施的系统完善，但基础仍是故水道和故陆道。鉴湖堤坝在绍兴城东部基本是以山阴故水道和故陆道为基础，此已得到一致的论定，而绍兴城西部的古鉴湖堤基本与东部的古水道在东西向同一轴线上。从山会平原的地理基础、自然环境以及越部族开发山会平原的规律，可推定当时的西部故水道应为古鉴湖西部堤线南缘过西小江至固陵一线（图 3）。

《绍兴市交通志》记载了越国古陆道的西北干道："此为连接越、吴两国都城的干道。由大越城西至固陵，过钱塘江北经御儿（今桐乡）、石门、槜李（今嘉兴）；过

---

① 《悠悠若耶溪》，邱志荣：《鉴水流长》，新华出版社 2002 年版，第 118 页。
② 邱志荣主编：《浙东古运河——绍兴运河园》，西泠印社出版社 2006 年版，第 3 页。

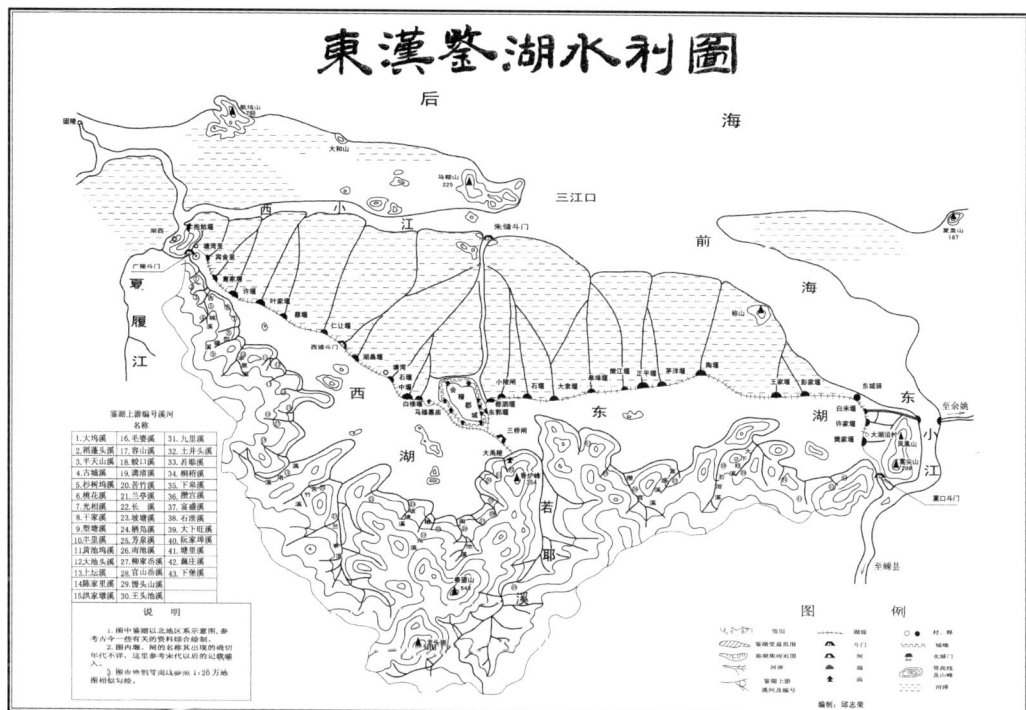

图3 东汉鉴湖水利图

吴江达吴国都城姑苏（今苏州），北道中原。"[1] 在其图中大越城至固陵段陆道基本与后来的唐宋古道图中的鉴湖堤线一致，此也是佐证之一。

此外，越国的造船业十分发达，造船基地及所建船只较多用于军事，使用范围大都在山会平原西部及钱塘江固陵一带。因之，此地必有一主航道与固陵相通，并沟通四通八达的航线。

（四）山阴故水道过曹娥江再东到句章港的航道

勾践灭吴后占据了当时全国沿海5个港口中的3个，即句章、会稽、琅琊，"而主要港口还是句章"[2]，既然句章作为港口，必有从山阴往句章内河与之相连，否则这一港口难以发挥作用。

曹娥江以东的姚江到甬江的航道，在《汉书·地理志》中就有"渠水东入海"的记载，说明此段河道已有部分是人工开凿的人工运河通海港入海的，开凿这段航道，除为当地航运，更是为了使之与过曹娥江的山阴故水道航线连通。

曹娥江的航运条件要好于钱塘江。钱塘江是著名的感潮河流，钱塘江河口的形态是一个典型的三角港口式，也就是喇叭状的河口，外口大，内口小。"距今五六千

---

① 罗关洲主编：《绍兴交通志》，国际文化出版公司1996年版，第14页。
② 董楚平：《吴越文化新探》，浙江人民出版社1988年版，第278页。

年已具雏形，其后逐渐扩大，至明代与现今边界基本相近。"① 钱塘江以其壮观的涌潮闻名古今中外，《越绝书》卷四中所记述的"浩浩之水"，便指以此为主的环境。《史记·秦始皇本纪》记秦始皇巡视东南"临浙江，水波恶，乃西百二十里从狭中渡"，记载了钱塘江河口段由于怒潮滔天而不得不沿钱塘江北岸西行至今富阳一带，渡过钱塘江沿浦阳江至诸暨的情形。

相对于钱塘江，曹娥江虽也属感潮河流，但潮汐要小得多，《世说新语·任诞》就记载了王子猷夜航曹娥江的故事："忽忆戴安道，时戴在剡，即便夜乘小船就之，经宿方至，造门不前而返。"显然写的是从绍兴城至曹娥江一种水波不惊、航道顺达、小航快捷的状况。

四、为越国提供基础设施保障

（一）农业重心的转移

公元前7世纪，春秋时期齐国的名相管仲曾来到越国。他所目睹的越地："水浊重而洎，故其民愚疾而垢。"② 我国早期的地理著作《禹贡》在土地划分中，将越地列为"下下等"。对于这种现实，越王勾践也曾叹息：越国为"僻陋之邦"，其民为"蛮夷之民"。

为振兴越国，发展生产，改造水环境，勾践接受了大夫计倪"必先省赋敛，劝农桑；饥馑在问，或水或塘，因熟积储，以备四方"③ 的建议。以范蠡为主持者实施兴建了一批水利工程。《越绝书》卷八较详细地列记了公元前493年至公元前473年越国水利工程，主要有吴塘、苦竹塘、富中大塘、练塘、古水道和山阴小城、大城等。形成了与"山—原—海"台阶式地形相适应的春秋越国水利，这其中当属山阴故水道水利、航运的综合功能最为重要。

勾践以前，越部族主要活动在会稽山山麓地带，种植"粢、黍、赤豆、稻粟、麦、大豆、果"等作物。初步估算，当时山麓地带的可耕地面积不超过6万亩，其中可种水稻的不足3万亩，还要遭受山洪和潮汐的侵害，水体浑浊，粮食匮乏，所以老百姓"愚疾而垢"。随着越国水利工程的相继建成，部分消除了咸潮直薄和山洪的威胁，沼泽平原得以开发，使农业的重心逐步从南部山麓地带转移到北部平原水网地带。稻田大量增加，稻米生产成了农业的中心。

（二）在经济社会中的作用

山阴故水道贯通了山会平原东西地区，并与东、西两小江相通，过钱塘江连接吴

---

① 戴泽蘅主编：《钱塘江志》，方志出版社1998年版，第82页。
② 《管子·水地》第三十九。
③ 《越绝书》卷四。

国，过曹娥江到句章至姚江连接海上。此外，又与宁绍平原南北向诸河连通，通过古陆道上的涵闸设施，调节南北水位并阻隔潮汐，可谓关乎越国全域关键的基础设施。

1. 提供淡水资源

由于海侵结束后至越王勾践时东部地区海尚未建成海塘，一日两度的潮汐侵袭平原，使内河仍然长期感潮成咸水，淡水资源短缺，使越族人民生产和生活受到严重影响。故水道和故陆道的建设阻隔了潮水侵入，在以南形成内河。其内各南北向河流可通过故水道相贯通和蓄水，尤其是其中的各河湖之水因此渐成为淡水，可供生活和生产。

2. 保障富中大塘建设和生产

（1）富中大塘的建成

建塘。富中大塘是越国东部主要生产基地，故水道的开挖必然要在两岸堆积大量泥土，尽可能地利用这些土方建故陆道和富中大塘，采取就地处理土方筑堤十分便利，节约了劳力和使工程早日建成。

防洪调蓄。富中大塘之中及周边主要有三条山溪来水：西为若耶溪，因若耶溪到河口集雨面积为136.73平方公里，富中大塘之内无法调蓄若耶溪汛期洪水，因此，富中大塘摒若耶溪于塘之外，使若耶溪洪水不再危害这一地区；中为攒宫溪，集雨面积至河口为30.6平方公里；东为富盛溪，集雨面积到河口为9.7平方公里。此两江可年产径流约2815万立米[①]。以上两江之水直接纳入富中大塘之内，淡水资源可谓充足。平时富中大塘塘坝在与故水道及若耶溪相隔处因有闸堰存在，主要起到的是蓄水作用，塘内水位略高于故水道水位。每至汛期洪水来临，塘内水位较大幅度抬高，开启沿塘闸门，进行行洪排涝，使塘内不受淹。至夏秋季节干旱，塘内水位低于故水道和若耶溪水位，水资源发生短缺，开启闸门可直接引淡水至塘内以供生活、生产之用。

通航。由于故水道和故陆道在富中大塘北缘，为塘内生活、生产提供了十分便捷的交通条件，既有陆路大道，又有水上航道，可谓当时越国交通最发达之地。

（2）富中大塘规模和效益

《越绝书》卷八载："富中大塘者，勾践治以为义田，为肥饶，谓之富中，去县二十里二十二步。"富中大塘早期的大致范围南至会稽山北麓，东、西分别为富盛江和若耶溪，北为一人工挑筑的长堤，长约10公里。堤基本与山阴故水道并行，塘内面积约为51平方公里，有近6万亩可耕农田。随着越国社会经济发展，开发能力增强，富中大塘也呈向以东不断开发扩展的趋势，范围应该会到后来东鉴湖的东岸线。

---

① 资料来源：绍兴市水文站。

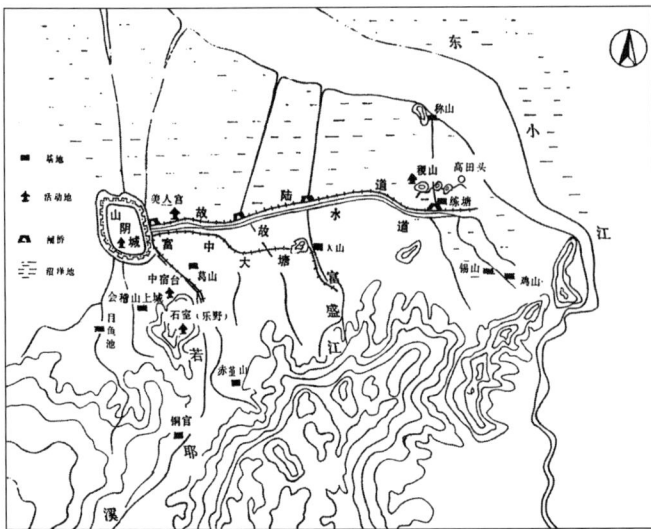

图 4　越国富中大塘位置图

富中大塘建成以前，越部族的农业生产相当落后，其时产量低下，粮食匮乏，主要农业生产在南部山丘一带。此塘兴建后，山会平原的水利条件有了一定范围的改变，农业生产的重心开始由山丘向平原水网地带转移，是越族自海侵后较大规模向平原开发发展的第一步。水稻逐步成为主要农作物，"三年五倍，越国炽富。"甚至吴王夫差也称："越地肥沃，其种甚嘉，可留使吾民植之"。[1]到公元前481年，约30万人口的越部族，已经储备了能够供应5万精锐部队需要的粮食，其主要粮产区便在富中大塘（图4）。

东汉永和五年（140），会稽郡太守马臻在这一地区主持兴建了鉴湖，发挥效益达600年之久的富中大塘，遂被纳入鉴湖拦蓄之中而废弃。今遗存仍在。

3. 连通各生产、军事基地

（1）连通东部地区各生活、生产基地

东部地区是越国当时的主要政治、经济中心。当时勾践在东部地区的主要活动地点，《越绝书》卷八有载："勾践之出入也，齐于稷山，往从田里；去从北郭门，焲龟龟山；更驾台，驰于离丘；游于美人宫，兴乐，中宿；过历马丘，射于乐野之衢；走犬若耶，休谋石室；食于冰厨。"

稷山。"稷山者，勾践斋戒台也。""稷山在县东五十里称山南"[2]，位于今上虞道墟。

中宿台。"越《旧经》中宿在会稽县东七里。"[3]

石室。"燕台在于石室。越《旧经》宴台在洲东南十里。"[4]

乐野。"乐野者，越之弋猎处，大乐，故谓乐野。其山上石室，勾践所休

---

① 《吴越春秋》卷五。

② 康熙《会稽县志》卷三。

③ 《吴越春秋》卷八。

④ 《吴越春秋》卷五。

谋也。"①乐野与石室应在同一处。

锡山。"锡山在县东五十里宝山旁。《旧经》越王采锡于此"②、"勾践时采锡山为炭，称炭聚。"③锡山既是采锡基地，又是伐木烧炭之地。据"银山在县东五十里"④之记载，锡山应在银山的近处，在今上虞长山。

称山。"称山在县东北六十里丰山西北，北环大海。《旧经》越王称炭铸剑于此，俗呼称心山。"⑤这里既是沿海码头，又是冶炼基地，位于今上虞啸金、道墟、杜浦交界处。

铜姑渎。"姑中山者，越铜官之山也，越人谓之铜姑渎。长二百五十步，去县二十五里。"⑥"若耶之溪，涸而出铜。"⑦据此，这一产铜基地应在若耶溪的上游。

赤堇山。"赤堇之山，破而出锡。"⑧"赤堇山在县东三十里，会稽山东南。"⑨采锡基地赤堇山的地理位置应在若耶溪东，大约位于今上灶。

葛山。《越绝书》卷八记载："葛山者，勾践罢吴，种葛，使越女织治葛布，献于吴王夫差。去县七里。"是越国种葛织布之所，位于今越城区的若耶溪下游。

犬山。"犬山者，勾践罢吴，畜犬猎南山白鹿，欲得献吴，神不可得，故曰犬山。其高为犬亭，去县二十五里。"⑩为越国的养殖之地，犬山今称吼山，在今越城区皋埠境内。

鸡山。"鸡山、豕山者，勾践以畜鸡豕，将伐吴，以食士也。鸡山在锡山南，去县五十里。"⑪是越国的又一个畜养基地，位于今上虞长山、长塘、樟塘三乡交界处。

（2）连通山阴城以南生产基地

南池。《嘉泰会稽志》："南池在县东南二十六里会稽山，池有上下二所。《旧经》云：范蠡养鱼于此。"南池亦称"牧鱼池"或"目鱼池"。

坡塘。"坡塘"因范蠡当年养鱼得名，即"上池宜于君王，下池宜于臣民"。"上池"即指坡塘。

① 《越绝书》卷八。
② 康熙《会稽县志》卷三。
③ 《越绝书》卷八。
④ 康熙《会稽县志》卷三。
⑤ 康熙《会稽县志》卷三。
⑥ 《越绝书》卷八。
⑦ 《越绝书》卷十一。
⑧ 《越绝书》卷十一。
⑨ 康熙《会稽县志》卷三。
⑩ 《越绝书》卷八。
⑪ 《越绝书》卷八。

（3）连接西部基地

除了如前所述的固陵之外还有：

吴塘。《越绝书》卷八："勾践已灭吴，使吴人筑吴塘，东西千步。"据考[①]，今湖塘古城曾是越部族的一个活动中心，因之地名亦有"古城"之称。其下是山麓冲积扇和广阔的平原，随着古城以外的平原逐步开发，人口的增长，就必须蓄淡拦潮，以解决人畜用水和农田灌溉需要。在来年山与马车坞山之间筑起一道堤坝，由于其内三面环山，便成为一个蓄水工程。根据 15 米（黄海，下同）等高线测算，水库面积约为 0.605 平方公里，库容大致在 350 万立方米。在堤不远处有一被称为笔架岙的山岙，据传古代曾是水道，面宽约 25 米，高 16.5 米，略呈弧形，在裸露的岩石上依稀有曾被水冲刷过的痕迹，估计为该蓄水工程的自然溢洪道。吴塘可以称之为越国山麓地带水利工程的代表，其下是西部重要农业生产基地。通过陌坞江和故水道相连（图 5）。

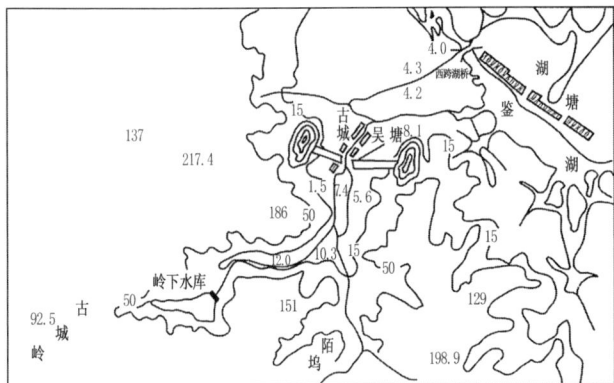

图 5　吴塘平面位置图

木客大冢。《越绝书》卷八："木客大冢者，勾践父允常冢也。初徙琅琊，使楼船卒二千八百人伐松柏以为椁，故曰木客。去县十五里。一曰勾践伐善材，文刻献于吴，故曰木客。"在今绍兴南偏西的娄宫镇里木栅村，是一个木材采伐基地，通过娄宫江到故水道等河道运送各地。

越王峥。为越王勾践屯兵之处，乾隆《绍兴府志》："越王山一名越王峥，又名栖山。上有走马岗、伏兵路、洗马池、支更楼故址。"

官渎。《越绝书》卷八载："官渎者，勾践工官也，去县十四里。"乾隆《绍兴府志》引《嘉泰会稽志》："官渎在县西北一十里。"

朱馀。《越绝书》卷八："朱馀者，越盐官也，越人谓盐曰馀，去县三十五里。"在距今绍兴城北 35 里处的朱储，既是盐业基地，又是故水道通向沿海的主要河道。

4. 连接越国迎送之地

（1）灵汜桥

灵汜桥是绍兴历史上最古老又有史实文化底蕴的第一座古桥，并且灵汜乃越国神

---

① 邱志荣等：《古越吴塘考述》，《中国农史》1989 年第 3 期。

秘水道,通吴国震泽;又处越国最早园林"灵文园"之中。《水经注·浙江水》载:"城东郭外有灵汜,下水甚深,旧传下有地道,通于震泽。"

《嘉泰会稽志》卷十一:

> 灵汜桥在县东二里,石桥二,相去各十步。《舆地志》云:山阴城东有桥,名灵汜。《吴越春秋》:勾践领功于灵汜。《汉书》:山阴有灵文园。此园之桥也,自前代已有之。

《嘉泰会稽志》卷十一又记:

> 《尚书故实》:辨才灵汜桥严迁家赴斋,萧翼遂取《兰亭》,俗呼为灵桥。

萧翼以计谋从辨才处巧取《兰亭序》的故事也与此桥有关。

灵汜桥是越王勾践接受封赠之地,故历来文人学士、迁客骚人至此多有伤感之作。据记载,当时越国被吴国战败,后勾践入吴为奴 3 年,吴王夫差赦免勾践回越,仅封他百里之地:东至离越国都城 60 里的炭渎,西至都城以西约 40 里的周宗,南到会稽山,北到后海(杭州湾),东西窄长的狭小之地,即《吴越春秋》卷八"东至炭渎,西止周宗,南造于山,北薄于海"。灵汜桥既是越王勾践受封之地,也是他之后"十年生聚、十年教训"的发祥之地。

经考证,确定今绍兴五云门外"小陵桥"位置应为古灵汜桥遗址。

(2)阳春亭

《越绝书》中记载了"阳春亭"的大致位置:其一,此亭在大城东近处;其二,地处水陆交通要道边;其三,为古越迎送之地。虽今遗址不存,然今五云门外有"伞花亭"遗存,正处合理的位置。又亭东侧还竖"绍兴外运"的大门牌,到 20 世纪末这里还是绍兴城东的外运基地。

(3)美人宫

《越绝书》卷八:"美人宫。周五白九十步,陆门二,水门一。"《吴越春秋·外传第九》载:"乃使相者国中,得苎萝山鬻薪之女,曰西施、郑旦,饰以罗縠,教以容步,习于土城,临于都巷,三年学服,而献于吴。""土城山"又称"西施山",是西施习步的宫台遗址,位置在今绍兴城东五云门外。1959 年在山南开挖河道,见有大量越国青铜器、印纹陶、黑皮陶、原始青瓷等,西施山一带也是重要的越国遗址。

(4)灵文园

《汉书·地理志》卷二十八载:"越王勾践本国,有灵文园。"《嘉泰会稽志》明确记载"灵氾桥"为"此园之桥也,自前代已有之",位置已很明确。

通过对以上绍兴城东附近越国时的东郭门、五云门、故水道、故陆道、灵文园、灵氾桥、美人宫等遗址考证,可以认为这里是勾践时越国一个重要的水陆交通枢纽、迎送之地、后花园。

五、历史地位

姚汉源先生言:"其开凿,引江河湖泉以为源,涓滴以上皆以为用,东南多水,故其创始于江浙,司马迁谓:'通渠三江、五湖'。"[①]山阴故水道的基本形成至少有2500年以上的历史,作用主要有三个:一是沟通了纵横交错的越国水上网络;二是为越国强盛提供水利基础保障;三是促进了对外通航与文化交流。

山阴故水道的经济、社会效益十分显著。当时越国的生产、生活基地主要在山会地区东南部,也就是《越绝书》记载故水道所经之地。故水道为富中大塘等生产基地提供防洪、排涝和航运效益十分显著,也为山会地区自然环境的改造、水利建设和经济、文化的发展奠定了重要基础。

山阴故水道在中国航运史上有着十分重要的地位。《水经·济水注》引《徐州地理志》:"偃王治国,仁义著闻,欲舟行上国,乃沟通陈蔡之间。"陈国的国都在今河南淮阳县,蔡国的国都在河南上蔡县,这条人工运河位于沙水和汝水之间。《中国水利史稿》[②]称此运河为最早的人工运河,但这条运河究竟在什么位置,史实已不可考。有明确记载的为春秋后期鲁哀公九年(前486),吴人开的邗沟,沟通了江淮两大水系。开邗沟后4年(前482),吴人又"阙为深沟通于商鲁之间,北属之沂,西属之济"[③],沟通了泗水和济水,也就是沟通了黄淮两大水系。越国的山阴故水道不但有东汉时期成书的《越绝书》记载,而且其开挖年代应该可以基本论定,所处地理位置也十分明确,不但是越国之基础命脉,而且通过钱塘江沟通吴越两地,通过沿海码头沟通海外。

故水道自建成后,一直是山会地区的主航道。

山阴故水道的建成直到汉时可能会有所发展,根据当时海岸线的位置和历史上蒿坝一直为山会平原通向浙南交通要道的事实,该水道应在今上虞县白米堰南折至樟塘乡,再至蒿坝入东小江(后改名为曹娥江)。

东汉永和五年(140),会稽郡太守马臻主持兴建了鉴湖,故陆道和故水道被人民

---

① 姚汉源:《京杭运河史》,中国水利水电出版社1998年版,第16页。
② 武汉水利电力学院、水利水电科学研究院编:《中国水利史稿》上册,水利水电出版社1997年版,第87页。
③ 《国语·鲁语》。

巧妙地加以利用，经加固完善后基本成为鉴湖北堤以东的一段和东缘。不但大大减少了筑湖的工程量，也提供了水利工程技术的借鉴，这也是鉴湖能够在不长的时间内建成的一个重要原因。

晋惠帝时（290—306），会稽内史贺循（260—319）主持开凿了西兴运河，西起萧山西兴，东至绍兴郡城西郭门。再向东，过郡城东部的都赐堰进入鉴湖，既可溯鉴湖与稽北丘陵的港埠通航，也可沿鉴湖到达曹娥江边，沟通了钱塘江和曹娥江两大河流。

至南宋初年鉴湖湮废，由于堤和故水道的基础，稍加整治后便成为运河的一段。这条从萧山到绍兴经余姚再达宁波的航道，总称为浙东运河。主要航线：北起钱塘江南岸，经西兴镇到萧山，东南到钱清，再东南过绍兴城经东鉴湖至曹娥江，过曹娥江以东至梁湖镇、东经上虞丰惠旧县城到达通明坝而与姚江汇合，全长约125公里，此段为人工运河。之后，经余姚、宁波汇合奉化江后称为甬江，东流镇海以南入海，此段以天然河道为主。浙东运河全长约200公里（图6）。

山阴故水道可谓中国历史上兴建年代最早并且至今依然保存较好，仍在发挥作用的人工运河之一。

图6　当代浙东运河示意图

浙东运河沿线藏书史实研究

赵任飞

（绍兴市鉴湖研究会）

摘要： 浙东运河兴旺了沿岸的经济与文化，是浙东文化的滋生与传播地。作为文化滋生摇篮与传播使者的藏书楼和藏书家，在此地数量庞大，影响深远，更为可喜的是私家、官府、佛寺道观、书院藏书齐头并进。繁荣的藏书事业，对浙东地区社会、经济、文化繁荣与传承，起到了很大的作用。本文根据历史脉络与地域分类，梳理并介绍运河沿线著名的藏书楼、藏书家以及同时代的官府、寺观、书院藏书。

浙东运河是我国有史记载的现存三条古运河之一，作为中国大运河的重要组成部分，于 2014 年被联合国教科文组织列入世界遗产名录。浙东运河西起今萧山西兴，流经绍兴，东至宁波于镇海入东海，总长约 200 千米。拥有 2500 多年历史的浙东运河，其沿线人文荟萃，文化积淀深厚，作为文化滋生摇篮与传播使者的藏书家和藏书楼，在此地数量庞大，影响深远。浙东运河沿线是历朝历代出藏书大家、藏书名楼之地，藏书家们孜孜搜集典藏的宋本、元版、明清珍本深深滋养着古越大地的文化与精神，此区域私家藏书，始于隋唐，盛于明清，有史可查的藏书家多达 300 多人，知名藏书楼多达百余座。更值得骄傲的是这个区域诞生了足以影响中国乃至世界藏书史的两座丰碑：明代范钦创办的"天一阁"与清末徐树兰创办的"古越藏书楼"。更为可喜的是私家、官府、佛寺道观、书院藏书齐头并进，使浙东成了历代的文献名邦、文化高地。繁荣的藏书事业，对浙东地区社会、经济、文化繁荣与传承，起到了不可磨灭的作用。本文根据历史脉络与地域分类，梳理并介绍运河沿线著名的藏书家、藏书楼以及同时代的官府、寺观、书院藏书。以供参考。

浙东运河沿线著名私人藏书家、藏书楼列表

朝代	所属地区	藏书家	藏书楼（书斋名）
东汉	会稽	王　充	著《论衡》
五代南唐	会稽	徐　锴	裴氏书楼
宋	山阴	陆　佃、陆　宰、陆　游、陆子聿	双清堂、老学庵
	新昌	石待旦、石公弼、石邦哲	万卷书堂、博古堂
	鄞县	楼　钥	月湖东楼
	鄞县	史守之	碧沚藏书
元	诸暨	杨　宏、杨维桢	铁崖山房
	宁波	胡三省	南湖藏书窖
	海曙	袁　桷	清容居
明	诸暨	陈性学、陈于朝、陈洪绶	宝书楼、七樟庵
	山阴	祁承㸁、祁彪佳、祁豸佳、祁理孙、祁班孙	澹生堂、八求楼
	会稽	钮　纬	世学楼
	余姚	孙　燧、孙　鑛	月山旧庐
	宁波	丰　坊	万卷楼
	宁波	范　钦	天一阁
	海曙	陆　宝	南轩
	鄞县	范大澈	西卧云山房
	鄞县	陈朝辅、陈自舜	云在楼
	鄞县	谢三宾	博雅堂
清	杭州（由余姚迁入）	卢文弨	抱经堂
	萧山	汪辉祖、汪继培	环碧山庄
	萧山	王宗炎、王端履	十万卷楼
	萧山	陈　春	湖海楼
	山阴	沈复粲	鸣野山房
	山阴	平步青	香雪崦
	山阴	徐树兰、徐友兰、徐维则	古越藏书楼、八杉斋、铸学斋
	会稽	章学诚	瀫云山房
	会稽	赵之谦	仰视千七百二十九鹤斋
	会稽	李慈铭	越缦堂
	会稽	姚振宗	师石山房
	会稽	章寿康	式训堂、小石山房
	会稽	董金鉴	取斯堂

续表

朝代	所属地区	藏书家	藏书楼（书斋名）
清	上虞	王望霖	天香楼
	余姚	黄宗羲	续钞堂
	余姚	黄澄量、黄联镖、黄安澜	五桂楼
	慈溪	郑 性、郑大节、郑中节、郑勋	二老阁
	慈溪	冯云濠	醉经阁
	鄞县	万斯同	寒松斋
	鄞县	全祖望	双韭山房
	鄞县	卢 址	抱经楼
	鄞县	徐时栋	烟屿楼
	鄞县	董 沛	六一山房
	鄞县	蔡鸿鉴、蔡和霁	墨海楼
	萧山	汤寿潜	捐资建浙江图书馆
民国	山阴后入籍杭州	王体仁	九峰旧庐
	绍兴寄籍杭州	堵福诜	东公廨
	上虞后入籍杭州	马 浮（马一浮）	蠲戏斋
	上虞后入籍杭州	朱遂翔、王松泉	抱经堂
	山阴	诸宗元	默定书堂
	山阴	曹炳章	集古阁
	山阴	沈知方	粹芬阁
	山阴	孙世伟	傲庐
	山阴	沈仲涛	研易楼
	会稽	刘大白	白屋
	上虞	罗振玉	大云书库
	上虞	罗振常	自怡悦斋
	慈溪	秦润卿	抹云楼
	慈溪	冯贞群	伏跗室
	宁波	孙家淮	蜗寄庐
	宁波	朱鼎煦	别宥斋
	宁波	方矩夫人、李庆城	萱荫楼
	鄞县	张之铭	古欢室、恒斋
	鄞县	张寿镛	约园
	鄞县	马 廉	平妖堂

注：按运河流向、每朝按时间先后为序排列。

浙东运河沿线主要藏书楼与藏书家介绍

五代南唐期间徐锴藏书

徐锴（920—974），字楚金，会稽（今绍兴）人，是唐末五代时期有名的大藏书家。徐锴出生在一个世代官宦之家，自幼喜欢精研文字学。徐锴不仅藏书十分丰富，且古籍校勘功底深厚，曾供职皇家集贤院。南唐后主雅好文学，曾得《周载齐职仪》一书，当时无人能识，后主以此问徐锴，他逐一陈述无一遗漏，世人都钦服他学识渊博。因徐锴喜欢精研文字学，这为他校勘古籍积累了深厚的功底。后代宋朝人十分看重南唐的藏书，认为南唐藏书"其书多雠校精当，编帙全具，与诸国书不类。"[①] 这其中精细校勘工作多为徐锴的贡献。《十国春秋·徐锴传》中称"江南藏书之盛，为天下冠，锴力居多"，说明他的藏书十分丰富。除此之外，他还勤于著述，著有《说文解字系传》40卷，《说文通释》40卷，《说文隐音》4卷，《方舆记》130卷等10多种著作。据《绍兴市志》记载，吴越时，他在越州建有"裴氏书楼"[②] 专门用于藏书。

宋山阴陆氏家族四代藏书

陆氏藏书始于陆佃（1042—1102），山阴人，陆游祖父。早年师从王安石，家中置书盈室，藏书之名誉满越中。

陆宰（1088—1148），山阴人，陆佃之子、陆游之父。陆宰生性好读书，为家中1万多卷藏书建双清堂、千岩亭藏书楼。南宋绍兴十三年（1143），朝廷在临安建中兴秘府，昭告天下以求征遗书，陆宰即献书13000余卷。

陆游（1125—1210），字务观，号放翁，山阴人，南宋最著名的爱国诗人、著名藏书家。受父辈熏陶，陆游从小酷爱读书、藏书，专筑"老学庵"以藏书。据《嘉泰会稽志》记载："尝宦四川，出峡不载一物，尽买蜀书以归，其编目益巨"[③]。此后，他在福建建安和江西抚州为官时，搜购了不少书画碑帖。陆游藏书数量虽无准确记载，但在他的诗文中有所描述，如在《次韵范参政书怀》中描述："残年唯有读书癖，尽发家藏三万签。"并在《书巢记》中称："吾室之内，或栖于椟，或陈于前，或枕籍于床，俯仰四顾无非书者。"[④] 陆游的藏书范围非常广泛，经史子集齐全，且诗文集居多，如《工右丞集》《渊明集》《李太白诗》等，他还收藏了佛经道藏、书画碑帖。更为可贵的是在藏书活动中加入了校书、鉴书、刻书、抄书活动，由此来看，他真正称得上是中国的一位藏书大家。

① 江少虞：《宋朝事实类苑》卷三，上海古籍出版社1981年版。
② 任桂全：《绍兴市志》第4册，浙江人民出版社1996年版，第2125页。
③ 施宿：《嘉泰会稽志》卷十六，嘉庆戊辰采鞠轩重镌本。
④ 陆游：《渭南文集》卷十八。

陆子聿（1178—1250），陆游之子。子聿继承祖业，也是嗜书如命。陆游在《渭南文集》卷二十九《跋子聿所藏国史补》中记载："子聿喜蓄书，至辍衣食，不少吝也，吾世其有兴者乎？"从中看出陆游十分欣赏子聿藏书之举。陆氏几代都把藏书之丰作为家族兴盛的基业来看待，在中国藏书史上占有着重要地位，对藏书事业作出了贡献。

宋代新昌石氏博古堂藏书

石氏一家是北宋延至南宋的世代藏书之家，其代表人物是石公弼。石公弼（1061—1115），字国佐，初名公辅，新昌人，宋元祐六年（1091）考中进士。官至御史中丞，为人正直，曾因弹劾当朝权相蔡京而闻名。他还以丰富藏书而闻名一时，当时浙地知名藏书家有三，一为左丞陆宰，二为尚书石公弼，三为进士诸葛行仁。《嘉泰会稽志》中称他"书无一不有"。尤其是大量收藏前代的古器，并以古器为内容纂集了《图记》一书。石公弼死后所藏之书渐渐失散，后由其侄儿石邦哲重新搜集购置回来并藏于博古堂。

石邦哲，生卒年不详，字熙明，南宋初年新昌人，系石公弼之侄儿。石邦哲嗜书博雅，尤精鉴赏，建有博古堂，藏书逾 2 万卷，是著名的藏书家和碑帖鉴赏家。石邦哲在宋绍兴元年（1131）摹刻了《越州石氏帖》，又称《博古堂帖》，该帖汇刻晋唐传世名帖 10 余种，刻工精良，堪称名刻。民国时还流传着《越州石氏楷帖十一种》的石印本。

元代诸暨杨维桢与铁崖山房藏书

杨维桢（1296—1370），字廉夫，号铁崖，因擅吹铁笛，自号铁笛道人。绍兴路诸暨枫桥全堂人。元末明初诗人、文学家、书画家、藏书家。杨维桢藏书印有"廉夫""杨廉夫""杨维桢印"等。

全堂村中有池名泉塘，村以池名，谐音全堂，池旁有铁崖山，"因岩石呈铁色而得名"。其父杨宏在铁崖山上筑楼，楼内藏书数万卷，为了让他与兄杨维翰专心攻读，杨宏撤去上下楼梯，每天辘轳传食，杨维桢苦读五年，时人称其为"杨铁崖"。史称杨维桢自幼颖悟，"日记文章千言"，又勤勉好学。20 岁时，杨维桢赴甬东从师求学，其父不惜卖掉良马，用于其游学费用。学成归来，带回《黄氏日钞》之类一大叠书，父亲见到欣喜地说："这比良马更难得！"

杨维桢著有《铁笛道人自传》，他曾这样描写其书楼与藏书："会稽有铁崖山，其高百丈，上有绿萼梅数百枝，层楼出梅花外，积书数万卷，是道人所居也。诗文有《太平纲目》20 册、《琼台曲》《洞庭杂吟》50 卷、《历代诗谏》200 卷，藏于铁崖山云。"

明代会稽钮氏与世学楼藏书

钮石溪（1518—1579），原名纬，字仲文，号石溪，绍兴会稽人，明代著名藏书家。嘉靖二十年（1541）考中进士，任祁门知县，后历任江西、山东佥事等官职。

钮石溪解甲归里之后，几乎把全部心血和精力都放在了书籍收藏上，在绍兴古城东廓门内建藏书世学楼，藏书数万卷，抄录了无数稀世珍本，故抄本多是世学楼藏书的特色，同时收购了可观的宋椠元刊和珍贵秘本。明中晚期，越中藏书家以"世学楼"为首。著名学者商濬、黄宗羲、徐渭等，都在世学楼借览过。商濬为钮氏外甥，他依托世学楼丰富藏书编成了《稗海》丛书。《稗海》所辑录的皆为唐宋诸家笔记，版本精良、内容广泛、应有尽有，世学楼藏的抄本如《墨子》、宋本《汉书》《程氏续考古编》《三余赘笔》、元陶宗仪《说郛》、宋李季《乾象通鉴》、宋王楙《野客丛书》、宋张君房《云笈七签》、宋李昉《太平御览》、晋葛洪《抱朴子外篇》等[1]，都有着极高文物价值和文献价值。藏书印有"钮氏世学楼图籍印"等。

黄宗羲《天一阁藏书记》称："越中藏书家，钮石溪世学楼其著也。余见其小说家曰录，亦数百种。"[2] 日积月累，在万历三十年（1602）前后，世学楼鼎盛时藏书量达 3 万余卷之巨。

钮石溪世学楼藏书于崇祯三年（1630）前后部分被劫，其余流散。

明代宁波范钦与天一阁藏书

范钦（1506—1585），字尧卿，号东明，鄞县（今宁波）人。明嘉靖十一年（1532）中进士。官至兵部右侍郎，不久离职，回归乡里。范钦性喜藏书，凡为官之地，均用心搜求购买当地典籍。嘉靖四十年（1561），在家乡月湖之西建天一阁藏书楼。藏书楼由范钦精心设计，为一排六开间的两层木结构楼房，坐北朝南，前后均有窗户以通风防潮；楼上不分间，以体现"天一生水"之说，楼下分六间以应"地六成之"之义，各书橱制作尺寸都应合六一之数。这虽为迷信，但却体现了范钦欲保存图书的良苦用心。阁前另凿水池称"天一池"，作防火之用。阁正中悬有王原相所书"宝书楼"匾额。初建时的天一阁藏书一部分从丰坊的万卷楼购入，一部分抄自王世贞等藏书楼，大部分来自范钦孜孜搜求，藏书多达 7 万余卷，这是范钦一生心血所致。其藏书主要是宋元以来刊本、槁本、抄本，尤其是明刻本为主，明代地方志、科举录为其收藏特色。其收藏的明代方志 271 种，其中有 65% 是海内孤本。登科录、会试录和乡试录有 389 种，大部分也是仅见之本，这都是研究明代政治、社会、科技、人物的珍贵资料。

天一阁历世 460 余年，为中国现存之最古老的藏书楼，为世界现存最古老的三

---

①　商濬：《稗海·序》，槐荫山房本。

②　黄宗羲：《天一阁藏书记》，《黄宗羲全集》第 10 册，浙江古籍出版社 2005 年版，第 118 页。

个家族图书馆之一。① 天一阁是中国藏书史上的一个特例与奇迹，终其原因主要有三：一是范钦立下"代不分书、书不出阁"的遗训且其子孙严格执守；二是有效的防火措施；三是防潮、防蛀独特的图书保护方法。

天一阁历尽沧桑，至今仍屹立于东海之滨，发挥它应有作用，在中国乃至世界藏书史上都产生着极其深远的影响。

明代山阴祁氏与澹生堂藏书

祁承㸁（1563—1628），字尔光，号夷度，又称旷翁、密士老人，山阴（今绍兴）人。万历三十二年（1604）中进士，曾任宁阳知县、兵部郎中、江西布政使司右参政等官职，明代著名藏书家。祁承㸁遇到好书时，不惜典衣质市以换书籍。在今绍兴柯桥梅墅村，原有一处住宅大院，共六进，其中最后一进为祁承㸁读书藏书之地，取名澹生堂。澹生堂为五大开间的两层楼，宽敞明亮，惜1958年被强台风吹倒，现在原址屋基上建有五间平房。

祁承㸁的澹生堂藏书有其父遗留下来五七架书，有他成婚后将夫人嫁妆出售后购得的书，多数是他节衣缩食苦苦搜寻购买抄录的书。为保存典籍，专门制定了《澹生堂藏书约》，还编成《澹生堂藏书目》14卷，在中国目录学史上有较高地位。澹生堂藏书最多时达9000余种10万卷，祁承㸁也成为当时全国藏书大家。澹生堂有著名的藏书印为："澹生堂中储经籍，主人手校无朝夕。读之欣然忘饮食，典衣市书恒不给。后人但念阿翁癖，子孙益之守弗失。"

祁承㸁藏书不以宋本为贵，而以实用为先。多收地方文献和通俗文学，"凡涉国朝典故者，不特小史宜收，即有街谈巷议，亦尽录"。收录府志94种，县志320种，另有小说、戏曲多种。收书注重类别，强调学术源流，多藏抄本，且校勘精良，全祖望称："其所抄书，多人所未见，校勘精核，纸墨洁净。"②

祁彪佳（1602—1645），字幼文，号虎子，别号远山堂主人，祁承㸁的儿子。天启二年（1622）中进士，官至御史。清顺治二年（1645），清兵南下，占领山阴，他自沉于梅墅梅花阁水池中死节。祁彪佳继承澹生堂藏书，另建书楼八求楼。"八求"即宋代藏书家郑樵所总结的求书八法。八求楼共藏书3万余卷，以收藏戏曲文献为特色。据《远山堂曲品剧品校录》记载，藏曲品有466种，剧品有242种。祁彪佳还充分利用父亲和自己所藏明代传奇戏典，著述《远山堂曲品》《远山堂剧品》，学术价值很高。

---

① 武汉大学图书馆情报学院：《关于天一阁在世界图书馆史上的地位研究报告》（油印本），1996年在宁波天一阁与中国藏书文化研讨会上宣读。

② 全祖望：《矿亭记》，《鲒琦亭集外编》卷二，《全祖望集汇校集注》（中册），上海古籍出版社2000年版，第1134页。

祁骏佳为祁承爜之子，生卒年不详，继承父业，好藏书；祁理孙为彪佳长子；祁班孙为彪佳次子。兄弟两人自父殉节后，承祖、父先业，以藏书、读书养母为事。澹生堂藏书，自彪佳殉国后渐渐散出，据全祖望《小山堂祁氏遗书记》所载，其中一半归杭州赵氏小山堂，大部分被黄宗羲所收购，部分被吕留良购得。

清代余姚黄宗羲与续钞堂藏书

黄宗羲（1610—1695），字太冲，号南雷，别号梨洲老人、梨洲山人等，余姚县人。师从刘宗周，是明末清初思想家、史学家，也是大文献家、藏书家。与弟黄宗炎、黄宗会号称"浙东三黄"。

黄宗羲嗜好藏书、抄书、借书、读书，一生遍访江南著名藏书楼。宁波范钦"天一阁"、嘉兴曹溶"倦圃"、安徽郑氏"丛桂堂"、湖州徐乾学"传是楼"、吴中钱谦益"绛云楼"、山阴祁氏"澹生堂"、钮氏"世学楼"等藏书楼之书都借来抄录过，后来祁氏"澹生堂"藏书散出，他收了大半精华。续钞堂是继天一阁、世学楼、澹生堂之后的著名藏书楼。黄宗羲曾与许元溥、刘城等人相约建抄书社，续钞堂之书多是他一生辛勤抄录所得，续钞堂也因此得名。他的藏书品质非常好，人称其藏书楼"世所罕见之书，多赖以得传"。所收藏书都印有"余姚黄氏书库藏书印"、"黄宗羲印"藏书印。

黄宗羲藏书目的在于系统收集明代资料，提倡藏书在于致用，反对只藏不用。黄宗羲倾其一生经营的续钞楼藏书，因清朝初年社会动荡不安，被兵夺、偷窃、水火之患等历数劫难后，失去大半，至康熙五十六年（1717），仅剩3万余卷。后归郑性所有，入藏于慈溪二老阁藏书楼。

黄宗羲收集史料的方法，深刻影响了同时代学者如全祖望、厉鹗等人，对清代文化、学术的发展影响也极其深远。其所撰写《天一阁藏书记》《传是楼藏书记》等著述，是研究明清私人藏书文化的重要史料，也是他藏书思想的核心文献。

清代萧山王宗炎与十万卷楼藏书

王宗炎（1755—1826），字以除，号谷塍，晚号晚闻居士，萧山人。乾隆四十五年（1780）中进士，官至知县。他学问渊博，淡于仕途。毕生从事教育，主讲杭州紫阳书院，有"东南硕师"之誉。他性喜藏书，精于校雠，藏书达10万卷，故建十万卷楼藏之。所藏之书多抄本，其中抄本有宋施谔《淳祐临安志》6卷、宋张洪等《朱子读书法》4卷、宋陈模《东宫备览》6卷、宋王令《广陵文集》30卷附录1卷、明高儒《百川书志》20卷等珍本。藏书数量、质量，均为当时萧山第一。叶昌炽的《藏书纪事诗》中引用了沈豫《补今言》中所言："萧邑藏书之富，谷塍王经师筑十万卷楼、陆氏寓赏楼、陈氏湖海楼，此外如王中丞南陔、汪吏部苏潭，俱大族。皆充栋盈车，不假南面百城。"[①] 王宗炎的藏书印有"十万卷楼钞本""宗炎藏书""十万卷楼藏书"等。

王宗炎著有《晚闻居士遗集》，共 9 卷，但生前未曾刊刻，至道光年间在杭州刻印。十万卷楼藏书的最后归宿，据后世记载有一部分到了丁氏八千卷楼，后两江总督端市在创办江南图书馆（今南京图书馆）时，买下了八千卷楼藏书，则当年十万卷楼的部分藏书也进入了南京图书馆馆藏。

王端履（1776—？），字福将，号小谷，萧山人，王宗炎之子，嘉庆十九年（1814）中进士。端履在继承父亲之十万卷楼藏书的基础上，又增加不少藏书。

清代上虞王望霖与天香楼藏书

王望霖（1774—1836），字济苍，号石友山人，又号载生，上虞梁湖人。王望霖酷爱读书、藏书，尤喜吟咏，善画兰竹怪石，作品辑存于《天香楼遗稿》四卷中。乾隆末年，王望霖在家乡上虞梁湖乡建天香楼以藏书。天香楼并列三间，为晚清风格的两层楼房，至今保存完好。天香楼藏书最多时达数万卷，其中有大量名家墨迹，钩摹镌石。王望霖依托藏品汇辑成了《天香楼藏帖》：分《天香楼藏帖》《天香楼续刻》《怡晋斋法书》《刘梁合璧》等四大部分，包含宋、元、明、清四代近百位书法名家墨迹，尚存 120 余块天香楼碑刻，现陈列于上虞博物馆。

王望霖后来把所藏分散给各房子孙，但遭太平军兵燹而散佚。过云楼主顾文本与子顾承于同治年间造访天香楼，以 150 元购得《恽格山水册》等精品 10 种。随着王家逐渐衰落，至解放前，藏书都已散佚。

清代鄞县全祖望与双韭山房藏书

全祖望（1705—1755），字绍衣，号谢山，鄞县人。乾隆元年（1736）中进士，任翰林院庶吉士。全氏在宁波系诗礼传家，喜藏书闻名。清代雍正、乾隆间浙江藏书家中，全祖望是重要的一家。这不仅在于他的藏书丰富，而且还在于他所著《七贤传》《旷亭记》《天一阁藏书》《二老阁藏书记》《丛书楼记》《小山堂藏书记》《小山堂祁氏遗书记》《春明行箧当书记》《双韭山房藏书记》《胡梅硐藏书窑记》等书籍中保留了极为珍贵的藏书文献，引起藏书史研究者的特别重视。他对于浙江藏书家的介绍及藏书楼兴建的叙述，为中国藏书史留下了极为珍贵的第一手史料。全祖望藏书印有"全谢山"（朱方）、"祖望"（朱方）等。

全祖望的藏书楼名为双韭山房，双韭山房本是他六世祖全元立别墅之名，在鄞县大雷群山中大皎和小皎双溪间，因山溪多野韭，故名双韭山房。全氏一直沿用此书楼名，经几代人努力，到全祖望时藏书已达 5 万卷。全祖望曾说："吾乡诸世家，遭丧

---

① 叶昌炽：《藏书纪事诗》卷五，上海古籍出版社 1989 年版。

乱后，书签无不散亡，只范氏天一阁幸得无恙。而吾家以三世研田之力，复拥五万卷储胥。"①

乾隆二十年（1755），因其子昭德病逝，全祖望悲恸过度，旧病复发而亡。因身后葬具未备，不得已，家人出其所藏书万余卷，由卢址的抱经楼购得，其余藏书归其弟子董秉纯等所有。

清末山阴徐树兰与古越藏书楼藏书

徐树兰（1837—1902），字仲凡，号检庵，山阴（今浙江绍兴）人。清光绪二年（1876）中举人。捐职兵部郎中，十四年（1888）母病回归故里。徐氏为当时绍兴徐、李、胡、田四大名门望族之首，家境殷实，徐树兰又喜藏书，为清末浙东著名藏书家。

徐树兰受西学东渐思想影响，被称为"绍兴头一个提倡维新的人"（注：《绍兴白话报》1907 年 5 月 15 日）。他一生热心公益事业，所做善事无数。如光绪九年（1883）七月三江堤决，出资捐修海塘、募款救援灾民等；光绪二十三年（1897）捐资创办了绍郡中西学堂（今绍兴一中前身）；光绪二十六年（1900），徐树兰独捐巨资（白银 8600 余两）创办古越藏书楼（为绍兴图书馆前身），二十八年（1902）藏书楼章程规制及工程基本完成。藏书楼共四进，前面三进为二层楼房，楼上藏书、楼下阅览，中间天井种有桂花树，第四进为厨房和供水处，专为阅读者提供。书楼建成时，徐树兰把自己家藏经史大部及一切有用之书悉数捐入藏书楼，另外购置新出译本以及图书标本、报章，至此古越藏书楼的藏书达 7 万余卷。

1902 年，徐树兰病逝。1904 年，古越藏书楼建成正式向全城民众开放。张謇在《古越藏书楼记》一文中描述："楼成，其乡之人大欢，其有司亦为请衮旨于朝。"②

徐树兰创办的古越藏书楼免费向全城民众开放，为读书人提供了公众阅览处，编纂《古越藏书楼章程》，使书楼有了一套完备的组织机构与管理制度，徐树兰为了让古越藏书楼能长期供人阅览，遗嘱子孙每年捐钱 1000 元以保证书楼正常运行。古越藏书楼是我国第一座具有公共图书馆性质的私家藏书楼。

古越藏书楼由徐树兰一人独资创办并对公众开放，把原藏书楼秘而不宣的陈规给摒弃了，值得在中国藏书史上大书一笔，它还在人才培养上作出很大贡献，如我国著名教育家蔡元培，曾在古越藏书楼校书，得遍读藏书，获益匪浅。

---

① 全祖望：《天一阁碑日记》，《鲒埼亭集外编》卷一七，《全祖望集汇校集注》（中册），上海古籍出版社 2000 年版，第 1070 页。

② 张謇：《古越藏书楼记》，见《中国古代藏书与近代图书馆史料》（春秋至"五四"前后），中华书局 1982 年版，第 111 页。

古越藏书楼藏书及书柜有部分至今仍留在绍兴图书馆,极大部分在战争等灾难中散佚。

清末汤寿潜与出资建浙江图书馆

汤寿潜(1856—1917),原名震,后改寿潜,字蛰仙,浙江山阴天乐乡(今萧山区城山乡汤坞村)人,近代著名政治家、实业家和藏书家。清光绪十八年(1892)中进士,后任安徽青阳知县,3个月后即辞任。1905年,发动旅沪浙江同乡抵制苏杭甬铁路修筑权斗争;同年7月,在上海成立浙江全省铁路公司,后被推为浙江军政府都督。汤寿潜一生喜阅书、藏书,所藏以古籍珍本、名人手稿居多。藏书中必钤此二印:"浙东汤氏拱执宦藏""见即买,有阁勤晒,国粹公器勿污坏"[①]。汤寿潜还著有《危言》《通考辑要》等书。抗日战争杭州沦陷时,藏书被窃,后在杭的旧书店中有较多流通。

民国16年(1927),汤子拙存与汤婿马浮(一浮)按汤寿潜之嘱建议浙江省政府,并愿出资筹建浙江图书馆新馆舍。省政府遂拨出大学路原浙江武备学堂操场作为馆址,于民国17年(1928)二月动工,至民国20年(1931)三月建成,新浙江图书馆由蔡元培题写馆名。浙江图书馆此次建馆费及馆内设施费用,实耗银圆220551圆,均为汤寿潜遗命所捐。

民国慈溪冯贞群与伏跗室藏书

冯贞群(1886—1962),字孟颛,号伏跗居士,浙江慈溪人,近代浙东著名的文史学家、藏书家,同盟会会员。辛亥革命后,曾任宁波军政分府参议员,浙江省文史研究馆馆员。

冯孟颛是一位对古籍文献深有研究的学者,具有丰富的版本学和目录学知识,他以系统整理天一阁藏书而闻名学界。他摒嗜欲,节衣食,穷尽一生搜集典籍,亲自手披目览,拂尘去蠹,修残扶颓,聚散为整,历时30年,汇聚了甬地明清以来总数达12万余卷的书籍,另有碑帖拓本400余种。其藏书中有很多善本,如宋杜大珪编刻本《名臣碑传琬琰之集》等,海内珍品、镇馆之宝就多达300余种。为更好保护、传承这批珍贵典籍,他在宁波孝闻街93号建伏跗室。"伏跗"寓意为伏处乡里不求显,而致力于学。冯孟颛深知古籍难聚而易散之理,因此在1962年病重弥留之际,将蕴含自己一生心血的10万余卷藏书连同伏跗室藏书楼全部献给国家,化私为公。体现了一位藏书家"爱书以德"的崇高人文情怀!现宁波在"伏跗室"藏书楼原址上建有冯孟颛纪念馆。

---

① 顾志兴:《浙江藏书史》,杭州出版社2006年版,第18页。

浙东运河沿线官府、寺观、书院藏书列表

朝代	所属地区		藏书机构	主要收藏
东晋南北朝	会稽、上虞	寺院藏书	龙华寺	有一定数量的藏书，以经书为主
			王园寺	
			嘉祥寺	
五代	吴越	官府藏书	钱王官府藏书	吴越归宋后，将历年收藏都献给朝廷
两宋	明州（庆元府）	官府藏书	庆元府衙署藏书	藏有《徐公文集》《龙龛手稿》《文选六臣注》《本草单方》《都官文集》《清真先生集》《铜壶滴漏制度》等
		官府藏书	庆元府学藏书	据宋《宝庆四明志》卷二《叙郡·书板》中记载，藏书甚多。有《了斋先生亲笔》《文公大学章句》及后续藏之《文公中庸章句》《太极图解》《西铭解》《近思录》《续近思录》《己丑廷对》《传习录》《明学编类文公释奠礼》，大多为教学用书
		书院藏书	桃源书院	有一定数量藏书
			南山书院	沈焕讲学处，宋理宗赐额。有一定数量藏书
			甬东书院	宋理宗赐额，有一定数量藏书，至元代仍存在
		寺院藏书	阿育王寺	佛寺藏书，藏经宏富
			延庆讲寺	旧藏梵文金边贝叶经294张。疑为宋代藏品，今藏七塔寺
			雪窦寺	藏有宋太宗赐御制赋咏，建经阁、藏室专藏皇帝赐书及经书
			天玉寺	朱世则建夕阳阁并捐《大藏经》全藏
	越州（绍兴府）	官府藏书	两浙东路茶盐司衙署	藏有《周易注疏》《尚书正义》《仪礼论酒注疏解经》《孟子注统解经》《大易》《唐书》《资治通鉴》
			两浙东路转运司衙署	藏《通鉴外纪》《前汉纪》等
			两浙东路提举常平司衙署	藏《兰亭考》等
			两浙东路提点刑狱司衙署	藏《苕溪渔隐丛话》等
			绍兴府衙署	藏《毛诗正义》《松漠纪闻》《隶释》《隶续》《元氏长庆集》《万首唐人绝句》《战国策》《嘉泰会稽志》《习学纪言》《吴越春秋》《越绝书》《参同契分章通真义》等
			会稽县衙署	藏有南宋初刻《子华子》等
			绍兴府学	刻藏《诸史提要》等
		书院藏书	稽山书院	朱熹讲学处，有一定数量藏书
		寺院藏书	嘉祥寺（城南秦望山麓）	佛经收藏丰富，高僧在此撰成佛学著作《高僧传》《百论疏》等也多藏于此
			圆通妙智教院（绍兴府城东南三里）	藏宋高宗赐御书《金刚经》等
			大佛寺（新昌南明山麓）	藏有董遂良赴京请《大藏经》（全藏）

朝代	所属地区	藏书机构		主要收藏
元	庆元路	官府藏书	庆元路总管府衙署藏书	藏有《月令解》十二卷
			庆元路儒学及本路所属县学藏书	刻印藏有《九经》(易、书、诗、左传、礼记、仪礼、周礼、论语、孟子)、《四明那志》21 卷、《四明郡志》20 卷、《读书分年日程》二卷、《困学纪闻》20 卷、《玉海》204 卷、《姚牧庵文集》36 卷、《四书精要》30 卷、《文献通考》348 卷、《读书丛说》《诗集传名物考》《读四书丛说》并编纂《延祐四明志》20 卷等①
		书院藏书	慈溪杜州书院	藏书《四书》《六经》《史记》《通鉴》《韩文》《柳文》《黄氏日钞》《慈湖文集》等。所刻藏书有《袁氏蒙斋孝经》《耕织图》等
			东湖书院、鄞江书院、龙津书院等	元代浙东新建书院很多,功能主要有讲学、藏书、祭祀等,书院以收藏经书、史书及其他文献为主
	绍兴路	官府藏书	绍兴路儒学藏书	刻印收藏有《吴越春秋》《吴越春秋音注》10 卷、《越绝书》15 卷、《论衡》30 卷及续刻《论衡》《越绝书》②
		书院藏书	上虞咏泽书院	藏有刻本《大学章句》《中庸章句》《论语集注》《孟子集注》等
			兰亭书院、和靖书院、二戴书院、古灵书院	功能主要有讲学、刻印、藏书、祭祀等,书院以收藏刻印大量经书、史书及其他乡邦文献典籍为主
明	宁波府	官府藏书	宁波府衙署藏书	藏书有 20 余种,如《汉隽》《标题四书》《柳庄类编》《明王学类编》《海涵万象》《周易本义》《韩文正宗》《袁学士旧郡志》《风池吟稿》《竹外吟稿》《四明文献志》等,还藏有一定数量的宁波府及所属县地方文献与地方志等③
		府学藏书	宁波府学藏书	除朝廷赐书外,亦有儒学基本教学用书
		书院藏书	慈湖书院	专建有横经阁为藏书之处,有一定数量藏书
			缑城书院	建有扶摇阁藏书楼,有一定数量藏书
		佛寺藏书	天童寺	专藏皇帝御赐书及经书,主要是不同版本的《大藏经》
			阿育王寺	
			七塔寺	
	绍兴府	官府藏书	绍兴府衙署藏书	藏书有《唐诗选》《复古编》《谢密庵文集》《选诗补注》《密庵诗集》《会稽三赋》《梅谱》《通神论》《符台外集》《启蒙》《杨铁崖文集》《诗学大成》《六子白文》《六书本义》《尹和静文集》及绍兴府及所属县地方文献、地方志
			绍兴府学、诸暨县学藏书	重建的绍兴府学,有一定数量藏书。诸暨县学,专建尊经阁以藏书

朝代	所属地区	藏书机构		主要收藏
明	绍兴府	书院藏书	稽山书院	藏有一定数量经书和典籍
			证人书院	刘宗周讲学处,其门人姜希曾录其证人书院讲学语录,刊刻成《学言》3卷。有一定数量藏书
			蕺山书院	为刘宗周所建。刊《人谱》《人谱类记》作为书院讲义教本。亦有一定数量藏书
		佛寺藏书	以融光寺为代表(柯桥镇)	有《大藏经》(全藏)
清	宁波府	官府藏书	揽秀堂藏书楼藏书	古籍经典,藏书宏富。此为宁波公共图书馆前身
			宁波府府学、县学藏书	府、县学藏书有朝廷颁赐、政府购置和当地官员、士绅赠等。藏书量较大
		书院藏书	甬上证人书院	黄宗羲于清康熙七年(1668)创建。以专藏浙东学派学者原著、传记等而闻名
			缨溪书院	有一定数量藏书
			崇实书院	清光绪十一年(1885),宁绍道台薛福成创建。有一定数量的藏书,并曾刊刻《浙东课士录》《崇实书院课艺》等
		佛寺藏书	天童寺	为天下禅宗五山之第二。有藏经楼以藏佛典
			七塔寺	寺僧慈云赴京请得《龙藏》全藏藏于寺
			瑞岩禅寺	清廷赐《龙藏》、紫衣及匾额,建藏经阁以藏书
			永明教寺	僧明远主持建经楼,藏经613函、6314卷
			普济禅寺	康熙帝御赐自在观世音一尊及宝印、渗金佛三尊等又赐《金刚经》《佛塔心经》《金字心经》、临米带书单条一幅,数量较多藏经
			法雨寺	康熙皇帝御赐《金刚经》一部、临米带书一幅及御赐赤金一尊等,光绪朝廷赐《龙藏》藏寺中
			慧济禅寺	清光绪寺僧德化请得《大藏经》藏于寺
	绍兴府	官府藏书	绍兴府"养新书藏"、县学藏书	清光绪二十五年(1899),著名学者蔡元培任绍兴府学堂总理。就学堂刻书所"养新精舍"改为"养新书藏"以藏书;府及各县学藏书来源主要靠朝廷颁赐、政府购置和当地官员、士绅赠等
		书院藏书	蕺山书院、南明书院、刿山书院、云衢书院、龙山书院,嵊县鹿鸣书院、北山书院,诸暨毓秀书院、同文书院,上虞承泽书院、经正书院等	这些书院规制较全,书院均有一定藏书,藏书为书院基础设施之一
		佛寺藏经	开元寺	建有藏经楼三楹以藏《大藏经》
			传灯寺	康熙敕赐"传灯寺"额、赐《金刚经》一部藏寺中

续表

朝代	所属地区	藏书机构	主要收藏
清末至民国	宁波	公共图书馆藏书	宁波市立图书馆、奉化县立图书馆、各县均建有图书馆	宁波市立图书馆，民国16年（1927）宁波设市，改薛楼为宁波市立图书馆，其时馆藏图书八九千卷。至抗战前藏书增至4万余册，有期刊3种、报纸15种。全年外借3260余人次、8160余册次，阅览达30700余人次。 奉化县立图书馆，民国17年（1928）奉化籍邑人朱孔阳建成，有藏书2350余册，22年（1933）易名中正图书馆。该馆所藏第一批图书由邑人蒋介石捐赠④
	绍兴	绍兴及所属县公共图书馆藏书	绍兴县立图书馆、诸暨县立图书馆、新昌图书馆、上虞县立图书馆（上虞县立中山图书馆）、嵊县剡溪图书馆	民国22年（1933）6月，古越藏书楼改为绍兴县立图书馆，由县政府拨给开办费和常年经费。有藏书七万余册，并编有《绍兴县立图书馆通常类书目》 诸暨县立图书馆，诸暨县于民国8年（1919）创建诸暨县立图书馆，藏书有六万余卷，备有报刊。藏有杨维桢《杨铁崖文集》抄本、《铁崖杂记》抄本、《丽则遗音》旧抄本及清《诸暨诗存》刊本等 新昌图书馆至民国30年（1941）藏书有13400余册。上虞县立图书馆，至抗战前夕有藏书16000余册。典藏有明上虞徐子熙、徐应丰父子合著之《贻毅堂集》，宋版《大藏经》，明版《华严经》、明版《大藏经》等，宋、明版《大藏经》均甚珍稀。 嵊县剡溪图书馆数次合并后，藏书达万余册
			这时期学校图书馆和其他类型图书馆也有大量藏书，此略	

注：① 《四库总目提要》卷六八，《延祐四明志提要》。
② ［清］叶德辉：《书林清话》卷七，《元时官刻书由上陈清》。
③ 顾志兴：《浙江藏书史》，杭州出版社2006年版，第273页。
④ 顾志兴：《浙江藏书史》，杭州出版社2006年版，第607页。

因受篇幅所限，浙东运河沿线历代私家、官府、佛寺道观、书院藏书，在数量上远远超过文章所列。浙东运河沿线的藏书事业世代相承，绵延不绝，在保存整理典籍，护藏地方文献，传承文明开启民智，为编纂大型史书、丛书提供翔实资料等方面作出了重要贡献。中华文化的博大精深，正来自这一代又一代的传承与创新。

南宋浙东运河（绍兴段）水利景观整治述评

金小军[1]　张　权[2]

（1.同创工程设计有限公司　2.绍兴文理学院）

摘要： 浙东运河在宋室南渡以后成为南宋进出口贸易的重要水运交通航线。及时有效地整治浙东运河水利景观环境，使其畅通便利，不仅可以提升运河水运生态环境质量，还可以促成交通发展与经济增长一个良性的循环系统。

浙东运河作为横亘在宁绍平原上的航运枢纽，发挥着重要的交通运输、农田灌溉等作用，为浙东地区的农业发展、贸易往来、经济繁荣做出了重要的贡献。由于受到宁绍平原水乡生态的影响，浙东地区的人工河道在开凿之初，便被纳入区域水利调配和农业灌溉的水利体系当中。在经历过长时段的发展之后，浙东地区的水利体系在东汉时期逐渐成型，其代表便是鉴湖水系的构建。隋唐以来大运河的开通，带动了运河周边地区河道治理的规范化与制度化。时至南宋时期，由于浙东地区处在王朝统治的腹地，浙东运河迎来了其发展的鼎盛时期。自南宋以来，随着宁绍平原海塘体系日趋完善，整个平原地区抵御江潮的能力不断提高，农业种植区域也不断向北扩展。然而人口不断增长，东汉至唐时期所形成的人、地、水三者之间的平衡格局逐渐被打破，唐代之后逐渐形成人多于田、田多于水的局面。[①] 特别是平原上的湖泊遭到大量围垦，使该地区没有足够的空间分泄多余的水流。而受水面积缩小，萧绍平原内部泄洪能力也相应下降，每逢雨季都有发生洪涝灾害的可能。而湖泊的破坏使宁绍平原水环境中失去一个泄洪、蓄水的重要环节，更多的水流经沟渠进入江河之中，造成江河水位上涨，极易发生水患，而浙东运河在区域水利体系中的调蓄作用也就愈加明显。

南宋时期，国家政治中心的南迁，使得浙东运河的航运地位更加突出。但由于鉴湖逐渐废湖为田、剩余部分水体作为运河航道，以及浦阳江改道等水环境变迁的原

---

①　参见陈桥驿、吕以春、乐祖谋：《论历史时期宁绍平原的湖泊演变》，《地理研究》1984 年第 3 期。

因，使得浙东运河的整治成为南宋政府优先考虑的事宜。而当时浙东运河称谓主要是从钱塘南岸到上虞通明这一段，通明以东利用了天然河流，本文以西兴运河及鉴湖航道的水利景观整治为重点。

浙东运河之西的西兴运河，始凿于西晋，主要用于灌溉，"晋司徒贺循临郡，凿此以概田。"① 会稽内史贺循于永嘉元年（307）主持开凿了西兴运河。西兴运河在西晋时并未完全通航，当时开凿的运河"西未至西兴，只是到城厢南门江口，东未到曹娥江"②。南宋时期，隶山阴县下辖，大约在绍兴府以西仅 1 里处，从萧山县向西流经会稽大约有 50 多里。漕运乃国家之本，运河的畅通对南宋王朝有着至关重要的作用。

西兴（古称西陵）作为渡口，唐代设有驿站。杜甫《解闷》其二曰："商胡离别下扬州，忆上西陵古驿楼。"方干在《同萧山陈长官县楼登望》中亦曰："寒涛背海喧还静，驿路穿林断复通。"南宋对西兴运河水利景观的整治从孝宗乾道三年（1167）开始，浙东运河西兴段被重新挖掘，与钱塘江连接："三年十一月十五日，绍兴府言：辖下萧山县西兴镇通江两闸，近年为江沙壅塞，舟楫不通，募人自西兴至大江疏成沙河二十里，并开浚闸里运河十三里，通便刚运，民旅皆利。既通之处，复恐潮水不定，仍有填淤之患，并本府通江六堰纲运至多，谓宜措置，为经久便利。欲乞于本府合差注指使员数差一员，以专开撩西兴沙河系衔，庶永远为一方舟楫之利。本府额管捍江兵士二百人，今欲拨差五十名，专充开撩沙浦，不得泛杂差使。仍从本府措置起立营屋居止，遇有微小拆毁处，实时开撩，历常令通济。"从之。③ 又如史料中记载"募人自西兴至大江，疏沙河二十里，并浚闸里运河十三里，通便刚运，民旅皆利。复恐潮水不定，复乃填淤，且通江六堰，纲运至多，宜差注指使一人，专以'开撩西兴沙河'系衔，及发捍江兵士五十名，专充开撩沙浦，不得杂役，乃从本府起立营屋居之。"④

乾道三年（1167），朝臣上奏，萧山县到西兴镇的两个通江闸泥沙淤积，造成舟船通行不便，为整治西兴运河提出以下方案，首先招募工人从西兴至大江，疏通二十里的沙河航道，并浚治三十里运河，修缮堰闸，使运河航道畅通，既可以便利漕纲往来，也可以便利官民商旅的往来。但是，开通渠道之后，又担心潮水涨落等不确定因素，使得运河再次淤积，并且此河段纲运多且繁忙，所以，为了西兴运河以后长久不衰的畅通便利，最好需要专门指定一名官吏负责处理西兴运河航道的泥沙淤积问题，

① ［宋］施宿：《嘉泰会稽志》卷十，《宋元方志丛刊本》，中华书局 1990 年版，第 6879 页。
② 陈志富：《萧绍运河的开挖和发展变迁》，《2013 年中国水利学会水利史研究会学术年会暨中国大运河水利遗产保护与利用战略论坛论文集》，2013 年。
③ ［清］徐松：《宋史要辑稿》，《食货八之二六》，中华书局 1957 年版，第 4947 页。
④ ［元］脱脱：《宋史》卷九十七，中华书局 1985 年版，第 2408 页。

并且拨出五十名士兵专门负责清理河道淤积，这样才可以实时监管西兴段河道，保持其纲运的顺利输送。可见，其绍兴府对于西兴运河的整治修浚工程极为重视。经乾道年间对于西兴运河的整治后，其成为浙东运河的一部分，可通航到达曹娥江。陆游于孝宗淳熙七年（1180）十二月从四川东归回家途中，逗留萧山，写下《萧山》诗，在"素衣以免染京尘，一笑江边整幅巾"后，存"会向桐江谋小筑，浮家从此往来频"之设想，足见西兴运河业已成为绍兴和萧山之间重要航道。陆游在淳熙十一年（1184）三月出游时，写下《雨中泊舟萧山县驿》，诗云"萧山县有梦笔驿，在县东北百三十步。"次年十二月，陆游再次出游，写下《舟中感怀三绝句》，曰："梦笔亭边拥鼻吟，壮图蹭蹬老侵寻。"并写下《梦笔亭》五言古风一首，除了入蜀时在梦笔亭休息过，又说明梦笔驿在西兴运河中的地位。

嘉定十四年（1221）对于西兴段航道再一次进行了整治："萧山有古运河，西通钱塘，东达台、明，沙涨三十余里，舟行则胶。乃开浚八千余丈，复创牐江口，使泥淤弗得入，河水不得泄，于涂则尽甓以达城闉。十里创一庐，名曰'施水'，主以道流。于是舟车水陆，不问昼夜暑寒，意行利涉，欢，忘勤。蜀邑诸县濒海，而诸暨十六乡濒湖，荡泺灌溉之利甚博，势家巨室率私植埂岸，围以成田，湖流既束，水不得去，雨稍多则溢人邑居，田间寝荡。濒海藉塘为固，堤岸易圮，碱卤害稼，岁损动数十万亩，蠲租亦万计。以纲言，诏提举常平司发田园，奇援巧请，一切峻劫，而湖田始复；郡备缗钱三万专备修筑，而海田始固。纲谓：'是邦控临海道，密拱都，而军籍单弱。'乃招水军，刺叉手，教习甚专，不令他役。创营千余间，宽整坚密，增置甲兵，威声赫然。兼权司农卿，寻直龙图阁，因任。"[1]同年，西兴至钱清一带，由于河水涨落潮，使得西兴运河被淤泥堵塞，沙涨二十余里，而仅有二三尺深浅，严重阻碍了舟楫纲运往来，当时的郡守汪纲自筹工役米钱，尽力抢修运河，"开浚八千余丈"，并且在江口建闸，使得淤泥不得进入河道，这样运河的河水既不会外泄，运河航道淤积情况也得到解决，"于涂则尽甓以达城闉"，不仅如此，汪纲还每十里创建一庐舍，名曰"施水"用来管理水情。这样无论冬夏寒暑，白天黑夜，"河流通济，舟楫无阻，人皆便之。"[2]当时对于西兴运河的浚治，不仅引起当地政府汪纲的重视，还引起朝廷的重视，拨财政欠款给予大力支持：蒙朝廷支拨米三千石，度牒七道，计钱五千六百贯，添助支遣，通计一万三千贯。[3]

鉴湖是在东汉永和年间被当时的会稽郡制守马臻主持修筑完成的："汉永和五年太守马臻环湖筑塘，周三百五十八里，尽纳环山三十六源之水，潴以溉田至九千

① ［元］脱脱：《宋史》卷四〇八，中华书局1985年版，第12308页。

② ［宋］张淏：《宝庆会稽续志》卷四，《宋元方志丛刊本》，中华书局1990年版，第7135页。

③ ［宋］张淏：《宝庆会稽续志》卷四，《宋元方志丛刊本》，中华书局1990年版，第7135页。

余顷"①。据资料显示，"鉴湖在其中心被会稽郡城东南的会稽山到禹陵的一条 6 里长的驿道分为东西两湖，整个湖面为狭长形"②；"西起西墟斗门，自常禧门至浦阳江，总长度 50 余里，沟通了钱塘江水道"③；"东自五云门，经曹娥斗门到曹娥江，长约 70 余里"④，"其再向东，过曹娥江，经上虞、过姚江，最终可达明州，不仅沟通了从曹娥江到杭州湾的水道，还可沿曹娥江往南，经过蒿口斗门，最终到达嵊州和天台等地"⑤。

纵观历史发现，鉴湖在六朝时期发展全盛，随着河闸技术的不断提高和完善，鉴湖的滞洪、蓄淡水、灌溉和排涝功能大大提高。到了晋代开凿西兴运河之后，浙东运河航线上从西兴到鉴湖的航线全线贯通，"并逐步形成为取代鉴湖水系的山会萧运河水系"⑥。然而随着唐代会稽、山阴海塘增加及修筑频繁，使得鉴湖水系向北挪移，其灌溉或蓄存淡水及释咸等用途也逐步被替用。所以"历史上把鉴湖湖堤与后海海塘并称为南塘和北塘"⑦，且前人阐述为："是以前乎汉而无海塘，则镜湖不可不筑；后乎宋而无镜湖，则海塘不可不修。"⑧唐朝时，又因为湖底淤泥浅塞，造成水土流失，"出现葑田——淤浅的标志"⑨，鉴湖在唐朝开始由全盛转向衰落。五代时期，人们在会稽北部丘陵大肆开垦，进行茶叶等经济作物的种植，土地锐减，水土流失。北宋更是大面积的围湖开垦，使得湖积堰塞与堤略平，"鉴湖已是几近衰落"⑩。

南宋时期，"当鉴湖的内外水位差消失后，在原鉴湖的东湖，曾经被拦蓄成湖的山阴故水道重新出露，加上鉴湖时期新挖的东至曹娥江的延伸水道，稍加修治后就形成为浙东运河中的会稽段运河。"⑪所以，鉴湖在南宋时期是十分重要的运河航道，鉴湖段运河航道也是十分繁忙。南宋国家政府大力整治，力图挽救鉴湖。孝宗隆兴元年（1163），吴芾在绍兴当知府时，全力整治鉴湖：（吴芾）知绍兴府。会稽赋重而折色尤甚，芾以攒宫在，奏免支移折变。鉴湖久废，会岁大饥，出常平米募饥民浚治。芾

① ［清］顾祖禹撰，贺次君、施和金点校：《读史方舆纪要》卷九十二，中华书局 2005 年版，第 4211 页。
② 陈桥驿：《古代鉴湖兴废与山会平原农田水利》，《地理学报》1962 年第 3 期。
③ 邱志荣：《浙东运河概述》，《2013 年中国水利学会水利史研究会学术年会暨中国大运河水利遗产保护与利用战略论坛论文集》，2013 年。
④ 陈桥驿：《古代鉴湖兴废与山会平原农田水利》，《地理学报》1962 年第 3 期。
⑤ 邱志荣：《浙东运河概述》，《2013 年中国水利学会水利史研究会学术年会暨中国大运河水利遗产保护与利用战略论坛论文集》，2013 年。
⑥ 黎似玖：《浙东运河的开发与区域经济发展之相互关系探析》，硕士学位论文，浙江大学，2011 年。
⑦ 陈桥驿：《吴越文化论丛》，中华书局 1999 年版，第 405 页。
⑧ ［清］董钦德：《康熙会稽县志》卷十二，《水利志》《中国方志丛刊》，台北成文出版社，第 285 页。
⑨ 邱志荣、陈鹏儿：《浙东运河史》上卷，中国文史出版社 2014 年版，第 271 页。
⑩ 邱志荣、陈鹏儿：《浙东运河史》上卷，中国文史出版社 2014 年版，第 288 页。
⑪ 邱志荣、陈鹏儿：《浙东运河史》上卷，中国文史出版社 2014 年版，第 272 页。

去，大姓利于田，湖复废。[①]

之后，绍兴知府吴芾以"巡辖鉴湖堤岸"为名，征发四百九十万余名工人，对鉴湖进行全面整治。从材料中可以发现，针对整治鉴湖，吴芾分为两步进行。第一步，针对鉴湖淤积情况，吴芾启用壮成兵百余人。壮成兵，是宋代专门从事修建和维护城垣、治理河渠、漕运等杂役的专业兵种，对鉴湖进行挖泥泄水，浚治鉴湖，此后壮成兵也成为鉴湖浚治的常备兵力。对于鉴湖的整治工程，其堰闸的维修工作十分重要，因为所有的纲运或是官船都需经过鉴湖区域，为了保证舟船顺利通行，必须开闸放行。但是，由于开闭的频繁没有规律，使得鉴湖水外泄，从而使航运不畅，所以，吴芾整修鉴湖的第二步工作就是修缮鉴湖上的水利设施，其中包括斗门和堰闸等共计13所。由于宣和年间所置的都泗堰闸的好坏，直接关系到高丽等国使者往来航道的畅通便利，所以对于都泗堰闸的维修工作也是吴芾整修鉴湖项目中的工作重点。

经过吴芾对鉴湖的整治，鉴湖水利景观为之畅通，水患减轻，两岸民众丰衣足食。陆游于绍熙二年（1191）一度出游，沿浙东运河，从千秋观、禹祠、樊江、东关、练塘，一直到娥江，在东关留有《东关》二首："路入东关物象奇，角巾老子曳笻枝。蚕如黑蚁桑生后，秧似青针水满时。穿市不嫌微雨湿，过溪翻喜坏桥危。当年野店题诗处，又典春衣具午炊。"又如，"云蹙鱼鳞衬夕阳，放翁系缆水云乡。一笻疾步人惊健，斗酒高歌自笑狂。风暖市楼吹絮雪，蚕生村舍采桑黄。东阡南陌无穷乐，底事随人作许忙。"从两首诗作看，诗人这次是再到，东关曾有草市，但一派农村风光，村民养蚕，周边桑树，也有稻田，道路纵横，农民欢乐。同年夏天，陆游再度出游，依然顺浙东运河，从少微山、织女潭到东关，又作《东关》七绝二首："天华寺西艇子横，白苹风细浪纹平。移家只欲东关住，夜夜湖中看月生。""烟水苍茫西复东，扁舟又系柳阴中。三更酒醒残灯在，卧听萧萧雨打篷。"东关给与诗人的感受是深刻的，不但晚上在东关舣舟宿夜，而且只愿住在东关，在东关欣赏美景，足见这个浙东运河上的驿站在诗人心目中的地位。陆游经过练塘时，写下《练塘》诗："微风吹颊酒初醒，落日舟横杜若汀。水秀山明何所似，玉人临镜晕螺青。"练塘之水秀山明宛然如见。此外，陆游在游览浙东运河时曾前往与运河相连的草市，便留下了《系舟平水步》诗，其中写道："雨昏茅店炊烟湿，人语蓬窗绩火明。枝上橙香初受摘，担头菰脆正堪烹。"山乡小市之景象如此。南宋王十朋《会稽风俗赋》曾有形象的描写："船龙夭矫，桥兽睢盱。堰限江河，津通漕输。航瓯泊闽，浮鄞达吴。浪桨风帆，千艘万舻。大武挽纤，五丁噪呼。榜人奏功，千里须臾。"历代诗人、文客为了表达对运河景观的赞美，留下了无数的诗篇以供后人瞻仰。

---

① ［元］脱脱：《宋史》卷三八七，中华书局 1985 年版，第 11888 页。

由于运河的发展，宋代绍兴经济进入了新的发展时期。这个历史机遇是由靖康之乱导致"宋室南迁"引发的，其影响力甚至超过了"晋室南迁"。"宋室南迁"引发了空前的北人南迁浪潮，使绍兴地区人口剧增。人口的密集带来的是对土地的需求量加大。而此时的鉴湖因为上游"三十六源"之水带来泥沙淤积，导致湖堤渐渐增高，湖四周的淤浅处干涸，呈现大片肥沃的土地，成为人们竞相围垦的目标。绍兴成为京畿区域后，迫于当时政治、军事和经济的需要，围湖垦田现象愈演愈烈，一发不可收拾。至南宋嘉泰十五年（1222），古鉴湖已大部分被围垦湮废，原来的浩渺湖水变成了与平原北部一样的河湖棋布、阡陌纵横的良田沃野，湖区面貌与北部平原面貌逐渐趋于一致。这一时期鉴湖周边园林兴盛，著名的如陆游三山别业、王氏小隐山园、柳西别业等，呈现鉴湖湮废后的水乡田园风光。

运河的畅通与地区性经济形成了互动发展的关系，宋代经济中心完成南移，浙东地区因运河之繁忙而日渐富庶，繁荣的江南经济足以支撑整个南宋朝廷，宋室能够偏安于一隅，浙东运河在这其中发挥了巨大的作用。南宋统治者多次对浙东运河进行分段整治，促使运河通畅，水利景观不断得到优化更新，这样从交通运输条件上促进了浙东商品经济迅速发展。浙东地区的经济繁荣推动了政府对于运河景观的重视，同时也为整治浙东运河提供了经济上的支持，二者互为因果、相互依存。

唐五代时期浙东运河与海上丝绸之路的互动关联研究

徐淑华

（中国计量大学）

摘要： 唐五代时期，依托浙东运河与海上丝绸之路上纵横交错、通达四方的便捷水陆交通网络及海上航线，形成了由浙东运河与海上丝绸之路联通的区域内外和海上贸易的商业通道。据此，浙东运河与海上丝绸之路通过沿线兴起的明州港、畅达的区域内外和海上贸易商路、繁盛的区域商业经济以及与浙东地方社会的互动影响等方面展开了彼此之间初始的互动关联。

唐五代时期的浙东运河通过钱塘江向北连接隋唐大运河，凭借其强大的航运功能，成为国内一条重要的双向贸易通道，南来北往和浙东海上丝绸之路上的贸易物资多通过这条运河运达，并借助浙东海上丝绸之路，成为连接海洋国家的重要通道之一，沟通了中外之间的贸易往来和文化交流。二者之间互动关联，共同处于一个经济、信息和文化的大交通及大循环中。本文尝试选取唐五代时期浙东运河与海上丝绸之路的互动关联作为研究视角，拟通过考察这一贸易通道上的港口变迁、贸易商路、商业经济以及与浙东地方社会互动影响等方面内容，以展现二者之间互动关联的具象。

一、唐五代时期浙东运河与海上丝绸之路上明州港的地位变迁

（一）唐代前、中期明州港的历史沿革

明州港地处浙东沿海，北邻杭州湾，位于我国南北航线的中心，港阔水深，为常年不冻港，具备发展海上交通和贸易的天然优势条件。但因远离国家的政治统治中心区域，偏隔国家水陆交通的东南段，因而并未能够成为国家战略部署的重心所在。表现在行政区划上，自秦汉以来，该地一直隶属于会稽郡，辖句章、鄞县、鄮

县、余姚四县。隋朝统一全国后便着手改革地方行政制度，开皇九年（589），鄞、鄮、余姚三县并入句章。大业元年（605），隋置越州，句章县属越州。大业六年（610），隋炀帝"敕穿江南河，自京口至余杭，八百余里，广十余丈，使可通龙舟，并置驿宫、草顿，欲东巡会稽"[①]。这条从京口到钱塘江的河道即江南运河。江南运河修浚后，大运河全线贯通，在杭州与浙东运河隔江相望。明州作为浙东运河的东端起点，通过浙东运河与大运河相连接，浙东地区与京畿的水上交通全线畅通，极大地改变了其在全国水路交通网中所处的不利局面。唐武德四年（621），"析故句章县置鄞州，八年州废，更置鄮县，隶越州"[②]，鄮县县治在三江口。唐开元二十六年（738），浙东采访使齐澣认为鄮县已是海产品和丝绸的集散地，"奏分越州之鄮县置明州，以境内四明山为名"。[③]将鄮县从越州析出设立明州，州治设在小溪镇，辖鄮县、慈溪、奉化、翁山四县。鄮县从越州独立出来，并由县级升格为州级。值此宁绍平原的社会经济也在快速发展中，运河水网和海塘得到一系列的整治和完善，这些因素都推动着浙东区域经济实力的整体提升，明州在国家整体战略布局中的地位开始上升。

唐代中期传统陆上丝绸之路的衰落为明州港的崛起提供了契机。唐天宝十年（751），唐朝军队在中亚的恒罗斯（Talas）战役中失利，经由陆路通往西亚各国的陆上丝绸之路被切断，唐政府遂大力发展海上丝绸之路以开展与海外各国间的交往。从此，海上丝绸之路的重要性逐渐显现。唐代中后期，明州成为日本遣唐使登陆的主要港口之一。唐天宝十一年（752），日本孝谦朝遣唐使在明州和越州登陆[④]，这是继唐显庆四年（659）驶抵越州鄮县、再次在浙东沿海港口登陆的遣唐使。唐贞元二十年（804），日本恒武朝遣唐使舶的第二舶由副使石川道益率领在明州港登陆，二十一年（805）第二舶和第一舶都从明州起航回国[⑤]；唐开成三年（838），日本仁明朝遣唐使舶第一舶和第四舶在明州港登陆。[⑥]日本遣唐使登陆明州，与遣唐使海上航线行进过程中的不确定性有关。中日之间的南岛航线和南路航线在唐登陆的地点往往以长江口作为大的方向，行程中却容易受到天气影响临时调整预先设定的地点而选择适宜之地泊岸。从8世纪中期开始，日本遣唐使漂流至明州港登陆的次数逐渐增加，加之唐

---

① ［宋］司马光编著，［元］胡三省（音注）：《资治通鉴》，第12册，卷181，《隋纪五》，炀帝大业六年（610），中华书局1956年版，第5652页。

② ［宋］欧阳修、宋祁：《新唐书》，第4册，卷41，志第三十一，地理五，中华书局1975年版，第1061页。

③ ［唐］李吉甫：《元和郡县图志》下册，卷26，《江南道二》，中华书局1983年版，第629页。

④ 王勇、中西进主编：《中日文化交流史大系·人物卷》，浙江人民出版社1996年版，第62页。

⑤ 池步洲：《日本遣唐使简史》，上海社会科学院出版社1983年版，第35—36页。

⑥ ［日］木宫泰彦著，胡锡年译：《日中文化交流史》，商务印书馆1980年版，第89页。

与日本、朝鲜半岛海上航线的南移，以明州为起航港及登陆港的船只数量日增，从而推动着明州在浙东乃至国内的地位不断地获得提升和关注。唐长庆元年（821）三月，"浙东观察使薛戎上言，明州北临鄞江，城池卑隘，今请移明州于鄞县置，其旧城近南高处置县，从之"。[1] 明州州治从小溪迁移至原鄞县治三江口，从此开启了明州港的崭新发展阶段，成为唐五代时期浙东海上丝绸之路上最为便捷和兴旺的港口。

（二）唐代晚期以来浙东运河与海上丝绸之路上明州港的初兴

唐代"安史之乱"（755—763）后，包括登州港在内的北方地方经济都遭受重挫，失去了港口依托的腹地，登州等港在东亚海域的地位渐被削弱。同时期江南经济依然获得了稳步的发展，明州港的经济腹地广阔，物产丰富，尤其是对日贸易的大宗商品如瓷器、丝织品等皆为当地土产，因而从明州起航具有成本和地利方面的优势。尤其是8世纪后半叶，随着中日之间南路航线的开辟和航海技术的进步，相对于扬州、楚州及登州等港而言，从明州往返日本的航程和时间都大为缩短。9世纪上半叶开始，以周光翰、言升则、詹景全、李邻德、张支信、孙忠、盛德言、刘仕献等为代表的越州和明州商人群体，利用他们在组织商品货源、出洋便利等方面的天然优势条件，取代新罗海商成为东亚海域最具实力的海商，由此他们能够根据自身所处的客观环境和贸易条件对贸易路线和港口进行最优选择，明州无疑是他们赴日贸易最为便利的港口。此外，大量侨居于明州、台州及登州等地的新罗商人也多选择在明州等地起航前往东亚海域开展贸易。在上述诸因素的影响下，南路航线遂成为中日之间的主要交通航线，明州港开始取代长江口诸港成为中日海上交通的主要港口，从明州港往返日本的航行次数有了显著的增加。据统计，从839年日本停派遣唐使至903年的60余年间，见诸文献记载的中日之间海上往来就有37次，其中明确标注起航地和登陆地的有16次，从明州港起航6次，返航在明州登陆1次，从楚州起航1次，返航在楚州登陆2次，从台州、广州起航各1次，返航时在温州、常州、福州连江县登陆各1次。[2] 明州港在中日海上往来中占到总往返次数的43.8%，远超其他港口，成为唐后期中日海上交通第一大港。

五代时期，吴越国相对和平的环境吸引了大食国商人，他们来越州、明州购买瓷器和丝绸等物回国销售。与吴越国往来密切的高丽商船大多也在明州登陆。前往日本的中国商船络绎不绝，有明确记载的吴越商人前往日本的就有11次。[3] 因此，明州港凭借着唐代晚期以来在东亚海上交通中日益重要的地位，获得了经济上主要依赖于海

① ［宋］王溥：《唐会要》，卷71，《州县改置下》"江南道"，中华书局1955年版，第1273页。

② ［日］木宫泰彦著，胡锡年译：《日中文化交流史》，商务印书馆1980年版，第109—116页。

③ ［日］木宫泰彦著，胡锡年译：《日中文化交流史》，商务印书馆1980年版，第223—224页。

外贸易收入的吴越国的高度重视。此后外使或海商进出吴越，明州均为重要港埠。[①]

二、唐五代时期浙东运河与海上丝绸之路的贸易通道

（一）浙东运河与海上丝绸之路上的区域水陆交通网络

隋唐大运河的全线疏通，在全国范围内形成了以洛阳为中心，北通涿郡，西连长安，南达余杭的交通运河网，从而将浙东地区的内河航运延伸至中原。基础性的驿路交通也在唐代初步形成，凡通途大道三十里一驿，非通途大道设馆。因浙江河湖密布，境内有浙东运河和江南运河，因此既有陆驿，也有水驿，或者水陆兼驿。依托运河网络和驿路交通，浙东运河与海上丝绸之路上的区域水陆交通网络此时已初具规模。

唐代越州的水陆交通在《元和郡县图志》的"八到"中有概要性的叙述。越州"西北至上都三千五百三十里。西北至东都二千六百七十里。东至明州二百七十五里。东南至台州四百七十五里。西南至婺州三百九十里。西北至杭州一百四十里。"[②]越州往西北到杭州经江南运河可北上至长安和洛阳，往北可至杭州，也可跨杭州湾到嘉兴，与明州、台州及浙中的婺州都有相当便捷的水陆交通。

越州往东经余姚多走水路至明州，也可从陆路到明州。唐代越州到明州已有专门的驿路。元稹出任浙东观察使之前，明州"旧贡蚶走驿达于长安"[③]，即明州的海鲜通过驿路经越州、杭州运送至长安。越州往东还可到慈溪，在慈溪县南有凫矶江馆，位于慈溪江边，是为水驿。自慈溪南下，至奉化县，有剡源驿，自奉化南下，至宁海县，有南陈馆，宁海而南，天台县有灵溪馆，自灵溪馆南下而至乐城（今乐清），有上浦馆，复南行即至温州。[④]越州往东南经剡县可至台州。

越州往西南走陆路可到诸暨，县城内有诸暨驿，继续往南可至义乌县北的待贤驿，从待贤驿往南至义乌县，县城有双柏驿，自义乌而西至婺州，有婺州水馆。[⑤]越州也可走浦阳江水路经诸暨到浦阳再至婺州。由婺州可至衢州和处州，而衢州和处州二地皆可通往建州。虽然衢州和建州之间被仙霞岭所阻隔，但依然有道路联通，可以从衢州常山县走陆路经信州至建州和广州。处州到建州全程水陆相兼。处州往东南可

① 李东华：《五代吴越的对外关系》，张彬村、刘石吉主编：《中国海洋发展史论文集》，第五辑，台湾中央研究院中山人文社会科学研究所专书（30），1993年，第38页。

② ［唐］李吉甫：《元和郡县图志》，下册，卷26，《江南道二》，中华书局1983年版，第618页。

③ ［宋］张津等撰：《乾道四明图经》，卷1，《水利》，中国地方志丛书·华中地方·第五七三号，台湾成文出版集团有限公司1983年版，第4963页下。

④ 华林甫：《唐代两浙驿路考》，《浙江社会科学》1999年第5期，第133页。

⑤ 华林甫：《唐代两浙驿路考》，《浙江社会科学》1999年第5期，第132页。

至温州，而温州"西南至福州水陆路相兼一千八百里"①。

明州水陆交通在隋唐大运河开通后也更为畅达。《元和郡县图志》记载：明州"西北至上都三千八百五里。西北至东都二千九百四十五里。东北至大海七十里。西至越州二百七十五里。西南至台州宁海县一百六十里，至州二百五十里"②。大运河贯通之后，"凭借经余姚、曹娥把宁波与杭州联系起来的水路及浙东运河，宁波实际上成了大运河的南端终点。"③明州往西经余姚江、曹娥江过越州到西兴，北渡钱塘江后与大运河相通直至洛阳、长安和涿郡，并联通了江南的水网，钱塘江两岸之间便捷的水上贸易通道由此形成。明州往东北方向可到达望海镇，跨海后至翁山县。这是一条浙东地区传统的海上交通路线。明州往南经奉化、宁海可到达台州。从明州沿东南方向南下，经台州、温州可至福建、广东等地。由明州港沿海北上可至山东登州、莱州，吴越国时期繁荣的海上贸易也是循着明州沿海北上的这条航线，正所谓"滨海郡邑，皆由两浙回易务，厚取民利。"④

从唐五代时期浙东运河与海上丝绸之路沿线和周边地区的交通情况来看，浙东地区已形成了集陆路、水路以及海路在内的相对完善和便利的交通网络，沿线地区与浙江其他地区及全国重要商业城镇的交通和商路有效地联通起来。

（二）以明州为中心的浙东运河与海上丝绸之路联通的贸易通道

作为隋唐大运河南端终点的明州由原来的区域性通江达海港口逐渐发展成为南北物资汇聚的重要集散地，物资经明州既可循浙东运河输往运河沿线城市和地区，也可经海路北上或南下至广大沿海区域后，从各沿海港口输送至内陆广大区域。同时，宁波又是浙东海上丝绸之路的起点，从明州港起航可前往日本、朝鲜半岛开展贸易，也可凭倚广州等贸易港中转开展与东南亚和环印度洋地区的贸易。

明州港与日本的贸易通道是在8世纪中期以后逐渐走向成熟的。在这之前，中国赴日航线一般沿用传统的北路航线。即从难波的三津浦起航，沿濑户内海西下，到达筑紫后在大津浦（今日本博多）靠岸，经过壹岐、对马，通过朝鲜南畔与耽罗国（济州岛）之间到达现在的仁川附近，然后或直渡黄海，或沿朝鲜半岛的西岸及辽东半岛的东岸，横渡渤海湾口，在山东半岛的一角登陆。⑤8世纪中叶，日本与新罗关系交恶，"日本人为了躲避新罗，被迫从长崎越过公海，向着淮河口或者长江口方向行

① ［唐］李吉甫：《元和郡县图志》，下册，卷26，《江南道二》，中华书局1983年版，第626页。
② ［唐］李吉甫：《元和郡县图志》，下册，卷26，《江南道二》，中华书局1983年版，第629页。
③ ［日］斯波信义：《宁波及其腹地》，载施坚雅主编，叶光庭等译，陈桥驿校：《中华帝国晚期的城市》，中华书局2000年版，第470页。
④ ［宋］薛居正等撰：《旧五代史》，第5册，卷107，《汉书九·列传四·刘铢》，中华书局1976年版，第1415页。
⑤ ［日］木宫泰彦著，胡锡年译：《日中文化交流史》，商务印书馆1980年版，第80页。

进，有时甚至取道向更南部的杭州湾航行。"① "新罗梗海道，更繇明、越州朝贡"②，反映的便是当时中日海上交通中遭遇的现实难题。中日之间不得不另辟新道通航，变迁后的路线即南岛航线："先从肥前、肥后、萨摩的海岸南下，经过夜久、吐火罗到达奄美附近，从此更西航，渡过东中国海，到达扬子江口附近，返航也是经由这条航线"。③ 长江口附近港口主要是指明州、越州、扬州、苏州、楚州、福州等地。南岛航线中，港口条件优于江淮之间泥质海滩的明州、越州逐渐成为中日海上交通的重要起航地和登陆地。浙东运河经钱塘江与大运河相联，将明州与洛阳、长安有效地联通起来，因而这一航线开通后立即成为中日海上交通的主要路线之一，明州和越州在中日海上交通中的地位也日渐显现。

唐代后期，随着中日两国航海经验的积累，海船制造技艺的进步，8世纪后期，中日之间又开辟了航程更短的南路航线。南路航线从明州、温州、台州、扬州、楚州等港口起航，向东偏北横渡东海，直抵日本肥前松浦郡的值嘉岛（今平户岛与五岛列岛）；然后，驶向筑紫的大津浦和难波。④ 9世纪，从事中日贸易的唐商基本上都循着这条航线往返于中日之间。从明州出发横渡东海，一般六七天便可驶抵日本。如遇顺风，所需时间更短。如唐咸通七年（866），日僧宗叡"到明州望海镇。适遇李延孝，遥指扶桑，将泛一叶"，"宗叡同舟，顺风解缆，三日夜间，归着本朝"。⑤ 可见，宗叡和唐商李延孝等从明州望海镇出海，用了3天就驶抵值嘉岛。南路航线的开辟，以明州为据点的大唐商人功不可没。正是明州港的繁荣和明州商团的崛起推动了这条航线的形成，将明州及附近往返日本与大唐之间的航路成了定制。⑥ 五代吴越国的商船赴日一般也都从明州港起航，"横断东海，经九州岛、肥前之值嘉岛而入博德湾者也。"⑦ 横渡东海后经值嘉岛驶至博多津。由于日本对中国采取消极的外交政策，中日之间的往来表现为中国商船驶抵日本的单方面行为，明州港成为前往日本的唯一起航港，这也凸显了明州港在对日交通中的关键地位。

唐五代时期，明州与朝鲜半岛的航路主要有三条。其一是从明州北上至楚州、

① ［美］爱德华·谢弗（Edward Schafer），吴玉贵译：《唐代的外来文明》，陕西师范大学出版社2005年版，第34页。

② ［宋］欧阳修、宋祁：《新唐书》第20册，卷220，列传，第一百四十五，《东夷·日本》，中华书局1975年版，第6209页。

③ ［日］木宫泰彦著，胡锡年译：《日中文化交流史》，商务印书馆1980年版，第83页。

④ 孙光圻：《中国古代航海史》，海洋出版社2005年版，第236—237页。

⑤ 《日本三代实录》，卷45，光孝天皇，元庆八年三月廿六日条，国史大系，经济杂志社1914年版，第723页。

⑥ 梁文力：《南岛路与8—9世纪唐日之间的海上交通》，《元史及民族与边疆研究辑刊》2014年第28辑，第97页。

⑦ 王辑五：《中国日本交通史》，商务印书馆1937年版，第98页。

登州，在登州与渤海航路相接。按照前往朝鲜半岛的惯常航路行进，即唐贞元年间（785—805）宰相贾耽所述的"登州海行入高丽渤海道"①，从登州起航横渡渤海海峡后由辽东南岸西行至乌骨江，之后沿着朝鲜半岛西海岸南行至唐恩浦口登陆。登州境内有条到达海州、楚州、扬州、杭州、明州等地的南下航线。②因此，明州可以沿着此条航线北上到达朝鲜半岛，这条航线路程较长，但因是近岸航行，安全相对有保障，成为中朝之间的一条经典路线。其二是从明州出发北上至山东半岛的登州、莱州及密州等港口，向东直航至朝鲜半岛西海岸。其三是从明州、定海、舟山等浙东沿海港口出发，向东北斜穿东海与黄海水域，直趋朝鲜半岛西南部沿海，或先趋朝鲜半岛南部水域的济州岛，再转航半岛本土。③日本僧人圆仁记载了明州前往朝鲜半岛的海上交通路线："案旧例，自明州进发之船，吹着新罗境。又从扬子江进发之船，又着新罗。"④依据旧有惯例，从明州等港出发，横渡东海、黄海后利用季风便可直至新罗。五代吴越国时期，明州港在吴越国与朝鲜半岛往来中亦发挥着重要的作用，除了从明州港始发前往朝鲜半岛外，来吴越国的高丽商船大多也都驶抵明州港停泊。

明州港南下至广州等港与南海航线相接。唐五代时期明州与东南亚及环印度洋地区之间的直接海上贸易并未见有相关的文献记载，应是通过广州等贸易港口为中转港展开，从而将浙东海上丝绸之路从东亚延伸至东南亚、西亚及非洲等地。迄今为止的海外考古发掘，在菲律宾、马来西亚、印度尼西亚、印度、巴基斯坦、伊拉克、伊朗、埃及、苏丹、肯尼亚等诸多亚非国家沿海重要港口城市，都出土了大量唐五代时期越窑青瓷器物，遍及亚非各国以陶瓷贸易为主线的浙东海上丝绸之路的路径也渐趋明晰。

三、唐五代时期浙东运河与海上丝绸之路上商业经济的兴盛

依托纵横交错、通达四方的便捷水陆交通，浙东运河与海上丝绸之路上商品经由商人源源不断地输往国内各地，其他区域的商品也通过各种途径运入浙东各商埠集散转贩或出洋贸易，商业交流与互动的兴旺带动了浙东运河与海上丝绸之路上越州和明州地区商业经济的兴盛。

唐代的越州，作为浙东地区的政治和经济中心，经济富庶，农业基础良好，手工业产品丰富。浙东运河与海上丝绸之路沿线区域的手工业产品如丝织品、剡县藤纸、

---

① ［宋］欧阳修、宋祁：《新唐书》，第4册，卷43下，《志第三十三下·地理七下》，中华书局1975年版，第1146页。
② 樊文礼：《登州与唐代的海上交通》，《海交史研究》1994年第2期，第27页。
③ 孙光圻：《中国古代航海史》，海洋出版社2005年版，第217页。
④ ［日］圆仁：《入唐求法巡礼行记》，卷1，崇文书局2022年版，第35页。

越窑青瓷等，在国内都具有相当影响力。鉴湖水质的优良使得越州出产的丝织品和藤纸品质上乘，即"凡造物由水土，故江东宜纱绫、宜纸者，镜水之故也"[1]。除了自给外，富余的农产品和手工业产品均作为商品流入市场。这些商品通过贸易商人在区域间辗转流通。如"唐贞观中，有会稽人金林数往台州买贩，每经过庙下，祈祷牲醴如法，获利数倍"[2]。此处的庙指的是祚圣庙，位于明州象山县和台州宁海县交界处的东门岛上。金林经常往返于家乡会稽和台州之间，通过从事商业贸易获得较为丰厚的利润。在海岛上专门设立寺庙以供路人祈福，说明行走在这条交通要道上的人员不在少数，其中相当部分当为如金林一般的商人群体。

越州的丝织业在唐代中期以后迅速发展起来，无论是数量还是技艺都有了一个较大的飞跃。据统计，唐后期越州的特殊丝织品达 15 种以上，超越定州，为天下第一。[3] 越州生产的罗，"唐时擅名天下"[4]，"天宝之后，中原释耒，辇越而衣"。[5] 说明越州的纺织品在国内已具有很高的知名度和市场占有率。诗人刘禹锡诗云："酒法众传吴米好，舞衣偏尚越罗轻。"[6] 足见越州丝织品因其品质出众而深受大众的喜爱。唐代后期明州设立了官营织锦坊，主要生产吴绫及交梭绫。浙东地区产出的丝织品有相当部分作为贡品租赋上交政府，进入流通领域的多数限定在区域范围之内，其余可通过水陆通道运销至全国各地。杜甫《后出塞》诗云："云帆转辽海，粳稻来东吴。越罗与楚练，照耀舆台躯。"[7] 反映了唐代越罗已经由海路运销至北方地区。

越州的手工业制品在国内市场占有率较高的还有剡县出产的藤纸。剡纸因优异的品质在中原地区广受消费者的喜爱，市场需求旺盛，"过数十百郡，泊东雒西雍。历见言书文者，皆以剡纸相夸。"[8] 剡纸的外销主要通过便捷的水陆交通要道运至越州，由越州经浙东运河运贩至全国各地，也可由商人直接至越州或剡县采买经浙东运河或陆路再转贩至其他区域。

越州、明州对外销售的手工业制品中以越窑青瓷最为著名，成为行销各地的大宗商品。根据目前越窑青瓷在国内的遗存分布来看，唐五代时期的越窑除了在浙江省

① ［唐］李肇：《唐国史补》，卷下，《景印文渊阁四库全书》，小说家类，子部 341，第 1035 册，台湾商务印书馆 2008 年版，第 450 页。

② ［宋］张津等撰：《乾道四明图经》，卷 6，《象山县·祠庙》，中国地方志丛书·华中地方·第 573 号，台湾成文出版集团有限公司 1983 年版，第 4982 页上栏。

③ 朱祖德：《唐代越州经济发展探析》，台湾《淡江史学》2007 年第 18 期，第 36 页。

④ ［清］沈翼机等编修，嵇曾筠等监修：《浙江通志》，卷 104，《物产·绍兴府》，《景印文渊阁四库全书》，史部 279，地理类，第 521 册，台湾商务印书馆 2008 年版，第 637 页下栏。

⑤ ［唐］董浩编：《全唐文》，卷 630，吕温：《京兆韦府君神道碑》，中华书局 1983 年版，第 6375 页上栏。

⑥ ［唐］刘禹锡：《刘禹锡集》，卷 34，诗，《酬乐天衫绵见寄》，上海人民出版社 1975 年版，第 326 页。

⑦ 《全唐诗》，第 7 册，卷 218，杜甫三，杜甫：《后出塞五首》，中华书局 1960 年版，第 2293 页。

⑧ ［唐］董浩编：《全唐文》，卷 727，舒元舆：《悲剡溪古藤文》，中华书局 1983 年版，第 7495 页上栏。

有十分密集的分布外，主要集中在大运河沿线的杭州、湖州、苏州、无锡、镇江、南京、扬州、洛阳、西安、北京等地。唐代早中期越窑青瓷的销售，通常循西兴运河过钱塘江后，经大运河北上至扬州直达洛阳，之后沿黄河往西可至长安；或从洛阳往东北方向经永济渠至幽州，转走陆路到达契丹辽国。从扬州直接北上也可到涿郡。唐代中晚期，随着明州港在浙东海上丝绸之路上的兴起，越窑青瓷直接从明州出海运至沿海各港口城市后，再通过长江、黄河等水系或陆路转运至国内其他地区。五代时期，由于战乱，原先大运河转走陆路抵达辽国的路线时常遭阻断，运至辽国的越窑青瓷便从明州港出航，行至海州后沿海岸线至渤海湾。

对于越州商品的广销全国各地，唐代后期崔元翰曾如此评价："越州号为中府，连帅治所，监六郡，督诸军。视其馆毂之冲，广轮之度，则弥地竟海，重山阻江，铜盐材竹之货殖，舟车包筐之委输，固已被四方而盈二都矣。"[1] 以开展沿海转运贸易和海上贸易为主的明州港，由于唐后期浙东海上丝绸之路的兴起以及腹地的拓展，经济实力和地位获得了极大的提升。自五代吴越国时期以来，明州俨然已成"海道辐凑之地，故南则闽广，东则倭人，北则高句丽，商舶往来，物货丰衍"[2] 的著名商港城市。

四、唐五代时期浙东运河与海上丝绸之路和浙东地方社会的互动影响

（一）浙东运河与海上丝绸之路上的陶瓷贸易与技艺交流

浙东运河将曹娥江中游、慈溪上林湖及鄞县东钱湖等唐五代时期浙东地区三大窑场与隋唐大运河联通，成为越窑青瓷的重要贸易通道，大运河南端的明州港则成为海上丝绸之路陶瓷贸易的主要起航港。如此河海相联的水上交通为越窑青瓷的输出提供了得天独厚的运销通道。越窑青瓷贸易的繁盛反过来又推动和加速了青瓷生产的繁荣和技艺的精进，进而带动了区域范围内越窑窑场的持续扩大和青瓷产业的发展，也为海上丝绸之路的发展和繁荣提供了充裕的商品供给。

浙东地区早期越窑青瓷的烧制中心主要分布在上虞县曹娥江中游两岸地区，唐代延续曹娥江历史上的水上交通优势，窑场由南朝时期的 10 余处增加到 40 余处。[3] 生产的越窑青瓷通过曹娥江联通西兴运河，过钱塘江后北上至大运河与长江交汇处的扬州港。依托扬州港，越窑青瓷与邢窑、长沙窑等瓷器一道外销海外各国。进入唐中期后，越窑青瓷的烧制开始大量使用匣钵装烧，瓷器质量大幅提升，并被朝廷指定为贡

① ［唐］董浩编：《全唐文》，卷 523，崔元翰：《判曹食堂壁记》，中华书局 1983 年版，第 5321 页下栏。

② ［宋］张津等撰：《乾道四明图经》卷 1，"分野"，中国地方志丛书·华中地方·第五七三号，台湾成文出版集团有限公司 1983 年版，第 4960 页上栏。

③ 林士民：《青瓷与越窑》，上海古籍出版社 1999 年版，第 326 页。

品。同时期明州港在对外交通中地位的上升，直接带动了上林湖地区窑场贸易瓷产量的快速增长。晚唐时期上林湖地区窑场率先烧制成功秘色瓷，从而打开了越窑青瓷在海内外的知名度。在此背景下，浙东地区越窑窑场增加迅速，并呈现出明显的向东扩展趋势。具有地理交通方位优势及掌握秘色瓷烧制技艺的上林湖地区越窑迅速走向兴盛。据统计，唐代上林湖的窑场就达 81 处。[①] 上林湖窑区的贸易陶瓷经北面东横河进入姚江，由姚江可直至明州港；又因唐五代时期上林湖以北地区仍为大海，因此上林湖越窑青瓷还可经杭州湾抵达明州港，之后从明州起航经海上丝绸之路运贩至海外诸国。相对于曹娥江中游地区的越窑窑场而言，上林湖地区越窑窑场距离明州港更近，因而从唐中晚期开始取代曹娥江中游地区越窑窑场成为越窑青瓷出口外销的主要供货基地。

五代吴越国统治时期，越窑青瓷成为吴越国向中原王朝"纳贡称臣"和海外贸易的主要产品。上林湖与曹娥江中游地区两大窑区生产的越窑青瓷已难以保证数量庞大的贸易瓷及国内特贡瓷的供给，于是在距离明州港更近、瓷土资源良好及水运交通发达的鄞县东钱湖地区开辟了新的窑场。东钱湖窑场生产的越窑青瓷继承了上林湖地区越窑制造技艺，以生产品质上乘的贸易瓷和贡瓷为主。产品通过钱湖及与钱湖联通的河湖网络，进入鄞县东乡塘河后直接运至明州，再从明州起航运至海外诸国。

就瓷窑的历史地理分布而言，唐五代时期浙东地区越窑青瓷窑场区位呈现出渐次东移的规律，在东移过程中新设窑场不断缩小与明州港之间的距离，这也显示出以明州港为主要起航港的海上陶瓷之路的开启对上林湖越窑窑场的东扩和东钱湖越窑窑场的设立具有巨大的牵引作用。明州港河海相联的特殊地理方位和相对低廉的商品贸易成本，为上林湖和东钱湖窑场出产的越窑青瓷内运外销创造了有利条件，进而推动了浙东地区制瓷业的快速发展。而明州港的兴起，很大程度上又得益于陶瓷贸易尤其是越窑贸易瓷的外销，明州港实际上成为越窑青瓷外销的主要集散地。这点从现有的国内外有关越窑青瓷的考古遗存得以证实。1973 年发掘的浙江宁波和义路姚江南岸唐代海运码头遗址，出土了晚唐至五代北宋时的 800 多件瓷器，绝大多数是越窑青瓷。[②] 1997 年宁波唐宋子城的考古发掘中，出土遗物中主要是晚唐时期的越窑青瓷，大多为慈溪上林湖窑场所产，亦有少量湖南长沙窑碎片。这些器物与浙江宁波和义路唐宋遗址出土的越窑、长沙窑器物相一致。[③] 在海外港口、都城遗址中出土唐代

① 林士民：《浙江宁波古代瓷窑遗址概述》，冯先铭主编：《中国古陶瓷研究》第二辑，紫禁城出版社 1988 年版，第 16 页。

② 林士民：《浙江宁波和义路遗址发掘报告》，《重现昔日的文明：东方大港宁波考古研究》，上海三联书店 2005 年版，第 146 页。

③ 林士民：《浙江宁波市唐宋子城遗址》，《重现昔日的文明：东方大港宁波考古研究》，上海三联书店 2005 年版，第 89 页。

大量越窑青瓷，也以产于上林湖为多。①

越窑青瓷作为浙东运河与浙东海上丝绸之路上主要商品输出的同时，制瓷技艺也在不同程度上受到外来文化的影响，能够迅速地根据市场需求和民众审美来生产适销商品，在保持传统文化内涵和精湛工艺的基础上，有选择地将外来文化中的部分元素，如鹦鹉、葡萄纹、卷云纹、忍冬纹等深受西亚地区民众喜爱的图案造型、中亚地区金银器造型和制作技艺等，融入青瓷的生产制作中。在此过程中，中外文化艺术相互吸收和交融，越窑青瓷的产品更加丰富多元，技艺也获得相应的提高，以其为载体的中华文化也随之获得更为广泛的传播。此外，在远销海外的越窑青瓷远无法满足庞大消费市场的背景下，日本、埃及等国都竞相仿制越窑青瓷，从而推动了这些国家陶瓷烧制技术的发展和进步。

（二）浙东运河与海上丝绸之路上以佛教为介质的文化交流

浙东运河与海上丝绸之路畅达的海陆交通既是贸易通道，也是中外文化交流与互动的通道。在中外商品贸易的互通有无中，不同文化之间在不断的碰撞和交流中相互影响。唐五代时期，佛教在东亚国家稳步立足，借助浙东运河与海上丝绸之路这条海上贸易通道，中国与日本、朝鲜半岛之间以佛教交流为主要形式的文化交流也顺势兴起。

唐代有很多僧人沿着浙东运河和海上丝绸之路的通道与东亚海域各国展开佛教文化交流，中国先进的文化也借此得以传播。在唐与东亚各国之间的佛教文化交流中，中日之间的佛教文化交流十分频繁，往返于中日之间的僧人众多，其中六次东渡日本的鉴真可谓是中日文化交流的杰出代表。在鉴真东渡日本的历程中，除第一次外，其余五次皆与明州有关。唐天宝二年（743），鉴真第二次尝试东渡日本，从扬州出发南下的途中遭遇大风，遂在明州海域的下屿山避难。一个月后尝试第三次东渡日本，再次遭受大风的侵袭，船只破损毁坏，鉴真被安置在鄮县阿育王寺，其间在越州、杭州、湖州等地"讲律受戒"②。第四次鉴真东渡时离开明州去天台山国清寺，准备前往温州时被江东道采访使扣押回扬州。第五次鉴真东渡漂流至海南后，于天宝九年（750）派遣普照重回阿育王寺。天宝十二年（753），鉴真第六次东渡终至日本，大量的天台宗经疏也一并被带往日本，直接影响了日本天台宗的创立。鉴真本人则建立和完善了日本的授戒制度，开创了日本律宗。

唐代日本和朝鲜半岛派遣大量的遣唐使和留学生来华学习中国的先进文化，众多僧人也搭乘遣唐使和唐商的船只来华学习佛法，他们来华求法巡礼的活动多与浙东

---

① 林士民：《青瓷与越窑》，上海古籍出版社 1999 年版，第 151 页。

② ［日］真人元开著，汪向荣校注：《唐大和上东征传日本考》，中外交通史籍丛刊，中华书局 2000 年版，第 57 页。

运河与海上丝绸之路有关。日僧最澄在聆听浙东地区高僧思托在日本的弘法及研读他带往日本的天台宗典籍后，因"慕天台之法门"[①]，决定亲自前往天台求法。唐贞元二十年（804）八月底，最澄随遣唐使团到达明州鄞县，在明州景福寺、开元寺休整并学习佛法。半月后离开明州，循浙东运河经越州沿水陆通道前往台州天台山巡礼求法。在台州临海龙兴寺师从天台宗的道邃和佛陇真觉寺的行满研习天台宗教义，受菩萨戒。翌年从台州前往明州准备回国，但因遣唐使仍在长安，遂接受明州刺史郑审则的建议，经浙东运河过曹娥江后至上虞峰山道场，从当时正在峰山道场弘法的越州龙兴寺顺晓和尚密宗灌顶。为求取密宗法器，最澄还专门前往越州龙兴寺购买了法器。由越州沿浙东运河返回明州后，贞元二十一年（805）五月，最澄从明州出发，循海上丝绸之路的交通通道，携带大量的佛教经卷、法具、佛像等返回日本。回国后选择在比叡山建立了延历寺，创立了天台宗，成为日本佛学界最早的门派。最澄之后，圆仁、圆载、圆珍、园仁、慧萼、安然等日本名僧和高丽王族高僧义通等朝鲜半岛僧人相继前来越州、明州等地学习佛法。

这些来华的僧人在浙东学习佛法时，亲自或雇人手抄佛经或汉籍，并留意和搜集汉籍以备本国所需。如日僧空海回国时途经越州，在向越州节度使求书的信中，明确提及："三教之中经律论疏传记乃至诗赋碑铭、卜医五明，所摄之教，可以发蒙济物者，多少流传远方"[②]，其所求书籍涉及各个类别。另通过政府的赠赐、民间的馈赠以及赴日唐商的运贩等形式，大量的汉籍东传至日本。唐代浙东地区的茶叶也由僧人传至日本，此时的茶叶传播并不是作为商品输出展开的，而是与茶有关的佛教生活方式和审美意识的输出。最澄在天台山学习天台宗期间，深受天台山茶风的熏染，逐渐对茶文化有了较为深刻的了解和体验，回国后在日本贵族和僧侣阶层介绍和传播茶文化。与最澄同船从明州入唐的空海，在元和元年（806）回国时带去了大量的茶叶和茶种。元和八年（813），空海在叙述自己的日常时提及："窟观余暇，时学印度之文，茶汤坐来，乍阅振旦之书。"[③] 而东渡日本的中国僧人在弘传佛法的同时，还将中国先进的建筑艺术、医药、美术、雕塑等传至日本。

（三）浙东运河与海上丝绸之路和浙东地方区域经济的互动

唐代中期以来，浙东运河的疏治改善了航道的运输环境及条件，运河沿线周边地区大量水利工程的兴修又优化了区域性的河湖网络，连同畅达的海上丝绸之路贸易通

---

① ［宋］赞宁撰，范祥雍点校：《宋高僧传》，中华书局1987年版，第725页。

② ［日］空海：《遍照发挥性灵集》，卷五，《与越州节度使求内外经书启》，［日］壶井国三编纂：《弘法大师全集》，壶井老铺，1900年，第108页。

③ ［日］空海：《遍照发挥性灵集》，卷四，《献梵字并维文表》，［日］壶井国三编纂：《弘法大师全集》，壶井老铺，1900年，第91页。

道，给浙东运河与海上丝绸之路沿线区域带来了诸多的贸易商机。

唐代中期越州成为浙东观察使治所，其工商业也因浙东地区整体交通环境及政治地位的提升获得了空前的繁荣。越州的商品除了在当地销售外，主要通过浙东运河与海上丝绸之路输往国内各地及海外诸国，这就直接带动了沿线交通要冲之地经济的发展。如萧山渔浦，位于钱塘江、富春江、浦阳江三江交汇之处，是钱塘江南岸的重要渡口，史称"渔浦为往来之要津"①。钱塘江的船只可从渔浦经钱清江后进入浙东运河到达越州，也可由渔浦经浦阳江往南到达诸暨、婺州、衢州、永嘉等地。据统计，有50余名唐代诗人在游览寻访浙东的过程中经过或在渔浦停留。②这说明唐代的渔浦已成为旅客前往浙东地区的重要中转地。郑准的《寄进士崔鲁范》诗云："会待路宁归得去，酒楼渔浦重相期。"③从"酒楼渔浦"的描述得以窥见唐代的渔浦已是商业兴盛之地。宋时，渔浦已由原来以捕鱼为主的村寨发展成为"渔浦镇，在县西三十里。梁丘希范、宋谢灵运、唐孟浩然皆称为鱼浦潭，对岸则为杭之龙山"。④在浙东运河沿线临江靠水、交通便利之处的农村集市也发展起来，草市的数量逐渐增多，如元稹在《奉和浙西大夫李德裕》诗中所云："鱼虾集橘市，鹤鹳起亭皋。……渔艇宜孤棹，楼船称万艘。"⑤越州会稽县的平水，"在县东二十五里，镜湖所受三十六源水，平水其一也。……水南有村市桥渡，皆以平水名"⑥，平水市"二小桥通诸暨、嵊县"⑦，"平水之南有五云桥，盖唐时舟舫所经"。⑧可见，平水本为镜湖三十六源水之一，因为具有天然的水上航运优势，与周边地区的交通相当便捷，所以成为当地较具影响力的草市。上虞的五大夫草市"聚天下之民，鬻天下之货"，商业贸易兴旺可见一斑，很大

① ［清］和珅等撰：《钦定大清一统志》，卷226，《景印文渊阁四库全书本》，史部237，地理类，第479册，台湾商务印书馆2008年版，第206页下栏。

② 竺岳兵：《渔浦——浙东唐诗之路的起讫点》，《萧山记忆》，2014年第7辑，第50—51页。

③ ［唐］郑准：《寄进士崔鲁范》，《全唐诗》，第20册，卷694，中华书局1960年版，第7993页。

④ ［宋］张淏：《会稽续志》，卷3，《镇·萧山》，《景印文渊阁四库全书本》，史部244，地理类，第486册，台湾商务印书馆2008年版，第478页上栏。

⑤ ［唐］元稹撰，吴伟斌辑佚编年：《新编元稹集》，第15册，宝历二年丙午（826）四十八岁（十六首），《奉和浙西大夫述梦四十韵大夫本题言赠于梦中赋诗以寄一二僚友故今所和者亦止述翰苑旧游而已次本韵（初春）》，三秦出版社2015年版，第7840—7841页。

⑥ ［宋］沈作宾、施宿纂修：《会稽志》，卷10，《景印文渊阁四库全书》，史部244，地理类，第486册，台湾商务印书馆2008年版，第195页上栏、下栏。

⑦ ［宋］沈作宾、施宿纂修：《会稽志》，卷11，《景印文渊阁四库全书》，史部244，地理类，第486册，台湾商务印书馆2008年版，第236页下栏。

⑧ ［宋］沈作宾、施宿纂修：《会稽志》，卷13，《景印文渊阁四库全书》，史部244，地理类，第486册，台湾商务印书馆2008年版，第266页下栏。

程度上就是因为其位于虞江之"东南廿里"①，商人可循浙东运河将商品运至上虞江沿岸销售，并购买集散于此的土产循运河销往他地。凭依发达的水陆交通和草市这一交易场所，乡村自产的粮食、丝麻织品、茶叶、果蔬、药材、鱼虾、瓷器等农副产品和手工业制品纷纷进入市场流通，商品的丰盛吸引了周边商贩来此收购，同时外来的商品也经商贩之手运至草市交易。如此，不同区域间的商品自如地流通起来。商品交易的利润又刺激乡村人口更多地投身于工商业的生产活动，促进了地区商品经济的发展，并推动了草市日后从乡村市集向工商业市镇的转化。

唐中期以来明州港在沿海交通中转港和东亚海域贸易港的地位更加突出，区域经济也因此获得了空前的发展，并带动了明州周边地区经济地位的提升。如明州望海镇的设立虽有加强海防建设的考虑，但也与其在海上贸易中所处的特殊地理位置紧密相关。唐元和四年（809），为加强明州甬江入海口的海防建设，唐政府在鄞东甬江口设立望海镇。唐元和十四年（819），浙东观察使薛戎上奏："准敕诸道所管支郡别置镇遏守捉兵马者，宜并属刺史，其边于溪洞接连蛮夷之处特建城镇者，则不在此限。今当道望海镇，去明州七十余里，俯临大海，东与新罗、日本诸番接界，请据文不属明州。许之。"②望海镇从明州析出，直隶浙江东道，海防战略地位获得进一步的提升。又因与"新罗、日本诸番接界"，扼守着明州的出海口，在海上丝绸之路上有着特殊的地位，成为进出明州港船只的重要出入地。唐乾宁四年（897），钱镠初置望海镇为军事建置，又复隶于明州，并更名为静海镇。后梁开平三年（909），吴越王钱镠亲巡明州，"以地滨海口有鱼盐之利，因置望海县，后改为定海县"。③望海镇升格为望海县，在将其作为浙东海防前哨阵地的同时，也充分肯定了其在商业贸易中日益重要的地位。

结　语

唐五代时期的浙东运河经钱塘江与隋唐大运河相连，成为大运河的南端延伸线，浙东运河的运输线往北延伸至国家的核心区域，得以参与大运河国内远程客货的运输，浙东区域在全国社会经济中的地位得以提升。唐代中期以来，明州港凭借着独特优越的地理方位获得了关键性的发展机会，逐渐成长为大运河与海上丝绸之路联通的交通枢纽和河海相连的贸易商港。借助通达的水陆交通网络和海上航线，浙东运河与

① ［唐］《全唐文》，陆心源：《唐文拾遗》，卷30，余球：《五大夫市新桥记》，中华书局1983年版，第10706页。
② ［宋］王溥：《唐会要》，卷78，《诸使中·诸使杂录上》，中华书局1955年版，第1442页。
③ ［宋］乐史：《太平寰宇记》，卷98，《江南东道十》，《景印文渊阁四库全书》，史部228，地理类，第470册，台湾商务印书馆2008年版，第78页下栏。

海上丝绸之路将沿线区域与国内主要商业城镇、东亚海域国家的交通及商路有效地联通起来。海内外商人循着这条商业贸易通道将商品运至沿线区域销售，或将集散于沿线区域的商品运贩至国内及海外各地。区域内外贸易和海上贸易的兴旺带动了浙东运河和海上丝绸之路沿线区域商业经济的繁盛，并在贸易、文化和经济等层面展开与浙东地方社会的互动影响。由此，唐五代时期的浙东运河与海上丝绸之路，通过沿线明州港的兴起、区域内外和海上贸易商路的畅达、区域商业经济的繁荣以及与浙东地方社会的互动影响等方面实现了彼此之间初始的互动关联。

它山堰与水运

——从两首回沙闸诗说起

张卫东

摘要： 它山堰是古代浙东运河最可靠的水源工程之一，也是一项通航工程；回沙闸是它的重要配套工程。通过分析两首回沙闸长诗，可知它山堰附近水路四通八达：下游，东通宁波，南通鄞江—奉化江—甬江，北通鄞西水网和姚江即浙东运河，从而可通航到绍兴、杭州；上游，可与四明山区通航。回沙闸位于它山堰上游北侧，可以过船；它山堰也可以过木排、竹筏乃至舟楫。

有关宁波它山堰、回沙闸的诗歌很多，其中两首分别是回沙闸工程决策、施工亲历者写的，而且相互关联，从中可以窥见当年它山堰的水运情景以及与浙东运河的密切关联。

出 郊 观 稼
陈 岢①

数月两出郊，劝农复观稼。始言麦垄春，今已稻畦夏。

女红彩纴余，丁黄耘籽暇。暄凉虽不齐，晴雨倏忽乍。

百丰未为多，一歉诚所怕。蠲逋广上恩，平粜裁米价。

毫发可及民，岂不念夙夜。昔有王长官，筑堰它山下。②

惠利久益博，神灵此其舍。③泓深或龙蛰，坚屹无蚁蟑。

---

① 岢，《四明它山水利备览》作"璔"，其他文献作"岢"。《宋史·列传第一百八十四》：陈岢，字子爽，嘉兴人……知庆元府兼沿海制置副使，迁大理卿……军民爱戴，幕客盛多……所著《可斋瓿稿》二十卷。

② 唐代鄞县县令王元暐主持创建它山堰，后世感戴，尊称王长官。故它山堰亦称"长官堰"。

③ 神灵此其舍：这就是祭祀神灵的地方，特指祭祀王元暐的善政侯祠。《四明它山水利备览》多次提及。

定为三七分①，酾为数十汊。② 石梁贯云涛，谁敢着足跨？③

流沙从何来？疑有物驱驾。人力几淘浚，壅淤仍障坝。④

神功终此惠⑤，去沙而变化。视古谁比方，郑白其流亚。⑥

——原载《四明它山水利备览》⑦

这是一首回沙闸纪事诗，在跌宕起伏中凸显了回沙闸的作用。

"回沙闸"特指它山堰（Tuōshān Yàn）的配套工程。它山堰位于宁波市海曙区鄞江镇（唐宋时属鄞县）它山村，历史上属于甬江支流鄞江上的御咸蓄淡工程，唐太和七年（833）鄞县县令王元暐主持创建，⑧为浙东运河水源工程，世界灌溉工程遗产。

回沙闸始建于宋淳祐二年（1242），由庆元府知府陈垲委任赋闲居家的魏岘主持建造，地处"吴家桥南港狭处"⑨，次年竣工。约在明代废弃，现原址尚存四根闸柱。

创建回沙闸的起因是当年它山一带"夹岸沙弥望……于是井皆汲卤，水田若竭泽"⑩，严重影响它山堰进水渠道引水。为了能引到水，每年要清淤三四次，泥沙沿

---

① 指它山堰通过各类工程设施（如冲沙闸）的控制运用可以调节水位，掌控（左右）分水比例。清代鄞县人全祖望《鲒埼亭集·外编卷十五·小江湖梅梁铭》："它山之梁，长逾三丈，去岸亦数丈，横浸堰址……居民呼为'断水梁'……每望见梁峙水中，如龙昂首，以擎其堰……铭曰：'是本真龙，天吴所伏，何须画龙，玄黄相触。洞天潭潭，一木锁之；外江内湖，右之左之'。"

② 指它山堰下游向北引水灌溉鄞西平原，渠道密如蛛网，分汊极多。

③ 双关语。一是指闸口上方的石梁（闸顶交通桥）高悬半空，脚下犹如云涛，令人心惊胆战，不敢跨越；二是指石梁贯通左右岸，通往附近的云涛观（它山庙旁小庙），顺手点明闸口的地理位置。这里的闸，可能是它山堰上的旧闸，也可能是新竣工的回沙闸。

④ 原先泥沙不多，一年疏浚一次即可；现在一年要疏浚几次，泥沙依然严重阻碍引水。

⑤ 神，原作旦。原书注：内旦字即神，从原抄。惠，费解，疑为（患）之讹。

⑥ 战国时代秦国的郑国渠和汉代的白渠都比不上。

⑦ 作者魏岘，生卒年不详，南宋鄞县人。在外为官不顺，居家赋闲多年。1242年受陈垲委派，主持了回沙闸等工程建设，1249年根据亲身经历编成传世之作《四明它山水利备览》，上卷杂志源流规制及修造始末，下卷则皆碑记与题咏诗。本文所引版本均为《四库全书文渊阁本》。

⑧ 或谓开元中（713—741）县令"王元纬"（早于"王元暐"约100年）创建。《四库全书提要·四明它山水利备览》："按《新唐书·地理志》载，明州鄞县（按：鄞县在唐为鄮县）南二里有小江湖，溉田八百顷。开元中，令王元纬置。东二十五里有西湖，溉田五百顷。天宝二年，令陆南金开广之。今此编称它山水入于南门，潴为日、月二湖。其日湖即小江湖，月湖即西湖。谓二湖皆王元暐所浚，而不言天宝之陆南金，似有缺略。至其以元纬为暐，以开元中为太和七年，则此编所载诸碑记及唐僧元亮诗，证佐显然，俱足以纠《唐志》之谬，不得以与史异文为疑矣。"又说县令王君贞观十年（636）修。《永乐大典》卷二二七一："《图经》云：小江湖在鄞县南二十里。唐正观十年，县令王君照修。与《唐志》不同。"

⑨ 《四明它山水利备览·防沙》。

⑩ 林元晋《回沙闸记》，载《四明它山水利备览》。

程自由落淤，清淤战线长达 514.4 丈 [①]，"役工数万计"，耗费巨大。回沙闸的作用是把淤沙范围压缩到闸板上游侧 [②] 三四十丈内，便于集中淘沙，更可以节省民力。

为建设回沙闸，政府事前出面"买地" [③]，事后又专设八人负责启闭， [④] 还设专项经费"岁充淘沙顾夫之用"。

回沙闸的工作原理是静水落淤，动水冲沙。 [⑤] 它的目的是拦沙而不是排沙，因此其运行方式与常见的冲沙闸相反："水涨则下"，即水涨的时候下叠梁闸板，形成相对的静水区，迫使泥沙在闸前落淤，以便于人力集中淘挖。上层水清，允许溢流入渠。"水平则去"，即洪水消退后拿走闸板。正如陈垲对下属林元晋所说，"水轻清居上，沙重浊居下，宜闸以止之。水平则启，通道如故，沙聚于外，则去之易为力" [⑥]。闸板一共七块，实际操作中，根据拦沙、通航等需要决定取走几块、留下几块（图1）。 [⑦]

图1 13世纪中叶鄞江主流流向以及它山堰和回沙闸位置示意图（张卫东据《四明它山水利备览·北山下古港》及《四明它山水利备览·防沙》绘。白色箭头代表清水，灰色箭头代表含沙洪水）

① 《四明它山水利备览·积年沙淤处》："马家营西至孙家桥五十二丈六尺；孙家桥至许家桥七十丈；许家桥西至潘知府宫前一百丈；潘知府宫前西至万家道头九十丈；万家道头南至吴家桥一百五十四丈八尺；吴家桥南至它山堰口四十七丈。"

② 宋代回沙闸所在位置的水流路线是由南向北，回沙闸之南为上游侧。

③ 《全宋诗·魏岘·回沙闸成用可斋陈公韵》有"买地开一吭"，《四明它山水利备览》作"买地开一渠"。《四明它山水利备览·闸水口》记录了买地的原因："堰上水口狭甚，溪流入港者少而入江者多。水口有石幢为界，外为官港，内为蒋宅之地，约一二亩。若买此以展水口，庶几纳水稍洪。"

④ 《四明它山水利备览·看守回沙闸人》："中一间，闸板七片，许廿四、许亚六；东一间，闸板七片，许十二、许十五、许三十七；西一间，闸板七片，许阿二、许阿三、许阿四。看管闸人每月共支米一石，府历赴仓清领均分。"

⑤ 《四明它山水利备览》："水轻在上，沙重在下，水从板上，不妨自流。沙遇闸板，碍住不行，沙之所淤，不过闸外三四十丈，淘去良易。板之为限，以水为则，水涨则下，水平则去，启闭以时，不病舟楫。"

⑥ 林元晋《回沙闸记》，载《四明它山水利备览》。

⑦ 《宝庆四明志》卷十二："回沙闸……闸三间，板皆七，中间常留一板，俾上可通舟，水涸则去。东西闸常留两板，余分置看守人许亚一等家。水泛则不拘早夜，集众力急下板，相水高下，板随以增减，常令水自上入溪，沙涸于外。水平去板，通舟如故。闸外沙积稍多，即仰措置水利刘湜等申府，切待支钱米，差官吏，前去雇人监淘。"

水涨的时候回沙闸下叠梁闸板，洪水基本不能从闸上通过，排洪的任务大都由它山堰承担了。从洪水湾堤、乌金碶等工程的分布看，也可以把漫溢进入引水渠的一小部分浑水泄入鄞江——奉化江，达到排沙减淤目的。

它山堰上下都可以通航。当时鄞西河网水上运输繁忙，航道水源主要靠它山堰引水补充。据《鄞州水利志》，内河船舶可经杨木堰、小张堰、澄浪堰、大西坝碶等进入奉化江、姚江，与浙东运河沟通，直达越州（绍兴）、杭州。南塘河上有很多"碶"，如兰浦碶、章家碶、唐家碶、乌金碶、积渎碶、风珊碶（一作风棚碶）、水菱池碶、行春碶（《四明它山水利备览》作"春行碣"）、段塘碶、芝兰碶等，其中乌金、积渎、行春三碶自古有名。碶的结构与回沙闸大同小异，[①]在水源允许的前提下，过船比堰坝更省力。它山堰东面不远的蕙江，历史上有一条"舟行自江入碶"的记载，证明"碶"可以过船。[②]今鄞江镇水路四通八达：下游，东通宁波，南通鄞江——奉化江——甬江，北通鄞西水网和姚江，特别是政和八年（1118）鄞西平原上广德湖废毁后，它山堰成为浙东运河最可靠的水源工程；[③]上游，可以穿过回沙闸所在的吴家桥南港进入大溪，通航到四明山区；个别情况下，上游来的舟楫、排筏也可以直接过堰（图2、图3）。

唐宋时期它山村附近航道可以概化为回沙闸——南塘河航道、它山堰——鄞江航道两条路线，简称北线、南线。鄞西七乡有专业的"船户"，四明山区有广大的地域、较多的人口、丰富的资源，北线原来畅通无阻，舟楫往来自然不少。北线还有支线向北进入鄞西平原。南线因为要穿越它山堰，困难多些，但是船只可以通过闸口临时性通航，也可以"泊舟堰下"，分段通行。历史治水名人之一王安石1047年上任鄞县县令伊始，考察全县水利等，"具舟以西，质明，泊舟堰下，食大梅山之保福寺庄。过五峰，行十里许，复具舟以西，至小溪，以夜中。质明，观新渠及洪水湾，还

① 周冠明《试论它山堰"碶"的工程技术内涵》指出，"碶"是鄞人对当地古代水利工程的专有称谓。王安石庆历七年（1047）十一月考察本县水利，就曾"观碶工凿石"（《鄞县经游记》），说明当时碶工技术已相当成熟。曾巩于熙宁二年（1069）《广德湖记》："鄞人累石埋水，阙其间而扃以木，视水之小、大而闭、纵之，谓之碶。"翻译一下就是："鄞县人砌石作堰拦水，在堰身中间留个豁口，然后用叠梁木板当门闩把豁口闩住；水位太低就加叠梁板以壅高水位，水位太高就减叠梁板。这种建筑叫做碶。"参《它山堰暨浙东水利史学术讨论会论文集》，第93—94页。

② 清·全祖望《鲒埼亭集·鹊巢碶记》："出东津桥经鹊巢碶入蕙江……长者曰：前此浦广二丈余，且甚深，舟行自江（指鄞江）入碶，可直达侍御公神道下，今则隘而不通矣。"蕙江为鄞江右岸支流。

③ 宋·曾巩《广德湖记》："盖湖之大五十里，而在鄞之西四十二里，其源出于四明山，而引其北为漕渠，泄其东北入江（姚江）……舟之通越者，皆由此湖。"可知广德湖可引入姚江，鄞西平原水网地区可以接入浙东运河。宋政和八年（1118）广德湖废。魏岘《四明它山水利备览》以《广德湖仲夏堰已废并仰它山水源》专篇，详细说明了南宋时它山堰仍能源源不断，上升为沟通鄞西水网与姚江航道的主力水源工程。参见缪复元《宁波它山堰研究》一文。

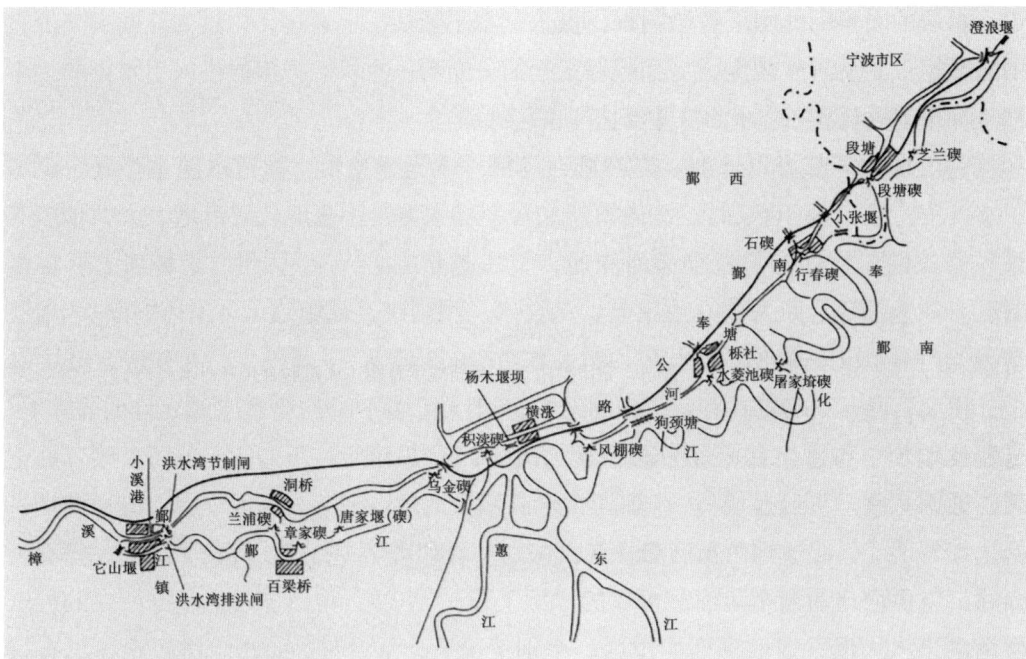

图 2　它山堰下游配套工程示意图

图 3　它山堰与浙东运河水运联系概化图（圆圈为它山堰位置）

食普宁院。日下昃，如林村"[1]。所提小溪、洪水湾均在北线上。今鄞江镇内有洪水湾。据《鄞州水利志》：洪水湾节制闸平面呈"T"形，东、西、南三个方向互通过船。小溪，应指小溪镇（在今洞桥），名称源于南塘河。今鄞江镇有小溪港节制闸向北（鄞西平原）引水，高 3.3 米，净宽 3 米。王安石时，小溪（南塘河）应可通船到林村、广德湖等处，然后多道连通姚江，即连通今日浙东运河。五峰地址不详，似为接近奉化江的山区，可能是南线。不管哪条线，唐宋时期它山堰上下均可通航，确定无疑（图 4）。

---

① 宋·王安石《临川文集·卷八十三·鄞县经游记》。

南宋初年，它山堰上游泥沙为害剧烈，北线航道经常中断，上游来的竹排、舟楫无路可走时，顶着舆论压力穿越它山堰工程："其时舟楫不通，竹木薪炭，其价倍贵，贩鬻者装载（舟楫）过堰。竹木排

图 4 它山村附近水运路线示意图（底图取自《鄞州水利志》）

筏越堰而下，猛势冲击，声震溪谷。"从通航设施来说，它山堰有"堰身中空，擎以巨木，形如屋宇"之处，可能是调节水位的砌石木板叠梁水闸，具有冲沙、通航等功能（另文讨论）[①]。但是开闸过船需要大量放水浮托船身，对枯水季的城乡用水和航道用水来说，则是雪上加霜，因此它山堰过船过木受到官府严厉禁止。[②] 回沙闸建成后，闸板"水涨则下，水平则去，启闭以时，不病舟楫"[③]，船只改走回沙闸，下通正常航道，用水矛盾缓和，皆大欢喜。回沙闸如何过船呢？有记载称："回沙闸……闸三间，板皆七，中间常留一板，俾上可通舟……东西闸常留两板……水泛则不拘早夜，集众力急下板……水平去板，通舟如故。"根据现在遗存的回沙闸闸柱尺寸[④]，可知每一块板高约 37.6 厘米（约合宋代一尺二寸，七块总高 2.63 米），中间一孔通船（吃水深度 0.3 米左右），两侧均抬高一板。有的闸柱略高（2.83−2.63=0.2 米），似可以认为是嵌入底石深度的差距。闸墩之上搭盖石梁，即所谓"石梁贯云涛，谁敢着足跨"，作为交通桥；中间闸孔经常过船，有时需要敞顶，有可能以轻便的木梁代替石梁。两侧接砌石岸墙（图 5）。

回沙闸竣工后，城乡供水、农田灌溉、舟船通航得到恢复，知府陈垲心情大好，欣然作诗，已见本文开头。看到"乡帅"亲自为回沙

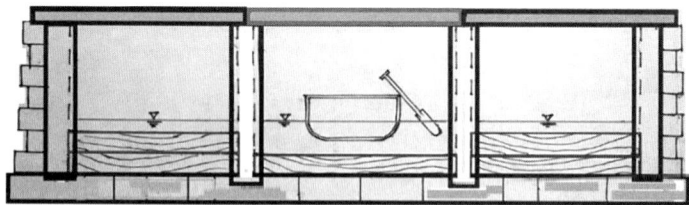

图 5 回沙闸通舟断面复原图（张卫东制图）

---

① 参见张卫东、谭徐明、颜元亮：《古代它山堰关键技术问题研究·四·试论"堰身中空"》。

② 《四明它山水利备览·护堤》："前后府榜，非不禁约。人取其便，不顾利害，虽禁莫止。"

③ 《四明它山水利备览·防沙》。

④ 四根石柱高 2.63～2.83 米，石柱矩形断面边长 0.5～0.52 米，闸门槽 0.11 米见方，闸中孔宽 3.57 米，两边孔宽 3.02 米。

闸作长诗，最开心的当然是受命主持工程的魏岘。他作了一首《回沙闸成用可斋陈公韵》作为回应（据《全宋诗》）：

> 一堰限溪江，七乡利耕稼。卤汐回东溟，多水流仲夏。①
> 仁哉王长官，一劳贻永暇。长输不尽泽，绝胜晴雨乍。
> 旱魃纵肆威，恃此不足怕。滴水一滴金，欲买真无价。
> 年来沙作祟，耄倪忧日夜。役夫锸方举，贤帅车已②下。
> 丰赀③发公储，严祀闸④神舍。临流肃旌骑⑤，问瘼穷隙罅。
> 买地开一吭⑥，纳水通百汊⑦。山判不可移，石级谁敢跨？⑧
> 董正有赞府，相视皆别驾。⑨仍忧曷⑩尾闾，置栅抵立坝。⑪
> 即此是商霖⑫，何必骄阳化。它山不可磨，钱秦特其亚。⑬

---

① 仲夏为鄞西平原上著名村镇，用在此处表示整个鄞西灌区。全句呼应陈诗的"醨为数十汊"。

② 已，《四明它山水利备览》作"方"。

③ 赀，《四明它山水利备览》作"资"。

④ 闸，意为开，开辟。据楼稼平考证，《守山阁本》《烟屿楼校本》《约园本》作"辟"。"严祀闸神舍"指陈垲支持祭祀王长官祠，再拨"官券三百千助成醮事"，见《四明它山水利备览·设醮》。

⑤ 骑，据楼稼平介绍，《守山阁本》《烟屿楼校本》《约园本》作"旗"。

⑥ 吭，《四库文澜阁本》《守山阁本》《烟屿楼校本》《约园本》作"坑"，误。

⑦ 《全宋诗》"纳水通百汊"，《四明它山水利备览》作"内通水百派"，但有的校本强调"内读作纳"。

⑧ 石级，指回沙闸下的石砌消能台阶，借用了它山堰"大溪之水从堰流入江，下历石级，状如喷雪，声如震雷"的惊悚场景。或是以另一种方式指砌石闸墙顶部的石梁高高在上，常人不敢跨越。此句呼应陈垲诗"石梁贯云涛，谁敢着足跨"一句。

⑨ 几位负责工程的助理，也都是"别驾"一级的官吏。

⑩ 曷，《四明它山水利备览》作"竭"。《烟屿楼校本》《约园本》作"竭"。

⑪ 仍然担心尾闾水受到阻遏，因此修建了这座既能拦沙又能引水的回沙闸（闸柱、闸板就像栅栏一样），而不是立起一道拦沙的坝。

⑫ 商霖，济世之佐。用于称誉大臣之词。

⑬ 在它山堰建设历史上立下不可磨灭功劳的钱亿、秦棣，与现任长官陈垲的成就相比也都得屈居第二了。钱亿、秦棣事迹见于《四明它山水利备览·前修后堰》。

大运河建设成为国家文化地标的战略思考

张环宙

（浙江外国语学院）

摘要： 本文从论证国家文化地标的重要性、大运河建设成为国家文化地标的优势和大运河国家文化地标的本质特征的基础上，提出大运河打造国家文化地标的战略考量。

党的二十大报告提出："坚守中华文化立场，提炼展示中华文明的精神标识和文化精髓，加快构建中国话语和中国叙事体系，讲好中国故事、传播好中国声音，展现可信、可爱、可敬的中国形象。"对新时期的国家形象建设提出了新的战略要求和规划部署。国家的文化软实力与该国的文化资源状况紧密联系，更与文化地标及其产生的社会经济价值密切相关。哈佛商学院教授迈克尔·波特提炼了文化竞争优势理论，认为只有基于文化的优势，才是最根本的、最难以替代和模仿的、最持久的和最核心的竞争优势。从文化地理学的角度讲，中国广袤的大地上存有诸多不同形式的国家文化地标，如故宫、长城、黄河、长征、长江以及本文所言的大运河，它们无论是对其所在的区域还是全中国而言，都是不可多得的资源富矿，构成了一个国家、民族最具代表性的精神标识与文化符号。本研究以大运河为落脚点和突破口，旨在厘清大运河作为国家文化地标的战略价值基础，阐释大运河的战略比较优势，最后提出大运河打造国家文化地标的发展对策。

一、国家文化地标：中华民族复兴的重要着力点

文化标识，往往是具有高辨识度、强影响力与高附加值的文化符号，是一个区域、一个民族、一个国家最具代表性的精神标识与文化精髓。文化资源是文化产业实现可持续发展的关键要素，也是各类文化市场主体最重要的核心竞争力，"得文化资源者得天下"，已成为地方政府与文化行业从业者的共识。我国长城、黄河、长征、

长江和大运河五大国家文化地标，在不同程度上植入进了影视、主题公园等创意产业的开发中，成为国家不可多得的文化创意的素材库，也是实现中华民族复兴的重要着力点。它所具备充足的文化体量与极高的国民认知程度，不仅能够为消费者带来视觉层面的满足与享受，更是国家号召力和凝聚力的象征^①，有助于进一步发挥国家形象建构、国家品牌塑造、民族认同凝聚的战略功能。

二、大运河建设成为国家文化地标的三大优势

延绵千年、奔流不息的大运河承载着历代国人的家园想象与文化记忆，不仅是沿河民众赖以生存的地理空间，更是世代中国人民共同的精神家园，具有国家文化标识的价值基础与发展优势，必须统筹保护好传承好利用好。

其一，广袤的腹地空间。自然地理意义上的大运河形态及其空间结构，为大运河聚合空间的形成奠定物理上的基础。如大运河浙江段主要由江南运河浙江段、浙东运河两大河段组成，两者以钱塘江为界，流经湖州、嘉兴、杭州、绍兴和宁波 5 个主要地级市，横亘在广袤无垠的杭嘉湖宁绍平原上，借由河面上的桥梁、堤坝、游舫，沿河的古镇、名城等一系列文化地标性景观，在当地百姓心目中植入鲜明的物理符号，进而达到劳拉·里斯所言的以"视觉锤"占领用户心智的效果。

其二，丰富的文化宝库。大运河不仅是物理上的大运河，更是文脉上的大运河。延续 2500 余年的大运河赋予了独特的流域性人文内涵，承载着中华民族人水共生的生存智慧、天人合一的思想观念、深邃宏阔的审美气象等价值观。大运河文化资源的核心组成部分还是历史文化遗产，包括各类文物遗址、史料典籍、名城古镇、非遗技艺、民间故事等，如浙江大运河沿线诞生的人类非物质文化遗产二十四节气（半山立夏习俗）、国家级非物质遗产杭罗织造技艺、苏东坡传说、江南丝竹等。大运河浙江段成为整个大运河流域文化资源丰富、遗产价值突出、传承状况优良的代表性河段之一。

其三，无限的创新可能。大运河丰厚的文化内容为各类文化消费业态的创新提供无限可能，构成大运河文化标识得以形成的产业基础与价值依托。大运河的产业化开发，主要涉及文化旅游、自然观光、影视创作、文学出版等领域。从数量来看，大运河浙江段核心区范围内有国家 5A 级旅游景区 4 家、4A 级 45 家，国家级旅游度假区 3 家、省级旅游度假区 9 家，萧山、余杭、江北、鄞州、余姚、南浔、德清、越城、柯桥、上虞、桐乡都已创成省级全域旅游示范县。大运河沿线还是文化及相关产业发展的集聚区域，已建有 21 条省级文化创意街区和 26 个省重点文化产业园区^②，形成

---

① 傅才武、程玉梅：《"文化长江"超级 IP 的文化旅游建构逻辑——基于长江国家文化公园的视角》，《福建论坛（人文社会科学版）》2022 年第 8 期。

② 《运河流觞入浙江，串起古韵风景线》，《中国改革报》2022 年 10 月 8 日。

诸如大运河文化艺术中心、国家（运河）广告产业园等一批文化产业集群，综合实力跃居全国前列。集"顶级文化资源＋产品＋服务"在内的多样性文化业态，是大运河国家文化地标得以成型的关键要素。

三、人民的运河：大运河国家文化地标的本质特性

2006 年，时任浙江省委书记习近平同志在考察京杭大运河拱墅段时指出，希望杭州用好运河这张"金名片"，把运河真正打造成具有时代特征、杭州特色的景观河、生态河、人文河，真正成为"人民的运河""游客的运河"。大运河国家文化地标的亲民性与生活性是其最鲜明的文化本色。无论大运河国家文化地标的战略部署多么系统，战略价值多么高深，归根结底是需要"落实"在沿河百姓与市民游客的生活日常里。

大运河首先是沿河百姓们的大运河。千百年来，沿河民众与大运河畔朝夕相处，沿河的生产方式与生活方式早已深入其文化心理结构中，逐渐形成了对大运河地理空间与文化标识的深层次依恋。对于这类人群而言，大运河早已成为族群共享的文化符号。因此，沿河民众是大运河国家文化地标形象建构首先应该抓住的一批群体，对于运河生活的长期依恋容易使其自愿成为运河文化的"发声筒"与形象的"推介官"。

大运河也是广大市民游客的大运河。大运河文化旅游者的体验实践包含了浓厚的中华文化认同："进入情境"（游客自觉进入大运河国家文化地标场景）——"内容体验"（对大运河国家文化地标所提供的故事、活动、娱乐进行切身体验）——"符号识别"（意识到大运河的文化品格）——"情感对接"（反观自身对大运河的认知，更新、唤醒自身国族意识）——"认同"（生成对大运河的情感认同）——"想象"（形成旅游者对大运河的文化想象）。

四、大运河打造国家文化地标的四大战略考量

（一）紧紧把握国家文化公园建设重要契机

统筹推进大运河文化保护传承利用、高标准建设大运河国家文化公园是一项从中央层面系统部署与实践的国家文化工程，目前，我国已经形成五大国家文化公园建设的基本格局，具有顶级文化工程的内涵和特征[①]。2019 年 2 月，中办国办印发《大运河文化保护与传承利用规划纲要》，明确到 2050 年，大运河宣传中国形象、展示中华文明、彰显文化自信亮丽名片的作用更加突出，"千年运河"文化旅游品牌享誉中

---

① 傅才武、程玉梅：《"文化长江"超级 IP 的文化旅游建构逻辑——基于长江国家文化公园的视角》，《福建论坛（人文社会科学版）》2022 年第 8 期。

外①。可见，从中央统筹谋划大运河国家文化公园建设之初，便将大运河视作中华文化的精神标识，包含有打造国家文化地标的战略考虑。

第一，提升大运河文旅业态体验性与故事性。大运河国家文化地标必须有足量的消费业态与文化产品做支撑。大运河文化资源很多都是历史上的物质遗存，且静态的文物居多，与现代生活方式不适应，依靠尚未"活起来"的文物资源，难以实现大运河文化旅游的"火起来"。因此需要对这些历史遗存进行二次创作，按照"新、奇、独、特、美"的特征强化故事资源的吸引力，可以适时引入"剧本杀+大运河博物馆""剧本杀+运河夜游"等产品形式，推动大运河文化的创造性转化与创新性发展，使之与当代人民群众生活实际相衔接，充分激发大众参与的兴趣。

第二，丰富大运河文化创意技术性和表达力。有了优质的故事，还要有现代化的表现形式。增强技术赋能大运河顶级文化资源打造的内在驱力，利用虚拟现实 VR、增强现实 AR、全息投影、现代声光电等技术手段，营造优质的大运河国家文化地标场景，打造一批具有时代感、科技感与体验性的运河文旅产品。

第三，凝练大运河标识符号专属性和辨识性。目前，大运河发展文化旅游的瓶颈之一就在于其缺乏具有高辨识度的形象和符号，没有做到让旅游者"过目不忘"。要精准识别出大运河流域的区域特质，将国家文化地标植入旅游宣传口号、景区识别系统、文创衍生品和媒体传播渠道中，提升大运河国家文化地标的文旅商业价值。这一方面，敦煌文化资源的转化路径对大运河而言具有重要的指导性意义。大运河国家文化地标应进一步强化自身的美学风格，打造具有高辨识度的心灵地标与品牌符号，逐步积累自身的审美文化资本。

（二）彻底打开文明交流互鉴视野格局

就大运河国家文化地标的国际传播而言，仍存在水平不高、程度不深、辐射不广的问题。国际化的元素"只闻其名，未见其形"，容易停留在纸上谈兵的阶段，大运河国家文化地标的国际传播力与影响力仍有待提高。为此，应重点从"引进来"和"走出去"两个维度提升自身的国际化水平。

一是"引进来"。针对国际游客市场，开发出更具特色的文化消费产品、提供更舒适的文化消费环境与更系统的文化消费服务。鉴于运河和长城齐名的国际声誉，以及空间上具有向外延展性和辐射性的特点，运河旅游产品首要的目标客源市场主要为国际市场，尤为对我国历史文化具有浓厚兴趣的欧美旅游市场。例如，大运河杭州段的国际形象定位为 "The Great Wall in Beijing, the Grand Canal in Hangzhou"（到北京登万里长城，来杭州游千年运河），同时推出"中华老字号"、运河非遗、历史文化街

---

① 《一图看懂大运河文化保护传承利用规划纲要》，https://mp.weixin.qq.com/s/xrxWu2wnEIBxwwn6XH_EKg。

区等一系列国际旅游产品，充分凸显"外国人眼中很中国，中国人眼中很杭州"的大运河国家文化地标形象。

二是"走出去"。瞄准主要域外国家，通过系列扎实举措，不断拓展大运河的世界"朋友圈"。当前，大运河对中国国际形象的塑造仅是采用对大运河局部元素的剪贴和组合的方式，例如第 19 届杭州亚运会吉祥物"宸宸"、G20 杭州峰会会标都或多或少涉及浙江大运河的形象。其中，杭州拱宸桥无疑是出镜最多的文化明星。但"多而不精""缺乏主题"构成了大运河国际形象塑造最突出的弊病，国际影响力十分有限。为此，可从以下几个方面提升：从大运河国家文化地标国际传播的内容来看，应在不断丰富运河图片、文字等传统媒介的基础上，增加了以活动、节庆等更多面向"人"的国际传播活动。从大运河国家文化地标国际传播方式来看，大运河形象的国际传播必须打破单体思维的限制，即"就大运河谈大运河"，应积极推动大运河参与到中国对全球议程的设置中来，才能够在其中发出运河声音、贡献运河方案、积蓄运河力量，才能真正起到赋能国家形象建设、提升国际传播话语的战略性作用。

（三）锚定故事内容为长期建设导向

现阶段，以大运河国家文化地标为抓手来讲中国故事，已经不是"有没有的讲"的问题，而是"会不会讲""讲得好不好"的问题。

基于跨文化交流的互动视野，以大运河为切入进行东西方文明的对话。这一方面，诸如北京故宫、丝绸之路、长城在内的国家文化地标已经走在前列，体现出较为广博的世界眼光与当代立场，涌现出《当卢浮宫遇见紫禁城》（2010）、《从长安到罗马》（2020）等一系列精品力作，不仅在国内主流媒体上映，同时登陆国外各大视频平台，取得了良好的受众反响，能够为大运河的影视创作提供经验借鉴。可见，借助大运河影视作品传播建构中国形象的关键是要强化大运河的"交融性"，即中西方文化的交融、大运河的国际交流与开放价值。只有把中国大运河文化放在国际视野中比较分析，交流借鉴，才能明确大运河文化带建设的发展定位和路径，充分彰显中国大运河文化特质和精神力量，树立中国文化自信。[①]

（四）广泛吸纳社会力量为活水之源

首先，大运河国家文化地标的可持续运营有赖于社会力量的介入，主要包括广大研究机构、规划咨询机构、民间社会团体与人民群众。充分依托专门性的大运河研究机构，深耕大运河文化研究，科学论证以及系统规划大运河顶级文化资源建构国家形象的可行性与实施路径，在学术研究和政策咨询领域做出相应贡献，提升大运河在学术界、知识界和政策界的影响力。大运河与黄河、长江等大型河流的相比，更为丰富

---

① 夏锦文：《大运河文化研究》（第一卷），江苏人民出版社 2019 年版。

的人类的痕迹自始至终伴随着大运河的历史演变，附着在大运河之上的人类活动与生活场景已成为大运河文化空间最具吸引力的组成部分。为此，在系统推进大运河国家文化地标建构国家形象的过程中，应立足大运河优良的群众基础，充分动员沿河百姓参与，借助现代自媒体手段培育一批"运河文化使者"。注重软性活动与文化资源的打造，不断为大运河注入新鲜感与时代感，提升大运河的文化旅游吸引力。

其次，大运河国家文化地标的可持续运营需要搭建更加系统的市场营销与传播体系。经过检索后发现，目前我们仍非常缺乏专业化、大众化的大运河媒体，大运河形象散落在诸多领域，亟待进行系统整合与集中传播，打造自己的"发声筒"。可以借助抖音、小红书、b 站、微博、创新运河形象的传播手段。线下层面，通过建设运河品牌消费店、体验店、快闪店，提供沉浸式的消费体验，增强消费黏性。推动大运河国家文化地标与乡村旅游、非遗旅游、博物馆旅游等各类旅游线路进行深度融合，以线上、线下互动引流的方式，助力大运河形象的广泛传播。

最后，要树立长远的战略眼光，明确自身发展策略，逐步将大运河国家文化地标打造成为宣传和展示中国形象的崭新名片。大运河国家文化地标赋能国家形象建设绝非一朝一夕就能够完成的，也不是依靠几条旅游线路、几场文旅演艺项目就能够做到的。大运河的国家文化地标工程才刚刚起步，一方面可以借鉴优秀成功商业模式，自主培育优质资源。另一方面也可以基于自身丰厚的历史文化资源，建设大运河主题公园及相关服务设施。

五、结语

21 世纪以来，中国大运河经历了从文物、世界遗产到国家文化公园的话语流变，逐渐走出了一条既不同于欧美，也不同于亚洲其他国家的文化保护与传承利用之路。时至今日，面对崭新的全球竞争环境，中国大运河亟需以国家文化地标的话语姿态，发力于文旅融合，成为真正属于人民、造福人民的运河。

《越人歌》与浙东运河诗路的缘起

钟小安

（绍兴文理学院上虞分院）

摘要： 越地文明是华夏文明的重要组成部分，唐尧禅位传贤、虞舜大德大孝、夏禹科学治水，他们的高尚品行都是越地先民的精神源泉。河姆渡文化是越文化的主要起源，《候人歌》见证了夏禹的治水业绩和精神。诞生于船上的《越人歌》，是楚越文化交融和结合的代表作。这首歌主张君王善待臣民，提醒他们礼待下人，知错必改，记住"水可覆舟"的教训，体现了古代先贤民为邦本的仁政观点。浙东运河因山阴故水道而生、因山阴故水道而繁荣。浙东运河既是我国中原和南方文化结合与交融的结晶，也是中外文化传播与交流的通道。浙东运河流淌的是山阴故水道之水，也流淌着浙东的历史和文化。

浙东运河诗路文化是人类追求真理的一部分，是人类顺应和利用自然完美结合发展的成果。在历史的长河中，长江流域的先民创造了繁衍生存的空间，为华夏后人生存于斯留下了战天斗地可歌可泣的史诗。中华文化流传有悠久的历史，相关文献记载为我们传承发展华夏文明提供了宝贵的史实。

一、尧舜禹与华夏文明

古代华夏文明的本质是农业文明，中华文化的主体是农耕文化。而农耕文化是离不开水的文化。萧绍宁平原是中国经济最活跃的地区之一。自古以来因水网稠密，农田肥沃，人们勤劳，物产丰富，被称为"鱼米之乡"。萧绍宁平原人口众多，开发历史悠久，农田耕作精细，是浙江省重要粮、棉、麻和淡水鱼产区之一。

根据河姆渡文化遗址发掘出来的蕴藏，可知於越是农耕文明地区，具有农耕文明的先祖产生的优越地理条件。距今 7000—5000 年的新、旧石器时代，越地先民繁衍生息在宁绍平原，在这里先民们开发了原始农业，创造了农耕文化，成为中华民族文明史的一个主要源头。正如《虞舜文化》中所说:"越人的史前文化,既不晚于也不逊于汉人的仰韶文化。只是由于第四纪海进的干扰,使这支在宁绍平原已经发展了稻作文化的民族,因为海水吞了这片平原逼使他们迁入会稽、四明山地,使他们的生产方式,如《吴越春秋》卷六记述的倒退到'随陵陆而耕种,或逐禽鹿而给食'的刀耕火种的迁徙农业和狩猎业的落后状态。而正是由于这种自然和人文的巨大变化,古代越族中才产生一个后来为汉族和其他民族广泛传播的神话。"①

先帝尧舜禹生活的具体历史年代,史料无明确记载。根据考古的发掘,有的学者提出黄帝、颛顼、帝喾所在的时代是河姆渡文化(7000—4000年前)晚期至良渚文化(距今5300—4300年)早期这一时段。当时各部落之间的文化、经济交流越来越频繁,以尧为领袖的陶唐氏、以舜为领袖的有虞氏和以禹为领袖的夏后氏与苗蛮部落积极参与中原逐鹿,加速了部落之间的联系,促进了民族的融合和社会的进步。

(一)唐尧禅位传贤

唐尧(约公元前2200年),姓伊祁,号放勋,中国上古时期部落联盟首领、"五帝"之一。华夏文明史大多不讲炎黄争霸,而从唐尧讲起,由虞舜再到夏禹,这三代在历史上是有名的"天下为公",是真正的民主自由。《史记·五帝本纪》写道:"帝尧者,放勋。其仁如天,其知如神。就之如日,望之如云。富而不骄,贵而不舒。黄收纯衣,彤车乘白马。能明驯德,以亲九族。九族既睦,便章百姓。百姓昭明,合和万国。"②唐尧勤劳质朴、无私无畏、爱民如子,在担任首领后,积极帮助人们发展农业生产。当时,天下洪水滔滔,百姓愁苦不堪。唐尧不畏艰难,消除水旱灾害,命令羲仲、羲叔、和仲、和叔等人到各地,按照天时指导民众耕作。派鲧治水,筑堤堵水,九年无功而返,后又派夏禹,改革治水方法,变堵截为疏导,使洪水得以治理。

唐尧设置谏言之鼓,让天下百姓尽其言,立诽谤之木,方便天下百姓指出他的过错。唐尧在位后期,感觉到有必要选择继任者。他的儿子丹朱凶顽,历史称"丹朱不肖",唐尧早就认为儿子不像自己,道德学问都比不上,因此与四岳商议,请他们推荐人选。四岳推荐了虞舜,说这个人很有孝行,家庭关系处理得十分妥善,并且能感化家人,使他们改恶从善。唐尧决定先考察一番,然后再作决定。先是将自己的两个女儿娥皇和女英嫁给虞舜,看虞舜如何治理家政,结果娥皇、女英恪守妇道,不但家庭关系处理得十分妥善,还能够正确地处理家庭矛盾并感化家人,使他们改恶从善;又让禹舜走进暴雨山林,以考察他的定力:"尧使舜入山林川泽,暴风雷雨,舜

---

① 上虞市政协文史资料委员会:《虞舜文化》,上虞市政协文史资料委员会1997年版,第14页。
② [西汉]司马迁著:《史记》,崇文书局2010年版,第2页。

行不迷。"[①] "舜入于大麓，烈风雷雨不迷，尧乃知舜之足授天下"。[②] 让虞舜担任迎宾官员，考察他的行政能力；经过长达20年各种各样的考察，唐尧觉得虞舜无论说话办事，都很成熟可靠，而且能够建树业绩，于是决定将帝位禅让于虞舜。

唐尧积累了丰富的施政经验，通达道德之道，心中满怀德性，履行道义，是至德之人。由部落管理开始向国家管理转型，其中很重要的一条就是按各种政务任命官员，在华夏历史上第一次建立完善的政治制度，为原始部落管理成为奴隶制国家奠定了基础。他在位时，担忧以后天下难治理，但把权位交给了虞舜，就完全解除了忧虑。唐尧有忧虑而尽心治理天下，并且很爽快地将权位授予禹舜，最终不把天下利益当作私有财产。《淮南子·缪称训》："尧王天下而忧不解，授舜而忧释。忧而守之，而乐与贤，终不私其利矣。"[③]

（二）虞舜大德大孝

虞舜，姓姚，有虞氏，因舜的眼睛有双瞳子，故取名叫"重华"，字都君，是我国上古时代部落联盟的杰出领袖，被后世尊称"五帝"之一的舜帝。虞舜的诞生地学界有多种意见，直到现代，虞舜诞生地及生活劳作之处仍存在分歧意见，但从这些文献资料可以知道，舜生于姚墟的观点还是比较一致的。据《孟子·离娄下》记载："孟子曰：'舜生于诸冯，迁于负夏，卒于鸣条，东夷之人也'。"汉代人赵岐在此句下作注说："诸冯、负夏、鸣条皆地名也，负海也。在东方夷服之地，故曰东夷之人也。"[④]《史记·五帝本纪》张守节《史记正义》中引《会稽旧记》云："舜，上虞人，去虞三十里，有姚丘，即舜所生也。"[⑤] 宋《元丰九域志》亦载："余姚有姚丘山、罗壁山、余姚江"。[⑥] 宋代乐史《太平寰宇记》："江南东道八：上虞县，谷林，《郡国志》云：上虞且今东有姚邱，即舜葬之所；东又有谷林，即舜生之地；复有历山，舜耕于此，嘉禾降此山也。"[⑦] 在余姚和上虞、绍兴有虞舜的大量遗迹和传说，共有十八处，包括虞舜母亲出生地二处，虞舜出生地二处，虞舜耕、虞舜渔、虞舜葬地各一处，这在全国其他地域来说也是罕见的。在距河姆渡文化之后约3000年时，亦中华民族开始跨入文明社会的时候，由余姚城出西成门约6公里许，经谭家岭、石婆桥，往南沿罗壁山东麓，即有冯村，旧称"诸冯废墟"即虞舜出生之地。在舜出生地往西十余里，就是上虞，中华民族的先祖舜帝就出生在离河姆渡西边约40公里的

① ［西汉］司马迁著：《史记》，崇文书局2010年版，第3页。

② ［西汉］司马迁著：《史记》，崇文书局2010年版，第6页。

③ ［西汉］刘安等撰，胡安顺等译：《白话淮南子》，三秦出版社1998年版，第357页。

④ ［战国］孟子著：《孟子》，二十一世纪出版社2014年版，第137页。

⑤ ［西汉］司马迁著：《史记》第5册，卷一，《五帝本纪第一》，中华书局1959年版，第31页。

⑥ 《元丰九域志·两浙路》，中华书局1984年版，第209页。

⑦ 秦建华主编：《德孝天下虞舜文化说略》，山西人民出版社2014年版，第30页。

姚江诸冯。

据史料记载，虞舜的父亲叫瞽叟，母亲叫握登。母亲生下他不久就去世了，父亲娶了继室，又生一男一女，弟弟叫象，妹妹叫阗首。虞舜为人孝顺，对父亲、后母及弟象，每日恭谨，小心做事。"盲者子。父顽，母嚚，弟傲，能和以孝，烝烝治，不至奸。"①"舜父瞽叟盲，而舜母死，瞽叟更娶妻而生象，象傲。瞽叟爱后妻子，常欲杀舜，舜避逃，及有小过，则受罪。顺事父及后母与弟，日以笃谨，匪有懈。""舜耕历山，渔雷泽，陶河滨，作什器于寿丘，就时于负夏。舜父瞽叟顽，母嚚，弟象傲，皆欲杀舜。舜顺适不失子道，欲杀，不可得，即求，尝在侧。"②虞舜勤耕于历山，历山在余姚城北约10公里处，现在尚有象田、舜井、石床等虞舜的遗迹。

唐尧打算找一位接班人继承帝位，召集会议征求意见，四岳等人推荐虞舜，公认虞舜大德大孝，贤才可用，唐尧经过长时间的考察之后，决定让位于虞舜，把政权交给了虞舜。虞舜以"孝"为治理之本。虞舜提倡的"孝"道是华夏民族的传统美德、精神文明的一个重要组成部分，是华夏民族开拓进取、安定团结、传承发展的主要精神力量。

虞舜曾苦心耕耘在宁绍平原，《墨子·尚贤》和《抱朴子内篇·祛惑》等对此均有记述："舜耕历山，陶河濒，渔雷泽。尧得之服泽之阳，举以为天子，与接天下之政，治天下之民。"③虞舜至少在农耕、陶瓷和海洋文化方面作出过重大贡献，所以尧帝才决定禅位于他，古越先民才用多种方式不断歌颂他、祭祀他。虞舜对中华文明的贡献是多方面的：巡行四方祭告山川神灵；统一度量衡；修五礼朝诸侯，行厚德，远佞人；开肇十二州，疏通川流；建立法制，明正典刑；礼聘贤能之人辅佐治理国家，要求百官敬业尽责，不可怠慢公事，三年对百官进行一次考功，赏勤罚懒。虞舜对农业文明的发展有巨大贡献。他重视风霜雨雪的观测和预报，观测季风，无违农时，创制了相风鸟，使古代农业文明进入了一个新的阶段。正如王嘉《拾遗记》卷一所说："尧在位七十年，有鸾雏岁岁来集，麒麟游于薮泽，枭鸮逃于绝漠。有秖支之国献重明之鸟，一名'双睛'，言双睛在目。状如鸡，鸣似凤。时解落毛羽，肉翮而飞。能搏逐猛兽虎狼，使妖灾群恶不能为害。饴以琼膏。或一岁数来，或数岁不至。国人莫不扫洒门户，以望重明之集。其未至之时，国人或刻木，或铸金，为此鸟之状，置于门户之间，则魑魅丑类自然退伏。今人每岁元日，或刻木铸金，或图画为鸡于牖上，此之遗像也。"④东夷民族尊重玄鸟，民间观测季风的一个习惯就是用相风鸟，河姆渡

① ［西汉］司马迁著：《史记》，崇文书局2010年版，第3页。
② ［西汉］司马迁著：《史记》，崇文书局2010年版，第5页。
③ ［清］毕沅校注：《墨子》，上海古籍出版社2014年版，第33页。
④ ［前秦］王嘉等撰，王根林等校点：《拾遗记》，上海古籍出版社2012年版，第14页。

遗址发掘出的"双鸟异日"等文物即是证明。

（三）夏禹科学治水

夏禹，亦称大禹、戎禹、崇禹、伯禹，姒姓，名文命，号高密。在唐尧虞舜时期，中原大地洪水泛滥，黄河、长江及各地都有水患。上海博物馆所藏战国楚竹书《容成氏》第 23 简中提到"舜听政三年，山陵不序，水潦不湝，乃立禹为司工。"[①]而夏禹决河之阻，东注于海，天下九州"始可处也"。说明从商周到战国，世人都传说着夏禹的故事，铭记他的功绩。据《史记·夏本纪》载："禹乃遂与益、后稷奉帝命，命诸侯百姓兴人徒以傅土，行山表木，定高山大川。禹伤先人父鲧功之不成受诛，乃劳身焦思，居外十三年，过家门不敢入。薄衣食，致孝于鬼神。卑宫室，致费于沟减。陆行乘车，水行乘船，泥行乘橇，山行乘檋。左准绳，右规矩，载四时，以开九州，通九道，陂九泽，度九山。令益予众庶稻，可种卑湿。命后稷予众庶难得之食。食少，调有余相给，以均诸侯。禹乃行相地宜所有以贡，及山川之便利。"[②]《韩非子·五蠹》曰："禹之王天下也，身执耒臿，以为民先，股无完胨，胫不生毛，虽臣虏之劳，不苦于此。"[③]

夏禹的父亲鲧没有找到水害产生的根本原因，采用"水来土掩"的方法，水患没有治好而最终受到惩处。夏禹是一个道德高尚的人，没有因虞舜处罚了他的父亲就放弃事业。夏禹结婚才四天，便去治水，妻子涂山氏支持丈夫前去治水。夏禹泪别自己的妻子，踏上了征程。夏禹率领民众，与自然灾害中的洪水斗争，最终获得了胜利。面对滔滔洪水，夏禹从鲧治水的失败中吸取教训，先是找到暴发洪水的原因，再想出解决办法，四处探察，采用疏导的方式，经过整整十三年的努力，治水工程取得了巨大成就，洪水顺着挖通的河道而下，流入大海，同时还方便了人们乘船、灌溉庄稼。夏禹"行山表木，定高山大川""开九州，通九道，陂九泽，度九山。令益予众庶稻"，领导人民疏通江河，导引洪水入海，并兴修沟渠，发展农业。

1994 年，上海博物馆从香港的古董市场上购入了 1200 余支战国时期的竹简，其中有一批文献称为《容成氏》。《容成氏》提及了夏禹治水的事迹：

> 禹亲执畚耜，以陂明都之泽，决九河之阻，于是乎兖州、徐州始可处。禹通淮与沂，东注之海，于是乎竞州、莒州始可处也。禹乃通蒌与易，东注之海，于是乎藕州始可处也。禹乃通三江、五湖，东注之海，于是乎荆州、扬州始可处

---

① 华东师范大学中国文字研究与应用中心编：《中国文字研究》第 6 辑，广西教育出版社 2005 年版，第 68 页。

② ［西汉］司马迁著：《史记》，崇文书局 2010 年版，第 7 页。

③ 柴荣主编：《韩非子》，黑龙江人民出版社 2004 年版，第 2 页。

也。禹乃通伊、洛，并瀍、涧，东注之海，于是乎豫州始可处也。禹乃通泾与渭，北注之河，于是乎虞州始可处也。禹乃从汉以南为名谷五百，从汉以北为名谷五百。天下之民居奠，乃饭食。[1]

夏禹在十三年间把全国的水利治理好了，奠定了中华民族以农业为立国的基础，我们才有今天，这是夏禹的功劳。在这十三年中，夏禹三次经过自己家门口都没有进去。在治水过程中，夏禹走遍华夏，对各地的地形、习俗、物产等皆了如指掌。夏禹按照全国自然地理形势重新将华夏规划为九个州，奠定疆土，并按照各地的土壤、物产、田地等级和经济繁荣程度，制定各州的贡赋。夏禹非常辛苦，花十三年把水患治理好了，然后平定天下，体现出他具有带领人民战胜困难的聪明才智。

夏禹的足迹走遍九州，夏禹两次来到绍兴，第一次为治水而来，毕功于了溪，第二次巡视大越病死于会稽山。《越绝书·记地传》曰："禹始也，忧民救水，到大越，上茅山，大会计，爵有德，封有功，更名茅山曰会稽。及其王也，巡狩大越，见耆老，纳诗书，审铨衡，平斗斛，因病亡死，葬会稽，苇椁桐棺，穿圹七尺，上无漏泄，下无即水。坛高三尺，土阶三等，延袤一亩。尚以为居之者乐，为之者苦，无以报民功，教民鸟田，一盛一衰。当禹之时，舜死苍梧，象为民田也。禹至此者，亦有因矣，亦覆釜也。覆釜者，州土也，填德也，禹美而告至焉。禹知时晏岁暮，年加申酉，求书其下，祠白马禹井，井者，法也。以为禹葬以法度，不烦人众。"[2]

夏禹的遗迹各地留存不少，但夏禹的墓地，则仅有浙江绍兴会稽山一处。《史记·夏本纪》记载："帝禹东巡狩，至会稽而崩。"[3]《史记·太史公自序》："迁生龙门，耕牧河山之阳。年十岁则诵古文。二十而南游江淮，上会稽，探禹穴，窥九疑，浮于沅、湘；北涉汶、泗，讲业齐、鲁之都，观孔子之遗风，乡射邹、峄；厄困鄱、薛、彭城，过梁、楚以归。"[4]存世最早的裴骃《史记》旧注《史记集解》引张晏曰："禹巡狩至会稽而崩，因葬焉，上有孔穴，民间云禹入此穴。"[5]明代弘治进士郑善夫《游禹穴记》：禹穴，在会稽山阴，昔黄帝藏书处也。禹治水至稽山，得黄帝《水经》于穴中，按而行之，而后水土平，故曰："禹穴。"世莫详其处，或曰："即今阳明洞是已。"又云："禹既平水土，会诸侯稽功于涂山，寻崩，遂葬于会稽之阴。故山曰'会稽'，穴曰'禹穴'。"至今窆石尚存，或然也。后 2000 余年，而司马迁氏来，探书

---

① ［日］浅野裕一著：《古代中国的文明观》，新星出版社 2019 年版，第 19 页。

② ［东汉］袁康、吴平：《越绝书》，春风文艺出版社 1985 年版，第 36 页。

③ ［西汉］司马迁著：《史记》，崇文书局 2010 年版，第 10 页。

④ ［西汉］司马迁著：《史记》，崇文书局 2010 年版，第 759 页。

⑤ ［西汉］司马迁著，杨燕起注译：《史记全译》，贵州人民出版社 2001 年版，第 4498 页。

禹穴归而作《史记》，文章焕然，为百代冠，说者谓是山川之助也。又后千余年，而晋安郑善夫氏及山阴朱君节、王君琥氏来，复探禹穴，寻黄帝藏书处。乃玩梅梁，摩挲窆石，睹先圣王遗像，得禹穴于菲井之上。徘徊瞻眺，想其卑宫而菲食，为之喟然兴怀。[①] 禹死后是葬穴中，还是葬会稽山阴，后人无从考证，据史籍记载，从夏启时起，就在会稽山建禹陵、禹祠和禹庙，并封庶子在会稽，以奉守禹祠。如今在禹陵一带，还有不少从禹姓姒的居民。夏禹死后就葬在茅山，后人因夏禹曾在这里大会诸侯，计功行赏，所以把茅山改名为会稽山，大禹陵在国内独一无二。

夏禹为了治理洪水，长年在外与民众一起奋战，置个人利益于不顾，国而忘家，公而忘私。夏禹对于治水的坚持和具有带领人民战胜困难的聪明才智，依靠艰苦奋斗、因势利导、科学治水、以人为本的理念，克服重重困难，耗尽心血与体力，终于完成了治水的大业。在治水大业中，夏禹体现了华夏民族的公而忘私，忧国忧民的奉献精神；艰苦奋斗，坚忍不拔的创业精神；尊重自然，因势利导的科学精神；以身为度，以身为律的律己精神；严明法度，公正执法的治法精神；民族融合，九州一家的团结精神。在夏禹的事迹中展现了自强不息，勤劳勇敢，顽强不屈，百折不挠，求生存、求发展的优秀民族精神。

夏禹精神是华夏民族精神的象征。夏禹精神崇高、伟大，使华夏子孙感到光荣、骄傲和自豪。夏禹精神已成为中华民族凝聚人心，激励斗志，团结一心，奋发向上的力量源泉和精神支柱，鼓舞历代华夏子孙图强奋进。

二、《越人歌》与古越文化

（一）越文化的起源——河姆渡

水，是人类的生命源泉，也是越文化的核心。杭州湾南岸的萧绍宁平原，孕育了浙东先民，距今约7000年，河姆渡氏族的先民们艰辛开垦，创造出了令人惊叹不已的文明奇迹。20世纪70年代初，浙江余姚发现河姆渡文化遗址，遗址位于余姚河姆渡村东北。5000年前的新石器时代，母系氏族公社时期的氏族村落遗址出土了双鸟朝阳纹牙雕、太阳纹碟形器、双鸟纹骨匕、五叶纹陶片和猪，中国新石器晚期最具代表性的文化之一，具有丰富的文化物质遗存。河姆渡文化遗址主要分布于杭州湾南岸的萧（山）绍（兴）宁（波）地区，越海东达舟山群岛，南至台州路桥区，迄今共发现60余处。河姆渡遗址发掘出纹陶钵等原始艺术作品，还发现了猪、狗、牛等家畜和犀、象、鹿、虎、猴、獐等兽骨及大量的禽类、鱼类遗迹。在河姆渡遗址中，有一排排木桩、圆木、木板组成的干栏式建筑群，还有大量的稻谷遗存及陶器、石器、木耕、骨耜等农耕工具，这些物件证明我国是世界上最早种植水稻的国家之一。

河姆渡遗址出土了船桨等水上交通工具，并且在距今约 8000 年的杭州萧山跨湖桥遗址出土了一条停放于近岸水域的独木舟。这些出土的船桨、独木舟等交通工具，说明吴越先民已经能够造舟行船，江浙沿海地区是发明行驶舟船最早的地区之一。河姆渡遗址中发现了木桨、陶舟以及大量的海鱼、贝类遗物和制造舟船的重要工具等海洋文化的典型标志物，具有鲜明的海洋文化特征。由此可知，河姆渡先民已有舟船进入海洋的相关条件，并且已在浩瀚的海洋中寻找和开拓生存空间。而遗址中陶舟的出土，则向世人表明：船这种物品，不但是人们的生产、生活工具，同时也是先民精神空间中艺术创造的题材。

河姆渡文化遗址主要文化内涵是反映河姆渡文化时期的人类生活、生产和人与自然环境相处的文化遗存，蕴含丰富的栽培稻、成熟的干栏式木构建筑、独特的夹炭陶器和精美的象牙雕刻艺术品等。史学界认为："以河姆渡文化为代表的长江下游发达的新石器文化，比同时期的黄河流域毫不逊色，其中某些文化因素，如以夹炭黑陶中的鼎、豆、壶为代表的礼器组合，水稻的栽培，为以后的商、周文化所吸收，成为当时最具代表性的特征。因此，长江下游地区的新石器文化也是中华文明的重要渊薮，代表中国古代文明发展趋势的另一条主线，与中原地区的仰韶文化截然不同。"[1] 河姆渡文化遗址的发现，是我国新石器时代考古的重大突破，改写了我国文明发展进程的历史，向世界证明了长江流域和黄河流域都是中华文明的发祥地。

（二）"南音之始"的《候人歌》

先秦时期歌谣主要是口头流传，缺少文字记录，由于年代久远，大多失传，现在散见于古代文献之中的歌谣大多都被文人删改过，只有极少数保留了原貌。原始时期的歌谣极富创造性，对后代文人的诗歌创作产生了重要的影响。

原始歌谣的出现标志我国诗歌的起源，是中华文化史上的重要体现。华夏先民创造出文字与歌谣来表达情感和愿望，歌谣是最直接的口头创作，贴近生活，便于表达思想感情和意志愿望。我们虽然不能想象 7000 年前的萧绍宁平原上古越先民是如何创作"各种各样的歌"，然而遗址中发现的新石器时代的多孔骨哨和单孔陶埙，可以证明在干栏式的原始茅舍里、月夜下、篝火旁就有歌声在回荡了。

中国最古老的历史文献《尚书》记载了夏禹"娶于涂山"[2] 的故事。夏禹一心扑在治水的事业上，是个工作狂，30 多岁还没结婚。为了后继有人，大禹在涂山与美丽又柔情的大户人家姑娘女娇一见钟情，很快成了亲。但夏禹婚后四天就告别娇妻，为了治水到处奔波，三过家门而不入。女娇思念丈夫，就叫陪嫁的侍女到涂山

---

① 徐寒编著：《中国通史》，线装书局 2017 年版，第 13 页。
② 冀昀主编：《尚书》，线装书局 2007 年版，第 31 页。

的南面大路口去等候大禹。《吕氏春秋·音初》这样写道："禹行功，见涂山之女。禹未之遇而巡省南土。涂山氏之女乃令其妾候禹于涂山之阳。女乃作歌。歌曰：'候人兮猗'！"[1]这是我国有史可查的第一首恋歌，也被后人称为《候人歌》。

《候人歌》的产生在中国诗歌史上，《吕氏春秋》认为是"南音之始"，有着里程碑的意义。《吕氏春秋·音初》认为："'候人兮猗'，实始作为南音。周公及召公取风焉，以为'周南''召南'。"[2]"周南"和"召南"是我国古代最早的诗歌总集《诗经》中《国风》的两个部分。从这则记载可知，"候人兮猗"是我国现存的最早的歌谣之一。虽然歌谣只有短短的一句，却表达了涂山之女对夏禹强烈的思念之情。屈原在《天问》中肯定："禹之力献功，降省下土四方。焉得彼涂山女，而通之于台桑"。[3]刘勰在《文心雕龙》中又再次确认："至于涂山歌于候人，始为南音；有娀谣乎飞燕，始为北声；夏甲叹于东阳，东音以发；殷整思于西河，西音以兴；音声推移，亦不一概矣。"[4]通过这一声："候人兮猗"，表达了涂山氏对爱情的坚贞和执着，以及涂山氏对丈夫的思念。

《候人歌》这首原始社会末期的歌谣，鲜明地反映了社会历史发展的重大转折，随着原始社会的解体，歌谣逐渐地突破宗教的束缚，内容从"神"转到"人"身上，从而为歌谣增添了与宗教无关的人情世俗内容。这种爱情、夫妻关系，通过情歌的形式得到了生动地反映，而《候人歌》则是有史以来表现爱情和婚姻的第一首赞歌。

《候人歌》的构成方式，虽然仅有四字，却是我国最早的四言歌谣，尽管结尾的"兮"和"猗"是虚词，但毕竟具备了四言的体制。从最古老的歌谣《弹歌》："断竹，续竹，飞土，逐宍"[5]的二字句式到完整的四言句式《诗经》，《候人歌》起着承上启下的过渡作用。另外，"兮""猗"的使用，体现了南方歌谣的抒情性和舒缓悠扬的音韵特征。

《候人歌》的产生，从文化形态看，是歌谣与神话传说的结合，表明先民的信仰开始从原始宗教的神殿和祭坛走向世俗和人间。而从思想内容上看，歌谣艺术与现实生活相融，《候人歌》最早触及人情世故这一文学艺术的本质，古代歌谣大多表现人类与大自然的斗争，这首歌谣却涉足人类个人感情尤其是两性关系的领域，扩大了文学表现的范畴，从而为歌谣的发展开启了一条新路。《候人歌》为以抒情为主的古越歌谣特征的形成奠定了基础，也开了抒情诗传统之先河，使我国的歌谣有了人性的味

① ［战国］吕不韦著：《吕氏春秋》，北方文艺出版社2018年版，第64页。
② ［战国］吕不韦著：《吕氏春秋》，北方文艺出版社2018年版，第64页。
③ 田宜弘编注：《楚国歌谣集评注》，浙江工商大学出版社2013年版，第7页。
④ 陆佩如、牟世金：《文心雕龙译注》，齐鲁书社2009年版，第152页。
⑤ 张觉校注：《吴越春秋校注》，岳麓书社2006年版，第243页。

道，为古越文化的发展铺下了第一块坚实的基石。

（三）以水为媒的《越人歌》

历史发展的长河中，发生了许多惊天动地改朝换代的大事，更多的是不能改变时局而令人感怀的小事。这些小事看似平凡，虽是世上经常可见的，但却蕴涵深奥的哲理；也许会影响人生一辈子。西汉刘向所著《说苑·善说》就记载了这么一件小事：

> 襄成君始封之日，衣翠衣，带玉剑，履缟舄，立于游水之上。大夫拥钟锤，县令执桴，号令，呼："谁能渡王者于是也？"楚大夫庄辛，过而说之，遂造托而拜谒，起立，曰："臣愿把君之手，其可乎？"襄成君忿，作色而不言。庄辛迁延盥手而称曰："君独不闻夫鄂君子皙之泛舟于新波之中也？乘青翰之舟，极𦫳芘，张翠盖，而檠犀尾，班丽袿衽。会钟鼓之音毕，榜枻越人拥楫而歌，歌辞曰：'滥兮抃草滥予昌枑泽予昌州州鍖州焉乎秦胥胥缦予乎昭澶秦逾渗惿随河湖。'鄂君子皙曰：'吾不知越歌，子试为我楚说之。'于是乃召越译，乃楚说之曰：'今夕何夕兮，搴中洲流。今日何日兮，得与王子同舟。蒙羞被好兮，不訾诟耻。心几顽而不绝兮，知得王子。山有木兮木有枝，心说君兮君不知。'于是鄂君子皙乃修袂，行而拥之，举绣被而覆之。鄂君子皙，亲楚王母弟也。官为令尹，爵为执珪，一榜枻越人犹得交欢尽意焉。今君何以踰于鄂君子皙？臣何以独不若榜枻之人？愿把君之手其不可何也？襄成君乃奉手而进之，曰："吾少之时，亦尝以色称于长者矣，未尝遇僇如此之卒也。自今以后，愿以壮少之礼谨受命。"①

文献中记载襄成君刚刚接受了楚王册封的那天，要上船庆贺，钟县令怕他掉到水里，招呼人去扶他。襄成君是君，庄辛是臣，地位比襄成君低。楚大夫庄辛爱慕襄成君，庄辛自告奋勇提出了"把君之手"不合常理的要求，庄辛的举动冒犯了襄成君的尊严，襄成君面色难看没有回应。为了说服襄成君，能言善辩的庄辛给襄成君讲述了鄂君子皙和榜枻越人的故事。故事发生于公元前 529 年，时为楚灵王子围十二年。5 月初，楚灵王三弟子比趁灵王出征发动政变，升楚初王，他的同母四弟鄂君子皙升任令尹（即政府首脑，类似于后世的首相、丞相、总理）。子皙升任令尹的当天，就在今湖北省东南部武汉东边长江南岸重镇鄂州举行舟游盛会，庆祝政变成功。因属于庆典，现场规模宏大，装饰华丽，排场非凡。子皙乘"青翰之舟，极𦫳芘，张翠盖，而檠犀尾，班丽袿衽，会钟鼓之音毕。"青翰是长而硬的灵鸟羽毛，主要用来装饰珍贵的车船。古代的帝王出行，其车舆都有翠羽装饰的华盖，形状就像春兰荷盖，圆

---

① ［西汉］刘向编纂，萧祥剑注译：《说苑》，团结出版社 2021 年版，第 377 页。

形，多节、多色，极华美。茵为一种贵重华丽的香草；芘即钟葵，也是一种名贵香草；极是穷尽。凡能够找到的香草都穷尽搜集用来装饰游船。犀牛又称灵犀，指其感应灵敏，擒即捡拾，手持犀尾表示智慧、灵异、能心领神会，是对子皙能力的赞誉。这场庆典像桂花装点的节日盛会，斑斓瑰丽，热闹非凡，并且还有钟鼓乐队到现场造势。

场面宏大的钟鼓乐队演奏刚停止，一个乱发纷披，葛布短衫，身姿匀称矫健，棕色的皮肤上纹着龙蛇的图案，眼睛深邃而大的越人船夫便上前"拥楫而歌"，向子皙致敬，抱着船桨对他唱歌。歌声悠扬缠绵，委婉动听，打动了鄂君子皙：

滥兮抃草滥予昌枑泽予昌州州锒州焉乎秦胥胥缦予乎昭澶秦逾渗惿随河湖。

鄂君子皙听不懂，他便立即找人将歌词翻译成楚地语言：

> 今夕何夕兮，搴中洲流。
> 今日何日兮，得与王子同舟。
> 蒙羞被好兮，不訾诟耻。
> 心几顽而不绝兮，知得王子。
> 山有木兮木有枝，心悦君兮君不知。

显然这首歌是越地船夫为表达对鄂君子皙的知遇之恩和倾慕之情所唱。鄂君子皙明白歌词的意思后，不但没有生气，还走过去拥抱船夫，给他披上绣花被子，表示愿意与他同床共寝。

庄辛讲完后问襄成君：鄂君子皙的身份这么高贵，他还愿意与越人船夫结交朋友，我为何不可与你握握手？襄成君听完这个故事以后，面色惭愧，将手递给了他，和庄辛握了手，并表示要把庄辛作为长者敬奉。这就是《越人歌》，也有人称《鄂君歌》，具有春秋中后期楚国歌谣典型的艺术特征和风范。

《越人歌》是我国最古老的民间歌谣之一，也是现在史料记载中所看到的楚人翻译的第一首越语歌谣。"山有木兮木有枝，心说（悦）君兮君不知"，更是比兴自然，音韵和谐，真切地表达了船夫因语言隔阂而不能向鄂君子皙一吐爱慕之情的遗憾，反映了楚越两个民族的友好交往，表达了他们的团结友好愿望。"心悦君兮君不知"至今依然是最动人的情话。正如《楚国歌谣集评注》所言："《越人歌》是我国古籍中第一首翻译作品，既显示了古越族的文学已经达到了相当高的水平，更显示了春秋中后期楚国歌谣艺术表现的特征。可以说，这首'越译楚说'的《越人歌》是以楚语楚声、以楚歌的艺术形式和表现方法对越语原歌的再创作，使之成为典型的楚歌。它的抒情委婉深沉，风貌自然清新，声韵轻悠柔曼，与战国后期出现的楚辞作品几无二致。"①

《越人歌》是以两种文本、两种歌体并存传世的：既有楚地民歌汉语的意译，亦有越地汉语的音译；既是一首越地歌谣原作，又是一首楚语翻译的越歌。刘向在存记歌词的汉语译意的同时，保留了当事之人用汉字记录的越人歌唱的原音。这一举措促使它在我国文学史上享有独特的地位，翻译的过程也是文化传播的过程。作者是越人，歌曲具有越族特色。楚越的交流媒介由翻译者来传承，歌曲通过鄂君子皙的传播，越族文化也逐渐被楚人接纳，民族间文化交流与融合延传至今，其中含有楚的特色也有越的特色，影响深远，至使尘封已久的文化得以重见世人，时至今日。西汉到现在已2000多年了，历代文人学者们对《越人歌》的译诗质量、艺术水平以及它对后来的文学作品所产生的影响进行了数不清的分析和评价。

现代学者对《越人歌》的评论值得重视。《中华文学通史》认为："这首《越人歌》在先秦诗歌中独放异彩，它的词序和虚词造句、押腰韵、取长短句式等特点，都不同于中原诗歌形式，……就其内容而言，生动地表现了作者'得与王子同舟'时的受宠若惊。'今日何日兮'与'今夕何夕兮'两个诘问句的运用，突出表现了'今日'与'今夕'的不平凡性，以及作者忘情于舟游的激动与兴奋。'山有木兮木有枝，心悦君兮君不知'，更是比兴自然，音韵和谐，真切地表达了作者因语言隔阂而不能向鄂君子皙一吐爱慕之情的遗憾。总之，《越人歌》反映了楚越两个民族的友好交往，表达了他们的团结友好愿望。也正因为这样，在'越译'将越语原歌翻译成'楚语'之后，鄂君子皙不禁'愉修袂行而拥之，举绣被而覆之'，对歌者待之以重礼，足见其艺术感染力之强烈。"②《中国大百科全书·中国文学》中《越人歌》条写道："《越人歌》清楚表达了越人对鄂君的感戴，说明了楚越人民的亲密关系。它被传为鄂君礼贤下士的佳话。这首诗在民族历史、民族语言及文学史的研究中具有一定价值。"③安若素为此撰写诗文："《越人歌》，一次邂逅，一眼回眸，一首传唱数千年的清歌。"④

《越人歌》的风格融合了清婉隽永和质朴刚健的特点，《越人歌》的艺术成就表明，2000多年前古越族的文学艺术已经达到了相当高的水平。楚译《越人歌》深受楚声的影响，今天我们读到的《越人歌》是史料记载的最早翻译作品，和楚地其他民歌一起成了《楚辞》的艺术源头，也可以说是浙东运河诗路文化的起源。

《越人歌》叙述的是鄂君子皙礼待船工的事例，加上襄成君悔悟情节，塑造了规

---

① 田宜弘编注：《楚国歌谣集评注》，浙江工商大学出版社2013年版，第57页。

② 张炯、邓绍基、樊骏主编：《中华文学通史第一卷》，华艺出版社1997年版，第609页。

③ 中国大百科全书总编辑委员会《中国文学》编辑委员会、中国大百科全书出版社编辑部编：《中国大百科全书·中国文学》，中国大百科全书出版社1986年版，第1216页。

④ https://www.360kuai.com/pc/9d2950fba2e477012?cota=3&kuai_so=1&sign=360_57c3bbd1&refer_scene=so_1 快资讯 [OL]：2020-04-05 07:08。

范官员行为的典型，于是成为君王礼待臣民的范本。故事可贵之处还在于传播了正能量。这首歌主张君王善待臣民，提醒他们礼待下人，知错必改，记住"水可覆舟"的教训，体现了先贤民为邦本与仁政的观点。刘向在《说苑·善说》中引用此歌，是借这首歌痛斥贵族的傲慢无礼，劝谏贵族树立谦恭品格。襄成君自视高贵，不让庄辛握手。庄辛是一个能言善辩之人，用子皙礼待船工的事例直接规劝，襄成君窘而语塞。子皙地位高于襄成君，这个事例使襄成君心服口服。襄成君当即领悟，"乃奉手而进之"，并诚恳地说："自今以后，愿以壮少之礼谨受命。"从这里可以看出，这是一个相当精彩的显宦知错必改礼待臣民的显例，有始有终，它很符合古代先贤民为邦本和仁政的观点。

三、浙东运河诗路的缘起

华夏先民从河姆渡时期开始，於越先民的子子孙孙，通过传承发展唐尧的禅位传贤、虞舜的大德大孝和夏禹的治水精神，构建了一部浙江文化发展史。从原始氏族文化到部落宗法文化再到国家民主文化，各种历史形态都有；发展时期脉络经纬分明，初始发轫，渐进繁荣，鼎盛转型，一脉相承。

（一）龙蛇图腾文化的传人

龙蛇崇拜是於越先人的文化图腾。我们知道，华夏民族崇拜龙，而龙的身体正是蛇形。史料记载人类始祖从开天辟地的盘古到女娲、伏羲以及黄帝轩辕氏等，都是"人首蛇身"。龙的原型是蛇，是中华民族的主要崇拜图腾，是一种想象出来的灵物。传说中唐尧的母亲庆都与赤蛇合婚生唐尧。夏为龙族，夏后氏蛇身龙首，虞舜的母亲握登见大虹而生虞舜。虹虽为云气的一种，但先民认为虹是蛇的化身。《大戴礼·帝系》云："鲧娶于有莘氏。有莘氏之子谓之女志氏，产文命。"[1]甲骨文和金文中龙、凤二字皆从辛，反映出了辛与蛇的复杂微妙关系。与禹同时兴起的"姒"姓即"妃"，姒姓就是己姓，"己"即蛇形。龙、蛇原为一体。出自西湖的白蛇传故事，还保留人蛇结合的情节，这就是远古图腾崇拜的遗痕。甲骨文里的虫字是一条昂首屈身的蛇，夏禹的"禹"字，也从虫，暗示与蛇的联系。鲧妻修己，修己即长蛇。从中可以看出於越的蛇文化与华夏文明的曲折复杂表现。

《管子》中有这么一段话："龙生于水，被五色而游，故神。欲小则化如蚕蠋，欲大则藏于天下，欲上则凌于云气，欲下则入于深泉。变化无日，上下无时，谓之神。"[2]龙蛇崇拜文化总体上是一种理想文化，它是一种积极的、向上的、向往腾飞

---

① 黄怀信译注：《大戴礼记译注》，上海古籍出版社 2019 年版，第 178 页。

② ［唐］房玄龄注，［明］刘绩补注，刘晓艺校点：《管子》，上海古籍出版社 2015 年版，第 287 页。

的文化。"龙，春分而登天，秋分而潜渊，物之至灵也。"① 龙虽是陆上的物类，但是它有着"登天"的宏愿，向往着"潜渊"的壮志。升苍穹登天揽月，入大海潜渊捉鳖，跨大地万里巡行，这是龙的性格，也是越人的理想人格，这就是"物之至灵也"。

於越先民是我国最早吸收龙文化的族群，崇拜龙蛇图腾并将图腾镌刻到身上，图腾文身，这是古代越人的传统，文身是其重要的一个特征。《淮南子·泰族训》许慎注："越人以箴刺皮为龙文，所以为尊荣之也。"② 越人黄道成《大越史》中说："子崇缆是为貉龙君，生雄王，以川泽立国，多为蛟龙所伤，王教民墨刺水怪于身以免害，纹身之俗始此。"③ 文身之后，以"虎毒不食子"的经验，可免却蛟龙所伤。文身之后，可以让蛟龙发生误判以为是自己的同类而免受其害。古越先民的突出特征就是"断发文身"，越人"常在水中，故断其发，文其身，以像龙子，故不见伤害也。"剪发、披发、断发即不同于中原民族的束发。纹身是在身上刺划各种纹样，"将避水神也"，即躲避蛟龙之害。於越地区湿热多雨，蛇类出没频繁，先民提醒族人注意足下，严防蛇咬。又如《韩非子》"说林"的"鲁人欲徙于越"："鲁人身善织屦，妻善织缟，而欲徙于越，或谓之曰：子必穷矣。鲁人曰：'何也?' 曰："屦为履之也，而越人跣行；缟为冠之也，而越人被发。以子之所长，游于不用之国，欲使无穷，其可得乎?"④ 越人"剪发文身，烂然成章，以像龙子者，将避水神也。"⑤

於越先民居住的杭州湾地区是一片沼泽平原，江河密布，背山面海。夏季气候炎热，冬天也并不寒冷。加上雨量充足，杭州湾的海水潮汐一天两次倒灌江河，涨入陆地。因此，这里经常洪水泛滥，造成人民生活的极大不便。当时有人评论越国的水土和人民生活情况，庄绰撰写的《鸡肋编》则云："大抵人性类其土风。西北多山，故其人重厚朴鲁；荆扬多水，其人亦明慧文巧，而患在清浅。"⑥《管子·水地篇》中阐述了洪水的性状对越地先人性格、民风的影响："越之水浊重而洎，故其民愚疾而垢。"⑦ 越人居住在水网密布的平原地区，经常与水打交道，难免发生意外，于是相信水中有龙，信奉水神。他们担心龙伤害自己，便以龙的形象纹身，使彼视己为同类；为了祈求神明的保护，又信奉水神，并有祭祀水神之俗，而祭祀水神时又用船并用龙的形象装饰船身成龙舟。

我国古代的先贤们十分关注地理环境对人类生存发展的影响，并且对此有过精辟

---

① [宋] 罗愿撰，石云孙点校：《尔雅翼》，黄山书社 1991 年版，第 283 页。

② [西汉] 刘安著，许慎注，陈广忠校点：《国学典藏·淮南子》，上海古籍出版社 2016 年版，第 515 页。

③ 彭适凡主编，中国百越民族史研究会编：《百越民族研究》，江西教育出版社 1990 年版，第 322 页。

④ [清] 王先慎、韩非子集解：《诸子集成5》，上海书店 1986 年版，第 132—133 页。

⑤ [战国] 韩非著：《韩非子》，黑龙江美术出版社 2019 年版，第 165 页。

⑥ [宋] 庄绰、张端义撰：《历代笔记小说大观·鸡肋篇·贵耳集》，上海古籍出版社 2012 年版，第 13 页。

⑦ [唐] 房玄龄注，[明] 刘绩补注，刘晓艺校点：《管子》，上海古籍出版社 2015 年版，第 289 页。

的见解和论述。如《礼记·王制》曰："凡居民材，必因天地寒暖燥湿，广谷大川异制。民生其间者异俗，刚柔、轻重、迟速异齐，五味异和，器械异制，衣服异宜。修其教，不易其俗；齐其政，不易其宜。"①《汉书·地理志》中说："凡民函五常之性，而其刚柔缓急，音声不同，系水土之风气，故谓之风；好恶取舍，动静亡常，随君上之情欲，故谓之俗。"②《管子·水地篇》中还探讨了不同地域水的不同性状对该地域人群性格、民风的影响："水者何也？万物之本原也，诸生之宗室，美恶贤不肖愚俊之所产也。何以知其然也？夫齐之水道躁而复，故其民贪粗而好勇。楚之水淖弱而清，故其民轻果而贼。越之水浊重而洎，故其民愚疾而垢。秦之水泔最而稽，墩滞而杂，故其民贪戾，罔而好诇事。齐晋之水枯旱而运，墩埻而杂，故其民谄谀而葆诈，巧佞而好利。燕之水萃下而弱，沉滞而杂，故其民愚戆而好贞，轻疾而易死。宋之水轻劲而清，故其民简易而好正。是以圣人之化世也，其解在水。故水一则人心正，水清则民心易。一则欲不污，民心易则行无邪。是以圣人之治于世也，不人告也，不户说也，其枢在水。"③

《说苑》记载了一个鲜有人知的事件：越使诸发执一枝梅遗梁王。梁王之臣曰"韩子"，顾谓左右曰："恶有以一枝梅以遗列国之君者乎？请为二三子惭之。"出谓诸发曰："大王有命，客冠则以礼见，不冠则否。"诸发曰："彼越亦天子之封也，不得冀、兖之州，乃处海垂之际，屏外蕃以为居，而蛟龙又与我争焉，是以剪发文身，烂然成章，以像龙子者，将避水神也。今大国其命，冠则见以礼，不冠则否。假令大国之使，时过敝邑，敝邑之君亦有命矣，曰：'客必剪发文身，然后见之。'于大国何如？意而安之，愿假冠以见，意如不安，愿无变国俗。"梁王闻之，披衣出以见诸发，令逐韩子。《诗》曰："维君子使，媚于天子。"若此之谓也。④其中说的"以像龙子者"，指越人的聪明智慧，在自己身上刺上龙纹，让那些蛟龙真假难辨，以为纹身的人真是龙的子孙。

萧绍宁地区有纵横交错、星罗棋布的江河湖海，温热潮湿、雨量充沛的地理环境使得古越人熟谙水性，善于舟楫，利于水战，《淮南子·原道训》说"九疑之南，陆事寡而水事众，于是民人被发文身，以像鳞虫，短绻不绔，以便涉游，短袂攘卷，以便刺舟，因之也。"⑤《汉书·严助传》说越人"处溪谷之间，篁竹之中，习于水斗，便于用舟。"⑥越地百姓善于使用舟船，并多次进献舟船给中原诸国，帮助中原国家训

---

① ［元］陈澔注：《礼记》，上海古籍出版社 2016 年版，第 152—153 页。

② ［西汉］班固著：《汉书》，团结出版社 1996 年版，第 297 页。

③ ［唐］房玄龄注，［明］刘绩补注，刘晓艺校点：《管子》，上海古籍出版社 2015 年版，第 289 页。

④ ［西汉］刘向著，范能船选择：《〈说苑〉选注释本》，福建教育出版社 1986 年版，第 192 页。

⑤ ［西汉］刘安等撰，胡安顺等译：《白话淮南子》，三秦出版社 1998 年版，第 12 页。

⑥ ［东汉］班固著：《汉书》，团结出版社 1996 年版，第 624 页。

练水兵。《水经注》记载："魏襄王七年，秦王来见于薄坂关，四月，越王使公师隅来献乘舟，始罔及舟三百，箭五百万，角、象齿。"①《汉书·武帝纪》中有记载："归义越侯严为戈船将军，出零陵，下离水；甲为下濑将军，下苍梧。"②意为当时汉朝的楼船水师大量任用越人为将军操练水军；《梁书·王僧辩传》记载：南北朝时，梁朝攻击侯景之部，"及王师次于南洲，贼帅侯子鉴等率步骑万余人于岸挑战，又以鸼舸千艘并载士，两边悉八十棹，棹手皆越人，去来趣袭，捷过风电。僧辩乃麾细船，皆令退缩，悉使大舰夹泊两岸。贼谓水军退，争出趋之，众军乃棹大舰，截其归路，鼓噪大呼，合战中江，贼悉赴水。"③

这件事告诉世人，古代越国虽然地处江南海滨，但吴越之地并非蛮荒之地，越地先民以有利在水中生活和生产的方式存在，不讲究中原国家那一套礼服和礼节，越人最独特的风俗是"断发文身"。据史料记载，夏少康初封无余到越地的时候，他就随越人"文身断发，披草莱而邑焉。"④墨翟在《墨子·公孟》中指出："昔者，齐桓公高冠博带，金剑木盾，以治其国，其国治。昔者，晋文公大布之衣，牂羊之裘，韦以带剑，以治其国，其国治。昔者，楚庄王鲜冠组缨，绛衣博袍，以治其国，其国治。昔者，越王勾践剪发文身，以治其国，其国治。此四君者，其服不同，其行犹一也。翟以是知行之不在服也。"⑤《淮南子·齐俗训》也说："越王勾践，劗发文身，无皮弁搢笏之服，拘罢拒折之容，然而胜夫差于五湖，南面而霸天下。"⑥《战国策·赵策》云："夫服者，所以便用也；礼者，所以便事也。是以圣人观其乡而顺宜，因其事而制礼，所以利其民而厚其国也。被发文身，错臂左衽，瓯越之民也；黑齿雕题，鳀冠秫缝，大吴之国也。礼服不同，其便一也。是以乡异而用变，事异而礼易。是故圣人苟可以利民，不一其用；果可以便其事，不同其礼。儒者一师而礼异，中国同俗而教离，又况山谷之便乎？故去就之变，知者不能一；远近之服，贤圣不能同。穷乡多异，曲学多辨，不知而不疑，异于己而不非者，公于求善也。"⑦《庄子》记载了这样一则寓言，说是有一个宋国人带了许多礼冠礼服到越国去，但越人"短发文身，无所用之"。

（二）卧薪尝胆终成春秋一霸

於越，古国名，又称越国，姒姓。活动中心在会稽山周边，於越之地是中国最

① ［北魏］郦道元著，陈桥驿注：《水经注》，浙江古籍出版社 2013 年版，第 45 页。
② ［东汉］班固著，谭新颖主编：《汉书》，漓江出版社 2018 年版，第 165 页。
③ ［唐］姚思廉著：《梁记 2 卷》，大众文艺出版社 1999 年版，第 415 页。
④ ［西汉］司马迁著：《史记》，崇文书局 2010 年版，第 256 页。
⑤ ［清］毕沅校注：《墨子》，上海古籍出版社 2014 年版，第 235 页。
⑥ ［西汉］刘安等撰，胡安顺等译：《白话淮南子》，三秦出版社 1998 年版，第 386 页。
⑦ 关树东编著：《战国策》，吉林人民出版社 1996 年版，第 305 页。

为富庶的地区。沿着东南的上海、浙江、福建、广东、海南、广西及越南北部这一长达七八千里的沿海，是古越族人集中的分布地区；湖南、江西及安徽等地有零散分布。颜师古在《汉书注》中引臣瓒注："自交趾至会稽七八千里，百越杂处，各有种姓。"① 西汉时仍有百越之称。百越之名首次出现在吕不韦的《吕氏春秋·恃君》："扬汉之南，百越之际。"② 又有"百粤""诸越"等称谓。因古代"越"与"粤"相通，故到近代才有区别。

越国相传始祖是夏代少康庶子无余，《越绝书》载："昔者，越之先君无余，乃禹之世，别封於越，以守禹冢。……无余初封大越，都秦余望南，千有余岁而至勾践"。③ 句吴与於越，互为近邻，同属长江文明的支流，又经数番交融，在各自的发展中，既"各有种属"，又相互联系，既"同气共俗"，又各有特点。这就是《越绝书》所说的："吴越二邦，同气共俗，地户之位，非吴则越。"④

句吴，即指吴国，是春秋时期的一个小国，疆域横跨长江下游的今江苏省、上海市、山东省南部，安徽省一部分和河南省东南一部分。《史记·吴太伯世家》记载："吴太伯，太伯弟仲雍，皆周太王之子，而王季历之兄也。季历贤，而有圣子昌，太王欲立季历以及昌，于是大伯、仲雍二人乃奔荆蛮，文身断发，示不可用，以避季历。季历果立，是为王季，而昌为文王。太伯之奔荆蛮，自号句吴，荆蛮义之，从而归之千余家，立为吴太伯。"⑤ 太伯是吴国的创始人。当时占据荆蛮之地的是夏朝少康的后裔越国。吴国虽有内乱，总体上相安无事，和平环境给发展生产、厉兵秣马提供了良好机会。越国疆域在今浙江省大部，北到江苏昆山市和上海嘉定区附近，西至江西上饶市余干县附近，东到大海。两邻国逐渐发展壮大，不免会起摩擦。

孟子说："春秋无义战"，⑥ 春秋五霸向战国七雄过渡时期，群雄割据，争霸天下，吴国、越国和楚国地理上相连是近邻，各自为了生存与发展，战争不可避免。春秋末期，长江中下游的吴越两国爆发了延续 30 多年的争霸战争。在越王勾践和吴王夫差两个人在位的时候，两国之间的矛盾达到了最大程度，越国灭掉吴国这矛盾才算最终解决。

吴王阖闾时，在伍子胥辅佐下，修建国都于姑苏（今苏州），大力发展农业、冶炼业，训练精兵，经过几十年奋力拓展，国力强盛、兵力强大，无人敢挡，不断派兵

---

① ［清］永瑢、纪昀等纂修：《景印文渊阁四库全书》第249804册，台湾商务印书馆股份有限公司1986年版，第804页。

② ［战国］吕不韦著：《吕氏春秋》，北方文艺出版社2018年版，第312页。

③ ［东汉］袁康、吴平：《越绝书》，春风文艺出版社1985年版，第36页。

④ ［东汉］袁康、吴平：《越绝书》，春风文艺出版社1985年版，第30页。

⑤ ［西汉］司马迁著：《史记》，崇文书局2010年版，第180页。

⑥ ［战国］孟子著：《孟子》，二十一世纪出版社2014年版，第266页。

四方征战，进行争霸战争。公元前 506 年，吴国军队在伍子胥和孙武的率领下，攻破楚国，威震天下，吴国自此开始称霸。公元前 497 年，越王允常辞世。吴王阖闾趁着勾践刚刚登上王位，立足未稳之际，发兵进攻越国，结果在檇李（今浙江桐乡市濮院镇西），勾践派敢死队向吴军挑战，排成三行，步至吴军阵前，齐声呐喊着自刎身亡。吴军看得出神，越军趁机袭击吴军，吴军战败，越国大夫灵姑浮用戈攻击吴王阖闾，斩落吴王阖闾脚拇指，阖闾兵败受伤，回国后不治而亡。公元前 496 年，夫差继位吴王，不断四处攻伐，于公元前 482 年北上黄池（今河南封丘县）会盟中原诸国，与晋争做盟主，取得霸主地位。吴国称霸天下自前 506—前 473 年，前后约 34 年。

越国的发展是从越王允常开始的，史载越国最初是部落小国，历经几世至勾践的父亲允常始称王，从此进入中国历史大舞台。越国疆域涵盖今浙江省大部，北到江苏昆山市和上海嘉定区，西至江西上饶市余干县，东到大海。越国自勾践灭吴开始称霸，其后世代为霸，直到周赧王九年（前 306 年），楚乘越内乱，杀越王无疆，尽取吴故地至浙江钱塘江，被楚国灭亡。越国强盛持续百年以上，其国力基础都与勾践时代推行的富国强兵政策分不开。

公元前 494 年春，勾践不顾范蠡的劝阻，率军攻打吴国，在夫椒被吴军击败，越国沦陷，勾践退守会稽山，向吴国投降，夫差接受了越国的请和。勾践被迫以奴仆身份亲身侍奉吴王，到了吴国，夫差安排勾践夫妇俩住在阖闾坟墓旁边的一间石屋里，叫勾践给他喂马。范蠡跟着做奴仆的工作。夫差每次坐车出去，勾践就给他拉马，这样过了两年，夫差认为勾践真心归顺了他，就放勾践回国。勾践在吴国经历的阶下囚生活，换取了夫差的信任和东山再起的机会。

公元前 490 年，勾践忍辱负重，最终回到越国，吴王夫差只给他"东西百里"之地："东至炭渎，西至周宗，南造于山，北薄于海。"[①]"百里之封"的四至为：东边的境界为炭渎。炭渎在今上虞市东关街道一带。"北薄于海"，春秋时宁绍地区鄞乡与武原（今海盐）南北隔海相望。南边的境界为句无，句无在今诸暨市城关镇南 24 里、牌头镇与义乌市东塘乡之间。西边的境界为姑蔑（姑末，东汉大末县）、写干（东汉属豫章）。姑蔑即今龙游，写干即今江西省余干。北边的境界为御儿（东汉为海盐武原）。御儿一作语儿，在今嘉兴南。越国属地大致是东至曹娥江、西至钱塘江、南至会稽山地、北至后海即杭州湾，包括今浙江萧山、诸暨、绍兴和上虞的境域范围。这块狭窄的生存空间，是越国初期所拥有的境域，历来是於越部族的聚居中心。

"卧薪尝胆"的典故就发生在这一时期。《史记·越王勾践世家》："吴既赦越，越王勾践反国，乃苦身焦思，置胆于坐，坐卧即仰胆，饮食亦尝胆也。曰：'女忘会稽

---

① ［东汉］赵晔撰，薛耀天译注：《吴越春秋译注》，天津古籍出版社 1992 年版，第 310 页。

之耻邪?'身自耕作，夫人自织，食不加肉，衣不重采，折节下贤人，厚遇宾客，振贫吊死，与百姓同其劳。"①勾践回国后，屈尊降贵、忍辱负重，向吴国称臣，贡献礼物、美女，时刻不忘受辱的情景。越王在发展经济、修明国政的同时，在个人生活上提倡节俭，励精奋志。勾践在自己的屋里挂了一只苦胆，睡在柴草上，吃饭、睡觉都尝一尝苦胆，使自己永远记住在吴国所受之辱。越王勾践为会稽山战败的耻辱而痛苦，知道必须得到民心才可与吴国死战，于是身体不安于枕席，吃饭不尝丰盛的美味，眼睛不看美色，耳朵不听钟鼓音乐。煎熬身体，耗费精力，亲近群臣，供养百姓，亲自种菜吃，妻子自己织衣穿。经常车载食物，看望孤寡老弱之人，因此深得臣民的拥戴。他苦心孤诣，发愤图强，勤勉励志，坚持国策，为越国的强大奠定了基础，成为华夏后人的励志榜样。

战争使越国人口锐减，勾践为了实现"越十年生聚，而十年教训，二十年之外，吴其为沼乎"②的复国大略，下令鼓励人民生育，并用酒、牲畜和粮食等物资作为生育的奖品。据《国语·越语》记载："令壮者无取老妇，令老者无取壮妻。女子十七不嫁，其父母有罪；丈夫二十不娶，其父母有罪。将免者以告，公令医守之。生丈夫，二壶酒，一犬；生女子，二壶酒，一豚。生三人，公与之母；生二人，公与之饩。"③勾践采取的措施主要有两方面：一是规定男女婚配年龄，增加孕育机会。规定青壮年男子不得娶老妇为妻，老年男子也不得娶年轻妇女为妻。女子 17 岁不出嫁，她的父母有罪；男子 20 岁不娶妻，他的父母有罪。这是用提早婚龄和要求婚配年龄相当的办法，来增加育龄妇女的孕育机会，以达到增殖人口的目的。二是保护孕妇和婴儿，奖励生育。规定妇女临产前要报告官府，官府派医生给孕妇接生。生了男孩，官府奖励 2 壶酒、1 条狗；生了女孩，官府奖励 2 壶酒，1 口猪。一胎生 3 个孩子的，官府供给乳母；一胎生 2 个孩子的，官府供给粮食。这些措施在当时生活和医疗条件都十分低下的越地，有效保证了人口的迅速增殖。在生育措施的奖励下，越国的人口有了快速的增长，为战胜吴国、报仇雪耻，提供了人力保障。

在战争史上，无论是正义战争还是非正义战争，都同民众的利益息息相关，其胜败也都同民心的向背和民力的发挥程度紧密相连。由于"吴王分其人民之众，以残伐百邦，杀败百民，屠吾百姓，夷吾宗庙。邦为空棘，身为鱼鳖饵，今孤之怨吴王，深于骨髓，而孤之事吴王，如子之畏父，弟之敬兄，此孤之外言也。"④吴王的杀伐激起了越国人民的愤怒，使越王勾践在组织伐吴战争中具有明显的反奴役性质。越国君臣

---

① ［西汉］司马迁著：《史记》，崇文书局 2010 年版，第 257 页。

② 蒋冀骋点校：《左传》，岳麓书社 2006 年版，第 337 页。

③ 史延庭编著：《国语》，吉林人民出版社 1996 年版，第 363 页。

④ ［东汉］袁康、吴平：《越绝书》，春风文艺出版社 1985 年版，第 33 页。

非常重视民众在战争中的地位和作用，勾践也充分利用了人民群众不甘心被奴役的情绪，在兵民中进行教育和训练，教育民众不能忘记会稽被围之耻。

勾践在文种和范蠡的辅佐之下，采取鼓励生育、奖励耕织、训练军队、奖惩军功等政策，用了漫长的 20 年时间，发展经济、训练军队、积蓄国力，越国兵强马壮，藏粮千仓，积累起了可以与吴国相抗衡的资本。公元前 473 年，越王勾践经一番精心谋划，决定率军伐吴复仇，队伍在投醪河沿集结誓师。启程之日，城中闻讯的百姓来到城南，纷纷献上一坛坛自酿的"醪"（带酒糟的米酒）为越国将士饯行，预祝他们旗开得胜，马到成功，仇报耻雪，胜利凯旋。但酒不够分配，勾践效法秦穆公投酒河中，与军民迎流而饮，于是士气百倍。勾践投酒的那条河，就是绍兴城南的"投醪河"，又称"劳师泽"。

（三）吴越争霸的见证——山阴故水道

越人善治水，不仅治理了穷山恶水，治出了鱼米之乡，还创建了天堂苏杭。浙江的历史从一定意义上说，是一部治水史。而浙江的治水史，从一定角度看，浓缩了整个华夏民族战天斗地的治水状况。浙江钱塘江流域杭州湾两岸的萧绍宁平原地区水网密布，浙江先民早在史前的河姆渡文化时期就进行生产、生活和水上运输活动，萧山跨湖桥遗址的独木舟、河姆渡遗址的船桨及杭州水田畈遗址的船舶构件等实物，都能证明这个事实。

随着时代的变迁、社会的发展，从三皇五帝到原始社会后期，百越的族属发生了很大变化，有的消亡，有的融合，也有的迁移他乡，但无论变化再大，百越民族还是具有独特的文化特征。

春秋时期，越人的活动中心仍在沿海地区，族群多是择水而居，这里江河纵横，湖泊众多，钱塘江潮水更是汹涌澎湃。越人以擅长舟楫著称海内，文献多有记载。《淮南子·齐俗训》说："胡人便于马，越人便于舟。"[1] 如此复杂的水环境，越人交通以航运为主，舟楫是内外交通的主要工具。《越绝书》中越王勾践也说：越人"水行而山处，以船为车，以楫为马，往若飘风，去则难从。"[2] 越地多水，民谙水性，在生活和生产活动中常以船为运载和交通工具。《越绝书·吴内传》云："越王勾践反国六年，皆得士民之众，而欲伐吴。于是乃使之维甲，维甲者，治甲系断。修内矛赤鸡稽繇者也。越人谓'人铩'也。方舟航买仪尘者，越人往如江也。治须虑者，越人谓船为'须虑'。呕怒纷纷者，怒貌也。怒至士击高文者，跃勇士也。习之于夷，夷，海也。宿之于莱，莱，野也。致之于单，单者，堵也。"《慎子》："行海者，坐而至越，

---

① ［西汉］刘安等撰，胡安顺等译：《白话淮南子》，三秦出版社 1998 年版，第 405 页。

② ［东汉］袁康、吴平：《越绝书》，春风文艺出版社 1985 年版，第 36 页。

有舟也；行陆者，立而至秦，有车也。秦、越远途也，安坐而至者，械也。"①从海路坐着就到了越国，是因为有船；在陆路上行走站着就到了秦国，是因为有车；秦国和越国离我们很远，稳坐着却能到达那些地方，是因为有了车船这些器械。

公元前 490 年，越王勾践自吴返越，开始了"十年生聚、十年教训"的卧薪尝胆、励精图治时期。《越绝书》中记载了勾践君臣讨论季节、气候与农业生产、军事行动的关系以及规律性总结等方面的内容。《越绝书·计倪内经》云："昔者，越王勾践既得反国，欲阴图吴，乃召计倪而问焉，曰：'吾欲伐吴，恐弗能取！山林幽冥，不知利害所在。西则迫江，东则薄海，水属苍天，下不知所止。交错相过，波涛浚流，沉而复起，因复相还。浩浩之水，朝夕既有时，动作若惊骇，声音若雷霆。波涛援而起，船不能救'。"②越王勾践刚刚从吴国做奴仆返回时，想要洗雪耻辱，吞并吴国。就向计倪求教说："我想要讨伐吴国，但又恐不能取胜。吴国山高林密，不知敌军隐藏在何处。西面靠近江，东面则是一望无际的大海。江海交错汇集，浪高水急，日夜不停。浩瀚无垠的大海，早晚潮涨潮落，巨浪涛天，声响胜过雷霆。巨浪扑来时，船只不能互相救援。特殊的地理环境，形成越人习水便舟的生活习俗和民族性格。"

勾践采纳范蠡的建议，筑成了"勾践小城"和"山阴大城"两座毗连的国都，迅速建立了新的政治、军事、经济中心。勾践在修筑城池时，不敢设防，在面向吴国的西北向不筑城墙，以示"臣服"之意，为了保持对吴国的高度戒备，就在卧龙山顶上建造了飞翼楼，随时观察吴国军队的动静。

勾践深知要振兴越国，当务之急是要发展生产，使人民休养生息，丰衣足食。勾践又采纳了大夫计倪"必先省赋敛，劝农桑；饥馑在问，或水或塘，因熟积储，以备四方"③的建议，劝民农桑，发展工商。大量增加开垦荒地和播种谷物的面积，在水资源丰富的平原东部修建了吴塘、练塘、石塘、苦竹塘等水利设施，以保障农田灌溉，在城池中建粮食基地"富中大塘"。

勾践又修凿"山阴故陆道"和"山阴故水道"。"山阴故水道"是一条由西向东的河道，这与流经山会平原的所有由南向北走向的河流都不同。工程起始自都城会稽，向东延伸至五十里外的曹娥江，沿途与众多的南北向溪流相交，接纳来水，由此运河的水源相当丰富，能够承担当时越国境内东西方向水上运输的繁重任务。西起今绍兴城东的东郭门，东至今上虞区东关街道的练塘村，水道的终点练塘，《越绝书》记载："练塘者，勾践时采锡山为炭，称'炭聚'，载从炭渎至练塘。各因事名之，去县

① 周永年主编：《商君书·慎子·尹文子·公孙龙子人物志》，时代文艺出版社 2002 年版，第 105 页。

② ［东汉］袁康、吴平：《越绝书》，春风文艺出版社 1985 年版，第 18 页。

③ ［东汉］袁康、吴平：《越绝书》，春风文艺出版社 1985 年版，第 18 页。

五十里。"① 较为具体介绍了这一军事基地的作用和功能。水系上，沟通了若耶溪、东湖，作为鉴湖遗存的东鉴湖以及曹娥江等。

《越绝书·记地传》记载："山阴古故陆道，出东郭，随直渎阳春亭；山阴故水道，出东郭，从郡阳春亭。去县五十里。"② 这条"故陆道"和"故水道"，是连接大越城和当时越国的大后方山会平原东部的交通要道，沟通了作为首都的"勾践小城"。

"故陆道"和"故水道"的建成，形成了挡潮拒咸的第一道防线，为塘内农田提供了相当丰富的淡水资源，对春秋时期绍兴地区经济的发展起了很大的促进作用，使山会平原东部得到前所未有的开发。所以，这条河道只能由人工开挖，它是当时越地百姓在这片平原上疏凿修建的运河。"山阴故水道"的开挖，畅通了粮食基地富中大塘、冶金基地练塘与越国都城的交通联系。

"山阴故水道"的建成，贯通了源自稽北丘陵的南北流向的东部平原诸河流，并将各条南北向河道连接起来予以沟通，使会稽城与周边平原各生产基地的水上运输得到解决，便利了越地经济的交流与战略物资的运输。对当时越地社会经济的发展和综合国力的迅速增强，都起到了积极的作用。"山阴故水道"既成就了勾践的春秋霸业，又成为浙东大运河的开端，越地实现了历史上的第一次腾飞。

拥有2500多年历史的"山阴故水道"，是我国历史上兴建年代最早、至今仍在发挥效益的人工运河之一。浙东运河因"山阴故水道"而生、因"山阴故水道"而繁荣。"山阴故水道"有利于我国运河沿线城市开展的文化旅游交流合作，传播了浙东运河诗路文化，谱写了浙东的春秋，兴旺了浙东的经济，辉煌了浙东的人文。浙东运河既是我国中原和南方文化结合与交融的结晶，也是中外文化传播与交流的通道。浙东运河流淌的是"山阴故水道"江水，也流淌着浙东的历史和文化。

---

① ［东汉］袁康、吴平:《越绝书》，春风文艺出版社1985年版，第40页。
② ［东汉］袁康、吴平:《越绝书》，春风文艺出版社1985年版，第41页。

陆 游 研 究

谭徐明

（中国水利水电科学研究院）

摘要： 嘉泰三年五月至嘉定二年十二月，陆游在山阴的六年岁月中留下了诗文3000 余篇，这些诗文在文学、史学中具有重要地位。其中，以水利工程和江河湖泊为题材的诗文虽少，但留下了宋代水利的历史印迹，还披露出陆游对人与自然关系的思考，更有他对水利历史观、文化意义的独到见解。本文简叙陆游的生平，以"水利"为主题，分析了陆游重要的代表性诗篇，并增补原诗、原文。

陆 游 生 平

陆游（1125—1210），字务观，号放翁，越州山阴（今浙江绍兴）人（图1）。陆游出身名门望族、江南藏书世家。陆氏先祖本居吴郡，唐末一支南迁嘉兴，又徙钱塘，吴越时定居山阴鲁墟。高祖陆轸宋真宗大中祥符年间（1008—1016）进士，官至吏部郎中。祖父陆佃，师从王安石，精通经学，官至尚书右丞，著有《春秋后传》《尔雅新义》等，奠定陆氏家学；父亲陆宰，通诗文，北宋末年官至京西路转运副使。宣和七年（1125）十月十七日，陆宰奉诏入朝述职，偕夫人唐氏由水路进京，于汴河北上的客船喜得第三子，是为陆游[①]。同年冬，金兵南下，靖康二年（1127）破汴京（今河南开封市），北宋亡。建炎元年（1127）靖康之耻时，陆宰携家南迁山阴。陆游时年 3 岁。[②] 陆游生于两宋之交，长在偏安的南宋，国家的不幸、家庭的流离，给他留下了终生不可磨灭的印记。

陆游自幼聪慧，12 岁即能为诗作文，先后师从毛德昭、韩有功、陆彦远等人。

---

① 陆游《十月十七日予生日也孤村风雨萧然偶得二绝句》："少傅奉诏朝京师，舣船生我淮之湄。宣和七年冬十月，犹是中原无事时。我生急雨暗淮天，出没蛟鼍浪入船。白首功名无尺寸，茅檐还听雨声眠。"

② 于北山：《陆游年谱》，上海古籍出版社 1985 年版。陆游生平、家世等主要来自此书。

图 1　清代绘陆游像

因长辈有功，以恩荫授登仕郎之职。绍兴二十三年（1153），陆游进京临安（今浙江省杭州市）参加锁厅考试，即现任官员及恩荫子弟的进士考试，主考官陈子茂阅卷后取为第一，因秦桧孙秦埙位居陆游名下。次年（1154），陆游参加礼部考试，秦桧示主考官不得录取陆游。自此陆游被秦桧嫉恨，仕途不畅。绍兴二十五年（1155），秦桧病逝，陆游初入仕途，任福州宁德县主簿，不久，调入京师。陆游入朝后，应诏进言，称"非宗室外戚，即使有功，也不应随意封加王爵"，并建言皇帝不可奢靡，严于律己。绍兴三十一年（1161），陆游以杨存中掌握禁军日久，专权日盛，进谏罢免杨存中。高宗纳谏，迁降杨存中职，升陆游为大理寺司直兼宗正簿，进入中央司法核心层。绍兴三十二年（1162），陆游赐进士出身，任职枢密院编修。其间陆游上疏，建议整饬吏治军纪、固守江淮、徐图中原。不为新皇帝孝宗采纳，反降陆游为镇江府通判。隆兴元年（1163），宋孝宗以张浚为都督北伐淮南，张浚开府建康。四月，大将李显忠、邵宏渊领兵出击，收复灵壁、虹县，进据符离。后李邵不睦，符离之战宋军大败，自此宋不再北伐。

乾道五年（1169）十二月，朝廷征召赋闲 4 年的陆游任夔州通判，管学事兼内劝农事。次年初夏陆游携家由山阴运河北上，过江南运河，转道长江。时范成出使金。陆游与范成大相遇于长江口金山。逆流而上，经江州、武昌、巴东，凡途经所见，皆逐日记录，成《入蜀记》六卷。乾道七年（1171），王炎宣抚川、陕，驻军南郑，召陆游为幕府，陆游只身前往南郑，与张季长、阎苍舒、范西叔、高子长等十余人同在南郑幕府任职。陆游在王炎幕府中拟《平戎策》，提出"收复中原必须先取长安，取长安必须先取陇右；积蓄粮食、训练士兵，有力量就进攻，没力量就固守"。[①] 陆游在南郑常至大散关巡检，考察骆谷口、仙人原、定军山等前方据点和战略要塞。大散关是陆游一生中唯一亲临抗金前线。十月，朝廷否决北伐计划的《平戎策》，调王炎回京，幕府解散，出师北伐的计划也毁于一旦。陆游由江南至南郑，一路谒先贤，历名川，在前线目睹北方百姓犒饷王师，驰递物资、军情，境界大开，对今后报国无期更为悲壮，其后的文学、史学风格更加深沉丰富，对他的一生具有划时代意义。

---

① 《宋史》卷三百九十五："王炎宣抚川、陕，辟为干办公事。游为炎陈进取之策，以为经略中原必自长安始，取长安必自陇右始。当积粟练兵，有衅则攻，无则守。"

乾道八年（1172）十月，陆游以成都府路安抚司参议官闲官入蜀。次年，任蜀州通判。当年五月，改调嘉州通判。淳熙元年（1174），陆游再任蜀州通判。蜀州（治今崇州），与灌州（今都江堰市）、大邑毗邻。州城东南有东湖、偏西有西湖，府署有罨画池，皆为陆游游憩之所，在此萌发出"终焉于斯"的情结。^①今罨画湖畔有明代建的陆游祠。在蜀州和成都期间，陆游多次客寓成都、灌州、大邑，足迹所至还有郫县、金堂、邛州、汉州、广都（今双流）、彭山、眉州、平羌、井研、荣州等地，所记除山川形胜、市井风貌外，多有蜀中民情民风（图2）。其中都江堰开堰、二王庙祭祀、伏龙观观孙太古画英惠王李冰像等，留下了宋代都江堰的珍贵史料。

淳熙二年（1175）六月，范成大任四川制置使，由桂林调至成都。两人金山一别已历5年。范成大主政四川期间，两人在成都屡有游宴，纳凉于锦江江渎祠，时时酬唱新诗，为

图2 陆游祠位于四川崇州崇阳镇宋蜀州署内，始建明初（1368），毗邻罨画池，占地面积约4亩，建筑面积900多平方米，是浙江绍兴外陆游的专祠，陆游两次任职蜀州，写下100多首寄怀蜀州的诗词

邦人传唱。这期间陆游作《关山月》《出塞曲》《战城南》等怀古诗。远在临安的南宋朝廷主和派没有放过陆游。上奏弹劾陆游不拘礼法，燕饮颓放，范成大迫于压力，免却陆游公职。遂陆游自号"放翁"，在官署辟菜园，躬耕蜀山下。^②淳熙四年（1177）六月，范成大奉召还京，陆游送至眉州。

陆游在蜀诗文为孝宗所见。淳熙五年（1178）春，奉诏离蜀东归。此后先后任职福州、江西提举常平茶盐公事。次年十一月，陆游奉诏返京。给事中赵汝愚借机弹劾陆游不自检饬、所为多越于规矩，陆游忿然辞官，重回山阴。陆游闲居山阴5年之后，淳熙十三年（1186）朝廷重新起用他为严州知州。陆游在严州任上，"重赐蠲放，广行赈恤，深得百姓爱戴"。严州任上陆游整理旧作，成《剑南诗稿》。淳熙十五

① 陆游《夏日湖上》："江湖四十余年梦，岂信人间有蜀州。"
② 这段经历见于陆游《醉题》"裘马清狂锦水滨，最繁华地作闲人。金壶投箭消长日，翠袖传杯领好春"。以及《躬耕》"莫笑躬耕老蜀山，也胜菜把仰园官"。

年（1188）七月，陆游任满，朝廷升为军器少监，掌管兵器制造与修缮，再次进入京师。淳熙十六年（1189）二月，孝宗禅位于赵惇（宋光宗），陆游上疏，建言减轻赋税、惩贪抑豪，完成北伐，收复中原。绍熙元年（1190），陆游升为礼部郎中兼实录院检讨官，再次进言光宗广开言路、慎独多思，并劝告光宗带头节俭，以尚风化。谏议大夫何澹弹劾陆游之议不合时宜，终以"嘲咏风月"罪名削职罢官。陆游再次离开京城临安回到山阴，自题住宅为"风月轩"。

嘉泰二年（1202），陆游被罢官 13 年后，朝廷诏陆游入京，担任同修国史、实录院同修撰一职，主持编修孝宗、光宗《两朝实录》和《三朝史》，并免上朝请安之礼。不久陆游兼任秘书监编修国史。嘉泰三年（1203）四月，国史编撰完成，宁宗升陆游为宝章阁待制，陆游遂以此致仕，时年 79 岁。

嘉泰三年（1203）五月，陆游回到山阴。这年浙东安抚使兼绍兴知府辛弃疾拜访陆游，二人促膝长谈，共论国事。辛弃疾见陆游住宅简陋，多次提出帮他构筑田舍，都被陆游拒绝。嘉泰四年（1204），辛弃疾奉召入朝，陆游作诗送别，勉励他为国效命，早日实现复国大计。开禧二年（1206），太师、平章军国事韩侂胄请宁宗下诏，出兵北伐，陆游闻讯，欣喜若狂。宋军这番出师先后收复泗州、华州等地。开禧三年（1207）十一月，史弥远发动政变，诛杀韩侂胄，遣使携其头往金国，订下"嘉定和议"，北伐宣告彻底失败。嘉定二年（1209）十二月，陆游与世长辞，弥留之际，作《示儿》："死去元知万事空，但悲不见九州同。王师北定中原日，家祭无忘告乃翁。"陆游时年八十五。

陆游文学才能卓越，尤以诗为最，自言 60 年间万首诗，[①] 存世有 9300 余首。陆游的诗歌涉及南宋前期政治、军事、社会、经济各领域，以及田园、生活诗歌。陆游集豪放婉约于一身，或清丽、真挚，或高亢，敞开广阔的襟怀；或低吟、深沉，寓意深刻。陆游的词存世约 140 余首。陆游才气超然，身历西北前线期间创造出了书写爱国情怀，抒发壮志未酬的幽愤词作，其词境将理想化成梦境而与现实的悲凉构成强烈的对比，如《诉衷情·当年万里觅封侯》，写出满腹怆然。陆游的《卜算子·咏梅》和《钗头凤·红酥手》是两首风格迥异的名篇。《咏梅》抒怀了作者身处逆境而矢志不渝的胸襟，而《红酥手》是诗人衷情万千，哀怨无限的心底波澜。

陆游的散文兼善众体，诗文评论、小说故事等应有尽有，构思奇巧，文笔精纯。其中记铭序跋之类，最能体现陆游散文的文学成就。陆游的《入蜀记》是最为著名的长篇游记，纪事详尽，又有独到的眼光，凡史事杂录注重考据辩证，而形式灵活，长短不拘、文字简练，饶有趣味。随笔式散文《老学庵笔记》，笔墨虽简而内容甚丰，

---

① 陆游《小饮梅花下作》："六十年间万首诗。"自注云："予自年十七八学诗，今六十年，得万篇。"

所记多系轶闻，颇有史料价值，是南宋笔记的精品。

陆游的史学成就以《南唐书》为代表。南宋时薛居正主持史馆所修的《旧五代史》、欧阳修私撰的《新五代史》等十余个版本，陆游遍取诸本，按本纪、列传，编为《南唐书》十八卷。陆游的《南唐书》是希望起到为南宋王朝借古鉴今的作用。陆游《南唐书》只有本纪和列传，是纪传体断代史中的一个特例；类传除人物以类相从外，又创设《杂艺、方士、节义列传》（卷十七）、《浮屠、契丹、高丽列传》（卷十八），归类精当，史识更胜前人。除诗文外，陆游有的书法手迹、碑帖存世。陆游擅长正、行、草三体书法，尤精于草书。陆游的书法善于行草相参，纵敛互用，秀润挺拔，晚年笔力遒健奔放。

陆游笔下的水利与人文情怀

乾道八年（1172）十月，陆游以成都府路安抚司参议官闲官入蜀。淳熙五年（1178）春，陆游奉诏离蜀东归，在蜀中六年，其间二任蜀州通判，一任嘉州和荣州通判。实职官蜀州最长，嘉州半年，荣州不过 3 个月，他多数时间还是成都府兼四川制置使的幕府。嘉泰三年（1203）五月，陆游回到山阴，至嘉定二年（1209）十二月辞世，在山阴岁月也是六年。两个六年陆游留下了诗文 3000 余篇，无论是为宋收复河山的谋略，还是形胜古迹的怀古抒怀，这两段时间的诗文视野广阔且切入社会底层，在文学、史学中据有重要的位置。后世对陆游的研究如汗牛充栋，可惜涉及水利的主题却少有关注。的确，陆游以水利工程和江河湖泊为题材的诗文不多，但是却篇篇精彩，不仅留下了宋代水利的历史印迹，还披露出陆游对人与自然关系的思考，更有他对水利历史观、文化意义的独到见解。

蜀中六年，陆游在蜀州通判任上任公职最长，同时兼参议官职，使他得以频繁在蜀州和成都期间往返。蜀州，汉江原县，今崇州市，与灌州（今都江堰市）、大邑毗邻，同为汉唐道教的圣地，又是都江堰的外江灌区。蜀州至成都，陆游经常沿都江堰干渠自西而东，足迹因此纵贯成都平原西部。陆游于都江堰留下了《离堆伏龙祠观孙太古画英惠王像》《登灌口庙东大楼观岷江雪山》二首诗。前首记他拜谒蜀太守李冰，记其修都江堰的功绩；第二首则是观岷江雪山抒发爱国情怀，"千年雪岭阑边出，万里云涛坐上浮。禹迹茫茫始江汉，疏凿功当九州半。丈夫生世要如此，赍志空死能无叹。"①陆游由李冰兴水利造福西蜀，从岷江联系禹贡导江的传说，将禹治水而探源中国的历史观。

陆游在嘉州极短的 6 个月，有诗《出城至吕公亭按视修堤》记嘉州守吕由诚正修

---

① ［南宋］陆游：《登灌口庙东大楼观岷江雪山》，《剑南诗稿》卷 6。

江堤事。在嘉州城东三江门，当大渡河、青衣江二水汇于岷江之处，岸破水啮，易于决圮。吕由诚筑堤，连延不断，以御冲波。郡人德之，后称吕公堤。陆游入蜀后，亲见竹笼筑堤三年辙坏。他建议有司以石堤更换竹笼工，然而"寓公仅蹑前人迹，伐石西山恨未能。"陆游自注曰："西州筑堤织竹贮，江石不三年辄坏，意谓如吴中取大石甃成，则可支久，异日当有办此者？"蜀中自战国就开始用竹笼修堤筑堰，陆游的"异日当有办此者"之问，可能在20世纪60年代之后才逐渐实现。

陆游成都作诗在百首以上，写成都水利工程最多的是摩诃池怀古诗。摩诃池始建于隋，引都江堰干渠郫江水入池。有胡僧见之曰："摩诃宫毗罗"，盖摩诃为大宫，毗罗为龙，谓此池广大有龙，因名摩诃池①。摩诃池始成初期，面积约500亩，只能储蓄雨水。唐贞元元年（785），节度使韦皋开解玉溪；唐大中七年（853），节度使白敏中开金河，并与摩诃池联通，为摩诃池注入活水与生机，形成完整的河湖水系，有园林、蓄滞洪水等功能，十国时为前蜀、后蜀的宫苑。后蜀末摩诃池失修淤废，广政十五年（952）六月，成都大水，蜀宫城、天监及太庙尽毁，溺数千家。后蜀的广政二十八年，也就是北宋乾德四年（966）七月，后蜀王孟昶与后妃嫔押往汴京，也是这一年成都遭遇暴雨洪水，再次水淹全城。200年后陆游多次到摩诃池故地，大约他对本朝皇帝徽宗与后蜀王同样景况的悲哀难以言表，写有《摩诃池》《夏日过摩诃池》《宴西楼》《感旧绝句》《水龙吟》等诗咏叹摩诃池兴衰。其中《摩诃池》最为纪实，还原了12世纪末摩诃池的景象，记载了他所见到的水利工程遗存。后来他将山阴镜湖、成都摩诃池、阆州南池、嘉州石堂溪、兴庆府（今西安）等湖塘蜕变、湮废事记入了《老学庵笔记》，这些诗文得见他以水利工程的兴衰，喻讽国家兴亡的历史轨迹，又回到他的现实，落笔在对人与自然关系的思考。

陆游的运河之作，以《发丈亭》诗最有代表性。《发丈亭》仅四言，完整记录了浙东运河姚江段随潮行运的景况，"姚江乘潮潮始生，长亭却趁落潮行。参差邻舫一时发，卧听满江柔橹声"，这富有画面感的诗句，精准地记载了12世纪浙东运河利用潮汐行运的情况，对今人认知古代运河技术很有启迪。浙东运河余姚至明州府（仅宁波）段为复线，一为姚江，一为十八里河。姚江是经过整治的自然水道，姚江段不设一闸一堰，只是利用一日两潮就解决了运河上下的问题；而并行的十八里河则汇集四明、会稽诸水，用堰闸节制运河水位以供船只上下。余姚—宁波段的复线运河水道在中国大运河中是唯一的存在，对临海潮汐河流自然的巧妙利用可惜少有人注意到，但是800年前的陆游观察并记录下来了。

陆游的记有《盱眙军翠屏堂记》《常州奔牛闸记》，将宋代大运河的自然、技术、

---

① 谭徐明：《都江堰史·摩诃池与唐代成都的园林水系》，中国水利水电出版社2009年版。

社会勾连起来。《盱眙军翠屏堂记》可以解读出 12—13 世纪之交时，淮河与汴河、淮河与洪泽湖河湖关系，尽管陆游这篇记的落脚点是以翠屏堂兴建为始，寄托作者对南宋朝廷经营盱眙重镇，复兴中原、重开汴河，打通黄淮水道的期待。《常州奔牛闸记》作于嘉泰四年（1204）三月，此距陆游去世只有 5 年。此时金与南宋以淮河为界，宋收复中原已经无望，沟通长江与钱塘江的江南运河战略地位更为重要，而江南运河北端在镇州、常州间有京口闸、吕城闸、奔牛闸三闸，是江南运河出入长江口的关键，《常州奔牛闸记》强调这些工程的重要，"自天子驻跸临安，牧贡戎赀，四方之赋输，与邮置往来，军旅征戍、商贾贸迁者途出于此，居天下十、七其所系，岂不愈重哉"①，却以平实的笔调来记录工程兴建的始末，工料、资金、人力的投入，不再抒发北进中原的梦想。这两篇记，于宋史、于水利史都是极为难得的珍贵史料，不同领域的研究者从中可以解读出多方面的历史信息。

陆游最后六年居于山阴三山北麓鉴湖畔的西村，在这期间他的创作多以稽山、镜湖为题。稽山即会稽山，镜湖是鉴湖的别称。南宋朝廷偏安临安，远离了北宋治水的重点——黄河和汴河，朝廷上下少有人关注治水。陆游晚年已对北伐恢复中原失望，他多次从乡人春祭大禹，在禹庙徘徊，有他对既往国家历史和治水史的思考。在他的《禹庙赋》，以其大气磅礴，纵横千年的气概，颂华夏之风，借古讽今："治水而不忧，伐苗而不怒。"他更是横贯四渎，洋洋洒洒阐发他的自然观："世以己治水，而禹以水治水也。以己治水者，己与水交战，决东而西溢，堤南而北圮。治于此而彼败，纷万绪之俱起，则沟浍可以杀人，涛澜作于平地，此鲧所以殛死也。以水治水者，内不见己，外不见水，惟理之视。避期怒，导其驶，引之为江、为河、为济、为淮，汇之为潭、为渊、为沼、为沚。盖于性之所安，而行乎势之不得已。方其怀山襄陵，驾空滔天，而吾以见其有安行地中之理矣。"陆游以治水之道，称颂禹绩，何尝不是沁入骨血的悠悠故国情。

文学史研究者将陆游晚年的诗作归类为"镜湖诗"（参见附录二）。众多的镜湖诗，勾画出南宋会稽的自然、社会历史线条。尤其是《稽山行》更将散布于乡村、城镇的各种类型水利工程：或运河与石桥、或堰坝与水碓、或沟渠与田园洋洋大观铺陈开来，写山川，也写社戏；写小桥流水的乡村及其民俗，也写祭禹的宏大，也写喧哗的乡里节庆。诗里他将绍兴的禹陵、禹庙、禹穴之类的禹迹，与春秋战国至南宋的越地人文史勾连起来，置于中华文化地域中，纵横捭阖地阐发他的历史观，抒发家仇国恨的悲愤。山阴若多的禹迹、堰坝和河渠在这"稽山何巍巍，浙江水汤汤"②的空间里，有陆游视野"大国风泱泱"的浩瀚，也容下了他的无边惆怅。

---

① ［南宋］陆游:《常州奔牛闸记》,《渭南文集》卷20。
② ［南宋］陆游:《稽山行》,《剑南诗稿》卷65。

《宋史·陆游传》

陆游，字务观，越州山阴人。年十二能诗文，荫补登仕郎。锁厅荐送第一，秦桧孙埙适居其次，桧怒，至罪主司。明年，试礼部，主司复置游前列，桧显黜之，由是为所嫉。桧死，始赴福州宁德簿。以荐者除敕令所删定官。

孝宗即位，迁枢密院编修官兼编类圣政所检讨官。史浩、黄祖舜荐游善词章，谙典故，召见，上曰："游力学有闻，言论剀切。"遂赐进士出身。入对，言："陛下初即位，乃信诏令以示人之时，而官吏将帅一切玩习，宜取其尤沮格者，与众弃之。"和议将成，游又以书白二府曰："江左自吴以来，未有舍建康他都者。驻跸临安，出于权宜，形势不固，馈饷不便，海道逼近，凛然意外之忧。一和之后，盟誓已立，动有拘碍。今当与之约：建康、临安皆系驻跸之地，北使朝聘，或就建康，或就临安，如此则我得以暇时建都立国，彼不我疑。"

时龙大渊、曾觌用事，游为枢臣张焘言："觌、大渊招权植党，荧惑圣听，公及今不言，异日将不可去。"焘遽以闻，上诘语所自来，焘以游对。上怒，出通判建康府，寻易隆兴府。言者论游交结台谏，鼓唱是非，力说张浚用兵，免归。久之，通判夔州。

王炎宣抚川、陕，辟为干办公事。游为炎陈进取之策，以为经略中原必自长安始，取长安必自陇右始。当积粟练兵，有衅则攻，无则守。吴璘子挺代掌兵，颇骄恣，倾财结士，屡以过误杀人，炎莫谁何。游请以（吴）玠子拱代挺。炎曰："拱怯而寡谋，遇敌必败。"游曰："使挺遇敌，安保其不败；就令有功，愈不可驾驭。"及挺子曦僭越，游言始验。

范成大帅蜀，游为参议官，以文字交，不拘礼法，人讥其颓放，因自号"放翁"。后累迁江西常平提举。江西水灾，奏："拨义仓振济，檄诸郡发粟以予民。"召还，给事中赵汝愚驳之，遂与祠。起知严州，过阙，陛辞。上谕曰："严陵山水胜处，职事之暇，可以赋咏自适。"再召入见，上曰："卿笔力回斡甚善，非他人可及。"除军器少监。

绍熙元年，迁礼部郎中兼实录院检讨官。嘉泰二年，以孝宗、光宗《两朝实录》及《三朝史》未就，诏游权同修国史、实录院同修撰，寻兼秘书监。三年，书成，遂升宝章阁待制，致仕。

游才气超逸，尤长于诗。晚年再出，为韩侂胄撰《南园》《阅古泉记》，见讥清议。朱熹尝言："其能太高，迹太近，恐为有力者所牵挽，不得全其晚节"，盖有先见之明焉。嘉定二年（1209）卒，年八十五。

附录一：陆游纪事诗、赋、记 [①]

蜀中诗

摩诃池（卷 3）

摩诃古池苑，一过一消魂。春水生新涨，烟芜没旧痕。年光走车毂，人事转萍根。犹有宫梁燕，衔泥入水门。（作者注：蜀宫中旧泛舟入此池，曲折十余里。今府后门虽已为平陆，然犹号水门。）

注： 摩诃池始成于隋，引都江堰走马河水入池。唐·卢求《成都记》："隋蜀王秀取土筑广此城，因为池。有胡僧见之曰：'摩诃宫毗罗。'盖摩诃为大宫，毗罗为龙，谓此池广大有龙，因名摩诃池"。摩诃池始成初期，面积约 500 亩，只能储蓄雨水。唐贞元元年（785）节度使韦皋开解玉溪；唐大中七年（853），节度使白敏中开金河，并与摩诃池联通，为摩诃池注入活水与生机，形成完整的河湖水系，成为泛舟游憩的园林。《北梦琐言》："韦皋镇蜀，常饮于摩诃之池"。陆游的《摩诃池》，还原了 12 世纪末摩诃池湮废的景象。

出城至吕公亭按视修堤（卷 4）

翠霭横山澹日升，孤亭聊借曲栏凭，霜威渐重江初缩，农事方休役可兴。重阜护城高历历，千夫在野筑登登。寓公仅蹑前人迹，伐石西山恨未能。（自注：西州筑堤织竹贮，江石不三年辄坏，意谓如吴中取大石甃成，则可支久，异日当有办此者？）

注： 诗作于乾道九年（1173）夏，时陆游摄知嘉州事半年，次年春返蜀州任。吕公堤在嘉州城东三江门，当大渡河、青衣江二水汇于岷江之处，岸破水啮，易于决圮。宋守吕由诚筑堤，连延不断，以御冲波。郡人德之，号曰吕公堤。陆游认为竹笼筑堤，三年辄坏，砌石筑堤方可长久。现乐山江堤为清代所修，皆为石堤。

离堆伏龙祠观孙太古画英惠王像（卷 6）

岷山导江书禹贡，江流蹴山山为动。呜呼秦守信豪杰，千年遗迹人犹诵。决江一支溉数州，至今禾黍连云种。孙翁下笔开生面，岌嶪高冠摩屋栋。徙木遗风虽峭刻，取材尚足当世用。寥寥后世岂乏人，尺寸未施谗已众。要官无责空赋禄，轩盖传呼真一哄。奇勋伟绩旷世无，仁人志士临风恸。我游故祠九顿首，夜遇神君了非梦。披云激电从天来，赤手骑鲸不施鞚。

---

① 凡诗赋出自〔宋〕陆游《剑南诗稿》，记出自〔宋〕陆游《渭南文集》，他处出者另注。所选皆陆游在蜀、浙东、淮汴、镇江有关水利工程及禹迹的代表作，这些作品少有关注实价值甚高，是研究 12 世纪大运河、淮河和浙东水利的珍贵史料。

注：英惠王即李冰，唐以降封王赐号，为都江堰堰神。

登灌口庙东大楼观岷江雪山（卷6）

我生不识，柏梁建章之宫殿，安得峨冠侍游宴？又不及，身在荥阳京索间，擐甲横戈夜酣战。胸中迫隘思远游，溯江来倚岷山楼。千年雪岭阑边出，万里云涛坐上浮。禹迹茫茫始江汉，疏凿功当九州半，丈夫生世要如此，赍志空死能无叹。白发萧条吹北风，手把卮酒酹江中。姓名未死终磊磊，要与此江东注海。

浙东诗赋

禹庙赋①

世传禹治水，得玄女之符。予从乡人以暮春祭禹庙，徘徊于庭，思禹之功，而叹世之妄，稽首作赋。其辞曰：呜呼！在昔鸿水之为害也，浮乾端，浸坤轴。裂水石，卷草木。方洋徐行，弥漫平陆。浩浩荡荡，奔放洄洑。生者寄丘阜，死者葬鱼腹。蛇龙骄横，鬼神夜哭。其来也，组练百万，铁壁千仞。日月无色，山岳俱震。大堤坚防，攻齧立尽。方舟利楫，辟易莫进。势极而折，千里一瞬。莽乎苍苍，继以饥馑。于是舜谋于庭，尧咨于朝，窘羲和，忧皋陶。伯夷莫施于典礼，后夔何假乎箫韶？禹于是时，惶然孤臣。耳目手足，亦均乎人。张天维于已绝，拯民命于将湮。九土以莫，百谷以陈，阡陌鳞鳞，原隰畇畇。仰事俯育，熙熙终身。凡人之类至于今不泯者，禹之勤也。《孟子》曰：禹之行水也，行其所无事也。夫以水之横流，浩莫之止，而听其自行，则冒汝之害不可治已。于《传》有之，禹手胼而足胝，宫卑而食菲。娶涂山而遂去，竟不暇视其呱泣之子，则其勤劳亦至矣。然则《孟子》谓之"行其所无事"，何也？曰：世以己治水，而禹以水治水也。以己治水者，己与水交战，决东而西溢，堤南而北圮。治于此而彼败，纷万绪之俱起。则沟浍可以杀人，涛澜作于平地。此鲧之所以殛死也。以水治水者，内不见己，外不见水，惟理之视。避其怒，导其驶，引之为江为河为济为淮，汇之为潭为渊为沼为沚。盖潴于性之所安，而行乎势之不得已。方其怀山襄陵，驾空滔天，而吾以见其有安行地中之理矣。虽然，岂惟水哉？禹之服三苗，盖有得乎此矣。使禹有胜苗之心，则苗亦悖然有不服之意，流血漂杵，方自此始。其能格之干羽之间、谈笑之际耶？夫人之喜怒忧乐，始生而具。治水而不忧，伐苗而不怒，此禹之所以为禹也。禹不可得而见之矣，惟澹然忘我、超然为物者，其殆庶乎！

---

① 引自《渭南文集·放翁逸稿》卷上，《四库全书荟要》（影印本）。

发丈亭（卷 15）

姚江乘潮潮始生，长亭却趁落潮行。参差邻舫一时发，卧听满江柔橹声。

注： 仅四言，精练描述了浙东运河余姚至明州府（仅宁波）段，随潮汐行运的场景。

明州（卷 18）

丰年满路笑歌声，蚕麦俱收谷价平。村步有船衔尾泊，江桥无柱架空横。海东估客初登岸，云北山僧远入城。（陆游自注：仗锡平老出山来迎予）风物可人吾欲住，担头莼菜正堪烹。

游镜湖（卷 17）

禹祠柳未黄，剡曲水已白。鲂鳜来洋洋，凫雁去拍拍。皇天亦大度，能容此狂客。挂席乘长风，未觉湖海迮。读书五十年，自笑安所获。昔人精微意，岂独在简册。骙空万马群，裘非一狐腋。超然登玉笥，及此烟月夕。

注： 作于淳熙十三年（1186），陆游年六十二，是年遍游家乡山水名胜，所历跨湖桥、天华寺、帆山、镜湖、蜻蜓浦等处。

丙午五月大雨五日不止，镜湖渺然想见湖未废时有感而赋（卷 18）

朝雨暮雨梅正黄，城南积潦入车箱。镜湖无复针青秧，直浸山脚白茫茫。湖三百里汉讫唐，千载未尝废陂防。屹如长城限氐羌，啬夫有秩走且僵。旱有灌注水何伤，越民岁岁常丰穰。洿湖谁始谋不臧？使我妇子餍糟糠。陵迁谷变亦何常，会有妙手开湖光。蒲鱼自足被四方，烟艇满目菱歌长。

注： 10 世纪以来鉴湖围垦益盛，赋记录了南宋鉴湖蜕变后对区域自然环境的影响，披露了陆游超越时代的生态观。

舟中作（卷 44）

三百里湖新月时，放翁艇子出寻诗。城头蜃阁烟将合，波面虹桥柳未衰。渔唱苍茫连禹穴，寒潮萧瑟过娥祠。祖龙虚负求仙意，身到蓬莱却不知。

禹祠（卷 70）

祠宇嵯峨接宝坊，扁舟又系画桥傍。敢添满箸莼丝紫，蜜渍堆盘粉饵香。团扇卖时春渐晚，夹衣换后日初长。故人零落今何在？空吊颓垣墨数行。

稻陂（卷 76）

白水满稻陂，投种未三宿。新秧出水面，已作纤纤绿。年来残俸绝，所望在一熟。见之喜欲舞，不复忧半菽。想当西成时，载重压车轴。病齿幸已劳，往矣分社肉。

稽山行（卷 65）

稽山何巍巍，浙江水汤汤。千里亘大野，勾践之所荒。春雨桑柘绿，秋风粳稻香。村村作蟹椴，处处起鱼梁。陂放万头鸭，园覆千畦姜。春碓声如雷，私债逾官仓。禹庙争奉牲，兰亭共流觞。空巷看竞渡，倒社观戏场。项里杨梅熟，采摘日夜忙。翠篮满山路，不数荔枝筐。星驰入侯家，那惜黄金偿。湘湖莼菜出，卖者环三乡。何以共烹煮，鲈鱼三尺长。芳鲜初上市，羊酪何足当。镜湖潴众水，自汉无旱蝗。重楼与曲槛，激滟浮湖光。舟行以当车，小伞遮新妆。浅坊小陌间，深夜理丝簧。我老述此诗，妄继古乐章。恨无季札听，大国风泱泱。

注： 这首诗写于开禧元年（1205）冬，这是陆游寄托家国情怀，气势磅礴而又小桥流水的佳作。诗中描写的山阴、会稽禹庙、社戏、农桑、水产以及运河水道、陂塘、水碓等犹如画卷，生动再现 13 世纪的场景。

盱眙军翠屏堂记（卷 20）

国家故都汴时，东出通津门，舟行历宋、亳、宿、泗，两堤列植榆、柳、槐、楸，所在为城邑，行千有一百里，汴流始合淮，以入于海。南舟必自盱眙绝淮，乃能入汴。北舟亦自是入楚之洪泽以达大江，则盱眙实梁宋吴楚之冲，为天下重地尚矣。粤自高皇帝受命中兴驻跸临安，岁受朝聘，始诏盱眙进郡，除馆治道，以为迎劳宿饯之地，而王人持尺一牍怀柔殊邻者，亦皆取道于此。于是地望益重，城郭益缮。

治选任牧守重于曩岁。及吴兴施侯之来为知军事也。政成俗阜，相地南山得异境焉。前望龟山，下临长淮，高明平旷，一目千里。草木蔽亏，凫雁翔泳，盖可坐而数也。乃筑杰屋衡为四楹，纵为七架。前为陈乐之所，后有更衣之地，而傍又有丽牲击解与夫吏士更休之区。翼室修廊，以陪、以拥，斫削髹丹，皆极工致最。二十有六间，而堂成。既取米礼部芾之诗， 名之曰：翠屏。且疏其面势于简，绘其栋宇于素。

走骑抵山阴泽中，请记于予。侯与予故相好也，予闻方国家承平时，其边郡游观，有雅歌之堂，万柳之亭，以地胜名天下。虽区脱间犹能咏叹，以为盛事。然尝至其地者，皆谓不可与淮水南山为比。翠屏之盛又非雅歌、万柳可及，则亦宜有雄文杰作，以表出之，而予之文不足称也。虽强承命，终以负愧。侯名宿，字武子，于是为朝散郎直秘阁。开禧元年春正月癸酉记

常州奔牛闸记（卷20）

岷山导江行数千里至广陵、丹阳之间，是为南北之冲，皆疏河以通餫饷。北为瓜州闸，入淮泗，以至河洛。南为京口闸，历吴中以达浙江。而京口之东有吕城闸，犹在丹阳境中。又东有奔牛闸，则隶常州武进县。以地势言之，自创为餫河，时是三闸已具矣。盖无之则水不能节，水不节则朝溢暮涸，安在其为餫也？苏翰林尝过奔牛，六月无水，有仰视古堰之叹。则水之苦涸固久，地志概述本末而不能详也。

今知军州事赵侯善防，字若川，以诸王孙来为郡未满岁，政事为畿内最，考古以验今，约己以便人裕民以束，吏不以难止，不以毁疑，不以费惧。于是郡之人金以闸为请。侯慨然，是其言。会知武进县丘君寿隽来，白事所陈利病。益明侯既以告于转运使，且亟以其役专畀之丘。君于是凡闸前后左右受水之地，悉伐石于小河元山，为无穷计。旧用木者，皆易去之。凡用工二万二千石二千六百，钱以缗计者八千，米以斛计者五百，皆有奇。又为屋以覆闸，皆宏杰牢坚。自鸠材至讫，役阅三时，其成之日，盖嘉泰三年八月乙巳也。

明年正月丁卯，侯移书来请记。予谓方朝廷在故都时，实仰东南财赋，而吴中又为东南根柢。语曰："苏常熟，天下足。"故此闸尤为国用所仰，迟速丰耗，天下休戚在焉。自天子驻跸临安，牧贡戎贽，四方之赋输，与邮置往来，军旅征戍、商贾贸迁者途出于此，居天下十，七其所系，岂不愈重哉。虽然犹未尽见也，今天子忧勤恭俭，以抚四海，德教洋溢如祖宗时。齐、鲁、燕、晋、秦、雍之地且尽归版图，则龙舟仗卫复溯淮泗以还，故都百司、庶府、熊罴貔虎之师翼卫以从戈旗；蔽天舳舻相衔，然后知此闸之功，与赵侯为国长虑远图之意，不特为一时便利而已。侯吾甥也，请至四五不倦，故不以衰耄辞。三月丙子太中大夫充宝谟阁待制致仕山阴县开国子食邑五百户赐紫金鱼袋陆（某）记。[①]

山阴镜湖、成都摩诃池、兴庆府诸池等蜕变（《老学庵笔记》卷2）

可陂泽惟近时最多废。吾乡镜湖三百里，为人侵耕几尽；阆州南池亦数百里，今为平陆，只坟墓自以千计，虽欲疏浚复其故，亦不可得。又非镜湖之比，成都摩诃池、嘉州石堂溪之类盖不足道。长安民契券至有云：某处至花萼楼，某处至含元殿者，盖尽为禾黍矣，而兴庆池偶存十三，至今为吊古之地。

---

① 记作于嘉泰四年（1204）三月。

附录二：陆游晚年在绍兴生活与创作

陆游晚年在绍兴生活与创作 ①

陆游晚年隐居绍兴镜湖。他在这期间创作的诗歌数目巨大。他的这些诗歌深刻且广泛地反映了镜湖地区农村、小城镇的社会状况，真实地记录着包括自己在内的普通人的生活。这些作品不仅具有很高的文学价值，而且还有着相当的社会意义。并且，陆游的这一部分诗歌恰恰最能够体现陆诗鲜明的特色：质朴、细腻、生动、温馨。

一、陆游在镜湖的乡居生活

陆游在山阴、会稽两县的故居并不少，陆游的高祖陆轸生活在鲁墟，曾祖陆理建宅于吼山，祖父陆佃的房产在城内斜桥，后筑室陶山，父亲陆宰的别业先在小隐山，后迁云门，陆游年轻时就在那里读书。史载："陆放翁宅，宋宝谟阁待制陆游所居，在三山，地名西村。山在府城西九里鉴湖中。" ② 陆游之所以早早地在乾道元年自己41岁的时候就选择建宅镜湖旁的三山，并作为归老后的主要居住地，是有他独特的考虑的。首先，卜宅所处地区风景优美，"湖光涨绿分烟浦"（《剑南诗稿》卷二《春日》）。镜湖之美，使得逐渐厌弃尘网的陆游深受吸引。其次，交通十分便捷，"野渡村桥处处通"（卷三十六《秋晚书感》）。这也为陆氏闲居期间遍游家乡湖山村镇提供了有利条件。而畅游之便，使得生性好动的陆游在晚年拥有了更大的生活空间。最后，经济繁荣，"荞花雪无际，稻米玉新春"（卷四十《步至东庄》）。镜湖地区不仅农林副渔业都相当发达，而且市场体系也已初步形成，因此在这里定居会给生活带来很大的方便。镜湖物产之丰富，市场之便利，让日渐衰老的诗人感到拥有基本生活的保障。此外，陆游于淳熙十二年春又在绍兴府城东南十五里的石帆山村营建了新的住宅，即石帆别业。石帆山村为会稽山水佳处，紧靠若耶溪、樵风泾和石帆山。顺若耶溪自石帆至三山，大约23里。"昨暮钓鱼天镜北，今朝采药石帆东"（卷七十八《稽山道中》），陆游就这样往来于三山宅邸和石帆别业之间。在"镜湖诗"中，有大量描写陆游本人及其家庭生活状况的作品。这些诗歌全方位地展示了陆游在农村的生活样貌。陆游虽然是一个致仕官员，但在晚年的漫长岁月里，他的生活并不宽裕，甚至难免困窘，"赎衣时已迫，贷米岁方艰"（卷六十三《病中戏咏》）。陆游一生为官清廉，"出仕三十年，不殖一金产"（卷十九《右寄姚太尉累日多事不复能观书感叹作此诗》），且屡遭罢斥，时官时民。致仕后仍保持高洁的操守，"仕宦遍四方，每出归愈贫"（卷五十二《杂兴十首以贫坚志士节病长高人情为韵》）。他的俸禄和祠禄都十分微薄，有时甚至无法照章足额领取，"官身常欠读书债，禄米不供沽酒资"（卷十九《假中闭户

---

① 引自：杨升，陆游在绍兴镜湖地区的生活与创作，《湖州职业技术学院学报》2010年第4期。

② ［清］平恕、徐嵩：《古迹志》，《乾隆绍兴府志》卷71，乾隆五十七年刊本。

终日偶得绝句》）。嘉定元年，陆游原先领取的半俸也停止发放，导致了"年来残俸绝，所望在一熟"（卷七十六《稻陂》）。陆游的几个儿子外出为官，官俸亦薄，所以对老父的供养十分有限。①虽然陆游自己拥有一些田产，但由于产业不丰，因此难以自给。②他描写自己窘迫生活的诗歌在诗集中屡见不鲜："有饭那思肉味，安居敢厌茅茨"（卷七十六《感事》），"一杯芋糁羹，孙子唤翁食"（卷七十九《秋思》）等。陆游对于贫困的态度，自有其坚贞和隐忍的一面，"饥能坚志节"（卷八十四《自立秋前病过白露犹未平遣怀》），"忍贫增力量"（卷六十六《书意》）。并且，正是由于有了这样的精神，物质上的贫困才不至于破坏他和生存环境之间的和谐关系。在安贫乐道的同时，陆游又是一个能够亲身事稼穑而不以为耻的新式士大夫。他曾经作诗自嘲："平生不售屠龙技，投老真为种菜人。"（卷七十四《岁末尽前数日偶题长句》）在贫穷面前，陆游积极采用多种手段，充分利用当时市镇兴旺发展的契机，改善自己的生活。他"种菜卖供家"（卷四十八《村兴》），并利用自己的医药知识深入乡间，为百姓诊病。这使他不仅收效显著，"为君小试回春手，便似暄妍二月天"（卷二十八《十月下旬暄甚戏作小诗》），而且顺带销售或赠送药品，"施药乡邻喜"（卷六十六《野兴》）。他还在家养殖畜禽，"倚杖牧鸡豚"（卷四十三《幽居初夏》）；种水果，"架垂马乳收论斛"（卷三十一《杂咏园中果子》）；卖柴、丝、麦等农产品，"日日行歌独卖薪"（卷六十三《贫甚戏作绝句》），"卖丝粜麦偿逋负，犹有余钱买钓船。"（卷七十六《初夏杂兴》）总之，陆游通过不断的劳动，既使自己的身心充分接触自然，还改善了家庭的生活条件。在归居乡里以后，陆游与当地的乡邻野老、渔樵牧竖在长期的接触中建立了深厚的情谊："百世不忘耕稼业，一壶时叙里闾情"（卷六十一《示邻曲》），并为乡亲们提供了力所能及的帮助，"驴肩每带药囊行，村巷欢欣夹道迎。共说向来曾活我，生儿多以陆为名。"（卷六十五《山村经行因施药》）当地农民也尽力回报这位有学问、没架子的士大夫："无钱溪女亦留鱼，有雨东家每借驴"（卷三十八《庵中独居感怀》）、"已分邻舍红莲米，更啜僧房紫笋茶"（卷七十五《贫病戏书又作二首自解》）。长期穿着"粗缯大布"，吃着"黄粱黑黍"（卷二十六《稽山农》），在朴素而清苦的田园生活中，陆游感到非常满足，并且希望"子孙世作稽山农"（卷二十六《稽山农》）。在中国古代的诗人中，陆游堪称高寿。这恐怕与他知足常乐的生活态度、和谐的人际关系和不间断地参加劳动、亲近自然有着莫大的关系。

陆游十分热爱镜湖地区的风土山水。他曾说："予居镜湖北渚，每见村童牧牛于风林烟草之间，便觉身在图画。自奉诏紬史，年不复见此，寝饭皆无味。"① 由于他深受儒家"穷则独善其身，达则兼济天下"的影响，归隐后又倾向濂溪学派，因此往往

---

① ［南宋］《陆游跋韩晋公牛》，《渭南文集》（卷二十九《文渊阁四库全书本》），台北商务印书馆 1986 年影印版。

以新鲜活泼的性灵之笔，摹写故乡山水，追求心灵的自由与解放。

二、镜湖诗的创作过程

镜湖诗的创作，从乾道二年陆游第一次被罢官回到绍兴，卜居三山开始。以此为始的理由是：首先陆游在选编自己的诗集时，将乾道二年以前创作的诗歌大量删减，到了严州任上预备刻印之前又进行了严格的筛选，"此予丙戌以前诗二十之一也，及在严州再编，又去十之九，然此残稿终亦惜之，乃以付子聿。"① 又子虞跋云："戊申己酉以后诗，先君自大蓬谢事归山阴故庐，命子虞编次，为四十卷，复题其签曰《剑南诗续稿》。"初先君在新定所编前稿，于旧诗多所去取。其所遗诗，存者尚七卷。念先君之遗之也，意或有在，且前稿行已久，不敢复杂之卷首，故别其名曰《遗稿》云。② 最终"丙戌以前诗，存者百之一耳。"③ 在当今通行的《剑南诗稿》中，乾道二二年丙戌罢官归乡之前创作的诗歌，只有区区 94 首，其数量在洋洋 9000 多首的陆游诗集中可谓极少。可见，陆游对丙戌以前诗歌作品的态度，正如他自己所论："我昔学诗未有得，残余未免从人乞。力屏气馁心自知，妄取虚名有惭色。"（卷二十五《九月一日夜读诗稿有感走笔作歌》）故大加删减，也就不足为怪了。

陆游"镜湖诗"的创作过程，和陆游赋闲居家的时段是同步的。第一阶段，从乾道二年陆游自豫章通判任上被罢官回到故乡，入住三山故居开始，到乾道六年闰五月起行赴任四川为夔州通判止。在今本《剑南诗稿》中，应自卷一《初夏道中》始，至卷二二《春阴》止。陆游这一阶段的诗歌作品，收入《剑南诗稿》中的并不多，计 40 余首。此时的陆游仍在壮年，因此写的诗也显得随意遣兴。但是，陆游这一阶段写的诗显然不如晚期作品沉郁疏放，"随意上渔舟，幽寻不预谋。清溪欣始泛，野寺忆前游。丰岁鸡豚贱，霜天柿栗稠。余生知有几，且置万端忧。"（卷一《随意》）但这一时期还是有经典之作出现，那就是《游山西村》，还有《雨霁出游书事》《霜月》等诗。这几首诗皆显出清新格调。其《残春》《霜风》等诗写身世之感叹，然未见晚年之沉郁如老杜者，多悲愁而少放达语。乾道五年九月，陆游离蜀东归，在三山有一段短期的停留，计 1 个月左右，作诗不多。此后即离家南下，通判建安。淳熙八年正月归山阴，开始家居，一直到淳熙十三年夏赴严州任，其间历时 5 年。自蜀归来的家居创作为第二阶段，其间的创作数量较多，风格变化也最大，盖是在蜀中及南郑前线的经历让他忽然得到了"诗家三昧忽见前，屈贾在眼元历历。天机云锦用在我，剪

---

① ［南宋］陆游：《跋诗稿》，《渭南文集》（卷二十七《文渊阁四库全书本》），台北商务印书馆 1986 年影印版。

② ［南宋］陆子虞：《剑南诗稿跋》，陆游：《剑南诗稿》（《文渊阁四库全书本》），台北商务印书馆 1986 年影印版。

③ ［清］赵翼：《陆放翁年谱》，《郭绍虞清诗话续编》（第二册），上海古籍出版社 1983 年版。

裁妙处非刀尺"（卷二十五《九月一日夜读诗稿有感走笔作歌》）的作诗秘诀。从此，陆游用全新的文学理念来指导自己的创作，进而走入了全新的文学天地。这一时期的"镜湖诗"开始更多地关注农村民生，因为这时诗人的心开始远离朝野与市井，他将眼光更多地投向普通农民的生存与生活，"畏客常称疾，耽书不出门"。尚嫌城市近，更拟卜云根。"（卷十四《村居冬日》）当然，这与作者开始拥有大量的时间漫游于故乡的湖山乡镇之间有很大的关系。更为重要的是，长期的宦海沉浮使他意识到官场之不足道，而农村的生活、农民的境遇才是更为迫切实在的着眼点。这一时期较有代表性的诗歌是《寄朱元晦提举》（卷十四）："市聚萧条极，村墟冻馁稠。劝分无积粟，告籴未通流。民望甚饥渴，公行胡滞留？征科得宽否？尚及麦禾秋。"在这一阶段，他的作品中开始大量出现亲身参与农村劳作及抒发放达胸怀的作品，叹嗟贫病的内容也开始逐年增加，但作者始终系怀的仍然是国是和民生。陆游于淳熙十五年七月卸严州知府任回乡，同年冬，除军器少监，赴行在。淳熙十六年冬斥归，从此开始了长期乡居。从淳熙十六年到嘉定二年陆游去世，除嘉泰二年夏至嘉泰三年五月间奉诏在都城临安修撰孝、光二宗《两朝实录》和《三朝史》外，皆家居。这是"镜湖诗"创作的第三个阶段，也是作品数目最大、风格渐趋稳定和成熟的阶段。这一时期的"镜湖诗"主要特色在于：诗人开始不厌其烦、日复一日地用诗歌记录自己的生活。在自叙生活的同时，写实农村生活诸多方面的诗歌屡屡出现。同时，描写自己出游、饮酒等闲适生活内容的作品充分反映了隐居生活平和安乐的特色。他还写了不少充满人生哲理和生活情趣的咏物诗，高洁的梅、隐逸的菊是他的最爱。他不仅参与劳动，与农民保持着真切的联系，懂得他们生活的苦乐，并持续不辍地歌颂着农民的辛勤质朴，同时也为不利于农业收成的天灾人祸而愁闷，为农人的困苦遭遇而鼓呼。在"镜湖诗"写作的第三阶段，身历万事的诗人完全进入了诗歌创作的自由王国，少年轻狂的愤激之语变得稀少，安定和平的心气充溢于字里行间。这正应和了他自己在《示子遹》（卷七十八）一诗中所说的"汝果欲学诗，工夫在诗外"的创作主张。因为他是在江南农村广阔浩瀚的生活中寻找诗料，所以他的作品更具有了多重的社会价值，从而渐臻文学境界上的完满境地。

从"中华茶源"到"东南茶都"

——史前至唐代的浙东运河制茶业

金晓刚

（浙江师范大学）

摘要： 史前至唐代时期，是浙东运河制茶叶的兴起和发展阶段。通过考古发掘，可以证实这一流域的茶叶种植、栽培历史相当悠久，是"中华茶源"之一。秦汉六朝时期，浙东运河流域饮茶之风开始盛行。到了唐代，无论是茶叶的种植、税收，或者茶叶的普及程度，还是茶叶配套器具的生产，浙东运河流域无疑是当时最重要的茶区之一，堪称"东南茶都"。把握这一时期浙东茶叶的发展史，有助于理解后世该茶区历经千年而繁盛不衰的密码。

中国是世界茶叶的原产地，浙江又是中国茶叶的主要产地之一。而浙东运河流域，以其优越的自然条件和悠久的历史开发，在浙江乃至中国茶叶史上具有举足轻重的地位。[①] 这里既是中国茶的起源地之一，并且在中华历代制茶史上一直扮演着重要角色。作为浙东运河传统产业的最重要产业之一，制茶业是透视传统浙东地区经济社会发展的重要窗口，也是认识浙东何以在东南地域位居卓绝的必要维度。以往对浙东茶叶史的关注，多聚焦于唐代以降的历史。其实，史前至唐代，是浙东地区茶叶从开始到发展、兴盛的重要阶段。深入把握这一漫长时期浙东茶叶的历史脉络，有助于理解后世浙东茶叶为何能历经千年而繁盛不衰的"前因"密码。

一、史前至汉代浙东地域的原始茶叶及人工茶

浙东运河流经的宁绍区域，濒临东海，属亚热带季风区，气候温暖，雨量充沛，处于浙西山地丘陵、浙东丘陵山地和浙北平原三大地貌单元的交界地带，地貌较为复

---

① 《浙江通志·茶叶专志》编纂委员会：《浙江通志·茶叶专志》，浙江人民出版社 2020 年版，第 19 页。

杂。其南部以山地丘陵为主，有山峦起伏的会稽、四明两大山脉，植被茂盛，常年云蒸雾绕，其地表丰富的红壤、黄壤又适合茶叶的生长。这样的地理和气候，为茶叶提供了得天独厚的种植环境。从浙江茶区的范围来划分，这一带属浙东南茶区，植茶历史悠久，茶区广阔，茶叶种质资源丰富。据现代考古证实，早在远古时代，这里就有原始野生山茶科（Theaceae）山茶属（Camellia）植物的存在。

1973 年，在余姚河姆渡新石器时代遗址中，考古学家发现了距今约 7000 年大量野生植物的堆积，一些树叶甚至连第三、第四级微细网脉、着生绒毛都清晰可辨。有学者认为，这种樟科植物的叶片就是原始茶的遗存。[①] 2001 年，在距今约 8000 年的杭州萧山跨湖桥遗址出土了一颗"茶树种籽"，可以判断，当时这一带生长着野生茶树。2004 年，在距今约 6000 年的余姚田螺山人类文化遗址，考古学家发掘出两大片树根类植物遗存，树根呈条状、块状或球状。一片数量达 45 根，一片 30 余根，最粗直径达 15 厘米左右，细的仅 1 厘米。2008 年，日本东北大学实验室对田螺山出土树根切片用显微镜观察，结果显示这些树木遗存均属山茶科山茶属植物，并认为有可能属于茶树。[②] 这些树根位于远古人居住的干栏式木构房屋附近，周围有明显的人工开挖的浅土坑，并伴随一些碎陶片，说明树根不是野生的，而是由人工栽培的。[③] 在原始茶被发现的同时，流域内还出土了不少原始茶具。2005 年，在距今 9000 年的嵊州小黄山遗址出土了大量文物。其中，多件陶器被认为是古代茶饮具。[④] 这些史前遗址出土的茶及茶具，一定程度可以证实浙东运河流域是中国原生茶的源头之一，从而推翻学界早先认为的"茶叶传入浙江，估计在三国时期以前"[⑤]（即浙江的茶叶由外地传入）的观点。

据东晋常璩《华阳国志》记载，周武王伐纣时，巴蜀一带的部落首领已用所产"丹漆、茶、蜜"作为"纳贡"珍品。[⑥]《周礼·地官之属》还记载，西周时在宫廷内还设有"掌荼"这一官职。虽然当时关于茶的记载颇为稀少，饮茶之风亦未盛行全国，但茶在南方作为种植对象应是不争的事实。

春秋战国以降，饮茶逐渐在全国流行起来。当时虽没有关于茶的专著留世，但是不少地志、诗歌、辞赋、笔记中记述了大量与饮茶和茶事活动有关的内容。如成书于战国至西汉初期的《山海经》，书中的《南山经》载有"招摇之山，……而青华，其名曰祝余（或作桂荼），食之不饥。"其中，"荼"即"茶"的古字，这可能是关于茶

① 《越地茶史》编纂委员会：《越地茶史》（第一卷），浙江古籍出版社 2018 年版，第 24 页。

② 《浙江通志·茶叶专志》，第 35 页。

③ 《越地茶史》（第一卷），第 28 页。

④ 《越地茶史》（第一卷），第 28 页。

⑤ 浙江省茶叶学会编写组：《浙江茶叶·序言》，浙江科学技术出版社 1985 年版，第 3 页。

⑥ 常璩撰，刘琳校注：《华阳国志校注》，成都时代出版社 2007 年版，第 6 页。

最早的记载。虽然《山海经》中关于"荼"的记载不一定是浙东所产，但可以说明，当时在广大的南方地区，荼已为人认识并作为重要的解饥食物。

同时期或稍后的《神农本草经》记载了"神农尝百草，日遇七十二毒，得荼而解之"的传说，说明荼作为解毒的草药，很早被人掌握并加以利用。在相关文献中，早期越人与荼的渊源也甚为紧密且久远。东汉初年，上虞人王充在《论衡》中记载了关于神荼兄弟的故事。其《乱龙篇》载"上古之人，有神荼、郁垒者，昆弟二人，性能执鬼，居东海度朔山上，立桃树下，简阅百鬼"①，点明神荼兄弟生活在东海。《订鬼篇》又引《山海经》称："沧海之中，有度朔山，上有大桃木，其屈蟠三千里。其枝间，东北曰鬼门，万鬼所出入也。上有二神人，一曰神荼，一曰郁垒，主阅领万鬼。恶毒之鬼，执以苇索而以食虎。于是黄帝乃作礼以时驱之，立大桃人，门户画神荼、郁垒与虎，悬苇索以御凶魅。"②从王充的记载来看，居住越地附近的神荼兄弟具有驱鬼除毒的功能，在当时已被奉为神灵，其时代还略早于黄帝。又根据学者对於越民族将荼视为本氏族图腾的荼俗猜测以及"舜母移荼"等传说③，可以判断荼在古越民族日常生活中具有不可替代的重要意义。

秦汉时期，我国荼叶的栽培区域逐渐扩大，荼已被作为饮品使用。其泡饮方法是将饼荼捣成碎末放入瓷壶、注入沸水，加葱、姜和橘子调味，而且饮荼已有简单的专用器皿。西汉王褒《僮约》中的"烹荼尽具，已而盖藏"，说明已有烹荼的荼具。而在东汉晚期，以绍兴、宁波为中心的越窑就成功生产出一批成熟瓷器。如1990年，上虞出土了一批东汉瓷器，里面有碗、壶、杯、荼盏、托盘等，经鉴定是世界上最早的瓷荼具。④这反映出在汉代的浙东运河流域内，饮荼这一习俗初步开始。

二、六朝浙东地区的荼叶种植及饮荼之风

三国两晋时，关于荼叶的种植、采摘、制作、烹煮等环节已形成一整套的程序。西晋文学家杜育的《荈赋》是第一篇完整地记载了荼叶从种植到品饮的全过程，涉及荼叶的环境（"灵山惟岳"）、种植、生长（"承丰壤之滋润"）、采摘（"结偶同旅，是采是求"），以及选水（"水则岷方之注，挹彼清流"）、烹荼（"沫成华浮，焕如积雪"）及荼具的选择等。其中，"器泽陶简，出自东隅"一句，按照清代蓝浦原著、郑廷桂补辑《景德镇陶录》的解释："器泽陶拣，出自东欧者是也。"陈元龙《格致镜原》亦认为："器择陶拣，出自东瓯。瓯，越州也，瓯越上。"东瓯即今浙江南部，说

---

① 王充:《论衡·乱龙篇》，中华书局2017年版。
② 《论衡·订鬼篇》。
③ 《越地荼史》（第一卷），第35—38页；陈珲:《浙江荼文化史话》，宁波出版社1999年版，第6—19页。
④ 刘修明主编:《中国古代的饮荼与荼馆》，商务印书馆国际有限公司1995年版，第64页。

明西晋时东瓯所产茶具在当时已颇负盛名，并传播到中原地区。与东瓯产茶器相对应的是，当时在浙江东北部的浙东运河流域，越瓷的制作在东汉基础上得到了空前发展，瓷窑林立，种类多样，而且造型丰满，纹饰繁缛，釉色青绿，精品迭出，里面也有大量饮茶器皿，从另一侧面印证了当地饮茶之风及茶叶的生产、制作相当广泛。

永嘉之乱后，随着大批士族和流民的南渡，浙东地区得到了进一步开发，包括茶叶在内的农业实现了稳步发展，当地民众的日常饮食结构也得以改善、提升。与於越先民不同，他们对茶的利用，逐渐从食物、药疗转为饮品。《三国志·吴志·韦曜传》记载吴主孙皓宴请大臣，"坐席无能否率已七升为限，虽不悉入口，皆浇灌取尽"。韦曜因不胜酒力，孙皓"密赐荈以当酒"。[1]《晋书·陆纳传》记载，东晋陆纳在吴兴郡太守任上宴请谢安，"所设唯茶果而已"，反映出茶已是士人宴请宾客的日常饮品，"以茶待客"成为江浙一带的社会风气。

唐代陆羽《茶经·七之事》引西晋王浮《神异记》："余姚人虞洪，入山采茗，遇一道士，牵三青牛，引洪至瀑布山，曰：'予丹丘子也。闻子善具饮，常思见惠。山中有大茗，可以相给，祈子他日瓯牺之余，乞相遗也。'因立奠祀，后常令家人入山获大茗焉。"[2]《茶经·四之器》指出虞洪为"（西晋）永嘉中"人。瀑布山即瀑布泉岭，位于余姚，盛产"仙茗"，[3] 后来被命名为"瀑布仙茗"，陆羽经过实地考证，判断"大者殊异，小者与襄州同"[4]，说明在越地分布的茶树，有乔木茶、灌木茶两种。《神异记》又称虞洪"善具饮"，"获大茗"，说明西晋时饮茶之风在浙东民间颇为流行。

三国两晋时期，江南地区玄学、道教和佛教盛行。由于茶具有解渴、提神、醒脑、抑制性欲等功效，名医华佗《食论》即称"苦荼久食益意思"，因此，广受佛道及玄谈之士的青睐，将其作为助力修道或玄谈的重要饮品。如东汉末年，丹阳道士葛玄游会稽，在此学道修仙，并种茶于天台山华顶，《嘉定赤城志》称盖竹山，"有仙翁茶园，旧传葛玄植茗于此。"[5] 唐代的卢仝引《天台记》"丹丘出大茗，服之生羽翼"，越州诗僧皎然《饮酒歌送郑客》中也有"丹丘羽人轻玉食，采茶饮之生羽翼"等句，均说明饮茶与仙道活动有着紧密的关系。据文献记载，六朝时期，先后有众多高僧在会稽郡弘扬佛法。新昌隐岳寺（大佛寺前身）开山祖师昙光极好饮茶，常率领寺内僧众在山后开辟茶园种茶、制茶。而且，他还引茶入佛，与竺潜、支遁、昙济等高僧，

① 陈寿：《三国志·吴志·韦曜传》，中华书局 2011 年版。
② 陆羽：《茶经·七之事》，浙江古籍出版社 2011 年版。
③ 陆羽：《茶经·八之出》。
④ 陆羽：《茶经·八之出》。
⑤ 陈耆卿：《嘉定赤城志》卷十九《山水门一》，中华书局 1990 年版。

煎茶品茗，畅谈佛理，以茶证菩提，开创了"禅茶之风"，使佛茶修持在佛教界迅速传播。[①] 寺院种茶、制茶和饮茶之风日渐盛行，后来一度出现"有寺院处就有茶香"的盛况。

由于茶的色、香、味悦人，且饮茶有益身心健康，"品茗""饮茶"也成为当时士族文人风雅文化生活的重要内容。如谢安隐居上虞东山时，与王羲之、许询、支遁等人，"出则渔弋山水，入则言咏属文，无处世意"。他们通过品"仙茗"让自己在隐居生活中清醒混浊心灵，放牧灵魂，抛掉烦恼。[②]

南朝时，随着江南的大规模开发和人口的繁衍，山地丘陵得到了较大幅度的利用，浙东地区的茶叶种植颇为普遍，民间饮茶之风更为广泛。刘宋时，刘敬叔的《异苑》记载了一则故事：

> 剡县陈务妻少与二子寡居，好饮茶茗。宅中先有古冢，每日作茗，饮先辄祀之，二子患之，曰："古冢何知，徒以劳祀！"欲掘去之。母苦禁而止。及夜，母梦一人曰："吾止此冢二百余年，卿二子恒欲见毁，赖相保护。人飨吾佳茗，虽泉坏朽骨，岂忘翳桑之报。"遂觉。明日晨兴，乃于庭内获钱十万，似久埋者，而贯皆新提。还告其儿，儿并有惭色，从是祷酹愈至。

从记载来看，剡县的陈务妻为普通百姓，其好饮茶，说明茶叶及饮茶在民间生活中已非常普遍。陈务妻以茶祭祀古冢，一方面反映出茶与神灵之间的关系，另一方面折射出茶作为祭品在当时流行的广泛。陆羽《茶经》亦载南齐高帝萧道成遗诏，其中一句是"我灵座上慎勿以牲为祭，但设饼果、茶饮、干饭、酒脯而已"[③]，说明茶在南朝时无论是贵族还是平民，均是十分大众化的物品，而且是脱俗简朴的代表。

此外，陆羽《茶经》还载了东晋初年广陵郡（今江苏扬州一带）一神秘老妇的故事，其引《广陵耆老传》云："晋元帝时，有老姥每旦独提一器茗，往市鬻之，市人竞买。自旦至夕，其器不减。"所谓的"器茗"很可能是指盛茶叶的器具或是饮茶的茶具。这一故事本身甚为神秘，但也揭示出茶叶及与茶叶相关的器物在市场上售卖十分普遍的现象。浙东与广陵郡距离不远，而且是当时重要的产茶区，揆之诸理，茶叶在当地应达到一定程度的商品化。

① 《越地茶史》（第一卷），第68页。
② 魏建钢：《从越瓷茶具变化看越地茶文化之发展》，《农业考古》2013年第2期。
③ 《茶经·七之事》。

三、唐代浙东运河茶叶产业化的形成

唐代是茶叶变迁史上一个划时代的时期，有学者称："在唐一代，茶去一划，始有茶字；陆羽作经，才出现茶学；茶始收税，才建立茶政；茶始边销，才开始有边茶的生产和贸易。"① 在浙东运河流域，茶叶在唐代的栽种规模和范围不断扩大，并初步形成了茶叶贸易的草市，将茶运输到全国一带，饮茶风气在当地全面普及。

（一）茶叶的广泛种植及茶户、茶税的出现

唐代以前，饮茶之风虽然流行，但所饮多为野生茶，人工种植的还不普遍。直到中唐时，陆羽还认为茶叶"野者上，园者次"。到了唐后期，茶叶的栽培、生产得到了空前发展。在江南的丘陵山地、房前屋后，均能见到茶树的广泛栽种，呈现出"绿茗盖春山"的景象。唐代两浙地区，就有湖州、杭州、睦州、越州、明州、婺州、台州7州产茶，且产茶数量庞大。会昌年间（841—846），长兴顾渚茶的贡茶每年最高可达18400斤。而在浙东的会稽山和四明山一带，如日铸、云门、丁坑等丘陵地区出现了大片茶园，浙东茶区逐渐形成。孟郊的《越中山水》诗中所称的"菱湖有余翠，茗圃无荒畴"，就描绘了这一带茶园的繁盛。

唐代在浙东运河区域，还形成了一批越中名茶。陆羽《茶经·八之出》就称浙东之茶，"以越州上，明州、婺州次，台州下。"李肇在《唐国史补》中将余姚"仙茗茶"和"剡溪茶"列入名茶上品。"仙茗茶"即余姚瀑布仙茗，在唐代以前就闻名于世，"剡溪茶"则属于唐代新兴茶品，但也广受喜爱。宋代高似孙《剡录》就记载："剡茶声，唐已著。"诗僧皎然有多首诗称道剡茶，如《饮茶歌诮崔石使君》云："越人遗我剡溪茗，采得金芽爨金鼎。素瓷雪色缥沫香，何似诸仙琼蕊浆。"《送许丞还洛阳》称："剡茗情来亦好斟，空门一别肯沾襟。"《送李丞使宣州》："聊持剡山茗，以代宜城醑。"严维、方干等诗人也都有讴歌剡溪名茶的诗篇。在诗人们看来，当时的剡茶味道绝佳，比美酒还能吸引人。

江浙地区种茶、饮茶的历史虽较久远，但在相当长的时期内，人们饮用的基本是未经加工或只经粗略简单晒压的茶叶。唐代杨晔《膳夫经手录》载："茶，古不闻食之。近晋、宋以降，吴人采其叶煮，是为茗粥。"② 陆羽《茶经》也称，唐以前饮茶主要采用生煮法，制茶的工艺也较为简单。到了唐代，茶叶的采制技术实现了较大转变。《茶经·三之造》专门叙述当时茶叶的加工流程："采之、蒸之、捣之、拍之、焙之、穿之、封之、茶之干矣。"③ 即经过采摘、蒸青、捣研、拍压、焙干等多道工序制

---

① 李斌城、韩金科：《中华茶史（唐代卷）》，陕西师范大学出版社2013年版，第184页。

② 杨晔：《膳夫经手录》，毛氏汲古阁钞本。

③ 《茶经·三之造》。

成"团饼形茶",储于纸囊中,饮时再取出捣碎成片茶煮而饮用。蒸青法制茶,彻底破坏了鲜叶中的酶活性,保持了较多的有效成分。捣烂又使有效成分在烹煮时容易浸出,因此在饮用时茶的色、香、味俱佳,无疑是制茶工艺的一大改进。杨晔称:"至开元、天宝之间,稍稍有茶。至德、大历遂多,建中已后盛矣。"[1] 他所谓的"茶"即专指碾压成团后的饼茶。制茶技术的突破,解决了茶叶的储藏问题,大大推动了茶叶的生产。

茶叶在江南地区的大量种植,推动了农业生产的分工,当时逐渐分化出一批专业的"茶户"。据《册府元龟》记载,唐开成五年(840),盐铁司奏称"江南百姓营生,多以种茶为业。"[2] 这些茶户以种茶为生,基本脱离了粮食生产,仰仗经营茶叶以维持生计,并以此缴纳赋役。一些规模较大的茶园由于需投入大量的劳动力,因此采取租佃或雇工的经营方式。如晚唐诗人陆龟蒙将位于湖州顾渚山下的茶园出租,"岁入茶租十许,薄为瓯蚁之费"。而雇工经营的,即雇募人来从事茶园管理、茶叶采摘加工,付给一定的报酬。[3]

随着饮茶之风的盛行,唐代统治者对茶的需求日益增多,除各地选送名茶上贡外,朝廷还在全国选定名茶产区,设置御茶苑,特制精品,专供皇帝及其皇室成员使用。当时贡茶,以湖州长兴顾渚山的紫笋茶最为著名。大历五年(770),在湖州专门设置了贡茶院,所造之茶名顾渚贡焙。建中二年(781),每岁进奉贡茶三千六百串。[4] 贞元年(785—805)以后,每年因进奉紫笋"役工三万人,累月方毕"。[5] 当时湖州刺史袁高在亲自督造贡茶之中深深体会到茶农的疾苦,愤而写下著名的《茶山诗》,备述茶农造贡焙"选纳无昼夜,捣声昏继晨"的艰难困苦,从另一个侧面反映了当时贡茶产量之高。浙东是当时著名产茶区,不少名茶也被纳入地方贡品。大历二年(767),陆羽就曾受越州刺史皇甫冉之邀,在浙东会稽、诸暨、上虞、余姚、剡县等地监制茶叶的制作。

由于茶叶的生产和销售大增,征收茶税也成为唐朝后期财政收入的重要来源。唐文宗开始,全国实行榷茶制。建中四年(782),判度支侍郎赵赞建议,"税天下茶漆竹木,十取一",作为常平仓的资金。后德宗因"泾原兵变"避难奉天(今陕西乾县),改元大赦天下,茶税暂时取消。贞元九年(793),盐铁使张滂以水灾赋税减税而国用不足,向唐德宗奏请"于出茶州县及茶山外商人要路,委所由定三等时估,每

① 杨晔:《膳夫经手录》,毛氏汲古阁钞本。
② 王钦若等:《册府元龟》卷四百九十四《邦计部》,中华书局1960年版。
③ 《越地茶史》(第一卷),第117页。
④ 钱易:《南部新书》卷五,中华书局2002年版。
⑤ 李吉甫:《元和郡县志》卷二十六,中华书局1983年版。

十税一，价钱充所放两税。其明年以后，所得税外收贮，若诸州遭水旱，赋税不办，以此代之"。[①]奏议得到许可，每年得茶税四十万贯。茶税自此以后成为一种专税，为历代政府所承袭。虽然没有明确数据记载唐代浙东一带的茶税，鉴于这里是重要产茶区，茶税数额当不在少数。

（二）茶叶的市场化及贸易网的形成

在茶叶专门化生产和全社会饮茶需求激增的背景下，唐代茶叶的贸易也蒸蒸兴盛。与此同时，唐代的茶叶贸易较为自由，除有短暂的官收官卖的榷茶之外，政府只征收一定的茶税，允许茶商深入产区直接与茶户进行交易，民间贩茶之风逐步兴起，并开启了普遍的远距离、全国性的贸易活动。《太平广记》卷二九记载，鄱阳人吕用之的父亲吕璜"以货茗为业，来往于浙、淮间"。[②]李肇《唐国史补》载，建中二年（781），常伯熊出使吐蕃，在赞普帐内曾见众多内地名称，其中就有湖州顾渚茶。[③]各地也纷纷出现了产地市场、中转集散市场等不同类型的贸易网络。在当时浙东运河流域，也出现了不少规模较大的产地市场和中转集散市场。

中唐以来，越州和明州的南部山区是重要的产茶区，也是茶叶中转的集散地。而茶叶从会稽山、四明山产地运输到中转集散市场或者更广泛的消费者手中，很大程度是靠贩茶的茶商完成的。唐代宗时期（762—779），就有茶商不辞劳苦地深入会稽山的平水等茶产区，直接与茶园户进行交易。[④]茶商又有"行商"与"坐贾"之别。前者将各地的物品带到各处的周市（定期集市）贩卖，或走街串巷吆喝，谓"呼卖"。后者居住在市肆的店铺里。[⑤]当时，越州一带有不少茶市。王敷《茶酒论》称："越郡、余杭，金帛为囊。素紫天子，人间亦少。商客来求，船车塞绍。"长庆三年（823），元稹任浙东观察使，在会稽山阳明洞天祭祀后，撰有《春分投简阳明洞天作》，其中就提及"舟船通海峤，田种绕城隅。梢比千艘合，袈裟万顷铺。亥茶阗小市，渔父隔深芦"，描绘了当地茶市交易的景象。在唐代浙东运河流域的茶市中，最著名的当属越州会稽县的平水茶市。

平水处于会稽山北麓，是会稽山区通往山会平原的交界点，平水江穿市而过。这里是越州茶叶最重要的产区，又位于交通航埠，因此也是茶叶运往外界的重要中转站和集散地。元末明初刘基《出越城至平水记》称："入南可四里，曰铸浦，是为赤堇之山。其东山曰日铸，有铅、锡，多美茶。又南行六七里，泊于云峰之下，曰平水

---

① 《册府元龟》卷四百九十三《邦计部》。

② 李昉等：《太平广记》卷二九〇《妖妄三》，中华书局 2020 年版。

③ 李肇：《唐国史补》卷下，明津逮秘书本。

④ 《浙江通志·茶叶专志》，第 308 页。

⑤ 《越地茶史》（第一卷），第 118 页。

市，即唐元微之所谓草市也。其地居镜湖上游，群小水至此入湖，于是始通舟楫，故竹木薪炭，凡货物之产于山者，皆于是乎会以输于城府，故其市为甚盛。"① 刘基所称的"唐元微之所谓草市"，典出元稹《白氏长庆集序》。在文中，元稹记叙自己任浙东观察使期间，在镜湖旁的平水市"见村校诸童竞习诗，召而问之，皆对曰：'先生教我乐天、微之诗。'固亦不知予之为微之也。"② 说明当时平水已形成相对固定的集市，而茶叶交易又是其中最重要的货物之一。

开凿于东汉的浙东运河，在唐代得到了进一步的拓展和修缮。据载，开元十年（722）、大历十年（775）和大和六年（832），曾三次对浙东运河的山阴（萧山）至曹娥段进行疏通和挖深。贞元元年（786）又整治了山阴至杭州段，凿山开河，建造斗门。曹娥至明州段也修筑了一些堰、堤和斗门。③ 浙东运河航道的拓宽及顺畅，使越州、明州的水上航运更加发达，货物运输和商贸活动的开展更为便捷。长江沿线和京杭运河沿线广大地区的货物可以通过长江、运河运至杭州，再沿浙东运河至明州。越州、明州的货物也可以由运河被贩卖至运往全国各地。如晚唐时，明州就有杨宁、孙得言结伴业商，踪迹达于太湖流域。④ 也有外地商人来到甬上采购货物。陆龟蒙《四明山诗·云南》诗云："药有巴宗卖"⑤，指远在四川的药商千里迢迢来四明山收购名为"云南"的药材。就茶叶而言，四方茶商将浙东运河流域的茶叶贩运至北方，舟楫之声昼夜不息，既大大刺激了本地的茶叶生产，也推动了饮茶之风由南到北的传播。

因为浙东运河与大运河航道相接，交通便利，明州港的腹地明显扩大，其在唐代对外贸易中的地位得到大大提升，成为唐代海上丝绸之路的重要起点。越州、明州与日本、朝鲜及南洋等国家的贸易更加频繁。浙东运河流域的茶叶也通过明州港不断输往海外。唐贞元二十年（804），日本僧人最澄来浙江天台山学佛，次年至越州龙兴寺随顺晓大师学法。后顺晓大师将道场移至上虞丰山，最澄也随之前往。学成后，最澄携带陆羽《茶经》和丰山附近的茶种、茶叶回国，并在日本滋贺县种植，开始了日本最早的茶叶生产。⑥

1997年，在宁波公园路唐宋子城遗址考古发掘中出土了波斯釉陶残片9块，所处时代约为9世纪。说明除东亚僧团及商人外，波斯商人也选择明州港登陆，继而进入中国内地。他们将大量越窑青瓷、茶叶及其他商品从明州出口，经广州绕马来半岛，过印度洋运抵波斯湾沿岸的希拉夫港、霍尔木兹岛、巴士拉港等，再从这些港口

① 刘基著，林家骊点校：《刘伯温集》（上），浙江古籍出版社2016年版，第139—140页。
② 元稹：《元氏长庆集》卷五十一《白氏长庆集序》，四部丛刊景明嘉靖本。
③ 虞浩旭：《浙东历史文化散论》，宁波出版社2004年版，第202页。
④ 徐时栋纂：光绪《鄞县志》卷六六引元释昙噩《崇教寺伽蓝记》，光绪三年刻本。
⑤ 陆龟蒙：《甫里集》卷六《四明山诗》，文渊阁《四库全书》本。
⑥ 《越地茶史》（第一卷），第138—139页。

转运至西亚各地。① 浙东所产的茶叶也由此被远程运至西亚，在国际市场中占有一定的地位。

（三）茶具的精细化生产与茶事活动的多元化

唐代饮茶之风盛行，茶已成为民众的日常必需品。在茶叶消费带动下，与茶饮相匹配的茶具、茶器也获得了极大的发展。而当时浙东运河区域内，越窑瓷器是朝廷贡品，生产规模和工艺水准引领时代潮流。其所产瓷器种类丰富，茶具、茶瓷占了相当大的比例。

陆羽对唐代的茶碗有一排名，《茶经·四之器》评："碗，越州上，鼎州次，婺州次；岳州上，寿州、洪州次。"认为茶碗以越州青瓷最为上乘。有人认为北方邢窑所产优于越窑，陆羽又作了辩驳，并举出三条理由："若邢瓷类银，越瓷类玉，邢不如越，一也；若邢瓷类雪，则越瓷类冰，邢不如越，二也；邢瓷白而茶色丹，越瓷青而茶色绿，邢不如越，三也。"尽管陆羽是根据不同釉色使茶汤呈现出的色度差异进行判断，但他对越瓷的痴迷程度无疑是溢于言表的。

唐代越瓷茶碗的式样较为丰富，大致可分两类，一类以玉璧底碗为代表，即《茶经》中所云的"瓯，越州上，口唇不卷，底卷而浅，受半升已下"的器型；另一类为花口，通常作五瓣花形，腹部压印成五棱，圈足稍外撇，这种器型略晚于玉璧底型，一般在晚唐时期。茶碗下有托，越瓷茶托的造型也颇具特色，同样可分为两类：一类托盘下凹，中间不置托台，呈圆形或荷叶形；另一类由托台和托盘两部分组成，托盘一般呈圆形，托台高出盘面，有的微微高出盘面，托台一圈呈莲瓣形，也有的高出盘面很多，呈喇叭形。②

越瓷茶具造艺精美，釉色脱俗，获得了众多文人雅士的喜爱。他们在诗篇中留下了大量赞美的诗句。如孟郊《凭周况先辈于朝贤乞茶》："蒙茗玉花尽，越瓯荷叶空。"施肩吾《蜀茗词》："越碗初盛蜀茗新，薄烟轻处搅来匀。山僧问我将何比，欲道琼浆却畏嗔。"郑谷《题兴善寺》："茶助越瓯深。"又《送吏部曹郎中免南归》："茶新换越瓯。"特别是晚唐五代的秘色瓷，是越窑青瓷的精品，除了注重造型优美外，还增加了复杂的花纹装饰。从陆龟蒙《秘色越器》中的"九秋风露越窑开，夺得千峰翠色来"，可见其青翠之美，反映出当时越窑茶具深受社会的青睐。

除茶具之外，浙东运河流域还盛产茶叶包装、储存的"剡囊"，即用剡县藤纸制作囊袋。剡县产剡藤，以剡藤制作的剡纸在当时是最好的包装纸。陆羽称："纸囊以剡藤纸白厚者夹缝之，以贮所炙茶，使不泄其香也。"③ 唐代不少著名人士均有对剡纸

---

① 张如安、刘恒武、唐燮军：《宁波通史·史前至唐五代卷》，宁波出版社 2009 年版，第 207—210 页。

② 《浙江通志·茶叶专志》，第 750 页。

③ 《茶经·四之器》。

风靡全国的描写。如崔道融的《谢朱常侍寄贶蜀茶纸二首》，舒元舆的《悲剡溪古藤文》。可以说，越瓷茶具和剡藤纸包装的出现，大大促进了茶叶的生产和销售，并将品饮技艺推向了一个新的高度。

随着茶与日常生活的越来越紧密，品饮中的知觉、情趣和经验，深深感染着一代又一代的爱茶、事茶士人。在聚集活动中，他们举行了一系列以茶事为主题的艺文雅集，甚至出现了以茶代酒的现象。吕温《三月三日茶宴》："三月三日，上巳禊饮之日也。诸子议以茶酌而代焉，乃拨花砌，爱庭阴。……乃命酌香，沫浮素杯。殷凝琥珀之色，不令人醉，微觉清思。虽五云仙浆，无复加也。"① 对茶事的描写、感受，是唐代士人诗文创作的重要题材。以茶会友也随之成为朋友聚集的重要途径。

如至德、上元年间，在湖州顾渚山下就集聚了以皎然、陆羽为首的一群文士僧家。他们彼此品茶唱和，交流茶事，创作了众多以茶为主题的诗文和著作。大历八年（773），颜真卿任湖州刺史，集聚法海、李萼、陆羽、萧存、陆士修等 30 余位文士，续编大型类书《韵海镜源》。在编书的过程中，也经常举行品茶等茶事活动。颜真卿著名茶诗《月夜啜茶》就是在邀集诗友茶客品茗尝月之时，吟哦而成。诗中"醒酒宜华席，留僧想独园""不须攀月桂，何假树庭萱""流华净肌骨，疏瀹涤心源"诸句，堪称茶诗中的佳句。② 大历年间（766—779），在浙东越州，同样活动着一批以吟咏茶事为重要内容的诗人群。联句唱和活动，由浙东观察使行军司马鲍防组织，以严维为越州诗坛盟主，留下了《大历年浙东联唱集》二卷。《嘉泰会稽志》卷十记载："兰亭古池，在县西南二十五里，王右军修禊处。唐大历中鲍防、严维、吕渭列次三十七人联句于此。"同书卷十八云："松花坛，在云门。唐大历中，严维、吕渭茶宴于此。"云门即云门寺，以盛产茶而著称，说明茶宴联句的活动地点不止一处，规模蔚为大观。在联句唱和集中，与咏茶相关的有严维、吕渭等人《松花坛茶宴联句》"焚香忘世虑，啜茗长幽情"③，严维、郑概、鲍防等《云门寺小溪茶宴怀院中诸公》"黄粱谁共饭，香茗忆同煎"④，李萼《茗侣偈》"采采春渚，芳香天与。涤虑破烦，灵芝之侣"⑤ 等。这些文人墨客对茶事神韵的追求，继承了魏晋以来士人回归自然、回归自我的传统，也推动了茶诗的兴起与繁荣，成为浙东茶文化的重要载体。

除士人举行的多种茶事活动外，茶事在唐代寺院中也非常兴盛。早在南北朝时，浙江寺院就有饮茶的记载。到了唐代，饮茶逐渐融入了南北寺院僧众的生活。封演

---

① 吕温：《三月三日茶宴序》，周绍良主编《全唐文新编》第 3 册，上海古籍出版社 2000 年版，第 7094 页。

② 梅莉：《茶圣陆羽》，湖北人民出版社 1998 年版，第 60 页。

③ 贾晋华：《唐代集会总集与诗人群研究》下编《唐代集会总集七种辑较·大历年浙东联唱集》，北京大学出版社 2001 年版，第 284 页。

④ 贾晋华：《唐代集会总集与诗人群研究》下编《唐代集会总集七种辑较·大历年浙东联唱集》，第 284 页。

⑤ 贾晋华：《唐代集会总集与诗人群研究》下编《唐代集会总集七种辑较·大历年浙东联唱集》，第 293 页。

《封氏闻见记》载，开元年间山东泰山灵岩寺"有降魔师，大兴禅教，学禅务于不寐，又不夕食，皆许其饮茶。人自怀扶，到处煮饮。从此转相仿效，遂成风俗。"而在产茶的浙东，寺院饮茶早已成为日常习惯，而且行茶喝茶还进入了寺院礼规，茶会成为佛事活动的内容。据《金峨寺志》载，唐大历年间，明州鄞县金峨寺住持怀海禅师制定的《百丈清规》中，就有寺院四节茶会、职事任免茶会以及祭祀丧葬、僧众活动行茶的规范。当时，浙东许多寺院还对祭祖供奉、客至接待以至种茶、制茶，制定了本寺院的具体规约。日僧成寻的《参天台五台山记》，也记载了唐代越州、天台诸佛寺行茶的实录。① 这些多元化的茶事活动，是唐代茶文化繁荣的直接体现，也进一步推动了当地茶叶生产、贸易、消费等环节的繁荣，有力促进了浙东社会经济发展。

结　语

通过对史前至唐代浙东运河流域茶叶史的梳理，可以发现宁绍地区是中国茶叶重要的发源地之一，在史前时期就存在原始山茶科属植物，到了汉代，人工茶已在这一地区逐渐种植，可以有力推翻浙江茶叶从外地传入的旧论。而在早期历史中，茶与於越民族的图腾崇拜有重要关系。在玄学、道教、佛教盛行的东汉至六朝时期，茶叶与道士修仙、僧人禅坐、儒生玄谈也有着密切渊源。某种程度而言，茶叶充当了人与神之间的媒介，因而常被视为有一定法力的"神药""仙丹"。

到了唐代，茶的充饥、药疗的功能基本被饮品取代，并成为民众的日常饮品，饮茶之风全面兴起。

与前代相比，唐代浙东茶叶及茶具生产、贸易的兴盛，除饮茶成为全民生活习俗的因素外，浙东运河在其中发挥了重要性的作用。开凿于东汉的浙东运河在唐代得到进一步的修缮、拓宽，有力保障了京杭运河、钱塘江与宁绍地区的航道畅通，南北货物得以源源往来。而明州港腹地的进一步扩大，又促进了海外贸易的繁荣。浙东茶叶作为重要的生活物资，既被长途贩卖至全国各地，也被运送到日本、新罗等东亚国家，甚至通过波斯商人运至西亚地区。这些贸易的兴盛，为后来浙东茶叶交易的全国化、国际化奠定了重要基础，也进一步促进了浙东地域经济社会的发展。

---

① 《浙江通志·茶叶专志》，第 736 页。

一体化推进古城"清水工程"

丁兴根[1]　戴秀丽[2]

（1.绍兴日报社　2.绍兴市鉴湖研究会）

摘要： 具有 2500 年历史的绍兴水城，形成了独特的"江南水城"形态。本文根据绍兴水城的现状及问题，提出原因及对策，为绍兴水城的保护、传承、利用及古城申遗，提出古城"清水工程"的具体做法。

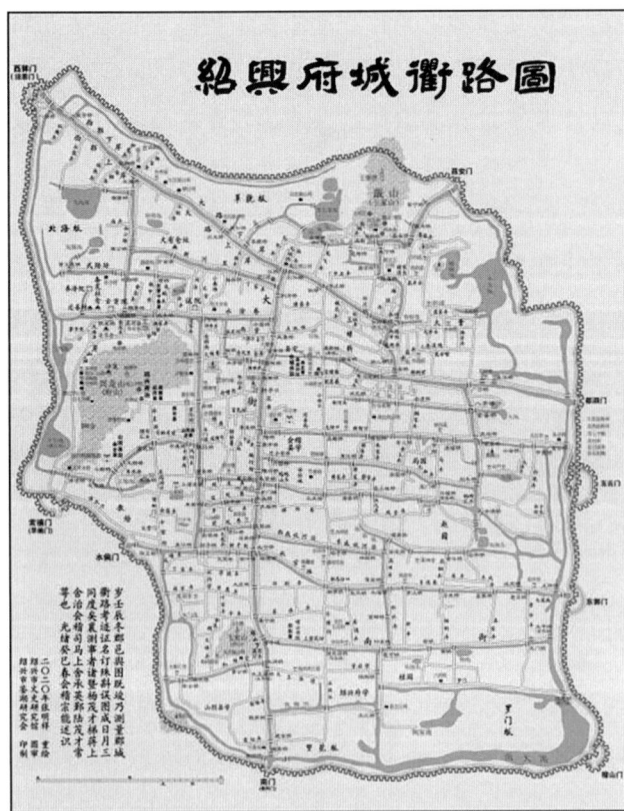

图 1　绍兴府城衢路图

"三山万户巷盘曲，百桥千街水纵横。"2500 多年城址不变的古城，积淀着人和水长期共存的丰厚历史文化，小桥流水人家，古街古道台门，人文与自然的和谐融合，形成了独特的"江南水城"形态（图 1）。

当前，从古城申遗以及推进浙东运河文化和浙东唐诗之路文化保护传承、宋韵文化发掘的新要求出发，高标准、一体化推进古城"清水工程"已迫在眉睫。

一、现状及问题

水是绍兴古城的血脉和灵魂。但在城市发展的过程中，由于工业污染、生活污水排放、养殖污染和人口增加等原因，古城部分河道被填埋，污染的河道变成黑臭河，"东方威尼斯"变成了"东方污泥水"。近 30 年来，绍兴不断纵深推进水治理，全市域水质得到提升，水环境也不断优化。在古城范围内，通过城市功能疏解、污染企业关停搬迁、雨污分流工程以及"河长制"的推进，尤其是城南、城西两个引水工程的实施等，内河水质有了较大的提升，部分河道重现水清见底、鱼儿畅游的情景。但是，对照百姓的期望、先进地区的成功做法和模式、浙东古运河保护利用以及古城申遗的更高要求，古城尚存在河道水系不畅、水质有待提升、沿河景观较差等问题。

二、原因和对策

古城"清水工程"存在的问题和短板，主要原因有以下四个方面。

一是引水工程水量难以保障。曹娥江引水工程可供古城的水量达 15 个流量，但上浦闸每年仅 77 天的关闸时间内可供水，供水保证率低。青甸湖供水每天仅 8 万吨，实际供水量不足 8 万吨。一旦到水量较小或翻水暂停，部分河道水质便会变黑发臭。

二是古城内河水系存在"中梗阻"。目前，古城范围内存在府河、咸欢河至小桥段等 5 条暗河，特别是府河作为古城内的主干河道，历史上不仅是山阴、会稽两县的界河，还承载着城市水网畅通、排涝、通航等功能，现在府河、咸欢河至小桥段处于地下封闭状态，淤积严重，水流基本堵塞。暗河导致古城水网阻断，整体水循环难以实现，引水效果打折（图 2）。

三是古城内河管治各自为政。目前，古城内河管理呈现多部门管理的现状。如"河长制"由市建设部门负责实施，节制闸由市文旅集团管理，越城区农水部门主管防汛，市名城办负责规划，多头管理的弊端是难以形成合力，无法实施顶层设计，有效的举措在实施过程中出现效能衰减。

四是河床较浅、水系不畅。几条内河主要靠东郭、南门、螺丝畈和大、小罗门等泵站翻水来循环水系和净化水质，通过 13 座节制闸调节河水流动。一旦翻水量较小或暂停，水质便受影响。同时，沿河居民排污入河现象依然存在。

借鉴江苏省南通市从长江引水的"清水工程"成功经验和做法，建议从以下四个方面推进古城"清水工程"（图 3）。

一是实行由越城区农水部门"一票到底"的管理模式，将涉及古城"清水工程"的各项职能集中到一个部门，以利于统筹推进。

二是建立以曹娥江引水工程为主供水、青甸湖供水为补充的引水模式。改造上浦闸，提高曹娥江引水工程的供水保障，顺应古城南高北低的地势，使活水由城南进入，流经古城内河，从城北排出。

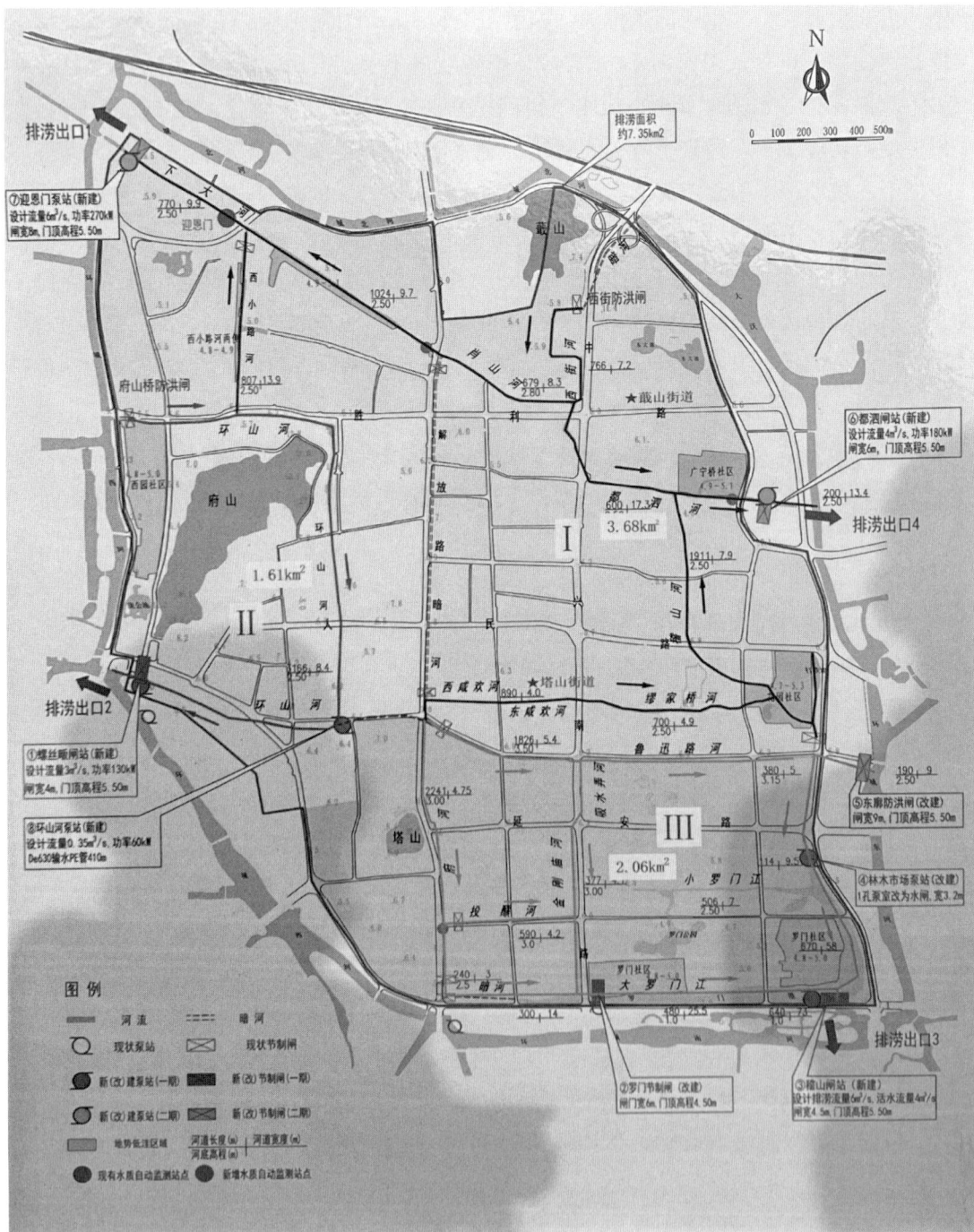

图 2　越城区古城内河防洪排涝提升工程规划方案总布置图

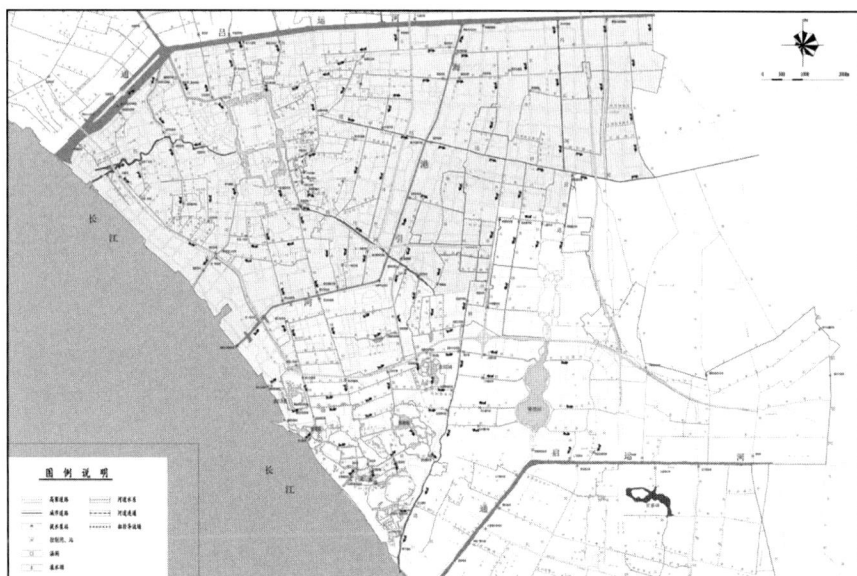

图3　南通市主城区畅流活水总布局图

三是条件成熟时，逐步畅通古城内河水系。打通古城暗河，开挖被填埋的府河、咸欢河至小江桥段，打通前观巷与府河，对长桥等暗河实施恢复改造工程，形成顺畅的水循环系统。

四是推进实施古城水网"智治"。一方面改造扩容较小的泵站，加大翻水量；另一方面，依法依规建立科学的长效管理机制。越城区推进实施古城内河水质、水位的大数据监测，实现精准监测、科学调控，不断提升古城"清水工程"的治理能力和水平。

浙东运河之头：萧山西兴铁岭关兴废

周潮生

（浙江省钱塘江管理局）

摘要： 浙东运河又名杭甬运河，也称官河、萧绍运河，西起杭州市滨江区西兴街道，跨曹娥江，经过绍兴市，东至宁波市甬江入海口，全长239公里。浙东运河沿线保留了大量相关文化遗迹，主要为水利设施、桥梁、古镇及其他相关设施。其中铁岭关作为"浙东第一关隘"，见证了浙东运河千年来的发展变迁，文章以此为审视浙东运河切入点，爬梳运河发展史。

西兴位于今浙江省杭州市滨江区西北。初名固陵，据《越绝书》卷第八《越绝外传·记地传·第十》载："浙江南路西城者，范蠡敦兵城也。其陵固可守，故谓之固陵。"所以然者，以其大军船所置也。六朝时，因地处会稽郡西端，改名西陵。五代吴越时以"陵"字非吉语改名"西兴"。宋置镇，清废，习惯上仍称镇。地当钱塘江渡口，隔岸与杭州相对，又为浙东运河起点，水陆交通便利。古代在此设渡置驿，为商旅聚集之地。

铁岭关，又名铁陵关，即西兴堰，是为钱塘江舟船进入浙东运河而设。相传为春秋末期越国大夫范蠡所筑固陵城的唯一关隘。有"浙东第一关隘"之誉，曾立于西兴古镇西北角（原西兴小学内）。五代时，吴越王钱镠曾增筑铁陵关用以观潮，取名为"玩江楼"；明代地方官吏也对古关隘屡有修葺，并改称"镇海楼"。《宋史·河渠志（七）·越州水》载："萧山县西兴镇通江两牐近为江沙淤塞，乾道三年（1167），守臣言：'募人自西兴至大江，疏沙河二十里，并潴牐里运河十三里，通便纲运，民旅皆利，复恐潮水不定，复有填淤，且通江六堰，纲运至多，宜差注指使一人，专以开撩西兴沙河系衔，及发捍江兵士五十名，专充开撩沙浦，不得杂役。仍从本府起立营屋居之'。"南宋嘉定年间（1208—1224），绍兴知府汪纲以沙涨三十余里舟行则胶，乃开浚八千余丈；复创牐江口使泥淤弗得入，河水补得泄，淤涂则尽甓，以达城闉；

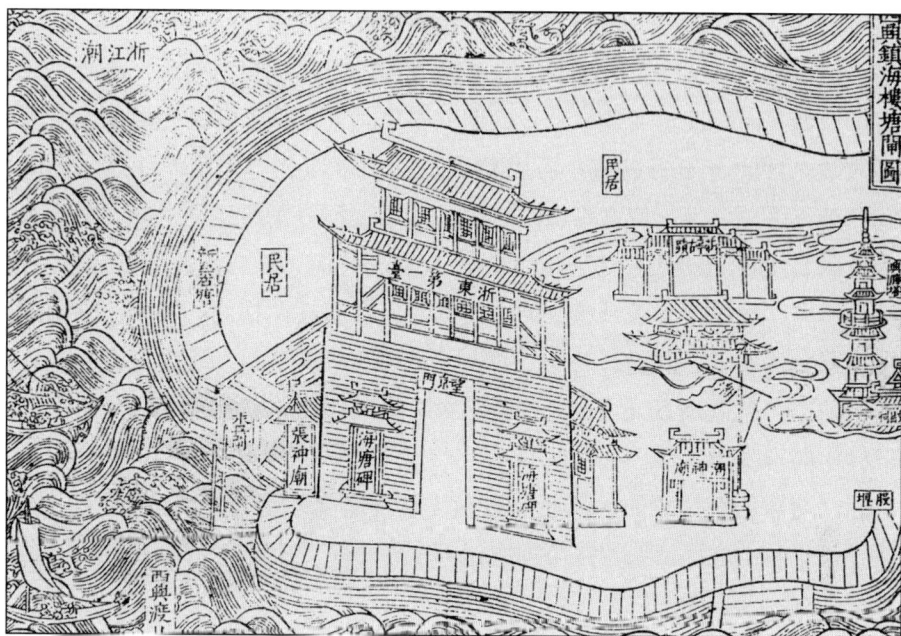

图 1 西兴镇海楼塘闸图（引自万历《萧山县志》）

十里创一庐，名施水庄以导流，甚便纲运，民旅皆利（明嘉靖《萧山县志》卷二）。又南宋张淏纂修宝庆《会稽续志》也载："南宋嘉定十四年（1221），郡守汪纲申闻朝廷，乞行开浚，除本府自备工役钱米外，蒙朝廷支拨米三千石、度牒七道，计钱五千六百贯，添助支遣通计一万三千贯。于是河流通济，舟楫无阻。"[①]（图1）

重建的堰元、明时又毁。后改建为堰，名大堰。明弘治十一年（1498）萧山县令邹鲁重建，改名"镇海楼"。嘉靖十八年（1539）修葺。隆庆年间（1567—1572）受潮水冲激又圮；万历十五年（1587）秋重修时，增高四尺，架楼三楹。是年，邑人萧山县令刘会还于浙东运河西兴铁陵关建永兴闸（一名龙口闸）。[②]万历《绍兴府志》

---

① 汪纲（？—1228后），字仲举，黟县人。淳熙十四年（1187）中铨试。累除外任，所至有政声。历知绍兴府，主管浙东安抚司公事。寻直龙图阁。理宗立，诏为右文殿修撰，加宝谟阁待制。绍定初（1228）召赴行在，言臣下先利之心，过于徇义；为身之计，过于谋国，宜有以转移之。权户部侍郎。越数月，上章致仕，特畀二秩，守户部侍郎，卒。有《恕斋集》《左帑志》《漫存录》等行于世。

② 刘会（1551？—1617），字逢甲，号望海，明万历癸未（1583）进士。原籍河南开封府固始县，其父举家入闽，居惠安县。初授浙江萧山县令，后擢御史，先后巡按广东、云南，后巡视京营、历南北京畿（此即巡关御史），后来钦点为七省（广东、广西、云南、贵州、江西、浙江、福建）巡按使，最后以按察使衔致仕。卒于万历四十五年（1617），享年76岁，葬于洛阳石船山。任浙江萧山县令时，发现该县每逢湖潮大涨时，大水便会漫过堤岸冲毁田园庐舍，奏请朝廷得到批准后，立即在西兴镇构筑石堤及龙口闸，"捍海为田数千顷"，当地民众的田园保住了，感其德"民祀之镇海楼"。清乾隆《萧山县志》卷二十二载："（刘会）知萧山初，赋役不平，每岁折富户数十名，其役费摊加各里，名曰折差，里户日益困，会尽革之。建西兴石塘及龙口闸，为民永赖。"此外，还主修了《萧山县志》6卷。

谓："闸基故大堰，外障江潮，内节运渠二百里之水道。"具有很好的船运和泄洪作用。清康熙四十四年（1705），毛奇龄等48人还具名"启闭永兴闸，开浚河碑记"。由于钱塘江河口江道变迁，今日的西兴早已远离了钱塘江，当年的雄关要塞也逐渐荒废颓毁。1960年8月建成小砾山翻水站。1958年，萧山临浦建成峙山闸，沟通浦阳江和萧绍平原内河，使富春江淡水进入萧绍运河，萧绍运河从此"久雨泄水快，旱时水更满"，常年稳定在合理水位上，不仅有利排灌，而且更放便了运输。故1966年拆除铁岭关，现仅存以条石垒成的关基两段以及直柱两根。1973年，峙山闸又改建为5孔船闸，可通50吨级船只。

如今当地仍有民谣云："越国造此铁陵关，铁甲将军守边关；三千铁骑守海塘，百姓始能得安康。"

开凿萧山至西陵的运河通航初期（东晋至南朝南齐之前），西陵曾设埭，名西陵埭，位于萧山之西、钱塘江与浙东运河交汇处，是浙东运河第一埭，今西兴城隍庙立有"浙东运河之源头"石碑。

在铁岭关设埭或堰阻隔内、外水流时，为转驳货物，西兴出现了"过塘行"。起于何时无考，应随海塘、河坝出现而产生。主要是转驳货物，有时也代货主买卖货物、代垫运费等，收取佣金和回扣而兼有牙行性质。过塘行又称转运行，主要是起票据交换、货物中转的作用。"过塘行"有过客人和过货物之分，商人、脚夫、官宦、家眷，烟、茶、木、布、百杂货等，均从此处中转通达东西南北。多有自己的主顾，转运货物各有侧重。有的以转运大米为主，有的则以竹木为主。其主要收入，来自代客运输，收取佣金；或代客垫付力费，从中获取回扣；资本较大的则代客采办货物，收取酬金。西兴过塘行最迟至明代就已出现，《萧山县志》载："萧山在明万历年间（1573—1619）即有过塘行，清末民初，过塘行陆续增多。"西兴过塘行在萧山是最早发展起来的。明万历《萧山县志》载：西兴驿配有水夫、岸夫、纤夫500人，中船25只，可见其设备之齐全，规模之宏大。清末民初，过塘行陆续增多。鸦片战争以后，1842年"五口通商"，西兴正处于上海、宁波两个开放城市的中点，客货运输空前繁荣，过塘行便如雨后春笋般发展起来。过人的过塘行大概始于同治年间。《西兴历史故事》提道："清同治二年（1863）太平军退去后，西兴人俞谓东在杭州某钱庄供职，与官商胡雪岩有旧交。胡雪岩授意他回西兴经营民办的接待过往官吏的业务，他开张了俞天德过塘行。"后被乡里纷纷仿效。据《西兴镇志》载：自清末至民国时期，西兴有过塘行72爿半，从业人员（挑夫、船夫、轿夫、牛车夫）达千人，成为西兴一大支柱产业。其中72家"过塘行"是一年四季都营业的。从业务性质分，过客人、禽蛋的，有8家；过货物的又分为专过茶叶、烟叶、药材的，有4家；过牛、羊、猪、鱼秧的，有12家；过酒酱的，有6家；过棉花、蚕丝、绸缎的，有5家；

过百杂、灯笼、木器、锡箔、扇骨的，有29家；过建筑材料的，有3家；过其他的，有2家；过银圆的，只1家；另有"黄鳝行"，只是过鳝鱼等季节性的货品，并不是全年营业，被戏称为半家"过塘行"。过塘行分工之细，也可从一个侧面反映当时西兴"过塘行"的繁荣和兴旺。晚清来又山《西兴夜航船》诗，对此有惟妙惟肖的描绘："上船下船西陵渡，前纤后纤官道路；子夜人家寂静时，大叫一声'靠塘去'！"

西兴还设有"西兴驿"，位于浙东运河南、屋子桥东。是以船为主要交通工具、以浙东运河为驿道的驿站。最迟始于西周，因供应粮馐食品，故称"委积"，职责是"以待宾客""以待羁旅"。秦以前叫"亭"，汉代称"传舍"，唐代叫"庄亭"，宋代叫"日边驿"，元代称"站赤"，俗称"驿站"。据明嘉靖《萧山县志》载："至正二十五年（1356）萧山县主簿海牙重建，有厅三间，厅东有轿房一间；厅西有茶房一间，川堂一间，厨房三间，左右有厢房共六间，谯楼三间，厅西北为官厢计十一间。嘉靖三十五年（1556），萧山县令魏堂重修西兴驿，设驿丞一员撰典一人统领水夫九十八名，岸夫一十二名有船十一艘，正、副铺陈（床位）四十二个。"清时期称"驿"，主要负责传递信函、包裹，尤其是为皇帝、官府传递快件，有着邮政的功能。其次接待公务出行人员，提供食宿，提供交通工具，兼备现今宾馆接待及交通部门的功能。民国《浙江通志》记载："西兴驿为浙东入境首站，西连省城，中隔钱江，计程三十里；东达绍兴郡，计程一百一十五里；离山阴县蓬莱驿，计程九十里，中无腰站。凡京外各省发宁、绍、台三府公文，由仁和县武林驿递至西兴驿接收挂号，拨夫转递山阴县蓬莱驿收转；宁、绍、台三府发省城及萧山县属公文，由蓬莱驿递至西兴驿接收，拨夫赴省并分投萧山县城内外各镇；省城以外公文也由西兴驿驰送武林驿接收，转递下站。"清宣统间，驿站还有工作人员132名，后渐废弃。现在西兴驿的遗址上只剩一座"庄亭"（图2）。

图2 西兴驿遗址上的庄亭

浙东运河西兴运口兴衰论略

陈志根

（杭州市萧山区历史学会）

摘要：位于浙东运河最西端的西兴运口，在浙东运河史上具有不可替代的作用，影响、决定着整条运河的命运。其前身为灌溉河道的西兴河口，入南朝后，真正起着航运功能。前后经历了发轫期、繁荣期和衰亡期，于民国末年废弃，进入遗存期。运口文化底蕴丰厚，为历史留下了独特的韵味。我们一定要保护好、利用好它。

西兴运口位于浙东运河最西端，钱塘江南岸，即今杭州市滨江区西兴街道（原属萧山）境域内，南傍西兴老街，北依北海塘，西起西兴永兴闸（龙口闸），东至湘湖风景大道与萧山城区段运河相衔接，全长 1.42 千米。在浙东运河史上，数它变化最大。历经沧桑，可分为发轫阶段、繁荣阶段和衰微阶段，而最后废弃。

西兴运口作为真正的运口，始于南朝，终于民国末年，历时约 15 个世纪，是个历史范畴。在其作为"运船出入之口"前，它是灌溉河道的"西兴河口"，为河流终点，即河流注入海洋、湖泊或其他河流的地方。根据河口分类法，当为入海河口，因那时钱塘江称为北海。民国末年后，作为"运船出入之口"之后的西兴运口，已退出航运舞台，成为不可移动的文物旧址，进入遗存期。拙文从广义上，即包括此两个时期，探究浙东运河西兴运口兴衰变化及其原因。

一、浙东运河西兴运口的前身

春秋战国时，钱塘江南岸皆以回龙山、冠山、西山（萧然山）、北干山、茬山、航坞山等山为界。故越王城山北麓，现庙后王一带，有固陵港。《越绝书》卷八："浙江南路西城者，范蠡敦兵城也。其陵固可守，故谓之固陵。所以然者，以其大船军所置也。"其进攻，则可以出钱塘港入太湖水系与吴国争霸；退却，则可以凭借浙江天堑进行防守，守住会稽城大门。公元前 492 年，勾践臣服于吴，群臣送之至此，奉献祝词。其西尚有回龙山北麓鸡鸣渡，其东荏山北麓有越王浦。

后因钱塘江河口段江道北移，促进西陵（今西兴，现属滨江区）一带滩涂发育定型，同时，萧绍自古为水乡泽国，这里是（"水多未必能御旱，涝了又怨水太多"）旱涝频仍的地方，先民们希望有一条与鉴湖水沟通的主河道。西晋怀帝永嘉年间（307—312），在会稽内史贺循的主持下，经过 8 个月的挖掘，一条以钱塘江南岸西兴为起点，穿越萧绍平原直通会稽城的河道开通了。此河道的开通，沟通了稽北丘陵许多南北向天然河流，极大提高了灌溉能力，受益面积按鉴湖以北、直落江以西、浦阳江（钱清江）东南及附近、萧绍海塘以南范围计算，山阴约 412084 亩、永兴（萧山）约 23056 亩，共计 435140 亩。[①]

由于与绍兴的鉴湖水系相连，形成了一个以此河道为东西主干、沟通大小湖泊与众多河渠为南北网络的水系，灌溉作用巨大，能够灌溉绍兴（山阴部分）、萧山大片农田，达到了其"凿此以溉田"的目的。因河道的主功能不是航运，而是水利灌溉，故叫它西兴运口不甚妥当，因为运口与河口是有区别的。所谓运口，即港口，《六部成语注释·工部》谓："运口，运船出入之口也"，而应该叫西兴河口，它是西兴运口的前身。

二、浙东运河西兴运口之兴衰

浙东运河西兴运口从宏观形势看，其经历了发轫时期、繁荣时期和衰微时期。影响其繁荣、衰落的原因诸多。从宏观方面看，既与国家的宏观战略格局相关，和钱塘江走势有密切关联；从中观方面看，也和整条运河形势息息相关；从微观方面看，与渠化河道的程度有关。渠化分连续渠化和局部渠化两种。前者分段建筑拦河闸坝，壅高水位，使各河段内流速平缓，水深增加，造成良好的通航条件；后者只在某一河段上建筑闸坝，以改善该河段的航行条件。不论何种，均制约其运口功能的发挥。反过来说，西兴运口更影响、决定着整条浙东运河的命运。

（一）浙东运河西兴运口发轫期（南朝至北宋）

西兴自古是出入浙东、浙西之门户。古称西陵，五代时，因"以陵非吉语，改曰西兴"。地理位置优越，"在县（萧山）西十里，对岸即省治，为商旅往来通衢"。[②]

三国至南朝期间，北方连年战争，人口大量南迁，带来了先进的生产技术和经验，使自然条件较好的江南经济有了长足的发展。南朝因建都建康（南京），会稽郡为其经济要区，水路成为重要交通通道，运输繁忙。王稚登《客越志》曰："西兴买舟，已在萧山境上。此地舟行如梭，卷篷蜗居，不可直项。插一竹于船头，有风则

① 邱志荣、陈鹏儿：《浙东运河史》上，中国文史出版社 2014 年版，第 192 页。
② 民国《萧山县志稿》卷二，南开大学出版社 2010 年版，第 40 页。

帆，无风则纤，或击或刺，不问昼夜。"此河的主功能发生了根本性转变，成为名实相副的运河，西兴河口亦转化为运口。南朝后期，为便于人工牵拖船只，西陵运口开始设埭，南朝陈末，改称奉公埭。商旅过牛埭需要交纳过埭税。"南朝齐永明六年（488），西陵戍主杜元懿言，吴兴无秋，会稽丰登，商旅往来倍多常岁，西陵牛埭税官格日三千五百，如臣所见，日可增倍，并浦阳南北津、柳浦四埭，乞为官领摄，一年格外可长四百余万。会稽太守顾宪之极言其不可，乃止。"①

隋朝开通了京杭大运河，沟通了海河、黄河、淮河、长江、钱塘江五大水系。但其南至钱塘江后，由于钱塘江"惊涛来似雪，一坐凛生寒"（孟浩然《与颜钱塘登障楼望潮作》），而且有时钱塘江心出现淤滩，需绕道才行，费时而不安全。而进入西兴运口，通过浙东运河可以安全到达浙东各地。特殊的地理位置，使得西兴连接两条运河，它既是浙东运河的起点，也是京杭大运河的终点，成为两条运河之间必经的重要中转站，西兴运口的重要性越加显现出来。

唐开元二十六年（738），将鄞县分为慈溪、翁山（今舟山定海）、奉化、鄞县四个县，增设明州（今宁波）以统辖之，州治设在鄞县（宁波市鄞州区鄞江镇）。唐朝中叶，新罗统一朝鲜半岛，常对途经的遣唐使无礼，日本等国与新罗关系恶化，于天宝年间由山东半岛登州、莱州登陆到长安，改走南岛路，即由奄美岛附近横渡中国，在明州登陆，然后由浙东运河途经西陵运口抵达杭州，再循江南运河到扬州，最后至汴州。浙东运河成为连接京杭大运河南端的杭州与客商、物流集散地的明州之间的纽带。

明州分设后，唐朝与日本、朝鲜、南洋、阿拉伯等海外国家及地区的通商往来更加频繁，它需要后方源源不断地供货，贸易交流的职能进一步加强，浙东运河成为明州与京杭运河间的重要水上要道。

唐中后期于修建西兴段海塘时废埭改堰，称西陵堰。为与此相匹配，于唐咸通十五年（874）设置了"西陵堰专知官"，西陵镇设置了"西陵镇遏使"。②

北宋，北方各省的农业生产在长期的战争中受到严重摧残，由北方取给的粮食数量越来越少，而依赖于南方的数量越来越多。因而漕运量超过唐代，每年的漕运量一般在五六百万石，多时曾到七八万石。同时，为阻截钱塘江潮水趋内，以免影响西兴运口功能的发挥，将水门改为水闸，北宋景德三年（1006），知越州王砺在西兴至萧山县治间运河上建造两座水闸，一座在萧山县城西10里200步，叫清水闸；另一座在县西12里，叫浑水闸。均在西兴境内，这是西兴历史上首次建闸。

---

① ［清］顾祖禹：《读史方舆纪要》卷九二，浙江四，上海书店出版社1998年版，第604页。

② 据萧山城厢觉苑寺前咸通十五年（874）平胜经幢铭文记录。转引自陈志富《浙东运河西兴源头水利工程的演变研究》，载《中国鉴湖》第七辑，中国文史出版社2020年版，第225页。

以上一切，使西兴运口节点的重要性愈加显现，也为西兴运口的作用发挥提供了保障。

（二）浙东运河西兴运口繁荣期（南宋至清末）

经历了自唐代中期浙东运河作为对外交往水上重要通道的形成期后，至南宋始浙东运河航运进入繁荣时期。"比之隋唐时期，运河在保留漕运功能的同时，贸易交流的职能进一步加强，……尤其南宋时期，浙东运河、浙西运河是其经济命脉，浙东运河还主要承担了对外贸易的功能。"[①]因而首先被唐宋八大家之一的曾巩在《鉴湖图序》中把它说成是"漕河"，南宋《嘉泰会稽志》则始称其为运河，达到了名实的一致。它也将西兴运口带入繁荣期。这是有其原因的。

首先，南宋定都临安（今杭州）后，政治、经济形势发生了重大变化，钱塘江南岸的萧山成了卫星城，而西兴运口是萧山的西北门户。浙东运河成为其通向南、北、东三条水运干道之一，绍兴、明州、台州成了临安的主要后方。运河是由统治者主导开凿整修而成，统治者们集合庞大的人力、物力开凿运河的主要目的是为了漕运。运河就是为了实实在在的漕运目的而生的，漕运是封建王朝的生命支撑与动力供应系统，维持王朝的生命延续。南宋，官府及军队每年耗达 360 万石。大多从运河而入，运河航运以米谷粮草为主。和其他运河一样，统治者通过浙东运河将浙东各地的物资源源不断地输往都城杭州，以维持和巩固自己的统治。无论是进入浙东，还是离开浙东返回浙西、京城杭州，西兴运口是绕不开的必经之地。为此，宋高宗对浙东运河的畅通与疏浚十分重视。开国伊始，就下令治河，特别是西兴运口，并派遣人员率捍江兵进行疏挖，以保运河的畅通。这对西兴运口两岸的农业发展提供极为重要的水利条件。在赵构的影响下，他的养子、南宋第二位皇帝孝宗及地方官也十分重视萧绍运河的疏浚。

其次，西兴运口作为浙东运河的西端港口，是通向海上丝绸之路的门户。因其直接沟通北宋、元代仍十分繁忙的海上丝绸之路，浙东运河作为承运水道，对外交往的地位更加突出，水上运输更加繁忙。宋代对外贸易重心完全转到海上，进入海洋贸易时代，中原王朝中第一次允许本国百姓出海贸易。"宋代（包括北宋和南宋）的对日、对朝和对南洋诸国的贸易和文化交流，极大比例就是循此路往来。"[②]

北宋时，除日本、高丽外，还有真腊、占城、阇婆、大食等国的外商，来两浙贸易也差不多都是从浙东运河入境，然后出西兴运口，再经杭州北上的水系到达都城汴梁。而北宋派员出使东南亚诸国，走的大多也是这条水路。南宋定都杭州后，更加使

---

① 吴欣：《大运河文化的内涵与价值》，载《光明日报》2018 年 2 月 5 日第 14 版。

② 潘承玉：《浙东运河——中国大陆连通外部世界的千年大动脉》，载《中国鉴湖》第一辑，中国文史出版社 2014 年版，第 66 页。

然。"运河十分繁忙，可通数百石的运输船只"。①

再次，渔浦的湮废。浙东运河西兴运口的繁荣还与渔浦的湮废相关。渔浦又称渔浦湖、渔浦潭、渔潭、范浦、鲇鱼口等。位于今萧山西南美女山、东山头、虎爪山以西，半爿山、回龙山、冠山以东，城山以北一带，在今义桥镇区域内。历史文献首见于晋人顾夷《吴郡记》："富春东三十里有渔浦。"南朝以来就成为浙江的重要津渡。南宋著名学者、金华学派创始人吕祖谦在《入越录》中曰："道分为两，北道出渔浦，度浙江入杭；东道入越，轮蹄担负，东视北不能十一。"②

和西兴运口相比，渔浦有水陆交通更方便和安全两方面的优势，故有相当长的历史时段，渔浦经济繁荣超过了西陵。宋熙宁十年（1077），渔浦所收的商税达3240贯190文，相当于西陵823贯的4倍。但至唐末，渔浦淤塞湮废，物流绝大部分归入西陵渡而进入萧绍运河，浙东运河西兴运口的航运业务更趋繁忙。

最后，系列工程，也保证了西兴运口与钱塘江的顺利通航。其包括江塘的修筑和渠化河道工程。五代后梁开平四年（910），吴越国王钱镠开筑西兴塘，并将沿江部分柴塘加固连接。西兴运口基本与西兴塘（北海塘的最西一段）平行，堤塘对运口的保护作用甚大，北宋将它改筑成石塘，这为西兴运口及浙东运河航运的安全、繁荣打下了基础。南宋乾道三年（1167），修疏萧山县西兴镇通江两牐。"募人自西兴至大江（钱塘江），疏沙河20里，并浚牐里运河13里，通便纲运，民旅皆利。"③鉴于钱塘江潮时有涌入，还于同年专设官领军队疏浚西兴一带运河。《宋史》载："差注指使一人，专以开潦西兴沙河系衔，及发捍江兵士五十名，专充开潦沙浦，不得杂役，仍从本府起立营屋居之。"④但50多年后，"潮汐甚大，溢入漕渠"。宝庆《会稽续志》记载："自西兴至钱清一带为潮泥淤塞，深仅二三尺，舟楫往来，不胜牵挽般驳之劳。"为改变这种情况，嘉定十四年（1221），到任不久的绍兴郡守汪纲明察实情后，"申闻朝廷，乞行开浚。除本府自备工役钱米外，蒙朝廷支拨米三千石，度牒七道，计钱五千六百贯，添助支遣通计一万三千贯"。汪纲随即利用冬闲时节，组织沿河民众投入施工。通过由冬入春的大规模疏浚，共疏导包括运口在内的西兴运河水路50多里，于是"河流通济，舟楫无阻，人皆便之"。⑤通过汪纲主持的西兴通江工程的疏浚并重建西兴闸，保证了西兴运口与钱塘江的顺利通航。

明清两代，西兴运口继续守成繁荣时期，是和西兴塘与永兴闸改建两大工程密不

① 俞剑明、林正秋：《浙江旅游文化大全》，浙江人民出版社1998年版，第13页。
② 《四库全书》卷十五之《集部·别集类·东莱集》。
③ ［元］脱脱等：《宋史》卷97之《河渠志七·东南诸水》，中华书局1977年版，第七册，第2408页。
④ ［元］脱脱等：《宋史》卷97之《河渠志七·东南诸水》，中华书局1977年版，第七册，第2408页。
⑤ 文津阁《四库全书》之《史部·地理类》，商务印书馆2005年版，第577页。

可分的。明万历十四年（1586），萧山县令刘会鉴于嘉靖四十三年（1564）以来，特别是万历三年（1575）以后，钱塘江潮势异常，东济西兴，西兴古塘尽坍于江。万历十四年（1586），又秋潮异常，一夕漂毁百庐，他"力请改筑石塘"，于翌年三月工竣。工程先沟土三尺，每丈以松桩径七寸、长九尺者五十根，花碇没土，寻以羊山等宕石，广三尺厚八寸，两块连接，丈有六尺，鳞次直压桩上为脚石，叠至十六层，高一丈二尺九寸，每二层缩尺许，至塘面广一丈，用统石盖下。其塘自官巷经永兴闸、官埠，至股堰北偏，"计塘延袤三百三十丈"。[①]

永兴闸，俗称龙口闸，位于西兴铁岭关浙东运河西兴运口。原为大堰，明万历十五年（1587），也是萧山县令刘会把修西兴塘积余的银子用来改堰为闸，以泄诸乡之水。据民国《萧山县志稿》载，绍兴涝水逆奔萧山，昭明、崇化、由化诸乡汇成巨浸，乡民争开大堰，放水入钱塘江，但堵复甚难。刘会改堰为闸，便于启闭节制。

上述两大工程的竣工，西兴运口已建成较为完备的闸坝节制系统，使浙东运河畅通无阻，航运功能得以更充分发挥。运河上设夜航船、快埠船。鸦片战争后，萧绍运河成为宁波港对外通商口岸的重要通道，从西兴运口出发的夜航线至曹娥等浙东等地有22条航线。抵至西兴运口的船舶，从西兴运口的城隍庙前的"大埠头"至资福桥边的"日船埠头"，长达千米的运河上首尾相接，起航靠埠、上客卸货，昼夜不停；运河上舟来纤往，吆喝此起彼落，酷似一幅《清明上河图》。明清有诗曰："上船下船西陵渡，前纤后纤官道路；子夜人家寂静时，大叫一声靠塘去。"

（三）浙东运河西兴运口衰落期（清末至民国末）

清末，西兴运口和整条运河的命运一样，航运开始衰落。其原因，首先是钱塘江江道北移，由南大门，走中小门，直至北大门。以致在西兴运口的北海塘、西江塘外出现了"沙河""沙路"，由于江势的变化，非常不稳定。乾隆时沙路长十里，乾隆六十年（1795），已经冲刷殆尽；嘉庆二年（1797）长二里，十五六年又坍净；道光时再涨，至同治初长达五六里。据宣统三年（1911），浙江劝业道《禀抚宪文》载："光绪十八年（1892）以前，（西兴）塘外沙地成围，来往行人均视为康庄大道，几忘其为捍海之塘"；以后，"沙地逐渐坍走，居民亦逐步恐慌"。[②]民国17年（1928），为固定江槽，钱塘江工程局（浙江省水利局前身）拟定采用块石挑水坝工程。工程于南岸先筑挑水坝3座。R105号挑水坝和R103号挑水坝均于民国20年12月开工，次年完工；R104、R104-1号挑水坝，民国21年10月开工，民国22年4月完工；R103柴坝，民国22年6月开工，8月完工。工程完工后，西兴北海塘外一带向北延伸800米，淤涨沙地约400亩。沿江人民，陆续筑起民间称之为"防洪埂"的堤塘，

---

① 民国《萧山县志稿》，南开大学出版社2010年版，第99页。

② 杭州市滨江区地方志编纂委员会：《杭州市滨江区志》上，方志出版社2020年版，第124页。

到 1949 年春，全堤大部分高达 2 米、面厚 2 米。1949 年中华人民共和国成立后，对此堤进行连结、架高培厚，因处在钱塘江南岸，故名南沙大堤。它使西兴运口与钱塘江不连接固定下来，西兴运口离钱塘江距离很远已经锁定。

南沙大堤修筑后，北海塘退居二、三线，成为备塘，渡口也继续北移，西兴渡早已消失。位于北海塘南侧的西兴运口，只有通过新挖南北向外沙河（沙地河道）才能发挥航运功能，难度越来越大，安全感越来越少，西兴运口的航运走向凋敝。

其次，咸丰五年（1855），黄河在河南铜瓦厢决口北徙后改由山东入海，致使山东境内河道废弃，南北航运中断。光绪二十六年（1900），河运漕粮停止，运河的漕运功能结束。其宣告航运的最大业务终结，出入西兴运口的航船大为减少，西兴运口"雪上加霜"。

最后，20 世纪 20 年代，现代交通逐渐产生。1925 年，萧绍公路建成；1931 年，杭江铁路通车；1937 年，钱塘江大桥铁路层通车，同年萧甬铁路接着开通，西兴运口及浙东运河舟楫功能更加削弱。

但由于当时投入运营的汽车还较少，公路又无支路等原因，西兴运口的客、货运仍是较忙的。西兴运口作为浙东运河起点，水陆之要冲，南北客商，东西货物均需在此中转，故在明代出现了"过塘行"。清代第一次鸦片战争后五口通商，浙东运河正处于上海、宁波两个开放城市的中点，西兴运口正处在钱塘江与浙东运河的节点上，客货运输繁荣，"过塘行"布满西兴上、下街。据《西兴镇志》记载：此时期，西兴有"过塘行"72 爿半，其中过客人的有 8 爿，过银圆的 1 爿，过茶叶、烟叶、药材的 4 爿，过牛、羊、猪等的 12 爿，过酒、酱的 6 爿，过棉花、蚕丝、丝绸的 7 爿，过百杂货的 29 爿，过建筑材料的 3 爿，其他 2 爿半（所谓半，指不是常年有业务）。"过塘行"成为西兴运口的特殊行业。

西兴驿也仍发挥着作用。它西连省城，中隔钱塘江，东达绍兴郡，计程一百十五里。离山阴县西郭门蓬莱驿九十里。凡京外各省县及宁绍台三府公文，"向由仁和县武林，递至西兴驿，接收挂号，拨夫转递山阴县蓬莱驿收转"。[①] 而"拨夫转递"就是派专人送达。而转递的主要手段是"以船代马"（亦称代马船），仍依靠西兴运口，再送往各地。

但趋向衰落的总趋势是扭转不了的。随着现代交通业的进一步发展，加之钱塘江江面不断远离西兴，西兴运口的客、货运输日渐减少，终于在民国末年衰落、废弃，完成其历史使命，而成为一个历史范畴。

---

① 来裕恂:《萧山县志稿》，天津古籍出版社 1991 年版，第 24 页。

三、浙东运河西兴运口遗存

历史时期，浙东运河西兴河口对浙东地区经济、社会发展起着重大的保障作用。中华人民共和国成立后，新建的西兴运口与其四周接壤处公路、桥梁尤为低平，阻碍了航道航行，影响了景观，基本退出"运船出入之口"的舞台。但作为不可移动文物的运口旧址留了下来。运口两岸清代民居保存完好，石彻的码头、堤岸、小桥，古色古香，充满浓郁的水乡韵味。历届政府对西兴老街的文物古迹，均采取措施予以保护和逐步修缮。

滨江区成立后，加大保护力度。2008 年始，滨江区投入 2000 万元，对历史街区保护范围内危旧房屋进行逐步修缮。2012 年始，推进"过塘行"码头申遗整治工程、遗址展示工程、运口综合保护工程、文物修缮及立面整治工程、老街改造等 8 项建设工程。完成了永兴闸、大城隍庙、西兴驿道遗址考古挖掘工程，出土文物 71 件。

2013 年 3 月，西兴运口之永兴闸、西兴码头列入全国重点文物保护单位。2014 年 6 月，联合国教科文组织第 38 届世界遗产大会将中国大运河列入世界遗产名录，浙东运河西兴运口永兴闸、"过塘行"码头建筑群是其中遗产点。是年 7 月，西兴老街被杭州市政府公布为市级历史文化街区，立碑保护（图1—图3）。

图 1 改造前的浙东运河西兴运口

图 2 改造后的浙东运河西兴运口

四、结语

综上所述，可以看出，影响西兴运口发生变化，从发轫、繁荣，最后至衰落、废弃，原因诸多。从主客观关系来说，自然因素是主因，钱塘江江道的变化，从南大门、中小门，改走北大门的变迁；人文因素，大至国家大政方针的确定与实施，小至运口渠化程度。从整体与部分看，它与整条浙东运河息息相关，也与运口本身的水利

图 3 浙东运河西兴运口码头与过塘行建筑群（引自《杭州市滨江区志》，方志出版社 2020 年版）

设施有关。西兴运口，跨越时空之长，历史遗存之丰富，文化底蕴之深厚，价值之珍贵，成为"活着的、流动着的文化遗产"，给历史文化留下了独特的韵味。

西兴运口遗存的发掘、保护已经取得了很大成绩，但其任务仍十分繁重，如何进一步保护好、做好与旅游融合的文章，仍是我们面临的重大课题。

萧山围垦历史研究

陈志富

（杭州市萧山区农业农村局）

摘要： 围垦是在滨海、沿江或湖边的滩地（涂）上圈筑围堤进行垦殖的工作，系水利工程技术。第四纪晚更新世以来，受海侵和海退影响，萧山中、北部平原逐渐发育形成。不同历史时期，萧山先后兴筑钱塘江西江塘、北海塘、后海塘（部分）和南沙大堤以及钱塘江围垦大堤（海塘），围堤后分别进行垦殖、开发蜀山平原、南沙、新围垦 3 大区块，增大萧山地域范围，壮大社会经济实力，谱写成萧山围垦的壮丽史篇。

萧山围垦历史悠久，源远流长。

新石器文化时期原始农业、水利，蕴含围垦的雏形，萌发围垦文化。[①]

春秋吴越时期修筑零星海防，逐渐开发萧绍平原，成为萧山围垦历史的开端。[②]

汉唐以来，萧山修筑西江塘、北海塘、后海塘（部分），垦殖、开发蜀山平原，属古代滨海围垦；明末清初，钱塘江发生"三门演变"，南沙形成，清末兴筑南沙大堤，垦殖、开发南沙，系近代沿江围垦；中华人民共和国成立后，为治理钱塘江，在南沙大堤以外始筑钱塘江围垦大堤，并建设标准海塘，垦殖、开发成为现钱塘区江南区块[③]，为新中国现当代治江围垦。

萧山拥有汉唐滨海围垦、清末沿江围垦、新中国治江围垦 3 则重要围垦历史事实，为萧山围垦历史展现了一幅完整的围垦历史画卷。萧山围垦文化积淀深厚，灿烂辉煌。

---

① 浦江上山、嵊州小黄山、萧山跨湖桥、余姚河姆渡等遗址出土的人工栽培稻谷遗存和石器锛、骨器耜等生产工具，可证实新石器文化时期原始农业、水利产生，开垦种植起步。

② 春秋越国时期，萧绍一带开始建设一定规模的海塘，其中萧山有石塘（航坞）、黄竹塘（义桥）、直径塘、王天塘（城东）、十字塘（戴村）等，海防修筑为进一步垦殖与开发蜀山平原，是萧山围垦历史的开端。

③ 中华人民共和国成立后，在赭山湾下游分期分块筑堤围垦，并进行水利、交通、建筑等配套建设，垦区 2002 年挂牌大江东产业集聚区，2019 年成立钱塘新区，2021 年升级为独立行政区钱塘区，成为杭州市拥江发展的战略重地。

一、汉唐滨海围垦

古越，萧山北缘濒海，沧海横流，称之北海，属杭州湾后海，越称滨海。

汉代以前，海塘未筑。蜀山平原为浦阳江北出钱塘江的漫流之地，钱塘江潮汐直薄位于其南岸的这片沼泽平原，富春江、浦阳江等洪水直压位于其下游的这片滨海平原，洪潮吞吐，水患频繁，环境恶劣。[①]

图1　大和山东段古北海塘（汉唐围堤之一）

至西汉，水利事业得到较快的发展，社会经济出现了前所未有的繁荣昌盛局面，是我国历史上水利事业得到较快发展的时期之一。在这样的政治、经济形势下，建设蜀山平原北部海塘成为可能（图1）。

汉唐时，兴筑江海塘，开发蜀山平原，系汉唐围垦，是萧山围垦历史上的古代围垦。

江海塘，是指钱塘江的西江塘、北海塘及部分后海塘的总称。江海塘兴筑，"依山为柱"。[②]自南而北转东，有鲁家西山、茅山、峙山、碛堰山、虎爪山、小砾山、半爿山、冠山、长山、毡山、航坞山、大和山、党山、马鞍山……其中，半爿山、航坞山是钱塘江和杭州湾南岸变迁的重要山柱，恰似丁坝盘头，起到挑流护岸作用，是萧绍平原屏障中的重要节点。

汉武帝时期（前140—前87），萧山故地海防建设兴起。江海塘的初建，抵御了对蜀山平原的洪潮侵害，保障了堤内人民生命和农业生产的安全，从而促进了蜀山平原经济的迅猛发展，使原先是山阴、诸暨两县的边远、荒凉落后地带一跃成为交通便利、人丁兴旺、物产富庶的江南明珠，为置县创造了条件。[③]

唐代，在原有海防线上进行了较大规模的海塘兴筑与增修。大致到唐代中后期，

[①]　汉唐分段修筑北海塘后，蜀山平原范围南以西小江、麻溪坝为界，西与浦阳江、钱塘江、西江塘相连，北以北海塘为界。总面积为279平方千米，拥有耕地18万亩之多。

[②]　旧志记载："旧江海塘皆依山为柱，起临浦之麻溪，中经峙山、碛堰山、傅家山、小砾山、半爿山、回龙山、冠山、苴山而至航坞山，累累如贯珠，谚云一条篾索穿九乌龟盖指此也。"

[③]　参见陈志富：《萧山水利史》，方志出版社2006年版，第167—168页。

西起萧山，东至上虞的海塘已经连成一线，形成了萧绍平原比较完整的防潮工程体系。这条横贯于萧绍平原北部的海塘，唐代称防海塘，后来才叫会稽海塘或萧绍海塘，为古代浙东海塘的重要组成部分。

萧山的西江塘（钱塘江西江塘）、北海塘，

图 2　闸堰段老西江塘（汉唐围堤之一）

加上绍兴的后海塘，整条萧绍海塘的形成时间，与清代程鹤翥《闸务全书》所谓"汉唐以来"的观点相吻合。[①]（图 2）

二、清末沿江围垦

明末清初，钱塘江河口受下游杭州湾海潮和上游富春江加浦阳江洪水的共同作用，江道发生变迁，经历南大门、中小门、北大门的"三门演变"。钱塘江"三门演变"的结果导致南沙成陆。

南沙，西起浦沿半爿山，东至夹灶益农闸，南以北海塘为界，北濒钱塘江南岸赭山、白虎山、青龙山、蜀山一线往东至新湾丁堤，再折而南下至益农闸，即位于萧山北部江海塘与南沙大堤间的沙质地块。凸出于钱塘江，成为山会平原向北延伸的一个半岛。南沙的形成，带来北海塘的巩固。

南沙原位于钱塘江北岸，为钱塘江和杭州湾之间的一个半岛，隋朝时属钱塘县（今杭州），宋初属仁和县（今杭州），南宋咸淳间（1265—1274）划归海宁县，为海宁南沙。海宁南沙分割于钱塘江南岸，与萧山县境沙地毗连。因"隔江而治，纳课诉讼均不便"，嘉庆十八年（1813）经批准改隶萧山，赭山司巡检也改属萧山。时起南沙地界之民、田、山、溇、地、亩及公租沙地并新涨试垦沙地，统归萧山县管辖。[②]

南沙形成初期，仍受钱塘江洪潮冲击及其流道、主槽变化的影响，岸线时有涨坍，境域游移不定。沿江陆续筑堤围垦，其东西有永裕、盛陵、小泗、米市 4 湾，皆为众流汇集入海之道。至晚清，4 湾尾间分别建永裕、新湾、小泗、张案 4 坝，既防

---

① 萧绍海塘，西自萧山麻溪，东经绍兴至上虞嵩坝，现塘线全长 117 千米。萧山境内海塘计 72.69 千米。

② 南沙改隶后，除原海宁县时和乡南六都八庄和北六都八庄被编为萧山县二十五都一图、二图，此外其余地块均不编都图，只分地块字号，凡 89 个字号。

御东北及西北洪潮冲入，又可开坝宣泄梅台季节涝水，是为南沙 9 乡水利重防之地，成为南沙大堤的雏形。

光绪二十七年（1901）六月，淫雨浃旬，致成泽国。光绪二十八年（1902），山阴、会稽、萧山 3 邑士绅，筹款赈抚，以工代赈，将永裕坝、新湾坝、小泗坝、张案坝，连接修筑成南沙东北段一线大堤，全长 4800 多丈，形成系统完整、规模巨大的南沙大堤。民国《萧山县志稿》记载："清光绪二十八年（1902），于绍萧沿海创筑大堤，长 4800 余丈，底厚 3 丈，面厚 8 尺，高 1 丈，计圈进绍兴三江场粮地 1000 亩，萧山日月等号生熟地 2 万余亩，属萧山境者 3670 丈。"该工程需款 6000 余元，即以枭粮之价充之。二十八年冬开工，翌年春竣工，绘图呈报府县立案。因地处钱塘江南岸沙地，故名南沙大堤，亦名南沙支堤。清末，时称"新堤"，一般为"六高六面"（高 6 尺、宽 6 尺）。①

图 3　城北段南沙大堤（清末围堤）

清末修筑南沙大堤，开发南沙，系清末围垦，是萧山围垦历史上的近代围垦。南沙大堤，为南沙进一步开发、保护与利用奠定了基础（图 3）。

三、新中国治江围垦

中华人民共和国成立后，遵循钱塘江治江规划，萧山有组织地在南沙大堤以外实施治江围涂，始筑钱塘江围垦大堤，谱写萧山围垦历史的新篇章。萧山治江围垦，经历零星围垦、大规模人工围垦和机械化泥浆泵围垦 3 个过程，共围涂 33 期，造田 54.61 万亩，为现当代世界造地史上的奇迹，效益显著，影响之大，蜚声中外。②

---

① 南沙大堤，俗呼"官埂"，大部分为高 2 米、面宽 2 米（旧称 6 高 6 面，即高 6 市尺，折合 2 米，面宽 6 市尺）的土塘，全长 85 千米（另说 81 千米），堤内面积 303 平方千米，合计 45.4 万亩。

② 自 1965 年冬开始较大规模人工围涂，截至 2007 年萧围东线机械化围垦闭合，历时 42 个春秋，共计围涂结合治江 33 期，造地 54.61 万亩，兴筑围堤 267.8 千米（其中属阶段性临江一线围堤 223.1 千米，终端临江一线围堤 81.577 千米），垦区基本农田水利基础设施建设配套面积 41 万余亩。有关新中国围垦，详见《萧山水利志》（《萧山水利志》编纂委员会编，主编陈志富、副主编陈志根，浙江人民出版社 2019 年版）、《萧山围垦志》（主编费黑、副主编陈志根，上海人民出版社 1999 年版）。

（一）零星围垦

晚清修筑南沙大堤时，为安全起见，曾在大堤外侧预留宽 10 丈左右的滩地，以确保常水位时堤脚不直接临水，免遭洪潮冲刷。民国时期，已有部分大堤外侧的预留滩地被开垦种植。中华人民共和国成立后，沿江人民为解决人多地少的矛盾，在南沙大堤外半爿山至红卫闸（原城北区范围），进行零星围垦。所筑围堤与南沙大堤几乎平行，成了南沙大堤外围的防护工程，但围堤比较单薄、矮小，经常受洪潮侵蚀而被破坏，习称小围堤。

零星围垦，共计大小围垦 28 块，净面积为 8937 亩（毛地为 12767 亩）。其中最小地块面积，净地为 18 亩（毛地为 24 亩），最大块净地 1800 亩（毛地为 2571 亩）。共筑小围堤长度 22.642 千米。零星土地所属单位原为闻堰镇、浦沿镇、长河镇、西兴镇、盈丰乡以及萧山棉花原种场、浙江省水电建设工程处、萧山畜禽饲料总公司等。

（二）大规模人工围垦

1965 年萧山开始治江围垦，至 1989 年共进行 26 期，围地 47.314 万亩，这是萧山围垦历史上最为壮观的大规模人工围垦。

20 世纪 60 年代，属建设初期，国家贫穷落后，人民生活困难，搞围垦缺乏资金、物资（钢筋、水泥、木材"三材"），没有施工的机械设备，只能自力更生、艰苦奋斗，艰难困苦可想而知（图 4）。

萧山围垦，位于钱塘江河口涌潮凶险、闻名中外的强潮地段。围涂地处潮间带，潮来是海，潮退是滩涂，只能利用小潮汛、低水位的 7 天间隙突击抢围，时间紧、任务重。围垦必须结合治江，围堤紧靠钱塘江主流，滩涂新，保堤防护十分困难，标准要求高。

图 4　1977 年城北区东江 26000 亩围涂（大规模人工围垦）

围垦没有机械设备，完全依靠人海战役，故称大规模人工围垦。对此，劳力的组织、人员的进场与退场、生活的后勤保障、现场施工的管理（进度、质量、安全控制）、工程施工的难点（堵流化沟，人群挡潮，开夜工筑堤堵江）、转入下阶段的新堤护岸（提供备石）等，都付出巨大的努力，以确保人民生命财产安全和保障工程质量、标准。

大规模人工治江围垦，始于 1965 年的九号坝围垦。九号坝位于东风角至乌龟山段，系赭山湾，涌潮顶冲严重。九号坝于 1928 年动工修筑，至 1958 年整治赭山湾工程开始前，坝长 4315 米，是当时国内最长的挑水坝。20 世纪 60 年代九号坝、美女山坝抛筑后，坝上、下游淤涨起大片滩涂。首期为九号坝围垦，由就近的南阳、赭山 2 个公社联合围垦，日出勤 1.5 万人，围涂面积 0.23 万亩。自此拉开大规模人工围垦的序幕。①

围垦之初，滩涂茫茫，滩地无名称，只能按围涂工程的工期计算，或以围涂面积记名。待围涂经历些许年份后或取得阶段性成果后，才冠用地名，诸如取用顺坝围垦、九号坝围垦、美女山至十二埠闸围垦和益农围垦之称谓（图 5）。

图 5　1986 年 52000 亩围涂（现当代治江围堤）

（三）机械化围垦

20 世纪 90 年代，随着家庭联产承包责任制的完善和农村第二产业、第三产业的发展，农村劳动力大量向非农领域转移，劳力工价日益昂贵。继 1989 年盈丰、宁围、

---

① 所谓大规模人工围垦，是指投入成千上万劳动力参与的围垦。1965 年冬南阳、赭山围垦 2300 亩是第一期，1966 年九号坝东省、市、县联围 22500 亩为第二期。

长山与水利厅联围 1200 亩开始局部应用机械化泥浆泵吹填筑堤技术[①] 后，1993—2007 年萧山围垦进入更加讲究科学精神、依靠科技进步的新阶段，全部使用机械化施工，围垦工程效率显著，工程安全更有保障。机械化围涂主体工程采用公开招标承包的办法，至 2007 年共进行 7 期（第二十七期—第三十三期），围得毛地 6.0207 万亩。

机械化围垦，包括筑堤、开河、采石、运输和现场施工，全部运用机械化操作。筑堤、开河，全部使用机械化泥浆泵吹填筑堤技术；采石，从药壶掏底到中深孔重点爆破；装土、载石，从人工到挖掘机、抓斗机、铲车；运输，从船运到大型装载汽车；现场施工，采用砂浆、混凝土拌和机，挖掘机、推土机、吊机等。改变围垦传统人工作业模式，创新、运用机械化施工，减轻劳动强度，提高工作效率和工程质量，在围垦工程建设和抢险保堤中发挥了重要作用（图 6）。

图 6　泥浆泵吹填筑堤（机械化围垦）

四、围垦文化与围垦精神

新中国的萧山围垦，综合效益显著，意义重大，在浙江围垦史上地位凸显。

萧山围垦（现当代）是萧山人民在中国共产党的领导下，坚持自力更生、艰苦奋斗精神，创造了萧山有史以来的伟大业绩，被联合国粮农组织的官员赞誉为"人类造地史上的奇迹"。

历史决定文化，悠久历史，催生璀璨的历史文化。

综合围垦文化，内涵丰富，主要有：

海塘文化，涵盖西江塘、北海塘、南沙大堤、钱塘江海塘的兴筑、修缮、抢险、防护、加固等建设。

河道文化，包括纵横交错的河道网络，水、电、闸、渠、桥、路、林等配套工程。

---

① 第二十六期，盈丰、宁围、长山与水利厅联围 1200 亩。在 1989 年春节前，人工挑土筑堤（西面，668 米）。春节后试用泥浆泵吹填（40 台泥浆泵，加高西小堤，另筑新堤 1520 米），围得毛地 1200 亩。

垦区文化，形成于围堤之后。由于新围垦区域地理环境独特，紧挨明末清初成陆的南沙，垦区文化与南沙一致，融合并丰富了整个沙地文化。

沙地文化，继承了古越文化的特征，生活习俗、生产劳动、生产工具等保留越人古老方式。"人相习，代相传"，形成了务本重农，耕织唯勤；和气诚信，民风敦厚；尚礼仪、笃交亲、重祭祀的文化基因。

沙地人在长期的生产活动和生活中，练成勤俭持家、不以奢侈华丽为事的性格，具有独立自强、吃苦耐劳、踏踏实实、任劳任怨的作风，拥有勇立潮头、善抓机遇、开拓市场的意识。

沙地物产丰富，有萝卜干、梅干菜、大种鸡等名优土特产品。20 世纪 60 年代围垦初期，使用牛拖船、羊角车等交通工具，别具特色。有很多会做木匠、竹匠、石匠、泥水匠、修缸补鬶、打草苫的能工巧匠，更有胆大者，在钱塘江边抢潮头鱼、捕鳗苗、扪湖蟹，敢于弄潮、斗潮，精神可嘉。他们在经济建设中发挥了重要作用。

沙地文化，还涵盖地名文化、方言文化、寺庙文化、艺文等丰富内容，还有许多非遗项目，它们体现了沙地人的聪明才智，又是钱塘江潮汐文化的代表。

围垦精神是围垦文化的体现，也是围垦文化的升华。萧山围垦，铸就永恒的萧山围垦精神。

原钱塘江江面宽阔，主槽摆动频繁，加上涌潮凶猛，冲击力强，两岸坍涨无定，历史上为害甚重，萧山受尽苦难。新中国成立以来，在省、市党委、政府领导下，有关部门指导下，萧山历届领导立志治理钱塘江，以降服波涛汹涌、桀骜不驯的这一巨龙。

萧山人民经过几十年的实干苦干，成就围垦伟业，围垦创造了幸福，幸福是奋斗出来的。"萧山，苦也钱塘江，福也钱塘江""围垦苦，围垦乐"，智者之言，概括历史，富有哲理，含义深刻。

萧山围垦，广大干部群众继承发扬大禹治水"劳身焦思、胼手胝足"的献身精神，赋能创举现代版"奔竞不息、勇立潮头、敢为人先"的弄潮精神。

治江围垦，遵循崇尚科学、求实创新精神，按照钱塘江治理统一规划，科学施工，按照"围一块，巩固一块，配套一块，开发利用一块"战略战术，治江为主，围涂服从治江。

围垦是一项系统工程，社会各部门、各环节弘扬集体主义团结协作精神，密切配合，众志成城，万众一心，协调团结。

围垦条件十分艰苦，需要艰苦奋斗、百折不挠精神。每一位围垦亲历、亲为者手挑肩扛，冒严寒、战酷暑，"吃的石米饭，睡的白沙滩，夏天大蚊虫，冬天西北风，披星又戴月，满身是泥沙"，艰苦卓绝地围出茫茫滩涂。

围垦是壮丽的，是用生命换来的浩大工程。有奋斗，就会有牺牲，围垦人发扬"为有牺牲多壮志，敢教日月换新天"的奋斗精神，一生奉献给萧山围垦，为萧山围垦作出重大的贡献乃至付出生命，历史将永远铭记。

垦区建设，垦区人民以奋发图强、开拓进取精神，将"潮来水汪汪，潮退白茫茫"的不毛之地，齐心协力地建设成为钱塘江畔璀璨明珠。

围垦精神是多元化的。萧山人民在长期的艰苦环境下，与天斗、与地斗，铸就伟大而不朽的围垦精神。

围垦是物质的，也是精神的，更是文化的。围垦文化，是萧山文化的重要组成部分，是古越文明的传承和发扬，是中华民族的瑰宝。

五、结束语

萧山围垦历史悠久，涵盖古代围垦、近代围垦、现当代围垦。

萧山现当代围垦，重在治江，结合造地，创造伟业，其社会经济效益显著、价值非凡、意义重大。需要指出，20 世纪 60—80 年代，萧山大规模人工围垦缺少资金、缺少材料、没有机械施工设备，围垦工程任务相当艰巨，参与围垦的干部群众付出艰辛劳动与汗水，甚至付出生命。可以说，萧山围垦是老百姓用生命换来的。

萧山围垦，创造了"人类造地史上的奇迹"，是萧山人民在新中国社会主义革命和建设中的伟大创举。萧山围垦历史是萧山人民的历史，彰显了萧山历史的锦绣华章，是红色的印记。

本文以研究萧山围垦历史为例，表明萧山平原乃至整个萧绍平原的形成与发展是历代不断修筑堤防进行垦殖、开发的结果。

绍兴水城河道的治理、填废与现状

任桂全

（绍兴市地方志办公室）

摘要： 本文通过梳理绍兴城河的疏浚与管理历史，分析绍兴城河的填废及原因，探讨水城保护利用的现状与困惑，从而得出绍兴水城保护必须解决城市水网结构完善、城市水环境改善、城市水乡风貌带提升三个根本问题，以实现水城复兴。

绍兴水城的河网水系格局在中唐时已基本形成，城市对内、对外交通运输主要依靠水路。凡有河道通达的地方，人员的进出往来与货物的运输周转，通常都有船只运输。一个城市人口超过 10 万，在当时已堪称大城市的浙东观察使以及后来两浙东路驻地的绍兴水城，从交通运输方便考虑，城内的民房、商铺、工场、酒楼等建筑设施，大抵沿河或沿街而建，城河成了市民生产、生活、交往中须臾不可或缺的客观条件。然而经年累月，时间一长，河床淤泥逐步厚积，行舟往来经常搁浅，河磡岁久坍塌，河面搭建水阁等状况时有出现。城市抗洪、排涝、御旱以及交通、用水等面临严峻考验。疏浚河道，重砌河磡，清除水阁，确保船只通达，成了水城治理的经常性课题。明代季本在为疏浚府河作记时，总结出一条历史经验是：善治越者，当以浚河为急。[①]

一、城河的疏浚与管理

南宋以降，绍兴水城河道整治，代有所为，方志记载，亦绵延不绝。在绍兴成为南宋陪都以后，城市人口骤增至近 30 万[②]，城市繁华推动了水上交通的繁荣。宋宁宗嘉定至宋理宗宝庆年间（1208—1227），先后任绍兴知府 9 年的汪纲[③]，在修葺名胜、保护古迹、更新设施、完善厢坊设置的同时，修筑堤塘，疏浚河道，改善城市水上交

---

① ［明］万历《绍兴府志》卷之一。
② 徐吉军：《南宋绍兴概论》，《中国鉴湖》第六辑，中国文史出版社 2019 年版，第 275 页。
③ ［宋］祝穆：《方舆胜览》卷六，中华书局 2003 年版，第 115 页。

通环境。当时浙东运河"自西兴至钱清一带，为潮泥淤塞，深仅二三尺，舟楫往来，不胜牵挽般（搬）剥之劳"。嘉定十四年（1221），汪纲向朝廷奏请开浚运河。除本府自筹工役钱米外，又争取朝廷支持，工程很快付诸实施。此事南宋宝庆《会稽续志》记载如下：

> 嘉定十四年，郡守汪纲申闻朝廷，乞行开浚。除本府自备工役钱米外，蒙朝廷支拨米三千石，度牒七道，计钱五千六百贯，添助支遣，通计一万三千贯。于是，河流通济，舟楫无阻，人皆便之。①

又因运河塘堤"外为纤夫蹂践，内为田家侵掘"坏废已久。汪纲亦一并予以修筑，使"徒行无褰裳之苦，舟行有挽纤之便，田有畔岸，水有储积，其利已博矣"。②从所载"牵挽""挽纤"看，实际上就是修筑我们现在所能看到的"纤道"。

明代绍兴城河治理遇到新的阻力。由于滨河而居者，无论是生产、生活还是出门行舟都十分方便，多为人艳羡。久而久之，那些富豪巨室便逐渐占而有之，致使水道淤隘，水流不畅，甚至占居水面，阻碍交通，商旅往来争途，发生斗殴致死事件。谁若想去整治，他们又会想出种种办法加以阻止。嘉靖初，绍兴知府南大吉着手整治府河，那些富豪巨室串通一气，放出谣言："南守瞿瞿，实破我庐；瞿瞿南守，使我奔走。"散布流言，蛊惑人心。当时正在家乡讲学的王阳明，见此情形，特地写了一篇《浚河记》，既强调了浚河的必要性，又伸张了正义。他说：

> 越人以舟楫为舆马，滨河而廛者，皆巨室也。日规月筑，水道淤隘；畜泄既亡，旱潦频仍。商旅日争于途，至有斗而死者矣。南子乃决沮障，复旧防，去豪商之壅，削势家之侵。失利之徒，胥怨交谤，从而谣之……③

府河的治理虽然遭遇阻力，但总算如期完工，而与会稽儒学南、北、东三面紧密相连的南渠、北渠，阻力更大，治理更难。因为"渠近市廛，久无浚治，北渠渐就浅隘，仅通小舟；南渠由儒学泮池至军器局西，则民间埭而为池，淤而为圃"，情况十分复杂。嘉靖十五年（1536），会稽县邑诸生上《复渠议》于诸司，都认为应当恢复南、北渠，这是城内水上交通命脉。然而，诸多滨河而居的豪右，"各便其私，人持一说"，找出各种理由加以阻止，结果"功未兴"而被搁置了下来，直至四年后，张

---

① ［宋］宝庆：《会稽续志》卷第四《运河》。
② 同上书，《堤塘》。
③ ［明］王阳明：《浚河记》，《王阳明全集》卷二十三，上海古籍出版社1992年版，第904页。

明道出守绍兴府事，疏浚工程才得以启动。①

实际上治理水城河道的阻力是多方面的，豪右巨室有其势力，民间百姓有其习惯，加上自然变迁等因素，城市河道治理无疑是长期艰巨的任务。也正是在不断地治理中，绍兴创造和积累了丰富的水城治理经验，包括浚河募资、疏浚标准、施工组织、城乡联动、立碑创制等，涵盖了方方面面。明崇祯六年（1633），邑人御史金兰回乡，见城河淤浅，建议当道组织疏浚，自己则捐资促其成，并请地方绅士分董其役。康熙五十一年（1711），绍兴知府俞卿组织疏浚城河时，市民河床掘土未深，又散弃两旁，遇水涨或舟行时，仍然回落河中，出现"辄浚辄湮"的情况，因此规定疏浚城河：

> 其深必三尺，其广必及两岸。始于各城门，鳞次递进，以一里为程。其起止处具筑土坝，功毕开坝，引水舟载岸上土投城外深渊。其挑掘督之两河（岸）居民至空地，无室庐者，知府出俸银雇人疏之。其载土之舟，则借之乡间，每都出若干艘。每艘出舟子一人，盖城河者，四方所共往来，故城乡各均其役，不一月功浚。②

或许因为城市拥挤，滨河巨室、商贾、工场往往在河上架构水阁为便房密室，阁下行舟，不见天日，偶尔污水淋头，船夫叫苦不迭。这种现象时有出现。康熙五十四年（1715），知府俞卿下令尽撤沿河水阁，颁布"永禁官河造阁"令，并立碑二：一方立于府治仪门，一方立于江桥张神殿内。禁令欢迎民众对"自私图便，占河架阁"者予以揭发，报告官府，"按律究治"，若是故意隐瞒，察觉后治以同罪。有人还写了《毁水阁记》。然而乱搭乱建水阁之风，屡禁不止，到乾隆五十七年（1792）李享特知绍兴府时，派员调查，仅府河"自张神祠起至南门止，共计水阁七十四座，右条四座，木桥八座"。对这些私自搭建的水阁、桥梁，先申明禁令，限期二十四天内自行拆毁，如有违抗者，除派人随带工具强行拆毁外，还将"按强占律治罪"。③

当然，疏浚城河也不仅仅是为了水上交通，对于城市防洪、抗旱及保持河水洁净、满足居民生活用水来说，都是必须的。对水城来说，这是一个永久性课题，只要城河不废，永远有活可干。前清以降，经民国直至新中国成立后，疏浚城河始终是政府或部门的职责。即使填河筑路之风兴起后，剩下的河道仍然需要不停的疏浚。据不完全统计，从1952年至1989年间，绍兴先后28次疏浚城河，长度约30公里，挖掘运走了大量河床淤与弃之河中的生活垃圾。

---

① ［明］万历：《绍兴府志》卷之七《山川志四》。
② ［清］乾隆：《绍兴府志》卷之十四《水利志一·府河》。
③ ［清］乾隆：《绍兴府志》卷之十四《水利志一·府河》。

表1　1952—1989年绍兴水城河道疏浚情况[①]

年份	河　段	长度（米）	工程量（立方米）
1952年	城内河道	2322	疏浚
1953年	南街舍子桥至金更楼 鲁迅路河 新河望江楼至万安桥	911 1100 589	疏浚
1954年	西郭至大江桥	1580	疏浚挖土 7130
1955年	大江桥至都泗门 昌安桥至香桥	1858 894	疏浚挖土 17385 挖土 4126.31
1956年	昌安街道河 东双桥河　会源桥河	1500 511	疏浚挖土 16210 挖土 4930
1961年	府河 鲁迅路河	1760 310	疏浚
1963年	缪家桥河 府河		开挖加深河床 挖土 40000
1981年	东郭门河　东双桥河 府山桥河等6条	4184	疏浚
1982年	投醪河　香桥至昌安吊桥		疏浚
1983年	萧山街河　上大路河	2380	整修河、踏道，疏浚挖土 8225
1984年	鲁迅路河		疏浚
1988年	汲水弄河　金刚庙河　投醪河 环山河　西小河	966 2877	砌坎挖土 10479 疏浚、砌坎、挖土 2558
1989年	稽山河　都泗河	2988	疏浚、砌坎、挖土 5097

二、城河的填废及原因分析

绍兴城市河网成型以来，只闻有疏浚传统，却未见有填河筑路。究其原因，是经过千百年调适与磨合，已经形成以"窄城河，密河网"+"窄马路、密路网"为特征的城市水陆两个交通系统。传统城市的生产、生活、休闲与步行、坐船、出行，已经找到了最佳的宜居尺度，这当然也是千百年来经济社会发展水平在城市建设中的反映和必然结果。

然而，随着经济社会的发展、城市人口的增加、城市规模的扩大、市民观念的更新、出行方式的改变，绍兴传统水网城市特有的水上交通系统面临严峻考验。城市河道由于人为和自然的原因，变得越来越窄、越来越浅，已经无法适应现代城市交通的需要；城市经济社会的迅速发展，对城市交通的快捷、高效、方便提出全新的要求；自行车、三轮车、汽车、机动船等现代交通工具的出现，对封闭型、小尺度、慢节奏

---

① 任桂全总纂：《绍兴市志》卷五《城乡建设》，第一册，浙江人民出版社1996年版，第398页。

的传统城市交通体系造成巨大冲击。已经坚守了上千年的绍兴城市水上交通系统，在城市交通运输行业的现代化转型中，让位于迅猛发展的城市道路交通系统，似乎已经成为历史的必然选择。

在以步行尺度为特征的传统城市里发展现代交通，引入现代化交通工具，毫无疑问需要有与之相适应的城市道路设施系统。为了尽快实现城市交通的现代化转型，1956 年 7 月，绍兴市人民委员会批准，在绍兴城区最宽阔的"大路"——解放北路首次划出机动车行驶道，又在丁字路口划出行人横道线。要知道，当时的机动车行驶道宽度仅为 4 米[①]，但这无疑是绍兴这座 2000 多年古城进入现代化交通的开始。后来也曾尝试在古城开通公交运行，结果只好放慢实施进程，直到 1979 年才成立绍兴县公共交通公司。[②]

虽然绍兴填河筑路之举始于 20 世纪 30 年代，但那仅仅是开始。1956 年绍兴市人民委员会批准设置解放北路"交通标志"的举动，则大大推动了绍兴城市交通现代化转型、引进现代化交通工具、加快城市公交建设的步伐。与此相适应的是，自那以后绍兴加快了填河筑路的历史进程，清末民初绍兴城内的 33 条河道先后被填平 17 条，这些河道的填塞时间主要发生在 1956 年至 1979 年间，下表反映了这一历史进程。

表 2　1935—1978 年绍兴水城废河情况 [③]

河道名称	起讫地点	废河年份
圣路桥河	东街南侧至圣路桥河沿	1935 年
火珠巷河	光明路转油车弄至水澄巷	1935 年
水澄巷河	水澄桥至仓桥	1953 年
洗马池头河	当弄至西小河	
武勋坊河	西小路至外环城西路	
新河弄河	解放北路望江楼至大有仓弄口	1972 年
草貌弄河	下大路至石家池	1956 年
四松楼前河	四松楼前至酒务桥	1958 年
后观巷河	后观巷	1965 年
前观巷河	前观巷	1959 年
和畅堂河	府河至环城西河	1952 年
狮子街河	大云桥经凤仪桥至环山河	1959 年
水沟营河	水沟营	
南环城内河	拜王桥至南门	

---

① 绍兴市公安局编：《绍兴市公安志》，当代中国出版社 1993 年版，第 298 页。

② 绍兴县交通局编：《绍兴县交通志》，中国大百科全书出版社上海分社 1993 年版，第 18 页。

③ 任桂全总纂：《绍兴市志》卷五《城乡建设》，第一册，浙江人民出版社 1996 年版，第 399—400 页。

续表

河道名称	起讫地点	废河年份
山阴县河	凤仪桥经司狱司前至庞公池	1976 年
香桥溇	香桥东边	
宝佑桥河	府河日晖桥至长桥	1959 年
会源桥河	隆兴桥至会源桥	1957 年
双池头河	稽山河至缪家桥河	
半野塘河	稽山河至登云桥	
铁打池河	稽山河经打铁池至东街	
糕点弄河	覆盆桥至安定桥	
南街河	东郭门至舍子桥	1961 年
东环城内河	蕺山河沿环城至都泗河	
昌安河	昌安街	1975 年
渔化桥河	渔化桥河沿	1966 年
断河头河	断河头路	1956 年
府河	咸欢河西经大江桥、小江桥出昌安门	1978 年

填河筑路，实质上就是将传统水上交通系统在城市现代化转型中被迫让位于城市陆路交通系统，或者说将两个城市交通系统合并为一个城市交通系统，这难道是城市发展过程中不可避免的吗？ 20 世纪 80 年代初，我国著名历史地理学家、郦学泰斗陈桥驿先生受聘担任日本几所大学的客座教授，走过不少城市，他发现那里的城市河流都保护得很好，即使是一些小河，河床不深，水清见底，使他深受保护城市河道的启发。① 何况绍兴是一个有着 2500 年建城历史的国家历史文化名城，又是一个国内极为罕见的"江南水乡风光城市"。对老祖宗创造的面积不到 10 平方公里的并流传千年的绍兴水城及其水、陆两个交通系统来说，在拥有 960 万平方公里的国土面积上难道没有她的应有生存空间？所以，在填河筑路过程中，一些有识之士通过不同方式呼吁：保留城河，保护水城！特别是府河面临覆灭时，更是呼声不断，希望手下留情。当代著名乡贤陈桥驿先生，怀着对家乡无比热爱的心情，通过作报告、学术讨论和撰写文章等方式，一再表达自己保护水城、保存府河的强烈愿望。

他深情地说：

我的家乡绍兴，原来是个水乡泽国，不仅是城外，在城内也是河道纵横，河水清澈。我幼年经常在自家后门小河中捕鱼摸虾，情趣至今犹历历如在。②

① 陈桥驿：《绍兴桥文化·序》，上海交通大学出版社 1997 年版，第 3 页。
② 陈桥驿：《环境保护与生态平衡》，《陈桥驿全集》第 11 卷，人民出版社 2017 年版，第 107 页。

他痛心地说：

> 自从上世纪 50 年代开始，城内的许多河港先后遭到填废，单面街基本消失。而到了 70 年代，作为山、会两县界河的府河竟也被填废。海内外有识之士对这种无知的措施，既莫名究竟，更深表痛惜。[①]

他担忧地说：

> 我当然对此耿耿于怀，不管人轻言微，还是在各种场合提出我对绍兴水城的意见。1991 年……我接受他们（指台湾锦绣出版社《大地》杂志）的约稿，写了《绍兴水城》一文……当年我是在一则以愧、一则以忧的心态下写作此文的。愧的是，自从越王勾践以来，多少贤牧良守领导人民所创建的这种优美的水环境，由于近半个世纪的河港填塞和水体污染，已经面目全非。忧的是，这种每况愈下的水环境恶化趋势，是不是难以挽回？是否将从此消失？[②]

他大声疾呼：

> 1979 年春夏之交，绍兴市（当时还是辖境不大的小市）邀请我到市府作一次关于绍兴历史发展的报告，因为自从"文革"以来，这类活动已经多年绝迹了。当时市府的不少领导也都出席听讲。十分讽刺的是，我一到绍兴，就看到府河正在填塞，山阴大街（解放路）和会稽大街（后街）行将合二为一。为此，我在报告中特地强调了山阴和会稽之间的这条府河，讲述了这条城内河流的渊源和重要性。那次我在绍兴多留了一天，向一些熟悉的人大声疾呼。回到杭州以后，又为在绍兴发生的这件咄咄怪事大声疾呼。这是因为教授头上没有乌纱帽，没有什么需要顾虑的事。[③]

令人惊异的是，就在陈桥驿先生大声疾呼不久的 1982 年 2 月 8 日，《国务院批转国家建委等部门关于保护我国历史文化名城的请示的通知》下达，公布全国第一批 24 个历史文化名城名单，绍兴名列其中。从此，名城保护、水城保护有了国家规定的政策依据，一切填河筑路的行为终于停了下来，剩下的 17 条城市河道，也作为

① 陈桥驿：《浙东古运河——绍兴运河图·序》，《陈桥驿全集》第 12 卷，人民出版社 2017 年版，第 76 页。
② 陈桥驿：《让徐霞客时代的绍兴水城重现》，《陈桥驿全集》第 11 卷，人民出版社 2017 年版，第 255 页。
③ 陈桥驿：《绍兴街巷·绪论》，《陈桥驿全集》第 12 卷，人民出版社 2017 年版，第 126 页。

"点、线、面"保护中的 17 条"线",无一例外地纳入了历史文化名城保护规划之中。

三、水城保护利用的现状与困惑

(一)水城保护与利用现状

绍兴城市水网在经历了填河筑路的严峻考验之后,剩下不到一半的河道,自 20 世纪 80 年代开始获得较好保护,至少填河之举不再重新出现。现存 17 条城河,包括城内 16 条,加城周护城河,对今后绍兴水城保护与利用,至关重要,现状列表如下。

表 3 绍兴水城现存河道情况(2020 年)

河道名称	位　置	起讫地点	长度(米)
护城河	绕城四周	稽山门—罗门—南门—水偏门—旱偏门—西郭门—昌安门—都泗门—五云门—东郭门	12500
环山河	西半城南北向干道河流	西起鉴湖泵站—校场桥—凰仪桥—酒务桥—府桥—宝珠桥—仓桥—鲤鱼桥—锦麟桥—府山桥—外府山桥	3200
稽山河	东半城南北向干道河流	南起东环城内河—惠日桥—延庆桥—会源桥—纺车桥—东双桥—八字桥—长安桥—宋梅桥—接萧山街河	2300
上大路河	城北主要航道(东西向)	西起西郭吊桥—光相桥—越王桥—兴文桥—东至大江桥	1938
萧山街河	城北主要航道(东西向)	西起大江桥—小江桥—斜桥—探花桥—东至香桥	700
戢山河	位于城东北(南北向)	南起香桥—题扇桥—咸宁桥—北至昌安桥	1000
都泗河	位于城东北(东西向)	西起广宁桥—东出都泗门	600
西小河	位于城西北(南北向)	南起鲤鱼桥—谢公桥—至北海桥—北至上大路河	700
府河	位于城中心,分两段(南北向)	明河段:南门—南秀桥—鲍家桥—舍子桥—大庆桥—大云桥—西咸欢河	1250
		暗河段:南起西咸欢河沿—北至大江桥	1430
咸欢河	位于城东南,分两段(东西向)	西咸欢河:西起府河—东至塔子桥	600
		东咸欢河:西起塔子桥—四板桥—东至安宁桥	
缪家桥河	位于城东南(东西向)	西起安宁桥—缪家桥—金斗桥—后衙桥—东至花园桥	800
鲁迅路河	位于城东南(东西向)	西起大云桥—都亭桥—张马桥—永福桥—罗汉桥—木莲桥—孟家桥—东至惠日桥	1500
汲水弄河	位于城东南(南北向)	南起莲花桥—仰盆桥—望郎桥—北至鲁迅路河	320
金刚庙前河	位于城东南(南北向)	南起内环城河—文汇桥—杨鹏桥—北至仰盆桥	800
投醪河	位于城东南(东西向)	西起鲍家桥—东至金刚庙前河	500
罗门畈河	位于城东南(东西向)	西起杨鹏桥—东至内环城河	800
环城内河	位于城东南,分两段	南环城内河:西起府河南秀桥—东至稽山门头	1800
		东环城内河:南起稽山门头—北至东郭门头	1400

绍兴城内现存 16 条河道，共长 21.64 公里，加上外护城河，实有城河 17 条，总长 34.14 公里。对照清光绪《绍兴府城衢路图》，绍兴城内河道实际减少 17 条，30 公里。河道被切割、封堵、填埋造成的后果是船只通达率不到原有的 20%，水城可资利用的机会极其有限。现如今，除外护城河经整治后继续承担着水上交通运输和旅游功能外，城内其他河道如鲁迅路河三味书屋至沈园段、环山河城市广场段在水上旅游中尚能发挥作用外，其余城市河道并未得到有效利用，客观上已经成为城市里面可有可无的"臭水沟"，甚至为人所不齿。

此外，除上述 16 条"明河"外，还有 5 处被路面或建筑物覆盖的"暗河"，与现存"明河"密切联系在一起，为残存河网的有机组成部分。这 5 处"暗河"分别是：

府河段：南起西咸欢河，向北至大江桥与萧山街河相接，长 1430 米。

戢山河段：南起原昌安桥，向北经原四马桥、安宁桥出昌安门。

稽山河段：南起原长安桥，斜穿过中兴路，至宋梅桥南。

鲁迅路河段：西起东环城内河，向东出东郭门接外护城河。

南环城内河西段：西起府河南秀桥，向东与南环城内河相接。①

（二）填河筑路对水城的严重伤害

绍兴城内外 34 条河道，被切割、封堵、填埋的虽然只有 17 条，但此举对水城造成的影响与损失却是无法估量的。尤其是对从范蠡开始，经过将近 13 个世纪的疏浚、培育、完善而逐渐形成的城市水网格局的伤害，可以说是致命的。长期以来形成的城市水上交通系统，在填河筑路中几乎丧失殆尽；剩下的 16 条河道不断变浅变窄，宣泄不畅，污染加剧，成为"五水共治"的难点、堵点；城市河道的抗洪、排涝、自净能力在不断弱化之中；水城的水上景观、水乡风情以及绍兴独特的亲水性，也与现代城市居民的日常生活渐行渐远。更为令人担忧的是，如果长此以往，既不加强保护，也不充分利用，绍兴水城或将消失殆尽！

填河筑路对水城造成的最大伤害，莫过于对城内水网格局的破坏。体现在：

一是填堵主干河道，造成水网残缺不全。如前所说，绍兴水城原本是一张河道密集、结构完整的水网，具有纵横交错、互联互通的特点。在城市水网结构中，稽山河、府河、环山河都是南北纵向主干河道。其中府河处于水城中心位置，全长达 2680 米（南门至大江桥），虽然上游 1250 米得到保护，但下游 1430 米被改成阴沟后，由于淤泥厚积又无法疏浚（人工、机械都无能为力），实际上成了一条死河。而府河两侧众多东西横向河道，古有"七弦水"之称，都是"一河一街"形制（陈桥驿先生称之为"单面街"），现在均已消失殆尽。除城北运河段外，旧山阴县境 8 条单

---

① 参见浙江华汇建筑设计咨询有限公司《绍兴市内河环境综合整治设计方案·绍兴市区内河现状分析图》，2014 年 11 月。

面街河道全部被填，自南而北包括和畅堂河、狮子街河、前观巷、后观后、蕙兰桥河、清风里河、水澄巷河、新河。旧会稽县境也是8条，获得保护的有投醪河、鲁迅路河、咸欢河3条，被填埋的有南街河、王马桥河、鱼化桥河、东街河、宝佑桥河5条。这样一来，作为城市中心河的府河名存实亡，与府河紧密相连的13条东西横向河道变成了13条横马路，整个城市水网变得七零八落、残缺不全。

二是封堵内环城河，造成城市水上交通体系瓦解。古人在建设水上交通体系时，创造性地挖掘了城内、城外两条护城河，即地方文献中的"内池"与"外池"。通过"内池"沟通来自城内不同方向、不同地段的船只，然后有序通过6处水城门进出城内外。而这条具有水上船只调度功能的"内池"，虽然不是以筑路为目的，但却在建厂、建房或建仓库时被填平。全长约11公里的内环城河，除南门至稽山门再到东郭门段尚存3200米外，其余均已荡然无存。由于城内一半河道被填埋，加上内护城河船只调度功能丧失，城市水上交通零星分散、时断时续，已经不成体系。

三是东半城与西半城水道隔绝，只剩下东西两个互不相连的水网残局。府河与稽山河、环山河虽然都是南北向主干河道，但府河在水城河网结构中的地位特殊，主要体现在两个方面：其一，府河是传统山、会两县界河，地处山阴大街与会稽大街之间，自古以来就是商业、交通和人口密集的市中心，至今仍然如此；其二，府河承担着沟通东半城河道与西半城河道的重要功能，来自会稽县境和山阴县境的18条东西横向河道都在这里交汇，用吴良镛先生的话说，府河是"鱼骨"，会稽县境与山阴县境各有9根"鱼刺"，构成水城网络。而今填掉府河，等于"鱼骨"被抽，府河名存实亡；与之相交的13条城河也被填平，成为13条马路。其结果是，东半城与西半城的水道各行其道，形成东西两个独立但并不完善的水系。

四是河道狭窄淤浅，造成亲水性严重受损。对"无家不通水"的绍兴水城来说，人与水的亲密关系无处不在、随处可见。人不可一日无水，水没有一日离开过人。家家濒河，人人临水，到河埠头洗涤，在河埠头上船，去河埠头乘凉，在河埠头与邻居家隔岸聊天。近水、亲水、乐水，与水亲密相处，是水见证了家家户户的欢乐与忧愁，是水见证了古城从历史走来又走向未来。然而，随着河道的消失、河埠的远去、河床的抬高、河岸的增高、河水的污染发臭——水，经受不起糟蹋而与市民渐行渐远，亲水性因环境恶化而消失。

（三）水城保护与利用的困惑

绍兴既是全国第一批24个历史文化名城之一，又是全国第一批历史文化名城中唯一的"江南水乡风光城市"（苏州是"江南水乡城市"）。从某种意义上说，绍兴肩负着古城、水城保护的双重使命，比一般的历史文化名城任务更艰巨、责任更重大，因为我们既要保护利用好历史文化名城，又要保护利用好不可多得的水城遗产。古城保护利用，取决于人文历史和建筑风貌保护与利用，而水城保护利用，除人文历史和建筑风貌外，最关键的是取决于水环境的保护与利用。河都被填掉了，水网都残缺了，还有什么保护可言？利用又何从谈起？自20世纪80年代以来，绍兴先后编制过四轮城市总体规划，但对水城的保护利用却一直没有形成一个前后一致、切实可行的规划方案，原因就在于河道减少了一半，水网破裂到难以缝补的程度，即使是一些很有见地的保护措施和切实可行的方案，也"只听楼梯响，不见人下来"。除了对现存河道进行疏浚、保洁和加强管理外，未见有任何对河网的修补、疏通、完善之举，更谈不上亡羊补牢。

1981年编制绍兴第一轮城市总体规划时，或许为了顺应社会各界对保护城市河道的强烈呼吁，规划明确提出"停止填河筑路"，并且首先从"完善水网系统，保持水网格局"①入手，这是抓住了水城保护的关键，也为后来的水城保护提供了一条清晰思路。这个由县级市编制的总体规划，到1987年改由地级市编制第二轮总体规划时，起初只考虑城市河道对于城市用水、调节水位、渲泄径流的影响，忽视了"保持水网格局"对于水城保护的重要性。后在1989年修订规划时，才重新回到"完善城区水网系统，保护水城格局"②的方向上来。2001年编制第三轮城市总体规划时，单独编制历史文化名城保护规划，对现存河道按"三纵、二环、六线、八池"进行保护，而由于填河筑路造成的河网残缺不全、流水不畅的问题没有提出具体建议，实际上回避了一轮、二轮规划坚持的"完善水网系统，保持水城格局"③的保护目标。2011年编制的第四轮城市总体规划，在当时"重构产业，重建水城"的大背景下，虽然有建设"江南水城""保护老水城，建设新水城"的宏伟目标，但规划的核心在于建设镜湖、越城、柯桥、袍江的"四环、四网"，"完善水网系统，保持水城格局"的古城保护目标已经在"重建水城"的目标下消失。④

历时近40年的规划实践表明：①对"完善水网系统，保持水城格局"的保护目标始终摇摆不定，反复无常，最后在规划文本中消失。②对如何"完善水网系统"、如何"保持水城格局"，一直缺乏科学合理的又切实可行的具体方案。所以，呼吁了40年的水城保护与利用，除外护城河得到整治外，城内基本上没有"完善水网系统，保持水城格局"的实际行动。

当然，为了弥补废河筑路带来的损失，规划也提出过一些补救性措施。如第一轮规划提出"恢复长350米、宽6米的狮子街河，把城区东、西两条河环联成网"。第

① 《〈绍兴市城市总体规划（1985—2000）〉说明》，绍兴市人民政府1981年11月印，第24页。
② 《〈绍兴市城市总体规划（1987—2010）〉修订方案》，绍兴市城乡规划管理处1989年5月印，第11页。
③ 《绍兴历史文化名城保护规划（2001—2020）》，绍兴市人民政府2001年7月印，第124页。
④ 《绍兴市城市总体规划（2011—2020）》，绍兴市人民政府2012年12月印简本，第44—45页。

二轮规划经修订后，也坚持"恢复狮子街河，贯通东西水系"的主张。第三轮城市总体规划单独编制古城保护规划也提出新的行动目标，"规划恢复前观巷原有河道，连通咸欢河与环山河。此外，罗门巷和南环城内河西端也需要重挖，以分别沟通金刚庙前河和府河"。第四轮规划虽然没有提恢复狮子街河或前观巷的具体河名，但仍主张"打通鲁迅路河与环山河，使东西贯通"，形成古城内部的水网。上述四轮规划，都主张恢复或重建东半城与西半城之间水网联系，而且都运用了"恢复""打通"的字眼，然而令人匪夷所思的是，四轮规划前后一致主张要做的事 40 年呼唤不为所动，究竟是何原因？

前后四轮绍兴城市总体规划，围绕"完善水网系统，保持水城格局"的水城保护目标，经历了从提出、动摇到消失的困惑与艰难抉择，这虽然难以令人苟同，但对现存 17 条河道如何串联成网、发展古城旅游的探索，仍然值得关注和肯定。特别是第四轮规划提出的"三圈、八线"水上旅游线路，就很有创意。规划将老城区设定为"内圈"，外护城河为"中圈"，外环河（亦称"二环河"）为"外圈"。"内圈"的目标是把现存的上大路河、萧山街河、八字桥河、缪家桥河、咸欢河、鲁迅路河、环山河及西小河连接成"内圈"，并通过"内圈"，把沿河的新河弄、戢山街、八字桥、鲁迅故里、越子城、石门槛、前观巷、西小路 8 片历史文化街区串联起来，实现"全城游"目的。在组织"内圈"水上游线时，必须将萧山街河与长桥河沿之间的"暗河"（中兴路段）和鲁迅路河与环山河打通两大难题。实际上在第四轮总体规划提出 8 河串联 8 片历史街区的方案之前，已有"内环河"之说。2014 年，有关部门委托浙江华汇建筑设计咨询有限公司编制了《绍兴市内河环境综合整治设计方案》，对整治上述河道逐条进行规划设计，评审专家认为，这是绍兴水城保护利用的理想方案，予以充分肯定。可是谁也想不到，8 河串联 8 片历史街区的探索和 8 河整治方案，最后都无疾而终。

四、绍兴水城保护必须解决三个根本问题

客观地说，自从绍兴被列入全国第一批 24 个历史文化名城之后，水城保护已经做了不少工作，主要表现在：一是填河筑路的不当之举已经全面叫停；二是对现存 16 条城河进行过多次疏浚；三是组织实施截污纳管整治工程改善城河水质；四是新建城南、偏门、城西翻水站向城河提供清洁水泵；五是外护城河得到有效治理。上述举措虽然取得积极成效，但与水城保护利用的要求相比还做得远远不够，甚至还没有触及水城保护的一些根本问题。

2000 年在绍兴举行的越文化研究学术讨论会上，陈桥驿先生在《绍兴水环境的严峻现实必须改变》的学术报告中指出，面对绍兴农村"废湖改田"和城市"废河筑路"的严峻现实，明确指出绍兴不仅要"废田还湖"，还要"废街还河"，他说：

对于废田还湖，我手头没有诸如卮石、容山、青甸、瓜渚、犾猱、铜盘、贺家等湖的围垦资料，也没有整个绍兴平原河港的填废资料。但围垦和填废是必然存在的。在乡村进行废田还湖和恢复废河港，当然要减少耕地，这需要通过提高产量特别是改变农业的部门结构（实际上已在改变）得到解决。绍兴城内的废街还河显然有更大的难度。但从长远看，这也是我们这一代人必须完成的事。现在暂不能想象把填废的 17 公里河港（似为 17 条河港——笔者按）全部恢复。但是诸如 70 年代填废的这条贯穿前山阴和会稽两县界的府河，实在是应该首先考虑的大事。假使让府河恢复，山阴大街和会稽大街都成为沿河的水城单面街，而府河经过渠化和沿河绿化，成为一条纵贯这两条单面街之间的城市绿带。这样，绍兴成为一个特色鲜明的真正水城，这是何等诱人的前景。[①]

陈先生高瞻远瞩的分析，实际上已经向我们提出了水城保护必须解决的三个根本问题：一是完善城市水网；二是改善城市水环境；三是治理河中建筑风貌。这些都是水城保护的基础性工作，更是决定水城命运的关键所在。

（一）完善城市水网结构

1. 水城保护的首要任务是保护好城市水网

原有 33 条城河构成的绍兴水城，是一个完整的网络系统，正是这个网络系统，支撑着水城的格局、风貌和水上交通系统。在城市河道水网遭受严重支解、割裂和堵塞的今天，水城保护利用的首要任务是保护城市水网，有以下三种方案可供选择：

方案一：恢复原来城市水网。即重新恢复由 33 条城河组成的水网，借用陈桥驿先生的话说，就是全面实施"废街还河"行动。"废街"涉及旧会稽县境的延安路、人民东路、渔化桥河、东街、保祐桥河沿、长桥直街（中兴路暗河），旧山阴县境的和畅堂、狮子街、前观巷、后观巷、人民西路、偏门直街、清风里、胜利西路（解放路至仓桥段）、新河弄、武勋坊等 16 条街道。此外，还有解放路的局部地段和填河造屋的其他地块。

方案二：维持现有残存水网。传统水网虽然被填埋多达 17 条，所幸尚存 16 条，如果有针对性地加强保护，即使城市水网没有原先那么完整与畅达，水城风貌依然约略可见，哪怕是局部的、零星的、不完整的。因此，维持现有残存水网也是一种唯实之举。

方案三：完善现存水网结构。即在残存水网基础上，着眼全城，对已经被支解、割裂和堵塞的重要节点、堵点，进行疏通、重挖和完善，做到该打通的打通，该恢复

---

① 陈桥驿：《绍兴水环境的严峻现实必须改变》，《陈桥驿全集》第 11 卷，人民出版社 2017 年版，第 206—207 页。

的恢复，该重挖的重挖，把全城范围内的主要河道连接好、沟通好、组织好，真正让水城活起来。

2. 完善现存水网结构是理性选择

上述三个方案，虽然都事关水城保护的根本问题，但保护目标、路径、方法和现实可行性各不相同。

第一方案涉及面广，工程量大，最终目标是回到清末民初的水城河网格局。由过去"填河筑路"回到现在"废街还河"，这无疑将对古城肌理造成巨大冲击。能不能实现，有没有必要，其中可行性和现实都令人茫然。需要指出的是，当年老祖宗疏浚纵横33条城河及内外两条护城河，主要目的在于打造城市水上交通系统。而在如今的现代化条件下，试图恢复原来所有城河重建城市水上交通体系，显然并不实际。相反，假如我们接过古人智慧，将历史上曾经存在过的城市水上交通系统切实转换成水上旅游系统，实现创造性转化，这不仅是可能的，而且是十分必要的。

第二方案虽然立足于对现有残存水网的保护，但无法得到充分利用。因为数十年来废河筑路对城市水网已经造成致命伤害，使原来完整的水网变得零星、破碎、分散，对充分发挥水城的经济社会效益受到严重制约。依托残存水网进行保护，尽管难度不大，但效益也不大，可资利用的机会微乎其微。水城不能为了保护而保护，要在保护中继承，在继承中发展，使水城的形态更完美，让水城的效益更显现。总之一句话：让水城活起来。

与前面两个方案不同，第三方案强调的是"完善水网"，既具有吸收第一方案"水成网"的优点，也不排斥保护"残存水网"的努力。完善水网的目的，是想通过有选择、有重点的恢复或重挖少量主干河道，打通河网之间的主要堵点，沟通城河之间的干道联系，以有限的投入，激活残存水网，促进全城主要河流的联系。方案不用在全城范围内"废街还河"，也不仅停留在残存水网的保护上，而是利用水的自然属性，疏通关键环节，开辟最佳通道，使之河成渠、水成网，让城里的水通起来，流起来，活起来。

综上所述，我们认为第三方案即"完善现存水网结构"是可行的比较理想的方案。

3. 从实际出发组织实施工程

（1）恢复水网的中心河道——府河。这是当代著名历史地理学家、杰出乡贤陈桥驿先生首先提出的重大课题，他还专门为此描绘了发展蓝图。[①]此后不少有识之士通过各种途径，包括向市领导书面建议、政协委员提案等方式，再三呼吁恢复府河。这种认知上的高度一致，不仅因为南朝以来至清末，府河一直是山阴、会稽两县的界河，是古城绍兴的重要历史见证。更重要的是，府河本身就是绍兴水城的中心河道，

---

① 陈桥驿：《绍兴水环境的严峻现实必须改变》，《陈桥驿全集》第11卷，人民出版社2017年版，第206—207页。

历史上 33 条城河中，有 18 条城河与府河连接，具有水城"主动脉"的功能。过去山、会两县的东西向河道，其中来自会稽县境 8 条、山阴县境也是 8 条，加上城南的内环河、城北的运河，都在市中心与府河交汇，形成真正意义上的"水网"。所以，府河既是水城南北向河流中的"主动脉"，又是全城东西向河流中的"脊梁骨"，失去府河就意味着失去了水城的"主动脉"，填平府河就如同抽去了水城的"脊梁骨"。府河命系绍兴水城！唯有恢复府河，才能恢复水网的主心骨；唯有恢复府河，才能恢复水城的元气！

实际上，恢复府河的可行性和客观条件是完全具备的。从南门到大江桥全长 2680 米的府河，现以"明河""暗河"两种形式存在。明河从南门到咸欢河，长 1250 米；暗河从咸欢河至大江桥，长 1430 米。所谓恢复府河，实际上就是将解放路下面的暗河改为明河。目前暗河存在两大弊端：一是长距离的暗河，无法通过人工或机械进行疏浚，淤泥沉积，久而久之成为死河，客观上成了市中心看不见的一大污染水源；二是如果继续以暗河形式存在，府河两侧的河道无法沟通，直接影响到城市水网的重新布局与完善。

（2）打通东半城与西半城的水网连接线。回顾发端于 20 世纪 50 年代的"填河筑路"风潮，我们不难发现，面对南高北低的水城地势走向，当时也不得不给城河留出下泄的机会，南北向河道除府河外，基本上没有成为"填河筑路"的牺牲品。而从地图上我们可以清晰看到，但凡被填废的极大部分是东西向河道，占比在 80% 以上。从某种视角看，这也许是顺应了水的流动性规律，但对水网造成的伤害却是致命的。其结果是东半城河水与西半城河水的流动性被彻底阻断，原本全城一体的水网，被人为割裂成东西两张残缺不全的水网。

为此，要完善城市水网结构，必须重新开挖东半城与西半城之间的连接河道，使已经残缺的两张水网重新复原成为互联互通的一张水网。与府河一样，这是绍兴水城保护与利用的核心议题之一。

根据重新布局绍兴城市水网的全局考虑，这种东半城与西半城的连接通道至少要有 3 条，才能将城内河道连接成网。如果把绍兴水城分为上、中、下游三部分，每一部分不能少于一条连接通道。因为填河筑路时，东半城废河 5 条，西半城废河 8 条，致使构成水网的基本要素几乎丧失殆尽。因此根据完善水网结构需要，必须在西半城上游、中游重挖两条河道，加上下游的运河，与东半城现存的 3 条东西向河道相对应，方可勉强构成水网。

上游的连接通道，在第一轮绍兴城市总体规划中提出恢复狮子街河，以此来沟通鲁迅路河与环山河的联系，全长 351 米。这是一个比较理想的方案。后来或因某种原因，改成恢复前观巷河，通过全长 301 米的前观巷，把西咸欢河与环山河连接起来，同样能达到东西贯通的效果。究竟恢复打通哪条河好，当然可以在分析比较后确定，但必须选择其中一条并付诸实施。

中游的连接通道，最理想是恢复人民路河道。这段河道正好位于城市中游，重新开通的最大利好是能够把东半城的稽山河与西半城的环山河连接起来，促使水城河网骨架的成型。人民路河东起会源桥，向西经观音桥、唐家桥至蕙兰桥，长900米，再向西到酒务桥与环山河汇流，长400米。会源桥至酒务桥河段，总长1300米，开挖工程量大、难度大，意义也大，是全面盘活水城不可或缺的重要环节。

（3）现有"暗河"全部改为"明河"。现有5条暗河，都是目前残存水网中的有机组成部分，在水网结构中都有各自的地位和作用，或许考虑到它的重要性才没有填废，而是换种形式允许其存在。为有效保护和利用水城，必须让这些河道"弃暗投明，重见阳光"。

一是府河、西咸欢河至大江桥段暗河，长1430米，其地位与重要性如前所说，是完善绍兴城市水网的第一要务。

二是稽山河原长安桥至宋梅桥以南段暗河，长约300米，主要被中兴路覆盖。位于浙东运河绍兴城内黄金地段，是古代绍兴城对内、对外交通干线，过往船只多停靠于此。此处由暗改明，不仅是保护浙东运河的需要，也是打造水城游线必须的工程。

三是南环城内河西段暗河，长约200米，是府河与南环城内河之间的连接线，"暗"改"明"能较好体现南环城内河的完整性和连续性，局部恢复水城的内池风貌。

此外，鲁迅路河东段和戢山河北段，分别长约300米和200米，两河段的共同特点是直通水城门。鲁迅路河段通东郭水城门，戢山河段通昌安水城门，曾经在城内、外水上交通中发挥过重要作用。若能由"暗"改"明"，可将城内水网与城外水网连接起来，增加城河的观赏性。

表4　完善城市水网结构工程项目一览（2020年12月）

方式	河道名称	起讫地点	长度（米）
恢复	府河	南起西咸欢河口—北至大江桥	1430
重挖	狮子街河	东起大云桥—西至凰仪桥	351
	（备选前观巷）	东起西咸欢河口—西至环山河	（301）
	人民路中段	西起酒务桥—蕙兰桥—东至会源桥	1300
改造（暗河改明河）	运河中兴路段	长桥河沿—宋梅桥南	约300
	南环城内河西段	南门以东—接南环城内河	约200
	戢山河北段	南起昌安桥—北出昌安水城门	约300
	鲁迅路河东段	西起东环城内河—东出东郭水城门	约200

（二）改善城市水环境

绍兴水城保护，既要抓住完善城市水网这个根本，更要善于面对城市水质保护这个难题。保护水质，不仅涉及城内河网水质，还涉及城外河网水质。充满流动性的水体，在上游以三类水进入城内水网，经过曲折回环的"旅行"之后，到下游排出时已经成了四类水。可见，水质保护是一个涉及城内城外、东城西城、上游下游的综合性系统工程，是事关城市水环境治理的大问题。

在 20 世纪 50 年代大兴"废河筑路"风之前，绍兴城内河道畅通，河水清澈，基本无工业废水污染，生活污水也能自律节制，河边淘米、洗菜还是一种常见现象。此后 30 多年间，随着城市水网被切割，工业现代化迅速崛起，水环境意识逐渐淡薄，城内残存河道之水不断变浊、变黑、变臭，成了老百姓和城市管理者的一大心病。

因此，从 20 世纪 80 年代就开始城市水环境治理的努力，大致经历了三个阶段：第一阶段以老城区污水治理一期、二期工程为标志，于 1983 年全面启动，至 1998 年基本建成，共建成排污泵站 13 座，敷设排污管线 41 公里，截污输送能力达 18 万吨 / 日。第二阶段以老城区截污纳管为标志，从 2000 年开始截至 2016 年底，共完成 127 个老小区截污纳管改造，同时对 11 条城河的水环境进行整治。第三阶段以剿灭劣 V 类、V 类水体为目标，2017—2020 年，全面完成市区 4 个街道 396 幢楼房、1279 个沿街店面（单位）污水直排以及 54 个雨污混接区块的整治，实施 5 大区块、8 个历史街区生态化粪池等污水设施的提档改造，对无管位设置条件的地段进行河岸雨污截流改造。至 2020 年，市区共有各类排污泵站 141 座，管线约 500 公里，污水日排放能力达 47 万吨。[①]

近 30 年的水环境治理，无论工作力度还是投资强度，都不可谓不大，收获的成果也不可谓不少，但水质改善的步履不快，效果并不理想，V 类水甚至劣 V 类水竟在治理中、治理后反复出现，说明我们的水环境治理步履艰难、任重道远。在治理路径、方法上我们是不是需要以更高的起点、更广的视野、更多的方法，不断提高城河水的"流动性""洁净性"和"亲水性"，使城市水环境从根本上得到改善。

所谓水的"流动性"，本身就是水体自身存在的客观规律，正如谚语所说，"人往高处走，水往低处流"。流动性给水带来活力，冲走污秽，迎来洁净，为人类的生产、生活提供清洁水源，而一旦失去了流动性，便会变成"死水一潭"或"一条臭水沟"。"流水不腐，户枢不蝼"（《吕氏春秋·尽数》）告诉我们，流动的水不会腐臭，经常转动的门轴不会被虫蛀，关键是要"流动"与"转动"。当然，通过流动来防止腐臭，仅仅是保持水质的最低要求，还得从源头上补充活水。大自然供给的水，本身

---

① 以上数据由绍兴市建设局原局长钟华华提供。

是清洁、干净的，由于人为或自然的原因，常常使水由清洁变得浑浊，由干净变得醍醐。这就给我们提出了另一项更为艰巨的任务，即以最大努力防止水污染和治理水污染，切实改善水环境。与此同时，我们主张"亲水性"，旨在推动和建立人与水的亲密关系，在城河水的流动之中，在洁净的清水面前，感受到水的可近、可亲、可敬及其"上善"品质，增进人水和谐的人间乐趣。可是，多年来由于城市水位降低，河岸增高，水体污染，使原来触手可及、亲密无间的"亲水性"，在严酷的现实面前戛然而止。水环境治理目的之一，就是要让这种"亲水性"重新回到我们日常生活中来。提高城市河水的流动性、洁净性、亲水性，虽然有着各自的内涵和要求，但三者之间又是互相联系、互相促进的关系，必须整体推进，以下措施将是必不可少的。

1. 提高上游水位，增强城内河水流动性

使水从高处往低处流，或者从低处往高处流，是人类利用水的自然属性而采取措施的结果。绍兴水城形成以来，增强城内河水流动性的途径有两条：一是继承传统方法提高城市上游水位，二是目前正在使用的在城市上游建立翻水站。绍兴水城总体地势特点是东南高、西北低，城市东南部水源比较丰富，正常情况下城内河水经流量能基本保持城河的流动性与城市河网的自净能力。但长期特别是20世纪50年代以来，由于城市下游山会平原废河填湖、开垦农田，河道淤泥基本没有疏浚，加上三江闸外迁、曹娥江大闸建成，平原地区排水能力弱化，水位相应抬高，直接影响到城内河水的外排。与此同时，城内河道也在"填河筑路"中大幅减少，水网断续相间，城内河水流动性受阻，时间一长，特别是枯水期，河水发黑、发臭，在清洁水源进不来、劣质污水又排不出的情况下，只好一面在城市上游新建翻水站，向城内翻水；一面又在城市污水较为集中的地方新建大批排污泵站，增强污水排放能力，然而实际效果并不那么理想。虽然上游建有南门、偏门和下游建有城西3个大功率翻水站，城内还建有141座各类排污泵站，但在这些设施建成后的2016年，经有关专业机构对城内水质监测，结果令人惊异，10个断面水质大多为V类和劣V类。[1] 这就不得不促使我们重新考虑，通过翻水站和排污泵改变城内水质的路子有没有走好？有没有做到家？是不是还有其他方法可以补充或替代？

事实上，从补充城市水源层面看，除上游建立翻水站外，提高鉴湖水位同样具有现实意义，而且在建翻水站之前，就一直依靠城外鉴湖水与城中水的落差来促进流动性。这种落差应该在鉴湖建成时就已存在，后人利用这种落差不仅造就了绍兴水城，还为城内水体的自净提供了不竭水源。到了宋代，这种落差才见之于文献记载。宋曾巩说鉴湖水"高于城中之水，或三尺有六寸，或二尺有六寸"[2]，为什么这种落差有两

① 以上数据由绍兴市建设局原局长钟华华提供。

② ［宋］曾巩：《越州览湖图序》，《曾巩集》卷第十三，中华书局1984年版，第206页。

个不同数据？同为宋代人的徐次铎，说得很明白："会稽之水常高于山阴二三尺，于三桥闸见之；城外之水高于城中二三尺，于都泗闸见之。"[①]三桥闸在稽山门外，是东鉴湖与西鉴湖的分界线，徐次铎所说的"会稽""山阴"，实际上就是东鉴湖与西鉴湖的水位差，与曾巩所说是一致的。两个水位分别是，鉴湖水位高于城中水约1米，东鉴湖水位高于西鉴湖也是1米左右[②]。这与当代学者盛鸿郎、邱志荣考察研究得出的结论基本一致，他们认为鉴湖水位高程为4.5～5米，城内河面正常水位高3.5米，落差也是1米左右[②]。而现在鉴湖水与城中水落差已经缩小到微乎其微，东鉴湖水流向西鉴湖的势头仍比较明显，说明利用东鉴湖水来促进城内河水流动性的机会是客观存在的。尤其值得欣慰的是，东鉴湖经过多年治理，水质明显好转，白塔洋、百家湖等主要水体常年水质基本稳定在Ⅱ类水，如果设法将其引入城内，绍兴水城面貌必将获得彻底改善。

古人为了缓解或避免鉴湖水对城内庐舍的冲击，在城东南的水城门口设埭阻水，这样既可以引水入城，又可实现城内外通航。嘉泰《会稽志》："凡城东南门有埭，皆以护湖水，使不得入河，西门因漕渠属于江以达行在所；北门引众水入海。"[③]这段记载很重要，它既说明了鉴湖水、城中水与运河水之间的关系，又告诉我们绍兴6处水城门的分工：城东都赐门、东南东郭门、城南南门、城西南水偏门，分别设有都赐埭、东郭埭、南埭、陶家埭，从城东、东南、南、西南四个方面引上游鉴湖水进入城内水网。城西迎恩门主要功能是通航，城北昌安门则将城内诸水外排山会平原。南宋绍兴水城门的功能配置，对我们今天提高城市上游水位引鉴湖水入城，仍有很大启发。

在上游建翻水站，对城内局部地区增加水源、更新水体、提升流动性等方面，确有一定作用。但从历史看、从现实看、从发展看，目前翻水站的数量、布点尚欠合理，效果非常有限，主要存在以下问题：

一是翻水站数量偏少。现有3个翻水站，虽有两个建在上游南门和偏门，但南门因府河受堵，加上东西半城水网隔绝，除了对东半城投醪河、鲁迅路河、咸欢河等城市上游具有补充更新、提升流动性之外，府河的城中心主动脉和改善西半城水体的作用几乎为零。偏门站虽然解决了西半城主干河道环山河的水源问题，但由于河网缺失，所能发挥的作用也极其有限。城西的外府山桥泵站，地处城市下游，只对环山河末端和西小河、上大路河、萧山街河水体改善有一定作用。水源丰沛的古代，尚且用4埭引水入城，如今在城河污染加剧的情况下，仅靠上游两上翻水站无论如何是无法

---

① ［宋］徐次铎：《（复）鉴湖议》，见《嘉泰会稽志》卷第十三。
② 盛鸿郎、邱志荣：《古鉴湖新证》，《鉴湖与绍兴水利》，中国书店1991年版，第21页。
③ ［宋］《嘉泰会稽志》卷第一《城郭》。

彻底解决全城水质和流动性问题。

二是翻水站布点不尽合理。在原本依靠鉴湖水与城中水落差引水入城时，城东南的4处水城门既是城市内外水上交通要道，又是引水入城的主要关口，而且源源不断，尤其是东鉴湖水位略高于西鉴湖的优势没有被有效利用，这不能不说是上游翻水站布点的一大遗憾。其实，利用东鉴湖水位优势，在都赐门、东郭门建翻水站，其效益或比南门、偏门建站更大。而且因为两门的特殊地理位置，从东郭门引水入城，既可激活东半城主干河道稽山河的流动性，又对改善东半城上游、中游水质大有裨益；从都赐门引水入城，同样对激活浙东运河绍兴城内段的流动性，对改善水城下游水质意义更大。

三是现有翻水量，不足以有效改善城内水环境。现阶段南门、偏门翻水总量并不算大，加上城内河网断裂，堵塞严重，进城的清洁水源流动不畅，处处受阻，引水效果难以全面释放。为此，我们提出以下四点建议：

一是保留南门、偏门、外府山桥3个翻水站；

二是新建东郭门、都赐门2个翻水站；

三是必要时可在罗门畈增建1个翻水站；

四是重新恢复都赐堰、东郭堰、南门堰、陶家堰格局，也可作为选项之一。

2. 加强综合治理，确保城内河水的洁净性

污水治理是一项综合性工程，涉及污水产生、收集、处理等不同阶段，是水环境治理中的最大难处。绍兴自20世纪80年代以来，围绕水环境保护，从思想教育、硬件建设到资金投入，都做出了最大努力，也取得了一定成效，但距确保城内河水清澈洁净还有很长路要走。

首先，从源头上控制水污染产生，仍需做出多方面努力。水污染主要来自工业废水、生活污水和河道淤泥的从中"作梗"，由于这些水污染产生的地点不同、原因不同、方式不同，所以城内、城外防范的侧重点也有所不同。相对而言，城外以工业废水污染为主，城内以生活污水为主，因为在上游鉴湖水域范围内，人口居住密度不及城内，而城内工厂又在古城保护中陆续外迁。所以城内、城外防治污染的重点也不尽相同。然而，控制工业污染和生活污染的关键在于人，采用各种方式加强对市民保护水环境的教育，强化环保意识，有效控制污染源，无疑是个永久性课题。此外，从现实情况看，无论城内或城外，河道淤泥沉积，厚达一二尺，是潜在的水污染"帮凶"。暴风骤雨、河水猛涨或机动船往来搅动时，常常会淤泥翻滚、浊浪滔天，造成严重污染。所以及时清理河道淤泥也是绍兴水环境保护的一项重要内容。现在，城河清淤已纳入保护范围，隔三差五进行疏浚，希望能成为常态。城外河道淤泥，过去主要靠农民捻河泥作肥料来解决，现已基本绝迹。新出现的泥浆船比人工捻河泥效率更高，为

什么不去发挥它的作用？尤其是上游鉴湖的清淤，更为重要。

其次，要继续强化污水收集系统建设。尽管我们的"五水共治"取得很大成就，但从城市上游三类水到下游的四类水的质变中，谁也无法否认，我们的污水收集系统并非完善无缺。例如，以老小区为主的古城内，已经截污纳管的老小区为127个，剩下的还有多少个，何时方能彻底完成？新建住宅区虽然都有污水收集设施，但是否都做到纳管外排？有些住宅小区由于种种原因，没有做到雨污分流，却以"雨水管"名义直接排入城市河道，少数地段的沿河居民或单位产生的污水，在没有敷设纳污管位置的情况下，如何解决污水出路？有些地方的污水，由过去的水面"明排"改为河底"暗排"，令人担忧。绍兴还有一个有趣现象，或许由于公厕选址难，因而也有不少公厕在河边绿化带内临河而建，化粪池与河道近在咫尺，有无渗漏或暗中相通？诸如此类，足以说明污水收集系统建设必须加强，应本着"滴水不漏"的精神，确保城市河水的"清白"与洁净。

最后，要根据《环保法》要求，在切实做好污水收集工作的同时，对污水输送管网、污水处理厂的建设，也要与时俱进，加强建设与管理，为确保城市河水的洁净性做好每一环节的工作，不能中间掉链！

3. 改善城市河道环境，提升水城的亲水性

亲水性是绍兴水文化的优秀传统，它展现的是水的基本属性，体现的却是人与水的亲密关系，是发展水城旅游的文化之魂。水城保护的一个重要方面，就是要着力扭转人水关系渐行渐远的局面，千方百计培育人水之间的亲密关系，吸引更多游客深入水巷，找回人水和谐的水文化本原。

一是必须确保城河水质优良。在人与水这对关系中，人追求的是一种美的感受，而水呈现的是一种以无色、无味、无臭、清澈、透明为特征的自然美，只有当水能给人以美的感受时，人与水方能走到一起。从这一意义上说，水的质量如何，是人水关系的一种黏合剂，或者就是提升亲水性的一种催化剂。古往今来，多少诗人写小溪、写江河、写大海，都在自觉或不自觉地赞赏水的自然美，抒发诗人的审美感受。而水城绍兴所拥有的既不是潺潺小溪、滚滚江河，更不是滔滔大海，而流淌在传统民居建筑之间的小小水巷，与小溪、江河、大海别样的水巷，提供市民宁静、优雅、淡远的生活空间，一种水城特有的水文化样态。

二是适当提高城市河道水位，提供更多的人水接触机会。绍兴城内原本触手可及的人水关系，在城市变迁中逐步走向人水分离，甚至给人以可亲而不可及的感觉。原因是多方面的，如"废河筑路"减少了人水接触的机会，水位下降拉开了人水相处的距离，河岸增高造成了人水隔膜的结果。其中影响最大的莫过于城市水位的下降，原因或许是为了加速污水外排而采取的措施，结果却在感知上产生了人与水的距离。然

而，随着城市上游水位的提高和翻水量的加大，适当提高城内河道水位是增加亲水性的重要环节，势在必行。至于如何提升，当然要从实际出发，以科学态度处理好各种相关问题。根据现有条件，水位提高 0.3 米的目标应该是可行的。只要在下游昌安门增设闸门，适当拦截西郭门水外流，或可整体抬升城市水位。0.3 米标准不算高，却对加强全城范围内的亲水性意义重大。由此带来的问题，如许多河埠下端将被水淹没，水面抬高后对乌篷船穿越桥洞带来不便，少数桥下可能无法通航，暴雨时节河水上涨可能造成低矮房屋进水等。这些涉及居民生活、交通以及城市抗洪等问题，只要认真科学对待，应该都能得到解决。

三是发挥河埠的人水纽带作用。绍兴因生产、生活、交通需要而建的河埠头，到处可见。虽然这只是绍兴水城极为普通的建筑符号，但却是展示沿河居民生活场景的重要窗口。居民在这里洗菜、淘米、晾衣、养花、乘凉、聊天、做女红等，一览无遗，而且随着季节的变化而转换。透过这小小的水乡居民生活窗口，我们就可知道他们吃什么、穿什么、养什么花、做什么手艺、有什么爱好……所以这里又是一个风情的窗口、民俗的窗口、文化的窗口、心灵的窗口，是绍兴水城独特而又闪亮的风景线。亲水性在这里得到了充分展示，水文化在这里表现得淋漓尽致（图 1）。

图 1　绍兴城内的单面、双面河埠

（三）提升城市水乡风貌带

绍兴之所以在国务院文件中被定位为"江南水乡风光城市"，原因在于绍兴城内同样具有与乡下一样的水乡风光。现有的 17 条（含护城河）城河，就是 17 条水乡风貌带，也就是古城保护规划中的 17 条"线"，与文物保护点、历史街区构成绍兴最有特色的"点、线、面"保护三大要点之一。《绍兴历史文化名城保护规划》指出：

所谓"线",就是保护水中有城。城中有水,水巷纵横,"三纵、二环、六线、八池"独特的城市河湖水系和"一河一路""一河二路""有河无路"别具一格的水乡风貌带。[①]然而,这些历史留传下来的水乡风貌带,在水城保护利用中同样需要整治、协调和提升,这既是保护之需,也是利用之需。重点要求做到:

1. 处理好河道与路、岸、桥、河埠、绿化的空间关系

从现状看,与新修的大马路相比,传统的城市河道景观内容更独特,层次更丰富,文化韵味更浓郁。因此,在处理河道与路、岸、桥、埠、绿化的空间关系时,更要重视保护,同时也要根据发展绍兴旅游业需要,将古代的水上交通功能转化为现代的水上旅游功能,实现创造性转化和创新性发展(图2)。

图2　绍兴城内河道交汇区域的民居、路岸、河埠、绿化的空间布局

(1)整治城河两岸石板路。绍兴城内现存16条河道两岸的陆路,分为"一河一路""一河二路""有河无路"三种形式,此外还有混合型的,即在同一条河两旁,既有"一河一路"形制,又有"一河两路"形制,甚至还有"有河无路"的。由于情况较为复杂,整治河道要从实际出发,解决以下问题:一是要努力彰显河路形制特色。除"有河无路"形制外,对每一条城河来说是"一河一路"还是"一河二路",都要有明确定位。在确定"一河一路"或"一河二路"形制后,河边的一路或二路,都要尽可能连贯,不要时断时续。象环山河胜利西路段,一会儿"一河一路",一会儿

---

① 《绍兴历史文化名城保护规划(2001—2020)》,绍兴市人民政府2001年7月印,第6页。

"一河二路"，一会儿又"有河无路"，这种布局方法有损水城的外观形象，实不可取。二是按照河边行人道功能定位，其他部门或行业不得随意占道。路面宜用青石板铺设，要求平整，要防止树根抬拱，造成路面不平。临河一边，通常不设防护栏，以体现人水相亲的原则。个别地段路面狭窄或河岸较高，在设置石质防护栏时，也不宜过高，更不能借此来隔离人与水间的亲水性。三是在沿河路面宽阔处，在不影响市民行走的前提下，适当添置一些诸如石凳、坐椅、亭子、廊榭之类建筑小品，既可为行人提供休息场所，又可丰富城市河道景观。

（2）畅开城河水乡风貌带。前些年，绍兴曾经提出"显山露水"的古城保护策略，若干年后"显山"已经略有成效，"露水"却仍然原封不动，甚至在有意无意中被"封堵"了起来。或许因为河水发黑发臭，一时又无法彻底根治，因此在整治河道时一改河边设路的历史传统，让绿化替代河边的青石板路。这样一来，"臭水沟"虽然被掩盖起来了，水乡风貌带却因此消失在"绿化丛中"了。如鲁迅河都亭桥至大云桥北岸段，环山河水偏门至凰仪桥北岸段，环山河仓桥至府山桥北岸段，上大路河北海桥至大江桥北岸段等。绍兴城内剩下的河道本来已经不多，加上这么多城河被绿化"埋没"，几乎无法使人找到绍兴水城的感觉。古人为什么要把石板路设置在河边岸上？道理很简单，因为当时绍兴城内有水陆两个交通系统，岸边行人，岸下行舟，行人与行舟形影相随，随时可以完成交通方式的转换，或弃舟上岸步行，或下河登舟航行。现如今城市水上交通功能虽已完成使命，但我们仍可以接过这种水陆换乘的简易方式，为实现"坐乌篷船游绍兴全城"提供便捷服务，有什么不好呢？所以，把河边绿化带改成沿河青石板路，是实现"露水"的不二方案，也是水城保护利用的必然选择。我们没有理由让绿化影响水乡风貌带建设，更不应该影响全城游目标。实际上将河边绿化带还原成青石板路难度并不大，因为这些绿化带既有灌木植被，又有高大树木，真正遮挡、隔绝、影响水乡风貌带效果的正是那些灌木丛，树木的影响并不大。保留树木，撤走灌木，铺上石板路，水乡风貌带照样可以存在。

（3）协调城市河道两岸风貌。与大街上车水马龙、繁华热闹相比，水巷深处展示的却是宁静、优雅、闲适的生活场景，是绍兴水城有待开发的优质旅游资源。对这里的景观资源，应该本着保护水巷风貌、协调周边环境，提高空间质量，改善居住环境的原则进行协调和整治。存在安全隐患的河坎，需要整饬、加固或重砌。沿河居民河埠头，允许形式多样，风貌各异，但安全、文明必须共同遵循。后门口乱搭乱建、堆放杂物，有失雅观的现象需要改变。局部地段尚存的空架电力线、通信线以及生活污水自行排放入河的，宜采取沿河纵向布置共用沟方式予以解决。因新建马路影响通航的桥梁，如大江桥、长桥河沿暗桥、鲁迅路河一带的平板桥，均须提高拱圈，提升通航能力。对沿河居民自行架设或安装的遮阳棚、晾衣架、排烟管、空调器、围栏、电视接收器等，也要按美观、大方、合理的要求进行整治，提升城河两岸整体环境质量。

2. 加强河道两岸传统建筑风貌的保护与整治

绍兴城内现有 16 条河道，加上需要重新恢复的府河、狮子街河（或前观巷河）、人民路河，总数将达到 19 条。这些城河，有的在历史街区内，有的在历史街区外，但对照"水乡风貌带"保护要求，无论在内或在外，都应该按照历史街区建筑保护与整治模式进行有效保护与整治。

从 20 世纪 80 年代以来，城内河道两岸民居建筑大拆大建的情况极少，传统风貌相对比较完好。据浙江华汇建筑设计咨询有限公司 2014 年调查，两岸现状建筑年代，民国前、民国、解放后至 20 世纪 80 年代均有分布，其中以传统建筑为主。两岸现状建筑高层，以一二层为主，少量在三四层或以上。两岸现状建筑风貌评估分以下四类：

Ⅰ类建筑：建筑形制保存较为完整，建筑细部基本完好，虽未列入文保名单，是具有一定历史文化价值的传统建筑或近现代建筑；

Ⅱ类建筑：单体建筑的历史文化价值不高，数量较大，包括传统台门和民居建筑，与传统风貌比较协调，需要进行修缮；

Ⅲ类建筑：虽然属于现代建筑，但空间形态、建筑形式、体量、高度、色彩、材料等，大体上与重点保护区的传统建筑风貌相协调，局部需要改进；

Ⅳ类建筑：单位或居民自行改造、翻建的建筑，虽然建筑尺度基本符合保护区传统风貌要求，但建筑空间形态、建筑形式、材质、色彩、细部等，与传统风貌不相协调，甚至直接影响了传统风貌保护。[1]

根据以上河道两岸建筑风貌分析评估，建议按《绍兴历史文化名城保护规划》第二十条"建筑保护与整治模式"组织实施：

（一）保护——保持原样，真实反映历史遗存；

（二）改善——对建筑结构尚好却不适应现代生活需要的，除保护其建筑格局、风貌和外部环境外，重点对建筑内部加以调整改造，以提升居民生活质量；

（三）保留——对 20 世纪 80 年代以来新建的砖混结构、造型与质量较好，与传统风貌并无冲突的，予以保留；

（四）整饬——对质量较好、风貌较差者进行立面改造，包括降层、平改坡等；

（五）重建——对传统风貌影响较大的，采取拆除重建，或历史建筑移建；

（六）拆除——对违章搭建、增建、破坏院落空间的予以拆除。[2]

---

[1] 《绍兴市内河环境综合整治方案》，浙江华汇建筑设计咨询有限公司 2014 年 11 月印，第 2—3 页。

[2] 《绍兴历史文化名城保护规划（2001—2020）》，绍兴市人民政府 2001 年 7 月印，第 10—11 页。

3. 拓展河道两岸景观延伸带

绍兴古城保护大致经历了从"点、线、面"保护，到古城"格局""风貌"保护，再到提出"全城保护"三个发展阶段。"点、线、面"保护是古城格局和风貌保护的基础，而古城格局和风貌保护又是全城保护的基础。以此为逻辑起点，绍兴水城保护与利用，必须从全城保护着眼，从格局和风貌保护入手，在"点、线、面"保护中落到实处。在"点、线、面"保护的整体格局中，城市河道作为一条条的"线"，能否把古城范围内的无数个"点"和足够大的"面"串联起来，是我们迫切需求探索和研究的重要命题。

绍兴既是一座古城，又是一座水城，在面积 8.32 平方公里建成区范围内，有各级文物保护单位 37 处、文保点 65 处，台门建筑 280 余处，桥梁 163 座。在各类文物古迹中，有国家级重点文物保护单位（含文物点）14 处，有名人故居 12 处，有古桥数十座。这既说明古城、水城文物古迹的多元性和高品位，也说明古城、水城旅游资源的多样性和高品质。过去，我们对如此密集的旅游资源有过不小的误会，认为绍兴旅游景点"小而散"，缺少"月亮""太阳"之类的大景点，这实在是天大的冤枉。绍兴在极其有限的地域范围内，拥有多达成百上千的文物古迹，本身就是一个大景区，一个"月亮""太阳"，"一个没有围墙的博物馆"！绍兴之所以让人误会，以"小而散"而不屑一顾，其原因在于，长期以来我们没有把"小而散"景点当作一个整体把它们串联起来，形成闪闪发光的珍珠链，使资源优势实实在在地转化为产业优势。所以，在古城、水城保护利用进入新阶段的今天，在古城保护项目群扎实推进的当下，我们完全有理由和条件，在提升水乡风貌带过程中，通过无数个河埠与踏道，把寻访、探究的游览路线从水路向陆路延伸，由水上游转换成陆路游，形成水、陆循环游。特别是置身小巷里弄的名胜古迹，现代交通工具又无法到达，推动水乡风貌带的延伸显得尤为重要。

其实，由水乡风貌带延伸至街巷景点的机会是很多的。如沿着环山河一路前行，登岸去徐渭故居、去越王城、去府山、去仓桥直街、去范文澜故居、去大通学堂，都不是难事；又如沿着浙东运河从迎恩门至都泗门，中间可登岸游览观赏的景点就有陈家台门、黄酒博物馆、来王殿、蔡元培故居、探花台门、戢山历史街区、王羲之故里、周恩来祖居、广宁桥、八字桥历史街区、龙华寺、天主教堂。城内每一条河道、每一条水乡风貌带，都可以根据文物景点分布情况，就近增设河埠头，开辟游览线路，添置导游牌等措施，把游客引向现代交通工具无法企及的水巷深入。

现在我们面临的是经济社会快速发展的时代，游览绍兴这样的千年古城和罕见水城，却需要慢节奏，移步换景，漫游细品，在欸乃声中品赏绍兴，这是乌篷船的禀赋，是坐公交车无法领略到的。

当然，绍兴在努力打造"坐乌篷游绍兴全城"品牌的同时，也要做好"优化街区路网结构"的文章。要知道，所谓绍兴景点"小而散"，客观上是被"大马路，疏密度"逼进里弄的结果。坐着现代交通工具行驶在大街上，自然会感到景点"小"而"散"，这不是绍兴古城景观本身的错。因为绍兴是从历史走来的传统城市，街区的路网结构与景观体量的大小尺度是建立在宜居前提下的空间布局，两相适宜，相得益彰。例如，旧山阴县境内从南门到大江桥总长 2680 米的区间内，辟有雷坛弄、柴场弄、和畅堂、辛弄、老鹰弄、菩提弄、狮子街、前观巷、开元弄、后观巷、硝皮弄、蕙兰桥、千金弄、富民坊、府横街、香橼弄、仓弄、西营、水澄巷、丁家弄、新河弄、上大路等东西向街巷里弄 22 条，平均间距为 121.2 米。这种以"窄马路，密路网"为特征的城市路网结构，显然是按以步行为尺度设计的，与眼下以四个轮子为尺度设计的"大马路，疏路网"不可同日而语。绍兴解放路从 1950 年的 4 米宽，扩展到当下的 36 米，净扩展了 9 倍，给人产生的视觉效果是完全不一样的。让人吃惊的是，绍兴"以人为本"的路网结构传统已经成为国家倡导城市道路布局的理念。2016 年 2 月 6 日，《中共中央、国务院关于进一步加强城市规划建设管理工作的若干意见》明确指出：

> 要"优化城市路网结构"，"树立'窄马路，密路网'的城市道路布局理念，建设快速路、主次干路和支路级配合理的道路网系统，打通各类'断头路'，形成完整路网，提高道路通达性……到 2020 年，城市建成区平均路网密度提高到 8 公里 / 平方公里，道路面积率达 15%"。①

对照中共中央、国务院关于建成区平均路网密度和道路面积率的要求，新建道路间距应为 250 米左右，这同样体现了"以人为本"的理念。而现在绍兴古城路网结构，是在城市化进程中盲目扩展，由步行尺度勉强扩展为四个轮子尺度，致使高密度的城市景观被诟病为"小而散"，失去了原来应有的吸引力。从长远看，从发展旅游业的需要看，我们认为，在古城范围内恢复或回归"窄马路，密路网"传统，也是古城保护的需要。特别是像解放路、中兴路、胜利路、人民路、延安路那样的大马路，在回归传统中应该有它们的贡献。实际上，我们前面提出"恢复府河""重挖人民路河"，就是以推动恢复"窄马路，密路网"传统为依据的。如果从"完善城市水网结构"和恢复"窄马路、密路网"传统的全局来考虑，恢复府河、重挖人民路河之举是符合城市发展规律内在要求的。

---

① 《绍兴历史文化名城保护规划（2001—2020）》，绍兴市人民政府 2001 年 7 月印，第 10—11 页。

绍兴城市水利简史（下篇）

陈鹏儿

（绍兴市鉴湖研究会）

摘要： 城市水利是一门既古老又新兴的水利学科。绍兴城是我国春秋时期建立的 140 多座诸侯城市中迄今仍存于原址的两座古城之一。以绍兴水城为例，研究城市水利的起源与演革，对于探索城市水利的发展规律，建立人、城市与自然和谐相处的水生态系统，都具有可资借鉴的重要意义。

（上接第六辑）

第四章　宋代以降：浦江改道，钱江北移

从绍兴城市及外围山会地区水利自身发展规律分析，宋代在山会海塘建设取得重大成果，而尚未封闭山会海塘缺口，形成新的内河运河水系之前，鉴湖工程完全能够并需要继续发挥作用，但由于人类围湖造田等因素的强烈影响，导致鉴湖在南宋迅速衰落，提前结束了它的主要历史使命，从而使仰仗鉴湖的绍兴城市水利与山会地区农田水利融为一体，共同进入应对水旱灾害频发的艰苦调整时期。调整时期从南宋初浦阳江改道升始到明嘉靖建成三江闸结束，长达 430 多年之久。

一、浦阳江改道

鉴湖衰落使山会平原失去了一座巨大的调洪蓄水工程，虽有后海塘拦蓄和玉山斗门调控，但其调洪蓄水功效尚未达到鉴湖衰落以前的水平，致使山会地区的水旱灾害在南宋陡然增加。据研究，北宋的 166 年中，绍兴地区有记载的水灾共有 7 次，旱灾 1 次；而南宋的 143 年中，水灾多达 38 次，旱灾也有 16 次。南宋水灾频率是北宋的

6 倍多，旱灾频率更是北宋的 18 倍多。显然，解决缺淡问题已成为当时水利调整的首要任务，并由此引发了浦阳江下游在宋明时期改道经山会平原北部出三江口以及对浦阳江改道带来水旱潮灾的综合治理，直到三江闸诞生。

（一）改道原因

宋代是萧绍平原的"人、地、水"关系从"人、地、水平衡"向"人多于田，田多于水"变化的转折时期，北宋又是这一转折的关键时期。由于地理环境变迁及人口剧增对土地的需求，导致湖泊被大规模围垦以致堙废，如萧山平原的临浦、湘湖、渔浦三大湖泊相继萎缩和堙废，山会平原的鉴湖也大部分围垦成田。另外，钱塘江主槽在南宋出现由南大门向北大门转移的趋势，萧绍平原海岸线开始向西北扩移，湖泊的围垦和海岸线的北移使萧绍平原的土地显著增加，而水面积则大幅下降，水、田的平衡关系开始逆转，尤其是山阴、萧山交界处的滨海平原，既远离浦阳江和鉴湖（存留湖泊）的淡水源，又遭受后海潮汐的咸渍危害，缺水已经到了严重影响垦种的程度。何处寻水源？鉴湖和临浦当时无法提供充足的水源，唯一的出路就是引浦阳江水东北流向萧绍平原。这就是浦阳江在南宋初改道的根本原因，事实上，之所以能长期容忍浦阳江改道的危害，原因也出于此。

（二）碛堰兴废

北宋中期以后，临浦、渔浦等相继堙废，浦阳江下游从散漫北流逐步形成了自临浦、碛堰山口，过义桥、峡山头，至渔浦达钱塘江的主江道，后称新江，直到北宋后期一直畅通，到了南宋嘉泰以前，在浦阳江主江道咽喉的碛堰山口筑起了称为碛堰的堰坝，使浦阳江主江道不得不在临浦附近转入西小江（又名钱清江），这就是历史上浦阳江的下游改造（图 14）。

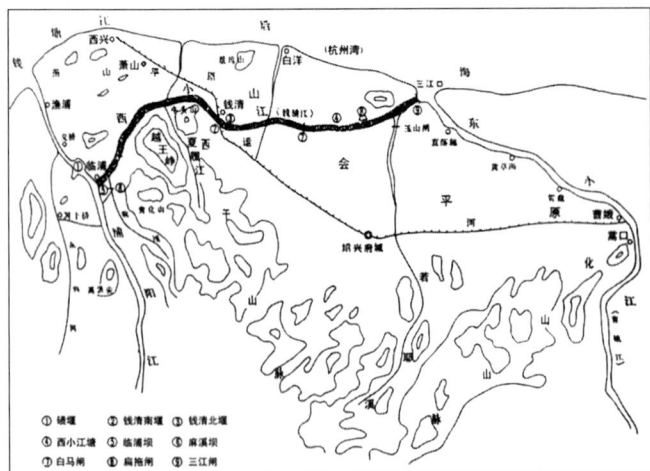

图 14　南宋初至明嘉靖浦阳江改道钱清江示意图

碛堰是浦阳江改道的主体工程，位于义桥与临浦交界的新江碛堰山峡口。碛堰山史称戚堰山、七贤山，名碛堰山与碛堰有关，其主峰海拔 160 米（黄海，下同），鞍部峡口不足 20 米，《唐律疏议》释："激水为湍，积石为碛"，碛为浅水中的砂石，堰是"雍水为之堰"。既是碛，又是堰，说明是用石块筑成的既挡水又可过水的低坝，故首记碛堰的《嘉泰会稽志》将其列入堰的条目，称"碛堰，在（萧山）县南三十里"，《嘉泰会稽志》修于嘉泰元年（1201），刚碛堰当筑于嘉泰以前。

在浦阳江下游入钱塘江口段修筑碛堰，大致出于以下几方面考虑：一是引浦阳江水东北流灌溉萧绍平原，补充鉴湖衰落以后的淡水资源；二是碛堰属于低堰，仍然可以作为浦阳江的次出水口溢洪入钱塘江；三是阻遏钱塘江潮水上溯浦阳江。然而，一俟碛堰筑成，浦阳江改道，在引水的同时，也给诸暨、萧山、山阴三县交界的浦阳江下流冲积平原及山会平原带来频繁的洪、涝、旱、潮灾害和复杂的行政纠纷，几乎扰乱了正在逐步形成的山会运河水系。由此引发了宋明时期碛堰的多次开堵和浦阳江改道后的西小江系列治理工程，直至明嘉靖十六年（1537），知府汤绍恩竣工应宿（三江）闸后，又相浦阳江上游，恢复前守戴琥所开碛堰畅流，最终使浦阳江回复北经碛堰出渔浦入钱塘江的主江道，迄于今。据测量，今碛堰山口的河道宽度为 85 米（吴淞 10.5 米时），河床高程为吴淞 −4 米，这是历代拓凿碛堰山口的最终结果（图 15）。

图 15　碛堰山口

（三）改道结果

宋明之际浦阳江改道治理系列工程，一方面不断拓宽凿深碛堰山口逐步增大浦阳江下泄流量北注钱塘江，另一方面按照"上断下分"的原则，在切断浦阳江改道口的同时，于钱清江上下流多处建闸，分散泄洪，使水有所归。系列工程，从改建运河钱清南北堰开始，包括兴建西小江塘，疏浚西兴运河，修筑临浦坝、麻溪坝，建废白马山闸，开挖后海塘泄洪，兴建扁拖诸闸，制定"山会水利"等，到诞生总揽山会萧水利全局的三江闸结束，前后长达 336 年。其中，对于绍兴城市水利而言，至关重要的是钱清堰、《山会水则》和三江闸三大工程。

1. 钱清南北堰建废

浦阳江下游主江道改道钱清江，使浦阳江下游流向从原经萧山平原在渔浦北入钱塘江，改变为在临浦转向东北流，经钱清流经山会平原西部，出三江口入后海，改道对于连接杭越（绍）两城的纽带西兴运河最直接的影响就是在钱清附近钱清江与运河的相交区段，必须在运河两端筑堰建闸以控制运河水不致外泄钱清江，由此诞生了宋代中国南北大运河中著名的钱清南北堰。

钱清堰由南堰和北堰组成，《嘉泰会稽志》将二堰合而为一，统称为钱清旧堰。始建于北宋熙宁五年（1072）以前，设牛埭，另在江上设浮桥。人从浮桥过江。南宋初浦阳江改道钱清江以后，浦阳江频繁的大流量洪水刷深拓宽了钱清江河床，在钱清附近贯穿运河处，出现了"运河半贯其中，高于江水丈余"的高水位差（低潮位时），既危及江河岸安全，还造成交通运输上的很大困难。尤其是宋室南迁建都临安之后，这条运河已经从区域性的航运水道提高到至高无上的漕运水道，巨大的人流、物流通行运河，"千艘万舻"，昼夜不绝，而钱清旧堰相对堰口比较狭小，已经无法满足当时急剧增加的航运需要，以致经常发生船舶滞留不前，船夫斗殴堰卒的混乱场面，"官舟行旅沿沂往来者如织。每潮汛西下，壅遏不前，则奋然斗授，甚至殴伤堰卒，革日继夜不得休"。为了改善过堰条件，畅通运河漕运，嘉泰元年（1201）又在旧堰附近新建了规模更大的钱清南北堰，称为钱清新堰，"钱清新堰，在县西北五十一里，嘉泰元年置"，仍设牛埭，仍在"堰旁各置屋，以舍人、牛。盖捐锱二百万而两堰落成，人偕便之"。南、北两堰均设堰营，有堰兵守卫，《嘉泰会稽志》卷四云"钱清南堰营，在山阴县西；钱清北堰营，在萧山县东。额五十人"，在浙东运河所有堰营中额员最多。

在明天顺建白马山闸以前过钱清堰还需待"潮水平漫"壅高钱清江水位时，再以竹索牵制，行经运河的舟船才可以过堰渡钱清江再过堰进入运河。正因为舟船过堰受到江河水位差、潮差、潮时及江面宽阔等多重因素制约，又"江流湍急"，过堰变得非常困难，凶险异常，故钱清堰成为浙东运河最险要的堰渡之一。明黄宗羲《余姚至省下路程沿革记》，对南宋淳熙十五年（1188）宋高宗赵构攒宫从临安运至绍兴安葬，取道西兴运河，途经钱清南北堰时惊心动魄的过堰情景，作了详细记载：

> 钱清江者，东自三江口来，西过诸暨，约三百余里，阔十余丈。运河半贯其中，高于江水丈余，故南北皆筑堰止水，别设浮桥渡行旅。大舟例剥载，小船则拖堰而过。梓宫船欲渡，待其潮水平漫，开闸，水势奔注，久之稍定，两岸以索牵制。始放御舟，将达南闸，大升舆继之，御舟受触，幸而篙工能事，得入闸口。舆舟不能入，横截南岸，册宝又往，江流湍急，舟人力不能加，直冲其腰，既而灵主亦来，复冲册宝，势尤可畏。运使赵不流顿足垂涕，几欲赴水。当日之险如此。

这段记载南宋大舟船队过钱清堰的珍贵史料：其一，记录了钱清堰水环境的量化数据。如运河水高于钱清江水丈余，按宋代1.1丈折算，则当时运河与钱清江的平均水位差约为3.4米。而当潮水平漫即高潮位时，运河水位仍高于江面，需开闸（堰上设闸）放河水入江不少时间，才能使河面与江面基本持平，方可拖船过堰，假使取今曹娥江河口段平均高潮位 3.6 米，加上高潮位时还与河面存在水位差按 0.2 米计算，则西兴运河的正常水位在当时达到 3.8 米左右，而今绍兴平原内河正常水位为 3.9 米，由此可以得出西兴运河与其通连的绍兴城内水道在南宋时期的正常水位与今绍兴平原内河正常水位非常接近的结论。其二，明确了钱清南北堰的地理位置，位于钱清附近的钱清江与西兴运河相交之节点。就河道工程而言，钱清西北堰既属于钱清江的江岸工程，也归于西兴运河之截河工程，而且是堰上建闸的组合工程，其主要功能是拦截运河淡水不致流失。其三，揭示了船队过堰的主要风险，一是江流湍急，冲击舟船，使舟船难以顺利进入堰闸口，易发生舟船横截闸口不得入甚至翻船事故；二是潮位变化风险，高潮位稳定一段时间后就会退潮，使江与河的水位差不断拉大，增加了牵船过堰的危险性，尤其大船船队，必须冒险抢在高潮位时段全部过江，即使前船受阻，后船也得跟进，以致差点发生连环撞船的惊险场面，运使赵不流几次要投江尽忠。明天顺元年（1457），知府彭谊在钱清东北白马山麓建白马山闸，截断钱清江以遏三江口来潮汐，自是江水不通于海，此后钱清堰遂被撤除，"乃去之以通江河"（图 16）。

图 16 钱清南堰遗址坝桥

2.《山会水则》

在"上断下分"的浦阳江改道治理方案实施之后，成化九年，戴琥又为山会平原河湖网系的水位调控制定了运行规则，这就是著名的《山会水则》。《山会水则》由水则碑和《山会水则》碑两部分组成。水则碑是一块石制的水位尺，上刻上、中、下三则及细分尺寸，立于绍兴城内佑圣观前府河中，西距卧龙山麓府署不到 1 里，观察和管理都十分方便。《山会水则》碑是一块水位调控规则碑，视不同时节水则碑上的水位实情，按规则启闭水闸，调控水位；碑也是石制，置于水则碑附近，至今依然存在。全文如下：

> 种高田，水宜至中则；种中高田，水宜至中则下五寸；种低田，水宜至下则，稍上五寸亦无妨，低田秧已旺。及常时，及菜麦未收时，宜在中则下五寸，决不可令过中则也。收稻时，宜在下则上五寸，再下恐妨舟楫矣。水在中则上，各闸俱用开；至中则下五寸，只开玉山斗门、扁拖、龛山闸；至下则上五寸，各闸俱用闭。正、二、三、四、五、八、九、十月，不用土筑，余月及久旱用土

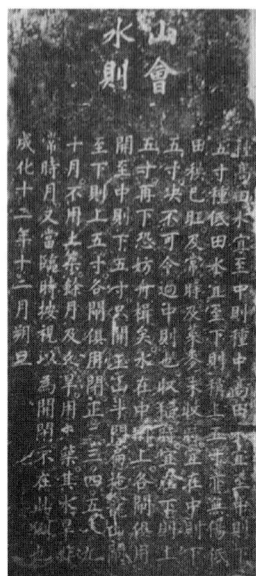

图 17 《山会水则》拓片

筑。其水旱非常时月，又当临时按视以为开闭，不在此例也。

这是山会水利史、浙东运河史上的一大管理创举。水则的控制范围包括山、会、萧三邑的运河水系，对不同时节、不同田亩、不同农作物以及交通航行的控制水位和启闭调度通筹兼顾，一一作了周密、细致、明确的规定，同时又具有非常时月临时处置的灵活性，使人不得不敬佩先贤的胆识和智慧（图 17）。

二、三江闸水利

三江闸，又名应宿闸，位于绍兴城北 30 里的三江海口，由绍兴知府汤绍恩始建于明嘉靖十五年（1536），建成于嘉靖十六年。在以后的 400 多年中，三江闸一直是萧绍平原（即山会萧平原）排涝拒咸、蓄淡灌溉的枢纽工程。大闸左右岸全长 103.15 米，28 孔，净孔 62.74 米，闸面宽 9.15 米，高程 6.63 米，正常泄流量 280 立方米 / 秒，最大泄流量 384 立方米 / 秒，是我国现存规模最大的砌石结构多孔水闸，在水利工程史上具有重要地位。三江闸是世界上最早利用水文设施——则水牌，并实现流域内定量调度水资源的古代水闸。三江闸代表了我国传统水利工程建筑科技和管理的最高水平（图 18，全景照见《中国鉴湖》第六辑本文上篇）。

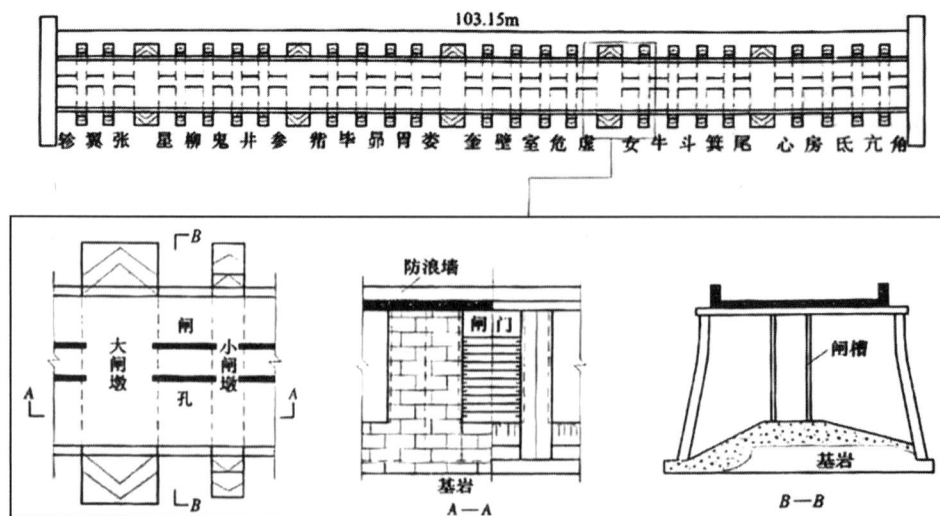

图 18 三江闸工程结构图（参考董开章《修筑绍兴三江闸工程报告》，1933 年《水利》第五卷第一期）

三江闸水利是以三江闸为泄蓄枢纽的区域系列水利工程的总称。其骨干工程包括西起麻溪坝、东至嵩坝全长 116.85 千米的御海屏障山会海塘（今称萧绍海塘），山会萧流域蓄泄枢纽三江闸，西起西兴、东至曹娥全长 78.5 千米的灌排、航运总渠浙东运河以及遍布山会萧平原的蓄水、滞洪河湖网等。其中：浙东运河段，以绍兴城为中心，由西至西兴的西兴运河（古鉴湖灌溉总渠）与东至曹娥的原东鉴湖航道连接构成；山会海塘，由唐代的会稽防海塘向南延伸至嵩坝塘和山阴界塘向东南延伸至麻溪坝，再由三江闸封闭连接组成；三江闸，在地理位置上，可视作将玉山斗门沿入海水道向北推移约 3 千米至三江口，而其蓄泄控制范围则由部分山会地区扩大到整个山会萧地区，达 1515（一说 1520）平方千米。

（一）三江闸水利功绩

相比鉴湖水利，区域扩大后的三江闸水利具有更多的优越性。一是将山会萧平原与后海隔绝，最终消除了潮汐内侵冲击水道，泛滥河湖，咸渍土壤所带来的旱、涝、渍等无穷灾害，使绍兴成为"鱼米之乡"。二是山会萧平源河湖网成为人工调控的内河后，正常蓄水量达 3.46 亿立方米，比鉴湖正常蓄水量增加 30% 左右，为绍萧地区经济和社会持续发展提供了充足的水资源。三是扭转了鉴湖衰落后恶化的水利形势，使山会萧"遇霆潦，则水阻沙不能骤泄，良田尽成巨浸，当事者不得已，决塘以泻之。塘决即忧旱，岁苦修筑"的落后状况得到显著改变，也使 430 年的水利调整得以较好解决，从而开创了"旱有蓄，涝有泄，启闭有时，则山会萧之田去污莱而成膏壤"的三江闸水利新局面。四是消除了鉴湖时期湖内外及平原河流与潮汐河流之间的水位差。闸成后，以绍兴城为中心，西起曹娥、东至西兴的浙东运河段从此"路无支径，地势平衍，无拖堰之劳，无候湖之苦"，大大改善了航行条件。当时的内河水位，高水位为 4.22 米，中水位为 4.09 米，比当今水位分别高出 2 厘米和 19 厘米，灌溉、航运条件甚至还优于现在，从而诞生了举世闻名的绍兴水城（详见上篇）。五是阻绝潮汐内侵后，消弭了潮水对河湖网水体的咸渍危害，有利于水质改善，不仅提升了用水、饮水质量，而且为绍兴黄酒业和丝绸业经济的迅速发展提供了得天独厚的物质基础条件。六是增加了土地资源。在地广人稀的特定条件下，鉴湖是以淹设山会平原南部土地为湖来灌溉山会平原北部农田，而三江闸水利则是以海塘拦截河湖网蓄水来灌溉整个山会萧平原农田，不仅灌溉面积有了成倍增加，而且将鉴湖淹没的 21.34 万亩土地归复为田，大大增加了土地资源。

（二）三江闸水利局限性

但同时，三江闸水利也加重并产生了一些新的不利因素。

其一，海塘的溃决风险增大。除特大潮灾外，在山会海塘未封闭以前，尚有钱清江吞纳潮汐，削弱潮势，相对减缓了潮汐对山阴、会稽后海塘的冲击，但一旦封闭，钱清江成为内河，潮汐失去吞纳之地，山、会两县海塘抗御钱塘江涌潮的压力随之明显增加，特别是土塘的御潮能力低下，这就增大了海塘溃决的风险和频率。据史料记载，从唐垂拱二年（686）始筑界塘，到明嘉靖十六年（1537）封闭海塘的851年中，山、会两县海塘和相邻北海塘坏堤、决堤共计16次。而明嘉靖十六年（1537）到清乾隆二十四年（1685）钱塘江下游江道从南大门北移北大门的148年中，两县海塘坏、决就有13次，坍溃频率是建三江闸前的4.67倍。溃塘不仅使社会经济和人民生命、财产遭受重大损失且修复费用更为巨大。据载，清顺治元年（1644）至宣统三年（1911）的267年中，山会海塘修筑总计兴工192年次，平均每1.4年就要修筑一次被毁海塘，所耗用的人力和财务更是不计其数。

其二，河道的淤浅速度加快。唐代以前，稽北丘陵的森林植被相对保护较好，年均水土流失量不算严重，即使有所流失，也多被湖堤拦截于湖区内，对下游影响不大，所以，从东汉永和五年（140）鉴湖创立到唐末天祐四年（907）的767年中，包括鉴湖在内的整个山会地区，只有唐大和六年（832）观察使陆亘重浚州城投醪河1次记载。此后，由于经济作物发展、人口增多、粮食缺乏而加速山区垦殖，使天然森林不断遭到破坏，水土流失开始严重起来，特别是宋代鉴湖衰落以后，堤毁堰废，水土流失淤浅河湖的范围也从鉴湖区域扩大到整个山会平原，加以浦阳江改道钱清江带来的潮泥影响等原因，到明嘉靖十六年（1537）建成三江闸的630年间，山会地区较大的湖、河疏浚就有8次。而从明嘉靖十六年到民国三十七年（1948）的400多年间，一方面，缺粮状况延续和旱地作物番薯在明代引入绍兴及大量种植，使稽北丘陵森林遭到更为严重的破坏，水土流失程度不断加深，加以人口增多特别是人口密集城镇区的人为填淤，使河道淤积日益严重起来；另一方面，封闭的运河水系有南、北两塘拦截，将山区流失的水土几乎全部拦截于平原河湖网内，加快了河道的淤浅速度，同时在三江闸外，受钱塘江道北移影响和冲淤流量不足制约，闸港淤积频频发生，危及在三江闸外，导致闸内外的河道疏浚迅速增加。据史料记载，这个时期的河道疏浚多达17次，不但疏浚频率大大高于鉴湖时期，而且呈现平原内河与闸外引河并举的疏浚特点和后来居上的淤浅趋势。

其三，海洋民族的中心区域开始告别海洋。越民族是我国最早走向海洋的民族，远在6000年前的卷转虫海进高潮时期，越族先民们已经漂洋过海，驶向深蓝，足迹遍及东亚、东南亚、大洋洲，最远到达美洲，他们的出发地之一应该就在越国中心区域山会地区的白洋海口。据考古发掘，白洋山一带后海沿岸古文化遗址分布密集，有马鞍仙人山、凤凰墩新石器时代古村落遗址，陶里金白山、壶瓶山和安昌后白洋商周古文化遗址等，为港口起源说提供了滨海聚落的实物证据。春秋时期，越国在白洋海口附近兴建了一系列军事设施，包括舟师港湾石塘、海防要塞防坞、造船基地舟室等，还开辟了后海沿岸的杭坞航道。到了汉代，固陵港出现淤塞趋势，明州港尚处起始阶段，而具有连接会稽郡城又直面后海优势的白洋海口应该成为会稽郡通向海外的主要岸口，联系到日本的旧国名"越前""越中""越后"和众多含有"越"字地名，所揭示的史前时期越国与日本的文化交流，对汉代日本人常来会稽贸易的记载就有了深层的解读。这条首次出现在正史的记载见于《后汉书·东夷传》：

> 会稽海外有东鳀人，分为二十余国。又有夷洲（今台湾）及澶洲（今日本）。传言：秦始皇遣方士徐福将童男童女数千人入海，求蓬莱神仙不得，徐福畏诛，不敢还，遂止此洲。世代相承，有数万家。人民时至会稽市。会稽东冶人，有入海遭风，流移至澶洲者。所在绝远，不可往来。

这是一则记载汉代中国与海外交往的权威史料。它表明：一是当时居住于中国东部海上岛屿，包括中国台湾和日本岛在内的统称为东夷；二是中国与东夷交往的中心地在会稽，并以东夷人者居多；三是交往内容以经济贸易为主且贸易次数不少，就是文中所说的"时至会稽市"。

唐代白洋口岸与明州港组合，是浙东运河沿线越州和明州的主要对外贸易港口。明州港出口海外的货物以丝绸和瓷器为主，故有"海上丝绸之路、瓷器之路"起点和通道之称。经阿拉伯、波斯商人之手，最远销到埃及、地中海国家。据9世纪阿拉伯《省道志》记载：从波斯到中国的航路，先从波斯湾到广州，再沿东南沿海进入杭州湾，"由广府八日至越府，物产和广府无甚差别"。唐开成三年（838）日本停派遣唐使以后，明州港功能开始向外贸易转移，此后发展迅速，终于在北宋淳化三年（992）以设立市舶司为标志确立了海上丝路起点的地位。

南宋开辟了适合近海船舶航行的明州至临安后海航道，"宋都钱塘时，凡闽广漕运入钱塘者，必经绍兴北海（塘）上，凡塘下泊处，辄成大市"，会稽沥海和山阴白洋正是这条航线上的主要港口。白洋港与明州港并存的局面至少延续至元代。"元至元四年（1338），山阴白洋港仍有大船靠岸"，"至正五年，……山阴白洋港，有大船飘近岸"。时代中叶，钱塘江主槽虽然仍出南大门，但已经出现淤涨，如明成化十三年（1477）张宁《重筑障海塘记》所云："南大门赭山一带已渐淤塞，以致潮流北趋冲击盐官堤岸。"明末，南大门的淤塞更加严重，崇祯十五年（1643），御史祁彪佳（山阴人）目下白洋港外的南大门已经是"舟至龟山（即白洋山），因沙涨数十里，望海止线耳"。白洋港的滩涂出海水道向外延伸很远，淤浅已经非常严重，仅能通航小型的近海船舶。以撤移白洋巡检司为标志，白洋港最终废弃在清乾隆二十一年（1756），"柯桥巡检署，在柯桥西官塘。乾隆二十一年详请以白洋司巡检移驻"，结束了至少 2500 多年的海港历史。从此，绍兴失去了海上航运的地理优势，开始与海洋告别，转向以前浙东运河为主干道的内河航运，使绍兴的对外贸易受到不同程度的制约和影响。

三、钱塘江北移

钱塘江下游河口段的江道主槽，历史上先后有南大门（龛山、赭山之间）、中小门（赭山、河庄山之间）、北大门（河庄山与海宁塘之间）三条通道。明代以前，江出南大门，虽然宋代有"盐官县海失故道"，元代有三次海宁"海岸崩摧"，明代有海宁的"海凡五变"等滩岸坍涨的大变迁，但均系江流、海潮走南大门时，赭山下游海宁县南侧滩地的间断性大片坍涨，并不是改道北大门的变迁。

明末清初，钱塘江主槽北移，一度走赭山与河庄山之间的中小门，"康熙三十六年（1697）以前，水出中小门，杭绍相安无事"，南大门已不再是主流通道，仅在大潮时还有漫流而矣。至康熙五十九年（1720），浙江巡抚朱轼奏疏"南大门沙涨久，淤成平陆"，从此南大门基本完成了钱塘江主槽入海口的历史使命。

钱塘江道从中小门向北大门转移同样也有一个渐变过程，北大门的首次开通，记载比较清楚的是山阴人程鹤矞撰于康熙戊寅年（1698）的《三江纪略》："壬申乙亥间（康熙三十一年至三十二年，1692—1693）流尚细微，至乙亥（康熙三十四年，1695）六月廿三日遂骤决而成大江"。北大门在 1695 年的开通，导致中小门在 1697 年的速淤，到康熙五十四年（1715），中小门首次全淤，钱塘江主槽江水和海潮尽归北大门，潮汐直逼塘根，为减轻北岸海塘压力，于康熙五十七年（1718）、五十九年（1720）、雍正十二年（1734）、乾隆十二年（1747）四次开浚中小门分流。据浙江巡抚庄有恭《海水趋北大门疏》记载：乾隆二十四年（1759），"老盐仓迤西华家弄、翁家埠，与南岸河庄、岩峰二山相对。现江溜、海潮俱由二山外之北大门往来，水势北趋"。表明钱塘江主槽再次全部复归北大门。其间，乾隆帝多次巡视海宁海塘，亲眼目睹了江流主槽从中小门转向北大门的全过程，并将其记录于亲自撰写的《阅海塘记》中，留下了难能可贵的江道变迁史料，其云："乾隆乙丑以后，丁丑以前，海趋中门，浙人所谓最吉而最难获者。辛未、丁丑两度临观，为之庆幸，而不敢必其久，如是也无何。而戊寅之秋，雷山北首有涨沙痕，己卯（乾隆二十四年）之春遂全趋北大门，而北岸护沙以渐被刷，是柴塘、石塘之保护于斯时为刻不可缓者。"乾隆二十四年以后，主槽一直稳定在北大门，迄于今（图 19）。

钱塘江主槽走北大门后，中小门故道淤塞成陆，与原南大门沙涂彼此相连，南岸滩涂进一步扩大，原北岸的赭山、雷山、河庄山、岩峰山、蜀山等地，被北移后的钱塘江主槽切割而徙南，并与中小门、南大门陆地连接，成为广袤的南岸半岛，与北

岸的海宁县隔江相望，史称
南沙。其境域西起西兴，东
至三江闸，南临萧山、山阴
之北海塘和后海塘，北界则
扩延至赭山、河庄山、蜀山
一线。在民国3年（1914）
以前，南沙面积约"东西计
五十余里，南北亦四十余里"
（图20）。

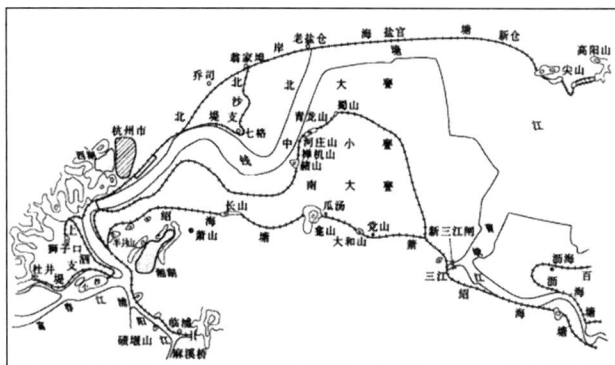

图19　钱塘江三亹位置变化图

与此同时，在三江闸东
侧的会稽东江塘外，也涨沙
严重，至同治、光绪年间，
"山阴、会稽、萧山三县之北
境，东至蛏山（会稽），西迄
龛山，北临大海，三十年间
亦沙涨数十里"，而且东江塘
外淤涨又迫使曹娥江入海口
由北向西北延伸，最后发展
到纳入三江闸原有入海口，
使三江闸泄水由直接入海改

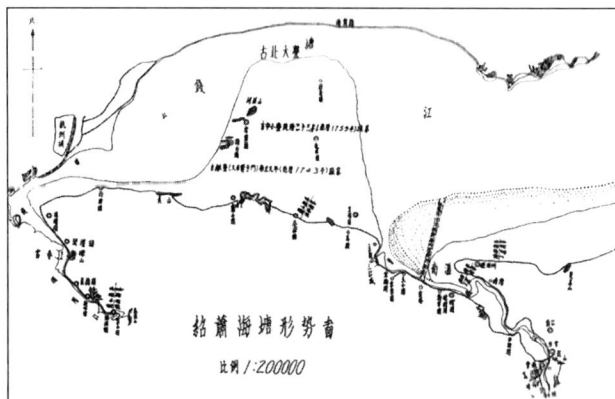

图20　民国《绍萧海塘形势图》中的南沙

变为入江再入海。钱塘江江道北移北大门引起南大门一线的迅速淤涨，从东、西两侧
夹击三江闸入海江道，导致闸港不断淤积，严重危及排水，泄水效益逐步衰退，三江
闸遂从全盛时期开始进入功效衰减阶段，直至1972年绍兴县围垦海涂封堵入海口，
完成了长达435年光荣而又沉重的历史使命，并被1981年竣工的新三江闸所取代，
成为内河节制闸。作为历史见证，三江闸下部结构至今仍保持原貌，1963年列为浙
江省文物保护单位。

第五章　新中国时期一：治江围涂　新老交替

新中国诞生后，在绍兴县委、县政府领导和全县人民努力下，随着国家和地区经
济实力的增强，现代科学技术的进步，绍兴水利继承前人的治水经验，根据新时代的
治水使命，制定"上蓄、中疏、下泄"治水方略，趋利避害，科学治水，取得了一个

个令人瞩目的新成就，将原始水利治水患、传统水利水保障提升到现代水利水生态的新高度。

上蓄 为解决山区、半山区农田防洪、抗旱能力，20世纪50年代中期至70年代，县政府发动全县人民，自力更生，艰苦奋斗，在山区、半山区肩挑手扛兴修山塘水库，建成中小型水库57座、山塘1401座，总蓄水量6748万立方米，使山区"靠天田""大寨田"一定程度实现旱涝保收，山区饮用水有了来源。一些闻名遐迩的水库就是建于这一时期，如1964年完工当时绍萧平原最大的一座水库，也是绍兴县唯一的中型水库——平水江水库（图21），还有兰亭解放水库、富盛方家坞水库、稽东鹅湖水库等。此后转入除险加固扩建及小流域水土治理和封山育林新阶段，使水库的寿命和效益得到进一步延长和发挥。

图21 绍兴平水江水库

中疏 与上游兴修山塘水库同步，是对平原河道的大规模持续性整治。围绕充分发挥河湖网蓄泄效能，1963年建成中型排涝水闸马山闸，1981年又建成了绍萧平原排涝枢纽——新三江闸之后，为两闸配套河道拓宽、浚深、砌岸的治理之举，年复一年，至今不息。从1984年提出河道砌坎每年100公里的目标，至1993年共完成平原河道砌坎1200余公里。21世纪初，绍兴县实施河道"三清"（清淤、清草、清障）工程，河道治理进入新的阶段。至2005年底止，境内累计疏浚河道1968.77公里，完成疏浚土方达1331.5万立方米（图22、图23）。2007年治江围涂基本结束后，又实施了防洪排涝河道整治工程。南起钱清西小江，经华舍、安昌、齐贤、马鞍，北至滨海工业区滨海闸，全长53.25公里，至2011年初已完成河道整治11.2公里，建成滨海排涝闸和节制闸各1座。目前绍萧平原河湖网主要由绍兴县调度控制，汛期正常水位3.90米，警戒水位4.33米，排涝能力已从新中国成立初的二年一遇提高到近十年一遇（即3日雨量254毫米不受淹）的新水平。

图22 20世纪80年代前绍兴的河道疏浚——捻河泥

图23 绍兴县机械疏浚河道

下泄 随着排涝枢纽新三江闸和我国首座河口大闸——曹娥江大闸（绍兴市）的相继建成，后仅用了62年时间，绍兴水利就完成了从三江闸水利到新三江闸水利再到曹娥江闸水利的两次新飞跃。而历经40年的海涂围垦堪称绍兴治水史上的又一座丰碑。为了科学合理开发滩涂资源，按照省水利厅制定的钱塘江北岸规划线，结合治理曹娥江河口段江道，绍兴县从1968年底围垦六九丘滩涂开始，实施大规模围涂造地工程（图24）。

1983年起采取抛坝促淤，加快围涂进程；1988年开始探索泥浆泵机械化围涂技术，并在九一丘围涂

图24 20世纪70年代绍兴县人工围涂场景

工程中成功应用，取得机械替代人工围涂的重大突破，机械围涂技术居当时全国领先地位（图25）。到2007年，共围涂19次，围成滩涂面积14.3万亩，最终完成了绍兴县2000多年来的围海历史使命。与此同时，修筑各类海塘95公里，其中五十年至一百年遇标准曹娥江海塘38.28公里，百年一遇标准钱塘江一线海塘5.8公里（图26）。沿江围涂工程不仅为拱卫绍兴平原和百万人民生命财产安全构建起坚实的御潮屏障，为曹娥江大闸建设奠定了科学的地理基础，而且形成了绍兴县境东北部新

图 25 绍兴县围涂新技术：土工布、编织袋充填筑坝围涂

图 26 越城区马山段标准海塘

的滨海平原主体，为经济发达、人多地少的绍兴县增加了宝贵的土地资源，拓展了未来的发展空间，促进了产业大转移，城市大扩展。随着滨海工业区升格为省级工业区，一座现代化绍兴工业新城已经崛起。

历史名河治理 20 世纪末以来，绍兴市、县联手，创新治水理念，加快城市水利建设，先后对绍兴环城河、古运河、龙横江、柯桥城河、瓜渚湖、大小坂湖和鉴湖等历史名河、名湖，实施以提高城市防洪、排涝标准为基础，集水利、城建、生态、景观、文化、旅游于一体的综合整治，为古城绍兴奉献了一大批新时代的水利精品，其代表性工程当推绍兴环城河和绍兴古运河工程。

绍兴环城河工程——一河八景。该河始凿于公元前 5 世纪越王勾践、大夫范蠡建城之时，距今已有 2500 年历史。由人工疏挖和整理天然河流而成，外与浙东运河、鉴湖相连，内与水城门、城内河道沟通，全长约 12 公里，因多年积累，致河道淤浅、河岸坍损、水质变差、环境杂乱、防洪、排涝标准下降。1999 年夏，绍兴市委、市政府决策进行整治，两历寒暑，投资 10 亿元，新砌高标准城河堤 24 公里，浚挖淤泥 40 万立方米，拆迁旧房 64 万平方米，建成景区、绿化面积 50 万平方米，重现蓝天、碧水、绿地的水乡美景。沿河新建、重建治水广场、西园、百花园、迎恩门、河清园、都泗门、稽山园、鉴水苑八大园景，若璀璨明珠镶嵌于古城四周，给江南水乡平添了无限风情。现为国家级风景区，获国家人居环境奖（图 27）。

绍兴古运河工程——一河七景。即浙东运河绍兴段，又称西兴运河，其前身山阴故水道，始凿于公元前 5 世纪前，是我国有记载的先秦三条古运河之一，浙东运河又是中国大运河的南端，以历史悠久、功效卓著、文化深厚闻名海内外。整治工程由市、县合建，东起绍兴迎恩门外喜临门桥，西至绍兴县钱清行义桥，全长 12.5 公里，历时 4 年，至 2005 年底已完成投资约 3 亿元，共修砌河坎、纤道 16 公里，建成景区、绿化面积 36 万平方米。沿河设置运河园、谢桥风情（待建）、柯亭公园、三桥四水、阮氏酤酒、古桥展览馆、刘宠纪念馆（待建）七大景区。建筑古色，选材古朴，草木古老，文化古香，将历史名城绍兴和历史名镇柯桥连成一片，融为一体，集中体现了越地风情民俗。其中运河园有运河纪事、运河风情、古桥遗存、浪桨风帆、唐诗之路、缘木古渡六个景点，碧波荡漾，墨香两岸，一步一景，步步入胜。现为国家级水利风景区，获 2006 年中国优秀园林古建金奖（图 28）。

图 27　绍兴环城河百花苑

图 28　绍兴运河古桥遗存景区

新三江闸创建　1972 年 7 月，由于闸港淤塞及滩涂围垦等原因而封堵三江闸出海口，三江闸遂完成历史使命，被 1981 年 6 月竣工的新三江闸取代，成为内河节制间。

新三江闸系大型滨海排涝闸，在三江闸下游 2.5 千米处，南距绍兴城约 18 千米，地处曹娥江下游左岸湾道，江道面宽约 3.3 千米，东西分别与马海七〇围堤、县围七〇丘东堤连接。闸总 15 孔，单孔 6 米，总净宽 90 米。闸总宽 158 米，上下游闸面宽 19 米。基础采用沉井群组成整体的地下基础处理方法，开创了国内在软土基上进行大型基础处理的先例，获浙江省人民政府科技成果三等奖。设计平均过闸流量 528 立方米／秒，最大过闸流量 1420 立方米／秒，分别是三江闸的 1.89 倍和 3.70 倍。在与沿海诸闸配合下，承担萧绍平原 82.5 万亩农田的排涝任务，可免除中涝，排涝能力，从 2 年一遇（即 3 日雨量 130 毫米）提高到 10 年一遇（即 3 日降雨 254 毫米，4 天排出涝水）的新水平。随着排涝能力增强，平原内河蓄水位可提高 8～10 厘米，增

图 29　新三江闸

加蓄水量 1400 万立方米，提高了河湖网的抗旱和水运能力（图 29）。

明代三江闸建成封闭萧绍海塘后，萧绍虞平原水系成为内河，至民国形成以三江闸为泄蓄枢纽，包括建于萧绍海塘上的清水闸、山西闸、姚家埠闸、楝树下闸、宜桥闸、刷沙闸、西湖底闸等在内的滨海闸系，排涝入曹娥江注钱塘江或直注钱塘江（图 30）。新中国成立后，建新三江闸，在萧绍海塘新建马山闸、汇联闸，移建楝树下闸，同时根据围涂进展新建红旗闸、迎阳闸、东江闸、滨海闸，形成以新三江闸为泄蓄枢纽的新滨海闸系，原滨海闸系的水闸有的成为内河节制闸，有的报废停用，从而实现了闸系的更新换代与新老交替（图 31）。

图 30　楝树下闸，始建于清同治七年（1868）

图 31　柯桥区滨海闸

第六章　新中国时期二：娥江大闸　浙东丰碑

沐浴着改革开放的和煦春风，得益于长三角经济圈的区位优势，从 20 世纪 80 年代以来，绍兴经济厚积薄发，迅速发展，跃居全国经济总量 30 强城市行列，推动着绍兴城区面积不断扩大和城市化浪潮迅猛掀起。1983 年，经浙江省政府批准，撤销绍兴地区改设省辖绍兴市，首置越城区，从而使城区面积突破了宋代以来环城河内 8.32 平方千米的范围，历史性地扩大到 101 平方千米，此后不断扩大。到 2010 年，区域面积达到 357 平方千米。2013 年国务院批复同意绍兴市新设柯桥区和上虞区，加上越城区，市区面积扩大到 2959 平方千米的历史新水平，是包括老城区在内的萧绍运河流域面积 1515 平方公里的 1.95 倍，首次超越了建城 2500 年以来绍兴城区和周围流域面积的总和。

城区面积超过原有的流域面积，使绍兴城市水利与流域农田水利的相互关系发生了根本性的变化。绍兴城市水利的地位，在历经 2500 年从属于流域农田水利的非支配地位，终于在新世纪初脱颖而出，跃升为主导并引导流域农田水利的支配地位，进入绍兴城市水利的新时代。其代表性工程当推转折型工程汤浦水库和骨干枢纽工程曹娥江大闸。

一、汤浦水库创建

由汤浦水库工程、输水工程和净水厂工程组成的小舜江供水工程，是绍兴市"九五"期间（1996—2000）实施的投资最大的基础设施工程，是从根本上改变绍虞平原地区供水方式、提高人民生活质量、保障经济社会可持续发展的重大举措，是市委、市政府重大民生实事工程，也是解决绍虞平原遇到资源性缺水和水质性缺水极大困难的必然性选择。

汤浦水库是小舜江供水工程的供水水源，位于曹娥江下游主要支流小舜江上，地处上虞市（今上虞区）汤浦镇以南 1 千米处，西北距绍兴市区约 44 千米，坝址以上集雨面积 460 平方千米。库区水面面积近 14 平方千米，正常库容 1.85 亿立方米，总库容 2.35 亿立方米，是一座供水、防洪、灌溉和改善水环境相结合的大（2）型水库，设计规模最大日供水 100 万吨，多年平均年供水量 2.76 亿立方米。主要工程由东主坝、西主坝、溢洪道、副坝和输水防空洞等组成，分二期施工，1997 年 12 月 8 日动工兴建，2006 年 6 月 19 日二期工程全部完工，总概算投资 9.70 亿元（图 32）。

在绍兴 2500 年治水史上，汤浦水库是为城市供水的首座大型专用水库，属于城

图 32　绍兴汤浦水库

市水利主导流域水利的转折型和标志性水利工程，实现了水库首要功能从防洪、灌溉向城市供水的转移。据统计，汤浦水库（一期）从2001年1月开始向绍兴、上虞供水，2007年9月开始增加向宁波慈溪市供水。截至2018年底，当年绍兴市供水受益人口扩大到约250万人，水库年供水量达到2.96

亿立方米，供水收入 1.94 亿元，实现利润 5751.22 万元。累计实现供水 42.35 亿立方米，供水收入 22.67 亿元，提取折旧费 6.71 亿元，实现利税 5.04 亿元，折旧和利税总额达到工程投资的 124%，在保障为绍兴、宁波两地 300 万人民提供优质水的同时，并使曹娥江干流洪峰错峰运行，取得了巨大的社会效益和经济效益。获浙江省建设工程钱江杯奖、国家优质工程银质奖。

二、曹娥江大闸诞生

曹娥江大闸是中华人民共和国成立以来我国第一河口大闸，位于钱塘江涌潮区，钱塘江南岸的曹娥江河口，东距曹娥江左岸新三江闸 15 千米，东南距绍兴市区 30 千米，为大（1）型水闸，由挡潮泄洪闸、鱼道、翼墙、导流堤与连接坝、机电及金属结构、观测设施等组成。其中，主体工程挡潮泄洪闸总长 697 米，共设 28 孔，孔净宽 20 米，总净宽 560 米，闸底板高程 −0.5 米；上、下游方向总宽 507 米，由上游防冲护底工程、闸室和下游防冲护底工程组成；闸空为整体结构，闸上设 8 米宽空箱式交通桥，闸顶层为观景长廊，全长 716 米，廊顶高程 24 米，中间五个分隔墩上各置一座交通楼，楼顶高程 29 米，分三层，均具观潮、休息、餐饮等功能。曹娥江大闸枢纽工程于 2005 年 12 月 30 日举行开工典礼，2008 年 12 月 18 日下闸试蓄水，2009 年 6 月 28 日完成全部工程，2011 年 5 月通过竣工验收，总投资 12.38 亿元（图 33）。

从工程属性而言，曹娥江大闸属于亦闸亦库型综合水利工程，具有以防潮（洪）、排涝、水资源开发利用为主，兼顾改善水环境、航运等综合利用功能。闸设计泄洪流量 11030 立方米 / 秒，分别为三江闸与新三江闸泄洪流量的 39 倍和 21 倍；闸与钱塘江南岸一线海塘连接，成为保护萧绍平原和姚江平原 490 万人口和 320 万亩耕地的御潮屏障，对于提高宁绍平原防洪、排涝、蓄水、御潮能力，改善水运条件和河网水环境都发挥了巨大效益，产生了深远影响。闸拦蓄形成上游长 70 千米，水面积 41.3 平方千米，正常蓄水量 1.46 亿立方米的河道型水库，可增加利用淡水年平均 6.9 亿立方米，不仅提高了曹娥江流域水资源的利用率，同时提高了沿岸土地的开发利用价值，使曹娥江河口两岸近 350

图 33　曹娥江大闸全景

平方千米滩涂成为绍兴发展现代大工业，接受国际制造业大转移和接轨大上海的最佳前沿阵地，为绍兴经济腾飞提供了优质的土地资源。获 2010—2011 年度中国建设工程鲁班奖（国家优质工程），被评为国家水利风景区。

从水利发展而言，曹娥江大闸堪称浙东水利一体化的里程碑工程。由于大闸首次切断了曹娥江感潮河段的入海口，使曹娥江成为内河，宁绍平原连成一片，从而为史无前例的浙江水利一体化创造了条件，奠定了基础。特别是在当前引富春江水经宁绍平原供宁波，再跨海引水供舟山，引水流量为 50 立方米 / 秒，多年平均引水量为 8.9 亿立方米的浙东引水工程中，曹娥江大闸作为调蓄、输送、配置水资源的枢纽工程，与富春江引水枢纽、输水河道、曹娥江上游水库、曹娥江以东输配水工程和舟山大陆引水工程等一起，共同开创了浙东引水的新时代（图 34）。

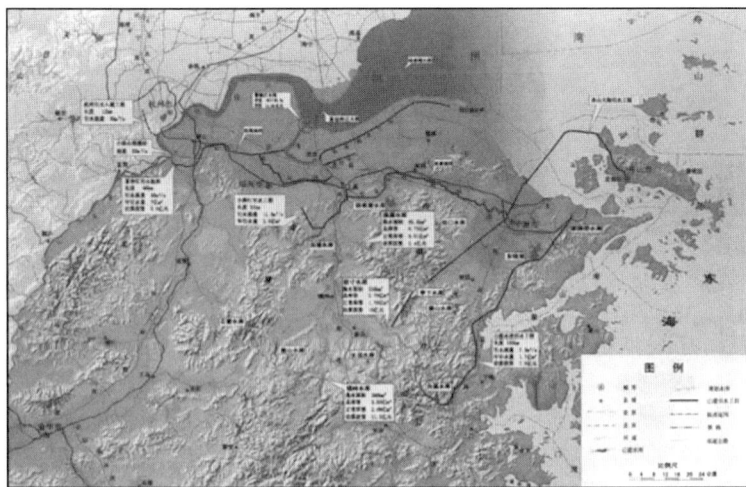

图 34　浙东引水总体布置图

南宋绍兴府城至宋六陵水陆交通线路路径研究

周筱芳[1]　徐　瑾[2]

（1.绍兴市政协办公室　2.东南大学）

摘要： 运用多种历史文献获取绍兴府城至宋六陵这个地域空间（约200平方公里）范围内记载的自东汉至近代地理变化信息，并与当代地形地貌进行叠合分析，选定南宋时期以宋六陵的选址与建设为研究的起点，将自南宋以来各时期绍兴府城（绍兴古城）至宋六陵水陆交通线路相关内容进行文献研究与地图推导，并与现状实迹进行反复考证，用最直接的方法来展示研究结论，从而达到存真，旨在为后续研究绍兴府人文地理与山水地理的学者提供参考。

一、本文观点

图1　绍兴府城至宋六陵两个方向交通线路示意图
（2022年5月周筱芳制图）

宋六陵区域因在公元1188—1275年期间成为南宋帝皇安葬地这个事件的驱动而成为一个文化标志地，通达此地的交通线路也因此得以发展。辨析文献记载与现实地形判断后得出：

1. 南宋以来绍兴府城至宋六陵有两个方向可达（图1）：一是从东面都泗门与五雲门出发的水陆组合，二是从东南东郭门与稽山门出发的水陆组合。水陆路使用了千年，直到20世纪80年代乡村公路的大力发展，完全取代旧时的交通模式。

2. 南宋赵构梓宫运送时期交通

线路、明朝洪武间帝陵修缮时交通线路、清末民国初期记载交通线路、20世纪60年代和80年代地形图上表述的交通线路以及当下交通线路六个时期是存在传承与发展的关系。

3. 交通线路上承载的历史记忆值得当代维护。

（1）浙东运河段已列入中国大运河而得到最高等级的保护，其桥梁码头与岸线保护利用均有规则。

（2）御河水体本体仍然完整存在，沿河陆路线形可完整辨认，宜标志及宣传。陆路涉及的桥梁多座，基本已修缮为现代桥梁形式，宜运用老的桥梁名称，以与历史文献记录相符，便于后人追溯实证。

（3）若耶溪、上灶溪大部分水体仍然完整，上灶埠与上灶市街仍在原址存在，通往梅园村的陆路古道线形完好，路面已作拓宽与水泥硬化，宜保留、保护好至今存在的桥、井、街、老台门建筑、路亭，并标志线路。

（4）上灶、梅园、攒宫、牌口、街里、皇埠、新埠村庄及陆路，宜永久维护村庄与地名的存在。

二、辩证过程

1. 宋六陵的形成是交通线路历代存续的缘起。宋六陵最早启用时是绍兴元年（1131），《中兴礼书》［记载了南宋建炎初（1127）至淳熙十一年（1184）时的皇室礼制］卷256记载，（南宋六陵选址）在越州会稽县上亭乡上许里上皋村（图2）。它与绍兴府城东南直线距离约12公里。陵区共有7位皇帝、7位皇后计14座"攒宫"，分布面积在2.5万平方米左右，历代传续；1949年后因为农场、茶场等建设，明清建筑遗传尽数被毁，只留下目前可见为数不多的古松树（树龄约在距今120—180年之间），权作为诸攒宫地望仅有的地面标志。20世纪60年代兴建的平（水）陶（堰）公路在此地横贯而过，将陵区分为南、北两区（图3地形图）。

2. 宋六陵区域所处海拔决定了水路不能直接到达陵

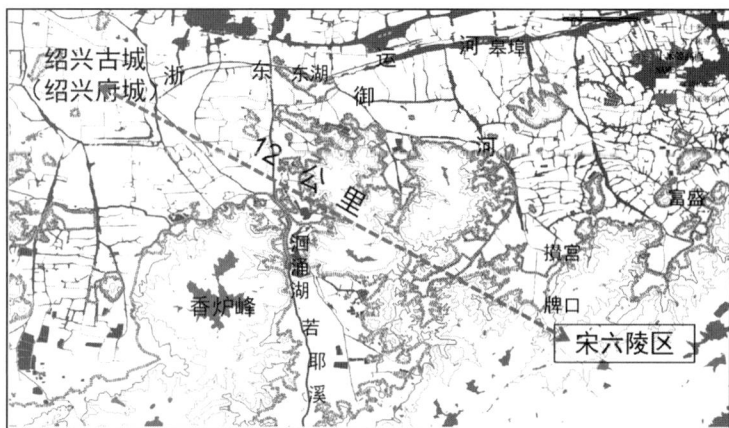

图2 绍兴府城与宋六陵相对位置图（2022年5月周筱芳制图）

区。新妇尖与宝山之间的宋六陵区域海拔超过 20 米（图 3），陵区现今是一片平整广阔的茶园（曾经的地形因为种植已经被微平整）（图 4 影像图），地势整体呈现明显的"东南仰高、西北低垂"之势（只在其西北部，因为逼近北边的宝山，地势转为北高南低）。东南高山，西北流水，是北方选址原则中的赵姓"角音"大利之地。1792 年，《会稽县境图》（图 5）上标注了宋六陵及周边山体，而陵区坐北（宝山）朝南（上皇山新妇尖），左青龙（雾连山）右白虎（白虎岭）

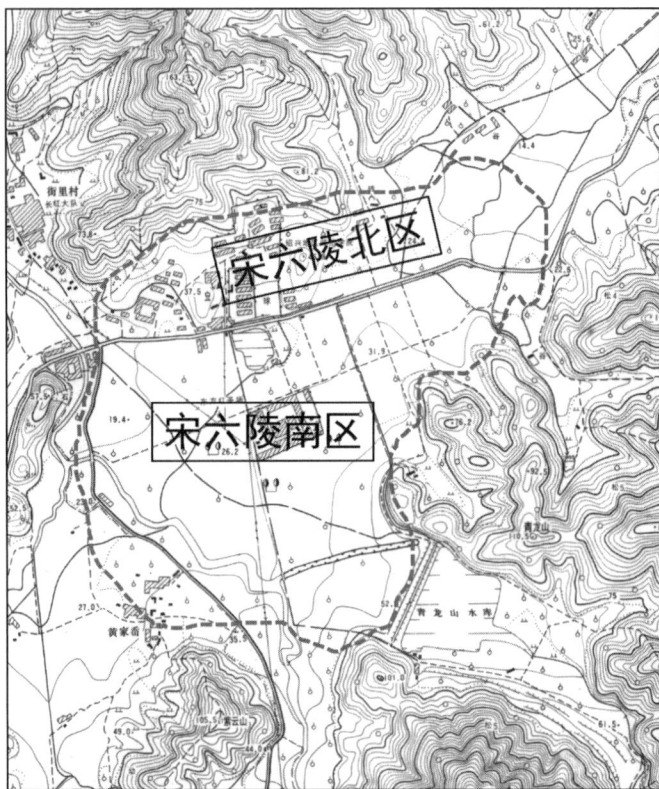

图 3　1978 年宋六陵区 1:10000 地形图（2022 年 5 月周筱芳标注）

是南方的选址原则。陵区符合南北双方的不同选址价值观，难能可贵，虽然配套水路只能通达到海拔 10 米以下的皇埠（下新埠）后转陆路到达陵区。

3. 两个方向上水陆交通线路在六个时期是存在传承与发展的关系。在交通方式视角下南宋赵构梓宫运送时期线路、明朝洪武帝陵修缮时线路、清末民国初期记载线路这三个时期所处的历史阶段其交通模式是一致的，即船行水路和以步行为主的水

图 4　2022 年卫星图上宋六陵区环境图

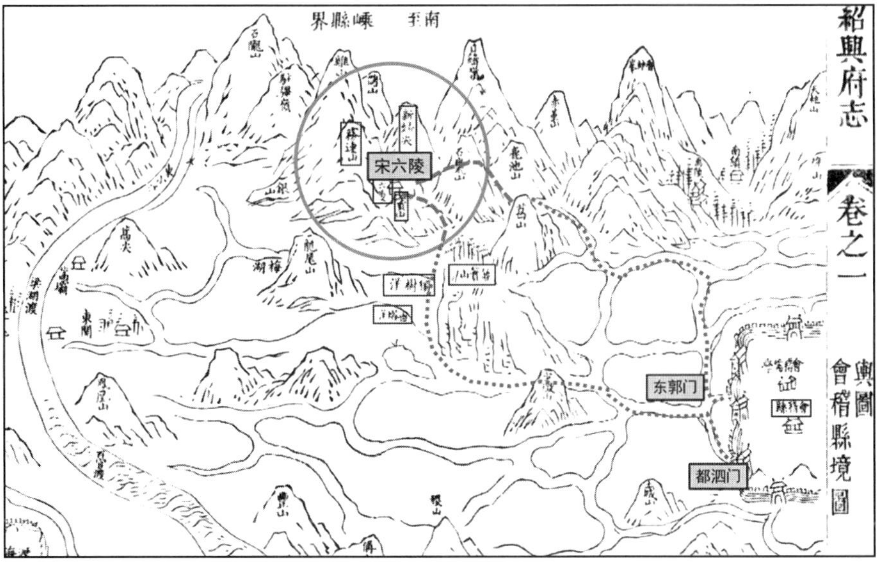

图 5　1792 年（清乾隆五十七年）会稽县境图中绍兴府城至宋六陵水陆线路（2022 年 5 月周莜芳标注）

陆并举的方式，在 1894 年《会稽县水陆道里》（图 6）有记载，据此可将线路落实在 1894 年地形示意图上（图 7）。20 世纪 60 年代（图 8）和 80 年代（图 9）两个时期分别代表农业学大寨与改革开放后的社会发展时期，其准确的地形图上可获得水路基本不变，而陆路虽然交通方式中汽车的使用越来越多，但具体落实在到达宋六陵的线路上是各有不同。当今交通时期线公路越来越多，已经没有水路航线，但水系依然存在（图 10），新建车行道路已经形成网络，可以由西上线、上樊公路、平陶线三个方向直达车行到宋六陵。

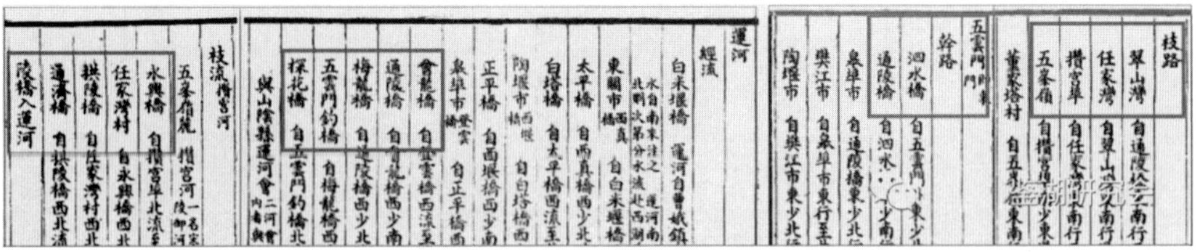

图 6　1894 年《会稽县水陆道里》

4. 鉴湖淤废直接促成宋六陵御河的形成。鉴湖在宋朝经历了淤废 4 个阶段，最终的文献记载于 1222 年鉴湖不再是浩淼的湖面，只是当今看到的平原水网，御河就是其中的一条水路。

图 7　绍兴府城至宋六陵两个方向交通线路示意图（2022 年 5 月周筱芳制图）

图 8　1960 年宋六陵御河水陆交通线路（2022 年 5 月周筱芳制图）

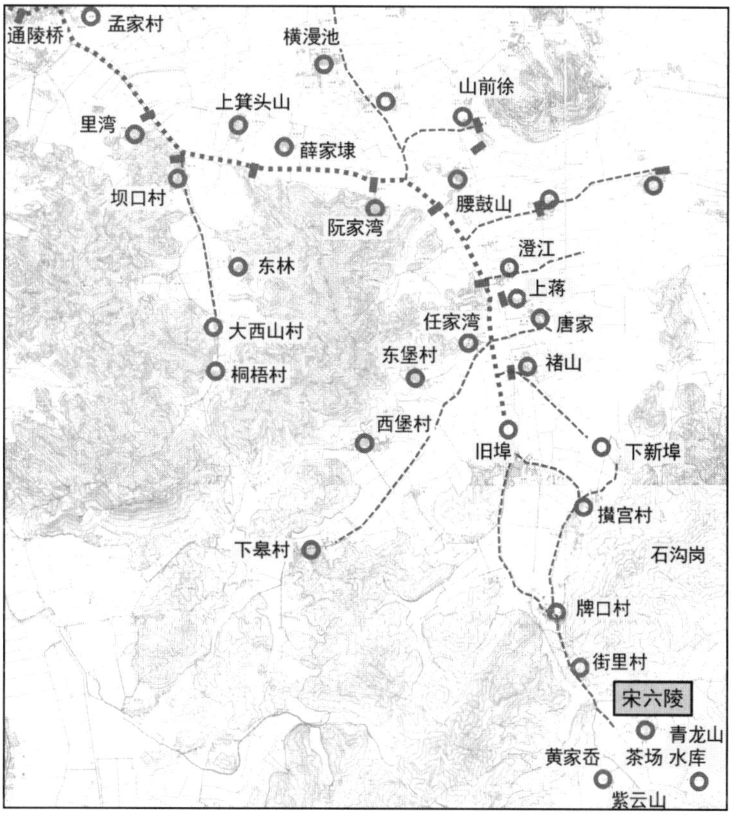

图9 1980年地形图上宋六陵御河水陆交通线路（2022年5月周筱芳制图）

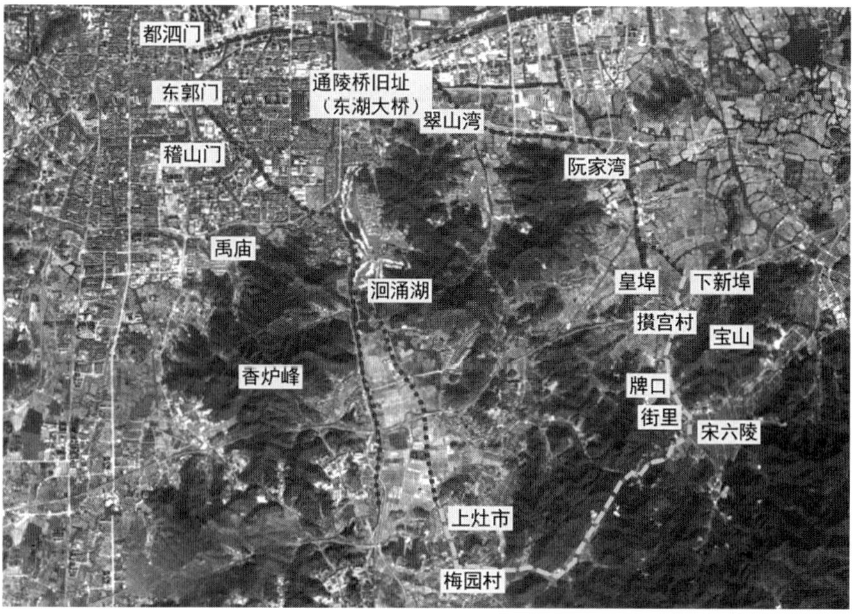

图10 2022年卫星图上绍兴府城至宋六陵仍然存在的河道与溪流与际路线形（2022年5月周筱芳制图）

（1）禁止：北宋大中祥符元年（1008）至北宋政和元年（1111）的百年，有文献记载，政策上多次出台规则以禁止盗湖为田。

（2）放任：政和四年（1114）废湖为田到绍兴末年（1162）基本围垦尽，时间约为 48 年，湖田从 700 余顷达到 2300 顷，增加了 2.3 倍。

（3）欲复：1163—1165 年连续三年曾努力上奏想让部分恢复湖面。但到 1188 年的鉴湖时，《思陵录》这样描述"鉴湖弥漫，今此为田，凡收米八万石，每亩三斗，可知广狭矣"，换算成现在的计量单位，此时鉴湖湖面已经有 145.8 平方公里成为稻田（按一石合 10 斗计有 27 万亩，汉与清代 1 亩合 240 平方步，隋唐后 5 尺为 1 步，宋代 1 尺约合 30 厘米，则得出 1 步为 1.5 米，1 平方步等于 2.25 平方米。鉴湖 1188 年已经变成田的面积计算如下：27 万亩 × 240 平方步 / 亩 × 2.25 平方米 / 平方步 =14580 万平方米，合为现在的 145.8 平方公里）。说明在 1188 年，他看到的鉴湖绝大部分已经是稻田，鉴湖已经是以水系的形式存在了。

（4）终埋：庆元二年（1196），《复鉴湖议》记载："湖废塞殆尽，而水所流行，仅有纵横支港可通舟行而已。"嘉泰元年（1201），地方也做过努力，上奏曾想恢复到 1165 年隆兴年间吴芾旧时鉴湖情况是可能的，但是未成功。至嘉定十五年（1222），《宋会要辑稿》记载鉴湖已被"今官豪侵占殆尽，填淤益狭，所余仅一衣带水耳"。

5. 交通线路之一：从东面都泗门与五雲门出发的水陆组合是历代主要线路，全程南宋最终成形。1188 年，南宋赵构皇帝梓宫运送至宋六陵中永思陵安葬，《思陵录》详细记载了水路线路，梓宫从杭州新开门渡钱塘江，进入浙东运河西起点西兴堰，船队 213 条船一路向东航行在浙东运河中，第 1 天萧山宿觉苑寺、第 2 天宿钱清、第 3 天宿古城内光相寺、第 4 天引导梓宫船出都泗门至 5 里外的会稽县尉司处，25 里罗家新埠。其中第 4 天走的线路就是都泗门至宋六陵水陆组合线路（图 11），其线型走向表达在 1894 年清代测绘地图（图 7）和 1914 年民国测绘地图上（图 12），据此可找到现场空间位置，并与 20 世纪 60 年代和 80 年代（图 8 和图 9）的地形图和现在卫星影像图（图 10）进行递进演变印证。

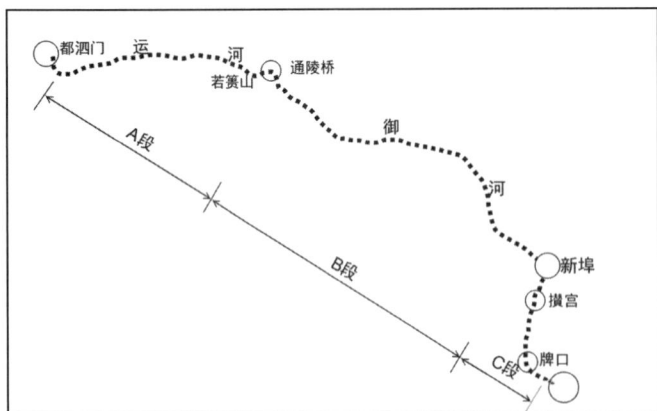

图 11 南宋赵构梓宫运送线路图［绍兴府城（绍兴古城）至宋六陵水陆交通段］（2022 年 5 月周筱芳制图）

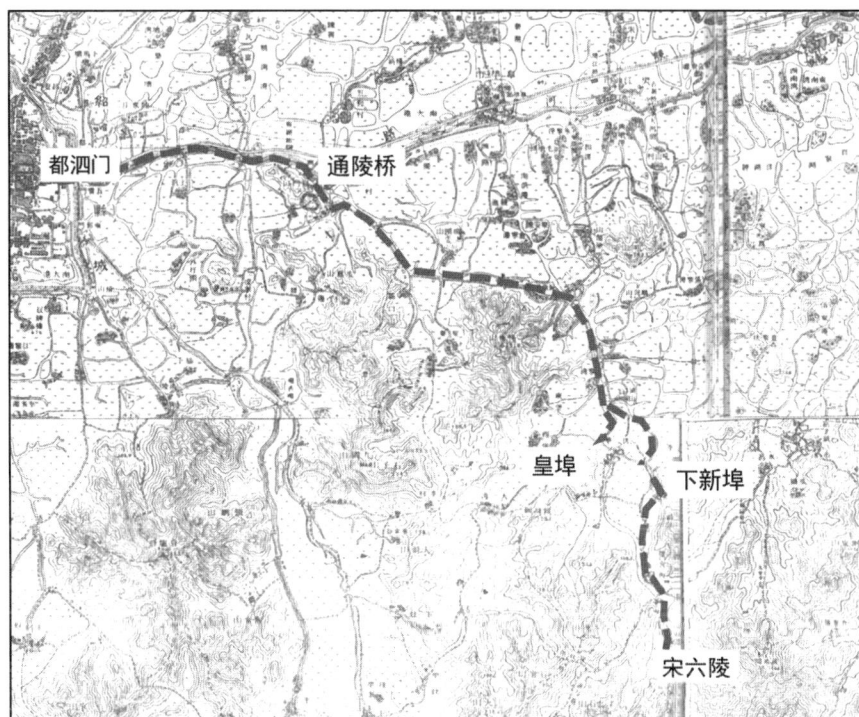

图 12　1914 年地形上绍兴府城至宋六陵交通线路示意图（2022 年 5 月周筱芳制图）

（1）主路水陆并用方式，由三部分组成（图 11），A 段浙东运河水路约 8.5 里（都泗门至通陵桥段）＋ B 段宋六陵御河水路约 15 里（通陵桥至旧埠或下新埠）＋ C 段攒宫陆路约 5 里（埠头至宋六陵）。

A 段浙东运河水路（都泗门至通陵桥段）。最早记载在《越绝书》中，公元前 490 年越王勾践建越子城和越大城时期（即绍兴古城）时一并建设了浙东运河的前身山阴故水道。至今已经有 2500 年，其线型没有更多的变化，水运功能从未间断。处于东鉴湖（绍兴府城至曹娥）这段浙东运河从东汉 140 年鉴湖形成至南宋 1168 年左右大部分鉴湖湮废之前的约 1000 年中，水运航线是在浩淼的东鉴湖中，因此这个时间这一段浙东运河与鉴湖是同水体；而鉴湖建立之前与南宋鉴湖湮废之后，其运河水体与当前的水体形态是相近的。转入御河前的水路共 8.5 里计 4900 米（一里合 576 米），船行航线是都泗门至五雲门吊桥 1 里多、五雲门吊桥至梅龙桥 1.5 里、梅龙桥至通陵桥 6 里。此段水路至今保存完好，完全符合航行需求。

B 段宋六陵御河水路。它是攒宫溪（河）中可以通航的那部分，1894 年《会稽县水陆道里记》（图 6）记载的攒宫溪（河）支流走向从南向北为五峰林麓、永兴桥、任家湾村、拱陵桥、通济桥、通陵桥入运河。东汉鉴湖形成之前按照等高线推测，此区域有水网河道存在，但水运航线是否成熟无从考据，南宋鉴湖湮废之前，由于低海拔，攒宫溪（河）在埠头以北是没入鉴湖的。水路航线共 15.4 里计 8870 米，攒宫埠至永兴桥 2.5 里、永兴桥至任家湾村 2.5 里、任家湾村至拱陵桥 6.4 里、拱陵桥至通济桥 3 里、通济桥至通陵桥 1 里。

C 段攒宫埠至宋六陵永思陵陆路，按《思陵录》，攒宫埠过宋六陵为 5～6 里（图 11），路经攒宫、牌口、街里。

（2）辅路为全部陆路，五雲门外沿运河陆路过通陵桥转入沿御河陆路经攒宫牌口等村到宋六陵，共 29 里（图 7 和图 8）。

A. 运河陆路从五雲门至通陵桥段共 7.4 里。是沿着浙东运河主干陆路的一部分，其中五雲门至泗水桥 3 里、泗水桥至通陵桥 4.4 里，这段陆路基本上是《越绝书》记载的公元前 490 年越王勾践修建的山阴故陆道的走向。民国时期建成绍兴至曹娥镇的公路后，基本弃用。

B. 御河陆路从通陵桥至宋六陵段，陆路约 21.6 里计 12441 米；走向与线形是从通陵桥开始，经过翠山湾、任家湾、攒宫埠，其中通陵桥至翠山湾 4 里、翠山湾至任家湾 7.6 里、任家湾至攒宫埠 5 里。此段陆路中攒宫埠至宋六陵段陆路在南宋已经存在，通陵桥（此桥在《思陵录》中亦无提及）至攒宫埠段形成时间无考，从宋六陵明代得到修缮和驻军人数等记载，可推断陆路存在主要是服务于此区域聚落日常耕作与交流需求，因此等级不高，在后续的建设或者修缮中易被忽略，当今沿路寻找，已无任何老路遗址可辨。攒宫埠与绍兴府城间直至 20 世纪 80 年代有公路前是完全依赖水路的（图 9）。

图 13 绍兴府城经若耶溪至宋六陵示意图（2022 年 5 月周莜芳制图）

6. 交通线路之二：从东南的东郭门与稽山门出发的水陆组合是历代备选线路。此线是借用远早于南宋时就已成熟的交通线路上再延伸到宋六陵的。沿用的若耶溪段水路，从雲门寺、若耶溪等历史遗传和与历史文献记载推测至少在东晋时期已经成形，上灶溪段水路从日铸岭、宋家店的历史推测早于南宋。

（1）主路水陆转换由三部分组成（图 13），A 段若耶溪水路约 7.4 里（东郭门外至蛤山头段）＋B 段上竈（灶）溪水路约 10 里（蛤山头至人和桥 6.2 里、至上灶埠头约为

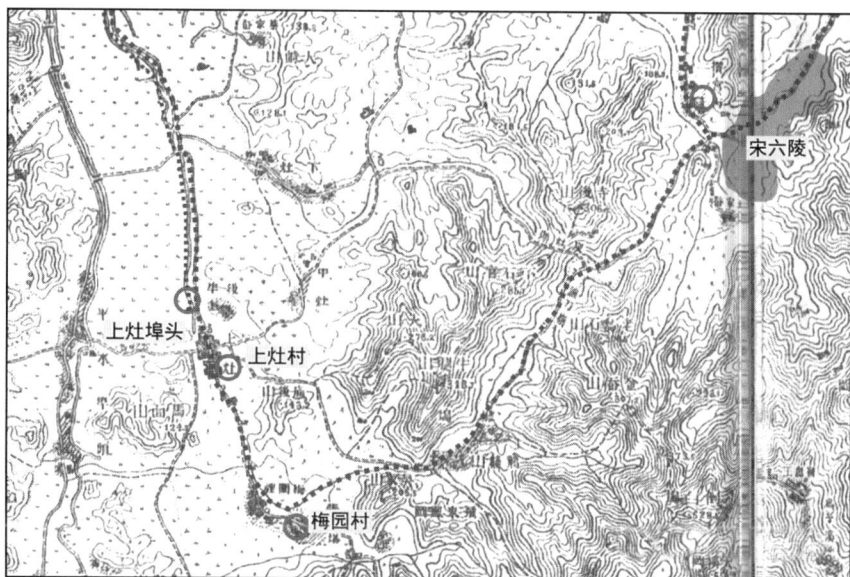

图 14　1914 年地形图梅园村至宋六陵陆路交通线路（2022 年 5 月周筱芳制图）

3.8 公里）＋ C 段上灶经梅园至宋六陵陆路约 11 里（图 14）。

A 段若耶溪水路约 7.4 里计 4262 米，此水路直到 20 世纪 80 年代绍兴城东新区未开发之前，一直是东部平原水网可航行水路。若耶溪从西化山发源，经五雲山麓至平水埠，水面与水深开始能行船，此水路取线的是蛤山头至东郭门外一段，其中蛤山头至浪煖桥 1.5 里，浪煖桥至东郭门外 5.9 里，共 7.4 里。

B 段上灶溪水路约 10 里，此水路直到 20 世纪 60 年代一直是可航行水路。它由日铸岭发源，从南向北由小溪流水逐渐增加，流至启阁以南的上灶市，已有上灶埠头，往北至人和桥时水深 3 尺（约为 1 米），河面宽约 5 米，更符合水路行船要求，上灶埠头至人和桥 3.8 里，人和桥至永祯桥 2.7 里，永祯桥至蛤山头桥 3.5 里，在此处入若耶溪。

C 段上灶经梅园至宋六陵陆路约 11 里，其中绍兴府城至梅园段形成早于南宋，因至今存在上灶埠头附近的保宁桥是宋高宗赐建（详见第 8 点），它也是绍兴古城至汤浦市的主要陆路。上灶市至梅园村约 3 里，梅园村至宋六陵约 8 里，是梅园村经宋六陵走向富盛的陆路支路的一部分。当今在古道线型上经拓宽已新建了车行公路。

（2）辅路是全程陆路，计 28.4 里。绍兴府城从东郭门外（稽山门外有水陆路到达禹庙）沿若耶溪水路的岸线边道路东南向延伸，过福德桥边、鸭嘴桥、五仙桥、浪煖桥至蛤山头桥与上灶溪陆路相会合。再过蛤山头桥、永祯桥、人和桥、沙□桥至启阁，实地察看（旁边有一山，古书表述为杨山，今地图为羊山）和访谈得出，启阁位置约在今剑灶村党群中心内。若耶溪陆路和上灶溪陆路长度与水路是一致的，上灶至

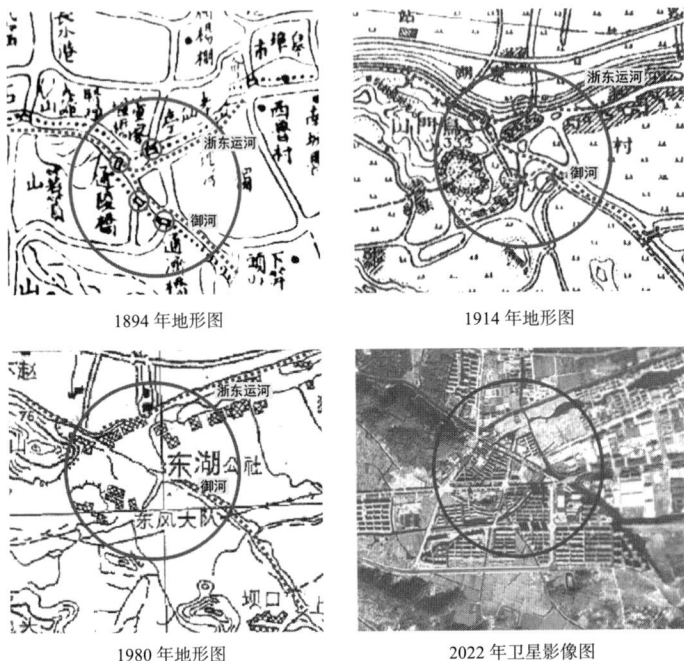

图 15　不同时期御河与运河相交处的地形变化（2022 年 5 月周筱芳标注）

宋六陵陆路沿用主路中的 C 段。

7. 旧地形地图中的线路定位至当今卫星影像图中比对结论。图 10 是当今的卫星影像图，蓝线和黄线对应的是 1894 年、1914 年、1960 年、1980 年地图中线路当今空间位置，两个方向上水陆路。从实际定位可知，水路几乎全部存在，陆路已全部变化，更新、废弃、拓宽三种方式建设成为当今车行道路。

8. 御河与运河相交处的地形改变细节（图 15）。这个空间位置在东湖大桥及东湖集镇，2022 年卫星影像图上为连续的一片用地，且已为成熟集镇。1894 年的地图上看汇合处是几个小岛，由 4 座桥梁连接；1914 年的地图是最接近当今精确测绘的，因此其地形的描述上比 1894 年的更准确，表达这一区域也是小岛加桥梁的组合。1980 年地形图已没有小岛，桥梁标注不明显。在图 15 中 4 个红圈中，1894 年标有通陵桥、通济桥、董家堰桥和一座有标识无名称的桥。1914 年图上 4 桥位置标注同 1894 年（无名称），1980 年图上有桥标识也无名称，老通陵桥位置（横跨运河）上已新建了车行大桥并命名成东湖大桥。

9. 沿线桥梁古今比照，可以感知陆路交通的巨大变化。曾经的石桥完整保存下来的只有保宁桥，通陵桥有桥栏板被再利用，其他桥梁有被改建成能通行车辆的水泥桥梁，也有已经完全消亡的。

（1）御河及支河桥梁变化实证。1894 年（图 7）地图上标注跨运河的有通陵桥、拱陵桥和永兴桥 3 座，运河支流上的有通济桥、杨梅桥 2 座，有图标无名称的 2 座在拱陵桥东南和任家湾东。1914 年（图 12）、1960 年（图 8）、1980 年（图 9）所有桥梁有图标但无名称，但其时对比 1894 年位置确认，原桥梁全部存在，并增加了更多桥梁标志，从地形地貌与当时生产力水平判断为 20 世纪 60 年代前的陆路线上的桥梁大都在 1894 年就存在的，由于制图限制而没有标注名称。再对比 2022 年卫星影像图，多次到访实地得出，通陵桥原址已建东湖大桥；通济桥由于地形改造无存；拱陵桥位置应在现中山路与御河相交处无存；附近有跃进石拱桥，只是跨越支流不在御河上，是沿着旧时陆道线型，文献无记载；坝口桥为旧陆路线上的桥梁，20世纪60年代冲毁后重建；银洲路南尽端为跨御河凤鸣水泥桥；银城路南尽端为跨御河□山桥，石桥，桥侧有桥名，第一个字模糊难辨认；银桥路尽端东侧有跨越御河通往要古山村的长山桥，平桥加水泥桥组成；沿旧陆路线型上有外庙桥在杨梅山村东；跨御河在上蒋有水泥平桥，对照位置为1894年图上永兴桥；沿旧陆路线型上有芝山水泥桥。由此也可得出，一是御河上在1894年至今的桥梁中并未有命名为五座一组带陵字（有文叙述自北而南御河上有通陵桥、拱陵桥、延陵桥、进陵桥、通陵桥，其中首尾二桥桥名相同）的桥梁存在，以往权威志书地志上也未见详载。二是御河上再无保存完好的人行古石桥。

（2）若耶溪、上灶溪及支流上桥梁实证。福德桥、鸭嘴桥、五仙桥其空间位置在城东开发区平水西江上或边上，当今无存；浪煖桥在平水东江上与西江交界处，龙舌嘴公园东侧，今无存。蛤山头桥在今葛山以南，高尔夫练习场区域，今无存；永祯桥在九缸山南，今石四公路的东南侧，桥已改建，人和桥在平水高速互通东北侧，桥已改建（图16卫星图）、启阁前曾有桥，前些年遭火灾毁，唯一完好的是上灶埠头附近保宁桥，它东西向横跨上灶江，是一座半圆形单孔石拱桥；桥全长13.40米，宽2.70米，桥高3.00米，孔2.20米，孔跨径3.20米；保宁桥东桥台朝南侧嵌有一石碑，字迹较模糊，石碑上记载建桥有关记事，落款为"清嘉庆九年十一月"（1804）。关于此桥初建时间，当地有这样的传说：宋高宗赵构被金兵追赶至越州，选择山路南逃，水路至上灶埠头，上岸时不慎跌了一跤，过上灶市去往日铸岭方向逃避。在杭州立都建南宋后，下旨在上灶上岸跌跤之处，恩赐建立这座保宁石桥。

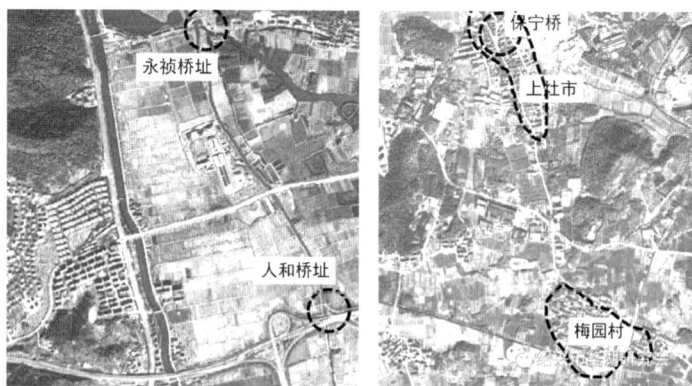

图16　2022年卫星影像图中若耶溪上灶溪存在的桥梁与曾经的桥址
（2022年5月周筱芳制图）

鉴湖西跨湖桥研究

周燕儿

（绍兴市柯桥区博物馆）

摘要： 鉴湖西跨湖桥是桥都绍兴不可多得的瑰宝，本文根据历史文献，在历年实地调查、考证的基础上，对该桥的历史沿革和人文价值进行整理考述。为保护、利用历史名桥提供学术支撑。

一、现状及相关史迹调查

（一）西跨湖桥

西跨湖桥系拱梁组合式石桥。南北走向，跨越鉴湖两岸，全长 59.68 米（图 1）。

拱桥长 25.50 米。单孔。拱券呈半圆形，立于起拱石上（图 2）。净跨 8.70 米，拱矢 5 米，拱脚宽 4.50 米。砌拱方法为纵联分节并列法。共有联石 8 节，均呈正方形，边长 0.35 米。拱石每列 8 块（图 3）。

拱券有焊锡勾缝。南北拱石上各有题记一处，均楷书，阴刻。南侧题记曰："本

图 1　西跨湖桥全貌

图 2　西跨湖桥拱桥

图 3 西跨湖桥拱券砌筑方法

图 4 西跨湖桥拱石明代题刻

图 5 西跨湖桥拱石清代题刻

里信官胡楫建造。"（图 4）共 1 竖行，字径 0.07 米。北侧题记曰："大清嘉庆九年甲子，本里信官胡延璠等重建。"（图 5）分 2 竖行，字径 0.09 米。拱顶置拱冠石（龙门石）5 块，石面雕刻圆形图案，自东至西依次为蛟龙得水、鸣凤朝阳、鱼跃龙门、鹿寻灵芝、麒麟踏云（图 6）。

图 6 西跨湖桥拱冠石雕刻

拱顶券脸石上凸出一扇面形匾额，其下承托两个如意状挂钩，石面阳刻"西跨湖"3 字（图 7），楷书。

桥面长 4.26 米，宽 4.20 米，中心用石板斗方铺设，成为定心石（千金石）。拱桥南北桥台外壁均用条石间丁石错缝叠砌，上施压口垂带石，石宽 0.75 米。垂带

图 7 西跨湖桥券脸石桥名题刻

图 8　西跨湖桥望柱图像

石上安装实体素面栏板。栏板长 2.45～2.85 米，高 0.48 米，厚 0.26 米。栏板与栏板间穿插望柱，柱高 0.90～0.95 米。柱头雕琢蹲狮、覆莲、束腰仰覆莲等图案，石质稍有风化（图 8）。

其中蹲狮雌雄各一对；覆莲分内外三层，顶设宝珠；束腰仰覆莲分内外两层，顶设如意。栏板以浅刻云纹抱鼓石收尾。抱鼓石长 1.10 米，高 0.48 米，厚 0.24 米。桥坡略呈喇叭形，其中南坡长 11.12 米，坡脚宽 5 米，设踏跺 21 级；北坡长 11.04 米，坡脚宽 5 米，设踏跺 22 级。每级踏跺宽 0.43～0.49 米。坡面较平缓（图 9）。

西跨湖桥拱桥桥面留有三处圆形柱洞，一处在南面起步阶石上，另两处在西面垂带石上（图 10）。

图 9　西跨湖桥坡面踏跺

图 10　西跨湖桥桥面柱洞

柱洞东西间距 1.05 米，南北间距 4.05 米。洞口直径 0.11～0.12 米，深 0.03 米。桥面两侧栏板中央又各镂一对称小圆孔，孔径 0.03 米，深 0.06 米。据世居西跨湖桥畔的胡光国先生回忆，这些柱洞和圆孔均系民国年间设置岗亭留下的遗迹。原来西跨湖桥上并无亭，20 世纪 30 年代，因时局动荡，常有山贼入村侵扰，居民深受其害。

为加强防守，当地政府部门便在桥上建起一座木构岗亭，亭旁安装栏栅，白天开启，晚上关闭。同时，连接南岸渡船头的几拼梁桥石板也被替换成可活动的木板，白天铺上，晚上卸下。每到夜晚，亭内还有保安队员轮流站岗。中华人民共和国成立后，社会稳定，民心安定，山贼绝迹，岗亭随之废圮。[1]

西跨湖桥梁桥位于拱桥两坡延伸段，当地俗称桥尾巴。其中拱桥南坡以下的梁式平桥，在20世纪80年代初为适应航运需要，局部有所改动，即将原有的8孔梁桥改筑成3孔梁桥。现全长28.78米，桥墩用条石错缝砌筑，桥面横铺石板，宽2.05米。桥两侧夹护镂孔石栏间仰覆莲望柱。拱桥北坡以下设梁桥1孔，用6拼石梁平铺，全长5.40米，面宽3.56米（图11）。

图11　西跨湖桥北梁桥

图12　西跨湖桥北梁桥栏板清代题刻

桥墩用条石间丁石错缝叠砌。桥孔跨径3.3米，出水高约1.70米。桥面东西两侧安装实体石栏，栏板长3.75米，高0.39米，厚0.28米。栏板外侧各有题记一处，均楷书，阴刻。东侧题记曰："大清嘉庆九年甲子孟秋，里人胡一峰、胡庆泰、胡配谦、胡涵三重建。"分9竖行，满行3字，字径0.09米。西侧题记曰："乾隆十一年又三月廿五日，胡尔隽、胡渭隆重修。"（图12）分7竖行，每行2~3字不等，字径0.16米。梁桥北塊折向东北面设4级踏跺落坡。

西跨湖桥桥台东侧墙上还残留着部分白底蓝字印痕，应与抗日战争时期山阴张川胡氏族人（湖塘支脉）胡文达，书写抗日救国宣传标语和护桥事迹有关。

----

① 2021年2月23日，笔者访问绍兴市柯桥区湖塘街道湖塘村胡光国先生（胡配谦后裔、胡文达之侄，时年98岁）记录。

（二）同堰桥

同堰桥紧依西跨湖桥北堍西侧而建，平面与西跨湖桥呈曲尺形，故在当地又有连心桥之称。该桥系单孔石梁桥，东西走向，跨越堰河南端，全长 10.45 米，跨径 4.40 米（图 13）。

图 13　同堰桥全貌

桥墩用条石间丁石错缝叠砌，其中东桥墩侧壁与堰河石岸齐平；西桥墩分上下两部分：上部宽 1.65 米；下部宽 2.63 米。与上部相比，下部南北两面分别形成 0.78 米和 0.20 米的台面。特别是南台面东南角处理成圆弧形，南侧依岸还设有河埠踏道。桥墩出水高 2.60 米。桥墩之上设南北向抬梁，各挑出桥墩 0.35 米，两端又置帽石，用以承托固定桥面石梁及护栏。桥面长 4.75 米，宽 1.62 米，由 3 拼石梁组成。桥面南北两侧置实体条石坐栏，均长 4.37 米，高 0.23 米，厚 0.24 米。其中南坐栏外侧中央有讹角形外框，框内阳刻"同堰桥"3 字，楷书，字径 0.15 米。上款署"嘉庆九年冬月吉旦"，共 1 竖行；下款上下端署"里人""重建"4 字，中部署"胡涵三、胡一峰、胡庆泰、胡配谦"4 人姓名，分列 4 竖行。上下款均楷书，阴刻，字径 0.03～0.05 米。2000 年前后，南坐栏坠入堰河中并折断，被打捞出水后继续使用。后该坐栏由绍兴县文物保护管理所撤换更新。桥东西两坡分别设条石踏跺 10 级和 11 级。踏跺长 1.67 米，宽 0.30 米，高 0.13 米。由于该桥坡未设栏板，且长年行人不绝，踏跺表面被磨得十分光滑，出于安全考虑，石面被重新凿毛。同堰桥下的堰河，南接鉴湖，向北蜿蜒流经西跨湖自然村内，并与后畈江相通。

（三）《重修西跨湖桥碑记》

《重修西跨湖桥碑记》一通，原嵌于西跨湖桥北堍东侧古大庵外墙壁间。20 世纪 90 年代，大庵拆毁，碑被移至桥北堍东侧，覆亭保护。该碑为会稽石质，高 1.93 米，宽 0.83 米，厚 0.13 米。阳面加工平整，阴面较为粗糙。碑额两边角略呈弧形，额篆"重修西跨湖桥碑记"8 字，横列 1 行，阴刻，字径 0.18 米。碑文分 18 竖行，满行

38～40字，楷书，阴刻，字径 0.03 米。部分字迹已风化剥落（图 14）。

碑文追溯西跨湖桥的创建历史，重点记述清嘉庆九年（1804），山阴张川胡氏族人（湖塘支脉）胡延璠辞官返乡后，牵头对"渐致倾圮"的该桥实施重修，使"祖德重新，行人永赖"。文末附有捐资修桥者名单及金额。该碑立于嘉庆十年（1805）正月，撰文者为胡延璠。碑文如下（文中标点和分行符"」"为笔者所加）。

重修西跨湖桥碑记（碑额）

湖塘西跨湖桥，创自前明万历二十八年，乃我」十一世叔祖古峰公所建。规模基址备详志乘，利济之功，洵非溢辞。二百余年来，历时既久，□石□毁，」渐致倾圮。余宦蜀时，房族庆泰弟、涵三侄、炳文再侄辈，札商重修，欲予领其事，予慨然曰："甚幸也！」所以光」祖德，利行人，义在当为，予何敢委！"惟是西南间隔，有志未逮者几十年。今年解组归里，爰集始议以」□，釀金采石而重新之。经始于嘉庆九年七月二十六日，落成于十一月十九日。夫予以孱弱之躯」□□斯钜任，所赖二三同志踊跃捐输，共襄其事，不四月而厥功告竣，深幸」祖德重新，行人永赖也。谨书巅末，而为之记。」

诰授朝议大夫，同知四川达州直隶州事，历任阆中、广元县知县，汉州、简州、天金州知州，加四级胡延璠」一峰氏撰。谨将捐钱姓名数目开列于后。」

胡一峰捐钱伍百贰拾千文、」胡庆泰捐钱壹百贰拾千文、」胡配谦捐钱壹百千文、」胡涵三自捐并劝捐钱壹百柒拾千文、」胡嵩年捐钱伍拾千文、」胡禹功捐钱贰拾千文、」胡学泗捐钱拾千文。」

嘉庆十年正月日立。」

图 14 《重修西跨湖桥碑记》拓片

（四）相关史迹

西跨湖桥北堍原有古大庵，距桥不远处又有胡家大厅，两者均与该桥创始人胡古峰有关。

　　古大庵，原名白云庵。据《张川胡氏宗谱》记载，该庵原为胡古峰旧宅，后改建成庵[①]。又据《民国绍兴县志资料第二辑》采访稿显示，古大庵建立于明万历四十六年（1618），清光绪三十二年（1906）重修[②]。1985年3月7日，经笔者实地调查记录：该庵原有两进砖木结构建筑，坐北朝南，中隔石板天井，两侧有厢房。第二进已拆毁，仅存第一进平屋，面宽三间，阴阳合瓦，硬山顶。通面宽10.45米，通进深6.80米。其中明间面宽3.30米，东次间面宽3.05米，西次间面宽3.10米。梁架结构均为穿斗式，用7檩5柱。明间脊檩与中柱交接处以及上、下金檩和檐檩下，均置"十"字形斗栱，栱瓣砍削有力；脊檩与内额间设一斗三升式隔架科两攒。前后檐柱柱础呈鼓形，最大腹径居中部；内柱柱础均呈"碩"形，上半部稍高。该建筑具有典型的明代中晚期建筑特色。庵内不住僧尼，只有胡古峰塑像（村民尊称"大桥菩萨"）和"尚义"匾额，村民岁时祭祀。胡家大厅原在西跨湖桥西北约500米处的湖塘村王公溇自然村，据1983年10月21日绍兴县湖塘乡文化站干部叶长福等先生调查，亦为胡古峰在营造西跨湖桥后所建，当时只剩下朝南石库门斗一座[③]。如今，古大庵和胡家大厅已荡然无存。

　　西跨湖桥作为"十里湖塘"水乡著名的人文景观之一，曾吸引不少文人墨客慕名往游。清代绍兴籍著名文学家李慈铭，就多次乘坐画舫至此游览。尤其是清同治五年（1866）初夏，还在桥畔的"魏氏东宅"[④]卜居。据胡光国先生介绍："听祖辈传下来，李慈铭当年小住湖塘时，画舫就停泊在西跨湖桥北塊。"[⑤]李慈铭写下讴歌湖塘山水风光、风土人情、名特土产的丽诗佳文中，与该桥有关之句即有：《夕阳中过湖塘村爱其风景欲徙居之属画师分写二图以为先券》："十里湖塘一镜圆，端相结屋水云边。"[⑥]《微雨过湖塘二首》："西跨湖桥雨到时（偏门外有跨湖桥，故此以西名），四山烟景碧参差。"[⑦]《买陂塘·丙寅初夏，过湖塘村，卜居魏氏东宅。忆丙辰之冬，买村东王氏屋不果，今十年矣。山赀未成，水云终负，怅然谱此，情见乎辞》："认湖西岸，花如绣，画船重系桥畔。"[⑧]《百字令·乞胡石部画〈湖塘村居图〉，用金风亭长〈东曹秋岳

①　［清］胡钟生纂修：《张川胡氏宗谱》卷六上《世系表五上》，清光绪三十一年木活字本。

②　绍兴图书馆整理：《民国绍兴县志资料第二辑》第十三类《宗教》第三十三册，广陵书社2012年版，第117页。

③　见1983年10月21日，叶长福、张金水、田新闻调查《古代建筑登记表》（笔者录存）。

④　［清］李慈铭著，刘再华校点：《越缦堂诗文集》（中），上海古籍出版社2008年版，第672页。

⑤　1989年3月27日，笔者访问绍兴县湖塘乡西跨湖村胡光国先生（胡配谦后裔、胡文达之侄，时年66岁）记录。

⑥　［清］李慈铭著，刘再华校点：《越缦堂诗文集》（上），上海古籍出版社2008年版，第29页。

⑦　［清］李慈铭著，刘再华校点：《越缦堂诗文集》（上），上海古籍出版社2008年版，第162页。

⑧　［清］李慈铭著，刘再华校点：《越缦堂诗文集》（中），上海古籍出版社2008年版，第672页。

画竹垞图〉韵》："最爱西跨湖桥，峰回水抱，丹翠供斟酌。"① 《七居》："至于跨湖之桥，七尺之庙，思马侯之美，功服神禹之遗教。"② 由此可见，该桥在他心目中的美誉度和影响力。西跨湖桥的独特风姿，也曾引起我国著名古建园林学家、文学家陈从周的关注，20 世纪 80 年代初他亲临考察该桥，并将拍摄的 4 帧全景和特写照片载录于编著的《绍兴石桥》一书中③。

二、创建、修缮和保护情况

（一）创建、修缮和保护

西跨湖桥碑刻题记、清《张川胡氏宗谱》及当地口碑表明，该桥自明万历二十八年（1600）由山阴张川胡氏族人（湖塘支脉）胡古峰创建以来，在清乾隆十一年（1746）和嘉庆九年（1804）先后由胡氏族人胡尔隽、胡渭隆、胡延璠、胡庆泰、胡配谦、胡涵三、胡炳文、胡嵩年、胡禹功和胡学泗出资，做过两次不同程度的修缮保护，始末原由清晰明了。同堰桥虽始建年代不详，但在清嘉庆九年（1804）亦由胡涵三、胡延璠、胡庆泰和胡配谦捐资重建。民国初年，地方政府又对西跨湖桥做过一次小规模的维修。但由于在修缮过程中监管不力，桥拱的部分焊锡遭工匠偷盗，致使桥梁的稳固性受到一定程度影响，故被当地民间讥讽为"不修一千年，修修五百年"④。

1985 年 3 月，绍兴县文物保护管理所在全县开展文物普查时，对西跨湖桥作了文字和绘图记录。2002 年 12 月 18 日，该桥被列为绍兴县文物保护单位。2011 年 1 月 7 日，该桥作为"绍兴古桥群"之一，又被升格为浙江省文物保护单位。

2013 年，绍兴县文物保护管理所遵循"不改变文物原状的原则"，对西跨湖桥和同堰桥实施保护修缮。其中西跨湖桥维修整治内容：1.剔除桥两端后期改动的水泥桥面，使之恢复原貌；2.补配桥面、桥墩、桥栏已缺失或已破碎不成形的石板和条石；3.修补部分已严重风化的望柱坐狮。同堰桥维修整治内容：1.用石板替换后期铺设的桥面水泥板 1 拼；2.更换桥面南侧已断裂石栏，按原样翻刻桥名。现原石栏被锯成 4 截，移置于西跨湖桥拱桥北坡与北梁桥结合部折角处，部分字迹尚存；3.修理部分已沉降、皲裂踏跺。此次维修资金共计 38 万元。

2015 年 9 月 28 日，为科学、规范、有序地保护西跨湖桥，浙江省人民政府划定

① ［清］李慈铭著，刘再华校点：《越缦堂诗文集》（中），上海古籍出版社 2008 年版，第 690 页。

② ［清］李慈铭撰：《湖唐林馆骈体文》卷一《七居》，清光绪十年刻本。

③ 陈从周、潘洪萱编著：《绍兴石桥》，上海科学技术出版社 1986 年版，第 166 页。

④ 2021 年 2 月 23 日，笔者访问绍兴市柯桥区湖塘街道湖塘村胡光国先生（胡配谦后裔、胡文达之侄，时年 98 岁）记录。

图 15　西跨湖桥文物保护标志碑

公布该桥的保护范围和建设控制地带。保护范围：整座西跨湖桥及桥东侧碑亭和桥西侧同堰桥，桥东西两侧各向外延伸 10 米。建设控制地带：东西两侧以保护范围为基准向外延伸 20 米为界，南北两侧向外延伸 10 米为界。此外，该桥还设有保护标志碑（图 15），建立记录档案，落实专人负责管理。

（二）建桥、修桥和护桥乡贤事迹

胡古峰，名楫，字汝舟，又字国进，号古峰，山阴张川胡氏第十一世。生于明嘉靖三十一年（1552）四月二十日。祖父胡景春、父胡世凤，均为绍兴府学廪生，有"高才生"① 之称。

胡古峰系世凤第四子，生有奇表，两手各有六指，除拇指外，其余各指间有皮肉相连，状若鹅掌，但却自幼颇具胆略。湖塘旧宅旁，建有一座曾祖父胡克忠（字诚之，号南峰，别署强学斋主人）的进士牌坊，牌坊周围常有野兽出没，为村民所畏惧。他 8 岁时从私塾读书回来，见野兽憩息于牌坊之上，便厉声叱喝，野兽逃之夭夭。后随父寄居京都，为了积累知识，增强记忆，经常替人抄书、校书。明万历二十八年（1600），他以贡生身份谒选授万载县（今属江西）县丞。数年后，因政绩卓著，被调任金吾卫经历，累升左卫指挥、右卫指挥佥事、都指挥佥事等职。

胡古峰生性孝友，堪称楷模。他的父亲去世后，竭力侍奉母亲潘氏。母亲体弱多病，曾焚香请以身代。他在万载县为官时，获悉母亲患病，从数百里外赶回探望，并要求辞职终养，但未获批准。他至京城任职后，将母亲迎养于长安府邸。母亲 88 岁那年去世后，他还刻制木肖像供奉。万历四十六年（1618），他又将位于西跨湖桥北堍的宅第改建成白云庵，以寄托对先母的哀思。同样，他的兄长胡桐去世后，对待寡嫂也十分恭谨，对待兄子如同己出。

胡古峰热心公益，乐善好施。万历二十八年（1600），他独资创建西跨湖桥的事迹，不仅铭刻于桥碑、桥拱，还被载入清《张川胡氏宗谱》，并在当地民间传为佳话。清《张川胡氏宗谱》云："家临鉴湖，湖面滉漾，欲渡则鼓枻而前，否则道路纡曲，非略彴可济，行人苦之。公（指胡古峰）叠石为跨湖大桥，规模宏壮，至今两地

---

① ［清］胡光文等纂修：《张川胡氏宗谱》卷十六《家传·都指挥佥事古峰、宣府镇副将御隆公列传第十》，清嘉庆十七年敦睦堂刻本。

之人，犹啧啧称公德不置。"① 至于建桥的缘由，村民口口相传：西跨湖桥地处十里湖塘，沿湖村舍林立，人烟稠密，但由于没有跨湖桥梁，两岸村民往来需用船只摆渡，如若绕道，则路途更为遥远。一日，胡古峰目击一少妇携男抱女，正在摆渡，突遇一阵狂风，船只掀翻，母子仨落水遇难，因而心怀怜悯，出资建造了这座跨湖大桥。② 万历三十八年（1610）五月，胡古峰鉴于国家连年灾荒，财政拮据，慷慨捐银十万两，受到皇上的嘉奖。诏曰："胡楫捐银助赈，亦见尚义，该各衙门知道。钦此。"③ 他便取"尚义"二字，作为宅第的堂名。明天启元年（1621）三月，他又捐助饷银二千两。这在《明实录》中亦有所记："金吾卫指挥题升守备胡楫，捐赀二千两助饷，命加都司金事职衔。"④ 当时，顺天府涿州（今河北涿州市）琉璃河南的南挟河，水流湍急，侵蚀堤岸，临河居民深受其害，他目睹这一状况，毅然捐银修筑石塘若干丈，以资捍卫。有关胡古峰的其他义行，在清康熙《山阴县志》中提及的尚有"鉴湖滨有桥倾圮，捐千金修之。……恤亲邻、赈穷之、瘗枯骨"⑤ 等。

胡古峰卒于明天启四年（1624）四月二十日，葬涿州挟河畔。湖塘万年溇（今属鉴湖村轮穗自然村）亦有他的衣冠冢。据湖塘村魏阿四先生见告，胡古峰衣冠冢砌筑较为考究，墓道设有石马、石虎等石像生，1962 年前后拆毁。⑥

胡尔隽，名公奇，字尔隽，号拙民，山阴张川胡氏十四世祖（湖塘支脉）。生于清康熙九年（1670）四月初九。父胡万杰，官怀集县（今属广东）巡检。胡尔隽自幼随父寄居西粤，深明忠孝大义，七岁丧父，哀毁如成人。成年后因老母健在，放弃宦游京城的机会。曾至松江寻访暨阳十一世祖、元泰定年间进士胡师善墓地，重竖旧碑。又曾捐资协修《张川胡氏宗谱》。他居家沉默寡言，冲淡平和，被时人视为唐代名臣娄师德。清康熙五十九年（1720），他的三子胡文楷出任陵水县（今海南陵水黎族自治县）典史，临行前谆谆告诫："弗以秩卑而丧厥志，存心宜宽厚，遇事宜廉谨，孽钱不享，昭如日星，汝当书绅以为戒。"⑦ 他 72 岁时，写就《自叙篇》上万言，对自生行迹作了全面总结。清乾隆十五年（1750），他八秩寿诞，会稽籍状元梁国治

---

① ［清］胡光文等纂修：《张川胡氏宗谱》卷十六《家传·都指挥金事古峰、宣府镇副将御隆公列传第十》，清嘉庆十七年敦睦堂刻本。

② 1989 年 3 月 27 日，笔者访问绍兴县湖塘乡西跨湖村胡光国先生（胡配谦后裔、胡文达之侄，时年 66 岁）记录。

③ ［清］胡光文等纂修：《张川胡氏宗谱》卷十六《家传·都指挥金事古峰、宣府镇副将御隆公列传第十》，清嘉庆十七年敦睦堂刻本。

④ 《明实录·明熹宗实录》（第 66 册）卷八《天启元年三月》，上海书店出版社 2015 年版，第 382—383 页。

⑤ ［清］高登先修，［清］沈麟趾、单国骥等纂：康熙《山阴县志》卷三十二《人物志十·孝友·胡楫》，清康熙十年刻本。

⑥ 2021 年 3 月 22 日，笔者访问绍兴市柯桥区湖塘街道湖塘村魏阿四先生（时年 80 岁）记录。

⑦ ［清］胡光文等纂修：《张川胡氏宗谱》卷十八《家传·拙民公》，清嘉庆十七年敦睦堂刻本。

为之撰写《拙民胡公八十寿序》，以志庆贺。乾隆十七年（1752），他以 82 岁高龄覃恩赏赐顶戴、粟帛。乾隆二十一年（1756）十月去世，享年 86 岁。胡尔隽重修西跨湖桥的义行，除镌刻于桥栏外，还被载入清《张川胡氏宗谱·拙民公传（十四世）》中，其云："家临鉴水，古峰公曾建跨湖石梁，为水陆要冲，年久湮漏，行旅兴嗟。公偕族孙渭隆公讳藩者，诹日鸠工，越三年而役竣。"[①] 修桥工程历时三年，可见其规模之巨大。这是胡尔隽生平的一大亮点。

胡渭隆，原名延瑛，后改名藩，字渭隆，山阴张川胡氏十七世祖（湖塘支脉）。历任直隶新城县（今属河北）、宁化县（今属福建）典史。据西跨湖桥栏板题记显示，胡渭隆与族祖胡尔隽重修西跨湖桥的时间为清乾隆十一年（1746）。

胡延藩，字孔美，号一峰，山阴张川胡氏十七世祖（湖塘支脉）。生于清乾隆二年（1737）九月十七日，卒于清嘉庆十三年（1808）七月初二。年仅 12 岁失去父亲，家里没有固定的产业，靠母亲纺织维持生计。他外出读书，颖悟过人，稍长，更刻苦自励。曾参加生员考试未能如愿以偿。乾隆二十三年（1758），他投靠亲友来到四川，学习法家言论，兼而教学蒙童，用所得束脩赡养老母。馆课余暇，潜心律学，每到夜半犹无倦意，数年学成，被官方竞相聘为幕僚。后以清将温福幕僚的身份，参与征讨四川大小金川土司叛乱。乾隆四十五年（1780），捐资候选州吏目，在清将阿桂帐下管理军务，并教授大小金川人民用犁耕法开荒种地，使得收成翻倍。后被补为邻水县（今属四川）典史。任上见城外空地，溪壑幽秀，绝似故乡绍兴书法圣地兰亭，便构亭辟径，建成著名的"流觞曲水"景观。乾隆五十年（1785），署理达州（今四川达州市）麻柳场巡检。乾隆五十二年（1787），补四川打箭炉厅照磨。不久，调成都县（今四川成都市）县丞。乾隆五十六年（1791），廓尔喀王国入侵西藏，清将福康安奉命率军反击，胡延藩随营办事，冒险运送粮草。乾隆六十年（1795），因军功显著，擢升邛州（今四川邛崃县）州判，不久署理灌县（今属四川）知县。嘉庆元年（1796），调任阆中县（今属四川）知县。任上，躬自督修城垣、改道嘉陵江；又捐俸掩埋枯骨残骸。特别是于城西补修防洪护城鱼翅石堤，现基本保存完好，并被公布为阆中市文物保护单位。公务之余，他还撰写《俚歌》，劝导百姓停息争讼，百姓多被感化。不久，委署汉州（今四川广汉市）知州，但未满月即卸事。对此，他作有《寄别汉州》诗四章，以寄托情怀。嘉庆二年（1797）后，先后两次署理简州（今四川简阳市）知州。任上革除陋弊，杜绝贿赂，修葺文庙、创建奎星阁、恢复凤仪书院，使当地民风和文风为之一变。此外，他还带头捐廉俸倡修州城北交通要道上的瑞华桥，上架木梁，并建瓦屋 19 间，历时 7 个月而竣工，更名万安桥。"屹然虹亘，行

---

① ［清］胡光文等纂修：《张川胡氏宗谱》卷十八《家传·拙民公》，清嘉庆十七年敦睦堂刻本。

人攸赖"①，成为简州历史上唯一的一座风雨桥。又捐修州北大道70余里。嘉庆四年（1799）春，离任赴四川广元县之日，士民数万人攀辕卧辙，含泪道别，称之为"胡青天"②。他所作《别简州士民》诗中的"念我身劳殷抚字，怜渠心苦惜膏脂"③之句，即是勤政爱民的真情告白。嘉庆五年（1800），调署天全州（今四川天全县）知州。在任劝课农桑勤勉不倦。又自捐并募资上万金，修缮大渡河上泸定桥（铁索桥）。又发布《告示》，规劝士民崇尚节俭，讲究孝悌。由于该《告示》写得简明扼要，通俗易懂，故而在当地及邻县民间广为传诵，并被书法爱好者抄录后挂于厅堂，奉为治家宝鉴。嘉庆七年（1802），升达州直隶州（今四川达州市）同知加知府衔。嘉庆九年（1804），因患腿疾致仕返乡，诰授朝议大夫。对于胡延璠的政绩，清咸丰《简州志》赞誉道："训士民，如家人、父子之相与语，酌理准情，醒人心目。所揭训词，争抄成本，至今传诵。"④清咸丰《天全州志》评价为"莅政公勤，多惠政""仁慈明察，劝课农桑，矻矻不倦。"⑤著有《西藏闻见录》《一峰诗稿》等。

胡延璠晚年居家以积德行善为乐事，曾增置始祖至祖父历代祀田二十亩；又购买义山，作为困顿族人的墓地。至于周济因贫不能嫁娶或无以谋生、无法营葬的乡民，更是习以为常。他于嘉庆九年（1804）发起重修西跨湖桥之事，在清《张川胡氏宗谱》中亦有所载："跨湖大桥，自前明古峰公建造，经拙民公重修，至是复圮颓。公首捐五百金，集族中有力者协同襄事，不数月还旧观。"⑥对于此次修葺工程，《重修西跨湖桥碑记》称"重修"，拱石及栏板题记则称"重建"，说明古人对"重修"和"重建"二词的概念较为模糊。实际上从现存主要石雕构件具备明代特征分析，这只是一次落架大修。

胡庆泰，字有隆，山阴张川胡氏十七世祖（湖塘支脉）。据《重修西跨湖桥碑记》载，胡庆泰曾与胡延璠"札商"修葺西跨湖桥事宜，并为此次重修"捐钱壹百贰拾千文"。

胡配谦，原名荣世，字益之，号配谦，山阴张川胡氏十八世祖（湖塘支脉）。自幼失去父母，依靠兄嫂抚养。长大后感激思奋，读书颖悟。因迫于生计，至福建泉州

① ［清］胡光文等纂修：《张川胡氏宗谱》卷十七《家传·四川达州州同加知府衔一峰公列传第二十》，清嘉庆十七年敦睦堂刻本。

② ［清］胡光文等纂修：《张川胡氏宗谱》卷十七《家传·四川达州州同加知府衔一峰公列传第二十》，清嘉庆十七年敦睦堂刻本。

③ ［清］胡钟生纂修：《张川胡氏宗谱》卷十九《传二·宦迹·一峰公传（十七世）》，上海图书馆藏清光绪三十一年木活字本。

④ ［清］濮瑷纂，［清］陈治安等修：咸丰《简州志》卷五《人物志·宦迹·胡延璠》，清咸丰三年刻本。

⑤ ［清］陈松龄纂修：咸丰《天全州志》卷五《人物志·名宦·胡延璠》，清咸丰八年刻本。

⑥ ［清］胡光文等纂修：《张川胡氏宗谱》卷十七《家传·四川达州州同加知府衔一峰公列传第二十》，清嘉庆十七年敦睦堂刻本。

经商，在获得资本后，回家乡购置不少田地，以收租为生①。生性乐善好施，对族人姻亲中孤寡贫困者，总是慷慨解囊，尽力周济。曾捐献祀田若干亩，用来供奉先世，为里人所敬仰。敕封修职郎。据《重修西跨湖桥碑记》显示，胡配谦为此次重修西跨湖桥"捐钱壹百千文"。

胡涵三，初名繁湘，更名繁潮，后又改名潮，字涵三，号海门，又号恒斋，山阴张川胡氏十八世祖（湖塘支脉）、胡古峰八世孙。生于清乾隆三十五年（1770）五月初五，卒于清道光七年（1827）十一月初七。自幼体弱多病，但聪颖过人，力学不倦，少年即补会稽县生员。年仅弱冠失去父母，因持理家政而无暇专心攻读。每临考试，便避居附近寺院，突击温习月余。清嘉庆六年（1801）中乡试副榜，清嘉庆九年（1804），考取乡试第4名举人。此后屡试不第，转而经商，家境渐丰。他秉承母教，急公好义，致富不忘桑梓。嘉庆十九年至二十年间（1814—1815），越中灾荒严重，他施粥救济近村饥民，并与乡中有财力者集资，按日散赈。又随带官府檄文，赴福建采购粮食二万石，泛舟千里而归，在城乡设局救济。嘉庆二十五年（1820），山阴大旱，他邀集村民疏浚张川，以灌溉农田。萧山新林周塘容易决堤，他经现场勘察，呈请官府另开引河，以利泄水。上虞曹娥江百官渡，为绍兴商民必经之途，但渡船掌管者敲诈勒索，害人匪浅。他与上虞梁质夫、萧山韩秋塍二乡绅，集捐义渡船只五艘，又购置田产，作为常年经费支出，兴利除弊，在民间传为美谈。绍兴府城司狱署前旧有育婴堂，场地狭窄，经费短缺，他与挚友田晓耕、平二渔商议，呈请知府批复，移置于府城西郭门外麟趾（灵芝）乡，并先捐田十亩相助，该工程直至他去世二年后才告竣。他平日外出，扁舟往来，也总是携带草药，以施舍贫苦病人。他还善于调解纠纷，耐心疏导，缓和僵局，"如春风解冻，毫不费力"②，为村民所信赖。清代著名学者、教育家宗稷辰称他为"邑中敦信重谊，急人之急者"③。他的墓在山阴杨梅坞，墓表亦由宗稷辰撰写。胡涵三亦工文辞，被同时代金石家杜煦誉为"议论开张，心手了了，得眉山大苏之长；尺书小品，诙诡可喜，人多宝弄。"④著有《家训》一卷。清《张川胡氏宗谱》中，还收录其所作《赠邑侯徐公并序》《题陈芸圃先生玉照》

---

① 2021年3月22日，笔者访问绍兴市柯桥区湖塘街道湖塘村胡光国先生（胡配谦后裔、胡文达之侄，时年98岁）记录。

② ［清］胡钟生纂修：《张川胡氏宗谱》卷二十四《传七·义行·海门公传三（山阴杜煦撰，尺庄）》，清光绪三十一年木活字本。

③ ［清］宗稷辰撰：《躬耻斋文钞》（第六册）卷十《碑志类·海门胡府君墓表》，清咸丰元年越岘山馆刻本。

④ ［清］胡钟生纂修：《张川胡氏宗谱》卷二十四《传七·义行·海门公传三（山阴杜煦撰，尺庄）》，上海图书馆藏清光绪三十一年木活字本。

诗二首。①

据《重修西跨湖桥碑记》显示，胡涵三曾与胡延璠"札商"修葺西跨湖桥相关事宜，并为此次重修"捐钱壹百柒拾千文"。清田耕心《胡海门传》中，亦提及捐资重修西跨湖桥事宜。

胡嵩年，清光绪《张川胡氏宗谱》未见载录。但该谱中有胡松年，原名楦，后改名廷枢，字松年，山阴张川胡氏十八世祖（湖塘支脉），候选从九品官。②笔者以为胡松年似系胡嵩年之误。据《重修西跨湖桥碑记》载，胡嵩年为此次重修西跨湖桥"另捐钱伍拾千文"。

胡炳文，原名维元，字燊一，号炳文，胡配谦长子，山阴张川胡氏十九世祖（湖塘支脉）。善治家业。湖塘至宾舍村路，一遇雨天，泥泞不堪，举步维艰，他首创修砌，方便往来行人；又曾集资修缮镜水庵。候选从九品官，貤赠奉直大夫。据《重修西跨湖桥碑记》载，此次修葺西跨湖桥，亦与他的鼎力"札商"分不开。

胡禹功，名维成，字禹功，山阴张川胡氏十九世祖（湖塘支脉）。据《重修西跨湖桥碑记》载，胡禹功为此次重修西跨湖桥"捐钱贰拾千文"。

胡学泗，字圣泉，山阴张川胡氏十八世祖（湖塘支脉）。邛州庠生。据《重修西跨湖桥碑记》载，胡学泗为此次重修西跨湖桥"捐钱拾千文"。

胡文达，小名六七，字雨仁，号梅轩，湖塘人，系胡配谦后裔、胡廷瑞长子。生于清光绪二十四年（1898）。幼入家乡私塾。清宣统三年（1911），就读于绍兴山会初级师范学堂，成为鲁迅先生的学生。民国6年（1917），赴京报考北京大学，因遇张勋复辟之乱，逃回杭州，转而改考浙江法政专门学校。毕业后，回乡经营祖传的德懋染坊。20世纪20年代起，历任安徽天长县知事、绍兴县型塘小学堂教员，绍兴县一镜乡保长、乡长。1945年辞职。绍兴解放之初，参加过人民政府在湖塘七尺庙内举办的思想改造学习班。20世纪50年代，他曾以鲁迅学生的身份去拜访鲁迅夫人许广平，托她帮助介绍工作。许劝他："你年纪大了，思想观念比较陈旧，已跟不上新形势的发展和新时代的步伐，不适宜再外出找工作，可在乡里摆摆摊，做点小生意维持生计，这也是为人民服务的一个方面。"③就这样他一直住在家里，20世纪80年代初去世。胡文达学识广博，擅长书法，对赵体下过一番较深的"临池"功夫，在乡里颇有名气。今湖塘村染店台门第三进壁间，尚存他所题"惟吾德馨，介尔景福"等书迹。

胡文达保护西跨湖桥是在抗日战争时期。1937年抗战全面爆发后，他为激励乡

---

① ［清］胡钟生纂修：《张川胡氏宗谱》卷四十《先世遗诗》，清光绪三十一年木活字本。
② ［清］胡钟生纂修：《张川胡氏宗谱》卷六下《世系表五下》，清光绪三十一年木活字本。
③ 1989年3月27日，笔者访问绍兴县湖塘中学退休教师田新圃先生（时年78岁）记录。

民的抗日斗志，毅然用石灰水在西跨湖桥上写下"对日履行经济绝交，打倒日本帝国主义"16个通俗易懂的擘窠楷书。民国30年（1941）一月，绍兴沦陷后，他又为防止标语内容激怒敌人，继而引发炸桥事件的发生，就及时巧妙地用石灰水将原有的标语全部刷白，然后重新写上孙中山先生倡导的"忠孝、仁爱、信义、和平"8个意味深长的深蓝色大字，落款为"一镜乡民公署"。这样该桥总算逃过一劫①。如今，桥上的宣传标语虽已褪色剥落，但局部字痕仍隐约可辨。

三、研究价值评估

（一）历史价值

1. 鉴湖西端标志。鉴湖初名镜湖，后亦称南湖、长湖、大湖、贺监湖、照湖等。湖涉山阴、会稽二县（今分属绍兴市越城区、柯桥区、上虞区），系东汉永和五年（140）会稽郡太守马臻主持创建的大型蓄水灌溉工程、绍兴人民的母亲湖。据南宋《嘉泰会稽志》载："湖之形势，亦分为二，而隶两县。隶会稽曰东湖，隶山阴曰西湖。东西二湖，由稽山门驿路为界。"②现称鉴湖者，多指古鉴湖之西湖部分。该段河湖长约23公里，平均宽108米，烟波浩淼，四通八达。而西跨湖桥地处西湖西端的湖塘村，与位于西湖东端即绍兴城西常禧门（俗名旱偏门）外的东跨湖桥在一定程度上表示着鉴湖的主体水域范围。如今，东跨湖桥已改建成钢筋混凝土大桥，失去文物价值，而西跨湖桥作为今日鉴湖之上的标志性建筑物依然屹立如故，因此对鉴湖历史文化的研究和利用价值不言而喻。

2. 始建年代依据。关于西跨湖桥的创始年代，目前古桥研究界至少存在三种说法：第一说为宋代或南宋时已存在。见于周幼涛主编《绍兴山水》③、绍兴市城建档案馆编《绍兴石桥》④、绍兴市文物管理局编《绍兴文物志》⑤、罗关洲著《绍兴古桥掇英》⑥、绍兴市文物管理局编《绍兴文化遗产·石桥卷》⑦等。此说为主流，笔者之前也曾认同。第二说为东汉，见于单建新撰《十里湖塘一镜圆——绍兴湖塘西跨湖桥散记》⑧等。第三说为明代，见于钟越宝、罗海笛著《绍兴文物》⑨，王佐才、陈淼主

---

① 1989年3月27日，笔者访问绍兴县湖塘乡西跨湖村胡光国先生（胡配谦后裔、胡文达之侄，时年66岁）记录。

② ［宋］沈作宾修，［宋］施宿等纂：《嘉泰会稽志》卷十三《镜湖》，明正德五年刻本。

③ 周幼涛主编：《绍兴山水》，文化艺术出版社1998年版，第68页。

④ 绍兴市城市建设档案馆编：《绍兴石桥》（上册），中国美术学院出版社2001年版，第199页。

⑤ 绍兴市文物管理局编：《绍兴文物志》，中华书局2006年版，第150页。

⑥ 罗关洲著：《绍兴古桥掇英》，浙江人民出版社2006年版，第13页。

⑦ 绍兴市文物管理局编：《绍兴文化遗产·石桥卷》，中华书局2012年版，第213页。

⑧ 单建新：《十里湖塘一镜圆——绍兴湖塘西跨湖桥散记》，《绍兴县报》2006年1月15日。

⑨ 钟越宝、罗海笛著：《绍兴文物》，中华书局2004年版，第112页。

编《鉴湖行》①、童志洪撰《古山阴"西跨湖桥"的前世今生》②、胡关健撰《胡氏族人与西跨湖桥》③等。现通过对该桥的全面考察，对碑刻题记的反复摩挲，对谱牒、方志的仔细检阅，进一步认识到：第一说虽有南宋《嘉泰会稽志》为据，其云："西跨湖桥在（山阴）县西六里，上有亭，傍有浮图。"④但该志文中所称的"西跨湖桥"，距山阴县西约六里，而湖塘西跨湖桥距山阴县约四十里，彼此里程大相径庭，应不属同一座桥。按地理位置，该"西跨湖桥"，应为绍兴城西常禧门外南直街北端的东跨湖桥。对此，明嘉靖《山阴县志》记有"西跨湖桥，去县西南六里镜湖上，南通离（漓）渚路"⑤之语，亦可补证。又有文称：湖塘西跨湖桥早年"曾经建有桥亭，与《嘉泰会稽志》所载相符"。⑥其实该桥亭并非早年就有，而是现代建筑物，上文已述。第二说则是与鉴湖的创建联系在一起。鉴湖建成后，因交通需要，自然少不了跨湖桥梁，但却不是此桥。第三说是以实证为依托，最具可靠性和说服力，应予支持。至于该桥的具体建造年代，前已提及可精确到明万历二十八年（1600）。清嘉庆《山阴县志》中称胡古峰"其他义行甚多，万历二十八年建坊旌表"⑦之事，与他独资营建该桥不无关系。在胡古峰建桥之前，此地并无跨湖桥梁，行人往来是靠船只摆渡。现桥南岸尚存古地名"渡船头"，亦能解释这一问题。

3. 桥名演变规律。在鉴湖历史上，曾以"西跨湖桥"命名的桥梁至少有两座，即常禧门外南直街北端的东跨湖桥与湖塘的西跨湖桥，桥名亦随着时代的更替而有所变化。今东跨湖桥，南宋《嘉泰会稽志》称"西跨湖桥"，该名直至清嘉庆八年（1803）还在使用，有明嘉靖《山阴县志》、清康熙《山阴县志》、清嘉庆《山阴县志》可证。清嘉庆九年（1804），湖塘西跨湖桥重修后，为避免二桥出现重名，遂根据地理位置，将地处西湖东端的常禧门外西跨湖桥改名为东跨湖桥（简称跨湖桥）。这在清嘉庆十一年（1806），姚继祖（清名臣姚启圣之孙）等人立于常禧门外跨湖桥南直街壁间的《重建跨湖桥碑记》中有所显示，其云："昔东汉会稽太守马公创鉴湖，筑塘四十里，连东西跨湖二桥。□□□□城去常禧门里许，南接山阴道上，盖东跨湖桥也。"⑧此后，该桥名沿袭至今。湖塘西跨湖桥，最初称湖塘跨湖桥。清康熙《山

① 王佐才、陈森主编，沈宏更执行主编：《鉴湖行》，中国戏剧出版社 2010 年版，第 47 页。

② 童志洪撰：《古山阴"西跨湖桥"的前世今生》，《绍兴日报》2015 年 9 月 20 日。

③ 胡关健撰：《胡氏族人与西跨湖桥》，《越地春秋》2018 年第 4 期，第 126—128 页。

④ ［宋］沈作宾修，［宋］施宿等纂：《嘉泰会稽志》卷十一《桥梁》，明正德五年刻本。

⑤ ［明］许东望修，［明］张天复、柳文纂：嘉靖《山阴县志》卷二《山川志·桥渡》，明嘉靖三十年刻本。

⑥ 绍兴市文物管理局编：《绍兴文化遗产·石桥卷》，中华书局 2012 年版，第 213 页。

⑦ ［清］徐元梅修，［清］朱文翰等纂：嘉庆《山阴县志》卷十四《乡贤二》，清嘉庆八年刻本。

⑧ 陈五六主编，周燕儿执行主编：《绍兴摩崖碑版集成》（第四册），中华书局 2005 年版，第 563—564 页。

阴县志》载:"湖塘跨湖桥,去县西四十里。东入郡城,西通萧山路。"①清嘉庆九年（1804），该桥重修后，才正式定名为西跨湖桥。上文所述《重修西跨湖桥碑记》以及该桥券脸石上镌刻的桥名可资佐证。成书于清光绪二十年（1894）的《浙江全省舆图并水陆道里记》中有《山阴县图》，也标注该桥为"西跨湖桥"②。同书《绍兴府山阴县水路道里记》篇中更明确写道:"西跨湖桥，自大王庙前东南流至此三里强，水深九尺，面阔十丈，有古城溪自南来注之。"③这些图文资料无一不表明该桥名的延续使用。

（二）艺术价值

1. 造型艺术特色。桥梁的造型与中国山水画构图多有相似之处。中国山水画的形式，十分讲究主次关系。明唐志契《绘事微言》中辑录宋李澄叟《画山水诀》云:"凡画山水，……先要立宾主分远近，次布置高低，落墨无令重浊，亦无令枯干。"④造桥布局又何尝不是如此。西跨湖桥作为一座拱梁相结合的长桥，拱桥是主体，梁桥是次体。拱桥桥孔采用古代石拱桥中最常见的半圆形，与水下浮动的倒影合成整个镜面，这样一虚一实，虚实相映，形成鲜明对比。整座桥梁，呈现出中间隆起，两边居平的状态，显得高低错落，气势雄伟，且富于韵律的变化。拱券之上，又有突出的眉石，状若随拱起伏的波形。当地传说，该桥拱桥桥孔与东跨湖桥的桥孔笔对，遥相呼应。由此可见，当年胡古峰和能工巧匠对该桥的设计建造可谓煞费苦心。每当烟雨濛濛之时，该桥在周边的山水和民居掩映下，更是别有一番诗情画意。伫立桥上极目东眺，"十里湖塘"山光水色尽收眼底。在绍兴市柯桥区境内，现存单孔拱桥与多孔梁桥组合的古桥已不多见，具有代表性的仅见柯岩街道阮三村的太平桥、华舍街道大西庄村的荷花桥等数座而已。因此，西跨湖桥对绍兴石桥营造技艺的研究和传承具有重要意义。

西跨湖桥与紧密相连的同堰桥设计成曲尺形也颇具特色。刘致平著《中国建筑类型及结构》云:"我国园林内更常利用桥的曲折回环的优美形象来点缀风景。"⑤虽然该桥与园林中曲桥的布局理念不尽相同，主要是服从地理环境的要求，但也有借鉴园林艺术的因子在内，其目的是使桥梁的整体变得更加婀娜多姿，蜿蜒成趣。同堰桥的石栏也与众不同，设计成低矮的坐凳，既可休息，又可观赏水上风光。每到盛夏傍

---

① ［清］高登先修，［清］沈麟趾等纂:康熙《山阴县志》卷五《山川志下·桥》，清康熙十年刻本。

② ［清］宗源瀚主编，徐则恂修订:《浙江全省舆图并水陆道里记》（第三册），学苑出版社2019年版，第18页。

③ ［清］宗源瀚主编，徐则恂修订:《浙江全省舆图并水陆道里记》（第三册），学苑出版社2019年版，第26页。

④ ［明］唐志契撰:《绘事微言》，文渊阁《四库全书》第816册，上海古籍出版社2003年版，第212页。

⑤ 刘致平著:《中国建筑类型及结构》（新一版），中国建筑工业出版社1987年版，第50页。

晚，该桥还成为村民纳凉消暑的好去处。

2. 雕刻艺术成就。西跨湖桥的雕刻图案，遵循"图必有意，意必吉祥"的原则，分布在拱券、栏板、拱冠石、望柱和抱鼓石上。拱券和栏板的雕刻主要为桥名和题记。就书法而言，券脸石上的桥名"西跨湖"3字，笔画穿插有度，错落有致，浑厚劲健，不落窠臼，当非出俗手，具有较高的艺术水准。桥名虽未署年月，但其书法风格及镌刻技法与同堰桥桥名类同，而同堰桥桥名的书刻年代为清嘉庆九年（1804）。由此推测，该桥桥名亦为同期重修时所书。拱石上的胡楫题记，点画爽利挺秀，结体严紧，书风接近柳体。其余题记虽不以书法见长，但不失为研究该桥历史沿革的珍贵实物资料。

西跨湖桥拱冠石上雕刻的 5 幅图案，技艺精湛，匠心独运，堪称绍兴古桥艺术的精华。图案的主题均与龙、凤、鱼、鹿、麒麟等动物相关。蛟龙得水：蛟，是古代传说中的无角龙。蛟龙入水后就能兴云作雾，飞腾上天。春秋管仲撰《管子》云："蛟龙得水，而神可立也。"[①] 以此比喻英雄人物得到施展才华的机会。鸣凤朝阳：语出《诗经·大雅·卷阿》："凤凰鸣矣，于彼高冈。梧桐生矣，于彼朝阳。"[②] 后以此比喻贤臣遇到明君。鱼跃龙门：见宋陆佃《埤雅》："鲤，此今之赪鲤也。……俗说鱼跃龙门，过而为龙，唯鲤或然。"[③] 比喻举业成功或地位高升。双鹿灵芝：鹿是瑞兽。晋葛洪《抱朴子》载："虎及鹿兔，皆寿千岁。寿满五百岁者，其毛色白。"[④] 灵芝为仙草，在古代被认为是天地精气所化。以此祝颂官运亨通、富足长寿。麒麟踏云：语出唐李商隐撰《无愁果有愁曲北齐歌》："骐驎踏云天马狞，牛山撼碎珊瑚声。"[⑤] 麒麟出没处必有祥瑞，比喻德才兼备的人。上述 5 幅雕饰，既折射出西跨湖桥建造者胡古峰出人头地、步入仕途的光鲜人生，又寄托着人们对美好生活的追求与向往。其中第 1～4 幅图案外围饰弦纹两周，其内采用深雕和透雕手法，立体感极强，表现手法与柯桥区柯岩街道秋湖村明嘉靖年间设立的石牌坊上雕刻相一致；第 5 幅图案，外围饰卷云纹一周，其内采用浮雕技法，且石色微黑，与前者显然有别，应为清代重修时补刻。

西跨湖桥的桥面望柱柱头雕琢蹲狮两对，体形不大，躯干较短。其中雄狮足蹬绣球，威武矫健；雌狮怀护幼仔，含情脉脉。狮子，是东汉时随丝绸之路和佛教传入而成为中国的吉祥动物。明李时珍《本草纲目》载："狮子出西域诸国，……铜头铁额，钩爪锯牙，弭耳昂鼻，目光如电，声吼如雷，有髯髯。牡者尾上茸毛大如斗，日

① ［春秋］管仲撰，李远燕、李文娟译注：《管子》，广州出版社 2001 年版，第 10 页。

② 梁锡锋注说：《诗经》，河南大学出版社 2008 年版，第 325 页。

③ ［宋］陆佃撰：《埤雅》卷一《释鱼·鲤》，明嘉靖元年刻本。

④ ［晋］葛洪撰：《抱朴子》（内篇）卷三《对俗》，上海书店 1986 年影印版，第 9 页。

⑤ ［唐］李商隐著，［清］朱鹤龄笺注，田松青点校：《李商隐诗集》，上海古籍出版社 2015 年版，第 193 页。

走五百里，为毛虫之长。怒则威在齿，喜则威在尾。每一吼则百兽辟易。"[1] 用狮子守桥，是因为它在古人心目中具备驱邪辟恶的威力。桥坡望柱柱头均为覆莲或束腰仰覆莲图案，线条饱满，古朴简厚，层次分明。莲花，自佛教传入中国后，就成为佛教的圣花、佛坐的别称，而造桥又是一种传统的济世美德。绍兴俗谚道："吃素拜佛念经，不如造桥铺路建凉亭。"故望柱以莲瓣为饰，含有弘佛扬善之意。该桥覆莲柱头、抱鼓石的形制，与柯桥区华舍街道张溇村明万历三十四年（1606）创建的云梯桥、柯桥区齐贤街道兴浦村明代花洞桥上的同类石构件相近似。这与清代石桥繁复生硬的装饰艺术风格有着明显的区别。

（三）科学价值

1. 构筑稳固。西跨湖桥之所以坚如磐石，百年有形，与合理选材、用材不无关系。绍兴盛产建筑石材，其开采历史可追溯到春秋战国时期，不过当时受生产工具的制约，仅为小范围浅表开采，而真正的大规模深挖细采则在汉代及之后。境内的吼山（犬亭山）、羊山、曹山、箬篑山（东湖）、柯山（柯岩）等，都曾是著名的采石场所（石宕）。如明万历《会稽县志》载："犬亭山在县东南三十里宝山北。……此山尽白石，为工人所伐。"[2] 又如明祁彪佳《越中园亭记》云："柯山石宕，传系范少伯筑越城时所凿。"[3] 又如明万历三十二年（1604）郑一麟、吴显忠撰《羊石山石佛庵碑记》云："隋开皇时，越国公杨素采羊山之石筑罗城。"[4] 再如清康熙《会稽县志》载："箬篑山在县东一十二里洞浦山西北。……山多坚石，取用甚广。"[5] 明清时期，绍兴石桥用材主要取自箬篑山、羊山、柯山等采石场，但这些石材的质地不尽相同。相比较而言，箬篑山、羊山石硬度高，抗压力强，耐用性好；柯山石"色白、体轻、质松，不耐用"。[6] 西跨湖桥的建造和修葺者扬长避短，科学选用质地坚硬、不易风化的箬篑山优质石材，使得该桥的主体结构至今基本保存完好，实为明智之举。

西跨湖桥的拱石与拱石、拱石与联石之间，除采用常规的榫卯结构外，还充填大量焊锡，这在绍兴其他石桥中尚属首见。锡，俗称白镴。汉许慎撰《说文解字》曰："锡，银铅之间也。"[7] 具有熔点低、易焊接、用途广泛等优点。该桥采用焊锡工艺，等于为防止拱券松垮多加了一道"保险"，它填补了绍兴石桥营造技艺的空白，也成

① ［明］李时珍编：《本草纲目》（第四册），中国书店1988年版，第2页。

② ［明］杨维新修，［明］张元忭、徐渭纂：万历《会稽县志》卷二《山川·犬亭山》，明万历三年刻本。

③ ［明］祁彪佳撰：《越中园亭记》之五《城西·潘园》，清宣统三年绍兴公报社铅印越中文献辑存书本。

④ 1986年5月4日，笔者调查羊山摩崖时记录。

⑤ ［清］吕化龙修，［清］董钦德纂：康熙《会稽县志》卷三《山川志上·山》，清康熙十三年刻本。

⑥ 绍兴图书馆整理：《民国绍兴县志资料第二辑》（第二十四册）第十类《食货·石矿》，广陵书社2012年版，第90页。

⑦ ［汉］许慎撰，［宋］徐铉校定：《说文解字》（附检字），中华书局1963年版，第293页。

为中国乃至世界古桥科学技术史上的先进标本。拱券两侧设有一圈凸出的拱眉，能起到较好的排水作用，在一定程度上减少雨水对拱券的侵蚀。拱桥桥面的定心石，采用大块厚重石料，使拱券合龙后避免出现冒尖现象。拱桥桥台自下而上渐次收分，横剖面略呈梯形，有利于增强桥梁的稳固性。个别拱石还镶嵌"蚂蟥襻"加固。多种科技手段的综合应用，为该桥历经沧桑而岿然屹立奠定了坚实的基础。

同堰桥西桥墩下部向南设计成一长方形平台，平台转角又处理成圆弧形，既避免船只转弯靠岸时产生碰撞，又确保行人上下船只安全无虞，十分科学合理，也体现了古代建桥匠人的聪明才智。

2. 功能分明。绍兴水网密布，湖泊众多，素有"水乡泽国"①之称，在古代"以船为车，以楫为马"②，水上交通十分发达，而鉴湖水域更是如此。因此，建造桥梁必须因地制宜，适应水环境和社会发展的需要。西跨湖桥的设计建造者，将该桥设计成拱梁组合的长桥，拱桥居中，两边梁桥连接湖岸。由于拱桥具备"桥面不易折断而跨度又可很大"③的特点，故净跨达到 8.70 米，其跨度之大甚至超过了浙东古运河上久负盛名的太平桥。两边的梁桥较为低矮，与拱桥形成鲜明的对比。这种高低悬殊的桥型，使官船、画舫、埠船等通过高大的拱桥绰绰有余，又使乌篷小船等驶入低矮的梁桥亦畅通无阻，同时还能省工节料，兼顾水源调济，可谓两全其美。

四、小结

（一）西跨湖桥是我国优秀历史文化遗产、绍兴石桥中的"活化石"、鉴湖之上的璀璨明珠。该桥创始于明万历二十八年（1600），有建筑风格为基，有碑刻题记为凭，有历史文献为证，已是板上钉钉，毋庸置疑。

（二）在西跨湖桥历史上，山阴张川胡氏族人（湖塘支脉），建桥、修桥、护桥，祖德有光，功不可没，值得后人纪念。而今，政府又将该桥的保护纳入法制化轨道，更是功在当代，利在千秋。

（三）对西跨湖桥展开调查与研究，目的是为进一步充实文保单位的"四有"记录档案，进一步探讨绍兴石桥的营造技艺，进一步提升桥都绍兴的"含金量"，进一步丰富鉴湖的旅游资源添砖加瓦。

---

① ［清］陈梦雷等原辑，杨家骆主编：《古今图书集成》（第 747 册）《戎政典·改官练兵事宜疏（张慎言）》，中华书局 1977 年影印版，第 780 页。

② ［东汉］袁康、吴平辑录，乐祖谋点校：《越绝书》卷八《越绝外传记·地传第十》，上海古籍出版社 1985 年版，第 58 页。

③ 刘致平著：《中国建筑类型及结构》（新一版），中国建筑工业出版社 1987 年版，第 50 页。

"羊山勒石"：清末百沥海塘大修的历史见证

童志洪

（绍兴市鉴湖研究会）

摘要：笔者在田野考察时，发现绍兴羊山石佛寺景区岩壁上的一块摩崖石刻和绍兴百沥海塘息息相关。该摩崖石刻由清光绪年间上虞人王惪（注：德的异体字，下同）元所记，全文工 102 字。经过反复考证、研究，挖掘出清代光绪年间由浙江巡抚府督办的浙东海塘的重大塘工佚事，从而使这起尘封百年的旧事，重新浮出水面。

2017 年 4 月，作者参加鉴湖研究会组织的田野考察，在柯桥区齐贤街道羊山石佛寺后的岩壁上见到一处清光绪年间由王惪元所记的摩崖石刻。这篇石刻题记，凿于 110 多年前的清光绪后期。60 年前的小学时代去羊山"远足"时，就已见过。尔后又至少见过七八次，但都并未在意。但此次专题考察，再次见到这块摩崖石刻，则有了不同的感觉。作者感到：摩崖石刻背后，必定隐藏一段鲜为人知的故事。而破解羊山摩崖中《王惪元题记》（以下简称"羊山勒石"），应该对全面了解羊山石材在浙江海塘建设中所起的作用与清代的浙江海塘史，具有较高价值。

为此，作者根据"羊山勒石"中显露的蛛丝马迹，经过了一年多的寻踪追迹，多次现场踏看，反复考证，终于发掘出了为当代省、市、县三级志书未载，一段发生在清光绪年间，由浙江巡抚府督办的（浙东海塘）上虞前江塘（即"百沥海塘"），改建石塘 1141 丈约 3.8 千米，新砌石质坦水 960 丈约 3.2 千米；两者相加，总长度约 7 千米的一起塘工佚事。从而使这起尘封百年的重大塘工真相重新浮出水面。

一、"羊山勒石"蕴含的基本信息及释文

（一）"羊山勒石"原文

该"勒石"以隶书为主，掺杂个别小篆体。直排左起共 8 行，全文为阴刻，计 103 字，无标点。全文照录如后（图 1）：

光绪二十六年夏，余以塘工运石，长驻于兹。明年春复来，岩栖累月。工将竣，留雪鸿以别之。是役也，综其成者：江西喻太守兆蕃、淮安曹赞府宗达、南昌杨赞府国观。同次者：邑绅潘炳南、俞彦彬、俞士鉴、顾陛荣也。上虞王悳元智凡敬记并书。时严佐宸伴读，羊山同勒石。①

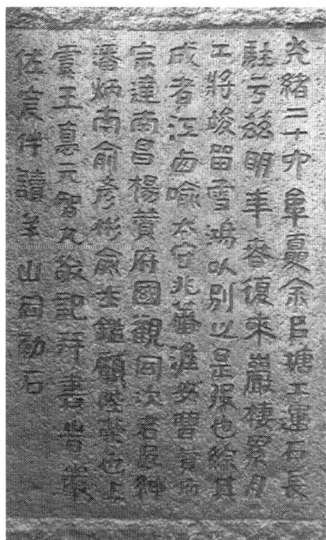

图 1　羊山摩崖中《王悳元题记》（简称"羊山勒石"）

这短短百余字，记录了自光绪二十六年（1900）起，勒石者在羊山的一段亲身经历。现对该铭文试释如下：

光绪二十六年（1900）夏季，我受命采办修复海塘工程的石料运输事宜，长期驻守此地。光绪二十七年（1901）春季，又奉命再次回到这里。经年累月，栖身在羊山孤岩下的禅房。现工程行将竣工，谨留下记录往事的文字，作为告别。这次海塘工程之所以得以成功，综合起来，应归功于主持此次工程的江西籍知府喻兆蕃（藩，下同）、淮安籍县丞曹宗达、南昌籍县丞杨国观这三位大人；还有一同效力的同县乡绅潘炳南、俞彦彬、俞士鉴、顾陛荣等人。上虞县王悳元，字智凡，敬记拜书。曾任"伴读"的严佐宸，也一同参与了这次勒石。

（二）从"羊山勒石"释文中可以得出的信息

一是，"羊山勒石"所记时间段系为修复绍兴府上虞县某段海塘工程时，铭文者王悳元，长驻于山阴县羊山采办、转运石料的一段史实；

二是，这一史实，应该发生于 110 多年前的清光绪二十六年（1900）夏季至光绪二十七年（1901）间。由于该"勒石"落款虽未见具体年月，推测其大体时间应在工程告竣，作者即将离别时的光绪二十七年（1901）秋季某日；

三是，铭文中提及的潘炳南等多位乡绅，应系王悳元的上虞县同乡，属于一些热心公益、关心塘工，奉献乡梓的乡贤。而与作者一同参加勒石的严佐宸，则是曾担任过"伴读"的上虞县人；

四是，由此可进一步推断，王悳元当年长驻于山阴县羊山石佛寺内，是受上虞县塘董会指派来此采办石料运输等事宜，并组织从水路将石材运至相关地段，以应塘工急需；

---

① ［清］摩崖石刻，现存于绍兴市柯桥区齐贤街道羊山石佛寺后残山岩壁。

五是，具体督办上虞县这段受损海塘工程的行政主官，为江西籍知府喻兆蕃及江苏淮安籍的曹宗达、江西南昌籍杨国观这两名属吏；

六是，虽然这"羊山勒石"仅区区百余字，但从其所反映的史实看，作者王惪元为采办筑塘石材，前后驻守羊山时间近两个年头。可见光绪年间上虞县的这段海塘，受损十分严重。而且这段海塘修复的工程，并非是一般的小修小补。正因为工程浩大，所以才会有知府喻兆蕃与曹宗达、杨国观等佐吏亲自参与其事。并且在这期间，上述官吏应该会就相关事项与绍兴府山阴、上虞等县主官具体作过衔接，并来过羊山采石场实地考察。因此，王惪元方才得以了解这些官吏的职衔，甚至对他们的籍贯亦了然于心。

（三）上虞人王惪元来山阴县羊山采办海塘用石的原因分析

众所周知，上虞县沿海的夏盖山自古就出产石材。王惪元之为何舍近就远，跨过会稽县，受命来山阴县（今绍兴市柯桥区）采办石料，并长期坐镇羊山？这是因为，羊山自古以来便是名闻越地的采石基地。方志明载：位于今绍兴市柯桥区齐贤街道境内的羊石山，所产大块石板与超长石条，素以质地坚固耐磨，抗压力强著世。作为古代越地主要建材之一，早已广泛用于军事构筑城廓、哨所，与民间构屋、造坟、架桥、铺路。在水利建设上，宋嘉定年间，绍兴知府赵彦俅修筑山阴后海塘；明代成化年间，知府戴琥等兴建扁拖闸等诸多水利设施；嘉靖年间，知府汤绍恩建造中国最大的河口大闸——绍兴三江28孔应宿闸时，早就将羊山石用于建闸筑塘，用以抗御海潮的侵袭[①]。

由于羊山石材质地坚韧，具有一般石材所不具备的属性，具有良好的口碑，又特别适合修筑海塘之用。即便一旦海塘被冲毁，但当这些羊山石材捞起后，仍能2～3次地重复利用，并不像有些石材那样会变成废品。因此，广为熟知塘工材料的有识之士所青睐。从表面看，外地到此采办石材运输等成本相对会略高些，但从长远看，依然是合算的。

此外，"羊山勒石"也证明，清代及先前的羊山石佛寺内，曾是包括上虞县在内的浙江沿海相关地区，来此接洽采办石材事务的塘工人员长期栖身的场所。

二、如此重大的海塘工程，在省内多种方志中查无下落

（一）清代光绪年间，上虞县境内的海塘工程有关志书记载

上虞县的海塘，系由前江塘（《清史稿》中称"南塘"，今称"百沥海塘"，下同）、上虞后海塘等段海塘组成。在《上虞水利志》里，载有清同治年间（1862—

---

① 绍兴县齐贤镇志编纂委员会编:《齐贤镇志》，中华书局2005年版。

1874）至光绪二十四年（1898）间，上虞乡贤连仲愚兴修海塘事迹及他与其子连衡先后撰写的《塘工纪略》《塘工纪要》等文献记载；但该志书的"大事记"中，记录光绪年间的水利大事仅为两件。一是，光绪十七年（1891），在张溪上建蔡家坝，同年建张呑闸；二是，光绪二十三年（1897），筑梁湖沙塘外沿江一千二百余丈之备塘（注：土塘）。而并无光绪二十六年（1900），这起由知府喻兆蕃参与相关海塘大修并改建石塘的记载。但在该志第二章"水旱灾害"中，载有清光绪二十五年（1899）夏季，该县后郭塘溃，夏盖东西乡发生过水灾等文字[①]。虽然该方志未提到始于光绪二十六年（1900）的这起大修塘工，但据此基本可以判定："羊山勒石"所提及的这起塘工，应该是上虞前江塘大修工程。

（二）《钱塘江志》《明清钱塘江海塘》两书的相关记载

以上两部省级专业史籍中，所记载的百沥海塘大修的地段、新建石板塘的长度，基本相同。但两者记述的时间上，有比较大的出入：《钱塘江志》记载："光绪十八年（1892）、二十五年（1899）至二十七年（1901）这近10年中，在花宫（弓）至余家埠一线，间断新建条块石塘1131丈；在东花宫（弓）至黄家堰新建石板塘5段，共长64丈"[②]；而《明清钱塘江海塘》则记载为："光绪十八年至清末（1892—1911），这近20年中，先后在花宫（弓）至余家埠一线间断新建石塘1131.4丈，在贺家埠、孙家渡、双墩头等处建成石板塘64.4丈"[③]。

（三）其他志书记载的相关情况

究竟"羊山勒石"中提及的这起百沥海塘大修工程，发生在哪一年？具体又是其中的哪一段？遗憾的是，经查《浙江水利志》[④]《钱塘江志》《明清钱塘江海塘》《绍兴市志》[⑤]《上虞县志》[⑥]及《上虞县水利志》，均未见具体记载；至于自光绪二十六年（1900）开始，受命督办此次塘工的知府喻兆蕃等人姓名及事迹，亦无只字片言的文字在案。历尽沧桑，这段光绪后期，这前后迁延近两个年头的前江海塘大修工程，犹如"泥牛入海"，音讯渺茫，令人颇有扑朔迷离之感（图2）。

要破解这起前江海塘大修工程，无疑须首先要查考史籍对喻兆蕃的记载。但查考《绍兴市志》，在清光绪年间的历任绍兴知府中，却并无其人任职的记载，即证明喻兆蕃并非绍兴知府[⑦]。

① 上虞市水利局主编：《上虞水利志》，中国水利水电出版社1997年版。
② 《钱塘江志》编纂委员会编：《钱塘江志》，方志出版社1998年版。
③ 陶存焕、周朝生著：《明清钱塘江海塘》，中国水利水电出版社2001年版。
④ 《浙江省水利志》编纂委员会编：《浙江水利志》，中华书局1998年版。
⑤ 《绍兴市志》编纂委员会编：《绍兴市志》，浙江人民出版社1996年版。
⑥ 《上虞县志》编纂委员会编：《上虞县志》，浙江人民出版社1990年版。
⑦ 《绍兴市志》编纂委员会编：《绍兴市志》，浙江人民出版社1996年版。

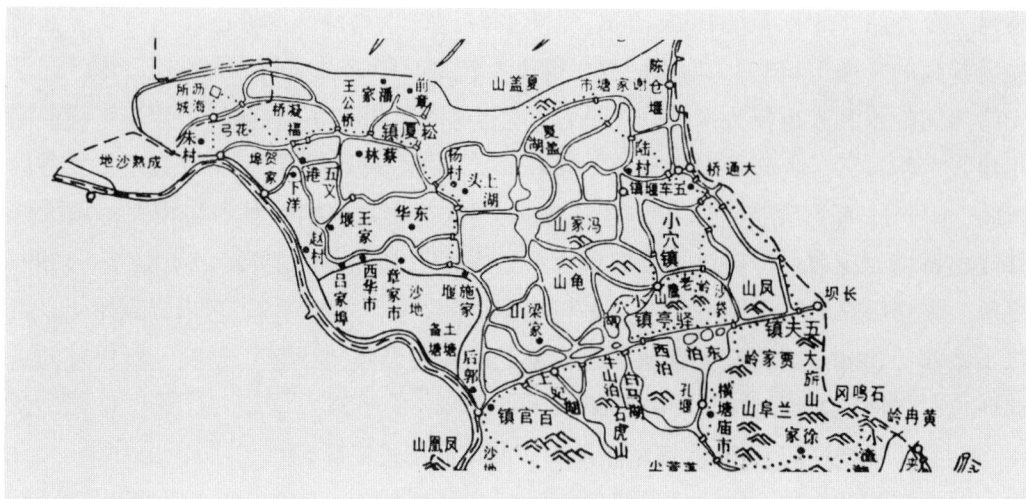

图2　光绪年间上虞《古县境图》中的上虞县后郭至花弓段的前江塘，即百沥海塘

三、从头开始，查考喻兆蕃其人的史志信息

（1）根据羊山摩崖石刻中提及的信息，喻兆蕃籍贯为江西，只能从江西省有关史志查考。一番努力后，在江西《萍乡市志》中，发现了他的记载。

喻兆蕃（1862—1920），字庶三，萍乡福田乡清溪村人（注：喻兆蕃其名，《萍乡市志》记载为喻兆藩，为统一起见，本文中按"羊山勒石"所记，写作喻兆蕃，下同）。清光绪十五年（1889）进士，钦点翰林院庶吉士，后分发工部，任都水司主事；光绪十八年（1892），因父死丁忧回家守孝；光绪二十四年（1898），按清廷惯例，捐得知府（衔），分发浙江任职；光绪二十九年（1903），奏补授任宁波知府；因围海造田与发展海运有功，朝廷授予二品顶戴。先后历任宁绍台道（道台）、杭州知府、浙江布政使、宁绍台兵备道（道台）等（此期间，曾两任宁波知府、宁绍台道）；光绪三十四年（1908），因母死丁忧，离职返乡。

对喻兆蕃其人，《萍乡市志》的评价是十分正面的。充分肯定了他爱国爱乡、勤政务实的业绩。并以较大篇幅记载了他在江西萍乡、浙江宁波等处赈灾、围垦海涂、兴办教育等惠政。但遗憾的是，该方志同样并未记有他光绪二十六年（1900）起在绍兴府上虞县督办大修前江海塘这段史实①。

而再查《宁波市志》的人物传记、水利、教育等相关篇章，由于该方志的资料收集，局限于仅记述宁波籍人物。因此，除在"州府道署"名录中列有光绪后期喻兆蕃先后两任知府与宁绍台道道员（即"道台"）的起讫时间，并未载有任何具体业绩，

---

① 《萍乡市地方志》编纂委员会编：《萍乡市地方志》，方志出版社1986年版。

当然也更无他在绍兴府上虞县督办前江海塘大修与改建石塘的文字^①。

（2）《萍乡市志》《宁波市志》无载，是否证明"羊山勒石"所记有误？

这似乎也不可能！作为这段海塘工程的亲历者，该勒石人王惹元应当了解基本情况，甚至会与这次海塘工程的决策者有过接触。因而方能在石刻铭文中对喻兆蕃等官吏的职衔与籍贯言之凿凿。因此，不太可能出现"张冠李戴"、牵强附会的错讹。

据《萍乡市志》载，喻兆蕃在"光绪二十四年（1898），按清廷惯例，捐得知府（衔），分发浙江效力。光绪二十九年（1903），奏补授任宁波知府"，从这段文字由此可推断："羊山勒石"中所记上虞县这起塘工应该是喻兆蕃在光绪二十九年（1904）正式任宁波知府前在"分发浙江效力"、候任知府期内所发生的事件。由于喻兆藩曾任工部都水司主事，分发浙江后，由浙江巡抚委派他督办钱塘江周边海塘河工事务自在情理之中。而上虞县前江塘大修，极有可能正是他在这段期间主办的重大工程之一。

以上推断，虽合乎逻辑与常理，但要证实喻兆蕃此次前江塘大修史实，仍须有明确的史料加以印证。由于省、市、县相关志书并无记载，只能从大量文史资料堆中深入查考相关依据。

四、深入寻觅喻兆蕃督办上虞前江塘大修工程的史料依据

经反复查阅光绪年间该县由乡贤连仲愚所撰《上虞塘工纪略》（四卷）及连仲愚幼子连蘅所撰《上虞塘工纪要》（两卷）等史料，均无清光绪二十六年（1900）夏季至光绪二十七年（1901）间这起海塘大修工程的记录^②。

但在继续查考史料中，最后却在并不起眼的《上虞五乡水利记实》里有了意外的收获：其中，由上虞塘董会成员金鼎所撰的《改建石塘颠末》一文中，较为详细地记载了这次前江塘大修并改建石塘的经过。在作者的另一篇《上段塘工并新建小港善后》记实中，则记述了未见方志记载，策划此起塘工一些热心乡绅的身份及相关塘工的善后等情节。从而初步揭开了这起尘封百余年，这起光绪年间发生在上虞县前江海塘的重大塘工"面纱"^③。

（1）当事者上虞塘董会成员金鼎所撰的《改建石塘颠末》实录的记载。

曾任安吉县训导的上虞乡绅金鼎，在他撰写的《改建石塘颠末》史料中，首先记述了清光绪二十五年（1899）夏季塘溃所造成的严重灾情："二十五年己亥夏大水，后郭塘决七口，祸延三邑（县）"（注：此节与《上虞市水利志》记载："清光绪

---

① 《宁波市志》编纂委员会编：《宁波市志》，中华书局 1995 年版。
② 冯建荣主编：《绍兴水利文献丛集（下）》，广陵书社 2014 年版。
③ 冯建荣主编：《绍兴水利文献丛集（下）》，广陵书社 2014 年版。

二十五年（1899）六月十四、十五日，风涛大作，后郭塘溃七日，沿村水深丈余，夏盖东西乡俱淹没，漂流庐舍无算"的文字相符）。以及此灾情发生后，自秋至冬，当地官府与民间赈济救灾。至次年二月，以工代赈，组织灾区丁壮，整修了后郭、前江、叶家埭、施家堰等处土塘10里许。同时，经过乡绅酝酿，发动募集款项，拟将前江塘涉险处改为石塘，经上虞县、绍兴府，转呈浙江巡抚衙门审批等大致经过。

（2）《改建石塘颠末》的重点内容。

《改建石塘颠末》中较为详细地记述了自光绪二十六年（1900）二月至光绪二十七年（1901）秋后，喻兆蕃受浙江巡抚府委派，与上虞官民，合力大修前江海塘，将该段海塘最为险要的地段逐一改建为石板塘的全过程：

一是，部署阶段。光绪二十六年（1900）农历二月下旬，分发浙江效力的候任知府喻兆蕃，与他的助手曹宗达、杨国观一行，奉浙江巡抚之命抵达上虞县，主办前江海塘工程。当月27日，在会同绍兴知府熊起磻及上虞县官吏，在同赴贺家埠祭祀土神后，即对工程提纲挈领，作了逐一布置。决定将工程分为两段，分步实施。

在塘工机构上，为便于指挥，在前江塘的后郭，设上段分所；在花弓（宫），设下段分所。为采办工程大修所需各档石料，又在山阴县羊山、会稽县鸟门山两地，分别设立石材转运所；并在曹娥下塘湾，设立收量所。于是，整个工程即随之启动。

二是，塘工的第一阶段。此时正值桃汛初过，曹娥江水小的间隙。喻兆蕃便赶催桩石，雇石工夯土班，要求施工中突出重点，先在春季，分别抢筑丁坝、吕埠、花弓段最险处海塘。

喻兆蕃等的办公地，先驻于离上虞县百官镇后郭工地不远的旌教寺内。但为便于实地巡视与抵前指挥、督办，他随后又将驻地迁至松夏镇水利局内。

曾任工部都水司主事的喻兆蕃，十分重视工程质量。在此期间，他不时会率领佐吏，深入工地现场。要求施工者：工程既要迅速，又要细密；必须严格依照承揽标准，不能走样。从而使在场工匠无不受到鼓舞，而不敢有丝毫懈怠。

这年春季筑塘部分刚完工，梅汛、伏汛随之而来，掘土暂停。但喻兆蕃仍督促"赶进各类木、石料，令匠人椎凿大小。各塘石满堆塘边隙地，并多削桩木预储以待。至秋，潮汛平，遂大集夫役，大兴工作"。这期间，后郭、花弓这上下两段工地，总计每日土石施工者达千人。如此连续奋战三四月后，至当年的农历年末，工程已近过半。

在此期间，喻兆蕃与上虞县塘董潘炳南、俞士廛二位，不几天便相面晤，互通塘工情况。面对原计划为期两年的工程，如今在大半年内已完成过半，余下工程已足有把握，双方都感到十分欣慰。

三是，塘工的第二阶段。光绪二十七年（1901）春节后，正月十五开工，依然督办如前，赶筑石塘。鉴于春雨绵长，曹娥江水旺涨的实际，喻兆蕃要求乘晴天较多，抓紧夯起脚桩。先砌石塘底盘的二至三层，待水大时再砌上层，从而确保了工程不间断。自春至夏，如此这般，不断地运作。端午节一过，整个前江塘最险处改建为石塘的工程就已告完成。

此时，因梅、伏两汛期相继而至，坦水打桩无法动工。喻兆蕃便督促塘工机构，预购毛杉、毛石分运至后郭、花弓（宫）这两段工地。这年秋天过半，喻兆蕃再行派出监理人员，组织工匠与夫役继续抓紧施工，按标准筑好了相关地段石塘外的坦水。

四是，此次大修工程的时间、成果及耗资。由喻兆蕃主办，上虞塘董会具体经办的前江塘大修工程经全体乡绅、工匠夫役共同努力，自光绪二十六年（1900）二月底至光绪二十七年（1901）秋后竣工止，比预计两年为期的工程提前数月完成。

总计此次塘工上下段（含王姓乡绅在吕埠段认造的盘头石塘）共改筑完成石板塘1141丈、石质坦水960丈（按小数点后3位换算，即改建石塘约3.8千米，新砌石质坦水约3.2千米，总长度约7千米）。另外，又于上段乌树庙前南至石塘接头处，加筑土塘一百数十丈［上述工程量，不含光绪二十八年（1902）该地段工程的善后事宜在内］。

整个前江塘大修与改建石塘工程，共耗费英（鹰）洋10.3575万元。据绍兴市古钱币专家章增伟介绍：光绪年间的一元英（鹰）洋，当年约可折合官银0.72两。以此推算（按小数点后3位换算），这10.3575万元英洋，约可兑官银7.4574万两。

（3）上虞乡绅连光枢所撰的《上虞松夏志》实录。

毫无疑问，要确定省、市、县相关方志未载喻兆蕃受命督修百沥海塘工程一事，仅凭当事者上虞乡绅金鼎撰写的《改建石塘颠末》这一孤证，显然还是不够的。因此，必须继续查证，以增强其证据力。

再进一步查证，在由上虞当地乡绅连光枢所撰的《上虞松夏志》中，得到了相同的印证。因全文不长，现原文照录如后（括号内文字，为作者标注）：

"先是己亥蛟患（即光绪二十五年，前江海塘被毁）后，（以）庠贡顾乃眷（为）首，陈石塘八议。绅潘炳南、金鼎、俞士麐等，奏记藩宪（即浙江巡抚府），请将江塘受潮顶冲处所，改建石塘一千一百丈、磐头二座，估需银七万余两。仰恳官督民办，筹给经费半数。恽（即浙江巡抚恽祖翼）为一劳永逸计，允拨巨款，遴委候补知府喻兆蕃，率杨县丞国观、曹照磨宗达，于庚子二月，驰抵百官。当经分别首险次要，提出：丁坝当山水之冲，花弓当潮之冲，吕埠居中，潮汐上窜，山水暴临，防堵尤形吃重，列入春工，先建一百二十六丈。闰八月秋汛后，将上下游划分十段，次第兴筑。辛丑五月，续成九百八十二丈，并以余剩榳石，在赵村添筑三十三丈，共一千一百四十一丈，添筑护塘坦水九百六十丈。十二月初旬竣工，计直费洋十万四千六百余元"①。

《上虞松夏志》的以上记载，除工程总费用数与《改建石塘颠末》所记略有出入外，其余内容完全一致。

（4）再进一步深入查证后发现，尽管本省、市、县以上相关海塘与水利的志书中对这起上虞前江塘大修与改建石塘工程并未提及，但在《清史稿》却有相应记载。而且，正史所载的这起重大塘工，还与当年主政的浙江巡抚恽祖翼直接相关。

恽祖翼，江苏湖阳（今常州）人。同治三年（1864）举人。历官知县、道员至浙江布政使。光绪二十六年（1900）起任浙江巡抚，在浙江水利建设中多有建树。《清史稿——恽祖翼传》记载："……上虞南塘旧以土筑，水至辄决。（恽祖翼）采众议，改建石塘千一百丈，始免水患"②。而光绪二十六年（1900）至光绪二十七年（1901）间，正是恽祖翼在浙江巡抚任内。由他委派候任知府喻兆藩等督办大修上虞前江塘，便是他任期间发生的一起重大塘工工程。

（5）虽然现有史志未记载恽祖翼是否到过现场，日常塘工事务均为喻兆藩所主持。但他作为一省巡抚，关心民谟，采纳民意，在获悉上虞县后郭土塘七处被毁，延祸上虞、余姚等3县后，当即作出上虞县前江塘改建决策；在经费拮据的情况下，预拨启动改建石塘工程巨款；并特派曾任工部都水司主事，熟悉水利的候任知府喻兆藩与2名得力助手，赴工程现场全权督办，并圆满完成改建工程。尽管他在作此重大决策后，便因母亡"丁忧"返乡，并于当年病故，未能看到工程竣工。但正史将此政绩列其名下，亦系名至实归。

恽祖翼对上虞前江塘大修所作的贡献，并不仅只此。据《上虞松夏志》记载：作为浙江政坛的首创，他率先捐出个人养廉银，在上虞灾区设立大舜庙、南北湖2处粥厂开展赈济灾民；入冬后，又为流离失所者广施寒衣。在"丁忧"离浙返乡，数月病故后，经两江总督刘坤上奏陈情，光绪帝亲赐"御祭葬"（即由皇帝颁下谕旨，命工部或礼部侍郎级大臣赶赴亡臣墓地，代表皇帝宣读"御祭文"的葬礼仪式，这是朝廷对有功之臣死后的一种褒奖与哀荣）。为感念其恩德，上虞乡人经省抚院批准，在曹娥江畔的龙山下为其立"中丞恽公德政碑"；并在后郭村专设"恽公祠"，春秋祭祀。以上史料，足以反证《清史稿》所载内容完全属实③。

（6）光绪后期上虞前江海塘大修工程，与历代绍兴府塘工的不同点：

一是，在浙江海塘史上，钱塘江南岸绝大部分海塘毁损工程的大修均由绍兴府及下属各县负责兴办。虽然喻兆藩也是知府级主官，但他是浙江巡抚委派的官差，是

① ［民国］连光枢撰：《上虞松夏志》，枕湖楼校印1931年版。
② ［民国］赵尔巽主编：《清史稿》，中国文史出版社2002年版。
③ ［民国］连光枢撰：《上虞松夏志》卷三·人物——名宦，枕湖楼校印1931年版。

代表浙江巡抚来上虞县实地督办海塘大修的。说明了光绪"二十五年己亥夏大水，后郭塘决七口，祸延三邑（县）"的灾害严重性。而这一工程，明显属于省级重点塘工工程。

二是，这起重大塘工完满、提前完成，喻兆蕃功不可没。作为浙江巡抚委派主持督办的知府级主官，曾任工部都水司主事的他，与一般府县官吏相比，在治理水患与海塘工程上更具有专业的见地。

三是，地方官吏在主办塘毁工程中，按例都会到现场巡察，但大多数主官均在衙门内指挥运作。而与此不同的是，喻兆蕃受浙江巡抚委派到上虞督办前江海塘工程，并未驻于条件较好、位于上虞县城（丰惠）的驿馆。而是身入心入，与当地官民一起，常驻工地。先是驻扎于离前郭工地不远的百官镇旌教寺内，后为了督办更加方便，又从旌教寺搬到松夏镇水利局，实施抵前指挥。

四是，110多年前的光绪后期，喻兆蕃奉命督办上虞县前江海塘大修，前后历时20个月，共耗资英（鹰）洋10.3575万元，工程浩大，花费之巨，在浙江海塘史，尤其是塘工形式历来为官督民办（捐）的钱塘江南岸海塘史上实属不应遗漏的一笔！

喻兆蕃与上虞众乡贤的业绩，不仅受到当地民众的赞誉，也得到了清廷的肯定。光绪二十九年（1903）七月初八，护理浙江巡抚翁曾桂（即由布政使代理巡抚的翁同书三子）在向光绪帝的《奏议》中，对在前江塘大修中任劳任怨，此时已补任宁波知府的喻兆蕃；倡建上虞前江石塘的兵部员外郎潘炳南；慷慨捐资的上虞籍二品封职、花领道衔的陈渭、内阁中书王济清等人一批有功人员，建议朝廷一并从优议叙，在得到光绪帝准许后，分别给予了褒奖①。此后，喻兆蕃升任宁绍台道、浙江布政使等职，在任职时亦多有政绩。

（7）上虞前江塘大修与改建石塘的经费来源。

与钱塘江北岸的海塘修护经费来源不同，清廷对钱塘江南岸绍兴府各县海塘工程历来按照实行"官办民捐""官督民办"的惯例办理。除出险救助由省拨部分款项外，修建、改建海塘的费用一直是由各所在县自行筹措。除一些用于抢险救灾应急的财政拨项与当地官吏捐献部分俸禄外。但从总体与长远看，海塘的修护经费主要来源基本上是从受益的地区，按田亩摊派或向当地乡绅募资所得。

为了给绍兴府濒海各县田户"减负"，乾隆皇帝曾于乾隆元年（1736）三月初五下旨，决定取消这一做法："朕闻浙江绍兴府属山阴、会稽、萧山、余姚、上虞五县，有沿江海堤岸工程，向系附近里民按照田亩派费修筑，而地棍衙役于中包揽分肥，用少报多，甚为民累。嗣经督臣李卫檄行府县，定议每亩捐钱二文至五文不等，……计

---

① 上虞区方志办：《松夏志——校续》卷十二，中国文史出版社2018年版。

值银三千余两，民累较前减轻，而胥吏仍不免有借端苛索之事。朕以爱养百姓为心，欲使闾阎毫无科扰，着将按亩派钱之例即行停止。其堤岸工程遇有应修段落，着地方大员确估，于存公项内动支银两兴修，报部核，永着为例"①。

但由于修塘费用支出巨大，小修不断，大修平常，且为时恒久，面广量大，地方省、府、县财政捉襟见肘，难以承受。因此，这道"圣谕"，不仅很难得到落实，更无法做到"永着为例"。尔后，一俟海塘出险，官府除了组织抢险、赈济灾民等项外，在大多数情况下，只能暂从官府库银中预拨若干银两，以应塘工急需。

而此次上虞县前江海塘改建费用，亦系在先报浙江巡抚府核准，由省厘库预拨半数作为启动资金。在多方筹资中，主要是依靠上虞籍的官吏、富商、乡绅捐款。据《石塘征信录》载，其中"仅该县乡贤陈渭、王济清等6人，一次捐助就达鹰洋23300元②，余不赘列"。

五、"羊山勒石"文字背后的有关答案

由上虞乡绅所撰的《改建石塘颠末》《上虞松夏志》与《清史稿——恽祖翼传》等史志记载，直接印证了王惠元"羊山勒石"中所记史实的真实性。从而使100多年前的光绪年间，由浙江巡抚恽祖翼决定并拍板，委派候任知府喻兆蕃长驻工地具体督办，这起工程量与耗资都十分巨大且已被世人遗忘这段上虞塘工佚事，重新浮出了水面。回过头来，基本可以明确一些问题：

（1）搞清了"羊山勒石"中尚未记全的一些情况。

一是，《改建石塘颠末》等明确记载：这起塘工的转运所，分别是位于山阴县羊山、会稽县鸟门山这两处。由山阴县羊山、会稽县鸟门山这两处采石场所采办的各档石材，从水路运至曹娥下塘湾，经在曹娥所设的收量所查验后再运到上虞前江塘的后郭、花弓（宫）这两段工地备用。

二是，明确了这起重大塘工的发起是先由上虞当地"庠贡顾乃眷（为）首，陈石塘八议"。后有乡"绅潘炳南、金鼎、俞士�等，奏记藩宪（即浙江巡抚府）"。"羊山勒石"中记载的这些热心发起与操办者，都是当地有身份、地位与威望的乡贤。其中，上虞县塘董潘炳南，曾授兵部员外郎衔；俞彦彬、俞士鉴、顾陛荣，均系上虞县塘董、知名乡绅。其中：俞士framework（"羊山勒石"中误为"俞士鉴"），曾任试用教谕之职；"羊山勒石"中未载入的上虞县塘董金鼎，曾任安吉县训导；而"羊山勒石"者王惠元，则是受上虞塘董会委派到山阴县，采办前江塘大修所用石材，并长驻羊山石场的转运所主管。

---

① ［清］李亨特修，乾隆：《绍兴府志》，绍兴丛书第一辑，中华书局2006年版。

② 冯建荣主编：《绍兴水利文献丛集（下）》，广陵书社2014年版。

（2）一些史志未载这起重大塘工的原因初析。

《宁波市志》只记了喻兆蕃在甬任职的年月，而未载其具体事迹，应该是出于修志者的考量。因该志书所列的人物传记，均仅载甬籍人士。况且喻兆蕃办理上虞塘工是在他出任宁波知府之前，而上虞又非宁波府属县，这也可以理解。

20世纪90年代印行的《上虞县志》《上虞县水利志》，因何未记载这起喻兆蕃督办的塘工？原因不详；由于市级志书的相关素材，大多来源于县级志书。上虞县相关志书未收录这起塘工，《绍兴市志》及有关志书当然也就无载；此外，因喻兆蕃具体办过的差事甚多，加之他并未曾正式任职绍兴，因此距绍兴850公里外的江西《萍乡市志》遗漏未载，亦情有可原。

这起清光绪后期历时20个月，由浙江巡抚恽祖翼所委派，并由候任知府喻兆蕃具体督办上虞县前江海塘大修并改建石塘工程，按照常理，作为省级重点塘工，此事在当年的档案应有文字记载。但在《钱塘江志》《明清钱塘江海塘》这两部专业志书所列的"南岸百沥海塘"条目中并无只字提及；而且，上述两部志书的记载，从统计时间到总工程量，均与《清史稿》及《上虞松夏志》相关志书及当事人的史料记录，存在明显矛盾。笔者认为：这有待于进一步核实与疏理！

六、上虞前江塘工的实绩与其史志依据

这起尘封百年的塘工的发现，除上虞人王惠元在山阴县所遗的"羊山勒石"这一重要证据外，还有如下证据，足以相互印证：

（1）光绪年间，上虞塘董会成员金鼎所撰的《改建石塘颠末》及民国时期连光枢所纂《上虞松夏志》等史料实录，证实自光绪二十六年二月至光绪二十七年（1900—1901）秋后，即不到两年时间内，由浙江巡抚恽祖翼委派候任知府喻兆蕃等现场督办，并由上虞塘董会具体承办的上虞前江塘大修工程，总计由土塘改建石板塘1141丈、新筑石质坦水塘960丈（按小数点后3位换算，即改建石塘1141丈，约3.8千米：新砌石质坦水960丈，约3.2千米。两者相加，总长度约7千米）。作为直接参与由喻兆蕃主持大修前江塘的当事人与知情人，他们的记载具有客观真实性。

（2）《清史稿——恽祖翼传》明确记载："……上虞南塘旧以土筑，水至辄决。采众议，改建石塘千一百丈，始免水患。"而《清史稿》所称的"上虞南塘"（前江塘）改建石塘，正是恽祖翼生前在浙江巡抚任期内所定。正史所确定前江塘改建的石板塘总量（除未列入坦水外）与护理浙江巡抚翁曾桂具文《奏议》及上虞乡绅所撰的《改建石塘颠末》及《上虞松夏志》相符。

（3）对这起"官督民办"的上虞前江海塘改建石塘工程数量、质量与耗用经费等情况，在工程全部告竣后的光绪二十九年（1903），浙江巡抚府曾委派候补知府尹良

专程赴上虞县前江塘工地现场，对工程耗费鹰洋 10 万余元（折银 7 万多两）、新建石塘 1141 丈、坦水 960 丈及工程质量经段核实无误后，由护理浙江巡抚（布政使代理巡抚）翁曾桂《奏议》呈报清廷，并经光绪皇帝准奏①。

综上所述，隐藏在山阴县"羊山勒石"背后这起尘封百年的上虞前江塘工，其客观性、真实性毋庸置疑。

这起前后历时 20 个月，耗资巨大的上虞前江海塘大修、改建石塘工程，应当属于浙江省级重点海塘改建工程。而据考现存宋、明、清历代绍兴府、县方志，大多海塘工程均由县或府为主督办。而由浙江巡抚委派知府级官员，进驻工程现场，级别之高、时间之长、耗费之巨，这是有史志记载的钱塘江南岸海塘工程中极为少见的案例（图3）。

笔者认为：无论是浙江巡抚恽祖辉、候任知府喻兆蕃，还是上虞的乡绅、民众，作为清代后期在这起前后历时近两年的浙江省级重点海塘工程中所作的贡献与业绩，应当是浙江水利塘闸史上浓墨重彩的一笔！

图3 中国水科院与浙江塘闸、文史机构和甬、绍等市水利专家考察百沥海塘遗存

---

① 上虞区方志办：《松夏志——校续》卷十二，中国文史出版社 2018 年版。

绍兴市柯桥区钱塘江风暴潮防御体系的构建

来移年

（绍兴市柯桥区应急管理局）

摘要：柯桥区钱塘江防御风暴潮体系包括一线海塘 5.85 千米和直排钱塘江的中型水闸一座，构建高标准防御风暴潮体系对滨海工业区开发至关重要。本文阐述了滨海闸枢纽及口门丘标准海塘的规划建设和创新，并提出改进建议。

一、工程概况

柯桥区地处钱塘江尖山河段南岸，曹娥江河口西岸。随着 2007 年口门丘西片围成和 2008 年 12 月曹娥江大闸下闸蓄水，构建钱塘江海塘防御风暴潮体系提上议事日程。曹娥江大闸投入运行后，柯桥区原有新三江闸、马山闸、迎阳闸、东江闸、红旗闸、楝树下闸等六座水闸成为节制闸，排涝和活水都需要依靠曹娥江大闸开闸运行。建造一座直排钱塘江的水闸非常必要。

（一）水文条件

工程区属于钱塘江强潮河口。潮差大小是决定涌潮动力的主要指标。施工区平均高潮位 3.43 米，平均低潮位 1.27 米，平均潮差 4.7 米，最大潮差达 8～9 米。是钱塘江河口涌潮动力最强的地区。

（二）工程地质

地质勘探结果表明：海塘和水闸基础分为 3 个工程地质层：

1. ①—2 层砂质粉土，灰黄色，湿，稍密—中密，具微层理，鳞片状结构，中等压缩性，低液限，黏率含量小于 10%，具摇振反应，层顶高程 5.25～4.15 米，标准贯入试验平均锤击数 9.0 击。

2. ②—1 层黏质粉土，深灰—灰黄色，湿，松散—稍密，中等至高压缩性，黏率含量一般为 10%～15%，具摇振反应，标准贯入试验平均锤击数 6.3 击，层顶高程

3.40～2.23 米。②—2 层砂质黏土，灰黄色，湿，稍密—中密，中等压缩性，黏率含量一般小于 10%，具摇振反应，层顶高程 1.24～-0.27 米，标准贯入试验平均锤击数 9.8 击。②—3 层砂质粉土，中等至密实，中等至低压缩性，低液限，黏率含量一般小于 10%，层顶高程 -0.75～-2.07 米，层厚 13.7～18.6 米，标准贯入试验平均锤击数 13.5 击。

3. ③层为淤泥质粉质黏土，灰色，流塑，高压缩性，层顶高程 -15.05～-20.05 米，层厚 6.2～9.3 米。

根据对工程区地质状况分析，如果不对地基进行处理，堤塘和水闸建设将会产生较大的沉降变形，直接影响工程运行安全。

二、滨海闸枢纽工程的建造

滨海闸枢纽工程，包括滨海挡潮闸、滨海节制闸和 1.73 公里长的闸前河道。整个滨海闸枢纽工程是《绍兴县平原河道治理规划》中滨海大河的重要组成部分，滨海挡潮闸也是柯桥区唯一一座出钱塘江排涝的水闸（图 1、图 2）。

图 1　滨海闸枢纽工程（正面为滨海节制闸）　　图 2　滨海排涝闸（又称滨海挡潮闸）

（一）建设缘由

2007 年 5 月，绍兴县完成了口门丘西片 4250 亩滩涂围垦，宣告从 1969 年开始的治江围涂事业圆满收官。与此同时，曹娥江大闸将在 2008 年底下闸蓄水。柯桥区现有六座排涝闸将成为节制闸。此外，柯桥区规划建设一条从钱清经华舍、安昌、齐贤到马鞍的快速排涝通道以补充原有诸闸排涝能力不足。通过水闸调度、形成活水通道，改善平原河网水环境。

（二）项目规划

1. 闸址：原定滨海闸的位置在 5.8 公里钱塘江海塘的中间。从有利于滨海工业区开发建设和利用七七丘、九三丘、九七丘 8.1 公里护塘地出发，闸址调整至现有位置。

2. 防线：原先的二道防线，设在九三丘北堤，并且已建有 1#、2#、3# 节制闸。从有利于滨海工业区开发建设出发，第二道防线移至九七丘北堤，需增建滨海节制闸，投资增加到 6326 万元。

3. 规模：滨海挡潮闸初拟规模为 3 孔 6 米，设计排涝流量 232 立方米 / 秒。由于从姚家埠闸至滨海闸全程超过 18 公里，水力坡降较小，实际排涝流量更小。考虑到水闸基础设施要留有余地，最后确定为 3 孔 8 米，设计排涝流量 299 立方米 / 秒。上游节制闸规模定为 4 孔 8 米，节制闸两侧闸门改为双扉门可通航设计。

（三）项目设计

1. 基础：水闸基础对运行安全至关重要，初拟设计方案是灌注桩基础。考虑到闸址土质为稍密粉砂土，且高程负 18 米以下为中等压缩性淤泥土，担心底板以下粉砂与底板脱开导致渗漏。省水利水电勘测设计院在考察了钱塘江尖山河段南岸我区及萧山区、上虞区沉井基础水闸后，同意不采用桩基，但采用了空箱式底板。这类基础的好处是地基承载力小，缺点是受附加应力影响，翼墙和岸墙可能产生不均匀沉降。

2. 地基：为减少地基沉降，我们采用振冲挤密加固地基新技术。用 70 千瓦的动力震动地基，使 20 米厚的粉砂土地基下沉 40 厘米左右，平均标贯击数达到 15 击（即中密）以上。

3. 河道：初拟闸前河道宽度 60 米，施工放样时，发现河岸坍塌很严重，故设计变更将河道宽度增加至 100 米。河宽增加有利于闸前水位稳定，但增加了土方工程量。

4. 管理区：考虑到土地资源紧缺，规划了 45 亩护塘地作为管理区，单独搞了景观设计，因口门丘排水需要，又新设挡潮闸附近 3 米单孔小涵闸一座。

5. 启闭方式：考虑到水闸规模以及水闸运行时涌潮和风浪较大，液压设备易损坏，确定采用机械启闭机。

（四）项目施工

1. 基坑排水：闸室空箱的最低高程为负 7.0 米，必须降低地下水位至负 8.0 米，采用 6 米长、直径 30 厘米的塑料波纹管三节，外包尼龙滤网，用钻机造孔，泥浆固壁，经下管、封底、管壁填反滤料后即成。深井每 15 米间距布置一口。每口深井挂一只高压水泵抽排水。保证了闸基础干土施工。

2. 加肋底板：粉砂土地基施工，防止粉砂流失非常关键。我们对所有混凝土底板四周加一道宽 60 厘米、深 1.0 米的齿墙。在滨海节制闸底板还加了齿墙肋，以增加底板刚度。

3. 双道止水：为防止不均匀沉降引起渗透破坏，水平和垂直止水都采用双道止水措施。水平止水采用铜片止水加 1 米厚黄泥止水，垂直止水用沥青井加黄泥和止水铜片加黄泥，确保粉砂土不发生渗透破坏。

4. 岸墙黄泥夯填：2008 年 12 月，与我们一堤之隔的某区水闸在开闸通水后发生了闸底板上下漏通的严重事故。为此召开参建方技术研讨会，查漏补缺，决定在岸墙内侧增加 1.0 米厚黄泥层。实践证明，这项变更非常有效。

5. 闸下防冲：面对涌潮汹涌的钱塘江和易冲刷的粉砂土地基，我们选择用防冲沉井作为闸下防冲结构。沉井高 8 米，刃脚最低处为黄海负 10.0 米，布置 10 米 × 15 米沉井 6 口。将沉井分两次浇筑下沉，严格控制下沉速度并随时纠偏。沉井四周回填土用装满石块的车辆来回开，使土方震动密实。随

图 3　闸下防冲沉井组

后，将沉井间接缝用高喷水泥桩封闭（图 3）。

6. 闸下护坡：为做好闸护坡与标准海塘的衔接，水闸下游采用临时防冲结构。土堤外侧先铺设复合土工布，再铺设 50 厘米石渣，面层用特大块石，以挖掘机砌石，再用混凝土灌缝。防冲沉井外侧，先取土至负 3.0 米，然后回填抛石，待破堤开闸通水后，根据抛石冲损情况补抛块石。到标准海塘施工时，闸外护底浇 30 厘米厚混凝土，两侧护坡在原灌砌护坡安放砼四角空心块与标准海塘衔接。

7. 原型抗渗试验：滨海闸工程完工后，开展了原型抗渗试验（即压水试验）。将水闸上下游通过抽水形成水位差，模拟设计高低潮位，观测水位下降情况，以此评价水闸防渗性能，经 1 个月试验后于 2010 年 1 月 9 日水闸正式投运。

（五）运行及效益

1. 补充排涝：水闸投入运行初期，排涝作用不明显。在 2012 年 6·18 梅雨和 2013 年"菲特"台风时发挥了一定作用。2014 年 12 月，水闸通过竣工验收。2019 年，滨海大河完成，水闸达到设计要求。

2. 改善水环境：从 2015 年开始，浙江省实施了"五水共治"。依靠滨海闸，滨海工业区开展了每月一次换水活水，采取先关闭姚家埠闸和解放闸，然后打开滨海闸

放水，待水位平均下降 1.0 米左右，关闭滨海闸，打开东江闸和迎阳闸，引入曹娥江水，滨海河道水质得到明显改善。

三、口门丘标准海塘建设

绍兴县口门治江是我区最后一次围涂工程，围涂面积 1.1 万亩。整个项目分中东片围涂、西片围涂和口门丘标准海塘建设三部分。其中，口门丘标准海塘是最后完成的分项工程，于 2011 年完成建设（图 4、图 5），是杭州湾沿岸最先完成标准海塘建设的县（市）区。

图 4　口门丘标准海塘

图 5　面对涌潮的海塘消浪平台

（一）设计变更

原初步设计标准海塘断面结构由于没有考虑交通和景观功能，且防潮标准偏低，有必要做一些变更。经过招标由省钱塘江管理局勘测设计院承担设计。主要变更有：

1. 堤顶宽度：原设计堤顶宽度为 10 米，考虑到口门丘一线海塘的观潮功能、交通通行需要以及停车，改为 20 米。此外，根据历年防汛抢险实践，将中平台和下平台定为宽 10 米。这为抢险加固机械化作业创造了条件，也为海塘防御标准升级打下了基础。

2. 防冲结构：根据东中片和西片不同的抛石工程量，经过静力触探和专家论证，东侧 2600 米采用垂直板桩防冲结构（图 6、图 7），西侧采用水平防冲结构，即以护坦和防冲集装箱砼作为水平防冲设施。此方案因地制宜节省造价，同时可在未来的海塘运行实践中检验两种不同防冲结构的适应性。

3. 堤基、堤身处理：工程开工后了解到钱塘江北岸海宁新建成的标准海塘，两年时间下沉 60 厘米。经实地考察，委托勘测单位对堤基作标准贯入试验，决定进行堤基处理，并提出采用粉砂土机械㿟水密实的工艺来提升堤基粉砂的密实度（图 8）。

图 6　垂直防冲板桩的振冲施工

图 7　垂直防冲板桩结构实景

图 8　挖掘机戽水密实土堤作业

施工机械采用 pc250 挖掘机，处理深度 3 米，技术指标要求达到标贯 15 击（即中密以上），以后堤身加高用同样方法密实土方。保证了堤基的稳定性和减少新堤沉降量。

（二）项目施工

1. 板桩的冲沉和反滤：防冲板桩长 14 米，断面为 40 厘米 ×25 厘米，中间设冲沉孔。施工中在板桩两侧布设冲沉管以达到施工进度要求。板桩下沉后内侧防粉砂流失很关键。我们探索采用板桩内侧先开挖至设计深度，然后挂土工布，最后用粉砂土回填并戽水密实处理，既保证了施工质量，又密实了板桩内土方，保证土方稳定不流失。

2. 集装箱砼浇筑：水平防冲需要有一只稳定的大方脚。因为抢潮施工，我们用废旧集装箱做模板，里面灌砼和块石形成埋石砼大方脚。尺寸确定与集装箱相同，即 2.3 米 ×2.3 米，每个潮时施工 20 米，12 米用集装箱作模板，另 8 米用整体式可拆卸模板。因为当时砼为自拌砼，上方强度低、施工区域淤积严重，护坦 60 厚埋石砼无法施工，后改为浇筑 60 厚素砼，先浇筑 30 厘米，待施工条件变好后实施补强。到 2020 年，终于完成了护坦用模袋砼补强。

3. 坡面深井排水：外坡施工需要深井排水的原因是有地下水。一方面，板桩施工挂反滤土工布需要开挖至负 5.0 米，如果没有排水措施，板桩很难稳定；另一方面，外坡面铺石渣层，没有排水土体会液化变形，因此，我们施工采取每 20 米增加一只直径 30 厘米、深 18 米波纹管排水深井，解决了施工难题。

4. 预留沉降：标准海塘的预留沉降值非常重要。但首先需要估算出施工期和运行期沉降。我们估算沉降 30 厘米，堤顶施工期按 46 厘米控制，工程完工后尚预留 30 厘米，工程完工 12 年来一直在沉降。目前还有 10 厘米以上预留沉降值。

5. 四脚空心块结构的改进：四脚空心块是防浪体，其外形结构很复杂。预制块叠加时上缘 20 厘米，中间 20 厘米和下缘 20 厘米是一直线，如果坡面有变形，出现上缘顶起或下缘顶起，就会导致砼块体破损。应当中间受力，两边缘消去一角，第一年实施的 3730 米中东片标准海塘，因设计原因未削角，导致数百块四脚空心块砼破损。第二年施工时做了改进，彻底消除了缺陷（图 9）。

图 9　盘头位置砼护坡浇筑，下部为扭工块防冲结构

6. 堤顶沥青路面施工：堤身施工是采用泥浆泵吹填，然后用挖掘机每 2 米进行戽水密实，至堤顶后由地质勘察单位检测干密度，达到 1.45 克每立方厘米为合格。之后铺设 1.0 米厚石渣层，经初步碾压后停工。经 3 个月左右预压后开始半刚性施工和沥青路面施工。

（三）项目管理

1. 标准海塘的业主是绍兴县口门治江围涂工程指挥部，由区水利水电局局长任办公室主任，工地设项目负责人和业主代表。项目财务设在水利水电局。

2. 项目管理制度有《工程款支付管理办法》《工程质量管理办法》《工程安全生产管理制度》等。在廉政建设上，采取工地有业主自办食堂，监理与业主、施工单位项目组一起就餐而与包工头隔离，减少廉政风险。在安全生产方面，规定企业班组设安全员一日一查，监理会同业主代表一周一查，施工单位安全科每月一查。检查发现的问题限期督办形成闭环。确保在抢潮施工等不利条件下施工期安全无事故。

3. 质量管理：工程实行建设单位负总责，设计、施工保证，监理控制，政府监督的工程质量管理体系。委托绍兴市水利水电工程质量安全监督站负责质量监督。委托省水利工程质量监测站进行第三方检测。

四、经验及教训

（一）滨海闸枢纽工程和口门丘标准海塘建设是在粉砂土地基和强潮河口新建的水工建筑物，运行环境恶劣。滨海闸建设成功经验包括：坚持沉井基础理念应用于粉砂土地基，避免出现因采用桩基础导致底板以下粉砂漏空的事故发生。混凝土底板采用 1.0 米深齿墙防止粉砂流失，采用波纹管深井排水工艺以及引进振冲挤密粉砂土地基处理方法和双道止水防粉砂流失措施减少风险等。可吸取的教训有：设计采用空箱式基础，导致闸室与岸墙之间因附加应力出现"V"型缝。施工过程中没有对翼墙基础在振冲基础上采用挖掘机戽水密实处理致沉降差增大。

（二）口门丘标准海塘建设，为钱塘江尖山河湾建设百年一遇标准海塘开创成功先例。工程实施过程中，探索出用挖掘机戽水密实土方新工艺处理堤基和加固堤身，成本低、进度快、密实效果好。解决了钱塘江河口粉砂土堤塘施工沉降大、土方吹填施工密实度低的难题。采用集装箱砼作护坡大方脚解决了抢潮施工难题。创新板桩挂复合土工布内侧填土戽水密实工法保证了桩内土方稳定。可吸取的教训有：设计砼标号 C20 偏低，导致砼四脚块耐久性差。埋石砼砼含量 50% 偏小致部分结构整体性偏差。建议在今后的标准海塘建设中加以改进。

参考文献

[1] 陈国平、李红波、夏潮军：《振冲加固技术在滨海闸地基处理中的应用》，《浙江水利科技》2008 年第 2 期。
[2] 徐项、来移年、赵微人、郭加根：《绍兴县海塘防御风暴潮体系建设的思路》，《浙江水利科技》2010 年第 1 期。
[3] 来移年、宋波、周峰：《机械戽水密实粉砂技术在绍兴县标准海塘工程中的应用》，《浙江水利科技》2012 年第 1 期。

曹娥江大闸的运行管理

张明祥[1]　刘志奇[2]

（1.绍兴市水利局　2.曹娥江大闸运行管理中心）

摘要：曹娥江大闸于 2008 年 12 月建成运行，提高了绍兴平原的排涝能力；改善了两岸平原河网的水环境；提高了水资源的利用率；改善了河道的航运条件，取得了巨大的社会经济效益。本文回顾了大闸建设的前后经过，详细介绍了大闸的运行管理，重点介绍了大闸防御 2013 年第 23 号强台风"菲特"、2019 年第 9 号强台风"利奇马"和 2021 年第 6 号强台风"烟花"的具体经过。

绍兴素有"文物之邦、鱼米之乡"之称。绍兴中心城市已经成为长三角地区和杭甬之间崛起的拥有百万人口、历史文化和现代文明相互融合、自然风貌与城市景观交相辉映的现代化生态型大城市，城市的空间布局从以"三山一河"（府山、塔山、蕺山和环城河）为核心的单厢主城式结构，转向"一湖一江"（鉴湖和曹娥江）为构架的多核组团式结构。城市发展重心逐步由"山阴时代"跨入"镜湖时代"，并走向"杭州湾时代"。从水利史而言，随着地理环境的变迁，曹娥江大闸实际上是历史时期萧绍虞平原排涝、蓄淡、拒潮枢纽工程——三江闸、新三江闸的传承和发展。曹娥江大闸建成后为绍兴市发展战略的实现提供了有力保障（图 1）。

图 1　曹娥江大闸是我国强涌潮河口地区第一大闸

一、曹娥江流域概况

曹娥江是钱塘江下游主要支流之一，主流长 197 千米，主河道平均坡降 3.0‰，流域面积 6080 平方千米。曹娥江发源于天台山脉的尖公岭（磐安县尚湖镇长坞），穿越于四明山和会稽山之间，干流自南向北流经磐安县五丈岩、新昌县镜岭，至嵊州城南澄潭江。主流澄潭江流经新昌县镜岭、澄潭，嵊州市苍岩，至嵊州市捣臼爿与新昌江汇合后始称曹娥江，再下行左纳长乐江，向北流约 4 千米后右纳黄泽江，流经三界，至章镇右纳隐潭溪和下管溪，至上浦左纳小舜江，流经蒿坝，至百官以北折向西北，在绍兴市柯桥区新三江闸下游 15 千米处注入钱塘江河口段。曹娥江大闸建成运行前，曹娥江上游属山溪性河流，东沙埠以下为感潮河段，河面宽度由 200～300 米逐渐展宽，至新三江闸以下河宽达 1.2～1.6 千米，其中上浦闸以上以径流作用为主，上浦闸以下受径流和潮流共同作用，河床冲淤变化剧烈。

曹娥江河口段左岸为萧绍平原。萧绍平原总面积 2335 平方千米，包括杭州市滨江区、萧山区、绍兴市越城区、柯桥区。萧绍平原地势平坦，河网密布，湖泊众多，是典型的江南水网地区。其中萧绍海塘以南 1516 平方千米属曹娥江流域，平原河网地区主要靠沿曹娥江河口段左岸的排涝闸向曹娥江排泄涝水，曹娥江河口段的水位直接影响萧绍平原的排涝情势。

曹娥江河口段右岸为姚江平原，总面积 3046 平方千米，其西部为虞北平原，总面积为 418 平方千米。涝水分别通过位于八四丘曹娥江右岸的西大堤一号闸和位于杭州湾南岸的东进新闸排泄，排水量以后者为主，另外还有少部分水量东排入姚江。

二、曹娥江大闸的兴建

曹娥江河口建闸之前，河口段受山洪与风暴潮共同危害，近河口段（曹娥以下 45 千米范围）以风暴潮灾害为主，两岸堤防的防洪标准为 50 年至 100 年一遇；河口段受潮水影响，水体含沙量高，因涨潮流速大于落潮流速，造成河道泥沙淤积严重，直接影响两岸平原的排涝，并制约了上游水库的建设，影响水资源的利用；河口段为感潮河段，潮差大，分隔了两岸平原河网水体；杭甬运河 500 吨级改造工程的曹娥江航段长度 9 千米（塘角至大库），受径流、潮汐影响，年内年际变化悬殊，通航水深保证率很低。

钱塘江河口自 20 世纪 50 年代起就着手进行治理开发，60 年代初提出"根据江道形势，因势利导、分期分片缩窄河口段江道，减少进潮量，增大山潮水比值和单宽流量、相应增大单宽落潮输沙能力、减少淤积；从而稳定江道、刷深河槽、围垦土地、有利航运"的整治原则。至 80 年代中期，杭州闸口至海宁十堡间 64 千米江道已基本达到规划岸线，使河槽基本达到稳定，航道初步得到改善，并围垦土地近百万亩，取得良好的经济效益和社会效益。接着整治重点下移到了曹娥江口门附近的"尖山河段"。钱塘江"尖山河段"是指自海宁八堡至海盐澉浦河段，因有大尖山、小尖山居于该河段的北岸，故而命名。

尖山河段的治理，从20世纪80年代中期就开始研究，浙江省人民政府于1998年12月以浙政发〔1998〕250号批复同意《钱塘江海塘堤线规划》。其中尖山河段的规划线尚有几个技术问题需补充分析，被定为"初步规划线"。其后又在"初步规划线"的基础上，开展了进一步的分析论证，提出了口门宽度为16.5千米的"调整规划线"，编制完成《钱塘江河口尖山河段整治规划》。实施"调整规划线"的目的，通过尖山河段规划堤距进一步缩窄，增大山潮水比值，促使尖山河段形成弯曲河势，调整后的北岸规划线比"初步规划线"更加向江面凸出，成为弯曲河段的控制性节点；有利于消减因控制江道全线缩窄造成高潮位抬高而引起的潮汐强度增加，达到即使涌潮强度稳定在适度范围内，又能使咸水入侵量有所减少，从而保持河口段淡水资源利用率不致降低；通过促使涨落潮流路更加一致，使尖山河段主槽稳定在偏靠南岸，从而有利于曹娥江泄洪和萧绍平原的排涝，为曹娥江口门建闸创造更有利条件。

曹娥江大闸是钱塘江河口尖山河段整治规划的重要工程项目之一。自1970年以来，曹娥江出口江道两侧开展了有计划地治江围涂工程，至曹娥江大闸工程建设前期，出口江道已从新三江闸向东北方向延伸了约15千米，尖山河段整治规划所预示的河势已经初步形成，为曹娥江大闸建设奠定了基础。

1997年，《曹娥江流域综合规划说明书》编制完成。在总结以往对河口建闸所做工作的基础上，将曹娥江河口兴建挡潮大闸列入规划工程项目。规划的曹娥江大闸是一项综合利用的枢纽工程，具有防洪、治涝、水资源利用、航运、改善平原河网环境、水产养殖等多方面效益。根据其功能初步设想由挡潮泄洪闸、船闸、冲沙泵房及附属建筑物组成。其中泄洪闸初拟净宽520米，船闸通行1000吨新型浅吃水海轮。

2001年8月完成的《曹娥江流域防洪规划报告》是针对流域防洪问题的专项规划。该规划对1997年《曹娥江流域综合规划说明书》中提到的上游建防洪水库措施进行了进一步的论证，将镜岭、钦村、上俞、隐潭水库及曹娥江大闸工程作为曹娥江流域防洪的规划工程，对曹娥江干支流的堤防堤线作了详细规划。同时，再次肯定在曹娥江口兴建大闸工程性质为防洪治涝、水资源利用、航运、水环境改善等多目标开发利用。并以有利于曹娥江防洪和平原排涝为原则，初拟曹娥江大闸的挡潮泄洪闸规模为总净宽560米。

三、曹娥江大闸建成运行的社会经济效益

2008 年 12 月 18 日 10 点 08 分，曹娥江大闸的 28 扇闸门落下，标志着曹娥江大闸建成运行。

曹娥江大闸的建成运行大幅提高了曹娥江水资源利用效率，解决了曹娥江河口段的淤积问题，曹娥江两岸平原的防洪排涝能力从 50～100 年一遇标准提高至 100 年一遇以上，改善了两岸围垦区的投资环境，带动了沿江两岸的社会经济发展，提升了河口两岸垦区土地的使用价值，促进了整个萧绍宁平原的社会经济可持续发展。

（一）消减了曹娥江河口段的风暴潮灾害，提高了曹娥江中下游防洪能力

曹娥江河口建闸前，感潮河段受山洪与风暴潮共同危害，近河口段（曹娥以下 45 千米范围）以风暴潮灾害为主。台风暴雨每年 5—11 月均有可能出现。据 1952 年以来资料统计，平均每年 3 次，最多 7 次（1959 年、1960 年）。影响较大的台风往往带来大暴雨。如 1997 年十一号台风，具有"四大""一高""三碰头"三大特点。"四大"是指台风强度大（中心气压达 920 百帕）、风力大（中心风力在 12 级以上）、范围大（台风最大范围达 1500 千米直径）、雨量大，曹娥江两岸普降大雨到暴雨。"一高"是指潮位高。"三碰头"是指台风、暴雨、高潮三碰头。因台风登陆恰遇天文大潮，新三江闸最高潮位达 7.9 米，桑盆殿最高潮位达 7.81 米，均超历史最高潮位，高潮位重现期达 100 年一遇。马山镇民围小海塘因标准低，堤顶过潮决口，围垦区被淹，最大淹没深度在 1.7～1.8 米，经济损失严重。

曹娥江大闸建成以后，曹娥江河口段由外江变成内河，原来危害严重的风暴潮被挡在曹娥江大闸之外。曹娥江海塘变成江堤，防洪安全度得到大幅度提升。曹娥江大闸建成后与海塘（堤防）工程联合运用，使闸上规划河道的防潮（洪）标准提高到 100 年一遇以上。

（二）提高了绍兴平原的排涝能力

曹娥江大闸建成后，平时关闸挡潮，阻挡外海泥沙入江，洪水期开闸放水，逐步带出建闸前淤积在河道的泥沙，表现为"单向冲刷"，形成建闸条件下新的河床平衡断面。与建闸前相比，曹娥江上浦闸以下至河口段由感潮河变成内河，外江高潮位被挡在曹娥江大闸以外，闸上江道的刷深起到降低该段江道洪水位的作用，有利于提高该段江堤的防洪能力。同时，随着河口段沿程洪水位的降低，可延长两岸平原排涝闸的开闸排涝时间，增加平原排涝闸的排水量，从而降低平原最高水位，缩短平原高水位持续时间，提高两岸平原的排涝能力，大闸与河道治理工程相结合，使萧绍平原的排涝标准达到 20 年一遇。

（三）为浙东引水工程全线通水和充分发挥水资源利用效益奠定了基础

浙东引水工程是确保浙东萧绍宁舟地区经济社会可持续发展的重大水资源配置工程。浙东引水工程通过萧山枢纽、曹娥江大闸枢纽、曹娥江至慈溪引水、曹娥江至宁波引水、舟山大陆引水等骨干工程，结合区域内现有水利工程体系，引富春江水向浙东地区补充工农业生产用水，并兼顾改善水环境。

曹娥江大闸枢纽工程是浙东引水工程的重要组成部分，在整个浙东地区水资源配置网络中起到枢纽作用。通过曹娥江大闸枢纽工程，将三江两河网（富春江、曹娥江、姚江、萧绍平原河网、姚江平原河网）等供水水源融为一体，形成工农业生产和环境等一般用水的供水网络。萧山枢纽引富春江水经萧绍平原河网进入闸上江道，再由曹娥江右岸引水闸三兴闸、"上虞枢纽"通明闸分别向虞余慈宁及舟山地区引水。曹娥江大闸作为浙东引水工程的主要工程之一，工程的建成为浙东引水工程改善萧绍宁平原河网水质创造了条件。

（四）提高了水资源的利用率

曹娥江下游两岸的萧绍平原和姚江平原是浙江省经济发达地区，长江三角洲经济的组成部分。其中曹娥江两岸的滨海地带，水源条件相对较差，供水保证率低。毗邻的舟山地区水资源更为贫乏，需要从邻近的大陆调剂水量以缓解其供水不足。

在河口两岸平原水资源利用规划布局上，曹娥江大闸担负着"枢纽工程"的作用。对于曹娥江流域来说，曹娥江大闸是流域上游新建大中型水库的前提条件。

曹娥江大闸是曹娥江上中游水库向平原输水、富春江引水的配水枢纽。曹娥江大闸建成后，挡潮蓄淡，形成自大闸至花山长约90千米，面积为47.5平方千米的条带状河道水库，正常蓄水位3.9米，正常库容为1.6亿立方米，其中3.3～3.9米之间的供水调蓄库容为2800万立方米。闸上河道与两岸平原河网联通，闸上水库南面承受曹娥江的上游径流和水库放水量，西面接引富春江引水工程来水，经闸上水库调节，再由两岸水闸输往萧绍平原、姚江平原。形成以曹娥江上游山区水库为龙头，以曹娥江大闸闸上水库、平原河网为依托的多元化水资源调配系统。

（五）改善了河道的航运条件

杭甬运河起点为杭州三堡船闸，其航道路线沿钱塘江上溯至三江口后入浦阳江，在萧山义桥建新坝船闸与萧绍平原内河沟通，经西小江、东小江，绕柯桥区北侧，经阳嘉龙、墨庄，经绍兴市区东北角，顺杭甬铁路北侧至曹娥江边的塘角，入曹娥江，上行至大库，与姚江平原的四十里河沟通，过通明（船闸）至宁波、镇海甬江口。

杭甬运河的曹娥江航段长度9千米，由于内河和感潮河流的水位不一致，需在曹娥江两侧建造船闸（塘角船闸、通明船闸）。曹娥江通航水深保证率，受径流、潮汐、通航河段内"浅点高程"等多种因素制约，年内年际变化悬殊。4—7月梅汛期雨量较多，径流丰沛，通航保证率较高；8—10月台汛期通航保证率差异较大；12月—次年3月的枯水期通航保证率则较低。据统计分析，年通航水深保证率在27%～80%。

大闸建成运行后，曹娥江河口段变为内河，河床刷深，水位稳定，使通航水深保证率达到95%以上；两岸平原水系沟通，杭甬运河自浦阳江新坝船闸至四十里河通明船闸成为一个水级，非汛期通航船闸可以敞开，并可部分解决通明船闸的水源问题，有利于降低航运成本，提高水运规模效益。曹娥江大闸大大提高了杭甬运河曹娥江段的通航保证率，经济效益显著。

（六）改善了两岸平原河网的水环境

曹娥江大闸建成后，上游形成库容为1.46亿立方米、长度为90千米的河道型水库，沟通了萧绍平原和姚江平原，释放了上浦闸的调度限制，是浙东引水运行的配水枢纽，是绍兴城区曹娥江引水工程的基础，起到调控富春江引水、曹娥江天然径流和改善绍兴平原河网水环境的作用。

曹娥江大闸的建成为绍兴城区曹娥江引水工程具备了建设条件。绍兴城区曹娥江引水工程取水于上浦闸闸上水库。上浦闸位于上虞区境内的曹娥江干流，曹娥江支流小舜江汇入口下游，距小舜江汇入口约2500米。曹娥江大闸建造前，为防止上浦闸以下河道淤积，上浦闸关闸时间为每年汛期7—10月的100天左右。曹娥江大闸建成后，挡潮蓄淡，使上浦闸至曹娥江河口段江道由原来的洪冲潮淤改为单向冲刷，上浦闸的关闸时间不受闸下淤积情况的限制，上浦闸也由原来的每年关闸100天改为长期关闸。曹娥江大闸枢纽工程的建成，使绍兴平原能够从上浦闸上游取水，充分利用曹娥江水资源，满足向平原南部提供适当的生态环境水量，实现绍兴平原河网水体流动，达到改善绍兴城区生态环境的目的。

四、曹娥江大闸厚重的历史传承

曹娥江大闸工程是绍兴治水历史的延续与发展。整个闸区的文化布置做足了水的文章。从远古神话、民间传说到古今中外名人说水，从大禹三过家门到马臻修筑鉴湖，到20世纪七八十年代的围海造田，每一处文化布置都突出了华夏民族水利文化的历史传承以及绍兴水利史上的大事盛事。

（一）突出水文化历史传承

大闸办公楼大厅悬挂的铜艺叠镶组合壁画《神兮炎黄》，由《女娲补天》《夸父逐日》《精卫填海》《大禹治水》等四幅画组合而成。四幅画四个神话故事，用两男两女的面像，抽象表现了远古治水先驱坚忍不拔的信念、蓬勃向上的气势。东阳木雕《八仙过海》，以汹涌海浪衬底，夸张展示八仙各显神通、悠然过海的情景，用民间传说暗喻当今大闸建设者不畏艰难险阻的精神。治越必先治水，绍兴先民十分注重兴修水利工程。《娥江流韵·马太守庙》石刻画，细腻再现了东汉会稽太守马臻率领百姓修筑鉴湖的历史。另一幅石刻画《娥江流韵·贺循凿河》，反映西晋时会稽内史贺循主持开凿东起会稽郡城、西接钱塘江的西兴运河史实。无论鉴湖还是西兴运河，到今天仍然发挥着水利之便。全长 50 多公里的西兴运河，作为近年疏浚一新的杭甬运河主航道的一段，仍然是萧绍平原上的黄金水道。

（二）古今工程遥相呼应

绍兴曾建造过两座与曹娥江大闸相类似的防潮泄洪蓄水闸。一座是明代汤绍恩主持修建的北距大闸约 17 公里的三江闸，另一座是 20 世纪 70 年代末建造的新三江闸。与今天的口门大闸不同，前两闸仅节制鉴湖水系，而今天由于杭州湾南岸的围垦和滩涂化，整个鉴湖水系在新三江闸外注入曹娥江，大闸已成为曹娥江、鉴湖水系的节制枢纽。史书记载，汤绍恩建闸之初，共建三十孔。闸建成后，潮浪相袭，犹能微撼，乃填二孔以应天上二十八宿，闸遂岿然屹立，建闸者乃用二十八星宿名称自"角"至"轸"对闸孔编号，三江闸也就有了"应宿闸"的别称。曹娥江大闸也分成二十八孔，并在工作桥南面巨大石护栏内侧刻星宿神祇形象浮雕、《步天歌》和星宿对应动物浮雕，外侧刻一米见方二十八星宿名楷书大字，营造出古今工程遥相呼应的历史文化效果，并以此纪念为官一任、造福一方的汤绍恩。

五、曹娥江大闸的运行管理

曹娥江大闸运行管理中心秉承"安全、负责、奉献、高效"的管理理念，励精图治，奋发有为。大闸已经安全高效运行了 14 年，大闸管理部门在加强工程管理，高标准做好日常运行操作、设备维护、检查观测等工作，科学调度确保防汛安全，规范务实推进库区管理，严格落实"河湖长制"，加强库区巡查管理等方面不断努力创新，取得了较大的成绩。

曹娥江大闸的运行管理不但有严格的规章制度作为保证，还有各种先进的信息化管理系统作为保障，更重要的是大闸运管中心有一支认真负责专业化的管理队伍。

（一）水情监测系统

曹娥江大闸调度系统由流域水情自动测报系统、洪潮组合预报与调度系统、大闸工程监控系统和会商系统组成，已实现实时数据自动录入。流域洪潮预报系统与水情自动测报系统结合，水情自动测报系统与浙江省水利防汛平台联网，共接入流域 90个水文站点，由水情自动测报系统为其提供基础事实数据。

1. 流域（水文）概况与系统组成

曹娥江主流全长 197.2 千米，流域面积 6080 平方千米。曹娥江流域多年平均降水量 1471.4 毫米，多年平均径流深 743.6 毫米（径流深，指计算时段内某一过水断面上的径流总量平铺在断面以上流域面积上所得到的水层深度），水资源（径流）总量 45.2 亿立方米。曹娥江流域大型水库有长诏、南山、汤浦等 3 座，另有 1 座大型水库——钦村水库；中型水库有五丈岩、门溪、巧溪、辽湾、剡源、坂头、前岩、丰潭、平水江等 9 座；小（1）型水库 41 座。现有大中型水库位于花山水文站以上的有 9 座，控制集水面积为 692.9 平方千米，占花山水文站集水面积（3043 平方千米）的 22.8%；位于花山水文站至曹娥区间的有 2 座，控制集水面积 480.6 平方千米，占该区间面积（1375 平方千米）的 35.0%。曹娥江流域内现有测站主要有国家报汛站 3 个、省级报汛站 25 个。

2. 水情监测系统组成

曹娥江大闸枢纽工程的任务以防洪（潮）、治涝和水资源开发利用为主，兼顾航运和改善水环境，在布站时除了需掌握流域上游水（雨）情外，还需掌握流域下游及萧绍平原的水（雨）情。《曹娥江大闸枢纽工程初步设计报告》要求，大闸水情测报系统的水文站网规划在考虑保持原有观测资料的连续性和一致性，原则上尽量利用现有水文站网的同时，结合流域水情预报需要，增设曹娥江大闸（外）潮位站、曹娥江大闸（内）水文站、上浦闸水位站和曹娥江大闸气象观测场 4 个专用站；其余流域内（坝址上游）90 个已建水文站点数据是通过光纤专线与浙江省水情中心 / 浙江省水利防汛平台联网接入，实现实时数据自动录入。大闸自建有 1 个水位站、1 个潮位站和 1 个气象站。

3. 水情监测系统运行

曹娥江大闸工程运行调度系统的流域水情自动测报系统，由大闸调度中心通过光纤专线与浙江省水情中心联结，接入流域 90 个具有代表性的水文站点，实时数据自动录入并提供信息查询。该系统于 2008 年 11 月完成安装，2009 年 4 月初完成联合调试投入运行。

（二）运行调度制度

2007 年，曹娥江大闸管委会组织编制了《曹娥江大闸初期运行调度规程及调度研究报告》，明确了大闸调度原则，制定了调度方案，并经曹娥江大闸管委会组织专家组会议论证通过。

2008 年底，下闸蓄水试运行后，曹娥江大闸管委会组织编制了《曹娥江大闸 2009 年试运行控制运用计划》，经省、市、县三级水利部门联合审查，报浙江省水利厅批准。

2011 年，根据三年试运行经验的基础，曹娥江大闸管委会组织编制了《曹娥江大闸运行调度实施细则》，形成大闸及闸上两岸水闸调度原则和实施方案，进一步规范大闸运行调度。

2013 年，根据《浙江省大中型水闸控制运用计划编制导则》要求，重新编制《曹娥江大闸 2013 年度试运行控制运用计划》，经省、市、县三级水利部门联合审查，并按规定报省、市防汛防旱指挥部和水利部门批准。同时，修改完善了《曹娥江大闸运行调度实施细则》。

2019 年，曹娥江大闸管理局更名为曹娥江大闸运行管理中心，成为绍兴市水利局下属事业单位。运行管理中心根据大闸运行十年的数据、资料，修订完善了各项管理制度，使曹娥江大闸的运行管理更加科学、规范、安全、高效。

（三）运行调度方案

曹娥江大闸调度系统由流域水情自动测报系统、洪潮组合预报与调度系统、大闸工程监控系统和会商系统组成，实现实时数据自动录入。流域洪潮组合预报系统与调度系统结合，洪潮组合预报系统通过水情自动测报系统获取的实时流域水情信息进行流域洪潮组合预报，其成果为大闸调度系统提供基础数据；流域洪潮组合预报系统中的曹娥江流域洪水预报系统的主要断面设置于花山断面，干流洪水调度的主要依据为花山断面测报流量。

1. 调度原则

（1）曹娥江大闸运行管理中心负责大闸的运行调度。

（2）大闸运行调度的基本原则：在确保闸下冲淤的前提下，首先满足防潮（洪）、排涝，其次考虑水资源开发利用，再兼顾改善水环境、航运等综合利用需要。

（3）大闸运行调度主要分为：预泄排水、日常排水、泄洪排涝、闸下冲淤、水资源开发利用（包括引、供水）、改善水环境和航运等。

（4）工作闸门运行应遵循"对称、轮流"的原则，一次运行中，闸门按基本对称顺序启闭操作，不同次运行中，闸门按轮流运行调度。

（5）闸门启闭条件

开启闸门条件：当退潮时且闸上水位高于潮位（开闸纳苗特殊要求除外）。

关闭闸门条件：原则上到潮前应关闭全部闸门。一般情况下，闸门在到潮 15 分钟前关闭完毕。遭遇大洪水和小潮汐组合特殊情况，涨潮时段或涨潮的部分低潮位时段可以继续泄洪排涝，但应防止潮水倒灌。

为有利于闸下消能设施和设备安全，一般情况下，选择在中低潮位开闸；到潮前 2 小时原则上不考虑闸门运行调度（补充调度除外）。

（6）大闸闸上水位控制原则

正常水位：3.6~3.9 米；

最高水位：控制在 4.5 米以下（非洪水时）；

预泄水位：按 2.7 米以下、2.7~3.0 米、3.0 米以上三档控制；

一般排涝低水位：2.5～3.3 米；

泄洪排涝低水位：根据降雨量及其时空分布而定，闸上最低水位原则上不控制；

回蓄水位：一般情况下回蓄到 3.3 米及以上，特殊情况不低于 3.0 米。

（7）由于流域降雨时空分布组合多样，大闸和绍虞平原调蓄能力有限，开闸又受潮汐制约，在实际调度过程中须按"实时掌握、灵活应对"的原则进行调度。

2. 预泄调度

（1）调度原则

①当气象预报曹娥江流域未来（一般情况下以未来 24 小时预报降雨量为依据，梅雨、台风时参考未来 24～48 小时预报降雨量，下同）降雨达到大雨标准时，大闸闸上江道预泄目标水位（新三江闸下，下同）为 3.3～3.0 米，绍虞平原预泄目标水位（南门站，下同）原则上为 3.75 米。

②当气象预报曹娥江流域未来达到暴雨及以上标准时，闸上江道预泄目标水位为 3.0 米以下，绍虞平原预泄目标水位原则上为 3.6 米。

绍虞平原河网是否预泄以及预泄水位由绍兴市会同柯桥区、上虞区人民政府防汛防旱指挥部商定。

③如果在预泄过程中，曹娥江流域已经降雨并形成洪水，可根据水文预报决定是否提前进入泄洪排涝调度程序。

（2）预泄调度方案

预泄调度计算采用《曹娥江流域综合规划修编》的绍虞平原河网曹娥江联合水利计算模型。

3. 防洪排涝调度

（1）调度原则

①降雨实际发生后，依据流域水雨情判断本次洪水特性，按照洪水以干流为主、洪水以平原为主及流域暴雨洪水等三种情况，实施相应闸门调度措施，尽可能降低干流沿程洪水位，并为沿江各排涝闸创造有利条件。

②按照基本对称、轮流原则开启闸门。

③当水文测报判断本次洪水已回落，为拦蓄后期洪水水量，大闸可逐步关闸至全关，使闸上江道水位回蓄至 3.0 米以上。

（2）防洪排涝调度方案

降雨实际发生后，依据流域水雨情分析本次洪水特性，按照洪水以干流（指曹娥江以上）为主、洪水以平原为主及全流域暴雨洪水等三种情况，实施相应调度措施。曹娥江大闸以曹娥江干流花山断面的实时预报洪水和平原河网水位作为大闸泄洪排涝调度的主要判断条件。

①暴雨中心位于中上游山区

依据流域水雨情测报判断本次暴雨中心位于中上游山区，绍虞平原无排涝需要时，曹娥江大闸依据花山断面实时测报流量结合洪水过程。泄洪期间，闸上江道最低水位不作限制。

②暴雨中心位于平原地区

依据流域水雨情测报判断本次暴雨中心主要位于平原地区，干流无洪水时，曹娥江大闸依据绍虞平原水位结合洪水过程，实施相应调度。泄洪排涝期间，闸上河道最低水位不作限制。

③流域普降暴雨

依据流域水雨情测报判断流域发生普降暴雨，曹娥江大闸依据绍虞平原水位并结合花山断面实时预报流量结合洪水过程，实施相应调度。泄洪排涝期间，闸上江道最低水位不作限制。

4. 冲淤调度

（1）闸下冲淤控制原则

①闸下潮沟监测断面

为便于掌握闸下淤滩形态和潮沟冲淤动态，定期进行闸下滩面及其潮沟的断面监测，以挡潮泄洪闸闸下桩号 0+200 附近的闸下平均高程作为主要对比断面。

②维护性冲淤要求

按闸下潮沟监测断面控制，闸下应保持总宽度不小于 150 米、底高程不超过 2.6 米的两条维护性潮沟。

（2）维护性冲淤调度

①调度原则

A. 当"闸下滩地高于 −1.0 米，且滩地长度大于 1.0 千米"时，判断闸下存在明显淤积时，启用维护性冲淤调度。

B. 当距离上次开闸排水（洪）冲淤超过 45 天，或闸下潮沟底高程已淤至 2.6 米时，实施闸下潮沟的维护性冲淤。

C. 当下泄水量满足冲淤要求且闸下监测断面的沟底平均高程已冲刷至 0.0 米以下时，本次维护性冲淤结束。

②冲淤水量

一次维护性冲淤水量 500 万～1940 万立方米（视闸下滩地长度不同而不同）。单次维护性冲淤水量分析如下：

闸下滩地长度为 1 千米时，一次维护性冲淤水量为 500 万立方米，闸上江道水位从 3.9 米降至 3.7～3.8 米，可以满足冲淤要求。

闸下滩地长度为 2 千米时，一次维护性冲淤水量为 900 万立方米，闸上江道水位从 3.9 米降至 3.6~3.7 米，可以满足冲淤要求。

闸下滩地长度为 4 千米时，一次维护性冲淤水量为 1940 万立方米，闸上江道水位从 3.9 米降至 3.3~3.4 米，可以满足冲淤要求。

③特殊情况

当遭遇长期干旱天气，闸上水位下降至 3.3 米以下，大闸无蓄水可用于冲淤，而闸下潮沟底高程淤至 2.6 米以上时，请求上级政府和有关部门决策支持。

（3）洪水前集中冲淤调度

①调度原则

A. 当预报曹娥江流域有洪水发生时，结合预泄调度进行洪水前集中冲淤。

B. 曹娥江闸上江道预泄水位根据气象预报曹娥江流域未来 24 小时的降雨量级按 3.3~3.0 米和 3.0 米以下两档进行控制；绍虞平原河网预泄水位根据气象预报未来 24 小时的降雨量级按 3.75 米和 3.6 米进行控制，绍虞平原河网是否预泄以及预泄水位由绍兴市、柯桥区和上虞区人民政府防汛防旱指挥部决定。

C. 集中冲淤主要利用闸上江道存蓄水量对闸下潮沟进行集中冲淤；必要时可与绍虞平原河网联合预泄，增加预泄水量以满足冲淤要求。

D. 当预泄目标水位已经达到且下泄水量满足冲淤要求时，则洪水前集中冲淤调度结束；当预泄目标水位已经达到但下泄水量不满足冲淤要求时，可视情适当降低预泄目标水位，仍不满足冲淤要求时停止预泄，待洪水来临时利用该次洪水的涨水段洪量进行闸下潮沟的集中冲刷。

E. 如果在预泄（冲淤调度）过程中，曹娥江流域已经降雨并形成洪水，可根据水文预报决定是否提前进入泄洪排涝调度程序。

②冲淤水量

按洪水前闸下潮沟扩大到 300 米考虑，一次洪水集中冲淤水量 1600 万~5300 万立方米（视闸下滩地长度不同而不同）。单次洪水前集中冲淤水量分析如下：

闸下滩地长度为 1 千米时，一次洪水前集中冲淤水量为 1600 万立方米，闸上江道水位从 3.9 米降至 3.4~3.5 米，可以满足冲淤要求。

闸下滩地长度为 2 千米时，一次洪水前集中冲淤水量为 3200 万立方米，闸上江道水位从 3.9 米降至 2.9~3.0 米，可以满足冲淤要求。

闸下滩地长度为 4 千米时，一次洪水前集中冲淤水量为 5300 万立方米，此时需要与绍虞平原联合预泄，闸上江道水位从 3.9 米降至 3.0 米、同时绍虞平原水位从 3.9 米降至 3.6~3.7 米，可以满足冲淤要求。

③特殊情况

如遇极端干旱情况，闸上水库水位已低于 3.0 米，则不安排预泄。当闸下潮沟滩面高程淤至 3.6 米（平均高潮位）以上，滩地长度又超过 1.8 千米时，在保证安全的前提下应考虑调用高压水枪和机械疏浚设备（泥浆泵或可拆装的小型挖泥船）开挖"引冲沟"，从大闸下游低滩开始逐步向上延伸，在开闸泄洪冲淤时起到引导冲刷作用，加快下游潮沟拓宽冲深进程。

5. 兴利调度

（1）水质调度

①日常排水运行开闸时间控制在 3～4 小时，增强闸上江道水体流动性；

②在排水顺序上，尽可能排出平原余水、涝水，多回蓄曹娥江中上游山区来水；

③当下游段水质较差、大闸需要排水时，可以加大开闸数量，尽可能排出河口段水体；

④当闸上江道水质较差且条件允许（上游山区面雨量达 50 毫米以上）时，可彻底放空闸上江道蓄水以曹娥江中上游山区来水回蓄。

（2）生态调度

每年的 10、11、12 月，在鳗鲡、中华绒毛蟹、鲻鱼、鲈鱼成体入海繁殖时段，开启鱼道过鱼；在上游花山站流量超过 100 立方米 / 秒时，结合洪水调度，开启大闸泄洪孔过鱼。每年的 3、5、6 月，在鳗鲡和中华绒毛蟹幼苗洄游时段，开启鱼道纳苗；在 3 月和 6 月幼苗洄游旺季，当上游花山站流量超过 100 立方米 / 秒，在潮水位略超过闸前水位时，开启大闸泄洪孔进潮纳苗，进潮量的大小根据泄洪后新三江闸下游水质检测情况确定，以不影响闸上江道水质为原则。还可根据渔业生产的需要，采取向当地渔民或育苗厂购买鱼苗放流，增加淡水区鳗鲡、中华绒毛蟹、鲻鱼、鲈鱼的数量。

（四）历年运行调度情况

曹娥江大闸调度中心由曹娥江流域水情自动测报系统、洪水预报系统、大闸工程监控系统和会商系统组成，各系统于 2008 年 11 月安装完毕，2009 年 4 月初完成联合调试，通过两条专用光纤与省、市联网。水情自动测报系统与浙江省水利防汛平台联网，共接入流域 90 个水文站点，实现实时数据自动录入。流域洪水预报系统由河海大学研究完成，与水情自动测报系统接合。大闸工程监控系统可以实时监视大闸工程运行情况，实现远程闸门操作。会商系统外与省、市防汛会商系统联网，实现远程防汛会商，及时传递信息，内可以接收监控系统实时信号，实现下情及时上传。

曹娥江大闸调度系统历年工作情况见表 1 和表 2。

表 1　2009—2021 大闸历年排水量　　　　表 2　2009—2021 大闸历年开闸孔数

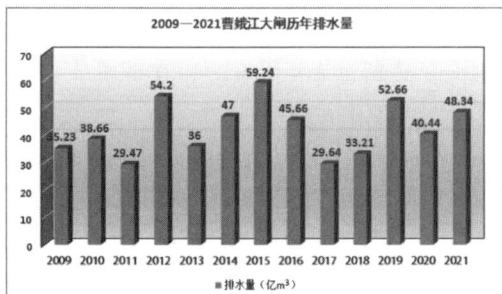
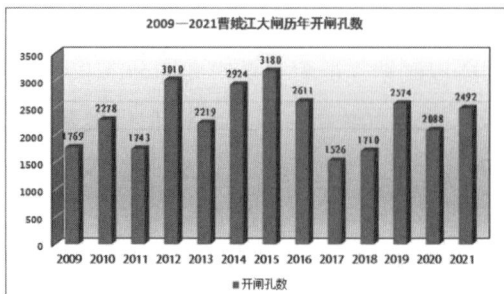

六、大闸运行后几次大的考验

大闸建成运行后，先后经受了多次大的考验，其中比较典型的是 2013 年第 23 号强台风"菲特"、2019 年第 9 号强台风"利奇马"和 2021 年第 6 号强台风"烟花"等。

（一）防御"菲特"

2013 年第 23 号热带风暴"菲特"于 9 月 30 日 20 时生成，3 日凌晨加强为台风，4 日下午加强为强台风。10 月 7 日 1 时 15 分在福建省福鼎市沙埕镇登陆，登陆时最大风力 14 级（42 米 / 秒），近中心气压 955 百帕。"菲特"前期移速缓慢，强度强，云系范围广，影响范围大。登陆时正值天文大潮，恰逢"风、雨、潮"三碰头。

1. 曹娥江流域水雨情

（1）雨情

受"菲特"外围云系环流影响，曹娥江流域遭遇强降雨侵袭，5 日开始零星降雨，7 日晚上起普降暴雨，8 日晚降雨基本结束。全流域平均面雨量 312 毫米（大闸水情测报系统站点统计值，下同），超过 20 年一遇。其中，绍兴平原达到 331 毫米，接近 50 年一遇，仅次于 1962 年台风暴雨；虞北平原 540 毫米，超过 100 年一遇，为解放以来最大值；南部山区（新昌、嵊州、虞南）平均降雨量 297 毫米，达 20 年一遇。本次暴雨，绍兴平原（南门）最高水位达 5.02 米，超警戒水位 0.72 米，为水文历史记录第二高水位。其中，单站降雨量最大依次为：松夏 578 毫米、通明上 578 毫米、小越上 566 毫米、一号闸 536 毫米。主要代表站点雨量：新昌 213 毫米、嵊州 160 毫米、百官 481 毫米、绍兴 237 毫米、大闸 374 毫米。以 24 小时最大降雨量计：虞北平原 458 毫米；绍兴平原 254 毫米；南部山区 184 毫米（见表 3）。

（2）水情

10 月 7 日凌晨起，曹娥江干流洪水暴涨。上浦闸水位平均以每小时 37 厘米的速度上涨，最快时每小时涨幅达到 81 厘米，至 8 日 8 时 55 分上浦闸水位达到 9.31 米，

表3　曹娥江流域降雨情况　　　　　　　　　　　　　　单位：毫米

时间	绍兴	虞北	虞南	嵊州	新昌
10月5日	7.2	4.6	17.2	4.6	14.2
10月6日	146.9	171.8	170.8	128.7	176.5
10月7日	161.6	348.9	180.1	66.2	113.6
10月8日	14.8	14.5	14.8	3.5	0.6
累计	330.5	539.8	382.9	203	304.9
H24h	253.8	458.3	248.7	147.0	201.9
H1d	161.6	348.9	180.1	128.7	176.5
H3d	323.3	535.2	368.1	199.5	304.3

超警戒水位0.81米。小越上在8日凌晨3时5分出现最高水位4.53米，超高水位1.43米，破历史纪录4.19米。绍兴站8日17时45分水位达5.02米，超警戒水位0.72米（见表4）。

（3）潮情

"菲特"期间恰逢钱塘江大潮汛，最高潮位出现在7日14时10

表4　10月7—11日主要站点洪水过程线

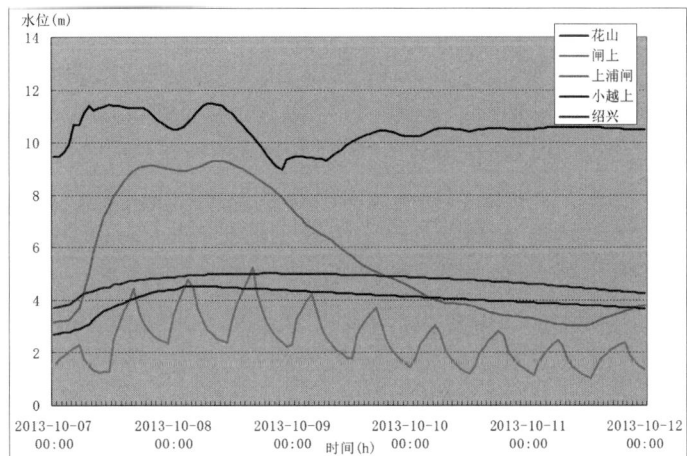

分，闸下潮位5.69米。台风对钱塘江潮汐产生了增水效应（包含后一个台风"丹娜丝"的影响），与2012年农历同期（农历九月初二0时至初五0时）的实测潮位比较（见表5），增水作用明显，10月7日增水效应最大，增幅在60～90厘米。10月8日，受台风"丹娜丝"的影响，增幅在40～70厘米。

从表6中可以看出，大闸下与澥浦站的潮位过程存在明显的相关性。因此，利用澥浦站的涨潮时间及潮位推求大闸涨潮时间及潮位对大闸的运行调度具有极其重要的现实意义。利用该关系，大闸在防御台风"菲特"运行调度中也发挥了重要的作用。

2. 大闸运行调度情况

大闸管理局高度重视防汛防台工作，从台风生成之时起，密切关注台风动向，加

表5　2013年与2012年同期闸下潮位过程线

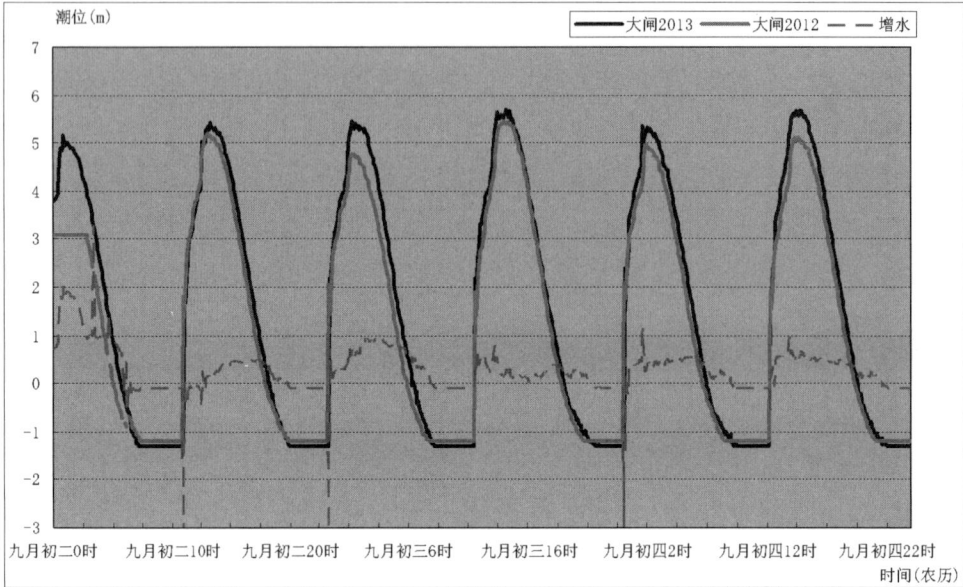

表6　大闸下和澉浦站潮位过程线

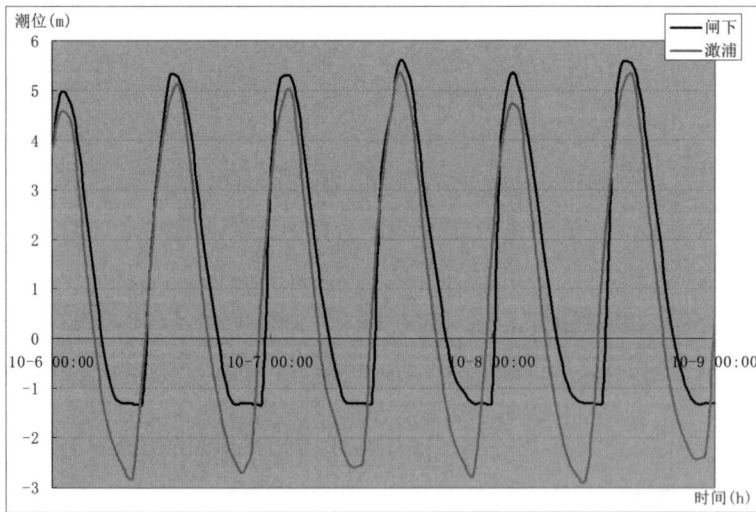

强专业技术力量值班，综合研判防台形势，开展工程设备巡查，确保工程安全、设备完好。启动防台应急响应后，局领导坐镇现场指挥，决策防汛调度事宜，实时开展科学调度，规范运行操作，充分发挥了大闸的作用。

（1）预泄阶段

根据绍兴市防指的统一布置，5日凌晨至6日晚，曹娥江大闸趁退潮时段连续安排四轮预泄，同时两岸平原也进行预泄。大闸一方面及时排除上游来水，另一方面降低闸上水位运行，至6日晚上关闸挡潮，绍兴平原（南门）水位最低降至3.60米以下，大闸最低水位降至0.99米，为可能到来的强降雨预留调蓄库容。其间，大闸共安排预泄4次、启闭闸门70门次、排水1亿立方米。

（2）挡潮泄洪排涝阶段

6日午夜，流域开始普降暴雨、曹娥江干流洪水入库之初，大闸进入全力泄洪排涝阶段，利用一切可以开闸的时间、开启全部28孔闸门排水，通过"一日两开"运行调度争分夺秒抢排上游山区来水，同时尽可能降低闸上江道水位，为两岸平原排涝创造条件。由于"菲特"正值天文大潮，适逢"风、雨、潮"三碰头，大闸通过准确研判潮汐规律，候潮启闭运行。经过5个退潮时段全力泄流，干流洪水基本消退。9日起，大闸以两岸平原排涝为主、同时排除山区尾水阶段，利用退潮阶段尽可能延长开闸时间、开启足够孔数闸门，控制闸上持续低水位，以利尽快排出两岸平原涝水，至11日基本结束泄洪排涝。该阶段共调度10次、启闭闸门258门次、排水6.23亿立方米。

"菲特"期间，大闸连续运行7天、调度14次、启闭闸门328门次、共排水7.23亿方立方米。

（3）回蓄阶段

本次洪水，平原排涝大大滞后于上游山洪下泄，11日绍兴平原水位已降至警戒水位，曹娥江干流水量已剩不多、上浦闸关闸蓄水，而虞北平原水位3.70米，仍超高水位0.6米，大闸为满足平原排涝而遭遇回蓄的困难。为此，经与市、县防汛办商议，当日大闸再二次开闸降低水位，以利平原尤其是虞北平原排涝，而绍兴平原提前于第二天早晨关闸，为大闸预留水量1000万立方米，以利回蓄。12日起大闸关闸回蓄，14日虞北平原至高水位后，绍兴平原开闸放水，加上浦闸下泄部分水量，至15日4时大闸水位回蓄至3.30米。

（4）水情分析

7日开始流域普降暴雨，南部山区（新昌、嵊州、虞南）平均降雨量296.9毫米，达20年一遇。上浦闸最高水位9.31米，实测洪峰流域2650立方米/秒（7日17时45分）实测流量，洪水位和洪峰流量均低于五年一遇标准。主要原因：降雨历时分布较均匀，又加中间有暂停降雨时间间隔。8日16时闸上最高水位5.02米，相当于大闸5年一遇设计洪水位。

7日0时绍兴平原水位开始迅猛上涨，6时50分超警戒水位，8日17时45分达到最高水位5.02米，略超10年一遇，9日开始明显下降，每天平均降幅在28厘米左右，至11日22时降至警戒水位以下。本次绍兴平原内涝，超警戒水位历时长达110小时。绍兴平原降雨量331毫米，接近50年一遇，最高洪水位略超10年一遇。历史的比较降雨频率和洪水频率，大闸对绍兴平原排涝是有利的。

（二）防御"利奇马"

2019年第9号热带风暴"利奇马"于8月4日15时生成，7日凌晨加强为台风，17时加强为强台风，23时升格为超强台风。8月10日1时45分前后在浙江省温岭市沿海登陆，登陆时最大风力16级（52米/秒），近中心气压930百帕。"利奇马"强度强，云系范围广，影响范围大，成为当年登陆我国强度最强的台风（图2）。

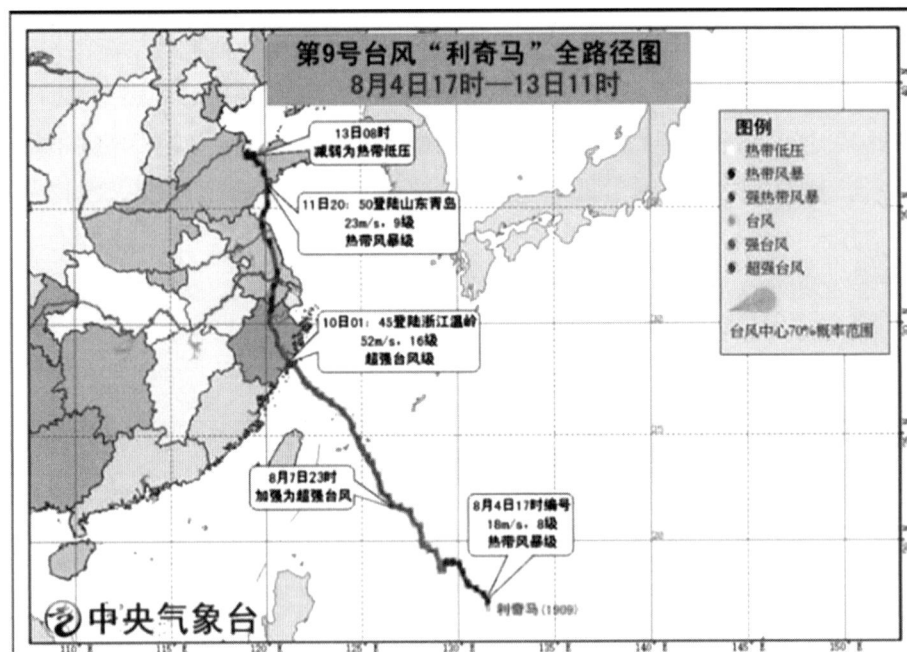

图2 "利奇马"路径图

1. 曹娥江流域水雨情

（1）雨情

受"利奇马"外围云系环流影响，曹娥江流域遭遇强降雨侵袭，8日开始零星降雨，9日下午起普降暴雨，11日早降雨基本结束。全流域平均面雨量190毫米，超过10年一遇。其中，绍兴平原达到135毫米；虞北平原123毫米；南部山区（新昌、嵊州、虞南）平均降雨量207毫米。其中，单站降雨量最大依次为：芹塘454.5毫米、蔡丰427毫米、雪头414毫米、沙溪394毫米。主要代表站点雨量：新昌144.5毫米、嵊州125毫米、百官128.5毫米、绍兴104.5毫米、大闸150毫米（见表7）。

表7 曹娥江流域降雨情况   单位：毫米

时间	全流域	绍兴	虞北	虞南	嵊州	新昌
8月8日	11.5	4.0	4.3	6.2	16.0	21.2
8月9日	123.2	84.8	82.3	117.9	76.7	219.4
8月10日	54.5	45.9	34.3	38.3	65.0	66.7
8月11日	0.4	0.7	2.0	0	0	0
累计	189.6	135.4	122.9	162.4	157.7	307.3

（2）水情

8月10日凌晨起，曹娥江干流洪水暴涨。上浦闸水位平均以每小时23厘米的速度上涨，最快时每小时涨幅达到41厘米，至11日0时上浦闸水位达到9.35米，超警戒水位0.85米。花山站在10日晚上18时35分出现最高水位12.31米。绍兴站水位比较平稳，维持在警戒水位以下（见表8）。

表8 8月8—11日主要站点洪水过程线

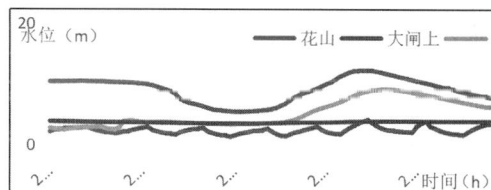

（3）潮情

"利奇马"期间，最高潮位出现在9日19时30分，闸下潮位5.69米。台风对钱塘江潮汐产生了增水效应，与2018年农历同期（农历七月初九至十一）的实测潮位比较，增水作用明显，8月10日增水效应最大，增幅在110～240厘米（见表9）。

从表10中可以看出，大闸下与澉浦站的潮位过程存在明显的相关性。因此，利用澉浦站的涨潮时间及潮位推求大闸涨潮时间及潮位对大闸的运行调度具有极其重要

表9 2019年与2018年同期闸下潮位过程线

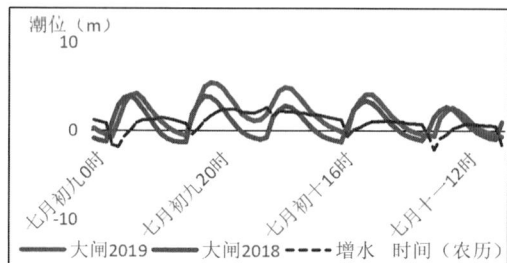

表10 大闸下和澉浦站潮位过程线

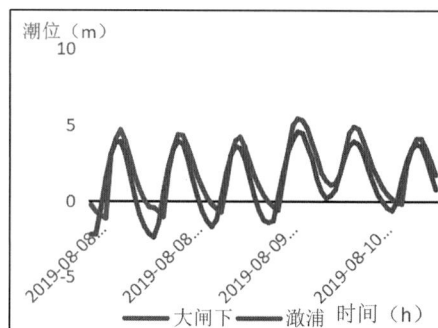

的现实意义。利用该关系，大闸在防御台风"利奇马"运行调度中也发挥了重要的作用。

2. 大闸运行调度情况

大闸运行管理中心高度重视防汛防台工作，从台风生成之时起，密切关注台风动向，加强专业技术力量值班，综合研判防台形势，再次开展工程设备巡查，确保工程安全、设备完好。8月8日大闸启动水旱灾害防御（防台）四级应急响应，9日上午提升至三级应急响应，中午12时提升至应急响应二级，13时30分应急响应提升至一级。防台应急响应后，中心领导坐镇现场指挥，决策防汛调度事宜，实时开展科学调度，规范运行操作，充分发挥了大闸挡潮、排涝作用。

其间，大闸工程曾出现了局部性险情，迅速组织抢险队伍，制定抢险方案，顶风冒雨突击，成功处置了险情。一是大闸下游左岸海塘迎潮面大条石护坡出现局部塌陷致使塘身土外露，面积约70平方米，迅速采用快凝砼封堵缺口，保护塘身稳定，成功处置险情并度过风暴潮侵袭。二是大闸下游右岸海塘背水坡出现较严重雨淋沟，事后制定彻底治理方案进行修复。三是大闸下游翼墙出现多个天打洞，采用沙包迅速封堵。四是根据事后测量，大沉井下游抛石防冲槽最大冲深到 −8.3 米高程，急需补抛约 3 万立方米。五是导流堤及堵坝下游抛石冲毁严重，抛石损失量约 1.2 万立方米。

（1）预泄阶段

7日早上至9日凌晨，曹娥江大闸趁退潮时段连续安排四轮预泄，同时两岸平原也进行预泄。大闸一方面及时排除上游来水，另一方面降低闸上水位运行，至9日凌晨关闸挡潮，绍兴平原水位最低降至 3.53 米，大闸最低水位降至 1.62 米，为可能到来的强降雨预留调蓄库容。其间，大闸共安排预泄 4 次、启闭闸门 52 门次、排水 1.12 亿立方米。

（2）挡潮泄洪排涝阶段

9日午夜，流域开始普降暴雨、曹娥江干流洪水入库之初，大闸进入全力泄洪排涝阶段，利用一切可以开闸的时间、开启全部 28 孔闸门排水，通过"一日两开"运行调度争分夺秒抢排上游山区来水，同时尽可能降低闸上江道水位，为两岸平原排涝创造条件。经过 6 个退潮时段全力泄流，干流洪水基本消退。12日起，大闸以两岸平原排涝为主、同时排除山区尾水阶段，利用退潮阶段尽可能延长开闸时间、开启足够孔数闸门，控制闸上持续低水位，以利尽快排出两岸平原涝水，至 14 日基本结束泄洪排涝。该阶段共调度 4 次、启闭闸门 200 门次、排水 4.48 亿立方米。

"利奇马"期间，大闸连续运行 8 天、调度 13 次、启闭闸门 252 门次、共排水 5.6 亿方立方米。

（三）防御"烟花"

2021 年第 6 号热带风暴"烟花"于 7 月 18 日 2 时生成，20 日 14 时加强为台风，21 日 11 时加强为强台风。7 月 25 日 12 时 30 分前后在浙江省舟山市普陀沿海登陆，登陆时最大风力 13 级（38 米/秒），近中心气压 965 百帕（图 3）。7 月 26 日 9 时 50 分穿过杭州湾再次登陆浙江平湖，二次登陆强度为强热带风暴，中心最大风力 10 级。"烟花"前期移速缓慢，强度强，云系范围广，影响范围大。登陆时正值天文大潮，恰逢"风、雨、潮"三碰头不利情况。

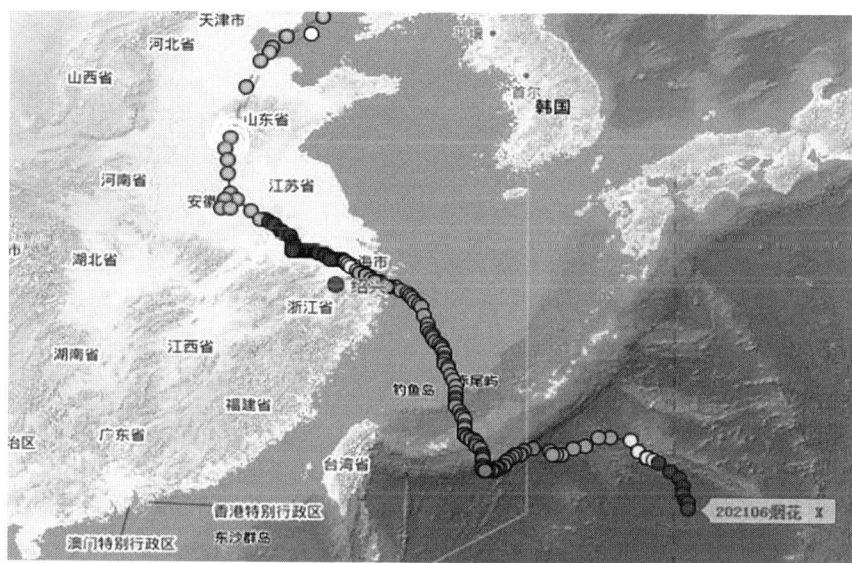

图 3 "烟花"路径图

1. 曹娥江流域水雨情

（1）雨情

受"烟花"外围云系环流影响，曹娥江流域遭遇强降雨侵袭，22 日开始流域普降，雨量中到大，24 日晚上起普降暴雨，27 日晚降雨基本结束。全流域平均面雨量达到 329.6 毫米（大闸水情测报系统站点统计值，下同），三日最大降雨量 246.0 毫米，超过 10 年一遇（222.1 毫米）。其中，绍兴平原平均面雨量达到 330.2 毫米，三日最大降雨量 262.8 毫米，达 10 年一遇（231.2 毫米）；虞北平原平均面雨量 288.4 毫米，三日最大降雨量 224.1 毫米，超 5 年一遇（186.1 毫米）；南部山区（新昌、嵊州、虞南）平均降雨量 331.1 毫米，三日最大降雨量 239.1 毫米，超过 10 年一遇（221.0 毫米）。本次暴雨，绍兴平原（南门）最高水位达 4.98 米，超警戒水位 0.68 米，达 10 年一遇水位（4.97 米），为水文历史记录第三高水位。其中，单站降雨量最大依次为：牛团仓 896.0 毫米、嵊州友谊 868.5 毫米、乌洞水库 828.5 毫米、苕花岭水库 821.0 毫米。主要代表站点雨量：新昌 238.5 毫米、嵊州 200.5 毫米、百官 355.5毫米、绍兴 291.0 毫米、大闸 371.5 毫米。曹娥江流域降雨情况见表 11。

表 11　曹娥江流域降雨情况　　　　　　　　　　　　单位：毫米

日期	全流域	绍兴	虞北	南部山区	虞南	嵊州	新昌
7月22日	29.0	19.1	18.6	36.4	30.6	30.7	44.0
7月23日	43.6	46.2	38.6	42.9	43.5	45.2	40.4
7月24日	92.1	112.3	81.8	82.3	116.8	71.0	79.9
7月25日	110.3	104.3	95.3	114.0	203.8	132.9	62.5
7月26日	38.5	34.6	47.0	37.7	29.8	56.2	23.4
7月27日	16.1	13.7	7.0	17.9	9.4	13.2	25.4
累计	329.6	330.2	288.4	331.1	433.9	349.2	275.6
H24h	124.6	113.2	110.2	138.8	216.6	143.6	107.4
H1d	110.3	112.3	95.3	114.0	203.8	132.9	79.9
H3d	246.0	262.8	224.1	239.1	364.1	260.1	182.8

（2）水情

7 月 24 日上午起，曹娥江干流洪水暴涨。上浦闸上水位平均以每小时 16 厘米的速度上涨，最快时每小时涨幅达到 38 厘米，至 26 日 11 时 20 分上浦闸上最高水位达到 11.06 米，超警戒水位 2.56 米，超 10 年一遇洪水标准（10.8 米）。百官在 7 月 26日 10 时 45 分出现最高水位 8.81 米，超警戒水位 1.31 米，达 20 年一遇（8.47 米）。绍兴站 26 日 19 时 40 分水位达 4.98 米，超警戒水位 0.68 米，达 10 年一遇（4.97米）。主要站点洪水过程线图见表 12。

（3）潮情

"烟花"期间恰逢钱塘江大潮汛，最高潮位出现在 25 日 1 时 25 分，闸下潮位7.03 米，达 20 年一遇高潮位（7.01 米），为历史第二高潮位（最高为"9711"号台风），潮汐产生了明显增水效应，与 2019 年农历同期（农历六月十三 8 时至二十一8 时）的实测潮位比较，增水作用明显，7 月 25 日、26 日增水效应最大，增幅在1.12～2.12 米（见表 13）。

从表 14 中可以看出，大闸下与澉浦站的潮位过程存在明显的相关性。因此，利用澉浦站的涨潮时间及潮位推求大闸涨潮时间及潮位对大闸的运行调度具有极其重要的现实意义。利用该关系，大闸在防御台风"烟花"运行调度中发挥了重要的作用。

表 12　7 月 24—28 日主要站点水位过程线

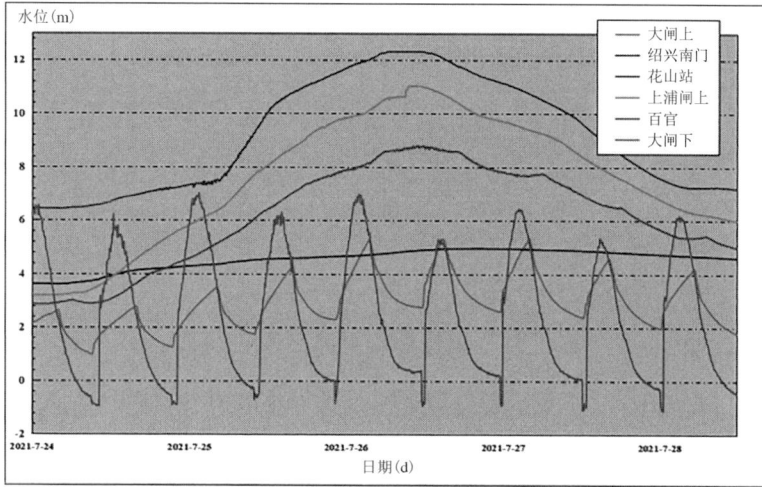

表 13　2021 年与 2019 年同期闸下潮位过程线

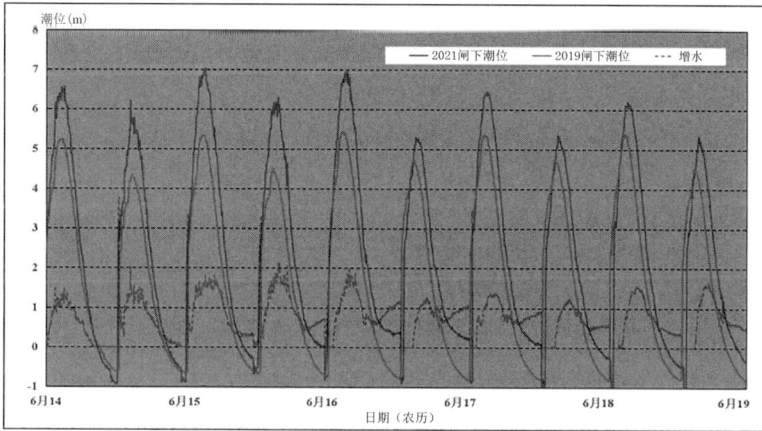

表 14　大闸下和澉浦站潮位过程线

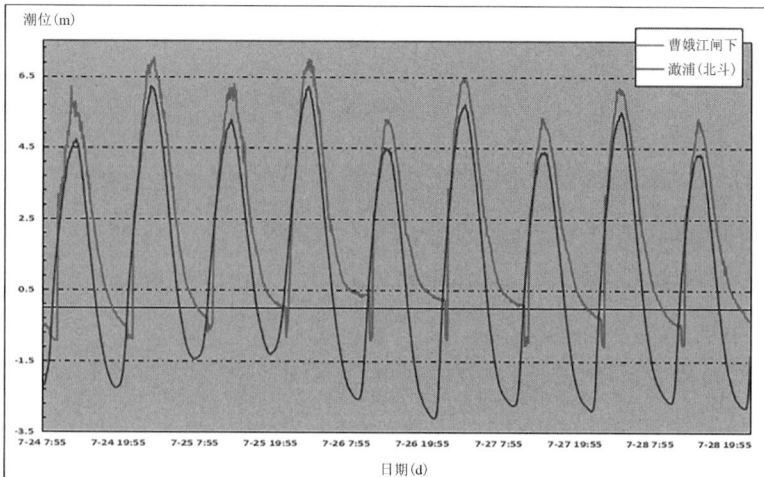

2. 大闸运行调度情况

大闸运行管理中心高度重视防汛防台工作，从台风生成之时起，密切关注台风动向，加强专业技术力量值班，综合研判防台形势，开展工程设备巡查，确保工程安全、设备完好。7月22日大闸启动水旱灾害防御（防台）四级应急响应，23日中午提升至三级应急响应，晚上17时提升至应急响应二级，24日13时提升至应急响应一级。中心领导坐镇现场指挥，决策防汛调度事宜，实时开展科学调度，规范运行操作，充分发挥了大闸挡潮、排涝作用。

（1）预泄阶段

根据绍兴市防指的统一布置，21日中午至23日晚，曹娥江大闸趁退潮时段连续安排五轮预泄，同时两岸平原也进行预泄。大闸一方面及时排除上游来水，另一方面降低闸上水位运行，至23日晚上关闸挡潮，绍兴平原（南门）水位最低降至3.62米，大闸最低水位降至1.18米，为可能到来的强降雨预留调蓄库容。其间，大闸共安排预泄5次、启闭闸门90门次、排水1.46亿立方米。

（2）泄洪排涝阶段

24日凌晨，流域开始普降暴雨、曹娥江干流洪水入库之初，大闸进入全力泄洪排涝阶段，利用一切可以开闸的时间、开启全部28孔闸门排水，通过"一日两开"运行调度争分夺秒抢排上游山区来水，同时尽可能降低闸上江道水位，为两岸平原排涝创造条件。由于"烟花"正值天文大潮，适逢"风、雨、潮"三碰头，大闸通过准确研判潮汐规律，候潮启闭运行。经过12个退潮时段全力泄流，干流洪水基本消退。28日起，大闸以两岸平原排涝为主、同时排除山区尾水阶段，利用退潮阶段尽可能延长开闸时间、开启足够孔数闸门，控制闸上持续低水位，以利尽快排出两岸平原涝水，至29日基本结束泄洪排涝。该阶段共调度12次、启闭闸门336门次、排水9.06亿立方米。

"烟花"期间，大闸连续运行9天、调度17次、启闭闸门426门次、共排水10.52亿方立方米（见表15）。

3. 洪（涝）水分析

山洪分析：24日凌晨时开始流域普降暴雨，南部山区（新昌、嵊州、虞南）最大三日降雨量239.1毫米，略超10年一遇。上浦闸上最高水位11.06米，实测洪峰流量3410立方米/秒（26日8时05分），洪峰流量超5年一遇标准（3284立方米/秒），洪水位略超10年一遇标准（10.8米）。分析主要原因：一是25日降雨集中在四明山和会稽山一带，查水文资料可知，7月25日汤浦库区多站雨量达到日雨量250毫米以上，其中单站降雨量最大为大雷岙水库388毫米；四明山库区多站雨量达到日雨量280毫米，其中单站降雨量最大为嵊州友谊450.5毫米。二是流域降雨历时长，二者

表 15　7 月 21—29 日流域降雨量与大闸排水量

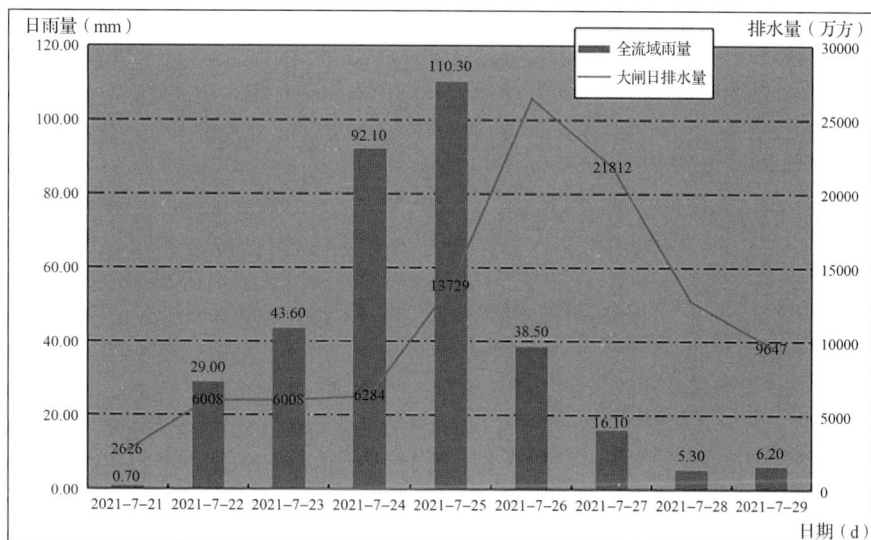

形成叠加效应，从而导致上浦闸上水位持续雍高。闸上水位超 5.0 米（闸前平台）达三次，27 日 3 时 55 分大闸闸上最高水位 5.34 米，达到建闸以来最高洪水位。

绍兴平原内涝分析：24 日 5 时绍兴平原水位开始迅猛上涨，23 时 55 分超警戒水位 4.30 米，26 日 19 时 40 分达到最高水位 4.98 米，达 10 年一遇（4.97 米），为水文历史记录第三高水位（最高为 5.30 米，1962 年 9 月 6 日）。28 日开始出现明显下降，每天平均降幅在 24 厘米左右，至 29 日 10 时降至警戒水位以下（四级应急响应解除）。本次绍兴平原内涝，受上游洪水顶托影响，绍兴平原水位处于高水位状态的时间较长，超警戒水位历时长达 45 小时。

4. 与台风"菲特""9711 台风"对比分析

从台风路径对比：台风"菲特"登陆于福建省福鼎市，中心风力 14 级，台风"烟花"登陆于浙江省舟山市，中心风力 13 级。"9711 号台风"登陆于温岭石塘，中心风力 12 级。"烟花"台风风力比"9711 号台风"强，比"菲特"弱；相较"菲特""9711 号台风"，台风"烟花"中心路径距离绍兴更近，影响绍兴降雨时间多达 6 天（台风"菲特"降雨影响 3 天，"9711 号台风"降雨影响 3 天），降雨范围更广（图 4）。

从潮水增水效应来看：台风"烟花"与"菲特""9711 号台风"均正值天文大潮，大闸启闭时间有限，条件严峻，"烟花"最高潮位到达 7.03 米，略超 20 年一遇高潮位（7.01 米），创历史第二高潮位（历史最高潮位为"9711 号台风"期间）。"烟花"相较于 13 年台风"菲特"的最高潮位（5.69 米）高出 1.34 米，增水效应更加明

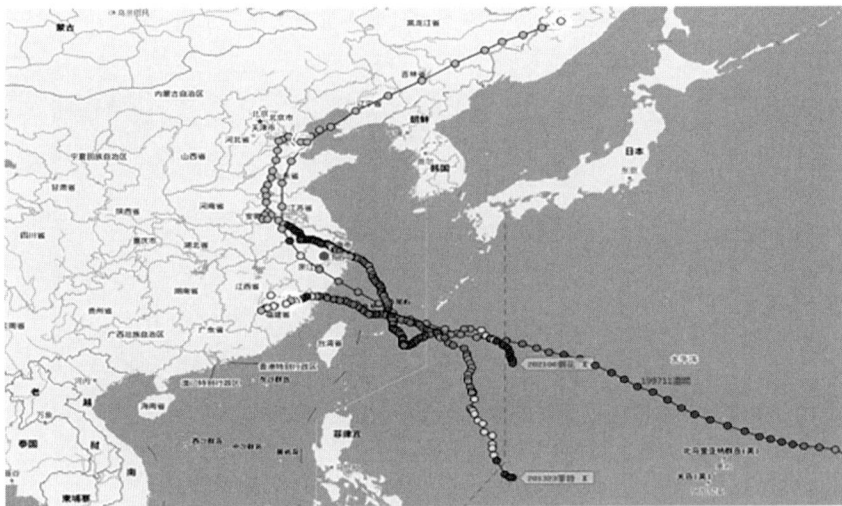

图 4 "烟花""菲特"与"9711 号台风"的路径对比图

显，增水时长（台风"烟花"影响 8 潮，台风"菲特"影响 5 潮），潮情形势更为严峻，使曹娥江干流泄洪排涝时间更为有限（见表 16、表 17）。分析原因主要是由于风向导致，根据台风期间的大闸气象站数据显示，24 日至 25 日 0—2 时曹娥江大闸风向为偏东风，3 时以后风向为西北风，26 日风向为偏西风，27 日以后为偏南风，由潮位站实时数据可知，25 日 1 时 25 分闸下达到最高潮位，25 日涨潮时段（10 时 40 分）无明显潮头，可以推断风向对潮水具有一定影响。

从雨情上看："烟花"期间全流域平均雨量略高于"菲特"降雨，按分区来看，"烟花"期间，最大降雨集中在虞南山区，雨量达 433.90 毫米，"菲特"期间，最大

表 16 "烟花" 2021 年与 2019 年同期闸下潮位过程线

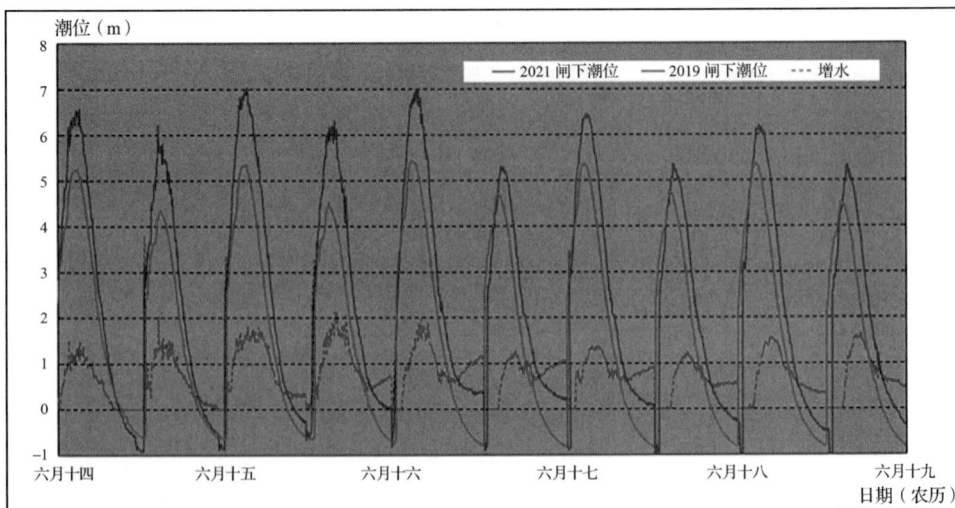

表 17 "菲特" 2013 年与 2012 年同期闸下潮位过程线

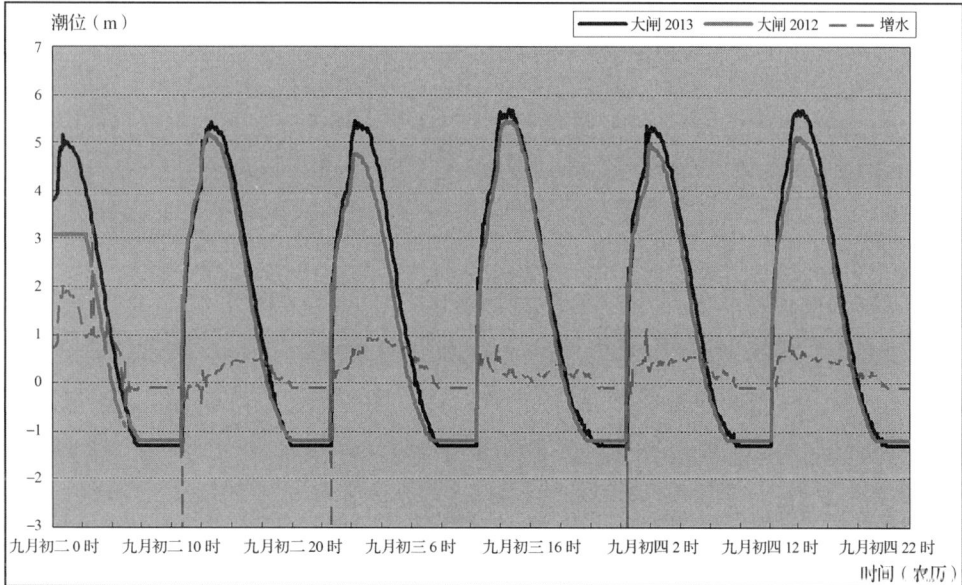

降雨集中在虞北平原，雨量达 539.80 毫米。根据水文资料记载，"9711 号台风"期间，东南山区 200～300 毫米，北部绍兴上虞平原为 80～120 毫米，降雨量相对较小。三者对比，台风"菲特"最大降雨集中在虞北平原，对曹娥江干流排涝影响较小，台风"9711 号台风"降雨量相对较小，台风"烟花"雨量大，延续时间长，且最大降雨集中在虞南山区，对曹娥江干流泄洪影响甚大（"烟花"期间上浦闸最高水位 11.06 米，高于"菲特"期间上浦闸最高水位 9.31 米），故台风"烟花"雨情对曹娥江泄洪最为不利。曹娥江流域降雨情况对比见表 18。

表 18 曹娥江流域降雨情况对比

	全流域	绍兴	虞北	南部山区	虞南	嵊州	新昌
"烟花"	329.6	330.2	288.4	331.1	433.9	349.2	275.6
"菲特"	312.0	330.5	539.8	297.0	382.9	203.0	304.9

从前期预泄来看：台风"烟花"期间，绍兴平原（南门）水位最低降至 3.62 米，大闸最低水位降至 1.18 米，虞北平原（小越）最低降至 2.51 米，大闸预泄排水 1.46 亿立方米；台风"菲特"期间，绍兴平原（南门）水位最低降至 3.69 米，大闸最低水位降至 0.99 米，虞北平原（小越）最低降至 2.67 米，大闸预泄排水 1 亿立方米。总体来看，本次台风流域预泄更为有力充分。

从水情上看：台风"烟花"期间，上浦闸最高水位达到 11.06 米，略超 10 年一遇洪水标准，小越上最高水位 3.59 米，绍兴站最高水位达 4.98 米。台风"菲特"期间，上浦闸最高水位达到 9.31 米，小越上最高水位 4.53 米，绍兴站最高水位达 5.02 米（与平原预泄水位较高有关）。"9711 号台风"期间，由于曹娥江干流水利工程建设较少，水旱灾害防御能力落后，干流嵊州站最高水位 18.03 米，花山站最高水位达到 13.84 米，造成严重洪涝灾害。总体来看，"烟花"的水情形势较"菲特"更为不利，对比"9711 号台风"水情形势来看，由于近年来曹娥江干流防洪能力显著提升，流域整体调度逐步完善，"烟花"的水情形势较"9711 号台风"有所改善。

从洪潮组合分析：对比台风"烟花""菲特"及"9711 号台风"期间上游洪峰与河口潮位组合分析得出，台风"烟花"期间干流遭遇 5 年一遇洪水重现期和 20 年一遇潮位重现期，该组合较台风"菲特"不利，较"9711 号台风"有利。表 19 为曹娥江洪水与河口高潮位遭遇组合分析。

表 19　曹娥江洪水与河口高潮位遭遇组合分析

年份	曹娥江洪水			河口高潮位	
	上虞东山洪峰流量 Qm（立方米／秒）	重现期（年）	发生日期	同期澉浦高潮位（米）	重现期（年）
1997 年	4384（东沙埠 3405 内插得出）	8	8.19	6.56	50
2013 年	2650	2	10.7	5.16	2
2021 年	3410	5	7.25	6.23	20

5. 措施

（1）提前预泄，充分预留调蓄库容。根据气象发布路径信息，强台风"烟花"直面浙江沿海奔来，且"烟花"移速慢，强度强，云系范围广，影响范围大，防汛形势十分严峻，根据绍兴市防指的统一布置，大闸毫不松懈，全力预泄。21 日中午至 23 日晚，曹娥江大闸趁退潮时段连续安排五轮预泄，为可能到来的强降雨预留调蓄库容，同时两岸平原也进行预泄，及时降低平原水位，是本次台风防御的重要举措，为"一江两岸"防洪排涝赢得主动权。

（2）科学研判，尽力延长开闸时间。由于"烟花"影响阶段正值天文大潮期间，大闸通过研判潮汐规律、会商到潮时间、视频控制、提前降低闸门开度、逐步关闸等方法，在保证潮水不倒灌的前提下，尽可能地延长开闸时间，为泄洪排涝争取了宝贵的时间。大闸每潮平均开闸时间 7 个小时，最长开闸时间达 9 个小时，开闸一个周期最大排水量达 12362 万立方米，累计排水 10.52 亿方，预泄 1.46 亿方。

姚江源头探讨

毛士英

（绍兴市上虞区水利局）

摘要： 姚江源头主要有两种说法，一是姚江发源于四明山夏家岭东北眠岗山；二是姚江远古时发源于磐安县尚湖镇长坞尖公岭。本文以为，因北宋年间梁湖的兰芎山与西山间建了沙湖塘，隔断了曹娥江与姚江的联系，故河源变成今梁湖江坎头。就此展开探讨。

一、姚江源头历史记述

记述发源于余姚市大岚镇夏家岭村东的眠岗山（含余上交界四明山支脉太平山）的有：

1.《浙江地理简志》（浙江人民出版社 1985 年版，第 172 页）：姚江又名舜江，发源于四明山支脉太平山。

2. 浙江省水利水电勘测设计院《姚江流域综合规划报告》（1992 年 7 月油印本，第 9 页）：姚江又名余姚江、舜江，源出四明山夏家岭流经梁弄。

3. 浙江省余姚市姚江河源考察队《姚江河源考察报告》[①]（第 21 页）：

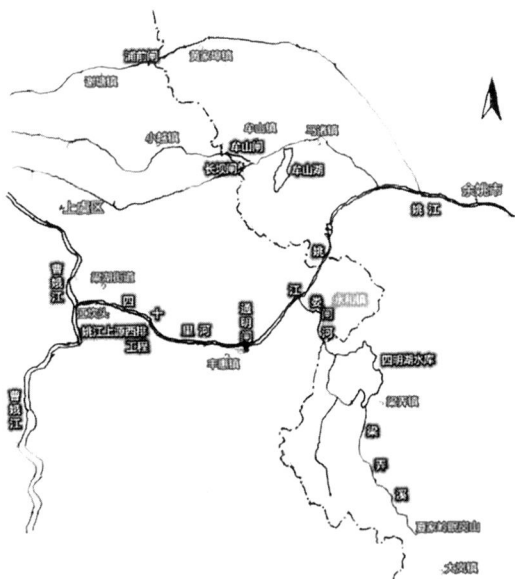

图 1　姚江主源示意图

[①] 油印本，无报告日期，1993 年 2 月 20 日余姚市水利局派员送给笔者，同时送来余姚市人民政府定于 3 月 28 日召开评审会议的邀请函。当他们收到笔者的回执不同意姚江发源于余姚市大岚镇夏家岭的观点，提出主源是上虞市梁湖江坎头。余姚市水利局通知笔者评审会议开不了。

姚江发源于余姚市大岚镇夏家岭村东的米岗头东坡。

4. 浙江省水利厅《浙江省河流简明手册》（西安地图出版社 1999 年版，第 74 页）：姚江发源于四明山夏家岭东北余姚市的眠岗山。

5.《浙江省水利志》（中华书局 1998 年版，第 123 页）：姚江发源于余姚四明山夏家岭眠岗山。姚江自河源北流经梁弄镇后入四明湖水库，出四明湖水库后北行至娄家闸，与通明江汇合，以下为姚江干流。

6.《浙江通志·水利志》（浙江人民出版社 2020 年版，第 38 页）：姚江又称余姚江、舜江，发源于余姚市大岚镇大岚村眠岗山。自河源西北流经四明湖水库……

7.《余姚市水利志》（水利电力出版社 1993 年版，第 28 页）：姚江发源于四明山夏家岭村东的米岗头山东坡。

8.《甬江志》（中华书局 2000 年版，第 63 页）：今之姚江，古称舜江，也称余姚江，主源为梁弄溪，其源头出自四明山夏家岭东北眠岗山。

9. 屠剑虹《绍兴历史地图考释》（2013 年版），载明万历十五年（1587）《绍兴府志》刻本（第 274 页）：余姚江源出四明山夏家岭，上游为梁弄溪，南北流向，通过百丈岗，四明湖水库折向西北流向上虞县楼家闸，至通明堰东流……至宁波三江口……注入甬江。全长 105 千米。

记述为发源于上虞梁湖江坎头（含通明堰）的有：

1.《嘉泰会稽志》卷十。"余姚江在县南一十步，源出上虞县通明堰，东流十余里经县江东入于海，江阔四十丈，潮上下二百里，虽通海而水不咸。"

2. 万历《绍兴府志》卷之七孔灵符《记》："发源于太平山，过断溪，西至于上虞通明坝，东折而北五十里，……于北入于海，凡二百里。海潮一日夜再至，而水不咸。""上虞通明江，在县东十里，即余姚江上流，其西至运河入于江。"

3.《浙江省建设月刊》第十卷第三期。民国二十五年（1936）刊载《浙东运河之重要性与整治意见》，文中：（二）曹娥姚江段：北河，即马诸横河起自曹娥江东岸之百官镇。南河，又称四十里河：起自百官龙山以南二公里许之江坎头。姚江本身，姚江在曹墅桥以上，亦称通明江，源出余上交界大岭山。就天然形势，可将姚江分为上、中、下三段：自发源至通明闸为上游，计十五公里；自通明闸至余姚为中游，计二十二公里；自余姚至鄞县为下游，计六十公里。

4. 毛士英《对〈姚江河源考察报告〉的意见》[①]（第 5 页）：近代姚江源头在江坎头，历史上姚江源头可能就是曹娥江源头。

《中国鉴湖》第三辑，中国文史出版社 2016 年版，第 184—186 页，摘录了笔者

---

① 这是给余姚市评审会议的回执，油印本，1993 年 3 月 15 日。

1993 年 3 月 15 日写的《对〈姚江河源考察报告〉的意见》。

5. 毛士英《姚江流域规划有关问题探讨》[①]（《绍兴水利》1996 年第 4 期），其中关于姚江河源，不认可姚江河源夏家岭，列举若干数据说明源头是上虞市梁湖江坎头。

6.《上虞市水利志》（中国水利电力出版社 1997 年版，第 39 页）：姚江又名舜江、四明江、通明江。姚江上源四十里河西起梁湖镇江坎头，东至丰惠镇通明闸，全长 14 公里。……在通明坝与姚江相通。

7. 盛鸿郎、章晓东《余姚江河源辩》（《绍兴水利》1994 年第 3 期）：《会稽记》与《水经注》的记载分析，"余姚江，源出太平山，随潮至浃口入海……"。

上虞太平山直至 1960 年 8 月，为便于四明山老区的统一领导，将上虞县下管区的戴王、糜家、大王、隐地、黑龙潭、悬岩、溪山等村划归余姚县。太平山才由余姚管辖。

上虞称上虞江为舜江，余姚称余姚江为舜江，一则是两江相通，再则由于两县相传均与舜有关。

从上述坝、闸的作用来看，水流方向是清楚的。即使从现在的地形来看，如去掉堤坝及闸，曹娥江水仍可从余姚江入甬江出海。

1991 年 5 月，由上海书店出版的《浙江省名镇志》（魏桥任编委会主任），在余姚镇中有："主流姚江，发源于上虞县江坎头，由西向东流穿此镇，境内全长 4.4 千米。"

基于以上资料可以得出如下结论：

（1）根据现有地质资料看，第四系底板在四十里河段不存在今曹娥江与余姚江明显的分水岭，余姚江形成于第三次海浸之后，在海浸中及其后，今曹娥江与姚江是相通的。直至南朝浦阳江南津埭兴建后，才切断这一天然河道联系。

（2）孔灵符的《会稽记》与郦道元的《水经注》有关记载，从古籍文献上进一步证明今曹娥江与余姚江在南朝前相通。

（3）四十里河段，仅是天然河道基础上的整治，不同于一般运河的开凿。

（4）尊重历史习惯，余姚江正源为四十里河，河源为上虞江坎头。

干流始于通明闸。

如上所述，近代姚江源头应为四十里河江坎头。

8. 邱志荣主编《绍兴三江研究文集》（2016 年 1 月第一次印刷，第 334 页）：余姚江，则上虞、百楼诸山溪涧之水，合于通明而成江。

---

① 这是针对《姚江流域综合规划报告》所述有关问题的意见。

9.《绍兴市水利志》（中国水利水电出版社 2021 年版，第 194 页）：姚江又名舜江、四明江、通明江。西起上虞境内通明闸，东经安家渡，流经余姚后直抵宁波三江口。

二、姚江源头笔者的分析

从上所述，有记述姚江源位于余姚四明山夏家岭眠岗山的，也有记述姚江源位于上虞梁湖江坎头的，还有记述认为姚江和曹娥江原是同一条江，由于人类活动的影响，切断了联系之后形成了两条江，从远处说两条江实为同一个河源，从近处说切断处即为姚江河源。笔者试从现状分析，视何种说法为合理。

图 2　原通明闸址

1. 关于干流

姚江干流上虞境内西起通明闸①，东至安家渡，流经余姚后直抵宁波三江口，注入甬江出海。

1958 年涨潮可达通明坝下，说明通明闸下河段是姚江干流段。上虞虞北地区和丰惠四十里河江坎头均是姚江上游部分。而四明山夏家岭眠岗山梁弄溪溪流狭小至四明湖水库后出口是娄家河，从图 1、图 2 和表 1 看出，从四明山夏家岭出来的娄家河河道底高程高于通明闸下的姚江干流段。准确说它是姚江支流。

2. 关于河流水量

图 3 与图 4 是上虞县水利局在 1983 年进行水资源调查与区划时实测姚江干流及娄闸河河道断面。从图 3 清楚看出新江口上下游河道顺直，河宽基本一致。娄闸河在新江口右岸垂直汇入姚江。图 4 为干流上当时实测的编号 42#、46# 两断面及支流娄闸河实测的 35#、36# 两断面，四个断面尺寸列表如下。

---

① 景德年间（1004—1007）建通明闸。2008 年拆除通明闸建成通明船闸，河道改建成底宽 40 米，面宽 60 米，水深 2.5 米；原通明堰闸上河底高程 0.9 米（黄海，下同），闸下河底高程 −1.1 米。经 2008 年改造后，通明船闸下游河底高程 −2.2 米，通明船闸上游往上到华山河底高程 0.6 米，华山到梁湖镇大库船闸下游河底高程为 −0.1 米。

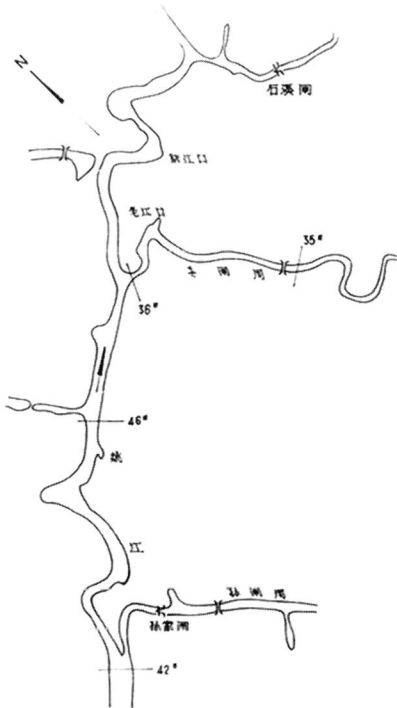

图 3　关于河流水量下方的图片

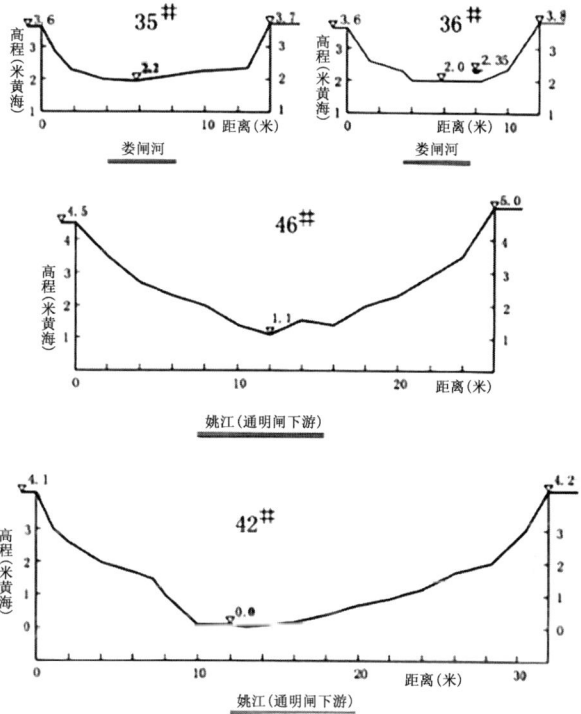

图 4　关于河流水量下方的图片

表 1　河道断面尺寸表　　　　　高程：m（黄海基面）

河流名称	编号	河岸宽	河底高程	河槽面积（m²）
姚江干流 通明江	42	31.7	0.0	101.2
	46	26.6	1.1	64.6
姚江支流 娄闸河	35	14.0	2.2	19.6
	36	12.2	2.0	18.4

由图 4 及表 1，可以看出"通明江"（即姚江干流）河道横断面比娄闸河大 3～5 倍，河面宽大 1 倍以上，河底高程也较低。由于干流河底不可能高于支流河底高程，支流流量也不会大于干流流量，断面积大的通过的流量亦大。因此，可以推断出发源于夏家岭的娄闸河是支流。

3. 关于集水面积

姚江在上虞的集水面积共有 566 平方千米，其中虞北 382 平方千米，四十里河 184 平方千米。四明山夏家岭到四明湖水库娄闸河的集水面积 116.8 平方千米，说娄闸河是主源可能性不大。

4. 关于河源

姚江古称舜江，也称余姚江。而曹娥江古称舜江，东汉汉安二年（143）为纪念孝女曹娥而改名。现在的两条江原本是一条江，关于源头姚江上游四十里河江坎头与现曹娥江仅数十米之隔。洪水时水位高于四十里河水位。北宋年间（960—1127）邑人张达创置沙湖塘[1]，建无量闸，隔断了曹娥江与姚江的联系，遇曹娥江潮水时关闭，旱则引江水注于四十里河，灌溉农田。

沙湖塘在外梁湖，距县西三十二里。宋邑人张达创置，以御娥江潮水，自西山至兰芎山麓筑塘，长三里，塘尽处，筑垾塘数十丈，建石闸一座，遇潮水泛滥，则坚闭其闸。《光绪〈上虞县志校续〉点校本》，中国文史出版社 2016 年版，第 507 页。

因此，笔者认为北宋前的姚江源头就是曹娥江源头，在磐安县尚湖镇尖公岭。北宋后的姚江源头是上虞梁湖江坎头。

5. 关于余上地势

上虞的地势高于余姚，从高于几十厘米（虞北地区）到高达 2 米（通明闸上下游）。姚江上源姚西北又称虞北（上虞的北部），1953 年建成的余上慈闸就是按上、中、下三个河区水位控制的。上、中河区在上虞境内，下河区在余姚境内。水往低处流是客观自然规律，姚江上游地区通过余上边界有 3 条河道（浦前闸、牟山闸、长坝闸）通向余姚汇入姚江。这 3 条河道可称为姚江的平原支流，它的集水面积有 382 平方千米。而从四明湖水库娄闸河下来的河道可称为姚江的山区支流，它的集水面积只有 116.8 平方千米。

姚江属平原型河流，河床平坦，集雨面积小，调蓄能力低，一遇暴雨极易内涝，多日不雨又易受旱，需外流域引水补给。余姚地势又低于上虞虞北地区，如遇大雨上虞虞北地区的河水必然流向姚江（即流向余姚），造成余姚内涝。于是产生水利纠纷，往往由浙江省水利厅出面协调甚至由浙江省政府出面协调。笔者每参加这种协调会，心情都很沉重，因为这种协调会根本不解决实际问题。仅靠余姚方向 3 座小闸控制的河道，无法排出虞北平原的大量涝水。

汛期大雨过后，笔者多次到虞北了解涝情，只见余姚和上虞边界地区的大片农田是一片汪洋，当时心情非常沉重。余姚多次提出不让上虞涝水排向余姚，甚至在其境内建闸，以阻挡上虞的涝水排向余姚。但是汛期大雨河水上涨漫过田面，从上虞田面再漫过余姚的大片农田。余上水利矛盾不断加剧，多次惊动省领导。笔者也曾多次作

---

[1] 盛鸿郎等:《余姚江河源辩》，结论（1）……直至南朝浦阳江南津埭兴建后，才切断这一天然河道联系。笔者以为这句话有待商榷，如果南朝就切断这一天然河道联系的话，北宋张达不可能创置沙湖塘；此处的浦阳江是古人将曹娥江称为浦阳江错误，如南朝谢惠连的"昨发浦阳汭"，北魏郦道元《水经注》"（浦阳江）江水东迳上虞县南"影响至今。此处的浦阳江实为曹娥江；南津埭位置在今梁湖街道的蔡（母）山头与蒋山间。

为上虞代表之一出席协调会。

我们考虑要另行再找排水出路。之后,上虞向西建了西大堤一号闸(向曹娥江排出),向北建了东进闸(三次建闸)、东港闸和海涂二号闸(向钱塘江杭州湾排出)。1991年9月1日遭遇台风暴雨,笔者在现场看到从谢塘镇岑仓闸、浦前闸的涝水不再流向余姚方向,转而向西流入东进闸排涝河道出北排入钱塘江,大大减轻了余姚的内涝压力。此后,上虞基本上解决了虞北排涝问题,也缓解了边界县市的水利矛盾。

6. 姚江上游西排工程在浙江省水利厅的关心与支持下,为了更好地减轻上虞丰惠镇和余姚的内涝压力,2019年底在上虞梁湖街道古里巷村建成的"姚江上游西排工程"开辟姚江流域向曹娥江排洪的通道(图5、图6)。自2021年6月正式运行后,有效提高了丰惠平原所在梁湖街道和丰惠镇的防涝能力,也有助于减轻余姚城区防洪压力。

图5 姚江上游西排工程入门

图6 姚江上游西排工程涝水出口

以上所述,足以说明上虞虞北和丰惠四十里河是姚江的上源。

三、结论

1. 发源于夏家岭眠岗山的梁弄溪,流经四明湖水库后的娄闸河是姚江支流,夏家岭非姚江主源发源地。

2. 姚江源头历史记述中,以河流而言要数《浙江省水利志》《浙江通志·水利志》最权威了,很遗憾这个记述有误。建议浙江省水利厅对两个河段进行河道横断面实测,进行对比分析之后相信会有不同的表述。

3. 在海侵中及其后,曹娥江与姚江是相通的。在北宋时邑人张达在梁湖江坎头西山与兰芎山间创置沙湖塘之前,是同一条江。旧江道成为运河的雏形。旧江道被整

图 7　外梁湖江坎头现状

图 8　位于江坎头之南百余米的大厍船闸

改为运河，四十里河变成了两条江的纽带，曹娥江右岸自西向东的舜江改称姚江（进口段坝头后经外梁湖移到江坎头称四十里河）。因此，北宋前姚江源头就是曹娥江源头，在磐安县尚湖镇尖公岭。北宋后的姚江源头是上虞梁湖江坎头（图 7、图 8）。

鄞西两水系的消长、替代与融合

楼稼平

（宁波市水文化研究会）

摘要： 历史上的鄞西两水系关系，即主要是它山堰、广德湖两者的关系。全文通过解读历史文献，分析两宋时期它山堰与广德湖的消长、替代与融合的原因，更指出了是历代贤宰良民智慧治水的努力成果。

鄞西两水系，指它山—鄞江之水和原注入广德湖的大雷、林村、建岙诸水。人们赋予它俩共同的水利主要任务是抗旱与排涝。广德湖被废时（1117），朝野内外似无反对声。过了15年，吏部侍郎、后知湖州的李光两次（1133年、1135年）要求调查废湖利弊，主张尽行废罢湖田。大概也就在这段时期，慈溪人、吏部郎改左司的王庭秀撰《水利议》，内有"西七乡之田，无岁不旱"之说。又过了百余年，魏岘编撰《四明它山水利备览》（1243），对南宋百年以来的西乡水系进行评价，说是广德湖水系抗旱能力弱，西乡抗旱全仗它山—鄞江之水了。这意味着到了南宋晚期，人们怀念广德湖更多的是它的抗旱能力，而经地方官民一个多世纪的努力，广德湖的抗旱角色已经由它山—鄞江之水全面替代了。至于广德湖的抗洪排涝功能，基本上由吴潜开新河（1256）、陈垲通保丰碶（1242）后，亦完成了替代。从历代方志记载看，元明清时期鄞西遭受的旱灾涝灾，大多是全局性的，它处平安而原湖区独灾的情形几乎没有。

时过境迁，人们还在念广德湖的好，还在怀楼墨庄之恨，将置南宋官民之于吾乡的万世功德于何地？

广德湖于北宋末年被废后，人们对鄞西的水系进行了艰苦而卓有成效的改造。

曾巩《广德湖记》、王庭秀《水利说》中有曰：

凡鄞之乡十有四，其东七乡之田，钱湖溉之。其西七乡之田，水注之者，则

此湖也。（曾巩《广德湖记》）

　　西南诸乡之田所恃者，广德一湖。（王庭秀《水利说》）

　　这是说，鄞西平原农田的灌溉全仗广德湖了。但事实上，曾巩、王庭秀的这个说法并不确切，就像后来魏岘所说：

　　鄞邑之西乡，所仰者，唯它山一源。（魏岘《四明它山水利备览》序）

　　也不符事实。

　　实际上，说"广德一湖"者，均主张湖不可废；而说"它山一源"者，多指治湖劳而无功，废湖有理[1]。

　　周时奋注意到鄞县西乡诸多，构成了一条宽约一公里的北西—南东走向直线地带，其北侧为广德湖旧址[2]。这说明，广德湖自始便是与小江湖有隆起地带分隔的不同水系，至少句章乡以及光同乡的西部就不是广德湖水所能顾及的。所以，说广德湖能溉鄞西七乡之田就过于托大了，尤其是时届北宋熙宁年间，它山石堰、仲夏堰已建两个多世纪，而广德湖面积却比吴越时期缩小一半，还说"水注七乡之田""所恃广德一湖"，全然不顾张峋治湖后，广德湖水不能入城中两乡（武康、东安）的频率越来越高的事实［熙宁八年（1075）、建中靖国元年（1101），崇宁二年（1103）］，实在距真相渐行渐远。

　　至于"鄞邑西乡、它山一源"云云，也过于夸张。魏岘所谓"它山之水，源深流长"，恰是宋代以来它山—鄞江水系的治理结果。"它山未堰之前，四明诸山之水多泄于江"，源固然深，而流长，则是后来凿塘河、置堰碶，逐步引水入城才达成的。但即便如此，处于西乡平原西北的桃源、清道两乡，它亦鞭长莫及。

　　实际上，它山堰与广德湖都不能片云雨鄞西、独龙行七乡。从历代人士的争论中，也能看出这一点。

　　明张发撰《鄞县水利议》中说：

　　西南诸乡，嘅自王正己臆见废广德湖，已不可复，所恃者，惟它山、桃源二水。桃源之水，时入它山，而兼利乎东南。若它山之水，则不能益西北焉，以地势西北高、东南下也。（《桃源乡志》卷六）

---

① 案：谓"熙宁以来且浚且湮，横从其亩，不待政和而遂废也明矣"，见 [元] 况逵：《丰惠庙重建记》。

② 周时奋：《小江湖考》，载《周时奋文存·故土家国》，上海社会科学院出版社 2013 年 9 月版。

这意思是说，广德湖乃至后来有源无蓄的桃源之水，可以覆盖它山水系，而它山之水却不能惠及鄞西北。这与反对废广德湖的宋代人士所依据的理由差不多："或曰：广德废湖之田，中间川渠及仲夏之港，纵横流贯，岂无大雷、林村、建岙之流，何独它山？"

对此，南宋魏岘的反诘是：

> 夫言水利者，不必言其流衍之时，而当言其旱涸之际。如流衍之时，何往无水，惟亢旱不竭，方足恃也。大雷、林村、建岙之水，山近源浅，常时与它山合流，绝无以别，稍遇旱涸，则流必先竭。至它山之水，独供输灌。以此言之，虽谓悉仰它山之水，可也。（《四明它山水利备览》卷上）

这意思是说，广德湖水系惯于锦上添花凑热闹，却难雪中送炭解真困。

据舒亶《西湖引水记》，熙宁乙卯岁（1075）大旱，小湖（即原城中双湖，日湖与月湖）涸；建中靖国元年（1101）夏秋不雨，湖又涸。而本来，小湖的水源来自广德湖，但"亢旱"之年，广德湖水系便做不到"不竭"，这看似广德湖"山近源浅"之故，但实际上却是广德湖日渐萎缩退化的后果。不得已，唐意只得通过加高它山堰堰顶高度，引水入城。这是它山之水第一次入城。这也提示，唐鄮令王君照所治小湖，原属广德湖水系，魏岘作舒文的按语中说"它山未堰之前，四明诸山之水多泄于江，水不及湖，虽修易涸"，就是这个意思。又据北宋崇宁二年（1103）杨蒙撰《重修它山堰引水记》，唐意增高它山堰顶后，"水虽暂至，二年复涸"，也就是说它山—鄞江之水，仍然断流而未入城。该年（1103），人们将它山堰再次"增卑以高"，它山之水这才入城。这之后，城中双湖的水源开始有了"双回路"的特点，保证了城市饮水的稳定供应及城内河道的畅通无阻。

广德湖被废之后，大雷、林村来水没了下游湖泊的潴蓄与调节，其凑热闹的性格更易坏事。因此，为了防止丰水期时涌入城中双湖的水仅靠"三喉"（水喉、食喉、气喉）来不及宣泄而形成城市内涝，除一路由楼异开戚浦南向导入奉化江外，陈岂、吴潜又修筑保丰碶，吴潜更在西塘河北凿出宽阔的新河，以便让大雷、林村之水尽早绕城而出、提前改道，终使豕奔狼突的潦水经保丰碶而北泄姚江；又南修郑家堰（原名郑十八郎堰，后名澄浪堰），以便自南塘河而来的过于丰沛的它山之水在进城前有泄入大江的通道。

自鄞县令张峋治广德湖（1069）到明州守楼异废湖为田（1117），间隔几近半个世纪，大湖治而小湖涸之间已显示有较为明确的因果关系，而地方官民引它山之水入城的成果也是有目共睹的，因此，楼异已经意识到它山之水具有替代广德湖而为西乡灌溉的潜质。

这应该是楼异下决心背锅时心存侥幸之所在。

事实上，是宋代广德湖功能的衰退，给唐朝它山堰提供了重出江湖、焕发活力的机会。五代时，它山堰已经"损苦不可修"。钱亿修治"存固"百余年后，宋熙宁八年（1075），鄞县知县虞大宁之所以于县西南 30 里光同乡北渡筑风㘧碶，实际上或有着替代它山堰的考虑，所谓"却暴流，纳淡潮"，卸的是建岙、上河而来的溪河暴流，纳的却是绕道奉化江下泄的它山之水（靠咸潮顶托经风㘧碶而入南塘河前港），这几乎是把农田灌溉的淡水之源由光溪口下移了约 10 公里。

真正拯救它山堰于倒悬的是宋代的唐意。1101 年，他试着加高它山堰的堰顶，竟然妙手回春且事半功倍——从来未进城中两乡的它山之水，解了一城百姓的干渴；两年后的崇宁二年（1103），百多年后的嘉定十四年（1221），人们都循着这一思路，或"累石于上"，或"增卑以高"，或"于堰上垒叠沙石""以土石增障堰上"，等等。如此数次加高堰顶，"逼使溪流尽入上河"，这不但让它山之水成为城中双湖稳定的水源，而且还有羡流输注鄞西北之田。

故而不妨说，唐时它山堰于宋代再兴，缘于广德湖的"让贤"；而广德湖所以能顺利谢幕，则是因为它山堰具备持续而强大的救场乃至顶替实力。但所有这一切，都是吾乡历代贤宰良民殚精竭虑、胼手胝足所成就的。

但我们必须注意的是，广德湖被废为田后，广德湖水系并没有消失，无非是其水体构成由溪河湖泊变而为单一的河流，并由此而带来灌溉与调蓄方式的不同。

> 当广德湖之存也，大雷山之水有所蓄。建岙之接溪流与否，不甚足轻重。……今湖既废为田，大雷山之水横穿四出，或由仲夏，或由戚浦，或由镜川，或由栎社，南向而会它山之水以入江。……吾尝谓，欲蓄大雷山之水，必于仲夏、戚浦、镜川、栎社为四堰以阻其南，而欲引它山之水，必复古小溪使通建岙，以导其西，则庶乎补救之良策也。（全祖望：《重浚古小溪港议》，载《鲒埼亭集外编》卷三十九）

楼异废湖后，有过所谓"复戚浦"的举措[①]，这实际上是废湖后首次将广德湖水系纳入它山堰水系的努力。全祖望说，此当"不以过掩功也"，诚为确论。

广德湖废为田后，对其水系的重新开发、再次利用，是吾乡南宋水利史上值得大

---

① "楼异亦复戚浦，至今城南之人祀之"，见全谢山：《广德湖田租考》，载《全祖望集汇校集注·鲒埼亭集内编（卷三十五）》。案：由地形看，说"复"，或不及"开"确切，因为戚浦河的作用，乃将原潴于广德湖的桃源之水引而向南泄入奉化江。

书特书的故事与传奇——在那一个半世纪中，人们将广德湖水系纳入了以它山堰为核心枢纽的鄞西水利体系。责楼异废湖过苛者，大多无视南宋官民对它山堰改造的非凡意义，以为唐时王元暐的它山堰自始便有"涝则七分水入于江三分入溪，旱则七分入溪三分入江"的功能，其耿耿于改湖为田后"岁被水旱之患"而至今不能自拔，实是对鄞西水利改造工程的千年功德未予起码的尊重。纵使墨庄废湖合当百世被黑，但南宋官民对它山再造之过程、之成果，绝对是不应忽视小觑的。

废湖后鄞西水系改造基本完成的标志，无疑就是月湖平桥下的水则碑。

因此，确切地说，广德湖被废后，经南宋官民的励精图治，它山—鄞江水系实现了对广德湖水系的替代，而广德湖水系也同时融入了它山堰水系。所以，到了南宋淳祐年间，便有了"一郡饮食、七乡灌溉皆仰它山之水"（魏岘《请加封善政侯申府列衔状》）、"城内外为湖为港、鄞西七乡以饮以溉，皆源于它山"（林元晋《回沙闸记》）的说法。后人不察，乃将两宋官民胼手胝足的结果误以为鄞西平原仅有它山一水的天然原始状态，由此演绎出种种附会之说。

总之，说"广德一湖"也好，道"它山一源"也罢，都不是依时间次序而展开叙事、不顾地形地貌而强解其理的说法，更直接无视人们对大自然的影响与改造的过程及其结果。宥于此一成见，当现在的人们参预广德湖兴废的历史话题时，便难免各执一端，非拾前人牙慧，即弹老生旧调。

宋代钱塘江流域的潮神、海神和龙王等信仰

徐吉军

（浙江省社会科学院）

摘要：宋代钱塘江流域灾异频发，时常对当地百姓的生命和财产等造成严重的灾害。由此，人们为了寻求躲避海溢等灾害，以求得一种心灵的慰藉和鼓舞，仍然沿袭传统，盛行祭祀潮神、海神或龙神等，寄希望借助于潮神、海神或龙神等信仰的力量保佑自己和家人的平安。这其实上是一种精神追求和心理安慰，是时代的生动反映。本文利用大量翔实的第一手史料，对宋代钱塘江流域的潮神、海神和龙王等信仰情况进行了比较全面系统的阐述，有助于人们对钱塘江文化的深入认识。

两宋时期，钱塘江流域灾异频发，时常对当地百姓的生命和财产等造成严重的灾害。由此，上至帝王，下至平民百姓，人们为了寻求躲避海溢等灾害，以求得一种心灵的慰藉和鼓舞，仍然沿袭传统，盛行祭祀潮神、海神或龙神等，寄希望借助于潮神、海神或龙神等信仰的力量保佑自己和家人的平安。这其实上是一种精神追求和心理安慰。[1] 如嘉定三年（1210）八月，由于行都"大风拔木，折禾穗，堕果实""宁宗露祷，至于丙子乃息"[2]。当然，宋代官方主持的海洋祭祀行为，尤其是帝王亲自祭祀的行为，对于安抚灾民具有巨大的心理作用。

一、潮神伍子胥信仰

伍子胥（前559—前484），名员，以封于申，也称申胥。春秋时楚国人。春秋末期吴国大夫、军事家。一生经历堪称传奇。据《史记》中记载，伍子胥的父亲伍奢

---

① 蔡少卿：《中国民间信仰的特点与社会功能——以关帝、观音和妈祖为例》，《江苏大学学报（社会科学版）》2004年第4期，第32—35页；罗春荣：《妈祖传说研究：一个海洋大国的神话》，天津古籍出版社2009年版。

② ［元］脱脱：《宋史》卷六七《五行志五》，中华书局1977年版，第5册，第1471页。

因为给楚平王进忠言，平王听信奸臣费无忌言，反而将其囚禁，费无忌又建议除掉伍奢两个儿子伍尚和伍员，认为"皆贤，不诛且为楚忧"，于是想诱擒两人，假称两个儿子的到来能挽救其父性命。伍尚为人仁义忠厚，明知是死还果断赴约。伍员为人刚戾，他说："我知往终不能全父命。然恨父召我以求生而不往，后不能雪耻，终为天下笑耳。"① 拒听平王召，并且开始了逃亡生涯。他从楚国逃到吴国，成为吴王阖闾重臣，是姑苏城（今苏州）的营造者，至今苏州有胥门。公元前506年，伍子胥协同孙武带兵攻入楚都，伍子胥掘楚平王墓，鞭尸三百，以报父兄之仇。吴国倚重伍子胥等人之谋，西破强楚、北败徐、鲁、齐，成为诸侯一霸。伍子胥曾多次劝谏吴王夫差杀越王勾践，但夫差不听。夫差急于进图中原，率大军攻齐，伍子胥再度劝谏吴王夫差暂不攻齐而先灭越，但吴王夫差听信伯嚭的谗言，不再听信伍子胥的建议，怀疑他私通齐国，并赐宝剑给伍子胥令其自尽。伍子胥临终时，在愤恨之余，向其子留下遗言："悬吾首于南门，以观越兵来；以鲗鱼皮裹吾尸，投于江中，吾当朝暮乘潮，以观吴之败。"② 夫差听说后非常生气，"乃取子胥尸盛以鸱夷革，浮之江中"③。相传伍子胥因不满吴王对自己的不信任和迫害，死后化作"潮神"，肆虐于钱塘江两岸地区，以宣泄其怨愤。伍子胥的尸体漂浮在江中不沉，似有无数怨恨无处诉说，"随流扬波，依潮来往，荡激崩岸"④。"自是自海门山，潮头汹高数百尺，越钱塘渔浦，方渐低小。朝暮再来，其声震怒，雷奔电走百余里，时有见子胥乘素车白马在潮头之中，因立庙以祀焉。……俗云：与钱塘潮水相应焉。"可以认为，战国时伍子胥死而不亡已是普遍认识，而与江潮相关，当也是顺理成章之事。正因为如此，钱塘江边的居民为其修祠，尊伍子胥为潮神，加以供奉祭祀。"吴人怜之，为立祠于江上，因命曰胥山"⑤。今天嘉兴境内就有一小山丘，名曰"胥山"，相传曾有伍子胥的墓和祠。当然，伍子胥化成"潮神"这一现象并非在他死后马上就有的，这是民间一步步加工的结果。在被抛尸400余年后，《越绝书》上出现了神化他的文字："（吴）王使人捐于大江口。勇士执之，乃有遗响，发愤驰腾，气若奔马；威凌万物，归神大海。仿佛之间，音兆常在。后世称述，盖子胥水仙也。"⑥ 而在《吴越春秋》一书中，则又有两处更加清楚地提到了这种信仰。其书卷五《夫差内传》云：伍子胥死后，"因随流扬波，依潮来往，荡激崩岸"。卷十《勾践伐吴外传》则说，文种死后，"葬一年，伍子胥从海上穿

---

① ［汉］司马迁：《史记》卷六六《伍子胥列传》，中华书局1959年版，第7册，第2172页。

② 《太平广记》卷二九一，中华书局1961年版，第6册，第2315页。

③ 《史记》卷六六《伍子胥列传》记载很详细："乃自刭死。吴王闻之大怒，乃取子胥尸盛以鸱夷革，浮之江中。吴人怜之，为立祠于江上，因命曰胥山。"中华书局1959年版，第7册，第2180页。

④ ［汉］赵晔：《吴越春秋》卷五《夫差内传》，江苏古籍出版社1986年版，第66页。

⑤ 《史记》卷六六《伍子胥列传》，中华书局1959年版，第7册，第2180页。

⑥ 《越绝书》卷一四《越绝德序外传记》，上海古籍出版社1985年版，第102页。

山胁而持种去，与之俱浮于海。故前潮水潘候者，伍子胥也；后重水者，大夫种也"。都强调了伍子胥死后为神，并且与"潮"相关。同时代的王充在《论衡·书虚篇》里也有提到"潮神信仰"："吴王夫差杀伍子胥，煮之于镬，乃以鸱夷橐投之于江。子胥恚恨，驱水为涛，以溺杀人。今时会稽、丹徒大江，钱唐浙江，皆立子胥之庙。盖欲慰其恨心，止其猛涛也。夫言吴王杀子胥，投之于江，实也；言其恨恚驱水为涛者，虚也。"可见东汉时期的吴越人民已经把伍子胥的冤死当成是江潮起源的原因了。今人刘传武等认为这是"第一次把伍子胥上升到'神'的位置，实为潮神之滥觞"[1]。在随后的朝代里，这个故事进一步发酵和发展，出现了很多把伍子胥和钱江潮联系起来的记载。如唐代白居易就留有"涛声夜入伍员庙，柳色春藏苏小家"的诗句。

宋代潮神信仰，主要为朝廷承认的伍子胥信仰。其中，杭州吴山有伍公庙，又称伍相祠、忠清庙、吴行人伍员祠、英卫公庙等，在伍公山东端山巅，西侧为海会寺遗址，东面山麓连接鼓楼。宋潜说友《咸淳临安志》载：

> 忠清庙，在吴山。神伍氏名员。……国朝载在祀典，雍熙二年四月，诏重建庙；大中祥符五年，朝廷以海潮大溢冲激州城，诏本州每岁春秋醮祭，学士院撰青祠。其年赐"忠清庙"额，封英烈王。九年，以马亮知杭州，诏问捍江之策，亮至祷于祠下，明日潮杀又出横沙数里，堤岸乃成。政和六年，加封威显。庙毁于建炎兵火，兴于绍兴二十二年；至三十年，加封忠壮。乾道五年十月，周安抚淙重修。庆元五年至嘉定十七年，累封为忠武英烈威德显圣王。绍定四年，庙再毁，有旨赐缗钱重建。嘉熙三年，赵安抚与懽又易而新之。旧有星宿阁，至是阁成，撼"英卫"二字以名。理宗皇帝亲洒宸翰赐焉。宝祐元年又毁；二年，颜安抚颐仲又建，移英卫阁于正殿之后。咸淳四年五月，积雨廊庑坏，安抚潜说友重行修治，视旧增壮。其封爵自嘉熙至今，累改为忠武英烈显圣安福王。[2]

据此可知，忠清庙（亦称中兴观）于北宋雍熙二年（985）四月诏令重建庙宇。大中祥符五年（1012）五月，宋真宗赐"忠清庙"额，封英烈，诏令杭州吴山庙春秋建道场，诏曰："杭州吴山庙神，实主洪涛，书书往册。顷者，湍流暴作，间井为忧。致祷之初，厥应如响。御灾捍患，神实能之。用竭精衷，有如常祀。庶凭诚感，永庇吾民。宜令本州岛每岁春秋建道场三昼夜，罢日设醮。其青词，学士院前一月降付。"[3]

① 刘传武、何剑叶：《潮神考论》，《东南文化》1996 年第 4 期。

② ［宋］潜说友：《咸淳临安志》卷七一《祠祀一·土神》，《宋元方志丛刊》本，中华书局 1990 年版，第 4 册，第 3995—3996 页。

③ ［宋］潜说友：《咸淳临安志》卷四〇《诏令一》，《宋元方志丛刊》本，第 4 册，第 3720 页。

后毁，嘉祐七年（1062）太守沈遘重修。王安石《重建忠清庙记》记载了吴山伍子胥庙的兴废和重建过程：

> 观子胥出死亡逋窜之中，以客寄之身，卒以说吴折不测之楚，仇报耻雪，名震天下，岂不壮哉！及其危疑之际，能自慷慨不顾，万死毕谏于所事。此其志，与夫自恕以偷一时之利者，异也！孔子论古之士大夫，若管夷吾、臧武仲之属，苟志于善，而有补于当世者，咸不废也。然则子胥之义，又曷可少耶？康定二年，余过所谓胥山者，周行庙庭，叹吴亡千有余年，事之兴坏废革者不可胜数，独子胥之祠不徙不绝，何其盛也！岂独神之事，吴之所以！盖亦子胥之节，有以动后世，而爱尤在于吴也。后九年，乐安蒋公为杭使，其州人力而新之，临川王安石与之铭。曰："烈烈子胥，发节穷逋。遂为册臣，奋不图躯。谏合谋行，隆隆之吴。厥发不遂，邑都俄墟。以智死昏，忠则有余。胥山之巅，殿屋渠渠。千载之祠，如祠之初。孰作新之？民欢而趋。惟忠肆怀，维孝肆孚。我铭祠庭，示后不诬。"①

其弟王安国也撰有《忠清庙记》：

> 胥山庙者，吴人奉事盖已千百余年。至于今，天子命祀，而吏之岁时祈祝，未尝懈也。嘉熙七年，长兴沈公作藩于杭，政已大成，下畏以爱。既而雨旸，或愆躬祷于庙，仍岁大熟，于是邦人皆以为神之赐也。乃相与告于公曰："愿治庙屋，以妥神灵。"公既乐诏教之施能媚于民，而又嘉民之不忘神惠而思为报也，故听之。八年六月，庙成。公遂祭享，耆稚嗟叹，咸愿刻石以诗题之，而使人来请辞于临川王安国，乃作辞曰："维此勾吴，泰伯肇居。其后绵绵，享有邑都。阖闾夫差，力欲图霸。有臣子胥，材实刚者。报楚入郢，遂栖越君。使国为雄，我志获伸。彼何宰嚭，冒货奸宄。我愤于忠，国亦随毁。武林之墟，胥山之冈。立庙以祀，民思不忘。既历年久，报事不懈。以迄于今，帝遣祈拜。公作邦伯，实治庙民。每祝必诚，获应于神。卒是逾岁，风雨顺节。谓非神休，有或菑孽。人乃告公，庙屋将倾。愿易而新，不戒遽成。严严之堂，有翼其庑。凭依之威，观者俯偻。众曰讫事，公即大祭。宾赞肃虔，鼓箫喧沸。豕羊具肥，桂酒香醇。神顾享之，醉饱欣欣。众愿具石，刻载厥美。系之铭诗，庸告无止。"②

---

① ［宋］潜说友：《咸淳临安志》卷七一《祠祀一·忠清庙》，《宋元方志丛刊》本，第4册，第3996页。
② ［宋］潜说友：《咸淳临安志》卷七一《祠祀一·忠清庙》，《宋元方志丛刊》本，第4册，第3996页。

大中祥符五年（1012）夏，海潮大溢，江涛毁岸，冲激杭城。北宋朝廷派内侍到杭州吴山庙祭祀涛神，据说这么一祭，果然"涛势骤息"①。并诏每岁春秋醮祭，赐"忠清庙"额，封英烈。大中祥符九年（1016），马亮知杭州，祷于祠下。据说这么一祭，果然非常灵验，"涛势骤息"。明日，潮杀，又出横沙数里，堤岸乃成。政和六年（1116），加封"威显"。在《吴山伍公庙志》中，收录了不少这样的祭文，其中苏轼的祭文就有五篇。米芾咏潮诗云：

> 怒气号声逆海门，州人传是子胥魂。
> 天排云阵千家吼，地拥银山万马奔。
> 势与月轮齐朔望，信如壶漏报晨昏。
> 吴亡越霸成何事？一唱渔歌过远村。②

　　除官方外，钱塘江两岸百姓也一直是把伍子胥奉为"潮神"，宋代著作《锦绣万花谷》对这一传说表述得更为直接："子胥乘素车为潮神。"③

　　南宋时，人们仍推伍子胥为第一位潮神，且多至吴山上的伍子胥庙中祭祀他。据叶绍翁《四朝闻见录》载："显仁太后龙輴将渡会稽，上圣孝出于天性，预恐风涛为孽，遥于宫中默祷忠清庙。及篙御既戒，浪平如席，上命词臣行制词以封之曰：'追惟文母，将祔裕陵；閟殿告成，容车将发。奈以大江之阻，具形群辟之忧；既竭予诚，亟孚神听。某王一节甚伟，千古如存。帖然风涛，既赖幽冥之相；焕乎天宠，用昭崇极之恩。尚绥予四方之民，以绵尔百世之祀，可特封忠壮英烈威显王。'盖于旧号四字上加'忠壮'二字。"④又，元刘一清《钱塘遗事》卷一《伍子胥庙》载："庙在吴山头，其下当御路，名朝天门。理宗辛卯，庙遭回禄后，赐缗钱二万三千，重建旧址。殿讲陈公益作记，其略曰：'吴山庙者，春秋伍大夫之庙也。……自春秋至皇宋，千有余年，景象楛传。'理宗赐额'忠清'，又建阁于门之上，御书'英卫之阁'以扁之。每岁春秋醮祭，命学士院降付青词。宝祐癸丑再火，而此碑亦不存矣。谓金石之文终久不磨，亦无是理也。"据上可知，忠清庙在杭州吴山，其神姓伍名员，为楚大夫奢之子，自唐立祠，至宋一直祭祀。每年钱塘江海潮大溢，冲激府城，春秋醮祭，诏命学士院撰青词以祈国泰民安，累赐美号曰"忠武英烈显圣安福王"。

---

① ［元］马端临《文献通考》卷九〇《郊社考二三·杂祠淫祠》云："杭州吴山庙，即涛神也。大中祥符五年夏，江涛毁岸。遣内侍白崇庆致祭，涛势骤息。五月，诏封神为英烈王，令本州每春秋二仲就庙建道场三昼夜，及以素馔祠神。"中华书局1986年版，上册，第823页。
② ［明］顾元庆《夷白斋诗话》，《历代诗话》（下），中华书局1981年版，第796页。
③ ［宋］无名氏：《锦绣万花谷》卷五，上海古籍出版社1991年版，第58页。
④ ［宋］叶绍翁：《四朝闻见录》甲集《忠清庙制词》，中华书局1989年版，第33页。

二、潮王石瑰信仰

潮王庙，宋代名石姥祠，在杭州得胜桥西。祀唐代石瑰。僧诚道原《潮王庙记》对其有非常详细的叙述：

> 按晏殊《舆地志》，古有石姥祠，旧碣载石姓瑰名，生于唐长庆三年。钱塘古称涛江，民苦潮害，王奋力筑堤以捍水势，祁寒剧暑不辍，功未就，竟死于潮，后为神。咸通中，官为立庙，封潮王。宋宣和间，睦寇犯顺，时朝廷以韩世忠御敌，阴云四合，闻空中叱咤声，仰见旗帜书石姥潮王之号，军士奋勇，大破寇兵。嘉熙间，潮水复作，溃堤触岸，漂荡民居，人力不能御。京尹赵公与蠡躬祷祠下，潮复故道。有司上其事，加封显德忠惠王。皇庆二年，主僧宗礼率其徒，即寺创毗卢阁。庙之北，河路当冲要，民以为艰，乃竭己帑，合众助梁以巨石，修广砥平，今咸以为便。礼尝谓余曰："闻耆宿言：'昔迁寺建仓时，旧碣仆于基，五六年未及异置。'而吏曹之后至者，见所述，疑故遗以蓄，乃阴碎其石。迄于今，未有记神之勋业。虽见于志书，又略虑久而泯焉。幸铭之，以补其阙文。"余谓："古者御灾捍患，有功生民则祀之。神勇于义，捐躯救民，功可谓烈矣！去之五六百年，聪明精爽，凛然如生，水旱疾疫，祷之辄应，庙食以享，其报宜矣！"谨撼其事书于石，复系之诗云。[1]

据上所述，可知石瑰为唐代杭州人，生于唐朝长庆三年（823）。生而灵异，致富发家。唐穆宗长庆年间（821—824），杭城钱塘江江水汹涌，经常风怒湍急，严重危害沿江百姓的安全。石瑰挺身而出，捐献全部家产，不分寒暑奋力筑堤以捍海潮，功未就，竟死于潮水中。咸通中，官府有感于石瑰的精神，朝廷封石瑰为潮王。宋宣和年间（1119—1125），传说韩世忠帅兵御敌，见空中旗帜书"石姥潮王"之号，因奋勇大破方腊义军。嘉熙年间，潮水溃堤，漂没民居，人力莫能御。京尹赵与蠡躬祷祠下，潮复故道，事闻于朝，加封显德忠惠王。后潮王庙为释氏所有，在其基础上改建为昭化寺，而潮王庙附属在寺内。

三、潮神张夏祭拜

除了祭祀伍子胥外，时人也把张夏当潮神祭拜，但其影响远不及前者。

张夏，《宋史》无传，《续资治通鉴长编》亦不记此事。从文献记载来看，其生

---

[1] ［清］翟均廉：《海塘录》卷一二《祠祀二·顺济庙》，《钱塘江文献集成》第 2 册，杭州出版社 2014 年版，第 193—194 页。

卒年不详，字伯起，祖籍开封府雍丘县（今河南杞县）^①。其父张亮曾为五代吴越国刑部尚书。北宋太宗太平兴国至至道年间（976—997）进士，天圣年间（1023—1032）为太常博士，后升迁为开封府推官、泗州知州。时泗州大水，田宅被淹，张夏募民修建堤塘，疏导河渠，以减轻灾害。仁宗景祐年间（1034—1038）以工部郎中出任两浙转运使。^②

张夏治水惠泽百姓，保护了杭州人民的生命和财产安全，所以在他去世后，杭州百姓为纪念他的治水功绩，尊称其为护堤侯张夏相公，并在各地建立了多处祠庙。

庆历二年（1042），杭州人怀念张夏之功，在候潮门外江干浑水闸东钱塘江江堤上建庙立祠，即张夏祠、张司封祠或张兵部祠，土人称张司封庙。^③王安石曾至此瞻仰，其《张工部庙》诗赞道："使节纷纷下禁中，几人曾到此城东。独君遗像今如在，庙食真须德与功。"^④嘉祐六年（1061）十月，朝廷为嘉奖其治水功绩，褒赠太常少卿；徽宗政和二年（1112）八月，朝廷首次授予张夏神"宁江侯"的封号；大观二年，因高丽人使渡江，潮水不登，江心沙涨，祈祷感应，改封"安济公"，并赐"昭贶"庙额。宣和年间（1119—1125），杭人又在荐桥外马婆巷又建有安济庙（俗名祖庙，又名太平院）。绍兴十四年（1144）十月，加封灵感安济顺应公。^⑤南宋叶绍翁《四朝闻见录》甲集《张司封庙》对此做了详细的考证与记录："庙号昭贶，即景祐中尚书兵部郎张公夏也。（原注：或作'兵部史'。碑又作'太常'。祀典作'工部员外'，俗呼'司封'。）夏字伯起，景祐中出为两浙转运使。杭州江岸，率用薪土，潮水冲击，不过三岁辄坏。夏令作石堤一十二里，以防江潮之害。既成，州人感夏之功，庆历中立庙于堤上。嘉祐六年十月，赠太常少卿。政和二年八月，封宁江侯，改封安济公，并赐今额。绍熙十四年，增'灵感'字。绍兴三十年，增'顺济'字。予

---

① 清翟均廉谨案："萧山县有长山有英济侯庙，旧称护堤侯庙，宋建以祀漕运张行六五者，俗呼张老相公。考王多吉集《张氏先茔碑记》云：'吴越王时，刑部尚书张亮，厥后一传护堤侯十一税院，袭为长山海神。'则所谓六五者，即指十一言也。《郡志》以为六五即张夏，然夏封宁江侯，改安济公，而六五于明天启时封灵应英济侯，庙号不符。今海宁之庙，亦称英济，与长山神同号，其谓捍沙王为萧山布衣者，与萧山护堤侯事亦相类，姑标识之，以待稽考。"（《海塘录》卷一二《祠祀二·顺济庙》，《钱塘江文献集成》第2册，杭州出版社2014年版，第196页）清乾隆《萧山县志》卷二三《人物》载："张夏，行六五，萧山人。……杭州江岸率用薪土，潮水冲激，不过三载辄坏。公乃作石堤十二里，以防江潮之患。既成，人感德不朽。"

② ［明］郎瑛《七修类稿》卷二八《辩证类·张司封》："正史作兵部郎，由前为兵部郎也；旧碑作张太常，由后嘉祐又有功而赠为太常少卿也；宋祠典作工部夏员外，讹也；俗呼司封，以其有功授司封郎中也，其称谓不同如此。"（上海书店出版社2009年版，第299页）

③ ［宋］施谔：《淳祐临安志》卷一〇《山川·江》，载《南宋临安两志》，浙江人民出版社1983年版，第183页。

④ ［宋］王安石：《临川文集》卷三四《张工部庙》，文渊阁《四库全书》本。

⑤ 《宋史》卷九七《河渠志七》，第2396页；另从［宋］李焘《续资治通鉴长编》卷一九五"宋仁宗嘉祐六年十月辛巳"条权御史中丞王畴言可知，早在嘉祐六年（1061）之前已有人在杭州为张夏立祠纪功。

以本末考之，初无神怪之事。今临安相传，以伯起治潮三年，莫得其要领，不胜厄愤，尽抱所书牍自赴于江，上诉于帝，后寓于梦，继是修江者方得其说，堤成而潮亦退，盖真野人语也。江之所恃者堤，安有伯起不知以石代薪土之便，功未及成，效匹夫沟渎之为？此身不存而凭虚忽之梦以告来者，万一不用其梦，患当如何？是尚得生名之智、殁谓之神乎？沿江十二里，要是上至六和塔，下至东青门，正觇所筑堤。今顾诿之钱王，则尤缪矣。"①

此后，钱塘江流域的百姓为了纪念张夏，将其神格化，成为两浙路百姓所信仰的潮神——张夏神，其影响也越来越大。累封公侯之爵，次锡以王爵。绍兴十四年（1144）增"灵感"字，绍兴三十年增"顺济"字。到了南宋末年，其封号已被加封为"灵济显佑威烈安顺王"②。诚如《梦粱录》所载："累封公侯之爵，次锡以王爵，加美号曰灵济显佑威烈安顺王。祠之左右，奉十潮神。"③其在行都临安除在浑水闸东江塘上有昭贶庙外，又有行祠在马婆巷，名安济庙。作为神灵，张夏得到了最高、最恩宠的封号八字王，其左右两侧供奉着十位潮神作为佐神，显示了其作为中心神灵的影响力。这种信仰一直延至明清时期。④

四、海神妈祖信仰

相传，圣妃原为五代时闽王统军兵马使、莆田人林愿的第六个女儿林默，福建莆阳湄洲岛人。一般认为她生于宋太祖建隆元年（960），卒于宋太宗雍熙四年（987）。⑤史载她生而神异，能自少年时便能"知人祸福"，是当地知名的巫女。此女不仅好施

① ［明］郎瑛《七修类稿》卷二八《辩证类·张司封》："今庙中之碑作真宗时出为运使治塘，天圣间石塘又坏，运使田公、知府杨公率僚属祠公堤上，功成，赠太常官，封宁江侯则庆历年也。至大观改元封安济，不知何据？予意叶绍翁之作《四朝录》尚近当时，所考必精，今庙之文恐亦传讹。且真宗时已封既筑，何数年之后田公、杨公又为筑？既曰石塘复坏于天圣，何至庆历之时称有功？朝命赠官封爵时之相去又远矣。若夫《四朝录》以为作堤十二里，碑文曰四千六百四十丈，此则量约之数同也。但江塘有三十里之远，而二文皆不言所修之处，予意必自司封庙地下至庆春门。盖今自候潮门内以北一带街坊土地皆安济之庙，必当时沿江小民，亦各立祠以祀，盖此街原系城外沿江之地。且庆春以北又为新塘，乃国朝之筑，而钱氏之筑想皆通塘之地矣，或岁久而中之一已坏，乃改为昭贶之再筑，余者或修或增，不至大坏而为功之易耳。予尝见杭志祀典，于昭贶之下欠载碑文，因留心以考之，故略言于右。"（上海书店出版社2009年版，第299页）《宋会要辑稿》礼二〇《山川祠》。

② 《咸淳临安志》卷七二《祠祀二·仕贤·昭贶庙》，《宋元方志丛刊》本，第4册，第4006页。

③ ［宋］吴自牧：《梦粱录》卷一四《仕贤祠》，浙江人民出版社1984年版，第127页。

④ 朱海滨：《潮神崇拜与钱塘江沿岸低地开发——以张夏神为中心》，《历史地理》2015年第1辑，第231—247页。

⑤ 关于圣妃的生卒年，福建历代志书说法不一，人们的看法不尽相同。其生年，有五代闽王说、北宋建隆元年说、太平兴国四年说、元祐八年说等；其卒年，有北宋雍熙四年说、景德三年说。明人张燮在《东西洋考》一书中，曾将诸说汇集于一起。当代学者大多主张建隆元年生、雍熙四年卒之说。参见朱天顺：《关于妈祖生卒时间之管见》，《妈祖研究论文集》，鹭江出版社1989年版。

济困，还能乘席渡海、知人祸福、预测海洋气象，被人称为"通贤神女""龙女""神女"，渔民和商人很依赖和信奉她。林默三十岁死后，常穿红衣现身于海上，搭救受难海上的船只和海员。因此，人们纷纷建庙立祠祭祀她。[1]如洪迈《夷坚支志》"林夫人庙"记载："兴化军境内地名海口，旧有林夫人庙，莫知何年所立。室宇不甚广大，而灵异素著。凡贾客入海，必致祷祠下，求杯珓，祈阴护，乃敢行。盖尝有至大洋，遇恶风而遥望百拜乞怜，见神出现于樯竿者。"[2]

圣妃信仰在北宋沿海的兴起和发展，离不开两个群体的努力，即海商和士绅。湄洲岛所在的湄洲湾有多重岛屿屏护，外周山丘环绕，因此成为深水避风港。众多途经湄洲岛的商人，便成为圣妃信仰最好的传播者。

圣妃虽不属于道教神灵，但其在宋时的受封情况基本上按照对道教诸神的封爵形式。据时人廖鹏飞记载：

> 给事中路允迪出使高丽，道东海，值风浪震荡，舳舻相冲者八，而覆溺者七，独公所乘舟，有女神登樯竿为旋舞状，俄获安济。因诘于众，时同事者保义郎李振，素奉圣墩之神，具道其详。还，奏诸朝，诏以"顺济"为庙额。[3]

这次路允迪等人出使高丽，是在宋徽宗宣和五年（1123）。湄洲女神因庇佑路允迪平安出使，其祖庙遂由朝廷赐号为"顺济庙"。《宋会要辑稿》礼二〇"神女祠"条载："莆田县有神女祠，徽宗宣和五年八月赐额顺济。"[4]这是宋政府第一次封赐湄洲神女，表明官方首次正式承认湄洲神女，使其从地方小神上升为国家正祀，完成身份的转变。此后，妈祖信仰的神位越来越高。宋代政府通过降旨不断升格，影响力越来也大，使得天后宫和妈祖庙在沿海地区遍布，两浙路沿海地区的渔民和商人等就是如此，人们普遍信仰海神妈祖，崇拜圣妃，以祈求航海平安。

宋室南渡后，官方对湄洲神女的赐封日益频繁。宋高宗绍兴二十六年（1156），宋廷举行郊典，祭拜四方山川诸神，湄洲神女也被列入祭祀范畴，并赐封为"灵惠夫人"。此后，随着湄洲神女一次次所谓的"显灵"，其封号越来越多，级别也越来越高。"逾年，江口又有祠，祠立二年，海寇凭陵，效灵空中，风撷而去。州上厥事，加封'昭应'。其年，白湖童邵一夕神指为祠处，丞相正献陈公俊卿闻之，乃以地券

① ［宋］丁伯桂：《艮山顺济圣妃庙记》，《咸淳临安志》卷七三《祠祀三》，《宋元方志丛刊》本，第4册，第4014页；黄岩孙：《（宝祐）仙溪志》卷三《祠庙》，《宋元方志丛刊》本，第8309页。

② ［宋］洪迈：《夷坚志》支景卷九《林夫人庙》，中华书局1981年版，第950—951页。

③ 郑振满、丁荷生编：《福建宗教碑铭汇编》，福建人民出版社1995年版，第16页。

④ ［清］徐松辑：《宋会要辑稿》礼二〇之六，中华书局1997年版，第795页。

奉神立祠，于是白湖又有祠。时疫，神降且曰：'去潮丈许，脉有甘泉，我为郡民续命于命，饮斯泉者立痊。'掘泥坎，甘泉涌出，请者络绎，朝钦夕愈。甃为井，号'圣泉'。郡发闻，加封'崇福'。越十有九载，福兴都巡检使妆特立捕寇舟，遥祷响应，上其事，加封'善利'。淳熙甲辰民灾，葛侯郛祷之；丁未旱，朱侯学祷之；庚戌夏旱，赵侯彦励祷之。随祷随答，累其状闻于两朝，易爵以妃，号'惠灵'。"①

宋光宗绍熙三年（1192）夏，旱，赵彦励祷之，随祷随答。累其状闻于两朝，易爵以妃，晋封湄洲神女为灵惠妃。"庆元戊午，瓯闽列郡苦雨，莆三邑有请于神，获开霁，岁事以丰。朝家调发闽禺舟师平大溪寇，神著厥灵，雾瘴四塞，我明彼晦，一扫而灭。形神丙寅，金寇淮甸，郡遣戍兵载神香火以行，一战花黶镇，再战紫金山，三战解合肥之围，神以身显云中，著旗帜，军士勇张，凯奏以还。莆之水市，瘾风弥旬，南舟不至，神为反风，人免艰食。海寇入境，将掠乡井，神为胶舟，悉就擒获。积此灵贶，郡国部使者陆续奏闻，庆元四年加'助顺'之号，嘉定元年加'显卫'之号，十年加'英烈'之号。威德无穷，典实有限，不极不止。神虽莆神，所福遍宇内，故凡潮迎汐送，以神为心；回南簸北，以神为信；边防里捍，以神为命；商贩不问食货之低昂，惟神是听。"②宋理宗嘉熙三年（1239）起，南宋政府对圣妃的褒封从莆田转移到临安，改封为灵惠妃。史载："嘉熙三年，以钱塘潮决堤至艮山祠，若有限而退，封灵惠助顺显卫英烈嘉应妃。"③对此，时人刘克庄有进一步介绍：

> 非但莆人敬事，余北游边，南使粤，见口楚、番禺之人，祀妃尤谨，而都人亦然。海潮啮堤，声撼行阙，官投璧马不验，冲决至艮山祠，若为万弩射回者，天子惊异，锡妃嘉号，特书不一，书今为"灵惠嘉应协正善庆妃"。④

钱塘江大潮对堤坝的破坏性极大。海潮冲垮大堤，声势震彻城中宫阙。即使是官投璧马，也毫无作用。但这汹涌的大潮至艮山祠，却如强弩回弓之势，潮水回卷。时人惊异，以为圣妃显灵，挡住了大潮，故宋理宗再赐"嘉应"封号。至此，圣妃的神力加强，除具有海神外，还兼有潮神的作用，两者合为一体了。宋度宗开庆元年（1259），宋朝廷最后一次赐封湄洲神女，进号"显济妃"。照乘《天妃显圣录》载：

① ［宋］丁伯桂：《艮山顺济圣妃庙记》，《咸淳临安志》卷七三《祠祀三》，《宋元方志丛刊》本，第4册，第4014页。
② ［宋］丁伯桂：《艮山顺济圣妃庙记》，《咸淳临安志》卷七三《祠祀三》，《宋元方志丛刊》本，第4册，第4014页。
③ ［宋］程端学：《积斋集》卷四《灵济庙事迹记》，文渊阁《四库全书》本。
④ ［宋］刘克庄：《后村先生大全集》卷一一《风亭新建妃庙》，《四部丛刊》本。

开庆改元，岁在己未。陈长五兄弟纵横海上，去来于兴、泉、漳之间，杀掠逞凶，家无安堵。三郡大困，请命于神。郡守徐公梦神示之曰："当殄此贼，以靖地方。"徐公素敬信神妃，即率寨官石玉等励兵备之……越八月，贼三舟入湄岛，将屠掠蓼禧，祷于神，弗允……悖慢不敬。俄有火焚其身，肉绽皮烂，痛楚哀呼。贼大惧……神起顺风，诱之出港，忽天日晦冥，大雨骤至。……宪使王镕曰："此神授也，逆贼当歼灭矣！"挥兵急击，贼奔溃……徐公具陈神妃庇助之功，宪使奏上天子，敕议典礼，进封"显济妃"，两司捐万楮助修宫殿，以报神贶。①

经过多次册封，原本的湄洲巫女已加号"灵惠助顺显卫英烈嘉应英烈协正慈济善庆显济妃"，成为国之神灵。

在多种因素的推动下，圣妃信仰自湄洲岛兴起后不断发展，并逐渐向其他地区传播。渔民和海商面对凶险迭生的大海，在防备措施有限的情况下，能够保生谋利是很重要的，故对"灵验"的神女自然加以信奉，满足其谋求心灵安全的需求。正如丁伯桂所言："莆神所福遍宇内，故凡潮迎汐送，以神为心；回南簸北，以神为信；边防里捍，以神为命；商贩者不问食货之低昂，惟神之听。"②因此，到南宋时期，"神之祠不独盛于莆，闽广、江浙、淮甸皆祠也"③。这当中，最为活跃的当推都城临安（今杭州）。据吴自牧《梦粱录》载：

> 顺济圣妃庙，在艮山门外。又，行祠在城南萧公松桥及候潮门外瓶场河下市舶司侧。……其妃之灵者，多于海洋之中佑护船舶，其功甚大，民之疾苦悉赖骈幪。④

从这些记载可以看出，到南宋中后期，临安除艮山门外的顺济圣妃庙，还有4所圣妃行祠，而且因十分灵验，庇护海舶，"其功甚大"，乃至"民之疾苦悉赖骈幪"，故为备受人们的尊崇，民众信仰之风聿盛。

临安艮山门外的顺济圣妃庙，其始建和扩建情况在丁伯桂所撰的《艮山顺济圣妃庙记》中有详细的描述：

① 照乘等编：《天妃显圣录》，《台湾文献丛刊》本，1987年版，第33页。
② [宋]丁伯桂：《艮山顺济圣妃庙记》，《咸淳临安志》卷七三《祠祀三》，第4册，第4015页。
③ [宋]丁伯桂：《艮山顺济圣妃庙记》，《咸淳临安志》卷七三《祠祀三》，第4册，第4015页。
④ [宋]吴自牧：《梦粱录》卷一四《外郡行祠》，浙江人民出版社1980年版，第131页。

　　艮山之祠，旧传监丞商公份、尉崇德日感梦而建。祠临江浒，前有石桥，经久摧剥。……开禧年间，始建殿阁，地褊且陋，观瞻未称。岁在丁亥，某调郡，陛辞，偶叨留行，因白夕郎陈公卓，割廪钱为倡，贻书乡之持麾节者咸遣助。乡之士友与都人知敬福者，竭力效奔走，不避寒暑，随丰俭捐金钱。……祠成，乡人合祠，谂某为述颠末。[①]

　　《艮山顺济圣妃庙记》中提到的商份，字符质，一作字元质，福建福清人，南宋绍兴三十年（1160）庚辰梁克家榜进士。官大理寺寺丞。他因有感于湄洲神女之梦而在临安建立祠庙，显然商份也是神女的信奉者。宝庆三年（丁亥，1227），又在兴化军莆田人丁伯桂和陈公卓倡导下，乡之士友及在临安信奉神女之人共同捐钱出力，协力扩建圣妃庙。[②]

　　此外，淳祐十二年（1252）在都城东青门外太平桥之东建海神坛。时有旨："中兴以来，依海建都，宜以海神为大祀，卜太常议礼。"诏守臣马光祖建殿望祭，自宝祐元年（1253）始，岁以春秋二仲，遣从官行事祭祀[③]。

五、大禹信仰

　　水神的代表是与五岳对称的四渎、四海之神。为表示敬仰有加，宋仁宗康定元年（1040）封渎神为王。祭祀时不分方位，而将之固定立庙，定时进行：立春日祀淮渎庙于唐州；立夏日祀江渎庙于成都；立秋日祀河渎庙于河中府；立冬日祀济渎庙于孟州。四渎之中，以黄河神最为尊贵。宋朝封之为"显圣灵源王"。与四渎相应的四海之神，其驻跸之地也在宋代渐渐定位，并被封以王爵。每逢水旱灾害，皇帝颁诏祈请祝文，往往将四渎与五岳并称；沿岸居民、渔民、船夫和商旅，更是有事无事都要祭祀拜谒，以保平安。

　　大禹因治水有功而万世流芳。乾德四年（966）九月丙午，宋太祖诏吴越王钱俶立禹庙于会稽。恢复会稽县（今绍兴）五户，管理禹冢，禁止百姓在禹冢内砍柴，春秋二季祠以太牢。[④]乾德五年（967）二月壬申，宋太祖敕祀禹祠于会稽。[⑤]

　　祭大禹风俗，以绍兴最为盛行。《嘉泰会稽志》卷一三《节序》载："三月五日，

---

　　① ［宋］丁伯桂：《艮山顺济圣妃庙记》，《咸淳临安志》卷七三《祠祀三》，第 4 册，第 4015 页。

　　② 以上参见陈国灿、鲁玉洁：《南宋时期圣妃信仰在两浙沿海的传播及其影响》，《浙江学刊》2013 年第 6 期。

　　③ 《咸淳临安志》卷三《郊庙·海神坛》，《宋元方志丛刊》本，第 4 册，第 3378—3379 页。

　　④ 《宋史》卷二《太祖本纪二》，中华书局 1977 年版，第 1 册，第 25 页。

　　⑤ ［宋］钱俨：《吴越备史》卷四《大元帅吴越国王》，见王国平总主编《杭州文献集成》第 31 册，杭州出版社 2017 年版，第 69 页。

俗传禹生之日。禹庙游人最盛，无贫富贵贱，倾城俱出。士民皆乘画舫，丹雘鲜明，酒樽食具甚盛，宾主列坐，前设歌舞，小民尤相矜尚，虽非富饶，亦终岁储蓄以为下湖之行。"陆游《禹庙赋》歌颂了大禹治水、存续人类的丰功伟绩："张天维于已绝，极救命于将湮。九土以奠，百谷以陈。阡陌鳞鳞，原隰畇畇。仰事俯育，熙熙终身。凡人之类至于今不泯者，禹之勤也。"[1]尤其令人称道的是，陆游还在《禹庙赋》中辨析了以己治水和以水治水的高下优劣，可见其独特而卓绝的见解，他说：

> 以己治水者，己与水交战，决东而西溢，堤南而北圮。治于此而彼败，纷万绪之俱起，则沟浍可以杀人，涛澜作于平地。此鲧之所以殛死也。以水治水者，内不见己，外不见水，惟理之视。避其怒，导其驶，引之为江、为河、为济、为淮，汇之为潭、为渊、为沼、为沚。盖淊于性之所安，而行乎势之不得已。[2]

六、吴王夫差、吴越王钱镠等江涛神和水神信仰

南宋吴自牧《梦粱录》记载宋时司江涛之神有十座庙，即平济、顺济、英显通应、善顺、昭应、孚应、广顺、惠顺、顺济龙王、汤村龙王。《咸淳临安志》卷七一《山川诸神》也记载了不少与捍潮大事有关的神庙，现叙述如下：

平济庙，一作"平济侯庙"，龙神，在钱塘县界浙江庙子湾。乾道五年（1169）二月，周淙因修筑钱塘江堤岸，遂在钱塘江庙子湾建庙，孝宗诏赐额曰"平济"。庆元四年（1198）四月，封助顺侯。六年十二月加封助顺灵贶侯，嘉泰元年二月加封助顺灵贶昭祐侯。累封至咸淳三年（1267）为"显烈广顺王"。庙曾毁圮，端平三年（1236），俞存义、孙应辰捐金倡率，撤而新之，视前增壮。[3]

顺济庙，《宋会要辑稿》礼二〇《山川祠》载为"冯大郎祠"。在临安府浑水闸，江干大观楼右。为浙江里人冯氏祠。俗传其神主浙江潮水舟楫事，乡人钦事之。时以显仁皇后梓宫渡江，祈祷感应，故赐额自侯加至王爵。绍兴三十年（1160）七月，赐"顺济"庙额。庆元六年（1200），封灵佑公。绍定年间（1228—1233），重建庙，封"英烈王"。嘉定十七年（1224），封次子为助宁侯。绍定六年（1233），加助宁佑顺侯。王封"助灵佑顺侯"。而《西湖志纂》载其在江干大观楼右，又名善利院，祀善利龙王，自宋至今尚存。[4]陈傅良《内制浙江潮神顺济庙善利侯特加忠靖二字敕》：

---

[1] ［宋］陆游：《陆游集》，中华书局1976年版，第5册，第2493页。
[2] ［宋］陆游：《陆游集》，中华书局1976年版，第5册，第2493—2494页。
[3] 《咸淳临安志》卷七一《祠祀一·土神》，《宋元方志丛刊》本，第4册，第3997页。
[4] ［清］翟均廉谨案："《止斋文集》止载敕文，年月无考，第其封号证之潜说友《临安志》及转运使李长民所撰庙记颇不相符，岂所谓顺济庙善利侯者庙名相同，而神实异邪？抑前志失载欤？谨备录之，以待博考。"《海塘录》卷一二《祠祀二·顺济庙》，《钱塘江文献集成》第2册，杭州出版社2014年版，第191页。

"敕某神，朕固不为秘祠，专享其福也。至四方长吏，有为吾民请曰：'某山川之神，能惠其境中。'则褒崇之典，朕靡爱焉。以庶几古蜡百神之义，矧惟江涛近在寰内，而有司以报礼未称，将侈大之用，锡美名以从民欲。神尚终惠，使世世享。"李长民《顺济庙记》对此庙的历史进行了比较详细的记载，兹抄录如下：

> 浙江之潮，盖天地间壮伟绝特之观。其江自南之荡湾，距海门百余里，水浩渺无际，殆天造是险，以示东南形势。自乘舆驻跸，城郭宫阙日以壮丽，为四方之极。山川之神，莫不奔走以佑我王室。其浙江有若顺济庙冯公，揭灵兹土，功效尤炳炳著见，享有宠命也固宜。乃者庆元庚申，崇陵复土，朝廷致祷于神，又命两浙转运副使沈公作宾，更新祠宇，有诏册神自侯爵为灵佑公。而漕司实命其属梁大亮、李长民相与，即故祠规度之，增治庭坛。经始以是年十月晦，越二十有二日，计材植工役，糜钱三百万有奇，方告成。长民周视祠宇，慨然独念畴昔曾不有记述，而公之孙子崇之、进之，亦以为言，于是私愿，因今命磨片石以登载神之威德，乃即崇之、进之所录行实，以都人所传闻而次第之。谨按，公姓冯讳俊，字德明，世钱塘人，生于熙宁甲寅六月十四日，娶郭氏生三子，天资刚直，幼孤事母孝。年十有八，梦帝遣神易其肺腑，云将有徽命。旦寤，胸怀豁然开明，生不习文艺，至是于书、传大义骤皆通晓。有叩以祸福，莫不前知，足未尝履阈，人或遇之江海之上。元祐中一日，有舟渡江值大风涛，分必死，公即现形其间，自言名氏，叱咤之顷，骇浪恬息。又尝就寝竟日乃寤，其呕吐皆海错异物，怪而问之，则云："适宴龙宫。"大观三年十一月己未，忽语人："上帝命司江涛事，不得辞。"越三日，不疾而终，年三十有六。先期旬日，于清水闸所居西偏自营兆域，既没，灵异犹有，伙人即所居祠之。而次子松年亦以济人及物著灵远近，今二孙则幼子椿年所生，于是子孙世奉庙祀。不惟商贾舟舶之所依怙，而环王畿千里之内，亟蒙丕答。浙江之中流有沙迹，能为舟害，有司致祷，其沙即平，用足涤膺褒典。至今，又从官给费，易故而新之，以安神灵。其迹彰灼，赐爵受封，则具有绍兴以来朝廷锡命之。惟昔苏文忠公轼于颍上张龙公祠碑叙述为详，铭诗首言至人变化，不私其躬也。行为人飞天，为龙长民，窃诵其语，载考行实，愧无斯笔为神容，姑识其概，庶来者有考，岂特慰其子孙之志云尔。[①]

另据清《西湖志纂》所载，顺济庙又名善利院，祀善利龙王，自宋至今尚存。
英显通应公庙，即庙子头杨村龙王庙。宝祐元年（1253），江潮冲啮，神显灵迹，

---

① 《海塘录》卷一二《祠祀二·顺济庙》，《钱塘江文献集成》第 2 册，杭州出版社 2014 年版，第 191—192 页。

塘岸堵安。二年十二月，加封英显通应公。

善顺庙，在白塔岭。旧传水间建小祠，保舟楫往来，号平波神祠。嘉定十七年（1224），易祠为庙。咸淳元年（1265），诏赐"善顺"为额。

昭应庙，在白塔岭。绍兴年间，旧传钱塘顺济龙王。咸淳元年（1265），诏赐"昭应"为额。

孚应庙，在磨刀坑龙山渡。乾道三年（1167）九月建，旧传水府龙王。咸淳元年（1265），诏赐"孚应"额。

广顺庙，在龙山。旧传为镇江龙王小祠。咸淳元年（1265），诏赐"广顺庙"为额。

惠顺庙，在江塘上。嘉定五年（1212）二月，江潮冲啮石塘，帅漕建庙以祷。咸淳二年（1266），旨赐"惠顺庙"为额。四年七月，寿和圣福皇太后降钱重建。后庙址陷于海，遂废。①

顺济龙王庙，在汤村镇。政和五年（1115），郡守李偃以汤村、岩门、白石等处江潮侵啮，奏请同两浙运使刘既济措置，用石板砌岸，因建庙。绍兴十四年（1144），重修。另据成化《杭州府志》所载，顺济宫在城外东里隅汤镇、赭山之间，旧称"三龙王庙"。绍熙元年（1190），移请云涛观额。四年，旱祷而雨，改赐"顺济宫"额。嘉泰二年（1202）九月，锡三神侯爵美号，曰广泽、顺泽、敷泽。嘉定九年（1216），增封曰"广泽灵应""顺泽昭应""敷泽嘉应"。后三王庙址陷于海，遂废。

汤村龙王堂，在汤村。政和二年（1113），汤村沙岸为潮水所冲，州县立龙王庙以祷之。六年，奏请增庙祠。庙址后陷于海，遂废。

除上述的平济至顺济十庙俱司江涛神外，以下一些宫庙也祭祀江神、水神。

昭济庙，在候潮门外浑水闸西。相传为吴王夫差庙。淳化五年（994），知州王化基建。乾道三年（1167），安抚周淙修。庆元六年（1200），赐庙额，累封为"善应安济孚祐显卫侯"。淳祐九年（1249），安抚赵与篱重建。

吴越钱武肃王庙，在钱湖门外方家峪宝藏寺之左。唐代末期，藩镇割据，战乱纷起，水利失修，钱塘江两岸洪潮成灾，百姓深受其害。五代十国时期，吴越国王钱镠为求发展、保境安民，注重兴修水利、发展农业、奖励蚕桑、繁荣商业。他整治钱塘江水患，修筑围海堤塘，亲自起草《筑塘疏》送达朝廷："民为社稷之本，土为百物所生。圣人曰，有土斯有财，此塘不可不筑也。"传说海塘奠基时，正逢八月潮汛，潮水汹涌，冲刷塘基，出现"钱塘江昼夜冲激沙岸，版筑不能就"的险情，钱王便组织祭天大典，备斋供潮神庙（吴山伍子胥庙），并写《筑塘七律》诗一首："天分浙水

---

① 《海塘录》卷一二《祠祀二·协顺庙》，《钱塘江文献集成》第 2 册，第 190—191 页。

应东溟，日夜波涛不暂停。千尺巨堤冲欲裂，万人力御势须平。吴都地窄兵师广，罗刹名高海众狞。为报龙神并水府，钱塘且借作钱城。"其射潮的故事，至今流传。因在位时特别重视田事、水事，治河筑堤。旱则运水溉田，涝则引洪入海。又开杭州西湖、东府鉴湖、明州东钱湖及诸多运河，水利大备，使得民众致力农桑，吴越富庶，自此盛于东南。钱氏五王皆祠，前有丰碑螭首，龟趺极高大。至南宋末年虽已驳蚀，然细扪之若未尝刻字。土人至今名此地为钱大王庙。

吴越钱文穆王庙，天福七年（942）十二月以龙山武功堂为钱文穆王庙。[①]

广灵庙，在石塘坝。景定四年（1263）九月，潮坏江塘，里中耆老因立东岳温太尉庙，请于朝，赐"广灵"为额。咸淳五年，有旨封正佑侯，余自李将军以下九人，皆锡侯爵：李孚佑、钱灵佑、刘显佑、杨顺佑、康安佑、张广佑、岳协佑、韦威佑。温太尉又称温元帅，位列泰山神东岳大帝十大太保之首。相传温琼，字子玉，汉朝东瓯郡人。他起初只是一位饱读诗书的读书人，由于官场黑暗，愤怒之下，立下誓言，既然不能为民做官，那就死后化为泰山神，除掉天下恶魔。他的话刚刚说完，天空忽然现出一条苍龙，口吐宝珠。温琼吞下宝珠，变为青面獠牙、红发赤须眉的怪神形象，勇猛刚毅，被东岳大帝招致麾下，封为"佑岳大神"，成为东岳十大太保之首。玉皇大帝敕封其为"翊灵照武将军兵马都部署"，赐玉环一把，琼花一朵，金牌一面，金牌上书有"无拘霄汉"四个篆字。据《温太保传补遗》记载，紫微大帝降下数千丸瘟药，敕命东岳大帝遣使行瘟，检察世间不忠不孝、杀生害命损物之人。东岳大帝将任务派遣给温琼，他感念太上有好生之德，不忍危害众生，独自将瘟药服下。同时，温琼又被奉为道教护法神将，是著名马、赵、温、关四大元帅之一，为真武大帝属下三十六天将之一。

灵休庙，在城南镶界江岸，名七郎堂。据《咸淳临安志》所载，神系严州分水县弓兵，因方寇扰攘，阴卫有功，州县保请于朝，立庙。绍兴八年（1138），江潮大作，府城医士叶永年舍屋建祠，雨旸祷辄应。咸淳初，赐额。

会灵护国祠，在艮山门外端平桥东土塘。据《咸淳临安志》所载，其祠由高僧秀真主持。秀真，号无隐，华亭人。

灵顺庙，在钱塘县徐村石塘。据《咸淳临安志》所载，即婺源五显神祠于近郊者共有七座。徐村旧有小祠，淳祐九年（1249），江潮冲激，里人乞灵其下，遂相与将其维修一新。

昭烈王祠，神以捍海封。南宋庆元三年（1197），主簿赵希楄建，附葆真庵后，在县东二百五十步。嘉定元年（1208），宜兴丞赵彦摺又立祠于安国寺东，见《图

---

① 《咸淳临安志》卷七一《祠祀一·土神》，《宋元方志丛刊》本，第4册，第3996页。

经》。后祠废，列其像于双仁祠。①

协顺庙，在江干。其神陆圭，字朝璋，昭庆军人。宋熙宁间，以祖泽补右爵，调真州（今江苏仪征）兵马都监。徽宗宣和中，发粟赈饥，全活者以万计。适方腊起义，引兵与战于严州七里滩，得胜率师还钱塘，舟覆而殁，死而为神。绍兴年间，海涛冲激江岸，神檄阴兵却潮，潮势遂平。淳祐年间，江潮冲激尤甚，堤随筑随圮。神与三女扬旗空中，浮石江面，以显其灵，岸赖以成。浙西帅臣徐栗以其事闻于朝，赐庙额曰协顺，封神为广陵侯，三女为显济、通济、永济夫人，一主护岸，一主起水，一主交泽，各有司存。傍有小庙，祀十二潮神，各主一时。元刘一清《钱塘遗事》卷一"浙江十庙"条载：庙在浙江之边。陆相公有三位小娘子，皆绿袍方巾，列坐两旁。凡海船至庙下，必先诣三位小娘子前炷香，上真彩及花朵、粉盖，拜保安牲酒心愿。或其欲乘早晚潮汛之至而发舟，必须得卜而动，则前去免风涛之险，不得卜则不敢轻发也。庙旁有一所，专祀十二位潮神，各武装持杖，各位各主一时，然不及三小娘子香火之盛。清翟均廉《海塘录》考《西湖游览志》卷一九及《万历杭州府志》始详言侯事，以为庙在石冢。他考证湖州德清县地亦有名石冢塘者，有协顺庙祀侯及三女庙，中犹悬"淳祐"赐额，其地多陆氏，皆为神裔。土俗以为三女掌生嗣，弗无子者争往焉，称为太均，求祷辄应。而主潮一事则无，有知者二庙同名，地名亦同，录以待考。②

曹将军行祠，据《海宁县志》所载，祀宋封潮神、邑人曹春，称"平浪侯卷帘使"。在县西南四十五里岩门山。其事迹不详。元潘万选撰记，明初显圣于五都二图，羽流募建。崇祯间，沈如初重修。后来迁移到南岸萧山，改名"白虎山南将军殿"。

朱将军庙，在海宁县东三十六里，地名黄冈。据《海宁县志》所载，朱彝力能拔牛尾倒行。宋治平初，溺海为神，著灵感应。宝祐三年（1255）十月，敕封佑灵将军。元大德二年，神能御海患，因立庙以祀，有司臣上其事于朝，封灵感宏佑公，又加封"护国"二字。其庙在表化东北者，后羽流增饰仙真，俗因呼为天仙府。

周宣灵王庙，在硖石镇审山，祀新城渌渚人周雄。江神名雄，字仲伟，渌渚人，母汪氏。宋嘉定四年（1211），为母疾走婺源，祈佑五显，回至三衢而卒，附童言曰："五显灵威，需我辅翊。生不封侯，死当庙食。"衢于是立庙新城，继之旱潦祷之辄应，疾疫祈之遂痊。初称四七太尉。端平二年（1235），德兴祁门，阴捍常山土寇。饶州表请，封翼应将军。嘉熙元年（1237），神威扬边，强敌远遁，两淮表请，加封威助忠翊大将军。淳祐四年（1244），改封翊应侯。宝祐五年（1257），加封助顺。

① ［清］翟均廉：《海塘录》卷一二《祠祀二·昭烈王祠》，《钱塘江文献集成》第 2 册，杭州出版社 2014 年版，第 200 页。

② 《海塘录》卷一二《祠祀二·协顺庙》，《钱塘江文献集成》第 2 册，第 190—191 页。

咸淳七年（1271），加封正烈。十年，加封广灵。旧制神祠封锡，自二字至八字止，侯兼之，盖渥恩。清翟均廉谨案："周宣灵王，杭之新城县太平乡渌渚人。浙省是处立庙，其在杭城者，钱养廉《序》称：'生于宋季，锐志恢复，抑郁以殁。'其在新城者，方回《庙记》止载殁后灵爽，不言神生前事。徐士晋《碑记》称神贾于衢，闻母病，破浪而行，为水所没，显神于衢，敕为江神。其在衢州者，志称肉身，敛布加漆，现今植立庙中，余与徐记同。至钱广居《建德县神庙记》则云：'初名雄，后改名缪宣，少授仙指，失足堕水，溯波而上，香闻数十里，因而建庙塑像于衢城之西。'详观诸记，或称孝、或称忠、或称仙，显不相侔。又方回《记》、钱广居《记》，封爵年代亦各不符。然现祀为江神，其肉身现在衢府庙中，则为孝子无疑，应以徐记及衢志为正。"①

宁济庙位于西兴，敬奉浙江潮神孚祐王，即武（伍）济忠应公。万历《绍兴府志》卷一九记载："萧山宁济庙在西兴镇，浙江潮神也。"宋政和六年（1116），"高丽入贡使者将至，而潮不应，有司请祷，潮即人至。诏封顺应侯。宣和二年（1120），进封武济公"。"绍兴十四年（1144），徽宗皇帝灵驾渡江，加武济忠应公。三十年，显仁皇太后合祔，加武济忠应翊顺公。淳熙十五年（1188）……诏加武济忠应翊顺灵祐公。""庆元四年（1198），赐爵孚祐王。有司以八月十五日祭。"

胡令公庙，在海宁长安镇，祀唐代胡暹。《郡志总图》："赭山北，有令公塘。"宋《图经》云："令公，未详其始。"《咸淳临安志》智果院弥勒阁注云："晋天福四年（939），钱王遣令公胡进思往婺州。"元杭州路盐官州儒学教授徐圆《胡令公庙记》详细论述了其历史：

令公，姓胡，名暹，字进思，婺州东阳义乌人。唐宪宗朝，佐中丞裴度平淮西，以功升武任将军。宣宗时，奉命至海昌召禅门齐安国师。师演法谢恩，就坐而化。将军回至长河，过海神祠，亦立化于庭。有司申闻，宣宗遣桑称二御带，追封齐安为悟空禅师，进思为申平将军，与海神共祀。至宋康王南渡，乘骏过长河，无船可渡。入庙叩之，出门忽有大舟迎王。王问其名，居曰桑、称二姓，本里胡进思家人也。建炎元年，王遣官召胡进思，并桑、称二人，里中并无。因庙中有胡将军碑，载将军往海昌召齐安国师事迹，州官中复，降诏敕封令公海神，与桑、称皆进王号，并祀土谷庙，号威烈赫灵之殿。泰定间，复有方太守入庙祷祀，蝗不入境之异。其父方虚谷，任婺州路侯，备知令公事迹。婺州见有永康县胡公祖庙，太守命里人重立碑石云。

据此可知，胡暹，字进恩，义乌人。唐宪宗时（806—820），以功升武任将军，人称胡令公。大中元年（847）在职钱塘，筑赭山东塘和西塘。宣宗中期（851—

① 《海塘录》卷一二《祠祀二·周宣灵王庙》，《钱塘江文献集成》第 2 册，第 197—198 页。

854）奉命至海昌（今海宁）召安国寺齐安禅师，过长河海神祠，立化于庭，追封升平将军，与海神共祀。宋康王南逃至长河，无船南渡，入庙祝祷，忽有大船来迎，来人自称胡进恩家人。建炎元年（1127）封为海神，赠建庙于长安运塘河东。至正二十年（1360），被毁。明嘉靖十四年（1535），重立。清雍正十一年（1733），从祀海宁海神庙。

《宋会要辑稿》礼二〇《山川祠》也载有不少相关的神祠，如：

绍兴二十二年（1152）十一月二十五日，吏部尚书、兼侍讲林大鼐言："武林，江山之会，王气所钟，翠华驻跸二十余年于兹矣。不惟天目之山龙飞凤舞，至旴盘江，亦有朝夕之二潮焉。顷者江流失道，滩碛山移，潮与洲斗，怒号激烈，故舟楫多至失利；沙回岸虚，故堤埽屡遭蚀囓。皆以为比年以来陡顿可骇。说者以谓英烈王，吴山有庙，血食故国，以福佑江乡，烬于戊辰之回禄，使土人乞灵无地。此虽小说不足信，《吴（粤）[越]春秋》曰：前潮，王子胥也；重水，大夫种也。则钱塘之潮，应有神物主之。茸庙貌，建浮屠，付之有司，此亦易事。"上曰："大鼐所奏钱塘江寖淫，恐为水患，可令临安府、转运司（指）[措]置，趁冬月水不泛溢时理会，庶易为力。旧来曾有塔庙阴以相之，此虽出于小说，恐不可废。"从其请。据此可知，潮神除伍子胥外，还有文种。

圣井龙祠，在绍兴府山阴县秦望山。神宗元丰三年（1080），因祈雨，获金文龟，于井中出，封灵惠侯。

镇江神祠，会稽萧山县西兴镇江神祠，徽宗政和三年（1113）正月，赐庙额"宁济"。六年，封顺应侯。绍兴十四年（1144）六月，加"忠应"二字。三十年正月，加封武济忠应翊顺公。

水石神祠，在衢州开化县。绍兴十六年（1146）八月，赐庙额"利泽"。

嵒潭神祠，在严州建德县。徽宗宣和三年（1121），赐庙额"威济"。

乌龙井神祠，在临安府盐官县黄湾今三山。绍兴十一年（1141）正月，赐庙额"福济"。

郎君神祠，永康崇德庙广祐英惠王次子。仁宗嘉祐八年（1063）八月，（昭）[诏]永康军广济王庙郎君神特封灵惠侯，差官祭告。神即李冰次子，川人号护国灵应王。开宝七年（974）命去王号，至是军民上言，神尝赞助其父除水患，故有是命。哲宗元祐二年（1087）七月，封应感公。徽宗崇宁二年（1103），加封昭惠灵显王。政和八年（1118）八月，改封昭惠灵显真人。高宗绍兴元年（1131）十二月，依旧封昭惠灵显王，改普德观为庙。六年四月，加"威济"二字。二十七年九月，加封英烈昭惠灵显威济王。王子曰十五郎、十八郎，绍兴七年闰十月并封侯，曰通利侯、勇应侯。二十七年九月，加封曰济美通利侯、昭觊勇应侯。庙中从神郭舍人威济侯妻，绍兴七年闰十月封正利夫人。

钱清镇神祠，在绍兴府山阴县钱清镇江南岸，助战神祠。绍兴十四年（1144）六月赐庙额"灵助""冥护"，三十一年封显佑侯。

通泽将军钱氏祠，在绍兴府上虞县钓台山。神宗熙宁八年（1075）六月，封广利侯庙。

客神将军祠，在永康县崇德庙左。徽宗建中靖国元年（1101）二月，赐庙额"勤济"，以转运司言，尝佐李冰治水之功。大观元年（1107）二月，封宁惠侯。高宗绍兴七年（1137）闰十月，封其妻曰静荫夫人。十七年五月加"阴济"二字，二十七年九月又加"翊顺"二字。孝宗隆兴二年九月，加封翊顺宁惠阴济威武侯。

灵泽神祠，在衢州江山县。徽宗政和七年（1117）九月，赐庙额"嘉泽"。

《宋会要辑稿》礼二一《四镇》则载有以下诸庙：

杭州吴山庙，即涛神。大中祥符五年（1012），封神为英烈王。

利泽侯庙，在衢州府开化县东南。神宗熙宁九年（1076）二月，诏大茂山总真洞龙池特封侯。

顺济庙，灵佑公第二子冯松年封助宁侯，旧系盐官县广福庙，赐顺济庙额。浙江善利侯，绍熙四年（1193）二月加封善利忠口侯。

敏应庙，在钱塘县六雄山。白龙神，嘉定八年（1215）五月赐额，仍封显宁孚济侯；十年二月加封显灵孚济惠泽侯，是月特进封显灵惠济公，十五年加封显灵惠济广应公。

孚应庙，在余姚县。南雷应瑞王庙，嘉定十五年（1222）十二月赐额。

仁惠庙，临安府五大龙神，嘉定四年（1211）十一月赐额。

广福庙，庙在盐官县海中。龙神，嘉定十七年（1224）四月封静应侯。

灵孝昭顺夫人庙，在会稽曹娥祠坟基庙后。神宗熙宁十年（1077）十月诏载祀典，徽宗大观四年（1110）封灵孝夫人，政和五年（1115）十一月加封。

据上所述，可见龙王信仰在钱塘江流域非常盛行。另据郭象《睽车志》载："翟公逊大参汝文镇会稽，岁尝大旱，于便坐供张，命典谒者迎释迦佛及龙王像，与府丞同席而白坐西向，盛其乞雨于二像。明日，大雨霶霈。……临街有楼，怪不可居，民因作神像于楼上，事之甚谨，莫敢正视。公逊过之，有瓦砾自楼飞掷，正中帽檐。公逊大怒，驻车召戎官撤去神像，毁其楼为酒肆。一日出游，闻路旁民舍聚哭，问之，曰：'家有妇为鬼所凭，召僧道作法治之，莫能已。'公逊曰：'审如是，胡不投牒讼于府？'民勉从之，明日状其事诉焉。公逊大书曰：'送城隍庙依法施行。'令民赍诣庙，以楮锭焚之，且嘱曰：'三日鬼不去，可来告。'至次日中夜，民家觉大旋风绕舍，屋瓦皆飞，病妇忽自床起，颠倒踉跄，投门而出。家人追及门外，共执持之，移时乃苏，云：'初见有人持牒来，云城隍追汝，遂随之出。皆不省其他也。'自此遂愈。公逊罢镇归，渡钱塘，潮未当应。公逊祷而请之，须臾潮至。其异事皆此类。"①

水神信仰同样如此。嘉定七年（1214），道士江师隆辟地重建水府净鉴观。水府净鉴观，在候潮门外清水闸东，旧在嘉会门外桐木园。世传五季马自然修炼于此，龙德三年钱氏号水府院。宋天圣四年（1026）诏定天下名山洞府二十，钱塘江水府居其一，岁投龙简。政和改净鉴院，七年增水府字，仍岁度道士一人。建炎间徙今处。乾道四年（1168），周安抚淙建水府扶桑大帝殿。②

同样，城隍也有同样的功用。宋时，"社稷为一州境土最尊之神，城隍为一城境土最尊之神"③。无论京师还是州县，到处都有城隍庙。相传"岁之丰凶水旱，民之疾病祸福，祈而必应"。朝廷将城隍视为与地方官相似的一方主神，因而封之以爵位，累加美号，最高者达王位，曰"辅正康济明德广圣王"④。宋人赵与时《宾退录》说："今其祠几遍天下，朝家或赐庙额，或颁封爵。未命者，或袭邻郡之称，或承流俗所传，郡异而县不同。至于神之姓名，则又迁就附会，各指一人，神何言哉！负城之邑，亦有与郡两立者，独彭州既有城隍庙，又有罗城庙；袁州分宜县既有城隍庙，又有县城隍，尤为创见。"⑤所供奉的，多是与当地有关的历史名人或地方官。对其祭祀，规格也高于普通神祠。对此，著名诗人陆游说："城者以保民禁奸，通节内外，其有功于人最大，顾以非古黜其祭，岂人心所安哉？故自唐以来，郡县皆祭城隍，至今世尤谨，守令谒见，其仪在他神祠之上。社稷虽尊，特以令式从事，至祈禳报赛，独城隍而已。则其礼顾不重欤？"⑥

七、佛道铁符镇涛风俗

宋人受到"天人感应"思想的影响，认为自然界所发生的灾害，是为天谴所致。天，依然是人们最尊贵的神。《宋史》卷九九《礼二》载："元气广大则称昊天，据远视之苍然，则称苍天。人之所尊，莫过于帝，托之于天，故称上帝。"上至皇帝，下至庶民，莫不对"天"顶礼膜拜。"宋之祭天者凡四：孟春祈谷，孟夏大雩，皆于圜丘或别立坛；季秋大飨明堂；惟冬至之郊，则三岁一举，合祭天地焉。"⑦皇帝自称

---

① ［宋］郭彖：《睽车志》卷三，上海古籍出版社 2012 年版，第 111 页。
② 参《咸淳临安志》卷七五《寺观一·水府净鉴观》，《宋元方志丛刊》本，第 4 册，第 4028 页。
③ ［宋］罗濬等：《宝庆四明志》卷二《郡志卷第二·叙郡中·城隍》，《宋元方志丛刊》本，第 5 册，第 5011 页。
④ ［宋］吴自牧：《梦粱录》卷一四《山川神》，浙江人民出版社 1984 年版，第 124 页。
⑤ ［宋］赵与时：《宾退录》卷八、卷九，上海古籍出版社 1983 年版，第 103 页。
⑥ ［宋］陆游：《渭南文集》卷一七《宁德县重修城隍庙记》，第 5 册，第 2128 页。
⑦ 《宋史》卷一〇〇《礼三·吉礼三》，中华书局 1977 年版，第 8 册，第 2456 页。

"天子"，与天神是父子关系，皇家享有祭天专权，注重祭天礼仪。其中，最隆重的祭典，是三年一次的南郊祭天，皇帝"祖宗亲郊，合祭天地，祖宗并配，百神从祀"①。宋真宗大中祥符元年（1008）还举行封禅大典。为此，真宗花了大半年时间做舆论、组织和身份准备，又令有司不要上报死刑案件，还专门在崇德门练习有关礼仪。十月四日，祭祀队伍从开封出发，十月十四日到达泰山顶上，宣诵玉册牒文。又在社首山行禅祭地祇大礼。②整个过程从准备到结束，整整花了将近一年时间，劳民伤财，支出费用达800多万。③

祭天必具牲品。《铁围山丛谈》卷四载："古者祀天必养牲，必在涤三月，他牲惟具而已。又凡祭祀之礼，降神迎尸矣，而后始呈牲。牲入，于是国君帅执事亲射之焉。至汉魏而下有国有家者，此礼浸日阙，独五岭以南俚俗犹存也。"

地方州县和平民百姓也都崇拜天地，但与朝廷相比，只能是日常的、小规模的。如越州（今浙江绍兴）百姓每年春天敛聚财物，大集僧道、士女，举行祭天礼。地方官为了维护皇权神威，下令禁绝，取所敛财，鬻学以延诸生。④

《春渚纪闻》就记载了僧人净元为了救护百姓，而赴身投海的故事：钱塘杨村法轮寺僧净元，年三十时已经精通佛经，祝发即为阇比邱，遍参明目。得法之后，归隐家乡，人们并没有感觉到他有特异之处。北宋政和癸巳，海岸冲毁，淹没了仁和白石至盐官上管100余里的大量民居。朝廷派遣道士镇以铁符，并大筑堤防，且建神祠以禳御海潮，但潮患一直未除，仍不断在患害百姓。至绍兴癸丑，净元忽然对大家说："我释迦文佛，历劫以来，救护有情，捐弃躯命，初无少靳。而吾何敢爱此微尘幻妄，坐视众苦而不赴救？"于是即起禅定，振履经行，一路到海潮破坏最严重的地方视察过去。六月五日，净元到了蜀山，当时跟着围观者达数百人，而海风激涛，喷涌山立，情势十分危急。净元准备褰衣而前，大家争着挽引，且请偈言，以示后来。净元笑着说："万法在心，底须言句，我不能世俗书，亦姑从汝请耳。"即高举曰："我舍世间如梦，众人须我作颂，颂即语言逸事，了取自家真梦。"又曰："世间人心易了，只为人多不晓。了即皎在目前，未了千般学道。"颂毕，他举手谢众，踊身沉海。众人看见这一情景，惊呼不已，甚至有顿足涕流者，谓大师已经葬身鱼腹了。不久风止，海波如镜。人家远远遥见净元端坐在海面，好像有物拱戴着他顺流而来，直抵崩岸，争前挽掖而上，视净元的衣服和鞋子一点也不湿。逮视岸侧，有数条大鲤鱼昂首，久之沉波而去。净元遂即大声对大家说："自此海毁无患也。"不旬日，大风涨沙，悉遗

① 《宋史》卷一〇一《礼四·吉礼四》，中华书局1977年版，第8册，第2466页。
② ［宋］李焘：《续资治通鉴长编》卷七〇，中华书局1980年版，第6册，第1568—1571页。
③ 《宋史》卷一七九《食货下一·会计》，中华书局1977年版，第13册，第4349页。
④ 《宋史》卷三一一《张士逊（附子友直）传》，中华书局1977年版，第29册，第10219页。

故地。蜀山的百姓，对净元的功德深深敬仰，即其地帮他一起营造庵居。至绍兴乙卯四月八日，净元忽集众说偈告寂曰："会得祖师真妙诀，无得无物又无说。喝散乌云千万重，一点灵心明皎洁。"即安坐而化。①

宋徽宗政和六年（1116），杭州汤村一带发生海溢灾害，"坏居民田庐凡数十里。朝廷降铁符十道以镇之。壬寅岁，盐官县亦溢，县南至海四十里，而水之所啮，去邑聚才数里，邑人甚恐。十一月，铁符又至，其数如汤村。每一片重百斤，正面铸神符及御书咒，贮以杀青木匣。府遣曹官同都道正管押下县，建道场设醮，投之海中。"②宣和四年（1122）十月，以铁符十道镇盐官县海塘。另据宋人方勺《泊宅编》所载，"宣和癸卯，盐官县蜀山、雷山一带沙涨，而静海并海十里内沙再毁。初，盐官自投符后，稍稍沙涨，前此经制司差一武经郎路升措置水利，乃欲筑长堤以捍潮势，其论尤迂诞不可行，杭帅翁彦国笑曰：'平生且不曾见人修海'。"③

元无名氏《湖海新闻夷坚续志》载有张天师退潮的故事：宋嘉熙庚子，杭州潮水不退，赵与欢尹京，奏乞召张天师议治。张天师到达杭城以后，连日作法，钱江潮水依然像过去一样汹涌。遂考照，说有三条龙为祟：一是济王，因史相废其为太子，以理宗代之，怨望致死；一是华岳，乃武学生，因作诗负罪；一是一宫人，因不肯裸体下莲池捉木刻金龙，遭钟覆火煅而死。理宗听后，非常忧虑，问张天师说："奈何？"张天师奏乞设黄箓大斋以荐拔之方可，于是在大内中崇修。方移文水府，而潮即退。后华岳与宫人事寂无所闻，但理宗每与周国公主闲行，见前有着红乾背子者，曰："此必是济邸。"盖亦心疑见鬼。④

综上所述，可见宋代钱塘江流域的潮神、江神、水神等信仰丰富多彩，仅从历史人物来看，就有春秋战国时期的伍子胥、文种，汉代的霍光、曹娥，三国东吴及晋代的周凯，唐代的石瑰、胡暹，五代吴越国的钱王，宋代的周雄、曹春、朱彝、陆圭、张夏、天妃（妈祖林默）、黄恕、曹春等。这些人中均与钱塘江有关，有的传此渡江或寓居，有的出生于此，有些则是在治理水患中做出了突出贡献，有些是死于水中，死后显灵，轮流坐这潮神的位置，成为民间信仰的一部分，可以说不成功，便成"神"了。从时期来划分，唐代以前的神灵神话传说色彩相当浓厚。唐代以后，神灵的数量大大增加，这些被后人奉为神的大多在抵御潮灾海患中立下了大功。至今，这些神灵基本上被杭州吴山伍公庙、海宁海神庙及萧山等地的相关神祠、庙宇所崇奉。

---

① ［宋］何薳：《春渚纪闻》卷四，中华书局 1983 年版，第 59 页。
② ［宋］方勺：三卷本《泊宅编》卷中，中华书局 1983 年版，第 88 页。
③ 《宋史》卷九六《河渠志六》，中华书局 1977 年版，第 7 册，第 2396 页；［宋］方勺：十卷本《泊宅编》卷四，中华书局 1983 年版，第 22 页。
④ ［元］无名氏：《湖海新闻夷坚续志》后集卷一，中华书局 1986 年版，第 161 页。

唐诗之路与越州经济的发展

许超雄

（上海师范大学）

摘要：唐代诗人游历越州，留下来大量咏越的诗篇。这些诗篇涉及山水风貌、风土人文等诸多内容，其中也有不少反映越州经济面貌。这些诗篇有助于我们理解浙东的经济发展状况，从经济角度挖掘"浙东唐诗之路"的内涵，助力高标准建设"浙东唐诗之路"文化带。

目前，学界从"唐诗之路"诗歌挖掘以越州为核心的浙东地区经济的研究，主要有陆晓冬《浙东唐诗之路形成的社会经济动因浅析》、胡正武《唐诗之路与浙东经济物产》和杨杭《浅论"唐诗之路"诗歌与唐代浙东经济》。[①] 陆晓冬侧重于通过人口、交通等经济因素来分析唐诗之路形成的动因。胡正武考证了诗歌中的剡藤纸、越中茗茶、丹药、鲈鱼与莼菜、藤杖等内容，杨杭从诗歌的题材出发揭示唐代越州农业、手工业、中药材等发展情况，二者研究侧重于对诗歌中经济内容的分析。这些研究对于揭示唐诗、诗人与越州经济具有重要作用，但仍有进一步深入的空间。这主要体现在两方面：诗歌反映越州经济发展程度、越州经济与诗人的相互影响。因此，本文在这些研究的基础上，进一步考证唐诗反映的越州经济呈现出怎样的发展程度，并分析越州经济对唐代诗人的影响以及诗人对越州经济影响力的推动作用。

一、唐诗中的越州经济

大和二年（828），浙东观察使元稹在《春分投简阳明洞天作》中对越州的经济有直观的概括："乡味尤珍蛤，家神爱事乌。舟船通海峤，田种绕城隅。梜比千艘合，

---

① 陆晓冬：《浙东唐诗之路形成的社会经济动因浅析》，《浙江社会科学》2006 年第 3 期；胡正武《唐诗之路与浙东经济物产》，《台州学院学报》2006 年第 6 期；杨杭：《浅论"唐诗之路"诗歌与唐代浙东经济》，《浙江旅游职业学院学报》2010 年第 3 期。

袈裟万顷铺。亥茶圜小市，渔父隔深芦。"① 元稹笔下描绘了越州的物产、航运、商业等方面，正是越州临海靠河的区位优势，为越州经济带来了重要的发展条件。白居易在唱和元稹该诗时也概括到越州"利饶盐煮海，名胜水澄湖。牛斗天垂象，台明地展图"，② 后一句提到了越州境内的天台、四明等名山，揭示了越州的另一个自然特色，即名山众多，重峦秀美。李白就有"此行不为鲈鱼鲙，自爱名山入剡中"的诗句，③ 剡中位于越州境内的剡县，有四明、天台、天姥等名山。无论是山川还是河海，都是越州经济发展的自然基础。唐代诗人沉醉于越州的山水，留下了大量的诗篇，这些诗篇中包含了丰富的越州经济内容。本节通过梳理唐代诗人笔下的越州经济元素，解读越州经济的发展程度。需要说明的是，诗歌材料无法全面还原越州的经济，我们只能通过某些方面的描述来窥探越州经济的发展情况。

（一）农业

越州地区湖泊纵横，拥有充沛的水资源，越州百姓利用这一自然条件，在湖泊上开辟水田，修筑水利设施。白居易《杂兴三首》描述了越国干旱，"风日燥水田，水涸尘飞起"，越王却下令"官渠禁流水"，导致"流水不入田，壅入王宫里"，反而用于嬉戏享乐，"不念阊门外，千里稻苗死"。④ 此诗表明水利对于越州农业生产的重要性。秦系在登上若耶溪畔的云门山远望，看到"天开霁色澄千里，稻熟秋香互万畦"⑤ 的场景，李绅登禹庙时也有"玉田千亩合，琼室万家开"的诗句。⑥ 万块整齐的田地，玉田千亩，虽不精确，但也可以看出越州农田的规模。

镜湖是越州地区最著名的水利工程之一，该湖由东汉时期的会稽太守马臻挖凿。元稹在浙东任上与苏州刺史李谅唱和，其中有"顾我小才同培塿，知君险斗敌都卢。不然岂有姑苏郡，拟着陂塘比镜湖"句，⑦ 元稹以苏州的陂塘与越州的镜湖相比，戏谑李谅像挑战爬竿（都卢）一样勇于攀高登险。元稹的这个比喻也在一定程度上反映出镜湖在江南地区的规模与知名度。

李频《镜湖夜泊有怀》云："广水遥堤利物功，因思太守惠无穷。自从版筑兴农隙，长与耕耘致岁丰。"⑧ 该诗提到镜湖自东汉以来，仍然发挥着灌溉作用，保障了

① ［唐］元稹撰，冀勤点校：《元稹集》卷二六《春分投简明洞天作》，中华书局 2010 年版，第 360 页。

② ［唐］白居易撰，谢思炜校注：《白居易诗集校注》卷二六《和微之春日投简阳明洞天五十韵》，中华书局 2017 年版，第 2063 页。

③ ［唐］李白著，［清］王琦注：《李太白全集》卷二二《秋下荆门》，中华书局 1977 年版，第 1023 页。

④ 《白居易诗集校注》卷一《杂兴三首·其二》，第 45—46 页。

⑤ 陈尚君辑校：《全唐诗补编·续拾》卷一九秦系《云门山》，中华书局 1992 年版，第 931 页。

⑥ ［唐］李绅著，卢燕平校注：《李绅集校注·登禹庙回降雪五言二十韵》，中华书局 2009 年版，第 71 页。

⑦ 《元稹集》卷二二《再酬复言》，第 283 页。

⑧ ［清］彭定求等：《全唐诗》卷五八七李频《镜湖夜泊有怀》，中华书局 1960 年版，第 6811 页。

越州的农业丰收，这是李频夜游镜湖亲眼所见的场景。李频曾在越州居住，或他在咸通年间曾为越州的幕僚。[①] 章孝标《上浙东元相》有"何言禹迹无人继，万顷湖田又斩新"句，[②] 其中"万顷湖田"当指镜湖田，据《元和郡县图志》，镜湖"隄塘周回三百一十里，溉田九千顷"，[③] 大致合万顷数。"斩新"二字表明镜湖田在当时被疏浚整治过。《唐才子传校笺》认为，这首诗"即咏元稹兴水利事"，[④] 甚是。元稹在任上兴修水利，应该包括镜湖上的陂塘，时间在元稹任浙东观察使的第三年，即宝历元年（825）。

从章孝标到李频的描述，我们可以看到，镜湖自东汉马臻挖凿以来，至唐末咸通年间仍发挥着重要作用，保障了当地的农业灌溉和生产。元稹在浙东任上兴修镜湖水利，应该是维系镜湖在漫长的岁月中作为越州重要农业工程的一个缩影。

当然，除了越州山阴所在的湖田以外，也有诗歌提到了剡中山区的田园。贯休《送僧归剡山》送别僧人回到剡山的石城寺，提到"木落归山路，人初刈剡田"，[⑤] 此田当位于石城寺附近。石城寺位于越州剡县东部山区，从贯休所描述的环境看，当为山中之田。

除了种植稻谷，越州的湖田还有种植草药作物。卢象提到紫阳真人"山阴旧宅作仙坛，湖上闲田种芝草"，[⑥] 紫阳真人即贺知章。刘禹锡在睦州时，秦系在越州若耶溪寄书表达思念，诗中提到秦系晚上独自拄着杖藜，登山远望，看到"云色卷舒前后岭，药苗新旧两三畦"。[⑦] 当然，贺知章在镜湖边的药田为"闲田"，秦系看到的也只有两三畦，跟千顷稻田自然无法相比。

此外，还有菰、莲、菱等水生植物。莲菱是江南水乡常见的水生植物，常见于文学作品中。杜荀鹤称越州"无水不生莲"，[⑧] 喻凫也有"笋成稽岭岸，莲发镜湖香"。[⑨] 孟郊描述越中山水时有"菱湖有余翠，茗圃无荒畴"，[⑩] 章孝标思念越州也提到"藕折莲芽脆，茶挑茗眼鲜"，[⑪]《全唐诗》收有多篇《采莲》主题的诗歌。莲、菱等成了能够代表包括越州在内的江南水乡重要标志。

---

① ［元］辛文房著，傅璇琮主编：《唐才子传校笺·补正》卷七《李频》，中华书局1995年版，第395页。
② 《全唐诗》卷五〇六章孝标《上浙东元相》，第5748页。
③ ［唐］李吉甫撰，贺次君注解：《元和郡县图志》卷二六《江南道二》，中华书局1983年版，第619页。
④ 《唐才子传校笺》卷六《章孝标》，第137页。
⑤ ［唐］贯休撰，陆永峰校注：《禅月集校注》卷一六《送僧归剡山》，巴蜀书社2012年版，第337页。
⑥ 《全唐诗补编·续拾》卷一四卢象《紫阳真人歌》，第860页。
⑦ 《全唐诗》卷二六〇秦系《耶溪书怀寄刘长卿员外》，第2899页。
⑧ 《全唐诗》卷六九一杜荀鹤《送友游吴越》，第7926页。
⑨ 《全唐诗》卷五四三喻凫《送越州高录事》，第6269页。
⑩ ［唐］孟郊著，韩泉欣校注：《孟郊集校注》卷四《越中山水》，浙江古籍出版社2012年版，第173页。
⑪ 《全唐诗》卷五〇六章孝标《思越州山水寄朱庆余》，第5750页。

菰与莼菜是最为诗人所乐道的越州美食。秦系《题镜湖野老所居》有"树喧巢鸟出，路细葑田移"，①"镜湖野老"即贺知章。秦系之后的温庭筠在贺知章故居有"废砌翳薜荔，枯湖无菰蒲""鸂鶒苇花随钓艇，蛤蜊菰菜梦横塘"等句。②贺知章有"钑镂银盘盛蛤蜊，镜湖莼菜乱如丝"的诗句，并称赞"乡曲近来佳此味"，③温庭筠显然是引用了贺知章的诗歌典故。但菰与莼有混淆之处。"葑"有"菰的根"之意，即茭白，但茭白兴起于宋，在唐代极为罕见。那么，秦系所述的"葑田"应该只是菰草。"菰菜即菇菜，是一种地皮菜之类地菌，皮滑、色黄、味甘，多与鱼鲙一起制作羹汤"，程杰认为，"莼羹鱼鲙在六朝时南、北均较流行，《晋书》将莼羹、鲈鱼误举一起，遂取代传统的'金羹玉鲙'成了吴中最响亮的风味组合"。④

越州地区有菰菜，但诗人笔下出现更多的是莼菜。高适有"镜水君所忆，莼羹余旧便"，⑤杜甫《秋日寄题郑监湖上亭三首》也有"羹煮秋莼滑，杯迎露菊新"，⑥《嘉泰会稽志》记载"山阴故多莼，然莫及湘湖者"，⑦结合诗人将越州镜湖与莼菜相联系，可以认为莼菜是唐代越州的特产之一。

当然，越州的湖田除了种植作物以外，也有渔业养殖的作用。耿湋《赠严维》描述山阴风景，其中有"海田秋熟早，湖水夜渔深"，⑧镜湖之田"高海丈余，若水少则泄湖灌田，如水多则闭湖泄田中水入海"，⑨则耿湋所说的"海田"当为镜湖，湖上有人在夜里捕鱼。

越州湖中所产的鲈鱼是诗人笔下的著名佳肴。鲈鱼作为吴中风味之一，也经常出现在咏越的诗句中。诗人在送别友人前往越州时，多强调越州的鲈鱼珍馐美味，如高适《送崔功曹赴越》"今朝欲乘兴，随尔食鲈鱼"，喻凫《送越州高录事》"泽国还之任，鲈鱼浪得尝"，韩翃《送山阴姚丞携妓之任兼寄山阴苏少府》"加餐共爱鲈鱼肥，醒酒仍怜甘蔗熟"等。此外，也有诗人在离开越州后回忆鲈鱼的美味，羊士谔回忆自

---

① 《全唐诗》卷二六〇秦系《题镜湖野老所居》，第2896页。

② ［唐］温庭筠撰，刘学锴校注：《温庭筠全集校注》卷四《秘书省有贺监知章草题诗笔力遒健风尚高远拂尘寻玩因有此作》、卷八《题贺知章故居叠韵作》，中华书局2007年版，第443、755页。

③ 《全唐诗》卷八六九贺知章《答朝士》，第9855页。

④ 程杰：《三道吴中风物，千年历史误会——西晋张翰秋风所思菰菜、莼羹、鲈鱼考》，《中国农史》2016年第5期，第106—125页。

⑤ ［唐］高适著，孙钦善校注：《高适集校注·诗·秦中送李九赴越》，上海古籍出版社2014年版，第226页。

⑥ ［唐］杜甫著，谢思炜校注：《杜甫集校注》卷一五，上海古籍出版社2015年版，第2304页。

⑦ ［宋］沈作宾修，施宿纂：《嘉泰会稽志》卷一七，《宋元方志丛刊》第7册，中华书局1990年版，第7030页。

⑧ 《全唐诗》卷二六八耿湋《赠严维》，第2976页。

⑨ 《元和郡县图志》卷二六《江南道二》，第619页。

己"曾作江南步从事，秋来还复忆鲈鱼"。^①可见鲈鱼对文人骚客的吸引力。

越州橘子也是诗歌中出现较多的特产。越州橘子在唐代是贡品，《薛戎神道碑》提到"旧制：包橘之贡取于人，未三贡鬻者，罪且死。"薛戎在元和末为越州刺史，对越州贡橘直接取自百姓的方式进行了改革，"命市贡之，鬻者无所禁"，^②直接采取市场采购的方式，减轻了百姓压力。越州橘能够成为贡品，可见其品质。李绅在浙东观察使任上有《新楼诗二十首》，其中专有一首描述越州的橘园："江城雾敛轻霜早，园橘千株欲变金。朱实摘时天路近，素英飘处海云深。惧同枳棘愁迁徙，每抱馨香委照临。怜尔结根能自保，不随寒暑换贞心。"^③李绅笔下的橘园有千株，颇有规模。杜荀鹤在游越时，看到当地"有园多种橘，无水不生莲"，韩翃送友人从越州还江东时，"把手闲歌香橘下，空山一望鹧鸪飞"，可见香橘成了能够代表越州的文学意向。

茶叶也是越州的重要物产。孟郊写道越州"茗圃无荒畦"，章孝标选择越中山水时，专门有"茶挑茗眼鲜"，说明越州的茶叶是给他留下了比较深刻的印象。从越州出现了茶叶贸易的亥市来看（见下文），越州茶叶种植应该有了一定的规模且商业化程度较高。孟郊在洛阳北边的别墅与友人刘言史一同煎茶，品的就是越州茶，刘言史有诗曰："粉细越笋芽，野煎寒溪滨。"^④司空图在暮春时节，面对柳絮纷飞，"恼得闲人作酒病，刚须又扑越溪茶"，^⑤"刚须"为"只须"之意，显然越溪茶对于司空图而言能够平心静气，治愈因饮酒而致疾的身体。

僧人皎然对产于越州剡县的剡茶赞赏有加，其《饮茶歌诮崔石使君》云："越人遗我剡溪茗，采得金牙爨金鼎。素瓷雪色缥沫香，何似诸仙琼蕊浆。一饮涤昏寐，情来朗爽满天地。再饮清我神，忽如飞雨洒轻尘。三饮便得道，何须苦心破烦恼。此物清高世莫知，世人饮酒多自欺。愁看毕卓瓮间夜，笑向陶潜篱下时。崔侯啜之意不已，狂歌一曲惊人耳。孰知茶道全尔真，唯有丹丘得如此。"^⑥皎然把剡茶比作仙琼蕊浆，以三饮之述，将剡茶涤荡心灵、破除凡尘愁苦烦恼的效果表现得生动形象。在《送李丞使宣州》中，皎然"聊持剡山茗，以代宜城醑"，^⑦可见他对剡茶的喜爱。

---

① 《高适集校注·诗·送崔功曹赴越》，第 225 页；《全唐诗》卷二四三韩翃《送山阴姚丞携妓之任兼寄山阴苏少府》、卷三三二羊士谔《忆江南旧游二首》、卷五四三喻凫《送越州高录事》，中华书局 1960 年版，第 2728、3696、6269 页。

② 《元稹集》卷五三《唐故越州刺史兼御史中丞浙江东道观察等使赠左散骑常侍河东薛公神道碑文铭》，第 662 页。

③ 《李绅集校注·编年诗·新楼诗二十首·橘园》，第 178 页。

④ 《全唐诗》卷四六八刘言史《与孟郊洛北野泉上煎茶》，第 5321 页。

⑤ 《全唐诗》卷六三三司空图《暮春对柳二首》，第 7269 页。

⑥ 《全唐诗》卷八二一皎然《饮茶歌诮崔石使君》，第 9260 页。

⑦ 《全唐诗》卷八八皎然《送李丞使宣州》，第 9219 页。

（二）手工业

越州青瓷因其质如碧玉，在唐五代极受欢迎。其中的秘色青瓷更是代表了唐代青瓷制作工艺的最高水平。陆龟蒙以极具色彩张力的语言描述了秘色越器的魅力："九秋风露越窑开，夺得千峰翠色来。好向中宵盛沆瀣，共嵇中散斗遗杯。"[①]

皮日休《茶瓯》一诗提到越州与邢州所制的茶瓯，"邢客与越人，皆能造兹器"，[②]二者在当时都有知名度。不过，陆羽认为越州瓷在邢州瓷之上。他在《茶经》中将越州青瓷列为上等，认为"若邢瓷类银，越瓷类玉，邢不如越一也；若邢瓷类雪，则越瓷类冰，邢不如越二也；邢瓷白而茶色丹，越瓷青而茶色绿，邢不如越三也"，[③]越瓷越发能衬托茶之清香翠绿。"越瓯犀液发茶香"[④]"茶助越瓯深"，[⑤]不仅把茶叶的香气，更把茶叶与茶具在色彩上的相互衬托表现出来，可谓生动形象。另有不少诗歌往往将茶茗与越瓯搭配，如"蒙茗玉花尽，越瓯荷叶空"[⑥]"茶新换越瓯"[⑦]"山上褐来采新茗……越瓯遥见裂鼻香"[⑧]"越碗初盛蜀茗新"[⑨]，以越瓷为茶具应该在当时比较普遍。

除瓷器外，越州的剡纸也非常有名。李肇《国史补》将越州的剡藤苔笺列为上等。[⑩]顾况有《剡纸歌》，其中"剡溪剡纸生剡藤，喷水捣后为蕉叶"，[⑪]交代了剡纸的产地、原料、制造工艺等。薛能《送浙东王大夫》有"越台随厚俸，剡硾得尤名"，关于"硾"，注曰："近相传擣熟纸名硾"，[⑫]越州剡县所产纸张有突出的名气（尤名）。唐代文人将剡纸作为礼物赠送友人，"历见言书文者，皆以剡纸相夸"，[⑬]这在唐诗中有充分体现。崔道融有《谢朱常侍寄贶蜀茶剡纸二首》，陈端有《以剡笺寄赠陈待诏》。陈端的诗描述了剡纸洁白如雪，温润如云的特点："云母光笼玉杵温，得来原

---

① 《全唐诗》卷六二九陆龟蒙《秘色越器》，第 7216 页。

② ［唐］皮日休、［唐］陆龟蒙等撰，王锡九校注：《松陵集校注》卷四《茶中杂咏（并序）·茶瓯》，中华书局 2018 年版，第 894 页。

③ ［唐］陆羽撰，陆冬梅校注：《茶经》卷上，北京农业出版社 2007 年版，第 24 页。

④ 《全唐诗》卷六八三韩偓《横塘》，第 7832 页。

⑤ 《全唐诗》卷六七六郑谷《题兴善寺》，第 7757 页。

⑥ 《全唐诗》卷三八〇孟郊《凭周况先辈于朝贤乞茶》，第 4266 页。

⑦ 《全唐诗》卷六七五郑谷《送吏部曹郎中免官南归》，第 7728 页。

⑧ 《全唐诗》卷四七七李涉《春山三褐来》，第 5426 页。

⑨ 《全唐诗》卷四九四施肩吾《蜀茗词》，第 5603 页。

⑩ ［唐］李肇撰：《唐国史补》卷下；上海古籍出版社编：《唐五代笔记小说大观》，上海古籍出版社 2000 年版，第 197 页。

⑪ 《全唐诗》卷二六五顾况《剡纸歌》，第 2950 页。

⑫ 《全唐诗》卷五五九薛能《送浙东王大夫》，第 6489 页。

⑬ 《全唐文》卷七二七舒元舆《悲剡溪古藤文》，中华书局 1983 年版，第 7495 页。

自剡溪濆。清涵天姥峰头雪，润带金庭谷口云。"[1] 皮日休也以"宣毫利若风，剡纸光于月"[2] 形容剡纸光滑如月。张怀瓘《书诀》评价"剡纸易墨，心圆管直。浆深色浓，万毫齐力"，[3] 因此剡纸广受唐代文人青睐。齐己在《荆渚病中，因思匡庐，遂成三百字，寄梁先辈》有"新题忆剡硾，旧约怀匡庐"，《寄敬亭清越》也有"鼎尝天柱茗，诗硾剡溪笺"，"新题"即"新作"，齐己新作第一时间联系到剡纸，可见剡纸作为书写材料的欢迎程度。正因此，唐代诗人往往以剡纸作为文学意向，来代表书信纸张。僧齐己在《谢人自钟陵寄纸笔》有"霜雪剪裁新剡硾，锋铓管束本宣毫"，[4] 钟陵在江西，齐己收到的纸笔不太可能是剡纸和宣毫，诗中的"剡硾""宣毫"只代指纸和笔。刘禹锡《牛相公见示新什谨依本韵次用以抒下情》有"符彩添隃墨，波澜起剡藤"，[5] "剡藤"与"隃墨"相对，指剡藤纸。诗人在诗中以剡纸作为纸的代名词，可见剡纸在文人中的受欢迎程度。

越州的丝织品也是唐诗中出现最多的越州物产之一。越州为江南蚕丝之乡，古有西施浣纱的传说。开元年间徐延寿对越州女子纺织丝缣印象深刻，写下了"织缣春卷幔，采蕨暝提筐"。[6] 唐诗中多出现越州的蚕丝元素，如施肩吾《江南织绫词》"卿卿买得越人丝，贪弄金梭懒画眉"，李商隐《寄成都高苗二从事》"莫将越客千丝网，网得西施别赠人"，徐凝《宫中曲二首》"披香侍宴插山花，厌着龙绡着越纱"。唐诗中多有"越罗""越缣"等词汇，如杜甫《白丝行》"缫丝须长不须白，越罗蜀锦金粟尺"，《后出塞五首》"越罗与楚练，照耀舆台躯"，孙光宪《竹枝词二首》"乱绳千结绊人深，越罗万丈表长寻"，李贺《秦宫诗》"越罗衫袂迎春风，玉刻麒麟腰带红"等。[7] 诗中多有描述越罗轻、薄、光滑的特色，如罗虬《比红儿诗》"薄罗轻剪越溪纹，鸦翅低垂两鬓分"，[8] 牟融《禁烟作》"尊酒临风酬令节，越罗衣薄觉春寒"，[9] 李商隐《燕台四首》"瑶瑟愔愔藏楚弄，越罗冷薄金泥重"等。[10]

① 陈尚君辑校：《全唐诗补编·续拾》卷五四·陈端《以剡笺赠陈待诏》，中华书局 1992 年版，第 1583 页。

② 何锡光校注：《松陵集·卷一》二游诗·徐，凤凰出版社 2015 年版，第 1326 页。

③ 陈尚君辑校：《全唐诗补编·续拾》卷一二张怀瓘《书诀》，中华书局 1992 年版，第 857 页。

④ 《全唐诗》卷八三九齐己《荆渚病中，因思匡庐，遂成三百字，寄梁先辈》、卷八四〇《寄敬亭清越》、卷八四六《谢人自钟陵寄纸笔》，第 9464、9473、9579 页。

⑤ ［唐］刘禹锡撰，《刘禹锡集》整理组点校，卞孝萱校订：《刘禹锡集》卷三四《牛相公见示新什谨依本韵次用以抒下情》，中华书局 1990 年版，第 502 页。

⑥ 《全唐诗》卷一一四徐延寿《南州行》，第 1165 页。

⑦ ［唐］李贺著，吴企明笺注：《李长吉歌诗编年笺注》卷三《秦宫诗》，中华书局 2012 年版，第 264—265 页。

⑧ 《全唐诗》卷六六六罗虬《比红儿诗》，第 7627 页。

⑨ 《全唐诗》卷四六七牟融《禁烟作》，第 5320 页。

⑩ ［唐］李商隐撰，刘学锴、余恕诚著：《李商隐诗歌集解·编年诗·燕台诗四首·秋》，中华书局 2004 年版，第 86 页。

越州的丝织品成为唐代的贡品，其生产工艺和水平达到了一定的高度。《新唐书·地理志》所载越州土贡有"宝花、花纹等罗，白编、交梭、十样花纹等绫，轻容、生縠、花纱，吴绢"等丝织品。①刘禹锡《酬乐天衫酒见寄》有"酒法众传吴米好，舞衣偏尚越罗轻"，②白居易时任苏州刺史，其送给刘禹锡的越罗应该是从越州流入苏州。张籍有《酬浙东元尚书见寄绫素》，"越地缯纱纹样新，远封来寄学曹人。便令裁制为时服，顿觉光荣上病身。"浙东元尚书即元稹，③越绫被用来当作礼物赠送友人，说明越绫能够代表越州形象，而张籍用越绫裁制新衣后，顿觉光荣，可以想见越绫为时人所喜爱。

白居易《新乐府》中有《缭绫》，描述了越州女工辛苦织造缭绫用于进贡给朝廷，以此讽喻统治者要"念女工之劳"，其诗云："缭绫缭绫何所似，不似罗绡与纨绮。应似天台山上月明前，四十五尺瀑布泉。中有文章又奇绝，地铺白烟花簇雪。织者何人衣者谁，越溪寒女汉宫姬。去年中使宣口敕，天上取样人间织。织为云外秋雁行，染作江南春水色。广裁衫袖长制裙，金斗熨波刀翦纹。异彩奇文相隐映，转侧看花花不定。昭阳舞人恩正深，春衣一对直千金。汗霑粉污不再着，曳土蹋泥无惜心。缭绫织成费功绩，莫比寻常缯与帛。丝细缫多女手疼，扎扎千声不盈尺。昭阳殿里歌舞人，若见织时应也惜。"④关于该诗所反映的越州纺织业发展水平，陈寅恪指出，"安史之乱"前，越州"虽亦为蚕丝之产地，然丝织品并不特以工妙著称。迨安史之乱后，经薛兼训之奖励改良，其工艺遂大为精进矣。"⑤白居易诗对缭绫的花纹样式、制作精美进行了诗意化的表述，皇帝派中使宣敕要求越州制造缭绫进贡，亦可见其制作水平达到了很高的程度。元稹《阴山道》有"越縠缭绫织一端，十匹素缣功未到"，⑥唐代六丈为端，四丈为匹，六丈缭绫所需要的人工和成本远高于四十丈普通的白色绢帛，罗隐有"蜀锦谩夸声自贵，越绫虚说价功高"，⑦当可说明当时越绫之珍贵。正因为缭绫以工妙著称，故被大唐用来与回鹘交易马匹。

（三）商业

元稹描述越州地区的商业道："舟船通海峤，田种绕城隅。栉比千艘合，褒裟万

① ［宋］欧阳修等：《新唐书》卷四一《地理五·江南道》，中华书局1975年版，第1060页。
② 《刘禹锡集》卷三四《酬乐天衫酒见寄》，第480页。
③ ［唐］张籍撰，徐礼节、余恕诚校注：《张籍集系年校注》卷八《酬浙东元尚书见寄绫素》，中华书局2011年版，第936、938页。
④ ［唐］白居易撰，谢思炜校注：《白居易诗集校注》卷四《缭绫》，中华书局2006年版，第389—390页。
⑤ 陈寅恪：《元白诗笺证稿》，商务印书馆2017年版，第253页。
⑥ 《全唐诗》卷六五六罗隐《绣》，第7545页。
⑦ 《全唐诗》卷六五六罗隐《绣》，第7545页。

顷铺。亥茶阒小市，渔父隔深芦。"① 元稹笔下的越州海运通畅，舟船鳞次栉比，往来频繁，而沿路有万顷店铺，可见当时商业的繁荣。大和元年（827）正月十五夜，越州城内人头攒动，"宵游二万七千人，独坐重城圈一身。步月游山俱不得，可怜辜负白头春"，② 可见城市生活的繁华。李绅描述越州"玉田千亩合，琼室万家开"。宋之问《郡宅中斋》提到越州城"郡宅枕层岭，春湖绕芳甸。云薨出万家，卧览皆已遍"，与李绅异曲同工。据《元和郡县图志》，元和时期越州有户"二万六百八十五"③。李绅生活年代与之接近，他描述的万家琼室虽然只是指越州州城一带的情况，且只是文学化的语言，但大致能够反映出越州州城一带人口众多的面貌。州城人口密集分布，再加之越州水运交通便利，兼具渔盐之利，自然就刺激了当地的商业贸易。外地商船来到越州进行贸易，越州的商人也走出越州。韩愈《送僧澄观》"越商胡贾脱身罪，珪璧满船宁计资。"④ 从诗句前后文看，此处的商贸活动发生在澄观所在的泗州。泗州在大运河沿线，居于重要的交通位置，越商与善于经商的胡贾相对，在一定程度上表明越商在大运河沿线商贸活动中所扮演的角色。

关于越州的集市，元稹有诗曰："暮竹寒窗影，衰杨古郡濠。鱼虾集橘市，鹤鹳起亭皋。……渔艇宜孤棹，楼船称万艘。"⑤ 由此可知"罗城外有护城河，渔船可直至城内，众多运送商品的楼船直接将货物运进城内市场。城中设市，市边有河道，水边有堆置货物的平地，四周是民居，市离城墙不远。"市场上鱼虾、橘子等商品较多。⑥ 宋之问《郡宅中斋》有"渔商汗成雨"的表述，⑦ 应该在城里的市场交易，估计是元稹提到的"橘市"。

唐诗中还有具有一定特色的草市。上文引元稹诗提到了每个亥日进行茶叶贸易的草市，越州地区的茶叶有了较强的市场化特点。此外，还有鱼市。罗邺《南行》"鱼市酒村相识遍，短船歌月醉方归"，⑧ 鱼市设置在湖边，大概是原产地直接销售。关于

---

① 《元稹集》卷二六《春分投简明洞天作》，第 360 页。

② 《全唐诗》卷四七四徐凝《正月十五夜旦幕中诸公》，第 5382 页。不过，吴伟斌认为该诗为元稹所作。（［唐］元稹原著，吴伟斌辑佚编年笺注：《新编元稹集》，三秦出版社 2015 年版，第 7916 页。）徐凝只投过浙东元稹幕府，这首诗只能是越州时期所作，因此可以肯定该诗描写的是越州的情景。

③ 《元和郡县图志》卷二六《江南道二》，第 617 页。

④ ［唐］韩愈著，［清］方世举编年笺注，郝润华、丁俊丽整理：《韩昌黎诗集编年笺注》卷二《送僧澄观》，中华书局 2012 年版，第 68 页。

⑤ 《元稹集·外集续补》卷一《奉和浙西大夫李德裕述梦四十韵大夫本题言赠于梦中诗赋以寄一二僚友故今所和者亦止述翰苑旧游而已次本韵》，第 803 页。

⑥ 张剑光：《唐代越州城市商品经济研究》，《绍兴文理学院学报》2010 年第 5 期。

⑦ ［唐］宋之问撰，陶敏、易淑琼校注：《宋之问集校注》卷三《郡宅中斋》，中华书局 2001 年版，第 528 页。

⑧ 《全唐诗》卷六五四罗邺《南行》，第 7526 页。

鱼市的繁忙程度,方干有"沙边贾客喧鱼市,岛上潜夫醉笋庄"的诗句,[1]方干生活在晚唐时期,当时越州出现了直接从原产地贸易的草市,可见越州渔业市场已经不限于城内了。晚唐杜荀鹤《送友游吴越》甚至提到了越州的夜市:"夜市桥边火,春风寺外船"。[2]此外,越州还有面向海洋的海市,韩翃《送张渚赴越州》提到"暮雪连峰近,春江海市长",[3]主要跟海洋运输和渔业贸易有关。夜市和草市、海市的出现,说明越州的城市生活已经突破时间和时空的限制,反映了唐五代时期城市商业的繁荣,这跟唐五代社会经济发展的趋势相一致。

限于材料等原因,以上对唐人诗歌中越州经济内容的分析,只能反映越州经济的部分情况,难以全面、准确地还原唐代越州经济的发展程度。但我们通过这些诗句仍然可以一定程度上归纳出唐代越州经济发展的一些特点。

首先,越州经济发展的自然基础是襟海带江,依山傍水的地理条件。诗歌的越州农业围绕以镜湖为代表的湖田所展开,宁绍平原发达的水系维系了越州农业的基础。同时,发达的水系又孕育了菰菜、莼菜、鲈鱼等具有江南特色的产品。越州一方面具有临海优势,另一方面又位于浙东大运河的一端,交通区位优势明显,故商旅汇聚,千帆云集。同时,越州又被山区环绕,利于橘、茶等山区作物的种植。

其次,越州经济具有长期的历史积淀。这在农业中最为典型。镜湖自东汉马臻以来,作为越州地区最大的水利工程,灌溉了近万顷的湖田,在唐代依然发挥了重要的作用,后代在马臻基础上多次对镜湖进行疏浚和整治。两汉以来,越中山区成为诸多隐士,尤其是道教文化的重要策源地,许多名人进入越中山区修仙问道,隐居生活,一定程度上促进了山区的开发。尽管唐诗中涉及越州山区经济的内容较少,但山中农业的开发,越州茶叶的知名,也有赖于唐以前的历史积淀。越州地区的瓷器、纸、纺织品等,在唐代以前就有一定的基础,但到了唐代进一步发展,达到了一定的高度,形成了秘色青瓷、剡藤纸、越绫等具有全国知名度的手工业产品。

最后,越州经济的发展与唐五代社会经济发展相同步。唐诗中出现越州的茶市、鱼市、海市、夜市,反映了越州城市商业活动已经逐渐突破了坊市的空间及定时开放的时间限制,商业的功能布局更多趋向于便于交通、便于交易。这与唐宋时期城市经济的变化相一致。另外,越州手工业在"安史之乱"后得到了快速发展,产生了被时人评为上等的丝绸、瓷器、纸等产品,是唐代后期南方经济快速发展的一个缩影。

当然,我们不宜对唐诗中的越州经济描述持过于高度的评价。诗人的描述一方面因文学化的语言存在比较强烈的主观倾向,可能会对某些内容有过度的夸大。另一方

---

① 《全唐诗》卷六五一方干《越中言事二首》,第 7475 页。
② 《全唐诗》卷六九一杜荀鹤《送友游吴越》,第 7926 页。
③ 《全唐诗》卷二四四韩翃《送张渚赴越州》,第 2746 页。

面，越州作为江南水乡的一个区域，其经济与浙西、淮南等地区在物产、商业、农业等领域有着很多相似性，在江南区域内部，越州也与其他地区存在着一些差距。

但总体来说，唐诗中的越州经济呈现出持续发展且达到了一定高度的面貌。经过文人骚客的加工与传播，越州农业、手工业和商业并不纯粹只是一种经济活动，也具有了人文意蕴。

那么，越州经济如何对唐代诗人产生影响，从而留在唐人的诗篇中呢？唐代诗人又如何对越州经济的影响力产生影响？这是接下去要讨论的问题。

二、越州经济对唐代诗人的影响

浙东唐诗之路是一条众多唐代诗人游历创作所形成的文化路线。吸引大量诗人前来以越州为中心的浙东地区游历的重要原因，除了越中秀美的山水及六朝以来积淀的文化底蕴外，越州地区的经济也是其中的一个重要原因。越州经济对唐代诗人的影响，主要体现在以下几个方面。

（一）发达的水路交通方便了唐代诗人游历[①]

越州"与四周各州有着方便的水陆交通网络，是浙东的交通枢纽"，"越州西可至杭州进入江南运河并北上中原，或进入浙江南下到达岭南，东至明州后可出海，向北也可跨杭州湾到达嘉兴，交通占据了优势，形成网络状，商业运输比较兴盛。"[②] 从杭州进入越州，陆路有南北两路，北路跨过钱塘江至西陵，走陆路南下越州。南路则由富阳经诸暨进入越州。此外，越州经余姚往东走陆路可到达明州；西南经诸暨陆路可到达婺州；东南经剡县达天台。

越州与四周州县的交通除了陆路，还有便利的水路。越州由水路过浦阳江到诸暨、浦阳再至婺州。李白有诗《送杨山人归天台》云"客有思天台，东行路超忽。涛落浙江秋，沙明浦阳月。"[③] 该诗为李白行至楚地而作，在越州西面，那么杨山人进入越地就通过浦阳江到诸暨，再到天台。

水上交通最为重要的是浙东运河。浙东运河位于越州境内，是沟通南北大运河的东段。起点为萧山西陵，由杭州渡钱塘江达到西陵，可沿水路到越州，经曹娥江南下剡溪。诗人多由此路南下进入越州。胡可先指出，"隋唐时期，萧绍运河经过了开凿、发展、完善、繁盛的过程，交通运输、水利建设、文化旅游都能成体系地发展，因而带动了唐代诗人从西陵渡江，经萧山、会稽，沿曹娥江入剡溪，再登天姥山与

① 陆晓冬：《浙东唐诗之路形成的社会经济动因浅析》（《浙江社会科学》2006 年第 3 期），主要着眼于整个浙东，本节以越州为中心展开讨论。

② 张剑光：《唐代越州城市商品经济研究》，《绍兴文理学院学报》2010 年第 5 期。

③ 《李太白全集》卷一六《送杨山人归天台》，第 768 页。

天台山。"① 李白《别储邕之剡中》有"借问剡中道，东南指越乡。舟从广陵去，水入会稽长。竹色溪下绿，荷花镜里香。辞君向天姥，拂石卧秋霜。"② 就是从扬州经运河进入越州，并进一步到达天姥山所在的剡县、天台。③ 西陵南下经越州州城，经剡县，到达天台的路线，构成是浙东唐诗之路的主线。

与便捷的水陆交通相配套的是馆驿系统。白居易以"云树分三驿，烟波限一津"描述杭州至越州路上的驿站分布，"东南取浙江至越州一百三十里"，④ 平均每 40 多里有一驿。唐代官方规定"凡陆行之马程，日七十里。步及驴五十里，车三十里。水行之程，舟之重者，泝河日三十里，江四十里，余水四十五里。空舟泝河四十里，江五十里，余水六十里。"⑤ 杭州至越州，有水陆两路，其驿站分布正好与当时的一天行程相匹配。

越州目前可考的驿站有越州城内的临江驿和镜波馆，迎恩门外西亭驿，山阴县 29 里外的苦竹驿（馆），会稽县的小江驿，诸暨县的诸暨驿（唐初为待宾馆，大历中改名），萧县的西陵驿，剡县的剡溪馆。就江南范围来看，越州馆驿有八个，在十六州中排名第三，⑥ 由此可见越州交通在江南地区是比较发达的。这些馆驿服务对象是官员，而唐诗之路的游历诗人多具有官员身份，故这些沿路驿站为诗人游历浙东提供了出行便利。

上述馆驿在唐诗中多有提及。最为有名的当属萧山的西陵。由于西陵是从杭州跨江后进入越州的起点，故在唐诗路中具有重要的地位。⑦ 涉及西陵的诗句最多，如李绅有《欲到西陵寄王行周》："西陵沙岸回流急，船到黏沙去岸遥。驿吏递呼催下缆，棹郎闲立道齐桡。"白居易《答微之泊西陵驿见寄》："烟波尽处一点白，应是西陵古驿台。知在台边望不见，暮潮空送渡船回。"关于临江驿，胡皓《和宋之问寒食题临江驿》有"闻道山阴会，仍为火忌辰"。⑧ 苦竹馆则有刘长卿《晚次苦竹馆却忆干越旧游》："故驿花临道，荒村竹映篱。"李峤也有《早发苦竹馆》。镜波馆则有许浑《陪越中使院诸公镜波馆钱明台裴郑二使君》："倾幕来华馆，淹留二使君。舞移清夜

---

① 胡可先:《西陵·渔浦：浙东唐诗之路的起点》，《浙江社会科学》2022 年第 6 期。

② 《李太白全集》卷一五《别储邕之剡中》，第 725 页。

③ 新昌文史专家唐樟荣先生告知，古时从剡县至天台似无水路，今人以为可以从沃洲上溯石梁，但诗文中少见。

④ 《元和郡县图志》卷二五《江南道一》，第 602 页。

⑤ ［宋］王溥撰:《唐会要》卷八七《漕运》，中华书局 1960 年版，第 1595 页。

⑥ 张剑光:《唐五代江南工商业布局研究》，江苏古籍出版社 2003 年版，第 253—254、260 页。

⑦ 胡可先近有《西陵·渔浦：浙东唐诗之路的起点》，详细讨论了西陵及附近的渔浦在唐诗之路中的重要地位，可参见。

⑧ 《全唐诗》卷一〇八胡皓《和宋之问寒食题临江驿》，第 1123 页。

月，歌断碧空云。海郡楼台接，江船剑戟分。明时自骞翥，无复叹离群。"① 剡溪馆则丁仙芝《剡溪馆闻笛》："夜久闻羌笛，寥寥虚客堂。山空响不散，溪静曲宜长。草木生边气，城池泛夕凉。虚然异风出，髣髴宿平阳。"方干《和剡县陈明府登县楼》有"驿路古今通北阙，仙溪日夜入东溟"，② 当指剡溪馆。显然，越州的诸馆驿不仅提供了驿马、乘船等交通工具，还是诗人住宿、交游唱和的场所。

除官方的馆驿外，越州还有私人经营的客舍业，如《太平广记》因引《续仙传》提到有"诸暨县南店"，上虞有五丈店。③ 不过目前关于这类客舍业的材料有限，但考虑到众多文人游历浙东，应该也有住宿这些私人营业的客舍。

总而言之，越州地区四通发达的水陆交通，再配置以官方的馆驿系统，加上民间经营的私人客舍，极大方便了唐代诗人游历越州。

（二）物产吸引并提供了诗人创作的素材

竺岳兵在总结唐代诗人游历浙东的七种方式时，提到其中一种为经济考察游，指出"唐代经济繁荣，出现了一批以风景名胜资源、地方土特产品和手工业品调查考察为主的诗人"，并举例了风景名胜资源、茶、瓷器、丝织品、纸、药等。④ 李白"此行不为鲈鱼鲙，自爱名山入剡中"，虽强调剡名山的魅力，但他特意拿鲈鱼鲙对比，亦可反映出当时人多有前往越州品尝鲈鱼鲙。可见，越州物产吸引并提供了诗人的创作素材。

贺知章"蛤蜊菰菜"是比较典型的事例。贺知章在朝中做官，有朝臣见贺为吴越人，嘲笑曰"南金复生中土"。来自南方的黄金贺知章在中土闪闪发光，以此暗讽吴越。贺知章以"钑镂银盘盛蛤蜊，镜湖莼菜乱如丝。乡曲近来佳此味，遮渠不道是吴儿"应答，⑤ 吴越的蛤蜊用银盘装饰，镜湖的莼菜也如丝一般散在羹上，这些吴越的美味流行于长安地区，如何能说这些不是来自吴越呢？正因为越州的蛤蜊和莼菜的知名度，贺知章才用于举例回答朝士。蛤蜊和莼菜就成了后世与贺知章捆绑的典故，贺知章之后的诗人在拜访其在镜湖边上的故居时，多提此蛤蜊和莼菜。晚唐温庭筠有"越溪渔客贺知章，任达怜才爱酒狂。鸂鶒苇花随钓艇，蛤蜊菰菜梦横塘"，⑥ 不过该诗有两种标题《秘书省有贺监知章草题诗笔力遒健风尚高远拂尘寻玩因有此作》和

---

① ［唐］许浑撰，罗时进笺证：《丁卯集笺证》卷三《陪越中使院诸公镜波馆饯明台裴郑二使君》，中华书局 2012 年版，第 152 页。

② 《全唐诗》卷六五一方干《和剡县陈明府登县楼》，第 7482 页。

③ ［宋］李昉等编：《太平广记》卷三三《马自然》、《太平广记》卷一五《李惟燕》，中华书局 1961 年版，第 212、707 页。

④ 竺岳兵：《剡溪——唐诗之路》，《唐诗之路综论》，中国文艺出版社 2003 年版，第 8—9 页。

⑤ 《全唐诗》卷八六九贺知章《答朝士》，第 9855 页。

⑥ 《温庭筠全集校注》卷四《秘书省有贺监知章草题诗笔力遒健风尚高远拂尘寻玩因有此作》，第 443 页。

《过贺监旧宅》两说。但不管温庭筠写诗的背景如何，尽管他对菰与莼的认识有混淆之处，但蛤蜊和莼菜进入贺知章的诗句，并通过贺知章形成了一种文学典故，显然是为诗人的创作提供了丰富的素材和想象。

我们从唐诗中的越州丝织品内容也可看到越州物产丰富文学创作素材的情况。越州为传统的蚕丝之乡，越罗、越纱等多次出现在唐人的诗歌中，这些词汇或与西施浣纱的典故有关，或纯粹只是一种意象化的词汇。但在白居易《缭绫》和元稹《阴山道》中，越绫成为他们反映社会现实的素材。"安史之乱"后，越州的丝织水平得到了跨越式发展，《元和郡县图志》在越州土贡部分特别提到"自贞元之后，凡贡之外，别进异文吴绫，及花皷歇单丝吴绫、吴朱纱等纤丽之物，凡数十品"。[①] 这与越州丝织品的发展相同步，而同时代的白居易、元稹等人将越绫有关的朝廷宣索导致的民力耗费、唐与回鹘的绢马贸易等现象写入诗中，在越州丝织品原与美女、宫廷元素相关的基础上，进一步拓展了越州丝织品的内涵。

除了物产外，越州的城市经济也为诗人提供了创作素材。宋之问《郡宅中斋》对城市的建筑、商业等有描述："郡宅枕层岭，春湖绕芳甸。云甍出万家，卧览皆已遍。渔商汗成雨，廛邑明若练。"[②] 元稹向白居易夸耀越州"州城迥绕拂云堆，镜水稽山满眼来。四面常时对屏障，一家终日在楼台。星河似向檐前落，鼓角惊从地底回。我是玉皇香案吏，谪居犹得住蓬莱。"[③] 杜荀鹤在送友人前往吴越时，提到越地的橘、莲等物产外，还特意提到"夜市桥边火，春风寺外船"。[④] 越州精美的建筑、壮观的城市形态、繁荣的城市生活都给诗人留下了深刻印象，并成为他们诗歌的重要素材，用以表达他们的生活和心情。

越州经济对诗人创作的影响还体现在丰富了文学活动。越州精美的物品如越缣、瓷器、茶叶、剡纸等被诗人作为礼物赠送友人，或在宴饮等活动中使用，这些物品丰富了诗人唱和的材料。我们不妨以茶为例，来分析越州物产对诗人的文学活动的影响。温庭筠有《西陵道士茶歌》"乳窦溅溅通石脉，绿尘愁草春江色。涧花入井水味香，山月当人松影直。仙翁白扇霜鸟翎，拂坛夜读黄庭经。疏香皓齿有余味，更觉鹤心通杳冥"，描写的是与西陵道士的茶会场景。大历年间有松花坛茶宴，众多诗人联句中有"焚香忘世虑，啜著长幽情。聚土何年置，修心此地成。道缘云起灭，人世月亏盈。蝉噪林当晓，虹生涧欲晴。水流惊岁序，尘网悟簪缨。"这些茶会所饮之茶自然是出自越州，而上述与茶有关的诗歌所阐述的多是一种超脱尘世、涤荡心灵的境

① 《元和郡县图志》卷二六《江南道二》，第 618 页。

② 《宋之问集校注》卷三《郡宅中斋》，第 528 页。

③ 《元稹集》卷二二《以州宅夸于乐天》，第 281 页。

④ 《全唐诗》卷六九一杜荀鹤《送友游吴越》，第 7926 页。

界，这与皎然引剡茶的三饮之叹异曲同工。另外，在描述越州茶的诗句中，多与山林相联系，如僧齐己《山寺喜道者至》"鸟幽声忽断，茶好味重回。知住南岩久，冥心坐绿苔。"温庭筠《宿一公精舍》"茶炉天姥客，棋席剡溪僧。"方干《山中言事》"日与村家事渐同，烧松啜茗学邻翁。"等。诗人将茶与山相联系在一起，不仅因为茶叶的生长环境在山区，更在于茶与山水的结合，赋予了特殊的文化意境。当然，如果越州地区的茶叶不好，恐无法引起皎然三饮之叹。因此，我们可以说，越州的物产提供了诗人文学唱和活动的用品，并被诗人写进诗歌中。这一方面是出于对越州的茶叶、瓷器等物产实用性的推崇，另一方面在于这些物产在美观和感观上的艺术魅力。

（三）山水城市的特色经济吸引诗人前来越州定居生活

除了经济考察之外，也有很多诗人居住在越州，原因除了越州的山水文化吸引力之外，越州的繁荣经济也是重要因素。众所周知，发达的交通、繁荣的商业贸易、丰富的城市生活是吸引人口居住的重要因素。山水构成了越州经济的主要特色，越州在千年时间里对山水湖海的开发，至唐代达到了一定的高度。正是这种山水城市的特色经济，吸引众多诗人前来越州游历，甚至定居。

在有关越州的诗歌中，经常出现诗人居住的别业、别墅，这些别墅能够反映越州典型的山水经济特色。其中比较著名的是贺知章和方干的别墅。天宝三载（744），贺知章请为道士，还乡里，玄宗许之，"以宅为千秋观而居。又求周宫湖数顷为放生池，有诏赐镜湖剡川一曲。"[1]"镜湖剡川"在贺知章的千秋观周围，且有数顷的面积，可以想见其宅之规模。卢象称贺知章"山阴旧宅作仙坛，湖上闲田种芝草"，[2]温庭筠《题贺知章故居叠韵作》提到"废砌羼薜荔，枯湖无菰蒲"，这虽是萧条的情形，但故宅边湖中有菰、蒲等水上作物可以想见。不过，贺知章本身是越州人，他晚年归隐山阴有思乡的因素，但越州的山水应该也是吸引其归隐的重要原因。

方干在越州也有别墅。《唐才子传》记载方干"大中中，举进士不第，隐居镜湖中。湖北有茅斋，湖西有松岛，每风清月明，携稚子邻叟，轻棹往返，甚惬素心。所住水木幽閟，一草一花，俱能留客。家贫蓄古琴，行吟醉卧以自娱。"[3]他的诗歌中也对镜湖边别墅生活有所描述。《镜中别业二首》（一作《镜湖西岛闲居》）："寒山压镜心，此处是家林。梁燕窥春醉，岩猿学夜吟。云连平地起，月向白波沈。犹自闻钟角，栖身可在深。""世人如不容，吾自纵天慵。落叶凭风扫，香粳倩水舂。花朝连郭雾，雪夜隔湖钟。身外无能事，头宜白此峰。"《初归镜中寄陈端公》："去岁离家今岁归，孤帆梦向鸟前飞。必知芦笋侵沙井，兼被藤花占石矶。云岛采茶常失路，雪龛中

① 《新唐书》卷一九六《贺知章传》，第 5607 页。
② 《全唐诗补编·续拾》卷一四卢象《紫阳真人歌》，第 860 页。
③ 《唐才子传笺证》卷七《方干》，中华书局 2010 年版，第 1773 页。

酒不关扉。"① 诗中描述的生活与《唐才子传》描述方干在镜湖边的生活状态相一致。

此外,诗歌中也有其他诗人在越州的别墅。王绪在剡中有别业,皇甫冉有诗曰:"不见关山去,何时到剡中。已闻成竹木,更道长儿童。篱落云常聚,村墟水自通。朝朝忆玄度,非是对清风。"② 王绪的别墅坐落在山中,四周用篱笆围起来,有流水通村墟,旁边有竹木茂密。朱放有山阴别业,刘长卿有《送朱山人放越州贼退后归山阴别业》诗,不过未描述朱放别墅的情况。《唐才子传》记载朱放"遭岁歉,南来卜隐剡溪、镜湖间,排青紫之念,结庐云卧,钓水樵山,尝着白猨罷鹿裘笋屦,盘桓酒家。"③ 李频在上虞也有别业。方干《李侍御上虞别业》云:"满目亭台嘉木繁,燕蝉吟语不为喧。昼潮势急吞诸岛,暑雨声回露半村。真为援毫方掩卷,常因按曲便开尊。若将明月为俦侣,应把清风遗子孙。绣羽惊弓离果上,红鳞见饵出蒲根。寻君未要先敲竹,且棹渔舟入大门。"④ 翁洮《和方干题李频庄》则曰:"海气暗蒸莲叶沼,山光晴逗苇花村。吟时胜概题诗板,静处繁华付酒尊。闲伴白云收桂子,每寻流水屦桐孙。犹凭律吕传心曲,岂虑星霜到鬓根。多少清风归此地,十年虚打五侯门。"⑤ 从方干和翁洮的描述看,李频的别业依山又傍海,交通便利,同时环境清幽。

上述诗人别墅环境的描写大致有两个特点:这些别墅四周依山傍水,环境清幽,渔樵耕读式的山水经济符合诗人归隐田居,追求逍遥清闲的生活旨趣;这些别墅又交通相对便利,多邻近酒家,并没有远离商业地带,这就便于诗人获取酒、茶等物资。

总而言之,以诗人在越州的别业及其环境的分析可见,越州以山水为特色的经济是构成诗人前来隐居的重要原因。绍兴州城一带属于山会平原,河网密布,以镜湖为主体的农田水利工程,构建了人文与自然的双重特点。这种山与水的有效结合,再加之对越州地区农业、渔业、商业的开发,使得越州地区契合诗人隐居的文化意境,⑥同时又满足了生活的基本条件。

三、唐代诗人与越州经济影响力的提升

越州经济的发展是浙东唐诗之路形成的重要原因。浙东的物产、山水经济吸引着

① 《全唐诗》卷六四八、卷六五一方干《镜中别业二首》《初归镜中寄陈端公》,第 7443、7479 页。

② 《全唐诗》卷二四九皇甫冉《送王绪剡中》,第 2796 页。该诗题一作《送王公还剡中别业》。

③ 《唐才子传校笺》卷五《朱放》,第 343—344 页。

④ 《全唐诗》卷六五三方干《李侍御上虞别业》,第 7499 页。

⑤ 《全唐诗》卷六六七翁洮《和方干题李频庄》,第 7640 页。

⑥ 胡可先指出,"开元、天宝年间,唐王朝的国力达到极盛的境地,文人们有着一种空前的自豪感与自信心,山川的秀美更是陶冶心灵、增加自豪感的重要内容",因此李白等诗人来到越中漫游。"安史之乱以后,诗人的自信心与自豪感锐减,然越中山水的美景对诗人心灵的陶冶作用仍然很大,只是诗歌的色调变得清淡冷寂与奇特幽深。"(《唐代越州文学试论》,中国陆游研究会编:《陆游与越中山水》,人民文学出版社 2006 年版,第 559、560 页)

诗人前往浙东，创作众多美妙诗篇。另外，这些唐代诗人也对越州经济的影响力提升发挥了重要作用，主要体现在以下三方面。

（一）参与了越州经济的开发

越州所在的江南地区在唐代得到了进一步的发展，尤其是"安史之乱"后，在北方战乱频繁的背景下，南方地区保持了相对安定的社会局面，经济开发进一步加快，发展速度远超北方。作为唐后期国家财赋重心之地，唐朝廷重视对南方地区的经济开发，减少南方的军事力量，在江淮地区进行了以兵力寡弱、上供丰赡、恭顺文臣统镇为特点的改革。[①] 江淮地区的军政长官绝大多数为文官，这批官员的多数都是诗人，越州地区也是如此。同时，这些文官多有担任财政使职的经历，拥有比较丰富的理财和治理能力。郁贤皓《唐刺史考全编》考证出唐代越州刺史 107 位，其中"安史之乱"前 56 人，《全唐诗》《全唐诗补编》有诗者 2 人；"安史之乱"后 51 人，《全唐诗》《全唐诗补编》有诗者 17 人。[②] 尽管对于刺史及所收诗歌的统计受到资料流传等问题的限制，但与前期相比，唐代后期诗人担任越州刺史明显比前期要多，如果考虑到唐代后期文官普遍成为越州刺史，这个趋势更加明显。

这些诗人作为地方刺史，大力发展越州地方经济。大历十年（775），越州刺史皇甫温增修山阴县的防海塘。永贞元年（805），皇甫政凿山阴县北三十里越王山堰，又于县东北二十里作朱储斗门。元和十年（815），孟简在越时，开山阴北五里新河及西北十里有运道塘。大和七年（833），陆亘置山阴西北四十六里新迳斗门。[③] 元稹也在任上修筑陂塘，白居易《元稹墓志铭》："又明年，命吏课七郡人冬筑陂塘，春贮水雨，夏溉旱苗。农人赖之，无凶年，无饿殍。"[④]

此外，越州刺史的文人僚佐也参与了越州经济的开发。唐初，诗人杨炯的伯父杨德裔在会稽长史任上，"在会稽，引陂水溉田数千顷，人获其利，于今称之焉。"[⑤] 代宗年间，诗人鲍防作为越州刺史薛兼训的僚佐，在袁晁之乱后协助治理浙东，恢复社会发展。《鲍防碑》提到"东越仍师旅饥馑之后，三分其人，兵盗半之。公之佐兼训也，令必公口，事必公手，兵兼于农，盗复于人。自中原多故，贤士大夫以三江五湖为家，登会稽者如鳞介之集渊数，以公故也。"士人来到越州，除了鲍防本人的吸

---

① 蔡帆：《朝廷、藩镇、土豪：唐后期江淮地域政治与社会秩序》，浙江大学出版社 2021 年版，第 45 页。

② "安史之乱"前有姚崇、王英，"安史之乱"后有杜鸿渐、杨于陵、阎济美、薛苹、孟简、薛戎、元稹、陆亘、李绅、高铢、元晦、杨汉公、李褒、李讷、沈询、王龟、钱镠。钱镠较为特殊，但不影响结论。

③ 《新唐书》卷四一《地理五》，第 1061 页。

④ 《白居易集校注》卷三三《唐故武昌军节度处置等使正议大夫检校户部尚书鄂州刺史兼御史大夫赐紫金鱼袋尚书右仆射河南元公墓志铭》，第 1928—1929 页。

⑤ ［唐］杨炯著，祝尚书笺注：《杨炯集笺注》卷九《常州刺史伯父东平杨公墓志铭》，中华书局 2016 年版，第 1193 页。

引外，浙东在薛兼训、鲍防等人的努力下，逐渐恢复生产，社会稳定，应该也是重要原因。

越州诸县的长官也在任上发展当地的经济。王恕"好学善属文"，大历年间，薛兼训表奏权知余姚县令，"时海寇初殄，邑焚田荒。公乃营邑室，创器用，复流庸，辟菑畬。凡江南列邑之政，公冠其首。其制邑、辟田、增户之绩，则会稽之谍、地官之籍载焉。"① 李汲"三美相应，钟为材贤，文华焕发于生知，廉让不因于师教。其嗜学也，不循章句；其修词也，不尚浮华"，他由科举入仕，"射策之科，三升异等"，当具有文词之能。贞元年间，李汲为余姚县令，"所以子人济俗，展平生之志，户口增倍，歌谣至今"。② 大中年间的剡县令王逢，"幼从师，弱冠积所学为文为诗"，在剡县"开地千有七百亩，变荆莽为膏腴，历岁而足食，经时而树桑，家有三年之业，人无五袴之爱"。③

由于材料所限，我们无法完全还原唐代诗人开发越州经济的全貌。但从上述分析可以看到，这些诗人在越州期间开发当地水利，保障农业用水，在战乱之后，努力招徕人口，开辟耕地，发展生产，造福百姓。"安史之乱"以后，越州经济得到了长足发展，这些具有诗人身份的官员发挥了重要作用。

（二）提高了越州经济的知名度

诗人将越州经济写入诗篇中，通过诗歌的传播，也提高了越州经济的知名度。唐代发生在越州的诗歌唱和活动很多，比较著名的有大历年间的浙东唱和以及元稹任职浙东时与幕僚的唱和。④ 关于元稹越州唱和的影响力，史书记载："会稽山水奇秀，稹所辟幕职，皆当时文士，而镜湖、秦望之游，月三四焉。而讽咏诗什，动盈卷帙。副使窦巩，海内诗名，与稹酬唱最多，至今称兰亭绝唱。"⑤ 胡可先甚至认为这是中晚唐浙东文学的最盛时期。⑥ 大历年间以鲍防为核心的文人在浙东的唱和也极具影响力，"贤士大夫以三江五湖为家，登会稽者如鳞介之集渊薮"，大批文人来到越州，无疑增加了越州的影响力。

---

① 《白居易文集校注》卷五《唐扬州仓曹参军王府君墓志铭》，第 235 页。

② 周绍良主编：《唐代墓志汇编》贞元〇七二《故越州大都督府余姚县令李府君墓志铭并序》，上海古籍出版社 1992 年版，第 1888、1889 页。

③ 胡戟、荣新江主编：《大唐西市博物馆藏墓志》四二七《唐故朝议郎守恭陵台令王君墓志铭》，北京大学出版社 2012 年版，第 919 页。

④ 两《唐书》的《吴筠传》记载了玄宗时期吴筠东游天台，"在剡与越中文士为诗酒之会，所著歌篇，传于京师。"（《旧唐书》卷一九二《吴筠传》，中华书局 1975 年版，第 5129 页）但据郁贤皓考证，此说无另外佐证，错误很多，不能信从。见《吴筠荐李白说辨疑》《李白与唐代文史考论》，南京师范大学出版社 2008 年版，第 57—66 页。

⑤ 《旧唐书》卷一六六《元稹传》，第 4336 页。

⑥ 胡可先：《唐代越州文学试论》，《陆游与越中山水》，第 552—553 页。

明了诗人在越州文学活动的影响力，我们再来看这两次唱和活动的越州经济元素。鲍防等人的联唱有《大历年浙东联唱集》，《大历年浙东联唱集》有《状江南十二咏》，描述了江南一年四季的景色物产和风土人情。春天有"江南季春天，莼叶细如兹。池边草作径，湖上叶如船"；夏天有"慈竹简如编""芦橘垂金弹，甘蕉吐白莲"；秋天有"稻花白如蜜。素腕惭新藕，蘑粗姑晚莲""栗熟大如拳。枫叶红霞翠，蕙花白浪川"；冬天则有"紫蔗节如鞭。海将盐作雪，山用火耕田"等。[①]这些咏叹江南景物的诗向世人展示了江南蓬勃向上，物产丰富的形象。张晋华指出，这组诗"描写细微如画，比喻新鲜贴切，用词自然流丽，充满清新秀美的江南水乡风味"，反映了南渡文士的心理，"北方中原的动乱和破坏令他们厌倦失望，唯有眼前宁静富饶的江南美景使他们获得一定的安慰和怡悦"。[②]此外，在大历年间的联唱集中，有两篇发生在茶宴上，分别是松花坛茶宴和云门寺小溪茶宴。松花坛茶宴有"焚香忘世虑，啜茗长幽情"，云门寺小溪茶宴则"黄粱谁共饭，香茗忆同煎"。他们饮用的自然是越州茶。

这些诗人在越州唱和组诗，他们宴会创作的场所分布在越州的名山大川，著名景点。诗人们将越州的风景、山水、物产、商业等经济元素写入诗中，随着诗歌流传各地，越州经济的影响力也随之提高。

元稹时期的文学唱和活动也发挥了这一作用。[③]元稹与杭州刺史白居易相邻，故其在越州，"参其酬唱，每以筒竹盛诗来往"。[④]元白诗歌在当时极受欢迎，"缮写模勒，衒卖于市井，或持之以交酒茗者，处处皆是"，在越州平水市"村校诸童竞习诗"，都在习读元白之诗，甚至连新罗宰相都以白金换一篇。[⑤]元稹除与窦群等幕僚文学唱和外，还与苏州刺史李谅、浙西观察使李德裕等人唱和。元稹还将越州的丝织品作为礼物赠予张籍，并以此为主题有诗歌往来。越州城市、物产、商业面貌，越州经济的影响力自然随着元稹及其友人诗歌流传进一步提高。

当然，除了两次影响巨大的唱和活动外，很多诗人通过他们的文学活动提高了越州经济的知名度。他们把越州特产带到外地与友人分享（刘言史《与孟郊洛北野泉上煎茶》），或向友人赠送（崔道融《谢朱常侍寄蜀茶剡纸二首》、陈端《以剡笺寄赠陈待诏》），或以此来饯别友人（皎然《送李丞使宣州》、或向前往越州的友人宣传越州美食（高适《送崔功曹赴越》、喻凫《送越州高录事》等），或在京城向朝官宣传本

① 贾晋华：《唐代集会总集与诗人群研究》，北京大学出版社2001年版，第288—291页。《大历年浙东联唱集》流传过程中有散佚，本文论述采用贾晋华的辑校成果。
② 贾晋华：《唐代集会总集与诗人群研究》，第82页。
③ 前文叙述越州经济时所引元稹的诗都是其在越州任上所写，其中多数为与白居易、李德裕等人的唱和之作。
④ ［宋］王谠撰，周勋初校证：《唐语林校证》卷二《文学》，中华书局2008年版，第145页。
⑤ 《元稹集》卷五一《白氏长庆集序》，第641页。

地佳味（贺知章《答朝臣》）。诸多诗人将越州经济元素写入诗歌，通过各种方式的交往、交流，创作和传播文学作品，对越州经济起到了宣传作用。

（三）丰富了越州经济的文化内涵

诗人将越州经济元素写入诗歌，伴随着与经济有关的典故、情感及形象的不断传播、再创造，越州经济中的某些元素逐渐被赋予了更多的内容，在语言含义上拥有了超脱语言本身的更多内涵。

越州的剡藤纸因其光滑洁白的特点广受唐代诗人喜爱，诗人多将其写入诗中或作为礼物相互赠送。剡纸、剡藤、剡硾等也逐渐成了纸的代名词，如僧齐《谢人自钟陵寄纸笔》有"霜雪剪裁新剡硾，锋铓管束本宣毫"，刘禹锡《牛相公见示新什谨依本韵次用以抒下情》有"符彩添隃墨，波澜起剡藤"。到了宋代，剡纸的这种代称作用依然存在。如熊岑《送程公辟》诗："溪藤频得句，雪舫夜留宾。"①与雪夜访戴的典故相对，这里的剡藤应该泛指写诗的纸张。黄庭坚有"虿尾银钩写珠玉，剡藤蜀茧照松烟。"②"虿尾银钩"形容书法遒劲，"蜀茧"即"蜀笺"，剡藤与蜀笺并列在诗歌中成为优秀纸张的代名词。

值得一提的是，剡纸作为纸的代名词，在日本江户时代的汉诗中也有体现。祇园南海《篆隶歌寄赠崎阳彭城生》云："剡溪精藤莹如玉，转腕清风运郢斤。"据本诗序言，彭城生善篆隶，作者"偶获览其所书八分及垂露数幅，欣慕弗止，聊作歌以赠"，这里对剡溪精藤的描述应该就是指书写的纸张。又如"赋工梁苑简，藻丽剡溪藤"（薮孤山《送古公款游洛五十韵》），"展将一幅剡溪藤，画出峰峦云吐缯"（长冈护美《题画二首》），"好裁剡溪藤十丈，写出濋上修禊图"（横山耐雪《随鸥吟社第一大会席上分韵得虞》），"毛颖子呼磨淡墨，剡溪藤展写沧溟"（平山武世《赠友人》）亦是以剡藤代表纸张。梁川星巌《纸帐》有"微波摇荡剡溪风，一片银光凝不融"，描写了纸张轻薄洁白的特点。默庵松村《美人风筝》"美人新学步虚仙，驾得春风上碧天。骨换纤纤淇澳玉，衣裁薄薄剡溪烟"，也是展现了制作风筝的纸质轻薄。与剡纸有关的剡藤、剡溪等都与纸张相联系，可见剡溪的内涵也有进一步丰富的趋势。

又如越州的丝织品，唐诗中的越罗、越縑、越纱等多与西施的典故有关联，多形容美人。如"严妆嫩脸花明，教人见了关情。含羞举步越罗轻，称娉婷"③"披香侍宴插山花，厌着龙绡着越纱"。④不过，到了元白笔下，越縑就不是与美女有关的元素，

---

① ［宋］高似孙著，王群栗点校：《剡录》卷七，浙江古籍出版社 2015 年版，第 142 页。

② ［宋］黄庭坚撰，［宋］任渊、［宋］史容、［宋］史季温注，刘尚荣点校：《黄庭坚诗集注·外集》卷九《再次韵奉答子由》，中华书局 2003 年版，第 1074 页。

③ 《全唐诗》卷八九五尹鹗《杏园芳》，第 10111 页。

④ 《全唐诗》卷四七四徐凝《宫中曲二首》，第 5379 页。

而是涉及百姓疾苦、国家兴亡，带有了明显的政治内涵。诗人借越缬想要表达他们对实事的关注，越缬成了他们借以表达政治思想的文学题材，且与唐代后期的政治现实相联系。

与西晋张翰秋风所思莼羹、鲈鱼等吴中佳味逐步演变为家乡之思一样，贺知章"蛤蜊菰菜"也经历了这个过程。在贺知章的语境下，"蛤蜊菰菜"只是单纯指当时流行于长安，用以代表吴越地区物产的标识，其后逐渐衍变出了故园之思的内涵。温庭筠"蛤蜊菰菜梦横塘"用以描述家乡之思，考虑到该诗的语境，更多是运用典故。不过清人"忆年时，蛤蜊菰菜，故园多少情味"，[①] 则是明显借用典故来表达思乡之情。

以上是对具体个案的分析，若从宏观角度来说，唐代前期国家安定，社会富足，诗人对南方社会经济的描述更多拥有一种蓬勃向上的精神；"安史之乱"后，北方动荡，南方经济保持相对稳定的环境，越州经济中清静悠闲的意境也在诗歌中得到了进一步发挥。如僧皎然对剡茶的三饮之叹，使得茶叶涤荡心灵，破除凡尘愁苦烦恼的效果跃然纸上，越瓯与茶叶相得益彰，无论在香气还是在形色上都衬托出一种色香味的美感，诗人居住的越州别墅既有山水的幽情，又不完全远离尘世的氛围，给予了越州经济动静结合的双重内涵。诗人笔下的越州经济，既有延绵的城墙、密集的住宅、繁忙的商业、往来的交通，又有清幽的山居环境。诗人游历越州，在名山川流和亭台楼阁中唱和宴饮，在享受越州物产的同时，也通过诗歌记录下众多的文学活动，越州的经济元素与这些诗人的故事及作品留在了文字、传说和记忆中，被不断流传、创造，在此过程中越州经济的内涵也不断丰富。

李商隐在《为荥阳公与浙东杨大夫启》中指出，"越水稽峰，乃天下之胜概；桂林孔穴，成梦中之旧游。遐想风姿，无不畅惬。一分襟袖，三变寒暄。虽思逸少之兰亭，敢厌桓公之竹马。况去思遗爱，遐布歌谣；酒兴诗情，深留景物。庾楼吟望，谢墅游娱"，[②] 提到了王羲之兰亭集会和谢灵运的始宁别墅。越州成为"天下之胜概"除了自然条件外，更多的是诗人雅集所赋予的文化内涵的吸引力。山水如是，以越州山水为基础所发展出的经济亦是如此。

四、小结

浙东唐诗之路的形成和发展与以越州为核心的浙东地区的经济发展密切联系。唐代越州经济在六朝以来的基础上进一步发展，尤其是"安史之乱"以后，越州经济进入了快速发展的阶段。我们从唐代诗人的诗歌中可以看到越州的农业、手工业和商业

---

① ［清］丁绍仪辑：《清词综补》卷三一戴铭金《摸鱼儿》，中华书局1986年版，第591页。
② ［唐］李商隐著，刘学锴、余恕诚校注：《李商隐文编年校注·编年文·为荥阳公与浙东杨大夫启》，中华书局2002年版，第1735页。

的面貌。这时期越州出现了剡纸、青瓷、越缣等享誉全国的产品,反映了唐代越州经济达到了一定的高度。

一方面,正是越州经济的发展为诗人游历浙东提供了便利的交通,丰富了诗歌创作的题材,同时越州以山水为基础的经济又吸引诗人前来游历或定居。另一方面,唐代诗人也推动了越州的经济影响力。唐代后期,大量文官成为越州的军政长官,他们中多为诗人,在动乱后恢复越州经济,参与了越州的水利建设,主持开垦耕地,进一步推动了越州经济的发展。他们通过文学唱和,通过各种形式宣传了越州的物产,提高了越州经济的知名度。在这个过程中,越州经济元素被不断流传、创造,其文化内涵也不断深化。

吴越国时期的东府越州

胡文炜

（绍兴市鉴湖研究院）

摘要：越州虽是吴越国时期的十三个州之一，但由于这里是钱镠的两次平叛之处，因而也可以说是吴越国的起家之地。吴越国建立后，设杭州都城为西府，越州是为东府，越州成为吴越国的陪都，其地位在十三州中仅次于杭州。由于刘汉宏和董昌据越州时战争频繁，再加上他们向百姓无限榨取，使得越州经济凋敝，生产力受到严重破坏。两次平叛后吴越国采取重农政策，疏浚鉴湖，修筑海塘，越州土地有了保障，同时围造圩田，增加土地面积，百姓得以休养生息，安居乐业，经济迅速发展，出现了欣欣向荣的新局面，成为一方富庶之地。绍兴地区至今留有诸多吴越国时期的史迹和传说。吴越国的年代虽然不算长，但对绍兴的发展起了重要作用，影响深远，值得深入研究和探索。

晚唐时期，浙东观察使刘汉宏据越州，今绍兴城就是当时的越州州治。刘汉宏本是兖州使院的一个小吏，随唐军征战时劫得辎重而叛唐。唐军讨伐刘汉宏没有成功，后被唐都统王铎收降，表为宿州刺史。当时的浙东观察使柳涛因行贿被免职，唐朝官员不愿做柳的继任，于是派刘汉宏赴任，官员们认为刘是降将，以叛将代贿吏正适宜，刘由此迁升为浙东观察使，驻越州，时在唐僖宗广明元年，即公元880年。

刘汉宏任浙东观察使期间，黄巢相继陷洛阳、长安，唐僖宗西逃至蜀地。在此期间刘汉宏因为向朝廷进贡了大量物资，被授予义胜军节度使，领浙东越州、明州、台州、温州、处州、婺州、衢州，势力大增。时值唐末，社会动乱，刘汉宏欲望膨胀，觊觎杭州，想趁机进一步扩展势力。唐中和二年（882），刘汉宏发兵2万，屯于钱江南岸的西陵要塞，也就是现在的西兴渡口。此时杭州由董昌占据。本来朝廷已任命路审为杭州刺史，由于董昌先领兵进入杭州，朝廷不得不改任董昌为杭州刺史。由于董昌也想扩大自己的势力，准备向钱江南岸发展，于是两股势力之间发生了持续不断的战争。

光启二年（886），都知兵马使钱镠向董昌建议："除恶务去根本，愿以全师讨伐刘汉宏。"董昌许诺"汝能取越州，吾以杭州授汝。"（《资治通鉴》卷二五六《唐纪七十二》）在钱镠的进攻下，刘汉宏全军覆灭，朝廷正式授董昌为浙东观察使，授钱镠为杭州刺史，钱塘江南岸的西陵因此改名为西兴。这场战争先后进行了五年之久，给浙东的经济带来严重损害，百姓怨声载道苦不堪言。

董昌任浙观察使后于当年（886）过钱塘江到越州坐镇。次年朝廷在越州设"威胜军"，董昌成为威胜军节度使、检校尚书右仆射，俨然成为越州的土皇帝。他为了讨好朝廷以谋取更大的利益，不惜大肆搜括当地百姓。"当是时，天下贡输不入，独昌赋外献常三倍，旬一遣。"（《新唐书·董昌传》）就在别地进贡不了时，唯独董昌比平常三倍贡输，从每月一次增加到每月三次，有金万两，银五千锭，绫一万五千匹，居于各藩镇之首。于是董昌加官晋爵，累拜检校太尉、同中书门下平章事，爵陇西郡王。

随着爵位的提升，董昌的欲望更加膨胀，他向朝廷要求封为越王，但没有获准。于是董昌极度不满，觉得朝廷对不起他，认为自己每年进贡那么多，给一个越王称号都不肯。乾宁二年（895）二月初二，董昌披衮冕登上越州子城（也就是现在的绍兴内）门楼，自称为大越罗平国国王，改元顺天，命名城楼为天册之楼，寝名明光殿、亭名黄龙殿，下设丞相、翰林学士、大将军以及百官。以后又在越州城内建起董昌生祠，制度悉如禹庙。今绍兴城内蕺山的岩壁上仍留有刻石，个别字虽缺失，但所剩的字仍很清晰："唐景福元年，岁在壬子，准敕建节度使相国陇西公生祠堂，其年十二月十六日，兴工开山建立，遍山栽柳枝。"景福元年为公元892年。董昌据越后，越州百姓经历了一场浩劫，《新唐书·逆臣下》谓当时越州是"血流刑场，地为之赤"。为了稳固宝座，他致书钱镠，许诺给以权位。对此，钱镠予以抵制，并好言相劝，要他马上悔改，但董昌毫无悔意。唐昭宗于是下诏，削去董昌的官爵，封钱镠为彭城郡王、浙东道讨招使，出兵讨伐董昌。

乾宁三年（896），钱镠领兵攻克越州，擒获董昌。押解董昌的船只在行经越州的西小江时，董昌趁人不备投入江中，顿时溺毙，钱镠军队占领越州。苦熬十多年战乱劫难，经钱镠两次平叛，越州百姓终于缓过一口气来。钱镠进入州城时，城中百姓无不欢庆，老幼出动迎接仁义之师，今绍兴城内的拜王桥两边就是当年百姓迎拜钱镠的地方，拜王桥至今完好。绍兴城北捉住董昌的地称为昌安，今天的安昌古镇和相邻的羊山是当年钱镠屯兵之处。

天祐四年（907）唐朝亡，朱温建后梁，开启了五代时期。后梁龙德三年（923），钱镠建吴越国，拥有浙江和苏南、闽北的十三个州。越州虽是十三州之一，其地位却非常重要。钱镠是临安人，但由于他二次平叛的军功都产生在越州，因而在一定程度上也可以说他是从越州起的家。也正是这个原因，他成为吴越国王后，设杭州都城为西府，设越州为东府，成为陪都，越州地位在吴越国十三个州中仅次于杭州。在此之前，唐代的元稹于长庆三年（823）任浙东观察使兼越州刺史，曾作有一首《以州宅夸于乐天》诗。"州城迥绕拂云堆，镜水稽山满眼来。四面常时对屏障，一家终日在楼台。星河似向檐前落，鼓角惊从地底回。我是玉皇香案吏，谪居犹得住蓬莱。"钱镠就是根据这首诗，在越州城内的卧龙山上兴建了"蓬莱阁"。到南宋，赵构南渡来到越州，又以卧龙山麓吴越王留下的东府作为临时皇宫，时间长达一年又九个月。

唐朝亡后的五代期间，朝代更换频繁，五个朝代中持续时间最长的后梁也不过是17年。战乱使得社会的经济、文化受到很大影响，特别是北方，经济破坏尤其严重。而钱镠所建的吴越国，由于采取保境安民的策略，在所治范围内休兵息民，使得社会安定，又积极发展生产，整治水利，越州经战争创伤的治理，出现了经济繁荣，物产丰饶的新局面。

吴越国时期，越州领山阴、会稽、诸暨、上虞、剡县、余姚、萧山、新昌八县，实行以州、县、乡三级管理，州由吴越国国王直管，派安抚使为州行政主管。开始由于藩镇体制仍然存在，所以采取行政与军事双重管理，到吴越国中后期，藩镇体制逐步转变，双重管理的格局也相应加以调整。吴越国初期，越州辖县七个，当时还没有新昌，为适应浙东南到州城的人员来往和物资调运需要，剡县东部需要建立驿站应接，遂析剡东十三个乡为新昌县。自此以后越州（南宋以后为绍兴府）稳定为一府八县格局，一直延至明、清，时间长达千年。吴越国时越州既是州，又有府的性质，鉴于地位的重要，所以越州刺史由节度使担任，也就是由吴越国王直接担任，至于具体事务，由东府安抚使代理国王处理，是实际上的越州长官。

吴越国时期越州的古镜湖还没有湮废，但已存在了将近800年。镜湖（宋代改名鉴湖），始筑于东汉永和五年（140），东起广陵斗门（今柯桥区钱清镇东侧），西止蒿口斗门（今上虞区西侧），是当年国内罕见的人工大湖。镜湖的南边是群山，北边一条湖堤，堤长131里（65.5公里），越州州治处在湖堤中部的北侧。镜湖建成后，水面比田高丈余，上游来水大时能蓄洪，干旱时又能放水，使北部平原的九千顷土地成为旱涝保收的良田。由于长时间的运行，湖底逐渐淤积，还出现了浮在水面上的"葑田"，这是一种由水草盘结而成的浮田，这种葑田在唐代已有，如元稹诗《春分日投简阳明洞天作》："薅莏秧渐长，烧后葑犹枯。"诗题中的"阳明洞天"在古镜湖南岸，从诗句可知别的田里秧已渐长，但葑田上的干草烧掉后到春分时还干枯着。白居易诗《和春分日投简阳明洞天作》："涧远松如画，洲平葑似铺。"可知葑田平铺在水面像个洲。方干也有诗《题镜湖野老所居》："树喧巢鸟出，路细葑田移。"葑田的增多造成镜湖蓄水量减少，有的地方还趁机围湖为田，既易发涝灾，又影响灌溉。吴越国时期对水利十分重视，专门设置了都水营田司，用来管理水利和屯田。又设置疏浚、治水的专业队，称为"潦浅军"，又称"潦清军"。此专业队分三路，两路在钱塘江以北，另一路就在越州的镜湖流域，以整治镜湖水利为主。

越州北濒钱塘江口，以前越州人称后海，因为那里潮起潮落，南宋宝庆《续会稽志》谓："清风、安昌两乡实濒大海，有塘岸御风潮。"清风、安昌是越州靠钱塘江的两个乡。虽然唐代在江的南岸建了海塘，但由于是土塘或木柴与土的混合塘，因而不坚固，抵御不了大潮。钱镠建吴越国后，创造了以"石囤木桩法"在钱塘江两岸修建海塘。这种方法是用毛竹编制长数十丈的笼子，笼子里面装进石块，因为用单块石垒塘容易被潮冲散，石块装进笼子后就像是手挽着手的人墙，大大增加了抵御的力量。同时再在笼子外钉上木桩，这样连成一条捍海长塘，使土地不再受到潮水的侵袭。在海塘和镜湖堤塘之间的平原地带，又疏浚河道，整治蓄排水功能，通过一系列的措施，使低田不致涝，高田不受旱，从而大幅增加了粮食产量。

绍兴北部平原河道纵横，许多地方是一片片的湿地，直至20世纪末，当地还开辟了大型的镜湖湿地公园。吴越国时期为增加耕地面积，组织百姓修筑圩田。宋杨万里在《诚斋集》卷三二中记载："江东水乡，堤河两涯而田其中谓之圩。农家云：圩者围也，内以围田，外以围水，盖河高而田反在水下，沿堤通斗门，每门疏港以溉田，故有丰年而无水患。"圩田就是由堤围起来的耕地。时间过去1000多年，这种地的遗迹现在已看不到了，但从延续至今的村落名称，如陈家埭、赵家埭、姚家埭、范家埭等可知当年曾经有过的这种营造。绍兴现有40多个带"埭"的地名，全部分布在北部平原。南朝时的《玉篇》谓："埭，以土堨水。"明代《正字通》："埭，壅土为堰。"可知埭是一种土堤，也就是用来围圩田的设施。正是由于"埭"的重要，所以绍兴人将山区的"坞"与平原的"埭"合称"埭坞"，作为居住地的称呼法，如"你家住在啥埭坞。""你们那个埭坞真好"。

由于吴越国采取了一系列兴农措施，使得越州成为重要的粮食生产基地，据范仲淹《范文正公集·答手诏条陈十事》，吴越国时期"民间钱五十文，籴白米一石"。《册府元龟》卷一九七载吴越王钱俶向后周进贡时除了绫绢、白金、香药等外，还有"军稻米二十万石"。农业的发展，粮食的丰盈，带来各项副业的繁荣。越州的南部是丘陵，中部又有许多平原上的孤丘，村民在山坡上广植桑树，作为养蚕业的基地，给丝织行业提供源源不断的原料。虽然现在经济结构已发生很大变化，但绍兴至今还有地方在种植桑树养蚕获茧。海水浸泡过的土地不宜种稻麦，百姓们便种植络麻，作为纺织的原料，萧山农村的络麻种植一直延续到近代。2005年出版的《浙江通史》第4卷收有《吴越国进贡中原王朝表》，罗列吴越国进贡数量不菲的绫、绢、丝、纱、棉、缎、绮等。山坡除了种桑，还广植花卉，《嘉泰会稽志》卷十七载："吴越时钱传瓘为会稽喜栽植牡丹，其盛若菜畦，其成丛列树者，颜色葩房率皆绝异，时人号为花精。"吴越国时，越州还是出产青瓷的重要基地，晚唐陆龟蒙诗："九秋风露越窑开，夺得千峰翠色来"，吴越国时期秘色瓷得以进一步发展，成为上层人家使用的珍品。据《宋两朝贡奉录》载，钱弘俶时进贡"金银饰陶（瓷）器一十四万事（件）"。

越州作为吴越国的东府，留下了诸多史迹和传说。绍兴城内百姓迎接钱镠的拜王桥，现在是全国文物保护单位。绍兴城北钱镠屯过兵的齐贤，当地人将钱镠尊为城隍神，齐贤东郊羊山石佛寺旁建有城隍庙，称武肃王殿，祀奉钱镠，香火延续千年。当地传说，钱镠因战事频繁，鞍马劳顿，致患有眼疾。后有一位神医指点，只要取越州城内的圣水洗眼可以治愈。钱镠按神医所示掘地得泉，果然治好了眼疾，于是留下了两个水池，一名日池，一名月池。《嘉泰会稽志》卷十载："日、月池在县东北一里，池二所。俗传钱武肃王所浚，王有目疾，故浚此二池云。"20世纪50年代二池仍在，现在因城市改造，池已不存，但原址仍留有"月池坊"的地名。《嘉泰会稽志》卷十一又载绍兴府城有钱王井："钱王井，井凡数十，大抵多在五云稽山门外，以石甃，水高于地，霖潦不溢，大旱不涸，方暑时行路甚以为惠，传以为吴越王时所浚，盖不可考，然至今俗谓之钱王井。"既然有这个名称，当不是空穴来风。钱镠崇尚佛教，传说曾得观音护佑，所以在位时修建了多座寺院，越州城内建有观音院，位置在现在绍兴城内的人民中路，那里至今存有一条观音弄，就是当年的遗迹。绍兴城内原有一座大型寺院，名开元寺，也出自吴越国时期，《嘉泰会稽志》载："初，武肃王有浙东，以董昌第为开元，而以昌生祠为天王院。"另外，绍兴城区内现在还留有"钱王祠前"的地名，也是吴越国时的遗迹。

后唐四年（929），钱弘俶继吴越王位，其兄钱弘倧移居越州。《吴越备史》载："王于卧龙山西寝后置园亭，栽植花竹，周遍高下，旦暮登临，乞于四时。倧能为歌诗，亭榭间记录皆满。"西园处卧龙山西侧，历经千年兴衰，于20世纪90年代重建，亭台楼榭、曲池风荷，移步换景，成为绍兴城内著名的开放式园林。钱弘倧居越州时，有人企图加害于他，被其弟弘俶严厉阻止，并派人保护，诛杀了两名刺客。钱弘倧在越州一直居住了二十多年，因病去世，以王礼安葬于越州城南的秦望山麓。《越中杂识》载："吴越忠逊王墓，在秦望山北，地名昌源。……俶奉王居东府，宋开宝中薨，以王礼葬于秦望山之原，谥曰忠逊。"

由于钱镠平叛有功，唐昭宗乾宁四年（897）赐以丹书铁券。此券在1000多年里几经风浪颠沛，最后保存在越州嵊县长乐镇的钱氏后裔手中。到1938年，日寇侵占长乐，钱氏族人为防铁券有失，将其藏在钱赓麟家的一口井内。据钱赓麟之子钱文汉在2005年81岁时回忆，当时他的父母将铁券涂上油，封上蜡，再用棉线缠好，外面再次封蜡，然后沉入深井中。1945年日寇投降，他们于当年11月将铁券从井中取出，发现完好如初。1951年，嵊县长乐钱氏后裔将铁券献给当地人民政府，由浙江省文物管理委员会保管。鉴于铁券具有重要的历史文献价值，1959年改由中国历史博物馆收藏，经鉴定为国家一级文物。

吴越国的建国史虽然不长，但在我国的历史中占有十分重要的地位，其中对越州经济的发展产生了深远影响，值得深入研究、探索。

绍兴柯岩《僧海岳摩崖》浅识

周燕儿

（绍兴市柯桥区博物馆）

摘要：柯岩造像及摩崖题刻，是 2013 年 3 月国务院公布的第七批全国重点文物保护单位，而《僧海岳摩崖》则是柯岩景区现存年代最早的一幅摩崖。文章试图通过对该幅摩崖的调查、传拓、释读，并稽考相关历史文献，为柯岩造像的断代、重修，柯岩普照寺的重建，明代治水能臣黄猷吉生平事迹的研究提供新资料。

《僧海岳摩崖》位于绍兴市柯桥区柯岩街道柯岩景区内，是全国重点文物保护单位柯岩造像及摩崖题刻的重要组成部分，也是年代最早且最具历史价值的一幅摩崖，但由于该摩崖所处位置较为隐秘，之前很少有人关注。为此，笔者在实地调查、传拓的基础上，结合文献谈点粗浅的认识。

该摩崖具体位置在柯岩造像石窟内壁，距地面高约 5 米，需搭脚手架或架长梯进入石窟内，方能一睹"庐山真面目"。摩崖框高 68 厘米，宽 160 厘米。楷书，阴刻。共 14 竖行，满行 8 字，字径 7 厘米。文曰："汉时建石像，至大明万历丙申，伏牛派沙门性专徒海岳，鼎装金相全身。万历甲辰，海岳偕徒道志，鼎立三大士像，重兴修理殿宇完备。愿此功德，与一切众生同登安养。时丁未十一月吉旦，菩萨戒弟子海岳和南识。起因：建殿信官黄猷吉、任胜臣；助缘：比丘竺通。"2005 年，绍兴县文物保护管理所调查摩崖、碑刻时发现，并实施传拓，拓片现藏绍兴市柯桥区博物馆（图 1）。

柯岩，是对柯山东南面岩壁、岩洞等石景奇观的通称。明嘉靖《山阴县志》云："柯山去县西南三十五里。山皆石。其下有水，曰柯水。"①（图 2）

明黄猷吉《游柯山记》云："柯山者绵亘十余里，相传为仙子烂柯处，当是名

---

① ［明］许东望修，［明］张天复、柳文纂：嘉靖《山阴县志》卷二《山川志》，明嘉靖三十年刻本。

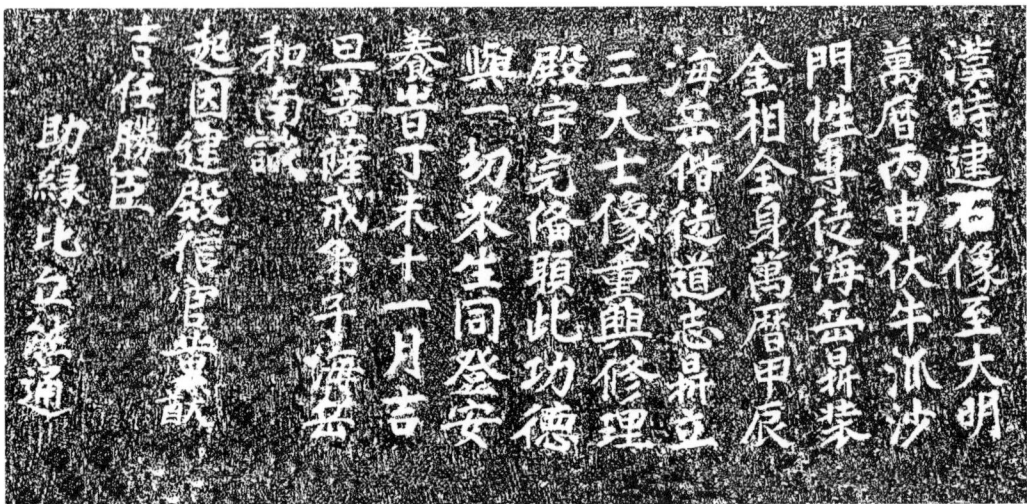

图1 《僧海岳摩崖》拓片

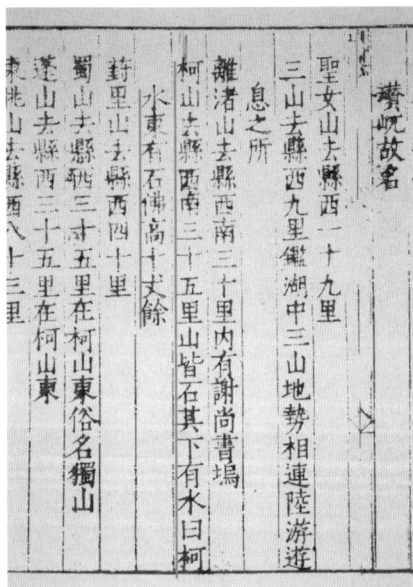

图2 明嘉靖《山阴县志》中有关柯山记载

山。"① 清乾隆《绍兴府志》云："山产石，为民所采，成岩洞，巧匠琢为佛。"② 清周铭鼎《柯山小志》记载更具体："柯山……横亘里许，不甚高峻，自具一种秀丽磅礴之致。山外群峰林列，南湖镜涵。下有溪水，土名柯溪，盖因山而称焉。山产岩，石工取之，成石荡十余处，岩壁孤峭，潭影清冷。"③ 至于柯岩大规模凿山取石时代，据明祁彪佳《寓山注·通霞台》记载："寓山之右为柯山，万指锤凿，自吴大帝赤乌以迄于今，几于刊山之半。"④ 则可上溯到三国吴赤乌年间。长年累月的开采，使这里形成了石宕、石洞、石潭、石壁诸景，至宋代已成游览胜地。南宋陆游《柯山道上作》诗⑤，便对柯岩景致作了贴切描绘。然而，

① ［明］黄猷吉著：《两高山人百尺千岩万壑楼藏稿》卷一《碑记部·游柯山记》，明万历三十二年刻本。

② ［清］李亨特修，［清］平恕、徐嵩等纂：乾隆《绍兴府志》卷三十八《祠祀志三·寺上·柯山寺》，清乾隆五十七年刻本。

③ ［民国］绍兴县修志委员会纂：民国《绍兴县志资料》第一辑《柯山小志》，民国二十六年绍兴县修志委员会印。

④ ［明］祁彪佳撰：《祁彪佳集》卷七《寓山注·通霞台》，中华书局1960年版，第163页。

⑤ ［宋］陆游著，钱仲联校注：《剑南诗稿校注》（八），上海古籍出版社1985年版，第4522页。

柯岩青石色泽青白，质地较疏松，与绍兴羊山、箬簣山青石相比，耐用性要略逊一筹。因此，柯岩现存的一些清代晚期摩崖，虽距今只有百数十年时间，但已出现不同程度的风化剥落现象。而《僧海岳摩崖》，由于所处位置遮风蔽雨，且旧时窟前又有普照寺殿宇遮护，故保存状况相对较好，字迹历历在目。

该摩崖题写者海岳，未见方志记载。明万历三十七年（1609），黄汝亨在《秦望山记》文中写到的柯岩"伧道人"①，即指僧海岳。海岳题写摩崖的年月为万历三十五年（1607）十一月。

该摩崖中记及的"建殿信官"黄猷吉，是一位值得后人纪念的越中名人。黄猷吉，初名梦贤，字仕贞，一字伯祯，号两高，明山阴鉴湖人。生嘉靖十年（1531）九月，卒于万历三十年（1602）八月。鉴湖黄氏始祖黄居易，从会稽孟葑迁徙此地后，子孙繁衍，"出仕就职，家声振泽，奕世蓍英，无可胜计。"②黄猷吉生而颖异，年轻时即以奇文驰名越中。嘉靖四十年（1561），因母陈氏罹患怪疾，贫病交加，迫于生计，远走齐鲁，以授馆所得薪金替母治病。次年，考取邱县（今属河北）诸生。明隆庆元年（1567），以临清州民籍中式举人。次年，联捷三甲第266名进士。隆庆五年（1571）起，历官工部营缮司、都水分司主事，工部营缮司署员外郎，河南佥事。万历五年（1577）六月，因积劳成疾，患上呕血症，请求辞职。起初，皇帝以为他"称病乞休，似有诈托"③，曾派巡按御史前去核查，结果情况属实，才予恩准。返里后，于绍兴城内卧龙山之阳筑百尺楼，以赡养老母；又建小有附庸别墅，往来寓居。晚年结交僧道，逍遥世外，探究性命之学。卒年72岁。

黄猷吉以治水名世。隆庆五年（1571），黄河水患频仍，时任工部尚书朱衡凭借着丰富的治河经验，奉命总理河工。猷吉以工部都水分司主事同行，由于勤奋好学，不久便熟悉治河要务。他驻扎吕梁洪（今属江苏铜山县）时，针对河防薄弱环节，加大资金支持力度，主持修筑徐邳堤三百余里。黄猷吉处事镇定自若，临危不惧。一日，黄河决堤，洪水侵袭江苏睢宁县街巷，形势十分危急。他闻讯后，连夜驾船赶赴现场，一边稳定人心，一边让当地知县多点燃一些火炬，自己则伫立决口，持锸指挥2000多名洪夫修筑决口，通宵达旦，围堵成功，洪水退去，士民无不额手称庆。民国《绍兴县志资料》第一辑记载这次抗洪抢险，"迟片刻即坏，虽百万金钱不能挽"④，绝非虚言。为进一步巩固吕梁的治河成效，他商议创立石堤，沿堤植柳蓄草，

① ［清］蒋廷锡、陈梦雷等辑：《钦定古今图书集成》卷一百五《秦望山记》（黄汝亨），清雍正四年刻本。
② ［清］黄士伸纂修：《黄氏家谱》，绍兴图书馆藏清同治七年抄本。
③ 《明实录·明神宗实录》（第52册）卷六三《万历五年六月》，上海书店出版社2015年版，第1411页。
④ ［民国］绍兴县修志委员会纂：民国《绍兴县志资料》第一辑《人物列传·黄猷吉》，民国二十六年绍兴县修志委员会印。

一望无际。之后又陆续新建行署、关尉房、龙神祠、新芳亭；增设粮仓 10 间，储粟 2000 石，以赈济灾民。万历四年（1576）二月，黄猷吉擢河南佥事，驻扎淮安治水。其间，疏浚草湾、海口等河道上百里，又修筑淮安城西运河东堤、开通盐城河，受到皇帝嘉奖。江苏高邮、宝应二县，地处南北咽喉，河堤全被冲坏，春夏之交河水暴涨，居民、农田深受其害。他审时度势，在垒砌宽厚石堤的同时，再于内侧添加一道土堤，形成双重防护，从此沿河居民得以安居乐业。黄猷吉对于自己的为官生涯，曾作过这样的评价："志为国家用，而劳于治水，得庶几不死，纵不敢当国器自许，亦无负于国。"[①] 同时代名臣朱赓则赞曰："奇绩种种，又足笼盖当世。"[②]

此外，黄猷吉在工部任上，还曾奉命督筑重城。重城是一道用于遏制敌人、捍卫京师的重要城防，当时已有 30 年未修，破败不堪。他殚精竭虑，夜以继日，不数月而工程告竣，节支上万，全部上缴国库。由此可见，他也是一位清官廉吏。

黄猷吉工诗文，善书法。其诗文，被朱赓誉为"随体尽变，出入汉魏、大历诸名家，其高者极苍天，深者极黄泉"。[③] 著有《两高山人百尺千岩万壑楼藏稿》。该书共四卷，为其子黄殿卿（字君正）于万历三十二年（1604）校刻。其书法，清嘉庆《山阴县志》称道："善书大字。"[④] 同时代书法家王泮则点评："直追钟王后尘。"[⑤] 今绍兴图书馆藏有其于万历十五年（1587）撰书的《重建绍兴府城隍庙记》拓片[⑥]，行楷书，字法遒劲。

该摩崖中记及的另一位"建殿信官"任胜臣，未见方志记载。明祁彪佳在崇祯十六年（1643）十二月初一《日记》中，有"同陆三应至柯山拜石佛，观任氏屋"[⑦] 之语。该任氏，抑或与任胜臣家族相关。

该摩崖的研究价值主要体现在以下三个方面：

一、为柯岩造像断代提供新佐证。柯岩造像雕凿在独立巨型岩窟内，属弥勒像。窟高 1130 厘米，像高 1130 厘米。通体圆雕，螺形发髻，面相饱满圆润，双目微启略

---

① ［明］黄猷吉著：《两高山人百尺千岩万壑楼藏稿》卷二《墓铭部·封承德郎工部主事显考望衡府君墓志》，明万历三十二年刻本。

② ［明］黄猷吉著：《两高山人百尺千岩万壑楼藏稿》卷首《刻黄伯祯先生遗草叙》（朱赓），明万历三十二年刻本。

③ ［明］黄猷吉著：《两高山人百尺千岩万壑楼藏稿》卷首《刻黄伯祯先生遗草叙》（朱赓），明万历三十二年刻本。

④ ［清］徐元梅修，［清］朱文翰等纂：嘉庆《山阴县志》卷十八《术艺释老·黄猷吉》，清嘉庆八年刻本。

⑤ ［明］黄猷吉著：《两高山人百尺千岩万壑楼藏稿》卷首《刻黄伯祯先生文集序》（王泮），明万历三十二年刻本。

⑥ 俞苗荣、龚天力主编：《绍兴图书馆藏地方碑拓选》（中），西泠印社出版社 2007 年版，第 203 页。

⑦ ［明］祁彪佳著，张天杰点校：《祁彪佳日记》（下册）第十三卷《癸未日历》，浙江古籍出版社 2017 年版，第 710 页。

图3 柯岩造像

俯视，高鼻小口，两耳近肩，着褒衣博带式袈裟，袒胸，垂领近方形，束腰带在腹部打结。左手抚膝，右手齐肩施说法印。造像下半身已毁坏，据残存痕迹及参阅清俞蛟《柯山石佛记》中所记"佛肩背即枕悬崖趺坐"① 推测，应是结跏趺坐式造像。整体线条流畅，刀法娴熟，造型敦厚，比例适中（图3）。

关于造像的时代，至今存在五说：一说为隋唐时期。《柯山小志》云："石佛高五丈六尺，相传隋开皇间，有石工发愿为此，未成而逝。以禅之子，子复禅孙，三世讫功。"② 今人多从此说。二说为东晋时期。清俞蛟《柯山石佛记》云："考郡志：晋永和时，居民凿石成佛。"③ 三说为三国吴时期。清钱遵尧《游柯山石佛寺》诗题注："石佛相传造于孙吴赤乌年间。"④ 清周大枢《丙申九日同赵虞咸（文熙）、韫山（文照）兄弟登高柯山燕饮终日》诗句曰："东南入古刹，石佛涌丈六。经始纪

① ［清］俞蛟撰，骆宝善校点：《梦厂杂著》，上海古籍出版社1988年版，第102页。
② ［民国］绍兴县修志委员会纂：民国《绍兴县志资料》第一辑《柯山小志》，民国二十六年绍兴县修志委员会印。
③ ［清］俞蛟撰，骆宝善校点：《梦厂杂著》，上海古籍出版社1988年版，第102页。
④ ［清］钱遵尧撰：《青斋诗存》，《民国绍兴县志资料第二辑》（绍兴图书馆整理）第十八类《文征》，广陵书社2012年版，第55册，第106页。

赤乌，仿佛字可读。"①四说为唐、五代始建，宋代修改。王牧《简析浙江的几尊早期石佛造像》云："把绍兴柯岩大佛定在始建于唐、五代，宋时有过大规模改动似更为妥当。"②五说为五代末北宋初。劳伯敏《关于绍兴柯山大佛成像年代的探讨》云："这尊大佛虽然还有一些晚唐遗风，但从总体说，为北宋风格，属北宋初年造像。""柯山大佛应是一尊北宋初年的吴越国造像。"③近年，浙江省博物馆历史文物部主任、研究馆员黎毓馨先生在考察柯岩造像后，也曾对笔者说过，劳伯敏先生对柯岩造像成像年代的论述是正确的。2013年3月，国务院公布柯岩造像及摩崖题刻为全国重点文物保护单位时，将时代定为"宋至清"。其中的"宋"，即指柯岩造像的成像时代。

上述诸说中，第一说源于清毛奇龄《创建羊山石佛寺大悲殿碑记》④，该文开头虽也写到柯岩，但从上下文意揣测，应指羊山造像。第二说是将柯山寺的创建年代误为柯岩造像的雕凿年代。柯山寺记载见于清康熙《山阴县志》，其云："普照禅寺，一名柯山寺，在县西三十里，晋永和年间敕建。"⑤第三说三国吴赤乌年间，佛教虽已在会稽郡传播，但迅猛发展则要到两晋时期。又柯岩大规模采石赤乌年间刚开始，故雕凿柯岩造像的可能性微乎其微。还有，作者使用"相传"二字，说明手头亦无确凿可信的史料。第四、五说均是当代文物考古专家在实地考察柯岩造像后，通过与同类石窟造像的比较分析得出的结论，尤其是第五说时代更为明确，应予置信。另，柯岩造像与浙江长兴县云峰宋墓出土的北宋湖田窑青白瓷佛坐像对比⑥，除无耳垂外，造型、服饰都十分相似，此亦可印证第五说。

《僧海岳摩崖》开头提到的"汉时建石像"句，可作为上述第四、五说的有力补证。句中的"汉"字，在此有必要作一解释。因为历史上以"汉"为名的朝代有6个：1.公元前206年刘邦灭秦后建立，史称西汉；公元25年刘秀重建，史称东汉。西汉、东汉全称两汉。2.三国之一，刘备建立，史称蜀汉或蜀。3.十六国之一，刘渊建立，史称汉赵、前赵。4.五代之一，刘暠建立，史称后汉。5.十国之一，刘龑建立，史称南汉。6.十国之一，刘旻建立，史称北汉。上述朝代中，两汉时期柯岩

①　［清］周大枢撰：《存吾春轩集》卷一《丙申九日同赵虞咸（文熙）、韫山（文照）兄弟登高柯山燕饮终日》，清光绪十八年补刻本。

②　王牧：《简析浙江的几尊早期石佛造像》，《东南文化》2004年第3期，第81页。

③　劳伯敏：《关于绍兴柯山大佛成像年代的探讨》，《吴越胜览国际学术研讨会论文集》（黎毓馨主编），中国书店2011年版，第149—150页。

④　［清］毛奇龄撰：《西河集》卷六十七《创建羊山石佛寺大悲殿碑记》，文渊阁《四库全书》第1320册，上海古籍出版社2003年版，第605页。

⑤　［清］高登先修，［清］沈麟趾等纂：康熙《山阴县志》卷十五《祠祀志二·普照禅寺》，清康熙十年刻本。

⑥　浙江省博物馆编：《越地宝藏——100件文物讲述浙江故事》，文物出版社2018年版，第61—62页。

大规模采石尚未开始，不可能出现如此庞大的佛教造像。蜀汉、汉赵、南汉、北汉的统治地域均未及会稽郡（越州），故与雕凿柯岩造像无涉。排除上述各朝，剩下的只有五代之一的后汉。后汉于947年立国，950年即为后周所灭，国祚仅四年。五代时期，越州为十国之一的吴越国东府。吴越国历经三世五王，奉事中原朝廷，忠心耿耿，保境安民，佛法昌盛，石窟艺术异军突起。因此笔者认为，《僧海岳摩崖》中"汉时建石像"的"汉"，应指五代时期的后汉。柯岩造像的始凿年代可进一步精确到五代·后汉，即吴越国钱倧、钱俶统治时期。但要雕凿体量如此硕大无朋的造像，耗资姑且不论，光是耗时就需十几年甚至几十年。黄猷吉《游柯山记》云："非有千人之力，万金之赀，聚而攻之，百年之久，不能为也。"[①]言辞虽不免夸张，但亦并非无稽之谈。故柯岩造像的竣工年代应在北宋早期，这样其造型主要呈现出宋代特征也就不足为奇了。

二、为柯岩造像重修增添新史料。历史上有关柯岩造像的重修情况，清乾隆《绍兴府志》卷三十八《柯山寺》条下仅记及："康熙五十七年，邑人南阳知府沈渊捐千金葺之。石佛高五丈余，俱饰以金。"[②]现依据《僧海岳摩崖》，该造像在"大明万历丙申"，即万历二十四年（1596），就曾由僧海岳"鼎装金相全身"。此次维修恰好弥补了方志记载的不足。

三、为普照寺重建确立新依据。《僧海岳摩崖》所记僧海岳等"重兴修理殿宇完备""建殿"等字句，指的便是普照寺。普照寺的前身为柯山寺，系越中名刹之一。据明万历《绍兴府志》载："柯山寺在柯山下。"[③]（图4）

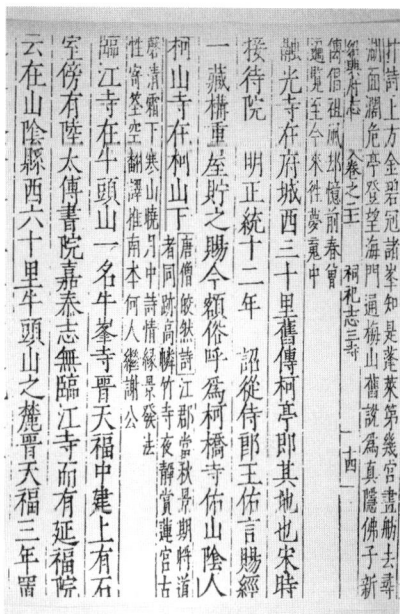

图4　明万历《绍兴府志》中有关柯山寺记载

清乾隆《绍兴府志》载："柯山寺在县西三十里，晋永和年间敕建。……后圮。明万历间，副使黄猷吉重建，更名普照寺。"[④]建造年代如此久远的寺院，却未被南宋《嘉泰会稽志》收录，现依据《僧海岳摩崖》和乾隆《绍兴府志》等推测，该寺在

---

① ［明］黄猷吉著：《两高山人百尺千岩万壑楼藏稿》卷一《碑记部·游柯山记》，明万历三十二年刻本。

② ［清］李亨特修，［清］平恕、徐嵩纂：乾隆《绍兴府志》卷三十八《祠祀志三·寺上·柯山寺》，清乾隆五十七年刻本。

③ ［明］萧良干修，［明］张元忭等纂：万历《绍兴府志》卷二十一《祠祀志三·寺》，明万历十五年刻本。

④ ［清］李亨特修，［清］平恕、徐嵩纂：乾隆《绍兴府志》卷三十八《祠祀志三·寺上·柯山寺》，清乾隆五十七年刻本。

南宋时应已颓废，要到明万历年间才重建。对此，明黄汝亨《秦望山记》中，"一伧道人作层屋障之，可恨"① 之句亦可资证。至于此次修建普照寺的具体年代，方志语焉不详，但《僧海岳摩崖》明确记载，竣工年代为明"万历甲辰"，即万历三十二年（1604），只不过此时发起建殿信官黄猷吉已撒手人寰。

《僧海岳摩崖》是迄今发现最早记载绍兴柯岩造像雕凿年代的摩崖题记，它为文物考古界确立的柯岩造像成像于北宋说提供重要佐证，也为充实完善柯岩造像重修、柯岩普照寺重建年代以及明代治水能臣黄猷吉生平事迹提供宝贵的实物资料。可以相信，随着对柯岩造像和摩崖题记调查研究工作的不断深入，这处国保单位的历史文化内涵必将得到进一步挖掘，文物保护利用工作必将得到进一步加强，柯岩景区的知名度必将得到进一步提升。

---

① ［清］蒋廷锡、陈梦雷等辑：《钦定古今图书集成》卷一百五《秦望山记》（黄汝亨），清雍正四年刻本。

漫话浙东古运河（四）

裘士雄

（绍兴鲁迅纪念馆）

摘要： 绍兴系名士之乡、水乡，又是戏曲之乡。本文拟选取浙东古运河旧山阴、会稽段的柯桥、陶堰和东关等古老集镇，钩沉有关社戏史料并阐述康熙、张岱和鲁迅与水乡社戏的关系。

毋庸置疑，自古以来，浙东古运河是横贯东西的黄金水道、交通大动脉；它自然是一条母亲河、经济生命线；它又是一幅两岸戏台林立、有声有色的戏曲画卷和富有地域特色的风俗画长卷……这篇《漫话浙东古运河》拟撷取民国前山阴、会稽（民元后并为绍兴）所辖的，又地处浙东古运河河畔的柯桥、陶堰和东关等古老大集镇，钩沉并梳理一下它们古今演出水乡社戏的史料、盛况和历史记载。

柯桥水乡社戏进了康熙宫廷画

在现今北京故宫博物院藏有许多宫廷画，其中《康熙南巡图》于近年走进我们的视线。过去，笔者只知道康熙、乾隆多次下江南，坊间有许多传说，有的成了文字，有的成了说书的内容。当时，全世界还没有发明照相术，除了文字记载，形象地表现和记录唯有画家们画画了。据说，清代《康熙南巡图》长达十二卷，堪称巨幅长卷，画卷以记实的画法留下康熙皇帝六次南巡的形象内容。说起康熙，姓名为爱新觉罗·玄烨（1654.5.4—1722.12.20），是清朝第四代君主。他8周岁登基，年号"康熙"，14岁亲政，在位61年，是中国历史上在位时间最长的皇帝。他平定三藩之乱，收复台湾，三征葛尔丹，抵御沙俄侵略，又重农治河，尤其是治理黄河和整治永定河等，确实是巩固多民族的中国统一，奠定了大清兴盛的根基，开创了康乾盛世的局面，故有"千古一帝"之美誉。康熙较为勤政，为防止被臣属蒙蔽欺骗，实地了解民情吏治，故有六次南巡、三次东巡、一次西巡和数百次巡查京畿、蒙古之举。十二卷

《康熙南巡图》中与绍兴直接有关的第九卷，其画面详细地描绘康熙皇帝横渡钱塘江，沿浙东古运河东行，直至会稽山北麓大禹陵（俗称"庙下"），因为他此行还有另一目的是御祭大禹。长卷画面还相应地标有"萧山县""西兴驿""柯桥镇""绍兴府"等字样，便于观者欣赏，避免张冠李戴之谬误。目睹《康熙南巡图》，浙东古运河这一黄金水道各种舟船东来西往，千舟竞发，间有渔民驾驭小船撒网捕鱼；临河广袤的田野上阡陌纵横，牧童骑在牛背上哼着民歌徐行，而农人则在田间辛勤劳作。远望群山逶迤，近有古塔、楼台亭阁映入眼帘；村落之间，鸡犬相闻，不时传来村民的欢声笑语；两岸古镇米行、酒肆、茶店、箔铺、戏台等林立，你来我往，行人、顾客、小买卖者摩肩接踵，熙熙攘攘，一派歌舞升平的太平盛世景象。而在标有"柯桥镇"文字下的画面，是人群尤为密集的城隍庙。原来，该庙戏台正在上演庙台戏，虽说演戏是敬和娱城隍菩萨，但"叨光"的各色人等亦有三四百之众，他们在船上、岸边和桥上饶有兴趣地欣赏不知什么美剧（图1）。可以说，鲁迅100年前在著名小说《社戏》中所描写的情景其实早在330多年前已有人描绘了，柯桥杨金法对《康熙南巡图》已作了一番考证研究。他说，康熙三十年（1691），他下令征选绘画高手将所谓"南巡盛典"绘制记录下来，借以宣扬康乾太平盛世，国泰民安，从而往自己头上戴上亲民"圣君"的桂冠。兵部左侍郎宋骏业荐介他学画的老师王翚，于是，年届花甲的王翚奉诏精心绘制《康熙南巡图》。只是王氏未曾随康熙南巡，不得已，只得另派助手重走康熙南巡之路，画了一些地标建筑之类的草图、素描以资参考。是助手出差错，还是别有原因，反正把柯桥大名鼎鼎的单拱融光桥画成三孔石拱桥（俗称"三眼桥"），

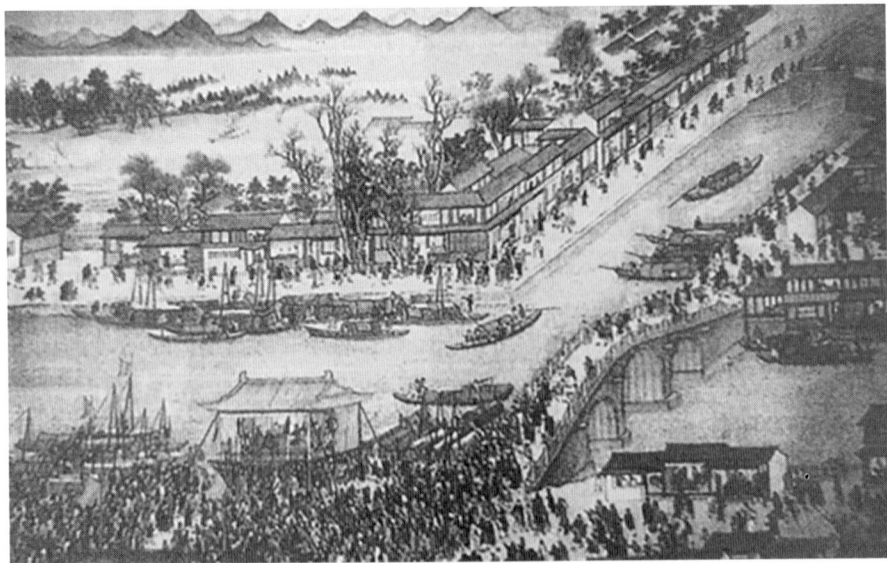

图1　清《康熙南巡图》中有柯桥城隍庙演社戏的热闹场面

且把融光桥桥西的汲水弄错误地画成桥东了。尽管这幅《康熙南巡图》存有这一"瑕疵",但它于绍兴仍有极大的意义和价值(还有康熙御祭大禹的画面,留有他"地平天成"的墨宝)。柯桥是既古老又年轻的有名水乡大集镇,自古以来就有"金柯桥"的称誉,经济发达,文化繁荣,从《康熙南巡图》得以佐证。它以绘画这一形象艺术较为客观地记述了康熙南巡的史实、盛况,真实地反映当时柯桥、绍兴的历史、经济、文化、艺术、风俗等方方面面,颇有欣赏价值、文献价值、史料价值、艺术价值和文创价值。如果能运用最新科技手段,让它像宋代《清明上河图》那样"动"起来,进一步开发,是很有前途的。

在这里,也多说几句。对于清朝,笔者有五味杂陈之感,主要是清初爱新觉罗氏入关后对汉人的残酷镇压(如扬州、嘉定屠城等)、屡兴文字狱到清末统治的极端黑暗、腐败,致使我们的祖国陷入半封建半殖民地的境地。即使所谓"康乾盛世",纵向比不过明朝,横向与欧洲诸国相比,差距更加明显。况且,康熙、乾隆每次南巡,总要带上后宫佳丽等,要耗费国库一半左右的银两。在体察民情的幌子下,吸吮了广大子民的民脂民膏,化作他们的享受。我们不能像一些"清宫剧""抗战神剧"那样荒诞不羁地把它不恰当地美化了。

顺便也说说柯桥区后马村瓜田庙的情况。20世纪70年代初,笔者在管墅公社搞农村工作(驻公社革委会所在地华墟,后阶段又管中泽大队),顺便也去过该公社后马大队,了解周恩来、周树人(鲁迅)的周姓与后马周氏的关系。那天,笔者也实地踏青看了瓜田庙。瓜田庙戏台在水乡颇具特色。戏台正面对着瓜田庙,戏台厢房后面面河,戏班的班船可直接在此靠岸,演职员上岸就进入厢房。此水域后来被填为平地,甚为可惜。那时尚存一方《万历捐资重修碑记》,系石质,可见瓜田庙建于明代。听村里老农讲,清代乾隆、咸丰和同治年间均重修。庙内原有兵部尚书王阳明、礼部尚书孙慎行、礼部尚书董其昌等名人所题匾额。戏台前柱楹联为:

> 自西自东,共乐清时钟鼓;
> 如幻如影,俨瞻古代衣冠。

戏台屏门上额为"行云流水",屏门两侧为"出将""入相"之门,门上额分别题"出风""入雅"。

村民很自豪地说:"瓜田庙戏台是绍兴出西郭门三大戏台之一。"

清末民初,有大连升徽班在此演出《回荆州》《战黄庄》《取仙草》《金钱豹》等武戏。该戏班以一父四子为台柱,武功高超。

民国13年(1924)后,后马村机纺业兴起,有文乱弹和高腔班(老大舞台)同时唱对台戏，文乱弹在万年台（即瓜田庙戏台）演《凤凰阁》，老大舞台在临时搭建的草台演《火烧白竹》，故村里有"争气不争财，戏文做两台"的说法。

后马演过120集的《目连戏》，演员来自斗门，后场来自（萧山）衙前，吹目连唢头名气最大的是"独山（的）六十"，演目连戏的头头是开茶店的"矮子惠平"和另一个名叫"阿德"的人。

张岱笔下的陶堰社戏

张岱（1597—1679），字宗子，号陶庵，浙江山阴人。明末清初文学家、散文大家、史学家，也可称他为戏剧家和其他一些家。他出身于官宦世家，在《自为墓志铭》中勇敢地内省和反思："少为纨绔子弟，极爱繁华，好精舍，好美婢，好娈童，好鲜衣，好美食，好骏马，好华灯，好烟火，好梨园，好古董，好花鸟，兼以茶淫橘虐，书蠹诗魔"，以致"学书不成，学剑不成，学节义不成，学仙学佛，学农学圃俱不成，任世人呼为败家子"，在张岱经历了国破家亡的巨变后，判若两人，遂"穷愁著书复国"，著述、编印了《石匮书》《石匮书后集》《明易》《史阙》《义烈传》《四书遇》《快园道古》《琅嬛十集》《昌谷解》《说铃》《大易用》《于越三不朽图赞》《张氏家谱》等，特别是《陶庵梦忆》《西湖梦寻》《夜航船》《琅嬛文集》这些绝代文学名著赢得了"明末第一才子"的美誉；偏偏，这个自责"一事无成"的张宗子，成为"明清第一散文大家"。

张岱的前半生爱好庞杂，涉猎广泛，心怀远志又有闲情逸致。他"好梨园"，是重要的生活方式和内容。"丙辰（1616），学琴于王侣鹅。绍兴存王明泉派者推侣鹅，学《渔樵问答》《列子御风》《碧玉调》《水龙吟》《捣衣环佩声》等曲。戊午（1618），学琴于王本吾，半年得二十余曲：《雁落平沙》《山居吟》《静观吟》《清夜坐钟》《乌夜啼》《汉宫秋》《高山流水》《梅花岸》《淳化引》《沧江夜雨》《庄周梦》，又《胡笳十八拍》《普庵咒》等小曲十余种。"① 张岱天资聪颖，悟性很强，他无疑是一位不错的琴师。张岱高祖张天复系嘉靖进士，曾祖张元忭系隆庆状元，祖父张汝霖系万历进士，父亲张耀芳亦为副榜出身，均在中央到地方的衙门当官，属上流社会，张氏三代竟蓄有今人难以置信的家伎，他说："自大父万历年间与范长白、邹鲁公、黄贞父、包涵所诸先生讲究此道，遂破天荒为之。有'可餐班'，以张彩、王可餐、何闰、张福寿名；次者'武陵班'，以何韵士、傅吉甫、夏清之名；再次则'梯仙班'，以高眉生、李岕生、马蓝生名；再次则'吴郡班'，以王畹生、夏汝开、杨啸生名；再次则'苏小小班'，以马小卿、潘小妃名；再次则平子'茂苑班'，以李含香、顾岕竹、

---

① 见张岱撰，娄如松笺注：《陶庵梦忆佐读》，天马图书有限公司2011年版，第31页。

应楚烟、杨骙骝名"①。据绍兴地方文史学者娄如松考证，在张岱《张氏声伎》一文中所列举的六个戏班，为张岱所蓄养的是吴郡班、苏小小班或者还有梯仙班，其他戏班应为张氏堂兄哥弟或其他房头所有。崇祯二年（1629），张岱就带领家中戏班专程北上山东兖州，为在那里做官的父亲55岁大寿庆祝一番。张岱一生走南闯此，他到哪里，就会以铁杆戏剧粉丝的面目出现在哪里。张岱在浙江天台五圣祠，见"土人于其外搭棚演戏四五台，婆娑乐神"，他是痴迷的观众；崇祯七年（1634）十月，张岱携侍姬朱楚生到杭州西湖观赏红叶，住在泊于定香桥的"不条园"画舫。南京曾波臣、东阳赵纯卿，金坛彭天锡，诸暨陈洪绶，杭州杨与民、陆九、罗三，女伶陈素芝应邀按时莅临欢聚，由张岱做东。陈、曾为赵氏画画，杨弹三弦，罗唱曲，陆吹箫，杨与民"用北调说《金瓶梅》一剧，使人绝倒。是夜，彭天锡与罗三、与民串本腔戏，妙绝；与楚生、素芝串调腔戏，又复妙绝。"②张岱是一位能人，很会玩，很会吃，他们欢聚在一起，尽情地欢唱、说笑，连陈洪绶这位书画大家也放下画笔，唱起"村落小歌"，张岱连忙"取琴和之"。这伙志同道合的朋友在西湖度过了难以忘怀的一昼夜。戊寅（1638）冬，张岱则在南京应有同好的挚友阮圆海之邀，"看剧于献花岩，宿于祖堂"——戏班正是阮氏家班。留都期间，张岱还有幸欣赏了著名艺伎董小宛辈的上乘表演。③张岱于"崇祯二年中秋后一日"，途经江苏镇江往兖州，突发奇想，随心所欲，闹了一场世间罕见的"大乌龙"事件，他说："移舟过金山寺，已二鼓矣。经龙王堂，入大殿，皆漆静。林下漏月光，疏疏如残雪。余呼小仆携戏具，盛张灯火大殿中，唱韩蕲王金山及长江大战诸剧。锣鼓喧天，一寺人皆起看。有老僧以手背撩眼翳，翕然张口，呵欠与笑嚏俱至。徐定睛，视为何许人，以何事何时至，皆不敢问。剧完，将曙，解缆过江。山僧至山脚，目送久之，不知是人，是怪，是鬼。"④

由于张岱酷爱戏制，他对许多艺人往来甚密，如《陶庵梦忆》中的朱云崃、刘辉吉、朱楚生、阮圆海等，张岱都有中肯的评论。一方面，肯定阮氏"所搬演，本本出色，脚脚出色，出出出色，句句出色，字字出色。"张岱"在其家看《十错认》《摩尼珠》《燕子笺》三剧，其串架斗笋，插科打诨，意色眼目，主人细细与之讲明。知其必味，知其指归，故咬嚼吞肚，寻味不尽。至于《十错认》之龙灯、之紫姑，《摩尼珠》之走解、之猴戏，《燕子笺》之飞燕、之舞象、之波斯进宝，纸札装束，无不尽情刻画，故其出色也愈甚。"尽管阮氏"长有才华"，但张岱"恨（其）居心勿静，其所编诸剧，骂世十七，解嘲十三，多诋毁东林，辩宥魏（忠贤）党，为士君子

① 见张岱撰，娄如松笺注：《陶庵梦忆佐读》，天马图书有限公司2011年版，第91页。
② 见张岱撰，娄如松笺注：《陶庵梦忆佐读》，天马图书有限公司2011年版，第74页。
③ 见张岱撰，娄如松笺注：《陶庵梦忆佐读》，天马图书有限公司2011年版，第79页。
④ 见张岱撰，娄如松笺注：《陶庵梦忆佐读》，天马图书有限公司2011年版，第6—7页。

所唾弃"①。张岱在戏剧方面也是一位多面高手，他在《冰山记》一文开头就说："魏珰败，好事作传奇十数本，多失实，余为删改之，仍名《冰山》。"②可见，对于剧本的创作，他也是持严谨的态度。张岱当时在戏剧界已颇有盛名，有时甚至登台献艺，"科诨曲白，妙入筋髓"。

在中国历史上，演员被贬称为"戏子"，与婊子、当兵吃粮的粮子被普遍认为是"下三滥"的贱货，但官宦世家出身的张岱却乐与他们为伍，混得火热，这显然是他酷爱戏剧的理念和性格使然。最典型的是他与彭天锡的关系，他在《陶庵梦忆》一书中经常谈及，并著有《彭天锡串戏》一文：

> 彭天锡串戏妙天下，然出出皆有传头，未尝一字杜撰。曾以一出戏，延其人至家费数十金者，家业十万缘手而尽。三春多在西湖，曾五至绍兴，到余家串戏五六十场，而穷其技不尽。天锡多扮丑净，千古之奸雄佞幸，经天锡之心肝而愈狠，借天锡之面目而愈刁，出天锡之口角而愈险，没身处地，恐纣之恶不如是之甚也。皱眉眽眼，实实腹中有剑，笑里有刀，鬼气杀机，阴森可畏。盖天锡一肚皮书史，一肚皮山川，一肚皮机械，一肚皮磈砢不平之气，无地发泄，特于是发泄之耳。余尝见一出好戏，恨不得法锦包裹，传之不朽，尝比之天上一夜好月，与得火候一杯好茶，只可供一刻受用，其实珍惜之不尽也。桓子野见山水佳处，辄呼"奈何！奈何！"真有无可奈何者，口说不出。

根据张岱的介绍，这位金坛彭天锡演技精湛，堪称演艺界无价的明星、敬业的天才表演艺术家了。

鲁迅所说的"非普通的社戏"，通常是指演给鬼看的目连戏和大戏，故绍兴有"看（一）夜目连看（一）夜鬼"的俗语。目连戏所演的是目连救母的故事：傅罗卜母刘氏不信佛法，竟开荤作恶，甚至用狗肉馒头招待前去规劝她的和尚，即绍兴人俗称的"狗肉馒头斋僧"，死时被无常五管锐叉擒拿，打入地狱受苦，后来，傅罗卜像唐僧西天取经那样，历尽艰险，感动了上天，最终在观音菩萨的帮助下，包括刘氏在内的全家终于得以升天。它本是一出劝善戏，当然也裹挟一些生死轮回、因果报应的封建迷信内容，剧情曲折离奇，荒诞不羁。旧时，绍兴所演的目连戏，也吸收了郑之珍本以外本子的内容，或是艺人将平时耳闻目睹的恶人劣事添加进去，甚至将歪曲污蔑唐末农民起义领袖《黄巢》作为最后一折戏收场。有时，绍兴那些演员临时拼凑起来的"走拢班子"也随意删削，演到刘氏变狗就结束，绍兴人有句"刘氏变狗，铜钱

---

① 见张岱撰，娄如松笺注：《陶庵梦忆佐读》，天马图书有限公司2011年版，第165—166页。

② 见张岱撰，娄如松笺注：《陶庵梦忆佐读》，天马图书有限公司2011年版，第156页。

到手"的俗语，原先就是用以讽刺戏班的。按照民国6年（1917）柯桥"五社公具，茅伯安敬立"的《目连救母记》戏匭目录所示，全剧有132折之多，最长的可演七天七夜，一般是"两头红"，即从傍晚太阳快下山开演，到次日清晨太阳升起谢幕，取衔接落日和晨曦作为吉兆的象征。看目连戏是慌兮兮的。旧时，人们普遍相信鬼是要讨替代的，特别是上吊自缢的吊死鬼和河江里溺死的河水鬼。演目连戏中的"女吊"一折，有神秘感，更有恐怖色彩：女吊，又称"红神"，全身穿大红的衣衫，脸色雪白，血红的舌头拖出来足有一尺长，七窍流血，披头散发，双眸、脸部表情和唱词十分悲戚，加上台面灯火突然熄灭时，又有看客发出刺耳的口笛声，灯火突然亮起时，又有看客大声打嗯哨，用力拍手掌，特别是凄厉、悲凉的目连嗐头声此起彼落，胆小的女人和小孩害怕极了，不是不敢正视，就是吓得哭喊起来。最后，有王灵官菩萨出手，吊死鬼讨替代不成，凶煞鬼反而被驱逐，从此太平了。那时，战乱仍频，时疫流行，天灾人祸频频，人们遂乞灵于演目连戏求太平。所以，它又被人称为太平戏。

绍兴目连戏的一个特点是"纯粹的民间业余剧，以前并无一定演员，只是由农人、工人临时凑搭成班，演完就散，一切都是'凑合'，所以服装也很差，绍兴俗语有'目连行头'一语，形容破旧衣服，即从此出。"[1] 周作人小时候在外婆家安桥头做客，曾到离陶堰不太远的里赵村看过目连戏，他们一眼认出演员有镇塘殿趸船的船老大、村里桥头开小店卖猪头肉和老酒的"阿九"，村里打更的"长明"……目连戏另一个特点是台词、动作的幽默诙谐，如王阿仙《嫖院》一折，致使"王何仙"在绍兴成了那些学艺不成又游手好闲辈的代名词，比"三脚猫"要差评得多了。周氏兄弟对目连戏有"特别的嗜好"，这两位大作家对此评价很高，说："比起希腊的伊索，俄国的梭罗古勃的寓言来，这是毫无逊色的！"[2] 有幸的是，300多年前张岱所写的《目连戏》，可演"三日三夜"，借用今大校场搭台演出，引进安徽旌阳戏班，演出很成功，因为观众"万余人齐声呐喊"，惊动了绍兴知府熊鸣岐，他以为倭寇骚扰到绍兴来了，不免虚惊一场。张岱所著《目连戏》一文，文字简洁，但已十分全面，可资我们进一步了解目连戏和戏剧历史，故抄录如下：

> 余蕴叔演武场搭一大台，选徽州旌阳戏子剽轻精悍、能相扑跌打者三四十人，搬演目连，凡三日三夜。四围女台百什座，戏子献技台上，如度索舞絚、翻桌翻梯、斤斗蜻蜓、蹬坛蹬臼、跳索跳圈、窜火窜剑之类，大非情理。凡天神地祇、牛头马面，鬼母丧门、夜叉罗刹、锯磨鼎镬、刀山寒冰、剑树森罗、铁城血澥，一似吴道子《地狱变相》，为之费纸札者万钱，人心惴惴，灯下面皆鬼色。

① 周作人：《关于目连戏》，转引自寿永明、裘士雄：《鲁迅与社戏》，江西人民出版社2005年版，第185页。
② 鲁迅：《且介亭杂文·门外文谈》，《鲁迅全集》第六卷，人民文学出版社2005年版，第103页。

戏中套数，如《招五方恶鬼》《刘氏逃棚》等剧，万余人齐声呐喊。熊太守谓是海寇卒至，惊起，差衙官侦问，余叔自往复之，乃安。台成，叔走笔书二对。一曰："果证幽明，看善善恶恶随形答响，到底来那个能逃？道通昼夜，任生生死死换姓移名，下场去此人还在。"一曰："装神扮鬼，愚蠢的心下惊慌，怕当真也是如此。成佛作祖，聪明人眼底忽略，临了时还待怎生？"真是以戏说法。

浙东古运河犹如一条光彩夺目的珍珠项链，钱清、柯桥、皋埠、陶堰、东关、曹娥等古老集镇就是尤为耀眼的珍珠，而陶堰人杰地灵，以陶氏聚族而居形成巨姓望族，人才辈出，以江南人才名镇著称于世。仅明清两朝，涌现进士42名，举人111名，贡生83名，有官至尚书、巡抚、将军等达官显贵。至近现代，就有"和平老人"邵力子、民主革命家陶成章等。张岱与陶堰甚有关系。究其主要原因，陶堰是张岱外婆家，与张岱家一样，陶氏也是官宦世家，张岱外祖陶允嘉，号兰风，系三榜乡副，在通判任上，"剔弊除奸，商民安堵"，颇有政绩。他的曾祖陶谐系明弘治八年（1495）解元，九年进士；他的父亲陶大顺系嘉靖戊午（1558）解元，乙丑（1565）进士；他的兄弟陶允淳系嘉靖戊午（1558）进士；他的儿子，也就是张岱的舅舅陶崇道系万历甲戌（1574）进士，所以，绍兴张氏与陶堰陶氏均为越中望族，结秦晋之好确实是门当户对的。俗话说："小时候外婆家，大来丈母娘家，老哉姐妹家。"张岱自动常去外婆家，特别是逢年过节演社戏的时候。他早年患有痰疾而长住外祖家养病，因聪颖善对而被舅父陶崇道称为"今之江淹"。外婆家全家老小、其他亲友和左邻右舍都很喜欢他。外祖陶兰风为官寿州得一神奇的白骡，回绍兴后由舅舅送给了张岱。

从张岱《陶庵梦忆》等著作看，张岱做客也好，与友人相约到陶地去也好，或其他原因前往陶堰也好，如果是看戏的话，他们主要是在严助庙（又称"百家庙"）。严助（？—前122），本名庄助，会稽郡吴县（今江苏苏州市）人，著名的辞赋家。他在汉武帝时任中大夫，其后任会稽太守。建元三年（前138），闽越兵围东瓯，东瓯向汉朝告急，最终，他力主出兵援救的意见被汉武帝采纳。后来，与严助、朱买臣交好的淮南王刘安谋反，严助亦因御史张汤的谗言所害被杀。大概严助任会稽太守时，也为绍兴百姓做过好事，绍兴、诸暨等地民众视其为"亲民之官"，均建严助庙，上元设供，"陆物、海物、水物、羽物、毛物无不集""庭实之盛，自帝王宗庙社稷所不能比隆者。"然而，沧海桑田，严助庙这一绍兴历史上享有盛名的重要戏曲演出场所早已被历史尘埃遮蔽。前些年，谢涌涛、娄如松等先生多次到陶堰稽古考察，终于钩沉了这段历史，并搞清了严助庙的所在地。大概在明末清初，由于他姓迁入和繁衍，陶堰很快扩至十姓，修缮严助庙也集十社（姓）之资，严助庙亦改称"百家庙"，位于谢家埭村后畈，占地五亩，中隔一江，前临白塔洋，水路相当宽畅，与张岱所撰写《严助庙》情景相符。该庙坐北朝南，东邻关帝庙。庙前原有一高大石牌坊。庙有三进，进山门即为万羊台，营造的鸡笼顶相当精致考究，戏合楹联为书画大家徐渭所撰所书，上联是七个"盛"字，下联为七个"行"字，上、下联虽是同一字，但所书的字和读音均相异，表达了演戏时声乐齐鸣又各异的热闹场面。此联同徐渭为人被视作异类一样，别具一格，饶有风趣和无穷回味。戏台面对"土地堂"，严助是被陶堰民众当作土地种崇奉的。土地堂左、右壁绘有水墨龙、水墨虎。戏台与土地堂之间的"台下"可客纳上千观众，左、后两侧建有厢房，只供妇女在厢房看戏。土地堂东首是魁星阁，上有徐谓所书"宝山分祠"匾额一方，两旁楹联："见金乌珠（眼珠——引者）突，提笔脚筋勾。"其描绘的形象生动，嘲讽的寓意一目了然。土地堂后的天井筑有石桥通大雄宝殿，可供善男信女朝拜礼佛。该庙为信众考虑周到，专设一间灯笼房，供信众寄存，如深夜回家，该庙慨赠红烛一支。据陶堰陶心农等知情老人介绍，严助庙每年演戏三十台，如正月十三开始崇祀严助，演五昼夜，到正月十八收场；三月小灯头（戏）演三昼夜，六月十二演会戏，八月演桂花灯头戏，还有双灯头戏，要演十天十夜。20世纪二三十年代，每年上元节，严助庙和关帝面都同时开演大戏，严助庙请来越州锦春台、老长安等乱弹班，剧目有《长坂坡》《追狄》《游龙嬉凤》《打半山》《收岑彭》等，吴昌顺、筱凤彩、张富老外、孙贵小生和"扫帚玉林"等名角都在此登场献艺。关帝庙多演《西厢记》《闹九江》等调腔，名演员有华仙小生、小毛花旦等，而《后珠砂》《失荆州》等少数戏是忌演的，戏班和东家点戏时双方心知肚明。

除徐渭外，另一名垂青史的明末散文家、戏曲家、藏书家、死节之士祁彪佳也多次到陶堰严助庙看戏。翻阅《祁忠敏日记·归南快乐》，崇祯八年十月二十三（1635年12月2日）就记载："谒百家庙。陶堰之土神为汉会稽严长史助也。"其他人记述简略，而张岱在《陶庵梦忆·卷四》中专门写了一篇《严助庙》：

> 陶堰司徒庙，汉会稽太守严助庙也。岁上元设供，任事者聚族谋之终岁……庭实之盛，自帝王宗庙社稷坛壝所不能比隆者。十三日，以大船二十艘载盘轳，以童崽扮故事，无甚义理，以多为胜。城中及村落人，水逐陆奔，随路兜截转折，谓之"看灯头"。夜（指正月十三"上灯夜"——引者）在庙演剧，梨园必请越中上三班，或雇自武林者，缠头日数万钱。唱《伯喈》《荆钗》，一老者坐台下对院本，一字脱落，群起噪之，又开场重做。越中有"全伯喈""全荆钗"之名起此。天启三年，余兄弟携南院王岑、老串杨四、徐孟雅、圆社河南张大来辈往观之。到庙蹴踘，张大来以"一丁泥""一串珠"名世。球着足，浑身旋滚，一似粘羶有胶、提掇有线、穿插有孔者，人人叫绝。剧至半，王岑扮李三娘，杨

四扮火工窦老，徐孟雅扮洪一嫂，马小卿十二岁，扮咬脐，串《磨房》《撇池》《送子》《出猎》四出。科诨曲白，妙入筋髓，又复叫绝。遂解维归。戏场气夺，锣不得响，灯不得亮。

张岱亲撰的《严助庙》一文无疑是为我们视为权威的明末戏曲史料，佐证当时的戏曲发展已相当成熟，《琵琶记》《荆钗记》等戏剧从剧本到演出已形成规模，深入人心。文中"一老者坐台下对院本，一字脱落，群起噪之，又开场重做"几句话，说明当年戏班和艺人不仅自律，严格要求自己，尽量做到高质量的演出，而雇请一方也有严格的监督机制和措施，保障演出成功。读者能认真恳读的话，一定是越品读越有滋味。

从研究戏曲角度讲，张岱功莫大焉。然而，这些富贵家子弟对于大明祚衰、北方兵乱、江南靡薄，看也不看，想也不想，照样追求娱乐享受，一味地看戏、演戏、写戏，甚至狎妓娈童。难怪十年后，大明国故，崇祯自缢，清军入关，张岱辈随之被迫逃亡、隐居，接受异族统治了。

鲁迅与东关五猖会

鲁迅在《朝花夕拾·五猖会》一文中写道："要到东关看五猖会去了。这是我儿时所罕逢的一件盛事，因为那会是全县中最盛的会，东关又是离我家很远的地方，出城还有六十多里水路，在那里有两座特别的庙。一是梅姑庙，就是《聊斋志异》所记，室女守节，死后成神，都篡取别人的丈夫的；……其一便是五猖庙了，名目就奇特。据有考据癖的人说，这就是五通神。然而也并无确据。神像是五个男人，也不见有什么猖獗之状，后面列坐着五位太太。"东关是会稽（绍兴）县最大的集镇，1954年划出，现为上虞区所辖，距绍兴府城 20 里，有新街、鹅行街、米行街、大街诸称，大小店铺多达二三百家。旧时，主要街衢在米行街以北，东自五猖庙前进士台门起，西迄戴家弄止。鲁迅说"那有两座特别的庙"，即五猖庙和梅姑庙。说它们"特别"，就是并非人们在别处常见的包公庙、关公庙、岳王庙、龙王庙、城隍庙、土地庙、天医庙之类，所供奉的也不是像包拯、关羽、岳飞等值得后人纪念、祭祀、祈求和信仰的神灵。

关于"猖"的字义和有关词组，均为贬义词，极少有中性词的意味，绝无褒义性。五，显然是一个数字，该庙是供奉五尊凶煞恶神，绝非人们爱戴、敬仰的偶象。关于五猖神，当地人们也众说纷纭。其一，源是远古时代的动物崇拜，是猪、狗、牛、羊、马等五种牲畜修行成精。原始人以为大自然变幻莫测，对上述动物产生恐惧、敬仰、依赖和感谢等复杂心情，在驯服成家畜后也把它们神化了。它们与修行成精的迷惑人、祸害人的狐狸精等精怪又是有区别的。其二，是"五通"或"五圣"菩萨，原是凶神，唐末已有香火，宋徽宗又由侯加封至王，赵翼《陔馀丛考·五圣词》已有载述。在东关有传说曰：五猖神起初也危害地方，玉皇大帝闻之震怒，某年农历四月十五那天，派了雷公电母去惩治他们。五猖神看到有一青年在修海塘，急中生智，混入其中，卖力地干这保境安民的善事，居然把天神蒙蔽过去了。这五猖神从此幡然悔悟，改恶从善，人们也不念其旧恶，慢慢地从心底里对他们奉若神明了。故五猖庙除供奉青、黄、红、花、黑五种脸色的神象外，还有一尊白面神象——纪念那位佚名的青年，庙内原有一方匾额上书"六府修治"，亦可印证上述民间传说。其三，传说旧时有溺死、缢死、杀死等不正常死亡者较多，除了为他们"翻九楼"，为其亡魂超度外，在东关建造五猖庙，供奉有代表性五种不正常死亡的亡魂经修炼成正果的神像，祈求他们不讨替代。可见五猖庙的菩萨是凶神恶煞或者比它们好不了多少的神灵，人们建庙供奉五猖神为了祈求太平。

绍兴人很热情好客，那里演社戏或有别的重大喜庆之类活动（如观潮等），村民定事先邀请亲友去欢聚、去分享，特别是出嫁的姑母对于娘家人（如内侄）更是盛邀，有的甚至会雇佣舟船接送，这已相沿成俗。鲁迅小姑母周康（1868—1894）性情特别和善，平常对几个小侄子都很好，讲故事、唱歌给他们听，所以她出阁那一天，大家特别恋恋不舍，鲁迅、周作人兄弟甚至攀住花轿不让她被抬走。周康是嫁给东关秀才金雨辰为妻的，夫妻感情甚笃，第二年生下了叫阿珠的女儿。而"会稽东关五猖会，为八县之冠，极尽奢华，异常热闹"。[1]在鲁迅幼小时，周康再三邀请鲁迅他们去看东关五猖会，这是他"儿时所罕逢的一件事"，虽然临行前父亲周伯宜突然要他背诵书令其扫兴的插曲，但东关之行还是给鲁迅留下了极为深刻的印象。后来还专门写了《五猖会》一文，记述了这件难以忘却的事。

东关五猖庙始建于清雍正年间（1723—1735），东连传说唐代开国功臣尉迟恭督建的尉迟桥（俗称"鱼市桥"），西接交易最繁忙的米行街，南临浙东古运河，北面是清幽的后永兴。五猖庙坐北朝南，鲁迅小时候到东关看五猖会路虽远了一点，但是很方便的，坐的是"三道明瓦窗的大船"，船舱内"船椅、饭菜、茶炊、点心"等一应俱全，与现今的专车一样，顺着浙东古运河直达东关五猖庙门前上岸。五猖庙三进三开间，一进山门就是戏台，位于中轴线上，名曰"如春台"。戏台坐南朝北，考虑水乡湿度大，容易霉烂，戏台多用石质台柱或下石上木的台柱。戏台台基略高于周围地面，并铺石板。戏后面是厢房，戏班的班船能直达，又可停泊在庙前的大运河。如春台为卷棚藻井，歇山顶、飞檐翘角、牛腿等精雕细刻，颇有工艺水平。戏台突出于

<hr>

[1] 关于明清以来，绍兴全府八县最盛大的会市是东关五猖会的这一评述，载清宣统元年七月初十（1909年8月25日）《绍兴公报》第256号。

大庭广众之前，使台下左、右、前三方观众都能观看，女眷则在左右两侧厢房享受特殊照顾。乐池在戏台的后侧，与后面的厢房仅隔一影壁，影壁蓝底彩绘牡丹、百鸟朝凤等吉祥图画。两边有门，上书"入相""出将"，供演员进出。戏台后面是粉黛阁，分前后两个厢房，前厢房放班箱、行头，也是演员化妆、更衣之处；后厢房濒临运河，供演员休息和睡觉。在闷热的夏季，当时又没有电扇、空调，此处确是他们纳凉、消除疲劳的好去处。

戏台朝向大殿，东殿塑有五猖神，周围墙壁饰有雷公、电母的浮雕或绘有托塔李天王、二郎神杨戬等天兵天将，大概是天神在监管五猖神。西殿塑有赵公元帅等，也许在心理上能在此满足善男信女们发财致富的愿望。

大概 15 年前，笔者陪同日本学者松冈俊裕到东关采访，找了几位上了年纪的"老东关"聊聊。他们一说起东关五猖会，个个眉飞色舞，十分动情，有人将它与往昔的南镇庙会、禹庙香市相提并论。五猖庙庙会在每年农历四月十五。逢年过节，如正月灯头戏，五猖庙肯定要演戏；农历五六月，绍兴旧俗以为是不太平的月份，人称"五荒六月"，人们又要兴师动众，每每举行盛大的迎神赛会，祈求五猖神保佑百姓渡过"难关"保太平。在新中国成立后，五猖庙用于东关镇文化站、公安派出所等机构办公。到了十年动乱期间，五猖庙才荡然无存。后来，笔者终算钩沉得《东关赛会竹枝词》略能弥补缺憾，作者希溥生平待考，但他已淋漓尽致地记载了当年迎神赛会的盛况，同时也表达了对迎神赛会的个人见解，广大读者通读这份文字记载，谅能对东关五猖会有一个梗概的了解。

东关赛会竹枝词

[清] 希溥

东关向有五猖神，卅余年来未赛迎。
近日传闻哄盛会，各村男女尽欢心。

三日前头早约船，亲邻搭品各欣然。
茶烟伙食头家备，随带身边零用钱。
画船衔尾赴东关，先问戏文有几班？
会货游人齐麇集，堪称人海与人山。

棹歌声里乐悠然，画舫乌篷载绮筵。
只为船多如栉比，小舟尽泊外塘边。

农村男女几奔空，各自欢心意气同。
政学工商各界子，成群结队乐融融。

翌日天将放晓光，五猖庙外济沧沧。
村翁村妇知多少，各持鸡豚顶礼忙。

万头攒动闹如雷，闻道神灵出殿来。
迎到前街须驻跸，几班戏文尽开台。

会货来时天正神，游人如织满街行。
足音杂沓马蹄疾，飞起长堤多少尘。

关西桥上搭桥棚，往来游人走得忙。
恐被神灵来阻游，抢先挤后各慌张。

彩棚搭满正之桥，看客纷纷涌若潮。
晚后街灯明似昼，大家携手乐逍遥。

呼朋唤友畅心游，到得茶楼又酒楼。
见了摩登年少女，雌黄评点实轻浮。

无数旌旗乱似麻，令人看得眼发花。
香亭暖轿前行去，后面还多大纛牙。

戏水龙船有几艘，横行直射像泥鳅。
翻波逐浪如梭驶，赢得旁人笑不休。

谁家少女扮昭君，手抱琵琶马上行。
可笑前头毛延寿，须因吃食脱腥唇。

只只纱船岸上行，内中锣鼓闹盈盈。
十番马上笙簧奏，扮出无常号太平。

高照迎来尚可观，纱头马上面团团。
嘉兴鼓乐声声闹，戏镗戏坛手也酸。

大头狮子又成行，天女散花少女装。
欲使长爷来得像，高跷上面扮无常。

台阁玲珑绿满装，就中端坐美红妆。
珠光宝色眩人目，扮出牵牛织女郎。

今朝还愿是亲身，红裤红衣扮罪人。
莫道愚民知识浅，诚心祈祷或通神。

对对提炉香雾浓，轿前牌伞密重重。
几乘神座方迎过，后面还随五色龙。

梢翁扮出子牙身，妙丽梢婆浅笑鞾。
三十六行齐会集，人人指说假美人。

费尽心思设祭丰，神灵抬到竟匆匆。
祇多炮担荷花铳，震得人人耳欲聋。

画船罗列好风光，鬓影衣香斗丽装。
只恐戏开忙入座，老前少后尽轩昂。

戏班三五各逞才，出色群推报舞台。
绿女红男齐赶到，闻声好似海潮来。

遥观彼笑坐舱间，宛如蟾空海山仙。
淡扫娥眉无俗套，衣衫时样如青年。

喧天锣鼓似雷鸣，正本演来最有情。
挨倒看台人落水，可知乐极有悲生。

前天花与后天花，买卖商人密如麻。
百货摊头无好物，不如看毕便回家。

各家待客甚舒徐，不计银钱手拮据。
亲戚朋友联袂至，乘舟乘轿或乘车。

今日神灵进殿中，会完执事各西东。
谣言传说放烟火，赢得游人兴又雄。

如期盛会实惊心，费却劳工多少金！
博得一场空热闹，几家典质检衣衾。

最苦耗财是米行，贫家钱物也消亡。
鸡豚极赛寻常事，何忍废时失业将。

世乱民穷歉收年，无谓迷信意难捐。
官厅谕禁难予除，可笑愚民听藐然。

　　《东关赛会竹枝词》中的"最苦耗财是半行"有原注："五猖庙产息逐年尽存如米行，此种迎神皆须提取。"由此说明五猖庙会活动经费的主要来源。由于五猖会规模大，东关镇及其附近许多村坊均参与其中，它们也承担很大一部分费用。别的姑且不论，东关镇及其近郊民众单是连续几天招待四方宾客、亲友一项开销，就相当于该户平时几个月的支出。"戏文有限，难为酒饭"一语道出了他们的隐情和苦衷。五猖会是东关一带最大的短期联欢节，固然让五猖神乐不可支，大人、小孩也获得了短暂的欢乐，但它的背后又是乡民的硬撑和血凑。况且，它毕竟裹挟迷信成分，亦有许多愚昧、落后、辛酸的东西，难怪希溥对此持有批判和嘲笑的态度。

鉴湖源流文化资源考之四：坡塘江（附南池江）

张钧德

（绍兴市文化旅游集团）

摘要：坡塘江的正源在鉴湖街道秦望山村妃子岭。妃子岭的四面：东边是紫洪溪——它是兰亭江的支流；南边是王岘；西边是兵康——古称兵坑或丁坑；北坡下流是坡塘江之源。下山是筼溪娄家，过娄家便是大嶕岭水库，其下泄之水汇入坡塘江，汇入处附近有大嶕庙和浙江省水利厅立的"坡塘江水源"碑。坡塘江有大小支流25条，择要考论。

坡塘江支流颇多，传统的说法是有大小支流25条。我们择要作介，从东向西大概有8条：1. 太平岭到胡家塔一条；2. 濮坞村到胡家塔一条；3. 马园村到胡家塔一条；4. 天衣寺到马园村北一条；5. 大嶕水库到塘岭头（上半段称十里筼溪）一条，以上诸溪在栖凫村汇总；6. 龙虎山水库到栖凫村一条；7. 云松到栖凫再到琶山一条；8. 石羊水库到琶山一条。

一、第一条：太平岭到胡家塔

唐太宗酷爱书法，对王羲之尤其推崇，便动用国家之力收藏了不少王羲之书帖，唯《兰亭序》只闻其名而未睹其迹，当了解到此帖在会稽云门寺和尚辨才处时，就向辨才索要，但被辨才拒绝。唐太宗不想豪夺，便命御史萧翼前往巧取。萧翼接受使命后化装成蚕商，随带宫中二王杂帖数幅来到云门寺造访辨才，二人一见十分投缘，诗酒往还。辨才日复一日地与萧翼鉴赏探讨。一天，萧翼趁辨才外出，就来到辨才房里径自取了《兰亭集序》等书帖便走……萧翼离开云门的路线是从云门寺后山到凤林、娄家，翻过太平岭便到赵婆岙，过去这一带山民上城就是走这条山岭经赵婆岙、胡家塔、施家桥，然后到南池坐埠船的，这是平水到绍兴城最近便的一条陆路。太平岭还是山阴、会稽二县的界岭。

太平岭不算高，且岭顶有歇脚路亭，萧翼稍事歇息，情不自禁展开《兰亭集序》，阅后便不胜自喜地说："不负此行矣！"从此太平岭便又名"不负岭"。

太平岭顶的路亭前几年尚在，这几年业已倒塌，也无人收管。倒是凤林娄家一侧的财神庙已恢复得金碧辉煌，美轮美奂。萧翼离开太平岭路亭到了永安驿，永安驿在今南池村，是个水陆路相衔的官办埠头，这以下便是南池江，通航了。萧翼向驿长凌朔心说明身份，并叫其速报都督齐善行。齐善行赶来拜谒，萧翼就向他出示圣旨并告诉他此行的目的。齐善行依萧翼的意思派人召来辨才，萧翼对辨才说，自己是奉皇帝的敕命来取《兰亭集序》的，现在已经到手，特地唤师父前来说明此事并就此告别……

二、第二条：濮坞村到胡家塔

濮坞村在秦望山脚下，有古道上秦望山，另有一条叫覆釜岭，龙潭祠在村外。

南宋《嘉泰会稽志》卷十《潭·会稽县》："龙潭在县东南。"说的过于笼统。我们算是坐实了。但如今龙潭祠不但已佛教化，且潭也被填。理由是喝上自来水了。

三、第三条：马园村到胡家塔

上、下二池开凿于勾践返国不久，为中国最早的水库，还开了水库养鱼的先河。

当地有传说养鱼池的堤坝是秦始皇时被破坏的。

马园今属鉴湖镇秦望村。

下池，又叫南池（与今南池村不是一回事），《嘉泰会稽志》卷十《池·山阴县》："南池在县东南二十六里会稽山。池有上下二所。《旧经》云：范蠡养鱼于此。又云：勾践栖会稽，谓范蠡曰：'孤在高山上，不享鱼肉之味久矣！'蠡曰：'臣闻水居不乏干燥之物，陆居不绝深涧之宝。'会稽山有鱼池，于是修之，三年致鱼三万。今上破塘村乃上池。"又《太平御览》引《吴越春秋》曰："越王既栖会稽，范蠡等曰：'臣窃见会稽之山有鱼池上下二处，水中有三江四渎之流，九溪六谷之广。'上池宜于君王，下池宜于臣民，畜鱼三年，其利可致千万，越国当富盈。"相传范蠡还著有《养鱼经》（书已佚，《齐民要术》有辑存）。《养鱼经》的形式虽是齐威王与范蠡对话，但其经验却是这里总结去的。

今残存塘坝遗址长 220 米，高于农田 16.3 米，塘底宽 106 米，塘面宽 65 米，当地人称"塘岭头"。

"文革"时蛊惑人心"备战备荒"，当地也发动群众在塘坝上挖防空洞。近三四十年又有众村民掘坝体取土填宅基。

2008 年文物普查登录时，调查者不顾文献而随意取名"秦望水坝"。现坝下有一方绍兴市人民政府 2011 年立的碑，上面就写着"秦望水坝遗址"，属市级文物保护单位——这是目前越国水利遗址唯一一处被立碑保护的。

四、第四条：大嶕岭东麓经天衣寺到马园村北

最初我们在筠溪娄家（与凤林娄家不是同一地）接触到"大蕉庙"也是 2008 年，联想到《水经注·浙江水注》："山南有嶕岘，岘里有大城，越王无余之旧都也……"再结合山那边的邻村王现（也有写作黄砚的），就臆断这一带就是《水经注·浙江水注》说的"嶕岘"！

大蕉庙的背后是大蕉水库，登上水库大坝从右边的古道进山叫大蕉岭，在岭顶选择左侧的泥路下山，当寻遇到一条小溪后顺着水流的方向走便到了天衣水库，天衣寺（别名法华寺）就在水库边。

天衣水库原先就是个水潭，叫"隐兵荡"，后来截流拦蓄扩大成了水库。有个民间故事是这样的：

> 相传唐朝"安史之乱"，郭子仪兵败，队伍进入绍兴后，往南部山区败退。队伍到了秦望山下，大山挡道，已是无路可走。这时，一个和尚从山上下来，向他们化缘。郭子仪带着队伍虽已狼狈不堪，粮草也已尽了，但他见了和尚，还是叫侍卫把仅剩的一点点粮食给了他。和尚千恩万谢，这时安禄山的队伍已追赶上来，郭子仪忙向和尚问路。和尚举起双手，做了个开门的姿势，前面的大山缓缓向两边移开，在郭子仪的部队前出现了一条通道。等到队伍进入通道后，两边的大山又在和尚的指挥下慢慢合拢。据传这和尚就是得道的神邕禅师，因"安史之乱"隐居法华寺。郭子仪的队伍在和尚的带领下，来到法华寺。在法华寺众僧侣的帮助下，队伍得到了休整，后驻扎在法华寺右边岭南一个村子里。郭子仪在此招兵买马，训练部队，不久又重返战场。等到平定了"安史之乱"以后，郭子仪向皇上禀报，要给法华寺和尚记功。皇上恩准并同时下诏，给法华寺神邕禅师送去了金兰袈裟一件。自此，法华寺更名为天衣寺；和尚化缘的地方造了纪念坛，现叫"化缘坛"；安禄山得到前头部队回报的那座桥现叫作"回信桥"；大山开合之处，现叫"隐兵荡"；郭子仪驻扎训练兵马的岭南的那个地方，现叫"兵康村"。因为从外往里望，是看不到法华寺的，同时，郭子仪的队伍曾在此地神秘隐没，所以当地老百姓叫法华寺为天衣寺的同时，又有人叫该寺为"天隐寺"。

我认为隐兵荡的民间故事背景在春秋越国时期，这郭子仪是越兵，那安禄山是吴兵。而兵康原名叫兵坑，也叫丁坑。

说起兵康，引起了另一个话题：我在登山中曾在兵康村里遇到一位老人，正在门口制扎竹扫帚，这是个需要手劲很大的活。拉呱起来得知他已85岁了，他说年轻时上山斫柴，要斫几百斤扎成两捆留在山上，第二天一早上挑着沿溪从天衣寺到南池街上卖掉再换米、油、盐、酱油等必需品回家，路过山上将物品挂在树上再斫柴，斫满一担仍留在山上，才拎了米、油、盐、酱油瓶回家，如此循环往复，周而复始……维持全家生计——他的意思是眼下扎几十把扫帚算什么！

绍兴俗语有"南池大扫帚"之说，原来南池并非出产地，只是销售地！

从大礁岭到天衣寺一路上有不少小平地，茅草芦苇兴旺，但不能走人，一踩上去就渥鞋……我们说起此事，老人家告诉我们那是当年他们大队开的水稻田，后来又放弃了。哦，原来是稻田遗址哪，那得再等千年发掘才有意思嗬。

从天衣水库溢洪道流出千米左右就是"马园村北"，在这里它汇入了马园溪。

五、第五条："十里筠溪"

"十里筠溪"是坡塘江的正源。

发源于妃子岭，山巅有妃子庙。相传南宋小康王遭金兵追击，逃难到此岭，遇当地斫柴姑嫂二女搭救方得以脱难。后小康王登基，派人四处寻访恩人，才知姑嫂二女已被金兵杀害，于是追封未婚女子为妃子娘娘，封其嫂为陈邹娘娘。当地百姓就在岭上建了妃子庙。每年农历二月廿六和六月初五是两娘娘的生日，妃子岭就此得名……

溪从妃子岭下来在大礁庙附近汇合从大礁岭水库出水后再流经筠溪。溪水在村中约莫十里长，所以叫"十里筠溪"。现在已成当地的"十里筠溪风景区"，成因就是分布在长达十里的沿溪古建筑，这里最古老的房子建于19世纪时。当时贫穷，不知谁氏第一个去南洋谋生成功，于是乡亲们纷纷效仿，以后又纷纷回家祭祖修屋……久之则成了远近有名的侨村。现在，这些"侨屋"大概尚存70多幢。有70多幢屋就有70多个创业故事。把这些故事收集起来，不就是建设越文化很好的题材吗！

筠溪村的土地庙叫"大蕉庙"，背靠大礁岭。大蕉庙是我在2007年底在筠溪村文物普查时发现的，当时庙很破旧。因为《水经注·浙江水》中载有"礁岘"，再写文章介绍徒步考察时就写成大礁岭和大礁庙了。

十里筠溪从大礁庙始，经过整个沿溪而居的筠溪村，止于村口的庄屋湾，庄屋谐音葬屋，这个地名出于原先清乾隆朝的绍兴状元梁国治的坟，他是《四库全书》的副总裁和《日下旧闻考》的编纂……解放后庄屋没有了，其坟也被平毁了。

溪出庄屋湾则汇入了主流，而后向栖凫村而去……

六、第六条：龙虎山水库到栖凫村

龙虎山水库库尾有一块大草坪，偶有游人，记得 2014 年春考察时，居然看见几个彝族人在那里烤土豆，还十分好客地邀请我们也尝尝。

关于水库的形成，当地有位写手傅滋培有篇网文《龙虎山水库》是这样说的——

我义务参加过兴建龙虎山水库的劳动。

那是在 60 年前，坐落在绍兴城南的龙虎山水库正式兴建，水库离我家不远，约五里路。

浩浩荡荡的兴建大军都来自城南公社的各个大队，还有住在农村的居民。

农民兄弟虽然能记上工分，但工分多了，价值也小了。

居民每户一人，一星期一次，当然他们是义务的，没有任何报酬。

那时，我 16 岁，是我家的唯一劳动力，就没有例外，也参加了兴建龙虎山水库的工作。

龙虎山像只偌大的畚斗，是个大山坳，两边群山连绵，虽不峻峭陡削，但却山峦起伏，是个兴建水库的好地方。

经过测量、勘探等工作后，兴建正式开始，技术含量最高的是石匠，在那时绍兴很少有水泥，根本谈不到有混凝土的情况下，就凭高超的石匠技术，将坝两面斜坡的石块铺砌得平整，而不留缝隙。

我的工作是挖土和挑土，和另一人轮流调换。

半天工夫，我手上就起了泡，肩上也隐隐作痛。一天下来，已累得浑身乏力，好在一星期只干一天。

最热闹的是夯土了，在那时没有压土机的情况下，靠的是人工夯土，夯土有两种工具。

一种是直径约 50 公分，高约一米二左右的圆木，圆木装四个把手，四人随着劳动号子的节奏，同时高高举起，同时重重的甩下。

另一种是一块扁平的硬木圆饼，侧面用铁环系上四根绳索，四人拉着绳索，同时用力抛上，同时重重夯下。

那时正值三年自然灾害，大家都吃不饱饭，但仍热情高涨，信心百倍。劳动号子也应时而喊。

夯土的劳动号子很特别，我还记得几句。

一个人先喊一句："做水库来！"其他人跟上喊："嗳呵！"

"抓紧干啊！"

"唉哟!"

"萝卜粥来!"

"嗳呵!"

"吃不饱来!"

"唉哟!"

…………

激情洋溢的劳动号子,激励了大家的干劲,在吃不饱饭的时候,仍激发了工地民工的劳动热情。

现在的龙虎山水库已是绍兴城南的旅游景点,供市民休闲、野餐、烧烤等。一洼绿色的清水,像翡翠一样,镶嵌在葱葱郁郁的青山之间。

水库坝下是一垄垄的茶丘,从坝上望去,是一片绿色的海洋,美极了!

溪水从龙虎山水库流出,一路无话到栖凫村。

七、第七条:云松经断塘、王家薴到琶山

(一)

这条溪从云松村朱华山发源,流入云松村,经黄庙、断塘、坡塘村、王家薴村、琶山寺等几个节点。

云松村与筠溪村一样也是个古建筑集中的古村,从前主要靠酱业发起,据说清末民初时在东北、广东都有基业。

有过筠溪村的教训,我在云松村开始关注那些古建筑的故事了。

48—55号台门是村中最好的一处建筑,主人叫罗阿一,在全国开有50多爿商号,北京、上海、杭州、东北都有产业,临解放时已70多岁,在家养老,虽说是养老,只是将产业交给了儿子们经营,自己仍每天戴着箬帽下地……家里墙壁上挂着块大水板,年底了边写边说:"我自都弗晓得,花红又汇到了!"花红是旧时对股本分红的俗称。解放后准备枪毙他,不想消息走漏他逃到了在海宁的商号,土改队组织追捕人员到海宁,没有发现他躲在蚊帐后被他逃过一劫,此后他便再逃到东北延吉,终算在那里善终。他的几个儿子原本都在各地经营,听到家乡的风声都不再回来。

131号台门的主人叫罗岳金,与罗阿一是堂兄弟,他的儿子罗家明是中共天津学生运动的领袖,解放初做了天津市团委书记。托儿子的福,土改队初定不"改"罗岳金,但罗岳金生在福中不知福,更不懂得感恩,居然在村中银杏树下放把躺椅大放厥词,说什么"我又不是什么什么……凭啥今来改我?"银杏树下当时是交通要道,他这么有恃无恐的样子当即激怒了土改队,不但台门被立刻"改"掉,他的那爿万源商

号也"捐"给了政府，本人还被打成了地主。若干年后儿子罗家明也被划为"右派"。

113—118号台门有走马楼，屋主陈瑞友初在上海开了家"小毛饭店"，但一直遭到地痞的使坏，夜里总是被人在外墙涂满粪便，使他难以营业。正在他一筹莫展之际，这时有人开导他须拜大亨黄金荣为师……我在想，其实使坏的人和开导的人都是黄金荣的手下，陈瑞友照办了，从此生意稳稳当当。他发起后回村叫了几个身强力壮的小伙子充当打手。解放后回家种田，结果被划为地主。

102—105号台门屋主叫陈阿昌，曾是保长，抗战时日本兵强迫他带路去平水打国军游击队，半路上他企图逃脱，结果被日本兵刺死。

另外，123—128号叫上台门，建造时间较早，解放后原主人被"改"跑了，因此来历不清楚。中台门主人叫罗小青，生有五女一子，儿子是中共地下党，后来在公安部工作，在儿子的影响下他将300多亩田一夜贱卖掉，虽然仍被划为"开明地主"，但没有挨斗！149—155号叫师爷台门，具体情况也不清楚。

（二）

顺溪出云松村，在村口有一座小庙，因为墙呈黄色，村人管它叫黄庙，庙门匾写着"土谷尊神"。庙建在一段土埂上，土埂内人称"茭白荡"，这条土埂就是堤坝的残存部分，东段不知何朝何代被掘掉让溪水顺利流通出山。

这个堤坝未见于文献记载，是绍兴文学院的俞志慧教授率领他的团队在考察越国文化遗迹时发现的，但是不是越国留下来的遗址有待考古证实。不想当我再次去云松时竟看到庙门立了一根石柱，上书"范蠡筑坝遗址"。

（三）

向北出云松村，有个叫"断塘"的小地名，塘是堤坝的意思，断塘就是被开断的堤坝。

2008年，文物普查时现场作的报告如下：

> 断塘遗址位于鉴湖镇云松村北约4里许的满清山（东）与湖口山（西）之间。平面稍呈"S"状东西走向，全长约150米，东端已开发有长25米豁口作进出道路、西端开发有长8米通道，水坝残长大约120米左右。横截面呈梯形，现底宽40米、顶宽20米，高7~8米。黄土纯净，表植苗木。水坝遗址的分布面积大约为4466平方米。
>
> 以水坝为基点的向南区间的东面与西面，两面山峦屏障，形成一个相对封闭的水库区域，今东端口沿山处仍出有一条溪流。今云松村地处畚底。
>
> 向当地人打听，他们说那叫"断塘"，是从前出于"造风水"的需要筑的……

此坝亦未见文献记载，但"断塘"这个地名一直存在。坝体是黄泥，残高 2 米余，近几年坝体的上方又造了杭绍台高速的高架路。云松村民向来把它视为本村的风水坝而加以自觉保护，如果有个人来取土，村民多半会阻挠，但这些年"州官"忙着筑路造厂，对坝体随意挖掘破坏，村民虽然心里反对却已无能为力，坝体受损后就加速了自然塌落，泥坝日见萎缩。

邻近还有个断塘水库，俞志慧教授的团队在考察越国水利遗址并撰写《越国时期水利工程考察纪行》，其中有一段文字为：

> 当罗先生领着我们踏勘时，我有点纳闷，提醒他道，这是现代的水库，我要找的是 2500 年以前的那个。罗先生说："同一个。20 世纪 50 年代后期我们修断塘水库时，只是在原有的黄泥坝上稍微加高了一点，没加多少，然后坝内外垒了些石块。"罗先生还往西北边指了指，说老水坝的溢洪道就在那一头。

而我找的向导是坡塘老岳庙的管庙人老方，老方说断塘水库堤坝以前有个地方叫"关口"，农户很多，后来全部迁走，至今仍有不少菜地的痕迹。

现在因为造高架路，水库被填掉了大半，十几根路桩直接打在残剩的水面中，堤坝被随意刨掘，溢洪道成了简易公路，重型大卡进进出出。只是《断塘水库工程简介》牌尚在，作为历史资料，赶紧抢救性抄下：

> 断塘水库位于鉴湖镇坡塘村云松自然村，始建于 1957 年，是一座以灌溉为主的小（2）型水库。水库集雨面积 0.29 平方千米，正常库容 9.61 万立方米，总库容 14.08 万立方米，枢纽工程由大坝、溢洪道、放水建筑物等组成。大坝为均质坝，坝顶长 53.60 万米，最大坝高 8.30 米。水库设计洪水标准按 20 年一遇，校核洪水标准为 200 年一遇。
>
> 水库主管单位：越城区水利局
> 水库管理单位：鉴湖街道办事处
> 值班电话：88317251

在断塘，我有一个感悟：从云松的黄庙坝到断塘再到坡塘，至少排列着 3 座梯级堤坝！而这些堤坝无一例外都被掘掉废弃，当地有传说坡塘是秦始皇破坏的，但是否同时破坏的，虽无依据，但有可能。

（四）

坡塘是个有 2500 多年历史的古老村庄，其历史可追溯到春秋越国，《嘉泰会稽志》卷十《池·会稽县》载:"在县东南二十六里会稽山,池有上下二所。《旧经》云:范蠡养鱼于此……三年致鱼三万。今上破塘村乃上池。"

《太平御览》引《吴越春秋》也记载了"目鱼池"有上、下二处:"越王既栖会稽,范蠡等曰:臣窃见会稽之山有鱼池上下二处,水中有三江四渎之流,九溪六谷之广,上池宜于君王,下池宜于臣民。畜鱼三年,其利可以数千万,越国当富盈。"

据传,秦始皇南巡,见古越一带王气氤氲,甚是惊惶,深究之下,原来是范大夫筑的水坝呈龙凤之祥,即命人将堤坝掘断,以泄王气,故得"破塘"地名。后来觉得"破"字不吉祥,才改"破"为"坡"。

相传,上池之鱼专供王家与贵族;下池之鱼供给军队与百姓。

今"上池"遗址已无,但"掘断山"地名仍在。

(五)

栖凫村堪称历史文化名村,可惜2021年拆除了。将拆未拆之际,曾引得绍兴网民一番热议,市文物局也参与了进来,其中颇有代表性的一段话是——

我们对栖凫村中的古桥、祠堂、庙宇、老宅、新宅、洋房、水闸、老井以及有特色的民宅,逐一踏勘。

怎么盘活栖凫村呢?我有一些设想,说出来与朋友们分享。

一、我们可以创造一个文旅品牌叫作"树兰故里,人文栖凫",以此作为栖凫村开发的题目。村里、街道可以组建一家公司,专门负责融资开发。

二、栖凫村的开发要分成三个功能区块。第一个区块是"湖光山水"的地产项目,主要分布在村子南部和西部。第二个区块是原住民安置房区块,保留原住民对于传承栖凫村的文化是非常重要的,可以放在村子北部和东部。第三个区块是文旅融合区块,位于村子的中部。以村中心的直河和横河为纽带,把重要的文物史迹串联起来,通过风貌恢复和古建筑修缮等途径,形成一个"树兰文化园",作为村里的文化核心区。

三、在村子拆迁过程中,拆下来的建筑材料,如老石板和构件,应该在村里就近落实地方存放,作为"树兰文化园"里古建筑修缮材料的补充来源。这样既可以防止材料外流,又能够物尽其用。

四、恢复徐氏家族清末在村里创建的学校,作为栖凫村的教育配套资源。这个学校的旧址位于三接桥东南。

五、保护绍兴图书馆的"根脉",修复徐家洋房和旁边的藏书楼。从栖凫村的藏书楼到古越藏书楼,这是讲述绍兴图书馆历史渊源的重要环节,应该在栖凫村开发中予以体现。

而有司的答复是"开挖一个栖湖，面积相当于迪荡新城梅龙湖的二倍"，阿弥陀佛，他们将栖凫理解成谐音栖湖了！

栖凫村以徐姓为主，徐氏是南宋初由河南考城（今兰考）随康王赵构南渡而来。初不见显赫，以致淹没无传，直到二十三代的王氏太婆时才崛起。王氏太婆高瞻远瞩，将家中数十亩田地变卖掉后，留长子在家守业，其余四子均被派往广东和黑龙江等地经商，主要是经营茶叶、瓷器、丝绸、布匹、酱油、黄酒等。最兴盛时甚至组成船队由宁波出海，分赴南北。王氏太婆自己则耙地养猪、纺纱织布，操劳终日又仅以薄粥糊口，甚至捞河里漂浮着的残菜黄叶煮食……这位非凡女性的事迹在徐门世代传颂。她在族中的威望极高，即使逝世后，后辈去扫墓，女性族人都要跪在山脚下对她默拜以示敬意。

使栖凫徐氏走进中国历史的是她的孙子徐树兰（1837—1902）。徐树兰致力于地方公益事业，尤以购书、印书、藏书为乐事。曾任义仓董事，在赈济、平粜、募捐和外筑海塘、内建水闸等方面热心出力。思想倾向于维新立宪，视振兴农业和改革教育为强国之路，光绪二十二年（1896）与弟友兰和罗振玉等在上海组织务农会，办《农学报》，介绍、传播欧美、日本等国先进农业科学知识，又在上海浦东置地百亩，开辟种植试验场，引进各国良种，做实际试验。1897年，捐资4000余元创办绍郡中西学堂（今绍兴一中前身），延聘蔡元培为学堂总理兼总校，推行新式教育。徐树兰最为世人瞩目的是于1900年开始筹办的"古越藏书楼"，这是中国近代第一座具有公共图书馆性质的藏书楼。但天不假年，未竟而卒。此事遂由次子尔毂（字维新）继承发扬。

村中则尚有徐家祠堂、徐家老台门、徐家新台门和徐家洋房建筑遗存，只是都塌得一塌糊涂——

徐家祠堂里面尽是断垣残壁和杂草，只有一个门轩和上面"世德作求"四个砖雕尚在。门外是堪称古迹的徐公桥和三接桥。

徐家老台门原为董姓探花台门，"土改"时被瓜分，改革开放后逐渐搬离，任由塌败。

徐家新台门，抗战时被日军放过火，"大跃进"时办过食堂，后来又给知青住。

徐家洋房，做过教堂、学堂，"土改"时分掉，门窗随意拆改，残留4个西洋风格的砖石门框。

村中另有市级文物保护单位三接桥，文物保护点徐公桥等。

桥下是栖凫江，上源有二：一支从龙虎山而来，一支从筠溪村而来，二水在栖凫合流，再流到丰乐村与坡塘江汇合。

在丰乐此河称上旺河，经过坡塘村的应家潭，"文革"的时候应家潭一带曾发现有煤炭储量，以现在的标准是没有开采价值的小煤矿，不但储量不高，而且热值也很低，但当年却大吹大擂，吹嘘要扭转"北煤南运"局面，盲目乐观，盲目开采，结果塌方死了人，最后不了了之。

（六）

琶山属于王家蓻村、玉屏村和丰乐村共有，琶山庵系市级文物保护点。庵内保留有刻于崇祯年间的石碑和光绪辛卯年的石柱。

光绪石柱上有联：

> 玉带泉清不竭处全仗着半瓶净水；
> 琵琶山古最高峰忽现出一朵慈云。
> 三宝旧声名，看仙笔灵泉古柏有枝皆北向；
> 十村新庙貌，愿民康物阜大田多稼庆西成。

"灵笔"的传说与八仙之一的蓝采和有关，据说是其人留下的墨迹。

庵中有建于清代的老戏台，戏台墙上绘着八仙的图画。别的戏台也有类似的画，但画在这里却正好与蓝采和的故事有了对应。

民间还传说，玉带泉的名称与南宋小康王有关：说是赵构逃难路过此地，汲泉解渴，宽带休息，临走时忘记玉带，后人将此泉称为"玉带泉"。

《雍正浙江通志》第十五卷记载："玉带泉。旧《浙江通志》：在琶山下，泉味甘而洌，色微白，故谓之玉带。"

玉带泉是古绍兴三大名泉之一，后来改叫阳和泉。张岱在《陶庵梦忆》有《阳和泉》专门记述，说"壬申，有称阳和岭玉带泉者，张子试之，空灵不及禊而清洌过之。特以玉带名不雅驯。"其实他是为了纪念其状元高祖父张元忭。

据《嘉庆山阴县志》卷二十四《政事志·寺观冢墓》：张元忭墓在城南珠山（琶山庵附近）。而张元忭号"阳和"。

玉带泉或者说阳和泉毁灭于"文革"时，据庵中住持普愿法师说，那时乡人困难，三人围抱粗的古柏便被周近三个村的人家分了，古泉也随之废了。

普愿一直想着要恢复玉带泉。已有规划图，普愿还说，以后山上还要建一座茶寮，并立块修泉碑记……

普愿说虽然放生池中有泉眼，但真正的玉带泉眼则在放生池北侧的村道下。

大殿内原先还悬挂有明代大家徐渭手写的"如来一洞天"，"破四旧"中被弄得早已不知去向，普愿便从徐渭手稿里挑出这五个字重新制作了挂上。

诸溪流在琶山以上仿佛是几股散辫，到了琶山便扎成了一支。

八、第八条：石羊水库经盛塘到坡塘老街再到琵山

（一）

石羊水库估计原先有支大坟，造水库的时候因库区尚有石羊（翁仲）遗存就命名了水库。水库后有一条隐蔽的山岭如今叫笔架山，翻过山即是印山大墓，不过山那边是兰亭江流域了。

盛塘属于坡塘村，据盛鸿郎、邱志荣《坡塘轶闻》考证（载 1992 年 10 月 7 日《中国水利报》），上池即在盛塘一山旮内，筑堤后塘内是个水面面积约 0.24 平方公里的蓄水池，堤塘现辟为公路。

过盛塘和公路，此水进入坡塘老街。

坡塘老街不长，约 300 米左右，街河横亘街中，河岸有大小踏道几十座，河两边青石板铺路，路两边店铺林立。

坡塘因处山村水乡交互地，坡塘江到坡塘是埠头，再上去便是溪流了，不能行船。以前的坡塘村，分为上埠（今盛塘自然村）、中埠和下埠。

自古以来，无论是南部会稽山的山货入城买卖，还是城里的工业品等运送城外，坡塘江都是主要通道之一。未通公路之前，坡塘街河中舟楫众多，十分繁荣。

那时从兰亭、谢家桥、花街、王岘、紫洪山、大庆等山村，山民去绍兴都是抄近路，走古道，翻山越岭，肩挑背扛，将毛竹、叶柴、糖柴、笋及各种竹制品，源源不断地运到坡塘埠头。然后山民将大部分山货都盘给了行贩，由行贩用大木船载到绍兴城中贩卖。而山民们因大半夜出发，在坡塘出尽山货，早已筋疲力尽，饥肠辘辘。于是他们就坐在茶店里，喝早茶，吃点心，悠哉悠哉地享受着生活。他们吃饱喝足后，在街上晃悠，在盐市桥头的酱园舀几斤酱油；在供销社买点日用品，称点盐、煤油、火柴的；想通点的山民，还要在鱼市桥买点活鱼鲜虾。

当绍兴偏门到诸暨的公路造通了（现 308 省道），山民再不肩挑背扛，翻山越岭地走坡塘埠头了。而是直接走公路从偏门进城。坡塘街霎时显得宁静了下来。

后来，坡塘街拓扩，街河也成了暗河，古迹斑驳的三座古石桥被拆，青石板改成了柏油路……失去了古韵古貌，再称老街就显得不伦不类。

老街古民居保留较多。比如谢家台门，也是地主人家。当年为了方便山民走夜路，就在台门口"点天灯"——天灯不光是路灯，它的乐善之处更是在一盏点着的灯笼的照耀下，备着好些未点着的灯笼，走夜者可以随意取一盏点着提了走，此灯笼也不用还了。解放后，台门居人都赶出，拆除石牌坊搭起石灰窑，又收集大量死人骨头办化肥厂，后来一直泛潮。

老街从前还有一座"牢狱庙"，后来让给了小学，庙就搬到了村外山坡上。

一般一直以谐音称"老岳庙"，想当然就是老东岳庙！但坡塘从无新东岳庙。

老岳庙大殿虽然有东岳大殿，但门柱有二联却分别是：

行菩萨道誓入幽冥；
度众生心宏开地狱。

善来此地问心无愧疚；
恶过吾门胆颤人自寒。

一副阴森之气。里面主供也不是东岳大帝而是阎罗大王与夫人及他们的儿子。也有二联：

古往今来阴曹地府放过谁；
阳世三间人善作恶皆由你。

自古忠臣孝子皆都有善报；
请看大奸巨恶怎样收场面。

偏殿则直接称阴世间，有牛头马面。庙里还有"十殿阎罗""生死判官""死无常"和"活无常"等。

估计是当年秦始皇要破坏坡塘，遭到原住民的抵抗，于是被残暴的秦始皇投入临时监狱。有人来祈求，有人来祭奠，后来就慢慢变成了庙……日久又由牢狱庙讹成了老岳庙，但改变的只是它的名，它的实质至今未变！就是庙里一直住着阎罗王一家子，这就是人间活地狱。

（二）

出于建设村落文化的需要，坡塘村依托历史文化，建造了一个"莲园"。

何以名为"莲园"？原来这是为了纪念"莲花落"的创始人唐茂盛——"莲花落"是绍兴地方曲艺。

莲园入口即是个戏台，台基的三面便是唐茂盛的生平连环画石浮雕。

莲园内塑有一尊数米高的范蠡石像。

北宋《太平御览》引《吴越春秋》曰："越王既栖会稽，范蠡等曰：臣窃见会稽之山有鱼池上下二处，水中有三江四渎之流，九溪六谷之广。上池宜于君王，下池宜于臣民，畜鱼三年，其利可致千万，越国当富盈。"又南宋《嘉泰会稽志》卷十

《池·会稽县》载:"在县东南二十六里会稽山,池有上下二所。《旧经》云:范蠡养鱼于此……三年致鱼三万。今上破塘村乃上池。"盛鸿郎、邱志荣的《坡塘轶闻》(载于 1992 年 10 月 7 日《中国水利报》)和《南池寻考》(载于 1992 年 7 月 4 日《中国水利报》)认为"上池"在今坡塘村盛塘,"下池"在今秦望村马园。但我在考察坡塘江之源后发现越国时在坡塘造的是梯级水库,再反复研读《吴越春秋》《嘉泰会稽志》这两段文字得到一个体悟:那就是二池应该是在一起的,即上池在梯级水库上端,下池在梯级水库下端。而南池和坡塘的关系只是一左一右或一东一西,哪里来的上下之说!

相传范蠡去越后还总结著有《养鱼经》(书已佚,《齐民要术》有辑存),《养鱼经》以齐威王与范蠡对话的形式,将建池塘、选鱼种、育鱼苗等养鱼经验仔细介绍。范蠡认为,生财之道,水产养殖排第一。范蠡经营鱼池,搞的是立体养殖,鲤鱼和甲鱼一起养,产量很高。他还在鱼池中布置土墩,让鱼绕着土墩来回逡游,产生在江河湖泖畅游的自在感,这样鱼的长势就好。

坡塘放弃养鱼这个文化可惜了,最好也能在莲园反映一下。

(三)

出坡塘老街,往北走,公交下一站是王家葑村,"葑"在绍兴是湖垦殖之意,水入王家葑,便是河网地:与坡塘江相连,很难确认是哪条,反正条条都是通的。

王家葑村是玉屏村。玉屏村由虞江、下洑山 2 个自然村组成。因村有玉屏山而得名。但玉屏村更有名的山是虞江的狮子山,它的旁边还有一座小丘叫锡锣山。中国的舞狮,引领的普遍是绣球,但旧时绍兴的舞狮却是以小铜锣代替绣球。小铜锣,土话叫锡锣,这个"锡"字仅用于此处,可见是很古老的词汇了。

而使狮子山更加名声在外的原因是 1981 年发掘了"坡塘狮子山 306 号战国墓"。墓中出土的春秋青铜屋模型等还系国家一级文物,已被编入《国宝大观》。

墓在玉屏村虞江狮子山,那何以不叫"玉屏狮子山 306 号墓"或"虞江狮子山 306 号墓"?因为墓发掘于 20 世纪 80 年代初,那时那一带属于坡塘乡。

据《文物》杂志 1984 年第 1 期的发掘简报介绍,该墓随葬品共计 1200 余件,重要的有圆底鼎、瓿、瓿盉、镬盉、鉴、插座、豆、壶、阳燧、洗、兽面鼎等青铜器 17 件。刻刀、削等文具 51 件。罐、豆等泥质灰陶器 3 件。瑗、琥、龙佩、璜佩、月佩、圭佩、蝉佩、牙佩、鸟佩等玉器 49 件。管笄、珠等玛瑙器 102 件。玉耳金铆、金饼等。其中青铜汤鼎、炉、罍三器有铭文,共 100 多字。

北京大学李零教授根据这些文字考证,认为墓主是徐国国王的长女,嫁到越国,墓中出土文物是其陪嫁之物。(《绍兴坡塘 306 号墓的再认识》,发表于《中国国家博物馆馆刊》2020 年第 6 期)

坡塘江在今西江大桥处汇入古鉴湖（凤则江），桥西岸有一座小山，周边的民居门牌写的是贵山，其实是应该作龟山的。唐朝的时候，龟山是鉴湖的一个岛屿，也是官家观赏和指挥龙舟竞渡的登临地。

龟山的得名是其形似龟，2008年初我曾参与第三次文物普查工作，听当地村干部介绍，早期龟山连脚都长齐，他说其中的一只脚是造加油站时掘掉的……

因为城里也有个龟山，就难免搞混！

城里的龟山就是塔山，历史上有怪山、飞来山、宝林山多种叫法，亦名龟山。

《吴越春秋》云，范蠡所筑之城既成，"琅琊东武海中山一夕自来，故名怪山。"《寰宇记》亦云："龟山下有东武里，即琅琊东武山一夕移于此。东武人因徙此故里不动。"

《越绝书》云："龟山者，勾践起怪游台也。东南司马门，因以灼龟。又仰望天气，睹天怪也。高四十六丈五尺二寸，周五百三十二步。"

可见东武里在城内的龟山跟城外龟山没有关系！但唐诗人元稹的《醉题东武》诗却作于城外的龟山。《历代诗人咏鉴湖》对此诗作题解曰：元稹"（779—831），字微之，河南（今河南洛阳）人。贞元九年（793）以明经擢第。官居相位。长庆三年（823）至大和三年（829）任越州刺史兼浙东观察使。著《元氏长庆集》。"（邹志方：《历代诗人咏鉴湖》，新华出版社2001年版，第12页，下同）。又李绅诗《东武亭》序曰："亭在鉴湖上，即元相新建。亭至宏敞，春秋为竞渡大设会之所。余为增以板槛，迁入湖中，足加步廊，以列环卫。"

《历代诗人咏鉴湖》尚收有唐诗李绅的《龟山》、方干的《题龟山穆上人院》、张蠙的《龟山寺晚望》。但东武亭宋以后就没有人提起了，可知东武亭在唐以后倾圮了，后世知道了将东武亭造在这里是个误会，也便不再恢复！

九、主干道：从丰乐村到西江大桥

诸源大致在丰乐村汇成主干流。

丰乐村到西江大桥并不太长，中间只隔了一个和平村，和平村与凤凰村隔坡塘江而邻，如今有公路桥相连，桥西和平村一侧有石泉庵，《绍兴百俗图赞·石泉庵躲债》（百花文艺出版社1997年版，第44页）云："旧时绍兴南门外鸟坞村（现凤凰村）附近有石泉庵，又称躲债庙，凡是三十夜还不出债务的人，都可避入庙中躲债。因乡风民规有讨债人不得入躲债庙的规矩，所以，真正无法还债的人，不得不躲债到庙里来……躲债人躲进了躲债庙，漫漫长夜，如何过去。况且本属良宵，却孤身离家躲债，心境大都郁结。因此，当时的戏剧同业组织，每年三十夜，专门要在躲债庙里义演一台绍兴大班，连一些名角也有义务到躲债庙参加演出。因此，躲债的人们可以

'暂且抛开心头结，躲债庙内看戏文'。这台戏不像其他'社戏'，它只演到'亥末'，半夜刹锣。因为一交子时，躲债的人纷纷'打道回府'，不必再待在躲债庙里，戏也就没有再演的必要了。"我这里要补充："石泉"本系"贼钱"的谐音，因此站在债主的立场上，便说石泉庵是"贼骨头"（窃贼）祖庙的说法——这是债主对老赖无奈的诅咒。也是旧时绍兴的民俗资料，值得记录保留！2008年初我们作第三次全国文物普查，对石泉庵有详细的调查记录，认为"村中石泉庵是个六社庙，为和平、蔡江、横桥、凤凰、庄里等6个村共有……"

坡塘江主干流有一个罕为外人所知的名字叫奈柱江。

小　跋

综合上述，坡塘江全程经过鉴湖街道的秦望村、栖凫村、坡塘村、王家葑村、玉屏村、丰乐村，城南街道的凤凰村、和平村、横桥村、蔡家江村、南山头村、念亩头村以及秦望社区等，全长约6.6公里，在西江大桥汇入鉴湖（风则江）。

坡塘江，起于秦望山村，终于秦望社区。

附：南池江

要说清楚南池江先要厘清南池、南池村和南池江的关系。

南池就是范蠡养鱼池，在坡塘江源头之一马园溪上，关于范蠡养鱼池，在介绍坡塘江马园溪的时候已经说的够多了。

因为养鱼池叫南池，所以"大跃进"的时候建立了南池公社，改革开放以后改公社为乡，南池公社就成了南池乡，再后来搞"撤扩并"——撤区扩乡并村，南池等若干个乡合并为鉴湖镇，镇以下设村，南池村是原南池乡的一部分，但不包括养鱼池，养鱼池在秦望山村。

这就形成了南池村没有南池的局面。南池江倒在南池村中。

南池江指南池村至东江大桥的河流，长有十几里，它不是自然河流，只是在鉴湖被围垦过程中（古代绍兴称人为填湖围垦叫"葑"）保存下来的狭窄的状如河流的湖泊，沿途有骆家葑、劳家葑、邹家葑等村落。

南池江可以南池埠头作为起头。没有汽车之前，出入靠船，南池埠头是个聚散之地，现在埠头不见了，与埠头相依的老街也不见了，但有新的地标可查：故埠头处建了闸门，岸边是一个很大的变电所。

唐朝的"永安驿"应该就在埠头边上。

当年唐太宗为得到王羲之的《兰亭集序》，命萧翼赴越州云门寺探取墨宝下落，萧翼不辱使命，从辨才老和尚外出赴宴偷取《兰亭集序》书帖便走……萧翼逃跑的路线是云门寺—凤林村—太平岭—赵婆岙—胡家塔—施家桥—南池埠头。

萧翼赶到永安驿，向驿长凌朔心说明身份，并叫其速报都督齐善行。齐善行一听此事赶忙驰来拜谒。萧翼就向他出示圣旨并告诉他此行的目的。

现在，南池江还在，只是永安驿早已不见了，循江而下，先到南池大庙，接着到下埠，下埠的标记是一座水阁庙，内祀"金龙四大王"等，再循江到骆家葑村、繁荣村、江家溇村等。可圈可点的文字一个是"玉山"、另一个是"兰塘"。

独山又名玉山，在骆家葑村。

《越绝书》卷八："独山大冢者，勾践自治以为冢。徙琅玡，冢不成。去县九里。"

《嘉泰会稽志》卷十八《拾遗》："独山，《越绝》云：独山大冢，勾践自治以为冢也。"

宋代柴望有诗：

> 秦望山头自夕阳，伤心谁复赋凄凉。
> 今人不见亡吴事，故墓犹传霸越乡。
> 雨打乱花迷复道，鸟翻黄叶下宫墙。
> 登临莫向高台望，烟树中原正渺茫。

我于 2008 年参加第三次文物普查时，旁观的热心村民执意要领我们上山去见识散落在山坡上硕大的巨石，他们说这么大的石头搬到山上可不是一般人做得到的！也不知道干什么用的？我们看了查对史料，估计是勾践造墓用的，但后来他放弃了，便随便丢在那里。山上原有寺，抗战时因被游击队利用为日军放火烧掉，另有 2 个土地庙，上庙在玉山西首，下庙称玉山庙，祀黄老相公，又叫黄公殿，在南池江东玉山桥堍。

南池江的尽头是一块较大的湖面，叫"兰塘"。小舜江水库建成前城南自来水厂的取水口就设在兰荡。

张岱《陶庵梦忆·天镜园》：

> 天镜园浴凫堂，高槐深竹，樾暗千层，坐对兰荡，一泓漾之，水木明瑟，鱼鸟藻荇，类若乘空。余读书其中，扑面临头，受用一绿，幽窗开卷，字俱碧鲜。
>
> 每岁春老，破塘笋必道此。轻舠飞出，牙人择顶大笋一株掷水面，呼园中人曰："捞笋！"鼓枻飞去。园丁划小舟拾之，形如象牙，白如雪，嫩如花藕，甜如蔗霜。煮食之，无可名言，但有惭愧。

天镜园在绍兴城南门外。原为张家在城外的别墅，后废。今其原址附近有居民小区名叫天镜苑。

南池江原先岸边有条塘路，20世纪80年代的时候我曾向一位画家朋友推荐去写生，那时记录的情景是：

> 前年暑期，一次偶然的机缘又得以陪同一位从台湾来探亲的美术教师去写村景，也是黄昏时分，残阳流红，欲沉未沉之际，我俩伫立在路亭旁，坦然沐浴着那怅惘的夕阳，近处炊烟依依，屋舍簇簇，显得恬淡平远……好一幅"中国流"的山水画意蕴啊！我们撂下画具，望着这辽阔的晚天，数着远处的山峦，田野在落霞的点染下，色彩的梯度也显得格外强烈，加之时而传来一二声鸡犬的喧嚷，反而愈衬出这六月黄昏的宁谧。

后来，塘路被工厂圈进，没路了。兰塘也污染得不像样……

如今南池江的尽头是东江大桥！

浙东运河两岸宗谱人文资源及其整体开发之构想

——以萧山段为例

李维松

（浙江省历史学会）

摘要： 浙东运河交通便利，历史上运河造就了两岸富庶，促进了沿岸家族兴旺发达，而家族耕读相传、奕世其昌又滋养繁荣了运河。尤其家族的宗谱，记载着这些家族与运河相生相息、相得益彰的故事。因此，开发研究浙东运河历史文化，促进文旅结合，有必要关注与研究运河两岸的宗谱。本文试以浙东运河萧山段为例，谈谈浙东运河两岸宗谱资源的人文价值及其整体开发之构想。

一、浙东运河萧山段两岸宗谱资源现状及其特点

浙东运河从西兴（今属杭州市滨江区）入萧山境，流经萧山县城（今城厢街道）、城东（今新塘街道）、衙前，由钱清入绍兴。运河萧山段两岸居住着一些著名家族的宗谱，多湮没在战乱或社会动荡时期，幸存下来的40多部可能是其中的一小部分，谱籍地集中在城厢街道、北干街道、新塘街道、衙前镇。运河萧山段当包括20世纪50年代初从萧山县划给绍兴县的钱清镇和90年代中期划给滨江区的西兴镇。《萧山庙后王氏宗谱》（民国16年版）、《萧山钱清北祠潘氏宗谱》（光绪二十一年版）等宗谱的谱籍地赫然冠名萧山。运河萧山段两岸宗谱涉及王、田、史、毛、傅、詹、夏、郁、汤、郎、赵、徐、任、单、陈、林、何、丁、朱、李、金、莫、蒋、周、项、钟、潘、施近30个姓氏，大致有以下特点：

（一）现有宗谱以集镇宗姓为多，农村宗姓相对较少

萧山其他地方宗谱以乡村聚族而居的宗姓为多，而浙东运河萧山段两岸现存宗谱却是以集镇宗姓为主，尤其县城（今城厢街道）宗谱占了近一半。运河边的集镇，得益于运河的滋润经济文化发达，集中了一些著名家族的居住。旧时县城聚居王、汤、

何、任、单、毛、丁、李、赵、陈、郁、魏、林等著名家族，他们都编有各自宗谱。例如，南宋嘉熙元年（1237）始居萧山县城凤堰里（今凤堰桥上、下街一带）的任氏，明洪武甲寅（1374）始创宗谱，我们现在看到的《萧山任氏家乘》是嘉庆丙寅（1806）十六卷刻本。元初始居县城的芹沂（今城厢街道百尺溇）何氏，存光绪癸巳（1893）版《萧山何氏宗谱》。明永乐初始居县城苏家潭附近的西河单氏，存民国11年（1922）版《萧山单氏家谱》等。县城宗族官宦文人多，宗谱编纂得好，因此现存的县城多部宗谱具有较高的人文价值。

（二）浙东运河萧山段两岸现有宗谱散藏在海内外公共图书馆的多，珍藏在民间的少

萧山其他地方宗谱主要珍藏在民间，而萧绍运河两岸现有宗谱藏在民间的相对较少，藏在海内外公共图书馆和学术机构的较多。例如，城厢街道《萧山徐氏宗谱》（县前）光绪二十五年（1899）版、《萧山王氏家谱》（城南）乾隆二十年（1755）刻本，新塘街道涝湖《萧山蒋氏宗谱》光绪二十七年（1901）版等，为萧山图书馆藏。西兴《萧山马湖傅氏宗谱》光绪丙子（1876）版、《萧山庙后王氏宗谱》民国16年（1927）版，北干街道井亭徐《萧山徐氏宗谱》光绪乙未（1895）版，《萧山史氏宗谱》（昭明乡）民国7年版，衙前镇新林周村《萧山新林周氏宗谱》咸丰戊午（1858）版、《萧山新发王氏家谱》光绪甲申（1884）版、《萧山钱清北祠潘氏宗谱》光绪二十一年（1895）版等，为浙江图书馆藏。《萧山毛氏宗谱》（西河毛氏）道光二十六年（1846）版、新塘街道莫家港《萧山莫氏宗谱》清咸丰版、《萧山文里李氏宗谱》民国3年版、朱家坛《萧山朱氏宗谱》同治八年（1869）版等，为上海图书馆藏。城厢街道湖头陈《陈氏宗谱》光绪丙子（1876）版，为日本东京东洋文库藏。钱清《萧山新田施氏宗谱》光绪二十六年（1900）版，为浙江大学图书馆藏。运河萧山段两岸历来遭受战争、动乱等人为因素的破坏比萧山其他地方严重，因而民间宗谱流失多，被公共图书馆收藏的实是转辗幸存下来的一小部分。日本东洋文库收藏的湖头陈《萧山陈氏宗谱》，很可能是抗战时期流入日本的。而萧山其他地方特别南乡山村相对闭塞，遭受冲击的风险和破坏程度比起运河沿岸小些，因而宗谱在民间珍藏下来的相对较多。

（三）浙东运河萧山段两岸现有宗谱长久未修的多，近年续修的很少

萧绍运河两岸萧山段宗谱，我们现在看到的晚清版本除上面提到的，还有《萧山石板巷李氏宗谱》嘉庆十八年（1813）重修版本，县城百尺溇《萧山何氏宗谱》光绪癸巳（1893）版，县城大弄《萧山赵氏家谱》光绪丙申（1896）版，新塘街道《萧山于氏宗谱》（大通桥）光绪四年（1878）版，新塘街道郎家滨《萧山郎氏宗谱》光绪壬寅（1902）版等。民国时期的版本也以民国早期为多，有新塘街道《萧山文里李氏宗谱》民国3年（1914）版，《钱清钟氏宗谱》民国4年版，《萧山车里王氏宗谱》

民国 6 年版，《萧山单氏家谱》（西河）民国 11 年（1922）版等。上述宗谱距今多在百年以上，未见有重修版本。《萧山车里王氏宗谱》于宋淳熙十年（1183）创辑，至民国 6 年第 15 次重修，历 734 年。无论创辑时间之早，还是重修次数之多，在运河沿岸各姓宗谱中令人瞩目。新时期，萧山各地尤其南乡重修宗谱蔚然成风，且大多数宗谱得以重修，而运河沿岸宗谱重修的只杜湖赵氏、马湖詹氏、湖头陈氏、衙前项氏等少数村落，集镇宗谱没有一部重修。这是因为集镇望族后裔文化高，奔向四面八方工作，当地很难找到他们的子孙，不像世居农村的宗姓家族有人续修宗谱。

二、浙东运河萧山段两岸宗谱资源人文价值评估

（一）宗谱记载姓氏源流、家族迁徙、择址肇基等情况，提供了萧山运河两岸村落、集镇和社会发展的一些资料

宗谱一般都载有家族《源流记》《始迁记》《宗祠记》等文章，记载浙东运河萧山段两岸各家族何时何地迁徙而来，始迁祖谁，如何肇基发族，子孙分迁哪里，为我们留下血缘家族的来龙去脉以及与运河关系的难得史料。据宗谱记载，杜湖赵氏始迁祖为宋太祖赵匡胤的次子赵德昭的十世孙赵与涨，南宋任京西北路招抚使，由吴山（今属富阳）迁居萧山夏孝乡（今属滨江区），繁衍成村。运河边的这支赵宋后裔，曾经看护建于蒙山之顶的被称作赵宋家庙的东岳庙。每逢香期，宁绍地区众多香客从运河坐船前来烧香，船只排成长队，河边特建少憩亭供茶，俗称蒙山茶亭。一个家族，一座寺庙，使得运河兴盛起来。马湖傅氏出自临浦横山傅氏。元初，傅畿（1259—1326）自横山傅迁县城北街。他的孙子傅仁（1316—1393），厌城市喧嚣，自县城北街析居"面山环水，土广畴平"的白马湖北甸，为马湖傅氏始迁祖。长浜陈氏于明洪武初从杭城钱塘门外迁居萧山徐家弄，继迁县城凤堰桥。明嘉靖间县令施尧臣建造城墙截住屋基，一半建在城外，陈氏聚族沿河浜而居，故称所居之地叫长浜沿，这个地名沿用至今。涝湖陈氏明代从县城徙居，后代在运河边耕读传家，家业富甲一方。第二十六世陈光颖（1830—1904），光绪间集资在东门转坝运河边创建合义和丝厂及通惠公纱厂。这两个厂不但是萧山近代民营经济之发轫，其规模和现代化程度当时都领先全省。工厂设备、原料、产品以及人员往来全靠船运，运河顿时繁忙兴旺起来。毫无疑问，宗谱所载运河沿岸主要家族的家族源流史，对于研究运河的兴盛史以及今天文旅结合开发运河都具有不可替代的人文意义。

（二）宗谱记载家规族训，用传统道德标准教育子孙，其中一些内容仍有现实教育意义

萧绍运河两岸各姓宗谱几乎都载有家规族训，这是农耕社会以传统道德规范为价值取向，是宗族教育子孙后代立德立身的箴言。家规族训载于宗谱，世代相传，起

到很好的教育作用，维系着宗法社会的秩序。《芹沂何氏宗谱》卷首载《诫言十则》：
"一诫不孝不悌，二诫不睦宗党，三诫不务恒业，四诫不尚节俭，五诫赌博开场……"
每"诫"后面一段顺口溜，以长辈口吻诫勉子孙，禁止越规做宗法、伦理不容之事。
《马湖傅氏宗谱》载《德臣公训子孙四则》。傅子臣（1700—1767），马湖傅氏第十九
世，德臣其字。他的家训明白如话，对子孙谆谆教诲，例如第一则云："我子孙，听
我嘱。田要种，书要读。肯种田，衣食足。肯读书，受官禄。倘游手而好闲，断无结
束。"耕读传家的传统思想，说得多么语重心长。《西河单氏家谱》第十二卷规训总目
下设若干分目：论主祭、论祝文、论丧斋、论孝顺、论兄弟、论妻妾、论内外、论恩
仇、论赌博、论阴骘。每一论都是一篇家训，摆道理，举事实，让你心服口服。《大
通桥于氏宗谱》载《于氏世训》，有"睦邻里，重道义，正心术，扶公论，忘私怨，
勤生理"等23条，条条肯綮。总之，萧绍运河两岸各姓宗谱所载家规族训，是中华
传统人文资源，曾经哺育了无数运河儿女。今天，是可以从传统家规族训中吸取有益
成分为我所用的。

**（三）宗谱记载科举人物和其他杰出人士，展示乡贤名人风范，反映运河两岸家
族耕读传家、重视教育培养人才传统，是运河人文开发的宝贵资料**

浙东运河萧山段两岸居住的一些著名家族，崇教尚读，子孙走科举取仕之路。这
儿是萧山科举人才集中的地区之一，萧山最著名的一些人物都产生在这里。宗谱，浓
墨重彩记载让家族引以为耀祖光宗的科举人物。例如，《汤氏宗谱》记载县城西门
派清嘉庆四年（1799）进士、为道光咸丰同治三朝重臣累官至内阁大学士的汤金钊
（1772—1856），朱家坛村《朱氏宗谱》记载道光壬辰（1832）科榜眼、累官五部尚
书的朱凤标（1880—1873），西河《郁氏宗谱》记载同治辛未（1871）探花、翰林院
侍读郁崑（1839—1880），西河《毛氏宗谱》记载康熙十八年博学鸿词科授翰林院检
讨的著名学者毛奇龄（1623—1713）。一些宗谱褒扬家族科甲蝉联，父子祖孙相踵的
盛况。西河王氏（世进士第）父子进士王宗炎与王端履，东门林氏父子进士林式恭与
林国柱，县前徐氏父子进士徐洪与徐官，井亭徐叔侄进士徐国楠与徐光第，在各自家
族宗谱中具有显著地位。

据凤堰《任氏宗谱》记载，凤堰任氏家族出过4名进士、3名举人、2名副贡、
百十名诸生。有的出仕为官，有的从事书画诗文，为乡邦文明做出贡献。大弄赵氏始
祖赵诚（1308—1377），元至正十二年（1352）莅政萧山，其后裔出多名武科人才，
第十世赵文璧（1651—1730）是康熙十二年（1673）武探花。涝湖陈氏第二十四世
陈圻靠经营实业富甲乡里。他的后裔晚清出过2位进士、3位举人、1位副贡、12位
诸生（邑庠生、国子监生等）。芹沂何氏出过7名进士（其中1名武进士）、11名举
人（其中2名武举人）。这些家族科举兴盛，主要原因是重视教育，也与良好家教有

关。宗谱记载的运河两岸科举人物和其他名人，是萧山人物宝库的重要资料，其在族中辈分、房派世次、嘉言懿行等细节，丰富和充实方志记载人物之不足或不全。

（四）宗谱记载乡贤名士造桥修路、济人帮困、乐善好施等德行善举，这与助人为乐的社会主义价值观有相同之处，值得肯定和弘扬

杜湖村赵氏第五世赵学孟，字思孟，隐居尚义。该乡田亩高瘠，常遇旱涝岁不获收。明洪武乙丑（1385），他捐资修建村口水闸，约束水利，该水闸之水贯通运河，乡人长期沾惠得益。大弄赵氏始迁祖赵诚，建造南乡小江桥、王村桥、惠政桥多座桥梁。他的第九世孙赵之鼎（1609—1692），是清顺治丁酉科（1657）解元，为萧山做了许多公益慈善。康熙己酉（1669）湘湖堤决九乡被淹，赵之鼎当即出资聚人星夜堵缺修闸。又躬亲督修西江塘，遇灾荒首捐粟赈济，施药舍棺，不惜倾囊倒箧。涝湖陈氏有乐善好施传统。康熙年间闹饥荒，该族陈所纶出粟施粥。他每年冬天为运河城东一带百姓施衣裤周济贫寒，又舍棺恤死。康熙五年（1666）在陈公桥旁建茶亭供给路人茶水，并捐田十余亩以租息作为茶汤费用。乾隆己丑（1769），涝湖陈宇尊捐田 20 余亩创建宗祠义学，供族中子弟就学。清光绪间，涝湖陈氏第二十六世陈光颖捐建萧山育婴堂等。衙前项氏第二十世项圣林，为族中贫苦者捐 70 亩作生活补助；又捐田 100 亩（其中 50 亩管理权归侄孙后辈）于宗祠，以每年所得租钱作慈善和助学。捐建项氏义学即优胜（后三联）小学前身，义学经费由学田支出。他立下遗嘱将 47 亩田由侄辈轮流值祭，多余收入助堂中公益。侄辈谨遵遗训续行善举。宣统三年（1911），侄孙项巨钊、项巨森用遗祭田收入置消防水龙一支、水龙房一所，由祭田收入供消防开支。民国 35 年（1946），当地修复被日军毁坏的杨汛大桥，侄玄孙项锡仁、项锡金用祭田收入领捐石桥梁一根，计米 12 石（约 1440 斤）以助。新田（今属绍兴钱清镇）《施氏宗谱》载《经始义田记》《春畲家塾记》《新建三桥记》《新田施氏义冢记》等，都是有关施氏家族的义行善举。总之，运河沿线两岸各姓宗谱都有这类记载，反映萧山民众仗义疏财、乐善好施的传统，呵护着运河，呵护着两岸贫苦百姓。

（五）宗谱记载的诗文文献体裁多样，内容丰富，具有方志等别的地方文献无法替代的文献价值，丰富和拓展了浙东运河萧山段的人文内涵

萧山运河两岸各姓宗谱所载文献体裁多样，有辑录朝廷为族中名人颁布的诰敕恩封，有邑内外名宦硕儒及族中文人撰写的序、传、赞、记、铭、诗以及议据、祭辞、碑文、杂记、考辨、辑录等，内容丰富，资料性强，有的文质并美，展示萧山运河两岸深厚人文内涵。

序，宗谱创修或重修请邑内外名人或族中贤德撰写。元至正甲午（1354）刘基撰《夏孝汤氏家谱序》，明成化六年（1470）魏骥撰湖头陈《陈氏宗谱序》，清康熙二十七年（1688）毛奇龄撰长浜陈氏《重修宗谱序》，嘉庆丁丑（1817）王宗炎撰《大弄赵氏重修家谱序》，道光十年（1830）汤金钊撰《马湖詹氏序》，道光乙巳（1845）朱凤标撰《朱家坛朱氏又序》，光绪二十五年（1899）张之洞撰县前《徐氏续修谱序》。还有苏伯衡、孙学思、何舜宾、倪朝宾、毛观龄、来谦鸣、周之麟、盛唐、徐国楠、来起峻、陆以庄、王绍兰、吴斐、王端履、钟宝华、许在衡、黄云、王嘉会等撰写的谱序。不同时期名人为运河两岸宗谱作序，构成宗谱一道颇具人文特色的风景。

传，即人物传记，是宗谱记人最主要形式。运河两岸的重要历史人物，方志没有立传的宗谱一般都立传；方志立传的宗谱必定立传，而且宗谱传记资料更加充实，能弥补方志记人之不足或不准。例如夏孝汤氏家谱载《汤金钊行传》，为咸丰三年（1853）汤金钊 82 岁时自撰。汤金钊因举荐并支持林则徐广东禁烟，后林则徐被革职，汤金钊受牵联于道光"二十一年降三级调用"。而方志称被"降职四级"，显然有误。有的传记还带出一段鲜为人知的史料，殊为难得。例如县前徐氏宗谱载《烈母王孺人传》，披露清咸丰辛酉（1861）九月二十四太平军占领萧山县城时，百姓四处逃生、妇女赴水自尽的惨状。

诗文，家族成员及社会名流诗文赠答，使宗谱更富文化含金量。庙后《王氏宗谱》收岳飞所撰《萧山王氏宗谱跋》，欧阳修至和三年（1056）所撰《太尉文正王公神道碑铭》，苏轼熙宁十年（1077）所撰《仲仪王公赞并序》《三槐堂铭》《清虚堂记》。作者与王氏先祖先后同朝为官，交谊颇深，可见王氏先祖的道德文章。凤堰《任氏家乘》卷十五《遗芳集》前编收 26 位族裔 299 首诗作，卷十六《遗芳集》后编收 16 位族裔的 230 首诗作，另前贤 63 人赠答 99 首。县前《徐氏宗谱》设专卷载"前贤垂翰""懿德流馨"两辑，前者诗，后者文。文辑石坡（张洪范文集之《创学育贤》）记张招创办南街书屋等。该谱还载元天历二年（1329）贺惟一撰《溪头书馆记》，明魏骥撰《勤乐堂记》，四明杨守聪撰《吴越两山亭图序》。城南《王氏宗谱》载毛奇龄撰《毅庵王公七旬寿文》《文叔公嵩峰楼稿序》《题文叔公诗》等诗文，载韩祺撰《好古斋记》，何舜宾撰《后斋记》。西河《郁氏宗谱》载由汤金钊、盛丹、汪继壕、丁文藻、蔡五辰等撰书的祠堂对联 10 副。总之，运河两岸宗谱的诗文多出于名人手笔，有较高艺术性。

录，宗谱辑录国史、方志及与宗族相关的笔记资料。例如，杜湖《赵氏宗谱》辑录赵宋皇家史料，有《浚仪赵氏玉牒世系禅授实录》《赵氏玉牒世系序》《读宋史知》《太祖遗嘱》以及宋代 19 位皇帝的御容等与赵宋帝室相关的内容，深化了宗谱记载家族历史文化的厚度。又如，道源《田氏宗谱》辑录简介宗族、祠堂、祭田、宗学、谥法、家礼、冠礼、婚礼、丧礼、祭礼、附神牌式、附木主式、五服之图等资料，田氏先祖配以诠释小文，具有一定知识性、史料性。

三、浙东运河两岸宗谱资源保护开发构想

如上所述，运河萧山段两岸的各姓宗谱，内容丰富，文化含金量高，是宝贵的地方文献资源。据此推测，整条浙东运河两岸的民间宗谱可能有类似情况。浙东运河使萧、绍、甬三地水脉相通，地缘相近，人缘相亲。人民长期处于越文化熏陶，形成相同的习俗和精神追求。三地宗谱当有这类家族文化内容记载。《萧山宗谱》记载着萧、绍、甬一些家族曾互为始迁地。例如，萧山县城东门陶氏从绍兴陶堰迁来；萧山凤堰任氏从山阴桑盆里（今属绍兴市越城区斗门镇）迁来；萧山毛氏从余姚东门迁来，萧山史氏从慈溪县洗马桥（今属宁波市江东区福明街道）迁来。而萧山李氏有迁居浙东上虞、陈氏有迁居慈溪的分支。还有三地望族间通婚的记载等。今天重振运河经济，挖掘运河文化，开发运河旅游，讲好运河故事，许多故事就在萧、绍、甬三地的宗谱里。因此，以运河为纽带保护开发整条浙东运河两岸各姓宗谱资源正当其时。

（一）进一步扣清浙东运河两岸宗谱资源家底，组织专人搜集，编写宗谱提要等专著

运河萧山段沿岸各姓宗谱现有 40 多部，这个数字仅是笔者寻访所见。一些宗谱散落在海外鞭长莫及，一些宗谱持有者市场意识强不轻易示人，实际情况应该超过这个数字。所以，要扣清浙东运河全线两岸家谱的家底，面广、工作量大并非易事。建议由鉴湖水利文化研究会牵头，萧、绍、甬三地联手，统一规划，统一凡例，建立机制，由各县区具体组织实施，组织人员将当地民间、海内外公共图书馆、高等学校、科研机构的藏谱进行系统遴选，一家不漏。在此基础上由各县区分头编写当地运河两岸宗谱提要，汇总便是整个浙东运河两岸宗谱提要。宗谱要素须简介规范齐全，具有学术规范性和指导性，便于各界读谱用谱。

（二）整合资源，建立浙东运河全线宗谱资源电子数据库，资源共享

萧山档案馆、图书馆、吴越方志馆等单位对所藏若干萧山宗谱，已经进行扫描，正在实施由纸质宗谱向电子宗谱的跨越。建议萧、绍、甬三地各县区，改变各自为战状况，在鉴湖水利文化研究会统筹下，整合宗谱资源，建立浙东运河两岸宗谱电子数据库。这项文化工程建设，须报请各地政府支撑，以便向海内外图书馆和学术机构、民间宗谱持有者等购买电子宗谱，拓展宗谱储量。每年争取一点，坚持不懈，数年后将运河两岸全部宗谱囊入数据库。宗谱数据库面向公众，让文化工程惠及全社会，更好展示浙东运河两岸宗谱文化的整体面貌。

综上所述，浙东运河两岸各姓宗谱是难得的地方文化资源，需要形成合力，共同调查发掘，综合开发利用，更好地为运河两岸的经济、文化和社会建设服务。

参考文献

［1］ 清康熙《萧山县志》，康熙三十二年（1693）编，萧山市地方志办公室翻印，1997 年 12 月。

［2］ 乾隆《萧山县志》，乾隆十六年（1751）编，萧山市地方志办公室翻印。

［3］ 民国《萧山县志稿》，民国 24 年（1935）印行。

［4］ 《萧山县志》编纂委员会：《萧山县志》，浙江人民出版社 1987 年版。

［5］ 杭州市萧山区民政局、萧山区地名办公室编：《杭州市萧山区地名志》，方志出版社 2014 年版。

［6］ 《杭州市西兴镇志》，2000 年 12 月（内部交流）。

［7］ 《城厢镇志》编纂委员会编：《城厢镇志》，浙江大学出版社 1989 年版。

［8］ 《衙前镇志》编纂委员会编：《衙前镇志》，方志出版社 2003 年版。

［9］ 徐建华著：《中国的家谱》，百花文艺出版社 2002 年版。

［10］ 吴强华著：《家谱》，重庆出版社 2006 年版。

［11］ 《萧山任氏家乘》（凤堰里），清嘉庆丙寅（1806）重修，永思堂刻本，共 16 卷。

［12］ 《萧山毛氏宗谱》（西河），道光二十六年（1846）重修，爵德堂木活字本，共 4 卷。

［13］ 《萧山单氏家谱》，民国 11 年（1922）重修，燕诒堂木活字本，共 16 卷。

［14］ 《萧山车里王氏宗谱》，民国 6 年（1917）重修，三槐堂木活字本，共 12 卷。

［15］ 《萧山道源田氏宗谱》，道光丁酉（1837）重修，紫荆堂刻本，共 6 卷。

［16］ 《萧山石板巷李氏宗谱》，嘉庆十八年（1813）重修，致和堂木活字本，共 4 卷。

［17］ 《陈氏宗谱》（湖头陈），光绪丙子（1876）重修，敦睦堂木活字本，共 8 卷。

［18］ 《萧山赵氏宗谱》（杜湖），光绪二十三年（1897）重修，会宗堂藏板，共 7 卷 6 册。

［19］ 《萧山徐氏宗谱》（县前），光绪二十五年（1899）重修，承德堂刻本，共 20 卷 22 册。

［20］ 《西河郁氏宗谱》，咸丰四年（1854）抄本，记事延至光绪乙亥（1875），2 册。

［21］ 《萧山东门林氏宗谱》，光绪丁酉（1897）重修，友庆堂木活字本，共 6 卷。

［22］ 《萧山长浜陈氏宗谱》，同治壬申（1872）重修，敬睦堂木活字本，共 8 卷。

［23］ 《萧山赵氏家谱》（大弄），光绪丙申（1896）重修，追远堂木活字本，11 卷。

［24］ 《萧山何氏宗谱》（芹沂），光绪癸巳（1893）重修，世恩堂木活字本，共 20 卷 14 本。

［25］ 《萧山徐氏宗谱》（井亭徐），光绪乙未（1895）重修，南州草堂木活字本，不分卷共 10 本。

［26］ 《萧山庙后王氏宗谱》（西兴），民国 16 年（1927）续修，三槐堂木活字本，共 6 卷。

［27］ 《萧山马湖傅氏宗谱》（西兴），同治十三年（1874）重修，敦裕堂木活字本，不分卷共 6 本。

［28］ 《萧山马湖詹氏宗谱》（西兴），光绪丙子（1876）修辑，报本堂木活字本，共 12 卷。

［29］ 《夏孝汤氏家谱》（长河河兜里），咸丰三年（1853）重修，良善堂木活字本，族裔珍藏，共 6 卷。

［30］ 《萧山于氏宗谱》（大通桥），光绪四年（1878）纂辑，佑启堂刻本，共 10 卷。

［31］ 《萧山朱氏宗谱》（朱家坛），道光乙巳（1845）重修，敦伦堂木活字本，共 20 卷。

［32］ 《涝湖陈氏宗谱》，道光六年（1826）重修，推己堂藏板，共 10 卷。

［33］ 《萧山衙前项氏宗谱》，2014 年 7 月重修，孝友堂珍藏，共 12 卷。

［34］ 《钱清钟氏宗谱》，民国 4 年（1915）重修，承启堂木活字本，共 12 卷。

［35］ 《萧山新田施氏宗谱》（钱清），光绪二十六年（1900）重修，敦睦堂木活字本，共 16 本。

东山文化的历史价值和时代意义

方建平

（曹娥江旅游度假区管委会）

摘要： 东山因其独特的自然地理环境，滋养出灿烂的人文历史，家国情怀、担当精神、生态文明、诗歌创新、教育教养、励志文化等，文化类型丰富多样，不仅是担当智慧文化的起源地，更是山水诗的原创地，在曹娥江历史中堪称一朵奇葩。

东山位于浙江省曹娥江流域的上虞中部，成语"东山再起"源出于此，是谢安担当智慧文化的起源地。东山，也是中国山水诗的原创地。

承载着东山文化的曹娥江流域，诞生在"品字型"的天台山脉、会稽山脉和四明山脉三大山脉之间。它从金华磐安起源，途经新昌、嵊州，又从上虞过境，流入杭州湾，直奔东海。曹娥江千万年以来，海侵海退，潮来潮回。在距今1万年开始，降生了考古意义上的小黄山文化、河姆渡文化、於越文化、越国胆剑文化、大运河文化、越窑青瓷文化、中国道教传统医学文化、王充哲学文化、曹娥孝女文化、东山文化、浙东唐诗之路文化、陆羽茶文化，以及虞舜、大禹、梁祝等史传文化。

东山文化在曹娥江历史文化中起着承上启下的作用，是中华优秀传统文化中"修身齐家治国平天下"的典范。

一、东山是家国情怀的里程碑

谢安从高卧东山到成为晋室辅弼的一生，从谢安的"雅聚东山""言咏诗文""门丞撤揄""远志小草""智斗桓温""淝水之战"等一系列历史故事中，看到了谢安家国情怀的气节和民族气概。

——当家道中落时，他抛弃安乐，积极进取，冒着讥讽，毅然出山；

——当无法与权臣抗争时，他忍辱负重，但不扭曲心灵，放弃原则，违背自我；

——当晋室衰微时，他不计安危，挺身而出，扶晋于不倾；

——当登上首辅时，他处处以大局为重，不结党营私，改革进取，以增国力；

——当先秦大兵压境时，他运筹帷幄，沉着冷静，指挥若定，以少生多，赢得淝水之捷；

——当功高成名，遭君王猜忌时，他不恋权势，自请出镇广陵，急流勇退。

建不世之业，留千秋之名。谢安这种以"安天下为己任"的家国情怀，值得人们称道。唐代诗人李白是谢安的"忠实粉丝"，一生以谢安为榜样，发出"东山高卧时起来，欲济苍生未应晚"的感叹！

谢安以"安天下为己任"的精神，既鲜明地概括出谢安人生的辉煌业绩，也集中体现了东晋时期人民意志和民族美德，更是那个时代精神的经典范例和时代最强音。

东山是践行家国情怀的里程碑。一座丰碑，立于东山，也立于天下。

二、东山是担当精神的传承地

5000年的中华文明，是世界四大文明中唯一没有中断的全人类文明。中华文明的实质是"中"与"和"的文化，是担当、仁爱、智慧的"天下大观"文化，当今提出的"人类命运共同体"的历史使命，就是"天下大观"的今日传承和升华。

东山文化的实质是"大观担当"精神。"放怀天外极大观"。当国家和民族生死存亡的关键时刻，当天下苍生面临水深火热的时候，谢安毅然"出山"，正如唐代诗人杜甫评价所说："汉主追韩兴，苍生起谢安。"

伟人毛泽东曾这样评价谢安：他文韬武略，又机智又沉着，"淝水之战"立了大功，拖住桓温也立了大功，两次大功是对维护统一的贡献。

曾有人评说：若没有谢安的出山赴晋，很可能5000年的中华文明在当时被中断，有如世界其他三大文明中断一样。前秦苻坚的辅相王猛生前曾多次劝说苻坚不要攻晋，一方面认为谢安辅政的东晋政态人和，民强马壮，前秦难以取胜；另一方面担心中华文明被中断。

曹娥江比起其他大江大河，只能说是小江小河，但是它的文明高度和文化厚度，在历史的文化长河中留下重重的一笔，"一条曹娥江，半部浙江史"。而处在曹娥江畔的东山，以担当精神而闻名于世，留着历史的烙印。从虞舜的"天下德政"，大禹的"治水一统，九州举鼎"，到春秋勾践"胆剑"精神，承传至东晋谢安"大观担当"，一直延伸到王阳明的"知行合一"，鲁迅、秋瑾的"侠担"行动……唐代诗人白居易赶赴东山，写道："茫茫人海人无数，几个男人是丈夫。"东山谢安承担着承前启后的重要责任。东山精神与"人类命运共同体"使命一脉相承。以东山文化为动力，为天下苍生，为天下百姓的使命将一代代延伸。

三、东山是生态文明的先驱者

"托迹山水得真趣""出则游弋山水，入则言咏属文"。谢安在隐居东山期间，一直热爱生活，热爱自然，与山水和谐相处，与自然天人合一。谢安的一生，一直追逐大观生态观，"仰观宇宙之大，俯察品类之盛"。以致到晋室辅政，也是以"和"为贵，以"中"为道，讲生态政治，讲苍生政治。

谢安的侄孙——谢灵运在东山继承长辈的生态人文思想，著书《山居赋》，也是讲究山水人文精神，讲究古今对话，讲究自然生态与人类和睦相处，讲究"天人合一"观。《山居赋》是一篇很长的诗文，内容丰富，思想深刻，涉及建筑、园艺、美学、哲学、佛学、玄学、儒学、农业、风物、山川、水利、中医药、养生，以及儒、释、道的学习与修炼，阐述了人与自然的关系，对山水风物的描写十分生动细致，让我们看到了一个不同于今天的自然风物，一种山水田园般的生活，强调人与自然的和谐相处，体现"天人合一"的宇宙观思想。

无论是谢安，还是谢灵运，提出的人与自然和谐相处的哲学思想，对于今天我们如何处理人与自然的和谐共生关系，尊重自然规律，践行"绿水青山，就是金山银山"，都有现实指导意义。

四、东山是诗文创新的开创地

魏晋时期的诗歌，以玄言诗为主体。而山水诗的出现从谢安、王羲之开始，到谢灵运、谢朓等正式定形。

在兰亭"曲水流觞"活动中，谢安的"薄云罗阳罩，微风翼轻航"，王羲之的"虽无丝与竹，玄泉有清音。虽无啸与歌，咏言有余馨。"在他们的玄言诗中，已有山水诗的"萌芽"。

谢灵运不但从谢家长辈的玄言诗中吸收了山水诗的营养，更是把山水诗推向了成熟台阶。

谢安之孙谢混首倡山水诗，"景晨鸣禽集，水木湛清华"（水木清华成语出处），在经过谢灵运、谢惠连、谢朓等后辈不断发扬、提升，最终使其在汉语文学中独为一派，为中国诗歌增加了一种新题材。而谢灵运的山水诗，更是把自然界的美景引进诗中，"池塘生春草，园柳变鸣禽"，使山水诗成为独立的审美对象，也为唐代诗歌的繁荣奠定了基础。谢灵运、谢惠连、谢朓被后世称为中国山水诗"鼻祖"，是中国山水诗的奠基人。

金戈铁马、叱咤风云的毛泽东，曾倾心体会清新自然、恬谈闲适的谢灵运山水诗。毛泽东多次评论谢灵运在开创中国山水诗题材方面的贡献。他认为：山水诗的出现和蔚为大观，是文学史上的一件大事。如果没有魏晋南北朝人开辟的山水诗园地，没有谢灵运开创的山水诗派，唐代的山水诗就不一定能如此迅速地成熟并登峰造极。

毛泽东评谢灵运"功莫大焉"！

五、东山是教育教养的"宝树堂"

"宝树"在谢家文化中，比喻为优秀子弟，似"芝兰玉树"，代表着家国的栋梁之材、文化之柱。谢家人把"宝树"作为谢氏宗祠的堂号，取名"宝树堂"，并书有"宝树家声远，东山世泽长"的楹文。唐代文人王勃在他的《滕王阁序》里写了一句："非谢家之宝树，接孟氏之芳邻。"王勃把谢家培养栋梁之材的举措与孟母"三迁择邻"联系在一起，也说明对小孩的教育与教养同样重要。这些也证明着当时谢安东山家教的千古佳话。

谢安在东山隐居二十年，没有我们今人想象得那么清闲，以为他在东山只是与朋友们喝喝茶，吟吟诗，谈谈学。其实谢安在东山挺辛苦的。他身兼数职，庄主、老师、家长、校长。他要经营东山庄园，把黄河流域的粟作文化与长江流域的稻作文化结合起来，把中原先进的耕作技术引到江南、引到东山，使东山庄园规模达到"田业十余处"，形成"五谷丰登，六畜兴旺"大家业。谢安所处的魏晋南北朝时期，是中国经济中心第一次从北方转移到南方。更重要的是，谢安在东山要当好校长，教育培养好子侄，当好亲朋好友、邻里子女的先生。

在东山家教中，谢安最大的教育特点是把对人的教育和教养结合起来，从小提高孩子们的知识水平、道德水准和实践能力。孩子们学文、学农、学军……样样都会，样样精通。学文：读《论语》，学《易传》，吟《诗经》。学农：种稻、种粟、种麦、种菽、养马、养牛、养猪、养羊……学军：骑马、练箭、狩猎，到目前东山上还留有"调马路""马岙"等千年养马练兵的古迹。在东山学堂读书的学生中，有谢安的小弟谢石、谢安的儿子谢琰、谢安的侄儿谢玄、侄女谢道韫，以及其他子侄和友邻小孩，一群少年儿童和未来国家栋梁，一帮"宝树"们。

著名淝水大捷中，谢石、谢琰、谢玄都出了大力，立下显赫战功。他们都是东山学堂的优秀生，都是谢安教育与教养"双教并重"的典范生。"打仗亲兄弟，上阵父子兵"。特别是侄儿谢玄，更是"双教"的优等生。谢玄官达车骑将军，官高二品。相当于我们现在说的卫戍部队总司令，中央军委委员。可他小时候，十足一个公子哥儿。谢安为了使侄儿成为国家栋梁之材，通过与小孩玩游戏的方法，让谢玄自悟惭愧，自烧"香囊"，做个有担当的男子汉。为长大后当上北府兵统帅，保家卫国，打下了最早的基础。

为了让孩子们、小"宝树"们，树立远大理想，谢安教孩子们读书时，把《诗经》作为必修课之一。把《诗经》中"訏谟定命，远犹辰告"的远大目标，传授给孩子们，告诫他们不能只停留在情感方面的"昔我往矣，杨柳依依；今我来思，雨雪霏霏"，而应该"把宏伟规划制订下来，把远大谋略传达给众人"。

谢安在家教中，对男孩、女孩一视同仁，这在1600多年前的封建社会里更是难能可贵。培养出来的男孩很出众，女孩也很优秀。培养出与"蔡文姬"齐名的魏晋南北朝才女谢道韫，"未若柳絮因风起"成为千古名句，成为文雅的历史文化典故。

"孝父母，友兄弟，敬长上，和邻里，安本业，明学术，尚勤俭，明趋向，慎婚嫁，勤祭扫，慎交友，重忍耐，戒溺爱。"这是谢氏家训，是谢家千年家宝，是谢家人的座右铭和风向标，是东山教育教养中的双教精华。这些家训不仅是谢氏家族的文化精神，也成为中华文明的重要组成部分。上虞谢氏宗族，从河南迁居东山至今，已历55世之久。1700多年以来，东山谢氏后裔，或避世隐居，纵情山水；或出仕朝政，叱咤风云；或科教艺商，贡献社会。留下了无数人文典故，历史佳话！从东晋南朝的谢安、谢玄、谢道韫、谢灵运……到如今的谢绳武、谢晋、谢婉莹（冰心）……一代又一代谢氏后代，践行着教育又教养的中华好家风。

六、东山是励志文化的加油站

东山文化的"智慧、仁爱、担当"励志精神，都将对不同行业、不同年龄的人们，都有着积极的人生价值观意义，尤其是当前面临"百年未有之大变局"背景下，中华民族复兴的重任下，显得更为重要和迫切。

东山是座励志文化的加油站。

从政者，从东山感悟到"安天下为己任"责任感，感悟到中国共产党"智慧、仁爱、担当"的执政理念，感悟到中华民族复兴的伟大使命。

企业管理者，从东山感悟到谢安在东山的"清谈"，实际上是在当时东山这个平台上进行"大数据分析"，找出天道规律，民心的所向，如何在危机中看到希望。在常人看到的"黑夜"中，发现黎明和天亮。

文学创作者，从东山感悟到文人的历史担当和责任，感觉到随着历史的前进，文学作品也要与时俱进，只有创新文化作品才有文学艺术的生命力。

年少学生者，从东山感悟中，从小立远大志向的人才会飞得更远。

家庭生活中，从东山感悟到家庭和睦是一个家族兴旺的基础。家庭团结，其利断金。"家是最小国，国是千万家"。"家风好，就能家道兴盛，和顺美满；家风差，难免殃及子孙、贻害社会。"家庭教育从小做起，家庭榜样从我做起。

修身养生者，从东山感悟到热爱自然，爱护环境，热爱生命。物质富有了，更需精神富有。

谢安、谢玄令东山不凡；

王羲之、谢灵运令东山不俗；

李白、杜甫、白居易、王勃，以及一代一代后人令东山不朽。

东山精神永远激励着世人前行！

历史文化名城保护更新中的文献支持

——以绍兴为例

蔡 彦

（绍兴市文化广电旅游局）

摘要： 历史文化名城绍兴在保护、更新文化的过程中，有诸多文献支持。本文概述了历史文化名城保护的现状和价值，以绍兴为例阐明了地方志、城市总规、历史文化名城保护规划、地名志、图照等提供的支持。通过对现存历史文化资源的普查、挖掘和提炼，能以多种方式助推名城、街区和村镇保护。

一、历史文化名城保护现状与价值研究

1982 年，国务院公布绍兴在内的 24 座城市为第一批国家历史文化名城。当年，国务院在对《国家基本建设委员会、国家文物事业管理局等关于保护我国历史文化名城的请示》的批复中指出，"今后的建设，既要考虑如何有利于逐步实现城市的现代化，又必须充分考虑如何保存和发扬其固有的历史文化特点，力求把两者有机结合起来。" 1999 年，在北京召开的第二十届国际建筑师大会采用 "建筑与文化" 这一主题来表明建筑与文化的内在联系。自那以后，整体保护的观念逐渐深入人心。2002 年，修改后的《中华人民共和国文物保护法》第十四条明确规定："保存文物特别丰富并且具有重大历史价值或者革命纪念意义的城市，由国务院核定公布为历史文化名城。保存文物特别丰富并且具有重大历史价值或者革命意义的城镇、街道、村庄，并由省、自治区、直辖市人民政府核定公布为历史文化街区、村镇，并报国务院备案。"

2018 年 10 月 24 日，习近平总书记在视察广州恩宁路历史文化街区时指出："城市规划和建设要高度重视历史文化保护，不急功近利，不大拆大建；要突出地方特色，注重人居环境改善，更多采用微改造这种 "绣花" 功夫，注重文明传承、文化延续，让城市留下记忆，让人们记住乡愁。" 至 2022 年末，绍兴全市有各级文物保护单

历史文化名城专项评价表

一级指标	二级指标	权	重
物质文化遗产保护与利用	每年新增普查认定公布的历史文化街区和历史建筑数量（个）	0.1	0.5
	每年新增核定（登记）公布的文物保护单位、文物保护点数量（个）	0.1	
	历史文化街区保护修缮率（%）	0.1	
	历史建筑保护修缮率（%）	0.05	
	文物保护单位保护修缮率（%）	0.05	
	利用良好的历史建筑占比（%）	0.05	
	开放利用的文物保护单位占比（%）	0.05	
非物质文化遗产保护与利用	新增非物质文化遗产数量与等级	0.05	0.1
	新增非物质文化遗产展馆的数量（个）	0.05	
配套设施概况	公共服务设施配套齐全的历史文化街区覆盖率（%）	0.1	0.1
保护管理工作	历史建筑测绘建档完成率（%）	0.05	0.3
	历史文化街区和历史建筑挂牌率（%）	0.05	
	文物保护单位、文物保护点挂牌率（%）	0.05	
	名城、名镇、名村、街区、文物保护单位等保护对象的保护范围划定率（%）	0.05	
	规划编制完成率（%）	0.05	
	纳入监测管理信息平台的历史文化街区/历史建筑数量（个）	0.05	

资料来源：浙江省住房和城乡建设厅《浙江省历史文化名城（街区）专项体检导则（试行）》。

位 428 处，其中全国重点文物保护单位 32 处、省级 73 处、县（市）级 323 处；国家级非物质文化遗产项目 26 项、省级 86 项、市级 261 项，许多在全国乃至世界都有影响力。历史文化名城既需要薪火相传，也需要与时俱进，不断创新。这种创新必须深深植根于自己的土壤，既让人们"看得见山、望得见水、记得住乡愁"，更要有利于推动文化的大发展、大繁荣。

二、历史文化名城更新中文献支撑

（一）地方志

地方志的种类按所载内容的广狭程度，可分为通志（综合志）和专志两种。通志所载内容总括一地的自然、社会、经济、人文诸方面的历史与现状。专志可分专业志、部门志、企业志、专物志、专题志，内容较少。

绍兴城始建于前 490 年，也就是越王勾践七年。勾践命范蠡利用今绍兴城所在地区的八个孤丘，开始建城，首先于次年（前 489）筑成"勾践小城"。据《越绝书·卷八》记载，"城周二里二百二十三步，设陆门四处，水门一处"。随即又在小城以东修筑"山阴大城"，"城周达二十里七十二步，设有陆门三处，水门三处"。《越绝书》是我国最早的一部地方志，他所记的绍兴城范围一直为古今学者所公认。

明清是地方志发展的繁荣期。据洪焕椿《浙江地方志考录》统计，明代有绍兴府志八种，如戴冠篡修的弘治《绍兴府志》，南大吉篡修的嘉靖《绍兴府志》，司马相篡的《越郡志略》，萧良干修、张元忭篡的万历《绍兴府志》，诸万里的《于越新编》，陆梦斗篡的《绍兴纪略》。县志三十四种，其中山阴二、会稽三、萧山七、诸暨六、余姚三、上虞四、嵊县六、新昌三。府县志的修篡逐渐经常化，时间间隔缩短。如诸暨正统间（1436）、景泰四年（1453）、正德十五年（1520）、嘉靖三年（1524）、嘉靖二十四年（1545）、隆庆六年（1572），130年间六次修志，平均20年一次。清代有绍兴府志六种，如张三异修、王嗣皋篡的康熙十一年《绍兴府志》（五十八卷），王之宾续修、董钦德篡的康熙二十二年《绍兴府志》（五十八卷图一卷），李铎篡修的康熙三十年《绍兴府志》六十卷，俞卿修、周徐彩篡的康熙五十八年《绍兴府志》（六十卷），李亨特修、平恕等篡乾隆五十七年《绍兴府志》（八十卷，卷首一卷），李慈铭篡、蔡冠洛辑录《乾隆绍兴府志校记》。县志四十一种，其中山阴七、会稽三、萧山五、诸暨六、余姚四、上虞七、嵊县七、新昌二。清代的府县志基本上都保存了下来，成为今人考察重要文献资料。1983年由浙江人民出版社出版的陈桥驿著《绍兴地方文献考录》，收录绍兴市域地方文献，其中地方志147种，对每一部志书的作者、版本、内容、序跋、收藏处所及存供情况作了详细的介绍。

2006年，绍兴县地方志办公室整理出版《绍兴丛书》（地方志丛编），收录从宋代到民国的绍兴地方志18种，编为10册。第一册为《嘉泰会稽志》《宝庆会稽续志》《万历绍兴府志》，第二册、第三册、第四册为《康熙绍兴府志》，第五册为《乾隆绍兴府志》卷一至卷四十，第六册为《乾隆绍兴府志》卷四十一至卷八十、《乾隆绍兴府志校记》，第七册为《绍兴府修志资料》《万历会稽县志》《康熙会稽县志》《道光会稽县志稿》，第八册为《嘉靖山阴县志》《康熙山阴县志》《嘉庆山阴县志》《山阴县志采访稿》，第九册为《绍兴县志采访稿》，第十册为《绍兴县志资料》《蟓阳志》《绍兴地志述略》。

进入新世纪，绍兴市、县二级地方志部门组织出版了《万历（绍兴府志）点校本》、《万历（新修上虞县志）校注本》、《民国上虞县新志稿》、《乾隆诸暨县志》、《剡录》、《民国嵊县志》（影印本）、《光绪新昌县志稿》等古籍地方志。绍兴县地方志办公室指导出版了《绍兴县财政税务志（2003—2013）》《绍兴县供销志》《绍兴县卫生志》等部门或企业志45部，《王坛镇志》《柯桥街道志》《宋家店村志》等镇村志41部。

（二）城市总规、历史文化名城保护规划

《绍兴市城市总体规划》《历史文化名城保护规划（2011—2020）》共编制280张图、238张表，规划划定历史街区8处（图1）。

（三）地名志

地名，是一个地方的符号，是一个地方所有人情感所系的标志。

1. 自然地名

陈桥驿在《绍兴历史地理》一书中写道："绍兴地区历史时期形成的聚落，按其地域类型有山地聚落、山麓冲积扇聚落、孤丘聚落、沿湖聚落、沿海聚落、平原聚落六大类。每一种地域类型的聚落，不仅有其特殊

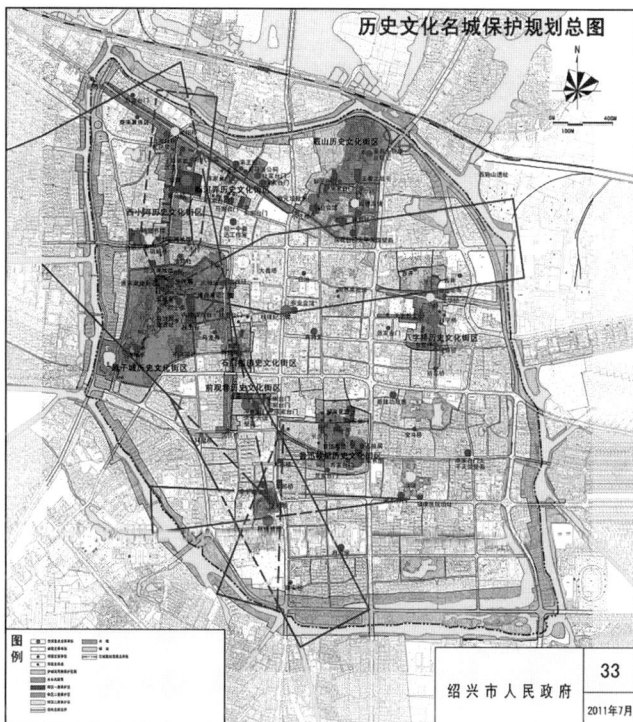

图1 绍兴市城市总体规划（2011—2020）

的自然环境，而且也有其特殊的聚落职能。"陈桥驿根据统计到清末山阴、会稽两县的聚落名，指出"（绍兴）平原聚落的分布与河湖有密切关系""这些聚落，常常以河、湖、港、溇、泾、桥、渡、汇、娄、荡、葑、埠等为名""山阴县共668处聚落中，以上述河、湖、港、溇等为名的达230处，在会稽县的685处聚落中，更多达263处"。

"葑"在绍兴地区现存聚落有严家葑、孟家葑、邹家葑、骆家葑、劳家葑、王家葑等。前两处在富盛、上蒋一带，后4处集中在城南。"葑"的本意是一种菜，古书上指蔓菁、芜菁。另有"葑泥""葑田"等词，意指长满菰根（茭白根）的水田。上述6个聚落今天的地理位置均位于历史上古鉴湖湖中心区域，形成于古代鉴湖围垦后湖水位下降、湖区淤积的过程中。

"溇"在绍兴地区现存聚落有温溇、亭溇、双溇、石溇、仁溇、檀溇、夹溇、官溇、洋溇、薛溇、袍溇等。基本处在古鉴湖北堤附近。"溇"的本意是指水沟、小渠，亦泛指河川。"溇"名聚落的成因与古代水路交通有关。以"官溇"为例，《越绝书》载："官溇者，勾践工官也"，指的是越国的一处手工业管理机构，附近应该布局有手

工工场。而大量自然河渎无疑是最佳运输载体。

2. 政区地名

秦始皇嬴政三十七年（前210），秦始皇东巡会稽，在剡山星子峰南侧掘土坑以泄王气，曰剡坑，并建县治民，县因以名，曰剡县。汉高祖六年（前201）为荆王刘贾封地。新（莽）始建国元年（9），改剡县为尽忠县。东汉建武间（25—56），复称剡县。永建四年（129），分上虞南乡置始宁县，县治设今三界镇。初平、兴平年间（190—195），移县治于今址。

明万历十六年（1588），设东西两隅、51都、84图。清承明制，仍属绍兴府。民国二十五年（1936），实行乡、镇、保、甲制，县辖37乡、6镇、1030保、10213甲。1949年底，县辖8区、40乡、3镇。1992年5月，据浙江省民政厅民基字〔1992〕411号《关于嵊县撤区扩镇并乡方案的批复》，撤销11个区公所，66个乡镇扩并为17个镇、11个乡。1995年12月6日，改嵊县为嵊州市（图2）。图中的甘霖、崇仁、长乐、雅璜都为千年古地名。

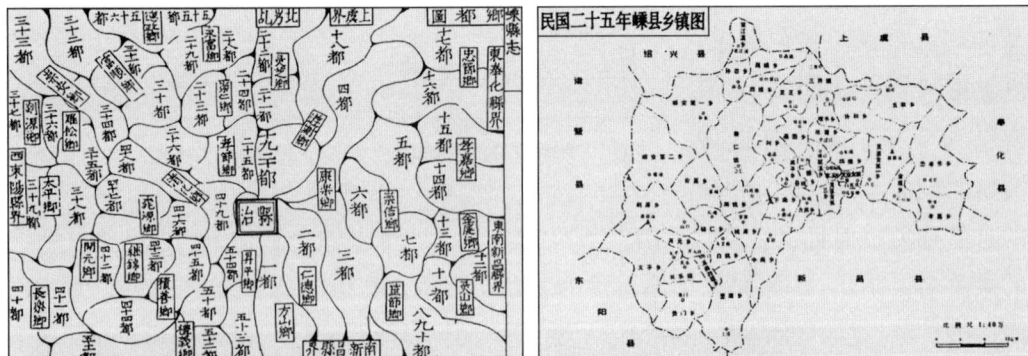

明万历十六年嵊县乡都区划图（据明万历《嵊县志》重绘）　民国二十五年嵊县乡镇图

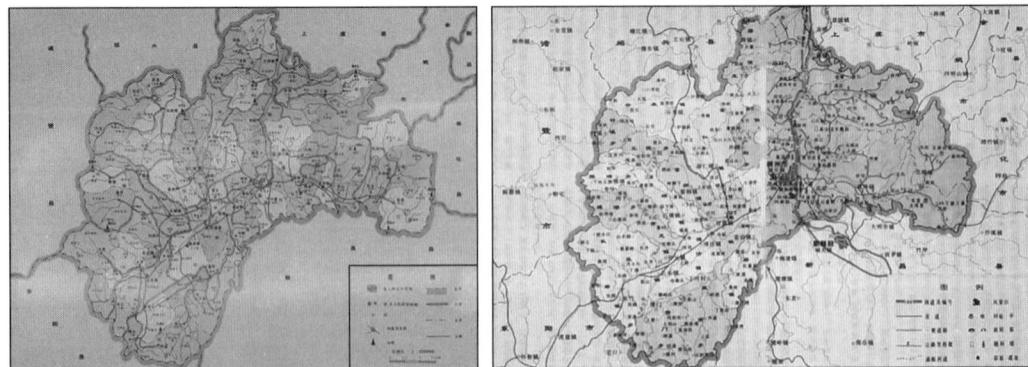

嵊县政区图　　　　　　　　　嵊县撤扩并后行政区划

图2　嵊州政区演变

3. 历史地名

新昌古代县城图中有止水庙（图3）。止水庙治水碑原立于新昌县城新东门止水庙外，又名《萧侯重建城堤记》。20世纪，止水庙拆除后由竹编厂移置砌入新昌城隍庙碑廊内。碑文由赐进士第朝列大夫广西布政使左参议前湖广道监察御史邑人俞则全撰文，

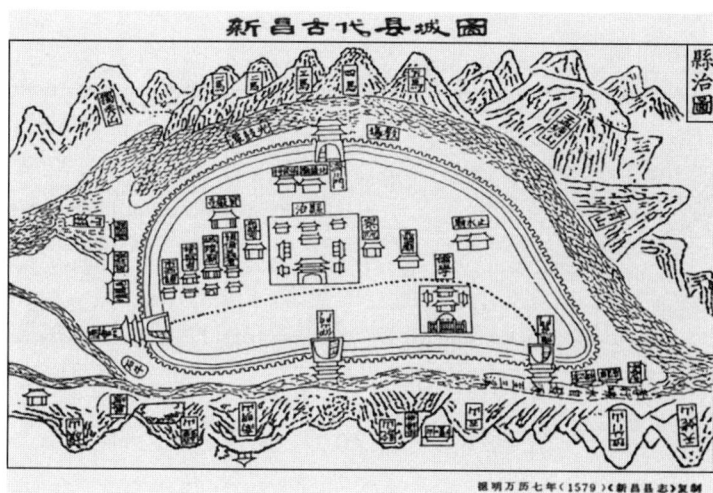

图3　新昌古代县城图

赐进士出身兵部尚书兼都察院右都御史吕光洵书丹，赐进士及第礼部尚书兼翰林院学士潘晟篆额。碑高2米，宽0.90米，厚0.15米。青石质、圭首，双凤额。碑文行书，19行，行46字，全碑524字。内容记述新昌县城易受洪水灾涝，嘉靖丙寅，知县萧敏道建堤卫城，民皆颂其德：

> 邑治面山负壑，川流斗注，涝辄襄阜僻驰，毚溢叵测，民惟屏长堤自固。嘉靖乙卯（1555），海堨垒集，夷堤创城，堤址仅存。历年呶呫，去城不寻丈，淤潴掌。丙寅（1566），全吾萧侯来视邑符，绮坦谂势，鳌堤卫城，坚广逾昔。去秋水涨，台、剡城悉，邑城独免，阛阓按堵。咸颂侯能先事曲防云，乃侯则不任受德，复图树永固于兹邑。顾时讪不忍刑民之力，先是，侯请发储赈枵议适下，遂谕丁壮待哺之众，俾事营筑，日给官粟若干，咸竭蹶趋事。乃拣耆民醇谨尚义者十六人，监眂规度，捷石奋土，掊拓阵隘，日数千指，而民无甂石刀圭之费。上下延袤数百丈，几百辰而事竣，功茂姚远矣！侯兹上最，民相率建祠，塑貌图生祝侯，复勒石堤所，先丏余文之。余惟宋王克臣，以修撰知郓州，筑堤城下，时颇骇异，及堤成而水大至，城不浸者尺许，民始绘像事之。侯之叔号复斋者，知郓犹赖焉。《邑乘》记宋令林公，尝因旧城筑堤止水，后入柄大政，民思之，不置尸祝，迄今靡怠。惟侯修堤护城，与克臣事类；而民之戴侯，又将不啻前人之视林公也。矧侯惠利于民者甚钜，行将保障四方，有不待余言者，姑以是应诸公之请。

图 4　《新昌县境图》(明万历《绍兴府志》)

图 5　《新昌县境图》(康熙十二年《绍兴府志》)

图 6　《新昌县境图》(清康熙五十八年《绍兴府志》)

图 7　《新昌县境图》(清乾隆五十七年《绍兴府志》)

五代梁开平间（907—911）新昌建县，县治设于五山乡任岩里石牛镇（今南明街道茶亭一带）。宋太平兴国（976—983）中，县令张公良创立治所，基址在今南明街道人民中路一带。明嘉靖三十五年（1556），知县万鹏筑城，鼓山、旗山、南明山、沃洲山环绕，延续至今（图 4—图 7）。1989 年，城关镇总面积 5.54 平方千米（图 8）。2006 年 8 月，城关镇建制撤销，分设南明街道、七星街道和羽林街道。

据统计，绍兴全市有 3.55 万条地名数据，一个地方人事代谢、风物演变、文化流传往往会在地名上留下印记。

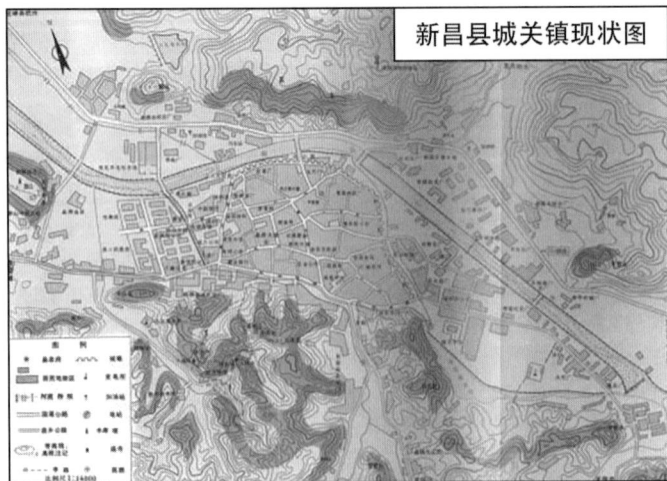

图 8　《新昌县城关镇现状图》(1989 年)

（四）图照

1. 标志肌理

五泄在诸暨城西约25千米处。瀑从五泄山巅崇崖峻壁间飞奔而下，凡5级，汇入东龙潭。其如龙出谷，声似滚雷；或沿壁滑下，悄然无声；或以奇险著；或以幽悄称，总称五泄溪。《五泄山图》显示溪两岸异峰怪石，争奇竞秀，有七十二峰、三十六坪、二十五岩（图9）。

图9 《五泄山图》

2. 建筑和空间构成的规律和比例

这包括传统建筑（院落）立面、装饰、空间等分析应用。

绍兴新河弄历史街区建筑对比。

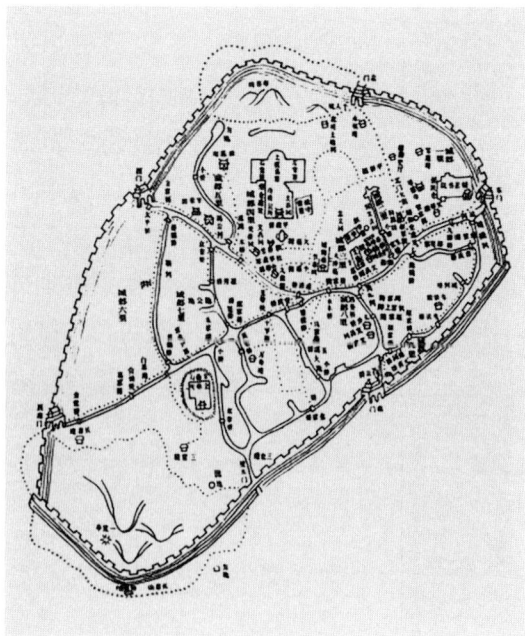

图10 上虞古县城（丰惠）

三、文献中的城市与建筑研究

（一）建筑的保护、改造和新建

丰惠早在唐长庆二年（822）便为上虞的县城，是浙东运河沿线重要的历史文化名镇。从县志描述、运河及断断续续的护城河、沿用至今的街巷地名、零散分布的历史建筑中依稀可辨往日的兴盛（图10）。东大街除北面片建筑和街河格局不存在外，建筑的进退与高低基本延续了旧时轮廓，但经过检测，传统民居危房多，且改建严重。作为丰惠的文化核心区，简化程序和优化施工管理，于2018年进行修缮整治。考虑以玉堂桥、丰惠桥、九狮桥为中心，采取局

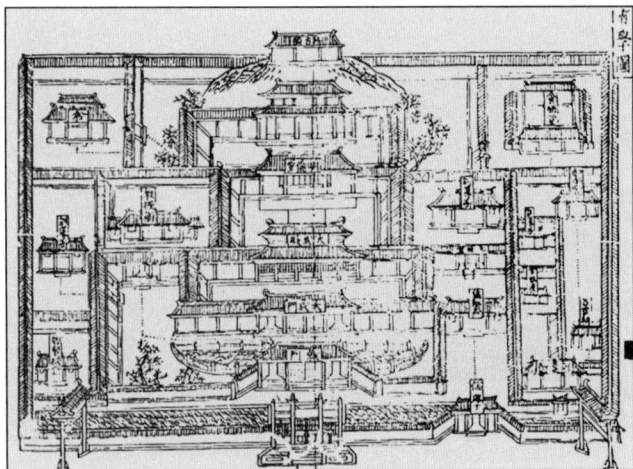

图 11 《府学图》（明万历《绍兴府志》）

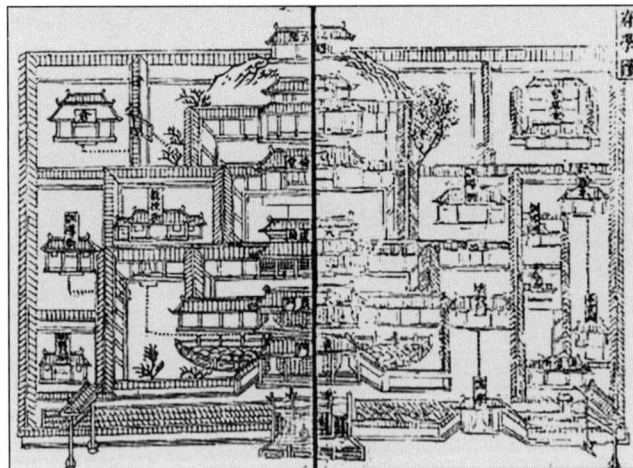

图 12 《府学图》（清康熙十二年《绍兴府志》）

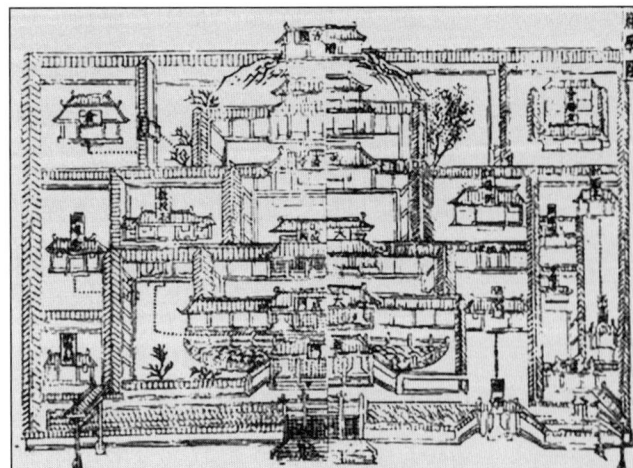

图 13 《府学图》（清康熙五十八年《绍兴府志》）

部修缮、整体修缮与落架大修三类改造。对三层以下的建筑严格按传统民居样式改造恢复；立面连片缺少变化的位置，局部山墙加观音兜、披檐加马头墙；对后续不太可能拆迁的多层建筑，一层改为传统民居样式，二层以上着重以窗、檐口部位的改造为主；个别能体现时代特色的建筑作修缮，予以保留。同步清理淤积河床，新增的绿化以外摆盆栽为主，维持老街的古朴氛围不变。

（二）活化历史建筑

明正统十四年（1449），绍兴知府白玉重建府学，后弘治间两增营构、万历中又加修缮。扩建后的绍兴府学供奉孔子及配享门人十六位，东西两旁供奉先贤七十七位，先儒四十一位。又新建崇圣祠，供奉圣人十四位，还翻建了供生员学习、食宿用的宿舍，使绍兴府学跃居浙中诸学宫之魁首。

清康熙间的绍兴府学从上空俯视如一个矩形建筑，完全按中轴线向左右展开。其中心是学宫的主要部分——明伦堂。其北，有人工堆砌的土山，上建"稽（古）阁"，以作"玄武"。"稽阁"前还有一倒"凹"字形建筑，以作"祖山"。其左右又建"会膳堂"和"仓"，以作北屏。其东，有"训导衙"，以作"青龙"，再往东，又有"射圃亭""名宦祠"等建筑，以作东外之"山"。其西，有"教授衙"，以作"白虎"，再往西，又有"乡贤祠"

图14 大成门现状

等建筑，以作西外之"山"。明伦堂之前，再向南又有两进厅屋，以作"朱雀"，即案山和朝山。在此学宫前，又人工开挖了前后两个"明塘"——蓄水池（挖出之土，正好填造北面上山），一为半月形，以作"洋池"；一为狭长形，以作"护河"。正南最前面，又建有一四柱式高大牌坊以作"照壁"。绍兴府学宫的规划完全按照"左青龙，右白虎，后玄武，前朱雀"规则建筑。至清乾隆间又进行改建，已不见"稽阁"、仓、衙。今为绍兴稽山中学（图11—图14）。

（三）打响历史文化品牌

一座天姥山，半部《全唐诗》。据文献记载，神话传说中的王母叫"天姥"，或叫西王母、王母娘娘。她是中国古代神话中的女神。《后吴录·地理志》载："剡县有天姥山，传云登者闻天姥歌谣之声。"这里所说的剡县，就是今天的新昌，天姥山也就是李白笔下的那座直至今天也未更名的天姥山。天姥山北起会墅岭，南至关岭，绵延10千米，周围30千米。主峰为拨云尖，次为大尖、细尖，其南为莲花峰，北为芭蕉山，传为道家第十六福地，是新昌一邑主山。南朝谢灵运凿山开道后，名声大振。唐李白、杜甫追慕名贤高僧，留下《梦游天姥吟留别》《壮游》等千古诗篇，成为人们向往的神仙境界、文化名山。今沿104国道行，沿途有刘阮庙、调溪、迎仙桥、司马悔桥、斑竹古街、会墅岭、太白庙、天姥寺、普济桥、万马渡、古驿道等遗迹和自然风光（图15）。

天姥寺位于儒岙镇横板桥村南莲花峰下，距新昌县城30千米。建于五代后周广顺元年（951），旁有通台驿馆，上官及往来客商俱宿于此。宋至道元年（995）改名为广福院，明洪武十五年（1382）改名为天姥禅寺。寺前旧有碑刻李白《梦游天姥吟留别》一诗，碑已毁。现天姥寺已为天姥林场，在建民宿。1994年12月公布为县级文物保护单位。

对历史文化名城的保护不是简单的规划问题，而是一项综合性工程。对于一个城

图 15 《天姥山图》

市的文化遗产进行保护、修缮和更新包括文献整理是一件好事，是一种对整个城市底蕴的提升，然而"用什么样的方法"是关键。为达到更好的效果，不能单纯地在表面"贴文化"，而需要对这个城市历史文化内涵进行深究。发挥好文献作用，抓紧进行现存历史文化资源的普查、挖掘和提炼。

　　前段时间，省政府印发了《浙江省传承发展浙江优秀传统文化行动计划》《浙江省诗路文化带规划》《浙江省宋韵文化传世工程》，以多种方式助推名城、街区和村镇保护。只有循文脉、询历史、寻创意、勇更新，才能真正适应经济、社会发展和人民对美好生活的追求。

统论王阳明在绍兴的文化遗产

那秋生

（绍兴市王阳明研究会）

摘要： 王阳明在绍兴的文化遗产，包括"四记"思想著作和"四地"生平踪迹。绍兴的城市文明建设，一样需要"四治"——治心、治政、治水、治学，因此王阳明的"四记"有着深远的思想意义，可以成为绍兴历史文化名城的见证。得天独厚的阳明文化旅游"四地"，更是任何地方都无法攀比的，极大的旅游价值有待开发与利用。当前为了展示以王阳明为绍兴地标的文化遗产，我们的一切工作已经进入议事日程，进行全面规划。使之成为绍兴城市文化中的一大亮点，将来一定能成为举世瞩目的风光。

王阳明与绍兴有着深厚的渊源，他自称"古越阳明子""会稽王守仁"。他 30 岁时筑室会稽山阳明洞天修道，被称为"阳明先生"，这是他的思想发端与学术起点。二十年后他回到绍兴讲学传道，经历了由"天理"向"良知"的转折性变化，达到了思想成熟的高峰，这也是他的思想学术的终点，绍兴恰好成了他实现自己一生完美圆合的地方。统论王阳明在绍兴的文化遗产：一是思想教育著作，以"四记"（《稽山书院尊经阁记》《亲民堂记》《浚河记》《重修山阴县学记》）为经典；二是生平踪迹，以"四地"（"阳明洞天""阳明墓园""阳明故里""浙东运河"）为对象。合起来就是一个"阳明文化"的体系，成为展示绍兴历史名城风光的一个重要窗口。

四记蕴涵思想教育意义

王阳明毕生遵行"政学合一"，所谓："修己治人，本无二道。政事虽剧，亦皆学问之地。"这也就是"知行合一"与"致良知"。他特别强调"致"是在事上磨炼并见诸客观实际，"致良知"就是在实际行动中实现良知，即心学的本体论与修养论的统一。他在绍兴写的"四记"成为经典，这就是《稽山书院尊经阁记》《亲民堂记》《浚河记》《重修山阴县学记》。

一是用以"治心"的《稽山书院尊经阁记》。

稽山书院是绍兴的著名学府，1040 年北宋范仲淹知越州时所创立，位于府城卧龙山西岗（今府山风雨亭下），书院基地 9.33 亩，学田 15.45 亩。曾聘著名学者新昌石待旦主持书院，四方受业者甚众。1170 年朱熹司提举浙东常平茶盐事，于此讲学敷政，以倡多士，故闻名遐迩。1522 年南大吉任绍兴太守，他办的第一件大事是重修稽山书院，为阳明先生的讲学传道提供了最好的场所。书院后面设有尊经阁，收藏了所有的儒、道、佛各家经典著作，成为天下学人向往的圣地。王阳明居越六年间，倾情传习弟子"致良知"，先后共有 3 万余人从各地来到稽山书院听讲，影响遍及全国。应南大吉太守的约请，阳明先生欣然写下了这篇《稽山书院尊经阁记》：

> 经，常道也。其在于天谓之命，其赋于人谓之性，其主于身谓之心。心也，性也，命也。一也。通人物，达四海，塞天地，亘古今，无有乎弗具，无有乎弗同，无有乎或变者也，是常道也。其应乎感也，则为恻隐，为羞恶，为辞让，为是非。其见于事也，则为父子之亲，为君臣之义，为夫妇之别，为长幼之序，为朋友之信。是恻隐也，羞恶也，辞让也，是非也；是亲也，义也，序也，别也，信也，一也，皆所谓心也、性也、命也。通人物，达四海，塞天地，亘古今，无有乎弗具，无有乎弗同，无有乎或变者也，是常道也。以言其阴阳消息之行，则谓之《易》；以言其纪纲政事之施，则谓之《书》；以言其歌咏性情之发，则谓之《诗》；以言其条理节文之著，则谓之《礼》；以言其欣喜和平之生，则谓之《乐》；以言其诚伪邪正之辨，则谓之《春秋》，是阴阳消息之行也，以至于诚伪邪正之辨也，一也，皆所谓心也、性也、命也。通人物，达四海，塞天地，亘古今，无有乎弗具，无有乎弗同，无有乎或变者也，夫是之谓六经。六经者非他，吾心之常道也。是故《易》也者，志吾心之阴阳消息者也；《书》也者，志吾心之纪纲政事者也；《诗》也者，志吾心之歌咏性情者也；《礼》也者，志吾心之条理节文者也；《乐》也者，志吾心之欣喜和平者也；《春秋》也者，志吾心之诚伪邪正者也。君子之于六经也，求之吾心之阴阳消息而时行焉，所以尊《易》也；求之吾心之纪纲政事而时施焉，所以尊《书》也；求之吾心之歌咏性情而时发焉，所以尊《诗》也；求之吾心之条理节文而时著焉，所以尊《礼》也；求之吾心之欣喜和平而时生焉，所以尊《乐》也；求之吾心之诚伪邪正而时辨焉，所以尊《春秋》也。盖昔圣人之扶人极、忧后世而述六经也，犹之富家者之父祖，虑其产业库藏之积，其子孙者或至于遗亡散失、卒困穷而无以自全也，而记籍其家之所有以贻之，使之世守其产业库藏之积而享用焉，以免于困穷之患。故六经

者，吾心之记籍也，而六经之实，则具于吾心。犹之产业库藏之实积，种种色色，具存于其家，其记籍者，特名状数目而已。而世之学者，不知求六经之实于吾心，而徒考索于影响之间，牵制于文义之末，硁硁然以为是六经矣。是犹富家之子孙不务守视、享用其产业库藏之实积，日遗亡散失，至为窭人丐夫，而犹嚣嚣然指其记籍曰："斯吾产业库藏之积也。"何以异于是？呜呼！六经之学，其不明于世，非一朝一夕之故矣。尚功利，崇邪说，是谓乱经。习训诂，传记诵，没溺于浅闻小见，以涂天下之耳目，是谓侮经。侈淫词，竞诡辩，饰奸心盗行，逐世垄断，而犹自以为通经，是谓贼经。若是者，是并其所谓记籍者，而割裂弃毁之矣，宁复知所以为尊经也乎？越城旧有稽山书院，在卧龙西冈，荒废久矣。郡守渭南南君大吉，既敷政于民，则慨然悼末学之支离，将进之以圣贤之道，于是使山阴令吴君瀛拓书院而一新之，又为尊经之阁于其后，曰："经正则庶民兴，庶民兴斯无邪慝矣。"阁成，请予一言以谂多士。予既不获辞，则为记之若是，呜呼！世之学者得吾说而求诸其心焉，则亦庶乎知所以为尊经也矣。

其中，阳明先生精辟阐明了"心学"的首要观点："心"是一切事物存在的基础，所谓"六经"不过是"心"的六种表现形式而已。南太守心领神会，豁然贯通，他是一个学者型官员，主张"治人先治心"，就是以圣贤之道来引导读书人，从而影响社会与民众。这篇《稽山书院尊经阁记》被列为必读课本，又在市集上流行，其影响是空前的。后人还将它辑录在《古文观止》里，成为一篇传世的名文经典。

二是用以"治政"的《亲民堂记》。

作为越中父母官的南大吉，同时也是一个真诚的学者。他仰慕阳明先生，尤其领悟其博大深邃的学问，深知"破山中贼易，破心中贼难"的道理，体悟到"人心本神，本自变动周流，本能开物成务"。因此，他结合越中实际情况，创立一种"心学治政"的独特模式。南太守遵循"政学合一"，常向先生问政，王阳明指出为政之本在"亲民"，并且写了《亲民堂记》一文：

南子元善之治越也，过阳明子而问政焉。阳明子曰："政在亲民。"曰："亲民何以乎？"曰："在明明德。"曰："明明德何以乎？"曰："在亲民。"曰："明德、亲民，一乎？"曰："一也。明德者，天命之性，灵昭不昧，而万理之所从出也。人之于其父也，而莫不知孝焉；于其兄也，而莫不知弟焉；于凡事物之感，莫不有自然之明焉；是其灵昭之在人心，亘万古而无不同，无或昧者也，是故谓之明德。其或蔽焉，物欲也。明之者，去其物欲之蔽，以全其本体之明焉耳，非能有以增益之也。"曰："何以在亲民乎？"曰："德不可以徒明也。人之欲明其孝之德也，则必亲于其父，而后孝之德明矣；欲明其弟之德也，则必亲于其兄，而后弟之德明矣。君臣也，夫妇也，朋友也，皆然也。故明明德必在于亲民，而亲民乃所以明其明德也。故曰一也。"曰："亲民以明其明德，修身焉可矣，而何家国天下之有乎？"曰："人者，天地之心也；民者，对己之称也；曰民焉，则三才之道举矣。是故亲吾之父以及人之父，而天下之父子莫不亲矣；亲吾之兄以及人之兄，而天下之兄弟莫不亲矣。君臣也，夫妇也，朋友也，推而至于鸟兽草木也，而皆有以亲之，无非求尽吾心焉以自明其明德也。是之谓明明德于天下，是之谓家齐国治而天下平。"曰："然则乌在其为止至善者乎？""昔之人固有欲明其明德矣，然或失之虚罔空寂，而无有乎家国天下之施者，是不知明明德之在于亲民，而二氏之流是矣；固有欲亲其民者矣，然或失之知谋权术，而无有乎仁爱恻怛之诚者，是不知亲民之所以明其明德，而五伯功利之徒是矣；是皆不知止于至善之过也。是故至善也者，明德亲民之极则也。天命之性，粹然至善。其灵昭不昧者，皆其至善之发见，是乃明德之本体，而所谓良知者也。至善之发见，是而是焉，非而非焉，固吾心天然自有之则，而不容有所拟议加损于其间也。有所拟议加损于其间，则是私意小智，而非至善之谓矣。人惟不知至善之在吾心，而用其私智以求之于外，是以昧其是非之则，至于横骛决裂，人欲肆而天理亡，明德亲民之学大乱于天下。故止至善之于明德亲民也，犹之规矩之于方圆也，尺度之于长短也，权衡之于轻重也。方圆而不止于规矩，爽其度矣；长短而不止于尺度，乖其制矣；轻重而不止于权衡，失其准矣；明德亲民而不止于至善，亡其则矣。夫是之谓大人之学。大人者，以天地万物为一体也。夫然后能以天地万物为一体。"元善喟然而叹曰："甚哉！大人之学若是其简易也。吾乃今知天地万物之一体矣！吾乃今知天下之为一家、中国之为一人矣！'一夫不被其泽，若己推而内诸沟中'，伊尹其先得我心之同然乎！"于是名其莅政之堂曰"亲民"，而曰："吾以亲民为职者也，吾务亲吾之民以求明吾之明德也夫！"爰书其言于壁而为之记。

南大吉将官署题名为"亲民堂"，并以"亲民"自励为毕生职责，成了绍兴历史上的著名清吏。毫无疑问，王阳明这篇呕心沥血的《亲民堂记》，可为天下之人振聋发聩，反响极大，成为经典之作而流芳百世。

三是用以"治水"的《浚河记》。

"善治越者以浚河为急"是南大吉的名言，这是一位可敬的父母官，遵循历代先贤前仆后继的足迹，不忘治水之本。当时的府河跨山、会两县界，为交通"命脉"。然而富贵豪强不断侵占，河道渐趋壅窄，百姓一时怨声载道。于是南大吉以铁腕疏浚河道，拆两旁庐舍六尺许以广河道，遇到了阻力，甚至受到了毁谤与诬告。阳明先生洞悉南太守的一举一动，他要揭示事实真相，主持社会公道，表达民心所向，于是慨然写下了这篇《浚河记》：

> 越人以舟楫为舆马，滨河而廛者，皆巨室也。日规月筑，水道淤溢。蓄泄既亡，旱涝仍频。商旅日争于途，至有斗而死者矣。南子乃决沮障，复旧防，去豪商之壅，削势家之侵。失利之徒，胥怨交谤，从而谣之曰："南守瞿瞿，实破我庐；瞿瞿南守，使我奔走。"人曰："吾守其厉民欤，何其谤者之多也？"阳明子曰："迟之。吾未闻以佚道使民，而或有怨之者也。"既而舟楫通利，行旅欢呼络绎。是秋大旱，江河龟坼，越人之收获输载如常。明年大水，民居免于垫溺，远近称怍。又从而歌之曰："相彼舟人也，昔揭以曳兮，今歌以楫矣。旱之熇也，微南侯兮，吾其燋矣。霪之弥月也，微南侯兮，吾其鱼鳖矣。我输我获矣，我游我息矣，长渠之活矣，维南侯之流泽矣。"人曰："信哉，阳明子之言，未闻以佚道使民，而或有怨之者也。"纪其事于石，以诏来者。

如今《浚河记》已由绍兴市文物局刻碑，竖立在鲁迅广场的府河边上，成为古城的一道亮丽风景。这是王阳明先生当年为功德立传，为民心树碑，为历史作证！如今经过全民众、全社会"五水共治"的努力奋斗，全市的河水环境大为改观，这条清澈的府河就是明证，绍兴市获得"全国文明城市"的称号来之不易啊！《浚河记》是绍兴"治水"历史原貌的一面镜子，坚信这个美好的传统一定会延续下去。

四是用以"治学"的《重修山阴县学记》。

与南大吉重修稽山书院的同时，山阴县令吴瀛在古城南隅阳堂山（鲍郎山）重修了山阴县学，设有儒学教官3名（教谕1员、训导2员）。县学是旧时供生员读书的学校。科举制度童试录取后准入县学读书，以备参加高一级的考试，谓之"进学"，士子称"生员"，俗称"秀才"。秀才要成为科举秀才，需在县学里学习满三年；其间每月要通过县学学官组织的月考，每季要通过府、县官组织的季考，每年要通过省提学道组织的岁考和最终的科考，所有关卡考试都名列优等，才能成为科举秀才，才有资格参加举人考试。应吴瀛的邀请，王阳明又写下了这篇《重修山阴县学记》。

> 山阴之学，岁久弥敝。教谕汪君瀚辈以谋于县尹顾君铎而一新之，请所以诏士之言于予。时予方在疚，辞，未有以告也。已而顾君入为秋官郎，洛阳吴君瀛来代，复增其所未备而申前之请。昔予官留都，因京兆之请，记其学而尝有说焉。其大意以为朝廷之所以养士者不专于举业，而实望之以圣贤之学。今殿庑堂舍，拓而辑之；饩廪条教，具而察之者，是有司之修学也。求天下之广居安宅者

而修诸其身焉，此为师、为弟子者之修学也。其时闻者皆惕然有省，然于凡所以为学之说，则犹未之及详。今请为吾越之士一言之。夫圣人之学，心学也。学以求尽其心而已。尧、舜、禹之相授受曰："人心惟危，道心惟微，惟精惟一，允执厥中。"道心者，率性之谓，而未杂于人。无声无臭，至微而显，诚之源也。人心，则杂于人而危矣，伪之端矣。见孺子之入井而恻隐，率性之道也；从而内交于其父母焉，要誉于乡党焉，则人心矣。饥而食，渴而饮，率性之道也；从而极滋味之美焉，恣口腹之饕焉，则人心矣。惟一者，一于道心也。惟精者，虑道心之不一，而或二之以人心也。道无不中，一于道心而不息，是谓"允执厥中"矣。一于道心，则存之无不中，而发之无不和。是故率是道心而发之于父子也无不亲；发之于君臣也无不义；发之于夫妇、长幼、朋友也无不别、无不序、无不信；是谓中节之和，天下之达道也。放四海而皆准，亘古今而不穷；天下之人同此心，同此性，同此达道也。舜使契为司徒而教以人伦，教之以此达道也。当是之时，人皆君子而比屋可封，盖教者惟以是教，而学者惟以是为学也。圣人既没，心学晦而人伪行，功利、训诂、记诵辞章之徒纷沓而起，支离决裂，岁盛月新，相沿相袭，各是其非，人心日炽而不复知有道心之微。间有觉其纰缪而略知反本求源者，则又哄然指为禅学而群訾之。呜呼！心学何由而复明乎！夫禅之学与圣人之学，皆求尽其心也，亦相去毫厘耳。圣人之求尽其心也，以天地万物为一体也。吾之父子亲矣，而天下有未亲者焉，吾心未尽也；吾之君臣义矣，而天下有未义者焉，吾心未尽也；吾之夫妇别矣，长幼序矣，朋友信矣，而天下有未别、未序、未信者焉，吾心未尽也。吾之一家饱暖逸乐矣，而天下有未饱暖逸乐者焉，其能以亲乎？义乎？别、序、信乎？吾心未尽也；故于是有纪纲政事之设焉，有礼乐教化之施焉，凡以裁成辅相、成己成物，而求尽吾心焉耳。心尽而家以齐，国以治，天下以平。故圣人之学不出乎尽心。禅之学非不以心为说，然其意以为是达道也者，固吾之心也，吾惟不昧吾心于其中则亦已矣，而亦岂必屑屑于其外；其外有未当也，则亦岂必屑屑于其中。斯亦其所谓尽心者矣，而不知已陷于自私自利之偏。是以外人伦，遗事物，以之独善或能之，而要之不可以治家国天下。盖圣人之学无人己，无内外，一天地万物以为心；而禅之学起于自私自利，而未免于内外之分；斯其所以为异也。今之为心性之学者，而果外人伦，遗事物，则诚所谓禅矣，使其未尝外人伦，遗事物，而专以存心养性为事，则固圣门精一之学也，而可谓之禅乎哉！世之学者，承沿其举业词章之习以荒秽戕伐其心，既与圣人尽心之学相背而驰，日鹜日远，莫知其所抵极矣。有以心性之说而招之来归者，则顾骇以为禅，而反仇仇视之，不亦大可哀乎！夫不自知其为非而以非人者，是旧习之为蔽，而未可遽以为罪也。有知其非者矣，巍然视人之非而不以告人者，自私者也。既告之矣，既知之矣，而犹冥然不以自反者，自弃者也。吾越多豪杰之士，其特然无所待而兴者，为不少矣，而亦容有蔽于旧习者乎？故吾因诸君之请而特为一言之。呜呼！吾岂特为吾越之士一言之而已乎？

王阳明在《稽山书院尊经阁记》中，精辟阐明了"心学"的首要观点："心"是一切事物存在的基础，所谓"六经"不过是"心"的六种表现形式而已。而《重修山阴县学记》与前者呼应，其核心思想即文中所说的："夫圣人之学，心学也。学以求尽其心而已。"关于"人心惟危，道心惟微，惟精惟一，允执厥中"，语出《尚书·虞书·大禹谟》，这就是中国文化传统中著名的"十六字心传"，意译为"人心是危险难测的，道心是难得其真的，只有自己一心一意，精诚恳切的秉行中正之道，才能治理好国家。"当尧传给舜帝位以及舜传给禹帝位的时候，所托付的是天下与百姓的重任，是华夏文明的火种；谆谆嘱咐、代代相传的以"心"为主题的十六个汉字，寓意深刻，意义非凡。

王阳明的"四记"，应当展示在绍兴人面前，让大家都知道。绍兴的城市文明建设，一样需要"四治"——治心、治政、治水、治学。我们有这样的建议：稽山书院的遗址在府山西麓，在那里可以立个"遗址碑"，并将《稽山书院尊经阁记》全文刻在一段新造的城墙上，以告知全体市民。《亲民堂记》最好体现在政府大楼里，以鞭策公务人员全心全意为人民服务。

四地富有旅游文化价值

绍兴是全国著名的旅游胜地，除现有的景点外，还有很大的潜在资源。我们拥有得天独厚的阳明文化胜地，这就是"阳明洞天""阳明故里""阳明墓园""浙东运河"，它们是任何地方都无法来攀比的客观存在，产生其间的极大旅游价值有待开发与利用。

其一，"阳明洞天"在会稽山区的宛委山。"洞天福地"是道教仙境的说法，多以名山为主景，或兼有山水，被认为此中有神仙主治，乃众仙所居，道士居此修炼，则可得道成仙。在唐代司马承祯编集的《天地宫府图》中，定为"十大洞天、三十六小洞天和七十二福地"，构成道教地上仙境的主体部分，都是实指的。绍兴是唯一兼有"洞天"与"福地"的："阳明洞天"在"三十六小洞天"中居第十位；"若耶福地"在"七十二福地"中居第十七位。

"阳明"一词在道教中指东方青帝紫府，其为古代神话中的五方天帝之一，是位于东方的司春之神，又称苍帝、木帝。唐时奉道教创始人老子为始祖，便在全国大兴道教，会稽山成了道教的活动中心和胜地，建有越中最负盛名的道观龙瑞宫（现存遗迹）。且看，历史文献中是这样记述"阳明洞天"的。

贺知章《龙瑞宫记》云："洞天第十，本名天帝阳明紫府，一真仙会处。"康熙《会稽县志》载："龙瑞宫，在宛委山下，其旁为阳明洞天。"《越中杂识》谓："阳明洞天在龙瑞宫旁，是一巨石，中罅。道家第十洞天也。"《全唐诗》白居易有《和微之春日投简阳明洞天五十韵》："洞穴何因凿，星槎谁与刳。石凹仙药臼，峰峭佛香炉。"南宋王十朋为绍兴府金判时，在《会稽风俗赋并序》中写道："洞曰阳明，群仙所栖。"并且注曰："会稽周回一百二十里，名阳明洞天，皆仙圣天人都会之所。"《梅溪前集》记载，以阳明大佛最为奇异。阳明大佛俗名大佛岩，是位于阳明洞天北部半山腰的天然巨岩，因似巨大的弥勒佛坐像而得名。大佛坐西朝东，呈吉祥坐状，坐像高 180 米，双膝间距约 70 米，形态逼真，惟妙惟肖。即使在 3 里之外，也能远远看到岩佛安详地坐在青翠秀美的宛委山中。明代徐渭《阳明洞》诗曰："阳明洞天小，名为道流芳。马融今别去，传经冷石房。"清代李慈铭为"越中先贤祠"所撰的对联，其中云："况渐名江，镜名湖，宛委洞天，桐柏仙室，应婺宿斗维而起。"宛委洞天就是"阳明洞天"。

《王阳明年谱》："筑室阳明洞中，行导引术。久之，遂先知。一日坐洞中，友人王思舆等四人来访，方出五云山，先生即命仆迎之，且历语其来迹。仆遇诸途，与语良合。众惊异，以为得道。"王阳明是儒、道、佛皆通的达人，这里说的"阳明洞"就是"阳明洞天"。王阳明曾在此默坐三年，修学悟道，自称"阳明子""阳明山人"，故有人误为"阳明洞天"得到名称来自王阳明呢！

"洞"即"洞天"，"阳明洞天"既不是指某一个山洞，也并非说某一块岩石，而应当是指一方神秘的生态环境。就在宛委山中的樱花林一带，是三面环山的谷地，谷身狭长，山径盘回，溪涧迂曲，幽深清静。当年正是宗教文化兴盛之地，故昔人有"千僧万道八百姑"之感叹，年轻的王守仁就是在这样的"阳明洞天"里"筑室"，因其人颇有传奇色彩，故成了乡里民众号称的"阳明先生"。据朱关甫《绍兴宗教》记载，"阳明洞天"就在禹陵乡望仙桥村一带，古为葛洪炼丹处。19 世纪 30 年代，宛委山洪水暴发冲开泥层，出现一个山洞，里面有石室，陈石几、石凳，壁有龛，还刻有"古阳明洞"四字。

众所周知，王阳明曾居贵州龙场，那里有一个"阳明小洞天"，是先生悟道之地而颇有知名度，现在已经成为全国著名的旅游胜地。但是，既然曰"小"，也就是要区别于绍兴正宗的"阳明洞天"。"阳明洞天"具有美丽的自然环境，据史书记载，这里的景点有龙瑞观、铁壁居、葛仙井、降仙台、飞来石、见龙坛、射的潭、石帆庵、点烟亭、宛委瀑布、阳明大佛等。而且因为有王阳明的"一语良知扶圣谛，三年静住得天和"（马一浮诗），更有别具一格的人文意义。如果开发"洞天福地"的旅游资源，那么会稽山与若耶溪将以最美的自然景观呈现在人们眼前。

其二，"阳明故里"位于越城区西北部。这里有一方清池名叫"王衙池"，但在旧时曰"碧霞池"，此名是王阳明给取的。当年王阳明曾登泰山至极顶南面的碧霞元君祠，留下了"遥见碧霞君，翩翩起员峤。从此炼金砂，人间迹如扫"的诗句。碧霞元君全称"天仙玉女碧霞元君"，俗称"泰山老奶奶"，它在民间信仰中属于生育与平安的保佑神。而王阳明虽与妻诸氏共居，却一直没有生育后代，于是就取名"碧霞池"了。

据《传习录》载，晚年归越后，阳明先生喜欢在碧霞池上的天泉桥思考问题，有一天终于悟到："无善无恶心之体，有善有恶意之动，知善知恶是良知，为善去恶是格物。"这是王阳明著名的四句教，史称"天泉证道"。王阳明有《碧霞池夜坐》诗可以为证："一雨秋凉入夜新，池边孤月倍精神。潜鱼水底传心诀，栖鸟枝头说道真。莫谓天机非嗜欲，须知万物是吾身。无端礼乐纷纷议，谁与青天扫宿尘。"这个"天泉"出自道家学说，意思是清净无污秽。

1524年八月中秋之夜，王阳明同弟子们在碧霞池畔欢聚一堂。酒酣乐盛，诸生各尽其兴，投壶、击鼓、舞剑、拨琴、赋诗、泛舟。当时，阳明先生即兴吟诗《月夜》："处处中秋此月明，不知何处亦群英？须怜绝学经千载，莫负男儿过一生。影响尚疑朱仲晦，支离羞作郑康成。铿然舍瑟春风里，点也虽狂得我情。"先生得意之极，俨然是在自比作孔子了。

绍兴市政府制订了"阳明故里"整体规划，目前正在建设之中，今后可与"鲁迅故里""书圣故里"三足鼎立，成为绍兴市区的亮丽风景。

其三，"阳明墓园"在兰亭以南2里许的仙霞山（绍兴方言叫鲜虾山）。由墓道、平台、墓穴、墓碑、祭桌等组成，坐北朝南，背依山岗，顺依山势，逐级升高，视野开阔，风水特佳。自甬道至墓顶全长80米，宽30米，用花岗石砌筑。这里现为全国重点文物保护单位，是阳明文化在绍兴的重要遗产。嘉靖六年（1527），王阳明应召西征，翌年冬因病而归，死于途中，遗言："此心光明，亦复何言！"他最终归葬于故土绍兴，也是生前亲自选择的，因为王阳明为王羲之后裔，其父王华的墓地也在这一带。

道教中提到过世的师长前辈，经常会用"霞灵"一词。如《霞灵济孤》曰："法是道中玄，惠光照九泉。寻声来救苦，霞灵早升仙。""霞衣童子站两厢，黄冠羽士诵灵章。慈悲真人来接引，霞灵从此反仙乡。"所以，"仙霞"的含义就是升天，具有浓郁的道教色彩。如《右符告下》云："太乙天尊下降，万朵金莲足踏。身骑九头青狮子，五色祥云捧驾。来到升仙台上，浮空而座说法。追荐霞灵升天霞，早赴蓬莱会下。"

现在绍兴市文化发展中心对王阳明墓园进行全面修缮，这是功德无量的好事。从整体来看，墓园形成一个"品"字结构，上面是墓地，右下是祠堂，左下是书院，以最大限度的布局来渲染阳明文化的氛围。墓园现有"明王阳明先生之墓"八个大字，系著名书法家沈定庵题书。其规模必须按照原样，垂带、纹饰等要求一如古制，甬道可以添设各种石像。祠堂名曰"王文成公祠"，里面陈列馆内容以"王阳明在绍兴"为主题。书院名曰"良知书院"，可以作为休憩的场所，也可以举行小型会议，使人有如临其境之感。还有一个标志性的古典牌坊，上有乾隆皇帝的题词"名世真才"。每年1月9日王阳明诞辰祭祀活动在这里举行，表达故乡人的崇敬，并让人们追思先贤、洗涤心灵。

其四，"浙东运河"与绍兴古城共生共荣。水光潋滟，桨声帆影，舟楫往来，青山在绿水中流淌，绿水在青山间缠绵，吟唱着时光的欢歌，绘就美好生活的锦绣蓝图。对绍兴来说，古运河不仅具有交通意义，更具有文化意义。浙东运河水哺育了王阳明、刘宗周、黄宗羲"明代三杰"思想家，使绍兴成为浙东文化与学术思想代表人物的主要活动空间。而浩荡千年的运河带来物资、人员、文化、思想，也让绍兴成为"东南名邑""文献名邦"。2014年大运河申遗成功，绍兴从此拥有世界文化遗产。面对如此丰富而重要的大运河文化资源，绍兴正在展示保护和继承的雄心。这几年，当地持续推进大运河文化遗产保护利用传承工作，深入挖掘以大运河为核心的历史文化资源，因地制宜改造提升运河沿线景点古迹，努力在大运河文化带建设中实现"运河新生"。

浙东运河繁衍生发出的地域性文化，传承了千年历史文脉。它是在运河开凿和通航过程中，长期积淀形成的全部物质文化和精神文化的总和，是一个以时空辐射为演变特征的跨区域、综合性的文化系统。与其他文化相比，运河社会文化有着显著的"运河"特征和开放、沟通、区域的特性。事实上，运河社会文化是一个宽泛的范畴，因划分标准不同，而形成了多种文化类型，"浙东学派"可以说是其中最为突出的一种文化类型。浙东运河的交通枢纽，使绍兴成为文化学术发展的中心地带。"明代三杰"自成学术体系，传承学理文脉，形成了"心学""人学""史学"的承前启后、殊途同归的学术之路。尤其是三位大师的学说贵在"经世致用"，强调理论联系实际，注重实效。

讲学是历代大儒弘道的主要形式，这种精神真是可与日月同辉，流芳万古。王守仁号称"阳明先生"，晚年开始讲学于越州稽山书院与阳明书院，绍兴已经成为当时全国的学术中心，随着运河前来求学的人数以万计。其后学众说纷纭，分化为七个学派。在先生百年之后，刘宗周讲学于城北蕺山书院，学者尊称为蕺山先生，被称为"宋明理学的殿军"。他传承了阳明心学的精理要义，不但倡导"慎独""诚意"学说，而且强调实践与体验，自成体系被称为蕺山学派。其后黄宗羲创立"证人书院"，重新接续"证人之学"，为天下所注目，吸引了许多有识之士前来求学。经自古运河，白云庄与蕺山双峰并峙、交相辉映，创立了博学多闻、经世致用的浙东学派，凝聚起浙东人文精神的思想高地。

如今，绍兴文理学院承担着一个重要的使命。从 2015 年开始精心编撰出版一套大型绍兴社科智库丛书《绍兴历史文化精品丛书》（10 本），以推动绍兴灿烂历史文化遗产的不断挖掘和传承，既为我国当代精神文明建设提供更多历史智慧，又用深厚的越文化资源支撑绍兴新一轮大城市建设和"十三五"期间绍兴经济社会的更好发展。在 2017 年又公开面向全国组织 15 项王阳明学术研究课题招标，开创了统领与整合全国阳明文化学术的崭新局面。我们有充分的理由相信，一定能够早日实现使得绍兴回归传统学术文化重镇的地位，"浙东学派"的历史传统与文化学术必将在绍兴的故土上得以全面复兴。

鲁迅与大运河

何信恩

（绍兴市乡土文化研究会）

摘要： 地理空间是文学发生的重要场域，而江河是最富诗意与灵性的地理空间。江河水滨不仅是众多文学家的栖居之地，孕育、留驻了他们生命成长中的黄金岁月，更是他们在四处离散、寓居现代都市中带着一种失落的乡愁冲动的怀念之地。故乡的江河往往会成为文学创作的精神原乡。鲁迅先生在家乡绍兴近 20 年，具有丰富的水路空间体验，而运河也成为其笔下一道独特的景观。

鲁迅在世 56 年，有近 20 年时间在绍兴度过，其足迹遍及稽山镜水，越地江河纵横，湖泊密布，素有"水乡泽国"之称。早在春秋时期，这一带就是"西则迫江，东则薄海，水属苍天，下不知所止"（《越绝书》）。随着地理环境的不断变迁，这里逐步形成了曹娥江水系、浦阳江水系和三江水系航道，加上浙东运河贯通而过，水网交织，河道遍布。在这样的地理环境中，江河行船成为主要的交通方式，以船为车，以楫为马。少年鲁迅常常乘船往返于城乡之间，比如随母亲到安桥头外婆家消夏，与小伙伴到赵庄去看社戏，到东关去看五猖会，到郊外去扫墓，到皇甫庄、小皋埠探亲寄居等。

鲁迅外婆家安桥头在绍兴城东北 30 华里，是一个离曹娥江不远的偏僻小村。当时全村仅百十来户人家，大都姓鲁。正如鲁迅所说："都种田，打鱼，只有一家很小的杂货店。……他们也百分之九十九不识字。"唯有鲁迅的外祖父鲁希曾（号晴轩）是全村最有身份的人。他系清咸丰年间的举人，当过户部主事，后因病告假回家。一条东西向小河横贯安桥头村，外婆家是村里数一数二的书香门第，因其建筑面北，故称朝北台门。台门临河，右侧有一石砌的通宁桥。自从外祖父鲁晴轩中举以后，嫌安桥头住所太狭窄，便迁居皇甫庄。此处，四面环水，村内港叉纵横，河湖碧波粼粼，渔船如梭，是典型的平原水乡。村民除从事农业以外，还兼以捕鱼虾为业。当地有

"皇甫庄,大地方,九溇五祠堂,要吃鲜鱼、鲜虾,小库、皇甫庄,要吃老酒,直落后离江"之说。鲁迅儿时常随母亲到皇甫庄去拜年、扫墓及消夏等。

皇甫庄东面有一个很大的湖,名贺家池,湖面开阔,相传有五华里直径,周围数十里,为绍兴八大湖之一。贺家池西岸与皇甫庄隔河相望,有一飞檐高耸的古建筑,这就是远近闻名的包殿。每年农历六月十六包拯生日那天,人们就在这里搭河台演社戏,祈求村民平安,六畜兴旺,五谷丰登。过去绍兴的庙宇内,或建有戏台,或临时搭台。水乡的寺庙,多数临河而建,搭台时半个在水面,半个在岸上,故称河台。每次演社戏,至少二三天,远近的观众或坐船或步行,汇聚包殿观看一年一度的社戏。有时还在贺家池赛龙舟,热闹的场面可想而知,每逢包殿演戏,少年鲁迅和母亲常被邀请去观赏。

旗杆台面南面百米处,有一个火烧场。传说当年清朝官兵在这里杀害了一批被俘的太平军将士,皇甫庄村民为了慰藉死难者的亡灵,常在这里演"大戏"和"目连戏"。目连戏本是一出宣扬生死轮回、因果报应的"劝善戏",后来变成消灾祈安的"太平戏"。鲁迅曾说:"凡做戏,总带着一点社戏性,供着神位,是看戏的主体。人们去看,不过叨光,但'大戏'或'目连戏'所邀请的看客,范围可较广了,自然请神,而又请鬼,尤其是横死的怨鬼"(《且介亭杂文末编·女吊》)。少年鲁迅也曾冒着被父母发觉后有挨打骂的风险,与皇甫庄的农民子弟一起扮演过这种鬼卒。"目连戏"与"社戏"有一个区别,它原先一演总是要好几天,但后来也不一定了,通常是从太阳即将下山开演到次日太阳出山为止,绍兴人俗称"两头红",以示吉祥之意。

大运河文化是小桥流水,古道西风的乡土文化,在家乡绍兴的运河里"远哉遥遥"看的"社戏",更是让鲁迅感念一生:"真的,一直到现在,我实在再没有吃到那夜似的好豆,也不再看到那夜似的好戏了。"(《社戏》)

鲁迅和二弟周作人在皇甫庄避难半年之后,即1893年底由于外婆的住房典期已满,房东范姓要赎回去,两个舅舅只得各奔东西。小舅父跟着外婆回到安桥头朝北台门老宅,大舅父迁居到离皇甫庄不远,位于绍兴城东10公里的小皋埠。传说"皋显子八人,又继子一,居高平。父子有德于乡,卒后乡人思之,各祀其一,大皋埠、小皋埠、唐家衖、漫池、上下蒋、东西堡、郦家埭、临浦等处皆祀之。小皋埠皋王祠,相传祀老皋王之少子,故呼其地名曰'小皋埠'"。(《绍兴县志资料》第一辑)

小皋埠旧属绍兴府会稽县,也是一个典型的水乡村镇,四面环水,村中港河交叉。因村子很大,故当地人有"小皋埠不小,大皋埠不大"之说。村民大多以种田为主,少数兼以捕捞业。

鲁迅昆仲寄居的小皋埠当台门,是一座胡、秦两家合住的宅院。其中秦家有大量藏书,使鲁迅获益颇多,在这里鲁迅第一次看到石印的《红楼梦》,精美的插图,引人的序目，使他如获至宝，爱不释手。在当台门，少年鲁迅还阅读了大量的古典小说，这对他后来整理和编写《古小说钩沉》和《中国小说史略》大有好处。

鲁迅初到小皋埠时，人生地不熟，可是不久就与当地的农家子弟逐渐熟悉。他们也和皇甫庄的小农友一样，常约他一起到野外放风筝、看牛、戏狗、钓虾，陪他去大皋埠看庙会、看龙舟竞渡、看社戏。在这里，鲁迅同样体察到农民生活的艰难困苦，加深了他对下层人民的了解与同情。

此外，鲁迅还到过啸唫（位于绍兴城东北，距城 30 公里，旧属会稽县，现属上虞区）阮家大姨父家，1900 年一月初七，《周作人日记》有"夜大哥开船至啸唫"的记载。

1901 年正月初八，《周作人日记》又有"开船往吴融（位于绍兴城东北 14 公里，现为孙端街道所辖，系鲁迅大姑父家所在地）傍午至。午饭后开舟至寺东社庙看戏"的记载。

鲁迅在绍期间，几乎每年都要到吴融去看望大姑父、大姑母，并趁机看社戏或观潮，此处离曹娥江不远，有一座桑盆殿，殿内供奉的是水神——张神菩萨。每年总要在桑盆殿演戏，举行庙会，鲁迅昆仲和母亲常被邀请去看迎神庙会、社戏或观潮。春节期间，则有拜年活动，1901 年正月，正在南京读书的鲁迅回家度假。初七晚，他同周作人一起坐船到道墟（位于绍兴城东 20 公里，当时属会稽县，现属上虞区，有两条东西和南北向的河流穿镇而过，是当时连接各地的重要水乡商埠，每逢单日为集市日，四邻八乡、十里方圆的农民与小商贩均前往赶集，十分热闹）给章家姑丈贺岁。

离道墟不远的东关（距绍兴府城 70 里，有很多商铺，为会稽县最大的集镇）是鲁迅的小姑父家，镇上建有两座庙，一为梅姑庙，一为五猖庙，规模不小。会稽东关五猖会为八县之冠，极尽奢华，异常热闹。在鲁迅的记忆中，留下了极为深刻的印象。后来，他还专门写了《五猖会》一文，详细记述了这件事。

除此以外，鲁迅还到过生祖母孙氏的娘家——偏门外跨湖桥孙家，附近有一个万年台，逢年过节都要演社戏。继祖母蒋氏的娘家——鲁墟蒋家，这是一个大村庄，有一条南北向的大河穿村而过，把村庄一分为二，故有东鲁墟与西鲁墟之分。村南有一座南北向横跨萧绍运河的三孔石拱桥和二十孔石梁桥组成的大桥，名"泗龙桥"，俗称"廿眼桥"。该桥全长 96.4 米，至今依然是通往邻村的要道。

鲁迅离乡之后，也常在回乡的短暂时间里乘船游览名胜和走亲访友，如 1900 年 1 月，他从南京回绍兴，与章闰水游览风景名胜，到小皋埠拜访舅舅。1910 年 7 月他从杭州回绍时，曾到小皋埠看绍剧，到昌安门看目连戏；在绍兴任职期间，他常与兄弟友人乘舟同游，到曹娥江沥海观潮。1913 年 6 月，他从北京回绍兴，又与三弟周建人等同游兰亭、禹陵等。故乡的江河及沿河村庄都是他后来文学世界的重要地理空间，水路行船经验则被他写进了多种文学作品。

除了在水乡绍兴的江河体验之外，鲁迅多次离乡求学，回乡省亲，北上南下，外出讲学，常常往返在水乡、运河、长江、钱塘江等水路空间。当时从绍兴出发，唯一的路线就是走萧绍水道（即浙东运河西段，又称西兴运河）到萧山西兴，全程约 90 公里。据统计，从 1898 年 2 月鲁迅首次赴杭到 1919 年 12 月举家北上为止，他往返（包括途经）杭绍间如以单程计，共 33 次，均为水路。

当时西兴是钱塘江南岸各市县到杭州的必经之路，人与货都须在这里摆渡过江，钱塘江常有潮汐，风急浪高，充满危险，但鲁迅对此早就习以为常。过江后再坐驳船经内河到杭州拱宸桥，再乘船到上海。1895 年杭州开埠后，沪杭之间的水路交通十分便利，这为鲁迅的求学之路提供了保证。家乡混浊的河水把鲁迅送到上海，然后他又乘船沿着长江逆流而上到达南京下关。1902 年 3 月，鲁迅乘日本"大贞丸"轮船从南京出发，顺长江经上海走出国门，到达日本横滨，开启了他的风云人生。鲁迅 4 次赴日留学及探亲的往返路程，即绍兴—杭州—上海—日本，走的全都是水路。1912 年 5 月鲁迅赴北京任职，此后的回乡探亲及迁居的路程有了明显变化。北上通常是乘船到上海，经海路到天津，再坐京奉列车（1912 年元旦全线通车），南下通常是从北京乘京奉列车到天津，再乘津浦线火车（津浦铁路 1912 年全线通车）到南京，渡长江，乘沪宁路火车到上海，从沪杭车站（1909 年上海南站到杭州闸口全线投入营运）乘沪杭路车到杭州南星桥，渡钱塘江，再坐船到绍兴。

从故乡到远游，鲁迅毕生的江河体验十分丰富。他不但熟悉水乡及运河上的各种船只，也熟悉行走在运河上的船夫与纤夫等形形色色的人物，看惯了水上的江湖世界。江河体验促成了鲁迅丰富的文学世界的建构，其笔下的很多人物、故事、诗意、梦境、理想、批判等都在江河体验中一一表达。

在鲁迅的文学地理版图上，绍兴无疑是最重要的文化地理空间。从 1920 年 9 月在《新青年》第八卷第一号发表《风波》这篇以河流及周边为主要地理空间的小说以后，小说集《呐喊》《彷徨》，散文集《朝花夕拾》中的很多篇目都是以绍兴水乡作为地理空间原型而建构的，如鲁镇、未庄、赵庄、平桥村等。其中《风波》（1920）、《故乡》（1921）、《阿Q正传》（1921）、《社戏》（1922）、《离婚》（1925）等一系列作品都是在河流场域中展开的，是典型的河流文学文本。因此，鲁迅不仅是现代乡土文学的奠基人，也是现代河流文学的开拓者。

现代学人中，鲁迅对扬州运河有着很深的眷念情结，可贵者不是对历史的复说，而是正本清源，以古鉴今，字里行间的点评虽只是片言只语，然笔锋犀利，切中肯綮。如《汉文学史纲要》中对吴王刘濞的评价，对他的善于理政，尤其是用人方面，评说极为精彩，尤其是对那位历来褒贬不一的大运河开启者隋炀帝的评价，更为中肯，对野史和民间传说中对隋炀帝的诸般抹黑，鲁迅认为其叙述颇凌乱，多失实，不足为信，从而把自隋至明有关隋炀帝的小说与真实的历史一一撇清，还一代帝王以本来面目。

鲁迅的大运河情结还体现在他到北京工作以后，曾专门去考察过大运河的始发地万宁桥的遗址。在今地安门北鼓楼南有一座石桥叫万宁桥，民间俗称后门桥，位于积水潭漕运终点的出口处，桥下有水闸，通过提闸放水、止水，以保证南来粮船进入码头停泊。

一部绍兴史，半部运河史。包括大运河在内的江河体验生活潜移默化地渗透在文学巨匠鲁迅的记忆中，很自然地融入他的文学表达中，在他的文艺观中，常常有一种江河一样奔腾不息的流动感。他以江河思维看世界、看历史，借古讽今，发思古之幽情。让我们以他 1931 年 6 月 14 日写的两首无题诗作为本文的结束：

其　一

大江日夜向东流，聚义群雄又远游。

六代绮罗成旧梦，石头城上月如钩。

其　二

雨化台边埋断戟，莫愁湖里余微波。

所思美人不可见，归忆江天发浩歌。

鲁迅先生的禹陵情结

柳哲霖

（绍兴市文化旅游集团）

摘要： 鲁迅先生自小深受故乡大禹文化的影响，这在他后来的文章中直接或间接地表现都十分明显。今年恰逢鲁迅先生诞辰一百四十周年，梳理一下他的禹陵情结，对于厘清他一直在传承与弘扬大禹精神的源头大有裨益。

绍兴历史悠久，名胜众多，而拔得头筹者当属会稽山下的禹陵、南镇一带。南宋年间的《嘉泰会稽志》如此描绘春季会稽禹庙一带的盛况：

"三月五日，俗传禹生之日。禹庙游人最盛，无贫富贵贱，倾城俱出。士民皆乘画舫，丹垩鲜明，酒樽食具甚盛，宾主列坐，前设歌舞。小民尤相矜尚，虽非富饶亦终岁储蓄，以为下湖之行：下湖，盖乡语也。"[①]

每至春季，不论是绍兴城里的阔绰官绅，还是乡下的穷苦百姓，都倾城而出来到庙下，逛庙会、祭南镇、登炉峰，好一派繁荣景象。"凡在春天往登会稽山高峰即香炉峰，往祭会稽山神即南镇的人，无不在庙下登岸，顺便一游禹庙，其特地前去者更不必说。"[②] 这一越地风俗不仅早在南宋之前便已形成，而且一直流传至民国时期。越地流传着这样的风俗，庙下对于住在绍兴城内的周氏家族自然也是一处祈福、游览胜地。年幼之时埋下的种子，或多或少影响了此后鲁迅先生的禹陵情结。

清宣统二年（1910），鲁迅先生回到故乡出任绍兴府中学堂监学兼博物教员。学堂除了教学活动，还开展其余活动。宣统三年（1911）三四月间，鲁迅先生曾与师生们一起到禹陵春游，并留下了一张珍贵的合影。20世纪60年代初，绍兴鲁迅纪念馆原副馆长周芾棠先生根据当年中学堂的学生宋崇厚等先生的回忆，于《在绍兴执教时

---

① 沈作宾修，施宿等纂：《嘉泰会稽志》卷13《节序》，《宋元方志丛刊》，中华书局1990年影印本，第7册，第6950页。

② 钟叔河编订：《周作人散文全集》第8卷，广西师范大学出版社2009年版，第372页。

的鲁迅先生》一文中整理还原了当时的场景：

> 那时绍兴环城是有城墙的，他们从宽宏高大的稽山门出去，沿着筑在水中央的石塘板路向前行进，队伍前头吹着嘹亮的洋号，敲着悦耳的洋鼓，大家一边走，一边还哼唱着歌曲。
>
> ……师生们在禹王庙游憩了一会，就到百步金阶一档档排列起来，照了一张十二时的集体像片，鲁迅先生穿着长袍立在上排的靠右边角上，军乐队员手里仍拿着洋鼓和洋号。①

如今，当年的这张照片在解放之后由鲁迅先生的学生张之棠先生捐赠给了绍兴鲁迅纪念馆，为后人保留下了鲁迅先生在大禹陵的珍贵合影。

同年三月十八，"出稽山门可六七里，至于禹祠。老薜缘墙，败槁布地，二三农人坐阶石上。折而右，为会稽山足。行里许，转左，达一小山。"②鲁迅先生此行禹陵主要是来会稽山采集植物标本的，不能确知有没有进禹陵参观。此外，与师生春游一行孰先孰后也不可确知。

民国元年（1912），鲁迅先生在《〈越铎〉出世辞》中称："其民复存大禹卓苦勤劳之风，同勾践坚确慷慨之志，力作治生，绰然足以自理。"③流露出他对大禹卓苦勤劳之风的敬佩赞叹之情。

民国二年（1913）六月二十四，鲁迅先生自北京回到故乡。二十六，"晨同三弟至大路浙东旅馆，偕伍仲文乘舟游兰亭，又游禹陵。"④回乡两天后，鲁迅先生便偕同亲友游历禹陵等名胜，足见在其心目中的地位。

民国四年（1915）九月二十一，"下午得二弟信，十七日发。又《符牌图录》一册，《往生碑》拓本四枚，共一包，同日寄。"⑤鲁迅先生收到二弟周作人先生寄去的禹寺《往生碑》拓片四张。九月三十，鲁迅先生便送了一张《往生碑》拓片给张阆声。⑥十二月初七，"午后由师曾持去《往生碑》拓本一枚与梁君。"⑦又送了一张给梁友人。

民国六年（1917）四月二十九，"午后往留黎厂德古斋，得《熹平元年黄肠石题

① 周芾棠：《乡土忆录——鲁迅亲友忆鲁迅》，陕西人民出版社1983年版，第167页。
② 《鲁迅全集》第5卷，光明日报出版社2015年版，第1148页。
③ 《鲁迅全集》第5卷，光明日报出版社2015年版，第1147页。
④ 《鲁迅全集》第15卷，人民文学出版社2005年版，第69页。
⑤ 《鲁迅全集》第15卷，人民文学出版社2005年版，第188页。
⑥ 《鲁迅全集》第15卷，人民文学出版社2005年版，第189页。
⑦ 《鲁迅全集》第15卷，人民文学出版社2005年版，第198页。

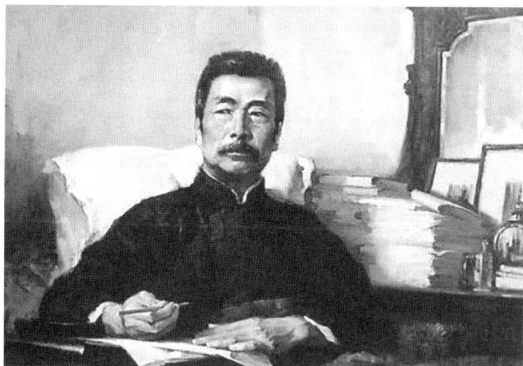

图 1　鲁　迅

图 2　绍兴大禹陵窆石亭

字》一枚、《皇女残石》一枚、《高建墓志》《建妻王氏墓志》《高百年墓志》《百年妻斛律氏墓志》各一枚，价六元五角，以大吉刻石、窆石残字等易取之。"① 鲁迅先生以禹陵窆石拓片等以物换物。这既表明当时窆石拓片的价值所在，也意味着他有多份。

鲁迅先生对于禹陵的崇敬之情不仅限于夏禹王，还在于乡邦深厚的金石文化。他对故乡金石的关注及其深厚的考证功底是与越地浓厚的学术风气及相关金石学者分不开的。越地素可称为金石之邦，如著名的禹陵窆石、会稽刻石、三老碑、建初买地刻石等。鲁迅先生对此都作过研究，但考证文字流传下来的并不多，三篇代表性的考证文章都与故乡石刻有关，其一便是作于民国 6 年（1917）的《会稽禹庙窆石考》。

鲁迅先生曾对窆石小篆的刻辞进行了辨认、研究，在前人的基础上，共辨认出十一字又半字。第一行"甘□□□□□王石"，第二行"□乾夕并□天文晦彳"，第三行"□□言真□□黄□□"。②

同时，鲁迅先生还对窆石上龙朝夫的题诗及序作了详细的辨释，共得七十六字。"□□□□□九月□一日从事郎□□□□□□□□□□□□□□龙朝夫因被命□□□□瞻拜禹陵□此诗以纪盛□云　沐雨栉风无暇日　胼胝还见圣功劳　古柏参天□元气　梅梁赴海作波涛　至今遗迹衣冠在　长□空山魑魅号　欲觅□陵寻窆石　山僧为我剪蓬蒿。"③鲁迅比前人多识三字（"一""龙""瞻"），辨异十字（"夫""因""沐""雨""古""柏""赴""空""鬼""号"）。④

民国 7 年（1918）十月二十一，"午后往留黎厂敦古谊帖店买定造象二种八枚，券五元；卖与禹陵窆石拓本一枚，作券二元，添付券三元讫。"⑤他将一张窆石拓片卖

---

① 《鲁迅全集》第 15 卷，人民文学出版社 2005 年版，第 282—283 页。

② 《鲁迅全集》第 8 卷，人民文学出版社 2005 年版，第 65 页。

③ 《鲁迅全集》第 8 卷，人民文学出版社 2005 年版，第 65—66 页。

④ 徐斯年：《读鲁迅〈会稽禹庙窆石考〉》，《辽宁师院学报》1979 年第 2 期。

⑤ 《鲁迅全集》第 15 卷，人民文学出版社 2005 年版，第 343 页。

了二元，再次以物换物。

民国 23 年（1934）四月十三，鲁迅先生在致母亲的信中说道："害马多年想看南镇及禹陵，今年亦因香市时适值天冷且雨，竟不能去。"[1]（"害马"为对许广平先生的昵称）许广平先生作为外省人，多年来竟一直向往到会稽山下的南镇及禹陵游历，除了书中所知，仍归因于鲁迅先生时常提及甚至推荐之故。然天不遂人愿，此行终究没能实现。

民国 24 年（1935）十一月，离鲁迅先生去世已不到一年，他倾注心力完成了历史小说《理水》，热情地歌颂了上古治水英雄大禹。

文中对大禹的着墨虽然不多，却是他由衷赞美的人物。

《理水》将大禹置于"汤汤洪水方割，浩浩怀山襄陵"的险恶自然环境和其父鲧九年治水无效、充军羽山的危急情势下，主要从三个方面刻画了他以自苦实干为核心的性格特征和为民请命、赴汤蹈火在所不辞的高尚品德。一是大智大勇的精神。他深入实地走访调查，总结历年来治水失败的教训，毅然推翻其父鲧"湮的成法"，确立以"导"治水的新方法，锐意革新，不怕保守势力的攻击和恫吓。二是脚踏实地、埋头苦干、拼命硬干的精神。他栉风沐雨，跋山涉水，身先士卒，率领随员考察水情、疏导江河，引洪流入海，始终奋斗在治水第一线，"每日孳孳"，毫无倦息。三是公而忘私的品格。为了拯救灾难中的民众，他置个人私利而不顾，"讨过老婆，四天就走""生了阿启，也不当他儿子看"，倾全身心力治水救灾，以致数过家门而不入。在塑造大禹形象时，鲁迅先生擅长采用凝练传神的白描，捕捉住一系列富于艺术表现力的细节，写他破旧的衣衫、黑瘦的面目、粗手粗脚、"满脚底都是栗子一般的老茧"，以及他简短有力的语言，突出了人物的朴素、沉着、坚定、务实和远见卓识。这与传说中的大禹形象相比，文中的大禹形象既忠实于历史人物的基本面貌，又摒弃了古人附着在人物身上的荒诞迷信色彩。他是脚踏实地为百姓谋福利的领袖和英雄，而不是高居在众人之上的神灵。大禹形象的塑造，体现了鲁迅先生在 20 世纪 30 年代中国内忧外患、灾难频仍的严峻情势下对弘扬民族优秀文化精神、增强民族自信心的高度重视和有力呐喊。

在述说鲁迅先生禹陵情结的同时，还有一个人是不可忽略的，那就是他的二弟周作人先生。年少时的周作人先生便时常到禹庙游玩，光绪二十六年（1900）二月十三游历禹庙、南镇。光绪二十七年（1901）二月初五，"晨仝伟和出稽山门，行至禹王庙，少憩。又至天南第一镇，即由径上山。山甚高，岭如螺旋，四五千级。将至顶，有两石并立，下剩穴可容一人出入。至顶有庙，则炉峰之观音殿也。少顷下山，至南

---

[1] 《鲁迅全集》第 13 卷，人民文学出版社 2005 年版，第 77 页。

镇少坐，即至禹庙，观岣嵝碑。又至两庑，观各朝告祭碑。由小门入，上百步堦瞻禹像，高可一丈，宇甚高，鸣其上，吱吱不歇。即出，又由外殿之右门入，见有一亭，刻'大禹陵'三字，左侧蓬蒿间有一碣，刻'禹穴'二字，系康熙中会稽皆霖所书也。又有一院立碣，书'斋台'二字，未知何义。又登窆石亭，石上犹有'皇庆元年'题字，名字则漫漶，不可考矣。亭畔有二碑，下有赑屃负之。又至外殿观纯庙御碑……又至禹穴各处一游……"① 作为十六七岁的少年，周作人先生在游历禹庙时的着眼点集中于窆石题刻和不同年代的碑文。这既表明他已经开始孕育对金石的情感，也为他今后研究乡邦的金石文化，与鲁迅先生在金石方面的交流作了铺垫。

至民国 4 年（1915），周作人先生开始大量收集碑帖、造像、墓志、古砖等，并在《绍兴教育杂志》上发表了诸多关于乡邦金石的文章，其中就包括《禹陵窆石题字》《禹寺往生碑》两篇。《禹陵窆石题字》仅简单叙及了前人的记载，认为此石类似天玺刻石，为三国时期孙皓所刻。

与此同时，一南一北的兄弟二人以金石为纽带互寄拓片和书籍，也可视作越地金石史上的一段佳话。民国 6 年（1917）三月初四，"上午同乔风及鹤招乘小舟至庙下，往游南镇，循径至炉峰下第一茶亭而返。至禹庙量窆石题字。"② 之后他绘制了一张《窆石题字距离略图》寄给大哥。鲁迅先生正是在此基础上写下了《会稽禹庙窆石考》一文，在释读文字及判定行款方面较周作人先生更进一步。

纵观鲁迅先生的禹陵情结，主要有两种：其一是对"民族脊梁"式的夏禹王任劳任怨、一心为民的可贵精神的崇敬情结。在鲁迅先生的后半生，因经历了各种不安宁的岁月，便将这种一生为民的精神升华为了民族精神，有着十分强烈的时代意义。这在《理水》一文中体现得淋漓尽致。其二便是金石情结。禹陵历史悠久，以窆石为代表的金石有着重要的历史意义和文化价值。尽管他留下的研究文字并不多，但不能否认的是，这段经历对于今后他在金石方面的造诣起到的积极作用。

斯人已逝，窆石如故。缵禹之绪不可衰，金石之风不可靡！

---

① 《周作人日记》上册，大象出版社 1996 年影印本，第 202—204 页。

② 《周作人日记》上册，大象出版社 1996 年影印本，第 657 页。

鉴湖女侠：舍身救民是圣贤　好吟词赋作书痴

娄国忠

（绍兴柯桥传媒集团）

摘要： 绍兴是"有骨的江南"（木心语），除了老天爷给的江南文气，还有会稽山样的铁骨英风。"鉴湖女侠"秋瑾是这种内外兼修、文武兼备的绍兴人的杰出代表。一方面，她以舍我其谁的担当和敢洒热血的豪迈，义无反顾投身妇女解放和民族振兴，是不屈的斗士；另一方面，她又以出口成章的才气和慷慨激昂的情怀，满腔热血抒写诗词华章和战斗檄文，是爱国的诗人。今年是秋瑾诞辰 145 周年、就义 115 周年，本文依据《秋瑾研究资料》和《秋瑾集》等史料，分三个章节、从两个方面缅怀先烈，前两个章节追述其革命经历，后一个章节叙述其文学成就，资料翔实，论述有据，秋女侠之侠骨丹心，洋溢其中。

莫道女子非俊杰，精忠报国有红颜。在中国民主革命的历史长河中涌现出许多忠肝义胆、傲视须眉的巾帼英雄，她们大胆地挣脱封建牢笼的束缚，义无反顾地投身于妇女解放和民族解放的洪流中，披肝沥胆，视死如归，用满腔热血抒写出一篇篇可歌可泣的生命华章，备受后人景仰。"鉴湖女侠"秋瑾就是这样一位具有铁骨英风、壮志豪情的革命女杰，她是中国旧民主主义革命的急先锋，是中国近代妇女解放运动的领路人，伟大的爱国者和革命诗人。

仕宦名门女　联众拯危国

秋瑾，原名秋闺瑾，小名玉姑，字璇卿，号鉴湖女侠；留日时改名为瑾，字竞雄，又曾署名汉侠女儿，浙江山阴县福全街道（今属绍兴市柯桥区）人。祖父秋嘉禾，曾任福建厦门、漳州一带地方知县，廉洁奉公，治绩斐然，被民众爱称为"秋老大"，当地人还为他树立了一块"功德碑"。父亲秋寿南，曾在福建、湖南等地为官，勤政爱民，两袖清风。慈母单氏，出生望族，知书达理，长于文学。1877 年农历十月十一日（清光绪三年丁丑）①，秋瑾诞生于福建省闽县，排行老二，上有长兄秋誉章，下有三妹秋珵和幼弟秋宗章（庶母出）。

秋瑾天资聪慧，读书过目成诵，偶作小诗，清丽可喜。她饱读经史，深明大义，娴于辞令，诗文俱佳。她喜好剑侠传奇，仰慕朱家、郭解等侠客为人，钦佩花木兰、秦良玉等巾帼英雄。再加上她自幼生活在列强侵略中国，民族灾难深重的动荡时期，心中的反抗意识特别强烈。因此，秋瑾虽为名门闺秀，却不安于深闺之中，没有贵族千金之娇气。她舍女红，亲刀剑，习骑马，善饮酒，英姿飒爽，活脱脱一副须眉的样子。1896年，她为遵父命而嫁给湖南富绅之子王廷钧，生有一子一女，子名沅德，

图 1 秋 瑾

女名灿芝。不过，秋瑾为人端庄耿直、热情豪放，同王廷钧的纨绔子弟习性格格不入，因此常有玉凤错入鸦巢之叹，曾作诗云："知己不逢归俗子，终身常咽深闺中。"②

1903年，王廷钧捐官任户部主事，秋瑾也随之入京居住。在那里，秋瑾目睹了帝国主义侵略中国的暴行和满清政府的腐败无能，义愤填膺，认识到"人生处世，当匡济艰危，以吐抱负，宁能米盐琐屑终其身乎？"③ 这时，她还结识了具有新思想的吴芝瑛、陶荻子等女士，她们志同道合，相见恨晚，情同姐妹。尤其是吴芝瑛女士，她出身名门，贤淑稳重，思想开明，对秋瑾极富关切之心。后来，两人义结金兰，成为知音。她还通过阅读各种进步书报，开拓了自己的眼界，思想渐趋激进。与此同时，由于家庭矛盾的不断爆发，秋瑾越来越看不惯王廷钧的所作所为，痛斥道："子芳之人，行为禽兽之不若，人之无良，莫此为甚！……况在彼家相待之情形，直奴仆不如！"④ 这种不幸的婚姻及由此所遭受的摧残及痛苦，也是促成秋瑾逃离封建家庭，毅然投身于妇女解放和民族解放运动的因素之一（图1）。

当时，她心中设想的救国路线主要有两条："（一）联合同志，实行革命，以推翻满清专制政府；（二）实行男女平权，唤醒二万万女同胞，共同奋斗。"⑤ 基于国内的混乱局势，她全盘考虑后，决定当务之急是先去日本联络一些革命同志。对此，王廷

---

① 郭延礼：《秋瑾年谱简编》，载郭延礼编《秋瑾研究资料》，山东教育出版社1987年版，第9页。
② 秋瑾：《精卫石》，《秋瑾集》，上海古籍出版社1979年版，第151页。
③ 徐自华：《鉴湖女侠秋瑾墓表》，载《秋瑾研究资料》，第559页。
④ 秋瑾：《致秋誉章书》其三，《秋瑾集》，第35页。
⑤ 王时泽：《秋女烈士瑾略传》，载《秋瑾研究资料》，第88页。

钧多方阻挠，甚至还盗窃她私藏的首饰来实行经济封锁。虽然困难重重，但秋瑾矢志不移，最后还是勇敢地与封建家庭决裂。临行前，她为了资助素不相识的戊戌党人王照出狱而使自己学费告绌，多方向亲友筹措后，才得以成行。

1904年夏，秋瑾东渡日本，途中面对广阔无边的浩瀚东海，心中诗兴大发，作歌抒发了自己的豪情壮志，其中提到"其奈势力孤，群材不为助！因之泛东海，冀得壮士辅。"[1]这一方面表现了秋瑾作为资产阶级革命家的认识局限性，另一方面也说明了秋瑾留日的目的。她子身一人到达日本后，先入日语讲习所补习日语，后到青山实践女校学习。

其间，她积极参加留日学生的各种革命活动，同陈撷芬一起发起共爱会，和刘道一、王时泽等同志组织十人会，还加入旨在"推翻满清，恢复中华"的"三合会"，被选为"白纸扇"（即军师）。[2]为了光复中国，她觉得首先要向大众普及民主革命思想，从而来唤醒沉睡的愚民。于是她创办《白话报》，发表《致告中国二万万女同胞》《警告我同胞》等发人深省的革命文章，宣传反清革命，提倡男女平权。秋瑾有很好的演说才能，曾同留日学生组织"演说练习会"，并多次公开演说，倡导"天下兴亡，匹夫有责"，激励留日学生要为民族解放和祖国独立奋斗不懈，情意恳切，鼓舞人心。

1905年春，秋瑾首次回国探亲。她先到上海爱国女校拜访蔡元培，所谈甚欢。接着再回绍兴探望母亲，并结识徐锡麟，与他成为共谋大业的战友。后来，还经徐介绍，加入蔡元培任会长的光复会。7月，乘船返日求学。8月，中国同盟会在东京成立，选举孙中山为总理，这是中国第一个统一的资产阶级革命政党，提出了比较完整的资产阶级革命纲领。秋瑾加入同盟会，并被推选为浙江分会主盟人和评议部评议员。

此外，秋瑾还热心帮助一些女同胞争取独立自主的权利，反对包办婚姻。如，她在浙江留日学生中组织募捐，目的是为陈范二妾湘芬和信芳资助学费，帮助她们脱离丈夫的控制，重获自由。她还坚决反对陈范将其女儿陈撷芬嫁与商人为妾，并动员大家一起鼓励陈撷芬反抗父命，迫使陈范妥协。11月，面对中国留日学生不断举行的爱国运动，清政府惶恐不安，于是同日本当局勾结，决定要取缔这种行动。接着，日本文部省就颁布《取缔清韩留日学生规则》，限制中国留日学生的集会结社和言论通信等自由。这使留学生们非常气愤，他们纷纷进行罢课来抗议这种无理条文。陈天华还用跳海自杀的方式来告诫生者要以国事为重，不可忍辱就学，应立即退学归国，再从长计议。这让秋瑾深受震撼，她觉得应该谨遵陈的遗志，回国另谋出路。

① 秋瑾：《失题》，《秋瑾集》，第85页。
② 郭延礼：《秋瑾年谱简编》，载《秋瑾研究资料》，第28—29页。

一心挽乾坤　慷慨成英烈

1905 年底，秋瑾离日抵沪，写信给王时泽，云："吾归国后，亦当尽力筹划，以期光复旧物，与君等相见于中原。成败虽未可知，然苟留此未死之余生，则吾志不敢一日息也。吾自庚子以来，已置吾生命于不顾，即不获成功而死，亦吾所不悔也。且光复之事，不可一日缓，而男子之死于谋光复者，则自唐才常以后，若沈荩、史坚如、吴樾诸君子，不乏其人，而女子则无闻焉，亦吾女界之羞也。愿与诸君交勉之。"① 字里行间流露出她拳拳的爱国之心，决定要把自己的生命贡献给祖国的光复大业，争做女界为国捐躯之第一人。这年她开始写弹词《精卫石》，署名汉侠女儿，把自己的理想寄托在主人公黄菊瑞身上，主要展现了她争取男女平等和投身民族解放的革命历程，因此带有一定的自传性质。

1906 年 3 月，秋瑾任教于湖州浔溪女校，结识校长徐自华，成为知己。初夏，她到上海创建中国公学，安置留日回国的学生。她还联络陈伯平、敖嘉熊、吕熊祥等革命同志一起进行革命活动。初冬，秋瑾在上海筹创《中国女报》，鼓舞二万万女同胞走出深闺，致力于民主革命。后来，徐锡麟赴安徽候补道员，秋瑾担负起领导浙江光复会的重任。她往来沪杭间，运动军学界，大力发展光复会会员，壮大革命队伍。她还秘密联络诸暨、义乌、金华、兰溪等地会党，策划响应萍浏醴起义，后因起义失败而未能奏效。

1907 年正月，秋瑾接替徐锡麟主持大通学堂校务。她增设体育会，非常注重对学生的军事训练，并把该校作为革命活动的秘密场所，筹划武装起义。秋瑾多次赴内地运动会党，跟王金发、竺绍康、徐顺达等人交往密切，共同商讨军机要事。为了加强对浙江会党的领导，她决定编制光复军，着手拟定"光复军制"，把干部分成十六级，各自佩戴金指约，以金指约上铸有的文字为代号，这些文字连起来是首七绝："黄河源溯浙江潮，卫我中华汉族豪；莫使满胡留片甲，轩辕神胄是天骄。"她推选徐锡麟为首领，自己为协领。接着，秋瑾又把各洪门部下编为八军，用"光复汉族，大振国权"八字分别作各军表记。②

人事编排就绪后，她同各军干部约定起义计划：7 月 6 日（后改为 19 日）先由金华府起兵，处州府响应，会合绍兴光复军共同袭取杭州；假如此举受阻，那么起义军立即退回绍兴，到安庆同徐锡麟的部队会合，两军合力夺取南京。另外，秋瑾还着手起草了两个重要文件：《普告同胞檄稿》和《光复军起义檄稿》，做好革命前的宣传动员工作。为了商筹军饷，她来到徐自华家，徐倾囊相助，瑾感动万分，取下随身佩

---

① 王时泽：《秋女烈士瑾略传》，载《秋瑾研究资料》，第 89 页。

② 郭延礼：《秋瑾年谱简编》，载《秋瑾研究资料》，第 46—47 页。

戴的一对翠钏留给徐作纪念，并嘱托她，如己遭不测，请埋骨于西泠。

虽然起义计划甚为周密，但还是在筹备中走漏了风声，被一些清政府的官员察觉。随后，武义、金华等地相继发生党案，一些革命党人殉难。在浙江形势日趋危急之下，徐锡麟首先采取行动，在安庆枪击安徽巡抚恩铭，宣布起义。但由于敌我力量悬殊，安庆起义失败，徐锡麟英勇牺牲。这令清廷大为震惊，他们立刻加强戒备，要求各地官员全力扫清革命党。劣绅胡道南为报复秋瑾而趁机向绍兴知府贵福告密："大通体育会女教员革命党秋瑾及吕凤樵（即吕熊祥，字逢樵）、竺绍康等，谋于六月初十日起事。……羽党万人，近已往嵊县纠约来郡，请预防。"[1] 贵福和浙江巡抚张曾扬立即采取应对措施，在浙江巨绅汤寿潜的怂恿下，决定把秋瑾除掉。

图 2　秋瑾烈士纪念碑

11 日，张曾扬秘密派遣新军连夜围剿大通学堂，秋瑾知晓后，马上指挥大通师生掩藏武器，烧掉名册，遣散学生，妥善处理一些革命文件及书籍。13 日，清兵抵达绍兴，秋瑾危在旦夕，众人多次劝她隐避，但她早已抱必死之心，坚决不允，仍留在学堂忙着疏散学生，再加上叛徒蒋继云的不断纠缠，清军包围了学堂，逮捕了秋瑾、程毅、徐颂扬、蒋继云等人。14 日，贵福命李钟岳审问秋瑾，秋瑾只书"秋雨秋风愁煞人"[2] 七字后就闭口不言。贵福又改派他的幕友严审秋瑾，逼其招供。秋瑾咬紧牙关，忍受严刑拷打，绝不招供，表现了革命英雄的铮铮铁骨和凛然大义。最后，贵福们只好伪造供词，强捺指印而草草结案。15 日（农历六月初六），贵福让李钟岳监斩秋瑾，行刑前，秋瑾向李氏提出三条要求：一、准其写家书诀别；二、临刑不得脱去衣服；三、不能以首级示众。李同意其提出的后面两条，秋瑾于是英勇就义在绍兴古轩亭口，实践了其要为民主革命献身的誓言（图 2）。

秋瑾牺牲后，家人害怕受其牵连而四处避难，只好由吴芝瑛、徐自华等友人把她安葬在杭州西泠桥畔。后又屡次迁移墓地，直到辛亥革命后才重新移葬到西泠。后来，孙中山先生祭秋瑾墓时，撰挽联云："江户矢丹忱，重君首赞同盟会；轩亭洒碧

---

① 郭延礼：《秋瑾年谱简编》，载《秋瑾研究资料》，第 50 页。
② 秋瑾：《绝命词》，《秋瑾集》，第 94 页。

血，愧我今招侠女魂。"① 郭沫若赞誉她"不仅为民族解放运动，并为妇女解放运动，树立了一个先觉者的典型"。②

侠义铸诗魂　丹心照汗青

秋瑾不仅是一位侠肝义胆的革命斗士，也是一位慷慨激昂的革命诗人。她锐志好学，工诗善文，一生创作了大量的诗词，主要收在后人辑录的《秋瑾集》中。这些诗词，豪迈奔放，雄浑深沉，是她用自己的青春热血和革命豪情凝铸而成，闪耀着爱国热情和革命思想的光辉，富有强烈的感染力，读罢令人感慨万千，敬佩不已！

纵观秋瑾的全部作品，发现其诗词的思想内容及艺术风格有所不同。假如以1904年的日本之行作为前后期分界线的话，前期诗词主要以五、七言律诗和绝句来咏物写景，除了抒发自己离愁别恨和思亲之情之外，也表现出自己的人生追求和爱国热情，艺术风格总体显得纤弱低沉。由于受生活环境的限制，此时创作的诗词缺乏社会现实内容，主要是以花草虫鸟为题材。不过，作者托物言志，借景抒情，通过诗词来展现自己追求高洁品质，反抗黑暗世俗和忧心祖国危亡的思想感情，闪烁着高尚的道德情操和人格魅力，不同于一般闺阁千金及贵妇的吟风弄月之作。

在她前期的诗词中，梅、兰、菊等景物屡见不鲜，她通过赞美这些花儿高洁不俗，清雅淡泊、铁骨霜姿的特点来表明自己"喜散奁资夸任侠，好吟词赋作书痴。浊流纵处身原洁，合把前生拟水芝"③ 的理想和追求。她鄙弃当时的黑暗世俗，感叹道："世俗惟趋利，人谁是赏音？若无子期耳，总负伯牙心。"（《咏琴志感》）④ 因此，她厌恶同世俗接近，说道："交游薄俗情都倦，世路辛酸味久谙。"（《偶有所感用鱼玄机步光威裒三女子韵》）⑤ 她反对重男轻女思想，追求男女平权，极力颂扬女性道："莫重男儿薄女儿，平台诗句赐峨眉。吾侪得此添生色，始信英雄亦有雌。……肉食朝臣尽素餐，精忠报国赖红颜。壮哉奇女谈军事，鼎足当年花木兰。"（《题芝龛记八章》）⑥ 通过这些诗句，秋瑾有力地批判了男尊女卑的封建思想，为中国女性扬眉吐气，同时也隐含她精忠报国的思想。

但是，作为封建时代的女性，反抗力量毕竟有限，所以秋瑾也没有逃脱封建包办婚姻的厄运。于是，她把所嫁非人的苦闷也倾吐在自己的诗词中，如"咏絮辞何敏，

① 孙中山：《挽秋女侠联》，载《秋瑾研究资料》，第594页。

② 郭沫若：《〈秋瑾史迹〉序》，载《秋瑾研究资料》，第355页。

③ 郭蓁：《漫云女子不英雄——秋瑾诗词评注》，上海古籍出版社2004年版，第34页。

④ 《秋瑾集》，第70页。

⑤ 《秋瑾集》，第73页。

⑥ 《秋瑾集》，第55页。

清才扫俗气，可怜谢道韫，不嫁鲍参军"。(《谢道韫》)①。不过，面对这种痛苦的婚姻，她并没有自怨自艾而甘于命运，反而奋起抗争，大胆地逃离家庭的牢笼而走上革命的道路。因此，她是平常凡女子，更是刚烈真英杰，虽"身不得，男儿列"，但"心却比，男儿烈"(《满江红》)②。只是苦于知音难寻，未免感叹道："俗子胸襟谁识我？英雄末路当磨折。莽红尘、何处觅知音？青衫湿。"(《满江红》)流露出知音难求的落寞惆怅。

在风雨飘摇的国度里，秋瑾心中救国的意愿非常迫切。特别是1900年"庚子事变"以后，中国完全沦为半封建半殖民地社会，不断遭受帝国主义的宰割。在祖国濒临绝境之下，秋瑾诗词的内容和风格也随之发生变化。她在《杞人忧》③中云："幽燕烽火几时收，闻道中洋战未休。漆室空怀忧国恨，难将巾帼易兜鍪。"从中流露出其忧国忧民但苦于报国无门的愁闷心绪。作于同时期的《感事》④也有异曲同工之妙："儒士思投笔，闺人欲负戈。谁为济时彦？相与挽颓波。"这进一步表现了女士想挽救国家危亡，但又找不到同盟的迷茫状态。

此后，由于不断接受新思想的洗礼，她的爱国之情更加强烈，报国之心更加坚定，投身革命的欲火在心中愈燃愈旺，并最终在她的诗词中喷涌而出。如"走遍天涯知者稀，手持长剑为知己。归来寂寞闭重轩，灯下摩挲认血痕。"(《剑歌》)⑤如"斩尽妖魔百鬼藏，澄清天下本天职。他年成败利钝不计较，但恃铁血主义报祖国。"(《宝剑歌》)⑥这些洋溢着强烈爱国主义激情的诗句，表明秋瑾已经开始从原先的迷惘、忧虑和感伤中超脱出来，决定要拔剑起蓬蒿，铁血拯危国。

1904年，秋瑾为了去日本寻找革命联盟而离京南下时，写下了铿锵昂扬的《宝刀歌》⑦："主人赠我金错刀，我今得此心雄豪。赤铁主义当今日，百万头颅等一毛。沐日浴月百宝光，轻生七尺何昂藏。誓将死里求生路，世界和平赖武装。……上继我祖黄帝赫赫之威名兮，一洗数千数百年国史之奇羞！"该诗预示着秋瑾的民主革命思想已正式形成，她的人生目标更加明确了。因此，后期的诗歌就以献身革命、谋求民族解放和妇女解放为主要内容，形式除了五、七言律诗和绝句外，还增加了篇幅较长的歌行体，艺术风格也变得雄壮高昂，它是作者用自己的血和泪凝铸而成的反帝反封建的爱国篇章。

---

① 《秋瑾集》，第74页。
② 《秋瑾集》，第101页。
③ 《秋瑾集》，第60页。
④ 《秋瑾集》，第77页。
⑤ 《秋瑾集》，第77页。
⑥ 《秋瑾集》，第83页。
⑦ 《秋瑾集》，第82页。

　　5月，秋瑾高呼着"漫云女子非英雄，万里乘风独向东"①（《日人石井君索和即用原韵》）的豪言壮语远渡重洋，来到日本东京。她想起自己坎坷的留学之路，不禁感怀道："日月无光天地昏，沉沉女界有谁援？钗环典质浮沧海，骨肉分离出玉门。放足湔除千载毒，热心唤起百花魂。可怜一幅鲛绡帕，半是血痕半泪痕！"（《有怀》）②为了挽救危局，追求妇女解放，秋瑾典卖首饰，抛家弃子，孤身一人旅居日本，有时也忍不住暗自垂泪。尤其在祖国面临瓜分惨祸，而自己奔走呼告无效，又发现年华易逝时，就不免愁肠满腹。不过，随着革命活动的不断深入，这种救国无术的愁苦情绪也逐渐烟消云散，取而代之的是"金瓯已缺总须补，为国牺牲敢惜身。嗟险阻，叹飘零，关山万里作雄行。休言女子非英物，夜夜龙泉壁上鸣！"（《鹧鸪天》）③表现了作者敢于抗争、不惜牺牲的革命大无畏精神。

　　留日期间，秋瑾逐渐成长为一个坚强不屈、视死如归的民主革命战士，壮志抒怀道："不惜千金买宝刀，貂裘换酒也堪豪。一腔热血勤珍重，洒去犹能化碧涛。"（《对酒》）④表现了她轻视金钱、热衷报国的豪侠气魄。看到祖国土地日益沦丧，秋瑾心中怒不可遏，直抒胸臆道："忍看图画移颜色？肯使江山付劫灰！浊酒不销忧国泪，救时应仗出群才。拼将十万头颅血，须把乾坤力挽回。"（《黄海舟中日人索句并见日俄战争地图》）⑤表现了她誓必推翻清朝政府，抗击帝国主义的革命斗志，即使抛头颅、洒热血，也在所不惜。当得知吴樾为国捐躯后，秋瑾在深切哀悼的同时也写下"卢梭文笔波兰血，拼把头颅换凯歌"（《吊吴烈士樾》）⑥的壮烈誓词，表现了她为赢得革命胜利而不惜杀身成仁的献身精神。面对外国列强借助先进武器而到处横行霸道时，秋瑾呼喊道："红毛红毛尔休骄，尔器诚利吾宁抛。自强在人不在器，区区一刀焉足豪？"（《红毛刀歌》）⑦表现了诗人对革命胜利的坚定信心和不畏艰难的斗争精神。

　　回国后，秋瑾到处联络会党，加紧准备推翻满清的起义行动，她的诗词也成为宣传革命思想的有力号角。为了揭露满清政府残酷剥削和压迫人民的罪恶，号召同胞起来抗争，她慷慨悲歌，声嘶力竭地高唱了一曲《同胞苦》⑧，有惊世骇俗之效，尤其是"愿我同胞振精神，勿勿勿勿再醉眠。我今必必必必兴师，扫荡毒雾见青天。"它既

---

　　① 《秋瑾集》，第 83 页。

　　② 《秋瑾集》，第 87 页。

　　③ 《秋瑾集》，第 112 页。

　　④ 《秋瑾集》，第 86 页。

　　⑤ 《秋瑾集》，第 79 页。

　　⑥ 《秋瑾集》，第 79—80 页。

　　⑦ 《秋瑾集》，第 79 页。

　　⑧ 《秋瑾集》，第 116 页。

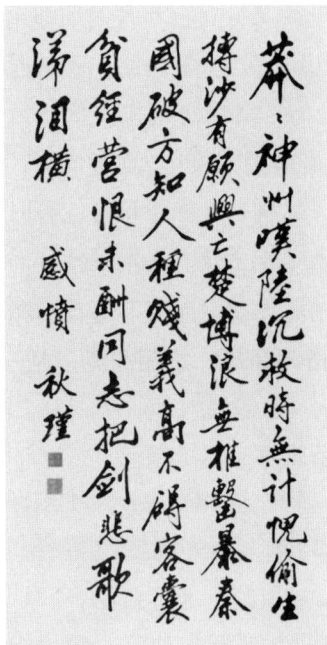

图3　秋瑾手迹

以雷霆之势呼唤同胞振作精神，齐心扫除恶势力，也充分显露了作者舍身救民之志向（图3）。为了联合一切革命力量来共同抗击反动势力，她竭尽心力劝勉同志，对蒋鹿珊先生慷慨陈词道："协力同心驱满奴，宗旨同时意气洽。危局如斯敢惜身，愿将生命作牺牲。……天下英才数使君，据鞍把剑气纵横。好将十万头颅血，一洗腥膻祖国尘。"（《赠蒋鹿珊先生言志且为他日成功之鸿爪也》）①对陈志群同志也说："头颅肯使闲中老？祖国宁甘劫后灰？无限伤心家国恨，长歌慷慨莫徘徊。"（《柬某君三章》）②她在鼓舞同志们要为革命挺身而出时，也为他们描绘了一幅胜利的蓝图："塞外秋高马正肥，将军怒索黄金甲。金甲披来战胡狗，胡奴百万回头走。将军大笑呼汉儿，痛饮黄龙自由酒。"（《秋风曲》）③通过表现革命者奋战胡奴，喜庆战功的雄壮场面来激励人们为奏响革命胜利的凯歌而奋力前行。

此外，秋瑾还是妇女解放运动的领军人物，她经常借助激情澎湃、催人猛醒的诗词来号召妇女起来争取男女平权和致力于民族解放事业。她对徐寄尘说："英雄事业凭身造，天职宁容袖手观？廿纪风云争竞烈，唤问闺梦说平权。……欲从大地拯危局，先向同胞说爱群。今日舞台新世界，国民责任总应分。"（《赠浯溪女士徐寄尘和原韵二章》）④勉励徐小淑道："我欲期君为女杰，莫抛心力苦吟诗。"（《赠女弟子徐小淑和韵》）⑤一首《满江红》⑥也深刻表达了作者对中国女同胞的希望，她道："肮脏尘寰，问几个男儿英哲？算只有娥眉队里，时闻杰出。良玉勋名襟上泪，云英事业心头血。醉摩挲长剑作龙吟，声悲咽。// 自由香，常思热。家国恨，何时雪？劝吾侪今日，各宜努力。振拔须思安种类，繁华莫但夸衣玦。算弓鞋三寸太无为，宜改革。"作者通过赞美秦良玉、沈云英等女中豪杰来激励中国的女同胞们要奋起反抗，改变社会恶俗，挣脱封建枷锁，投身革命洪流。

1906年，革命形势日益高涨，她劝说徐寄尘莫要贪恋家庭，空负报国之心，应

① 《秋瑾集》，第79页。
② 《秋瑾集》，第84页。
③ 《秋瑾集》，第81页。
④ 《秋瑾集》，第87—88页。
⑤ 《秋瑾集》，第88页。
⑥ 《秋瑾集》，第110页。

该大胆地走出闺房，参加反清革命。诗曰："祖国沦亡已若斯，家庭苦恋太情痴。只愁转眼瓜分惨，白首空成花蕊词。// 何人慷慨说同仇？谁识当年郭解流？时局如斯危已甚，闺装愿尔换吴钩。"（《柬徐寄尘二章》）[1] 1907 年，她还创作了一首《勉女权歌》，[2] 借此唤醒二万万中国女同胞，勇敢地走出深闺，争取男女平权，反抗封建礼教的压迫，担负起拯救祖国危亡的神圣职责。诗曰："吾辈爱自由，勉励自由一杯酒。男女平权天赋就，岂甘居牛后？愿奋然自拔，一洗从前羞耻垢。若安作同俦，恢复江山劳素手。旧习最堪羞，女子竟同牛马偶。曙光新放文明候，独立占头筹。愿奴隶根除，智识学问历练就。责任上肩头，国民女杰期无负。"格调高昂，意蕴深刻，是一篇宣传女权主义思想的重要檄文。

秋瑾一直为争取民族解放和妇女解放四处奔波，殚精竭虑，具有崇高的献身精神。当她知道革命前景不容乐观、自身生命受到威胁时，还念念不忘祖国的光复大业，担心革命事业后继无人，她感叹道："痛同胞之醉梦犹昏，悲祖国之陆沉谁挽。日暮穷途，徒卜新亭之泪；残山剩水，谁招志士之魂？"（《致徐小淑绝命词》）表现了她对祖国和民族命运的深切关心。面对清政府的疯狂反扑，她英勇无畏地说道："虽死犹生，牺牲尽我责任；即此永别，风潮取彼头颅。壮志犹虚，雄心未渝，中原回首肠堪断！"（《致徐小淑绝命词》）[3] 表现了秋瑾以死报国的赤胆忠心。

秋瑾侠骨丹心，文武兼备。她的光辉诗篇与她的革命历程一样，将永远彪炳史册，振国人之士气，扬中华之雄风。

① 《秋瑾集》，第 90 页。
② 《秋瑾集》，第 117 页。
③ 《秋瑾集》，第 26—27 页。

跨越千年的禹迹图

邱志荣[1]　张卫东[2]

（1.绍兴市鉴湖研究会　2.中国水利报社）

"禹"在中华文明起源阶段占有重要的位置。在中华民族的发展过程中，"禹迹"以多元的形式记录了大禹的历史，也涵括了人类对自然灾害的抗争与多种多样的社会文化现象。

在今天，基于文化遗产视角对大禹历史文化进行的阐释传承，又有了全新的演进。

每年农历谷雨时节，是各地公祭大禹的日子。2022年4月中旬，第一部《中国禹迹图》在绍兴发布，综合、全面地描述了中国各地的大禹遗址和禹迹文化风貌。

一、绍兴成为禹迹研究的重镇

大禹是中华民族治水英雄。作为大禹治水毕功之地和大禹陵所在地，浙江省绍兴一直致力于大禹文化的保护和传承。

2018年4月，浙江省绍兴市有关部门首次发布了《绍兴禹迹图》。共有禹迹127处，包括了陵、庙、祠，地名，山、湖自然实体，碑刻、摩崖、雕塑等类别。这是一张完备、系统编录大禹文化遗产的区域性分布图。

《绍兴禹迹图》发布后得到了广泛好评。于是，更大规模的禹迹图编制工作也加快了步伐。2019年4月，绍兴推出了《浙江禹迹图》，在浙江省11个地市、八大水系中标注了禹迹位置，共收录"浙江禹迹"209处，"防风遗址"4处，"越地舜迹"37处，"浙江大禹同时代新石器文化遗址"30处。这张以省份为基础编录大禹文化遗产的分布图，在大禹学术研究和文化传播等方面都是一次重要的创新。

2021年，绍兴开始标识本地的禹迹，通过标识牌把禹迹从文献和图中活化到现实生活中。这更加有利于实现文旅融合。禹迹标识将原来散落分布、多种多样与大禹相关的历史遗址和文化风貌综合起来，从文化遗产和"非遗"的视角进行全新归纳，引起了广泛的社会关注。于是，编制一部更大规模的《中国禹迹图》，成为全国各地相关地区、国内外大禹文化研究者的共识。

在全新的文化遗产认知推动下，绍兴首先进行了为期一年的《禹迹图编制导则》课题研究，对禹迹定义、编制原则、资料真实完整程度、成果和发布形式进行了深入探索，形成了具体规则。2021年4月19日，绍兴市文化广电旅游局联合绍兴市鉴湖研究会、中国水利博物馆、绍兴市文史研究馆等单位正式启动了《中国禹迹图》编制。

二、《中国禹迹图》体现时代特色

在文化遗产时代应该如何理解禹迹?《中国禹迹图》的研究人员认为，"禹迹"是根据史料中有关大禹治水及其他活动足迹传说的记载而留存至今的祭祀活动，还包括纪念建筑设施、地物表征、碑刻题刻、地名遗存物等不可移动的自然、历史物质遗存、遗址和遗迹。此外，《中国禹迹图》收录的禹迹，还包括少量可移动文物和非物质文化遗产。

我国早在北宋时期就曾有《禹迹图》问世。这是一幅中国古代疆域图，主要体现的是山川河流，被称为"在当时是世界上最杰出的地图"。宋《禹迹图》有2件刻石流传至今:一块保存在今陕西西安碑林，为南宋绍兴六年暨阜昌七年（1136）刻立;另一块是元符三年（1100）刊刻、绍兴十二年（1142）立石，收藏在今江苏镇江的焦山碑林。

当代的《中国禹迹图》传承了北宋《禹迹图》的绘制要点以及山川河流、地名中对禹迹的记述;在此基础上，《中国禹迹图》又体现了时代特色和全球化文化传播的特征。

依据编制导则要求，当代的"禹迹"突出了"大禹文化遗存"的内涵。本次编图"禹迹"重点列入了全国重点文物保护单位和省级文物保护单位中的相关禹迹，也包含历史文献中关于禹迹记载的印证遗存。

三、集合多学科专家参与

新出版的《中国禹迹图》，从全国26个省、自治区、市1000余处候选禹迹中精选出了323处，分属于11个河流流域。

依照文化遗产"真实、完整"特征要求，《中国禹迹图》对于选取内容通过文献查阅、现场考证、委托调查取得等方式进行了严格筛选。来自全国各地约35位水利史、文物、文史、测绘、摄影等领域专家参与了编制，取得了多元化的研究成果。除地图展现外，这部《中国禹迹图》还包含了详细的说明、图表、照片、资料汇编等。

从《中国禹迹图》上可以看到，选取的禹迹东至台湾省、南及云南、西达甘肃、北到吉林。这其中包含 31 处"国保"、27 处省级文物保护单位和 11 处市县级文物保护单位；属于不可移动遗产的项目达到 308 处，可移动文物 13 件。此外，还有多项涉及非物质文化遗产。

四、需要更多领域进行跨界融合

目前的考古发现表明，中华民族的治水历史已达 1 万年以上。早在 2500 多年前，越王勾践即注重树立大禹形象，创建禹文化与禹信仰，他在建设以今绍兴龙山为中心的越国大小城时同时建立"禹宗庙"，以此奠定了大禹文化在越地的基石。《史记·越王勾践世家》记载："越王勾践，其先禹之苗裔，而夏后帝少康之庶子也。封于会稽，以奉守禹之祀。"公元前 210 年，秦始皇"上会稽，祭大禹，望于南海，而立石刻颂秦德"。由此开创了大禹祭典最高礼仪形式。

始自 4100 年前的大禹治水精神，已经成为我们中华民族精神的重要内容。活态的大禹文化发展过程，显示了中华民族生生不息的强劲生命力，属于中华文明进程的组成部分。编制《中国禹迹图》可以视为一项当代文化创新事件，其核心目标是要推动中华文化传承与传播。从历史记载结合考古发掘来研究、证明大禹文化，传承、弘扬大禹文化，成为《中国禹迹图》下一步拓展方向。

"禹"作为中华文明起源阶段的历史印迹，至今还有许多研究难点等待破解。《中国禹迹图》的下一步，将更多地集聚起跨学科、跨区域、跨行业的专家学者，通过调查、考证，丰富禹迹内容，描绘不同历史时期的大禹文化发展脉络，编制全国各地的禹迹分布图，以此更精确地呈现大禹文化的起源、传承，梳理大禹文化在不同时期的传播过程。在此基础上形成的"中国禹迹图考释文集"，可为水利史、文史、考古等学术研究提供导引支撑。

《中国禹迹图》发布后，专家们的目光开始转向国际禹迹文化交流。梳理"禹迹"在亚洲东部的交往互鉴、逐步成为各地民众共同文化信仰的过程，也被提上了议事日程。

（原载《人民日报·海外版》2022 年 5 月 5 日）

《中国禹迹图》生动呈现大禹治水历史和文化

周能兵

（绍兴晚报社）

大禹治水，奠定了中华文明的基石。4000 多年来，禹风浩荡，禹魂长存。茫茫禹迹，遍布神州。今天上午，《中国禹迹图》（2022 年版）发布。这张具有权威性的《中国禹迹图》，共收录全国 323 个禹迹点，它将大禹治水在中华大地上的重要足迹一一勾勒出来，让立国之祖、远古时代的治水英雄大禹的故事生动地呈现在祖国的大地上。

宏大叙事让中国最闪亮的禹迹凸显

《中国禹迹图》是大禹故事在中国大地上的宏大叙事。它将中国最闪亮的禹迹一一呈现出来，真实反映了大禹文化的影响范围和传播路径。

《中国禹迹图》共收录全国 323 个禹迹点，涉及 26 个省（自治区、直辖市），分属长江、淮河、黄河等 11 个流域。其中，共收录全国重点文物保护单位 31 处，省级文保单位 27 处，市县级文保单位 11 处；计不可移动遗产 308 处，可移动文物 13 件，涉及非物质文化遗产 2 项。《中国禹迹图》共收录浙江省禹迹点 44 个（其中我市有 21 个），收录河南省禹迹点 36 个，四川省禹迹点 55 个，安徽省禹迹点 9 个。

所谓"禹迹"，就是根据史料中有关大禹治水及其他活动足迹传说的记载，至今留存的有关大禹的祭祀活动、纪念建筑设施、地物表征、碑刻、题刻、地名遗存物等不可移动的自然、历史物质遗存、遗址、遗迹。禹迹还包括少量可移动文物和非物质文化遗产等。

《中国禹迹图》编制工作自去年 4 月开始在绍兴启动，由绍兴市文化广电旅游局主持编制，绍兴市鉴湖研究会负责编制，中国水利博物馆、绍兴市文史研究馆等参编，全国众多专家参与。《中国禹迹图》为何由绍兴主持编制？中国水利学会水利史研究会副会长、《中国禹迹图》主编邱志荣告诉记者，作为大禹治水地平天成、大会

467

诸侯之地，绍兴是大禹一生功绩集大成之地，绍兴也是大禹陵所在地，更有责任要做好大禹文化传承。青史有载，从越国开始，绍兴就建有禹宗庙；秦始皇曾"上会稽，祭大禹"……绍兴编制《中国禹迹图》既是责任，也有基础，更能被人接受。

绍兴从 1995 年首次公祭大禹陵开始，就掀起了研究大禹的热潮。2018 年 4 月，《绍兴禹迹图》编制出版。2019 年 4 月《浙江禹迹图》发布，特别是绍兴 64 个禹迹标识牌落地，走出了一条文旅融合、资源活化的新路。绍兴编制的禹迹图，得到文化、文物部门认可和全国各地认可。许多省市也开始编制禹迹图。"为了禹迹图编制有标准可依、有规范可循，绍兴从去年 4 月开始起草《禹迹图编制导则》，今年 2 月已完成。去年 4 月，《东亚禹迹图》编制启动仪式在绍兴举行后，《中国禹迹图》编制工作也开始启动。"邱志荣说。

在北宋时期曾有《禹迹图》问世，绘刻"禹迹"山川 150 多处，"是当时世界上最杰出的地图"。《中国禹迹图》反映的不仅是江河水系图，还是文化传播图、文化认同图、文化考证图。

在编制过程中，《中国禹迹图》禹迹收录遵循言必有据原则，必须通过文献查阅、现场考证方能采纳。编制、研究人员共梳理了中国各地 1000 多个与大禹相关的禹迹点，最终精选出 323 个收录图，每收录一个禹迹点都十分慎重。如将吉林省集安市禹山上的五盔坟纳入《中国禹迹图》，就是通过查询《集安市志》，发现五盔坟的壁画中记载了大禹治水、造井的历史。对重点禹迹点更是应收尽收，如四川的石纽山、石纽石刻，安徽的禹王宫、禹会村遗址，浙江的会稽山、大禹陵、禹穴、禹陵村等。《中国禹迹图》由正图、说明、表格、照片、资料汇编等 5 部分组成。图例标注 14 类，基本按《中国文物地图集》《浙江禹迹图》确定。可以说，中国最闪亮的禹迹都在这张图上凸显。

禹迹脉络更真实地呈现大禹故事

大禹文化已深深植入中华民族的血脉之中，是中华民族巨大的精神财富。编制出一张《中国禹迹图》，并向世界发布，这是时代赋予绍兴人的文化责任。

市委宣传部副部长、市文化广电旅游局局长、《中国禹迹图》总编何俊杰说，《中国禹迹图》的发布有着特殊的意义和启示。从历史价值看，大禹治水奠定了中华文明的基石，禹迹遍布中国大地，我们寻找禹迹，就是寻找文明的根脉，寻找我们从哪里而来这一重大命题。禹迹在千年的传承中，成为中华精神的象征，在不同时期焕发着自己的力量。大禹科学治水、忘我、无私的精神，应该有具体的承载物，让数千年的故事深深植根在中华大地上。庙寺、石刻、非物质文化遗产、习俗风情等都是珍贵的文化遗存，通过对各式各样禹迹的挖掘、研究，可更好地把大禹精神提炼出来。

《中国禹迹图》是大禹文化在中国大地上的清晰脉络。禹迹散布全国，长期以来，禹迹图一直在各地独立存在，这次以交融的方式，以网络的理念，相互关联，相互融合。这使大禹文化交流更深入、更持久、更有深度，在国内各城市之间乃至东亚城市之间，都可实现交融。

何俊杰说，"绍兴是大禹治水功成之地，我们踏着历史的河流，就理应担负起使命，让大禹文化绵延不绝。编制《中国禹迹图》，就是要让大禹的故事更真实地呈现在中华大地上，使大禹文化更有辨识度，以大禹文化黏合各地城市，让人们更有亲切感，用大禹文化链接中国、链接世界。绍兴非常需要用文化符号对接多个城市，并让文化根植于各地民众心中，让古老的文明成为可感受、可亲近、可体验的文化"。

一张禹迹图凝聚着中华古老的文化，这是活生生的历史，是丰富的文化遗产，是一个重大的命题，也是一个重大的文化事件。何俊杰说，"千年之后，人们还会从禹迹图中得到启示，并汲取伟大的力量"。《中国禹迹图》文化现象可以复制粘贴、延伸，我们还可以做好舜迹图、阳明遗址图、鲁迅足迹图、黄酒分布图等。我们要让《中国禹迹图》能像与"大帅对诂"一样，成为人文交流的典范，成为中国文化走出去的一个新符号。

见证历史禹迹图是科学的好范本

大禹文化是活态的，具有中华民族生生不息的生命力。《中国禹迹图》从历史记载结合考古发掘来研究、证明、丰富大禹文化，引起了社会各界的关注。

市文史研究馆副馆长任桂全认为，"通过遗迹图的方式，来证实中华民族的五千年文明，更加有实体感。大禹的故事、传说、遗迹，遍布全国各地，这些不是今天冒出来的，是在五千年文明中长期积累下来的。从文物考古到文献整理，再到文化梳理，《中国禹迹图》进行了多侧面、多角度、多层次展现，其意义已远远超过禹迹图本身"。

大禹是中华民族的共同先祖，是凝聚力量的精神纽带，是面临困境坚韧不拔、奋斗不息的文化图腾。中国水利学会水利史研究会会长谭徐明认为，"作为治水英雄的大禹，是鼓励国人面对灾害时公而忘私、同舟共济，兴水利除水害的道德标识。《中国禹迹图》将分布各地的禹迹作为文化标识，以地图的形式表达出来，是一项有意义的工作，具有鲜明的时代特点"。

中国社会科学院当代中国研究所研究员、博士生导师王瑞芳说，"《中国禹迹图》是目前全国第一个编制完成的禹迹图，吸收了地下考古与地上文物研究的最新成果，编制内容丰富，信息量大，地域广，标注的 14 类图例比较准确、清晰，具有较高的科学价值，为下一步全国禹迹图可持续、更详尽的编制和展示，提供了一个非常好的范本"。

中国水利报社原副总编辑、水利遗产保护与研究国家文物局重点科研基地专家张卫东说，"《中国禹迹图》编制工作是一件创造性的、开创性的、有历史意义的工作"。禹迹图印证了我国五千年文化历史，印证了夏、商、周这一文化时代。日本治水神·禹王研究会会长植村善博称，"《中国禹迹图》的发布是前无古人的壮举，也是中国人民值得骄傲的事"。

（本文由新华社 2022 年 4 月 19 日发布）

圣贤之声　回响千年

马振寰　祁　潇

（中国日报社）

在中国，大禹是一个家喻户晓的名字，他也是一个在中华文明起源中扮演重要角色的人物。一般认为，正是大禹建立了夏王朝（约公元前 21 世纪至公元前 16 世纪），从此拉开了中国历史上王朝统治的序幕。如果你去到中国，甚至是一些蹒跚学步的孩童都能绘声绘色地讲述这位圣人治理上古时期大洪水的丰功伟绩。

的确，人们经常会说道："盖九州之中，禹之迹无弗在也，禹之庙亦无弗有也"——作为古代中国的一个地理区划概念，"九州"早已成为"中国"的代名词。

而近期一幅地图及其相关资料的出版发行让人们更进一步地了解到大禹留给后世的遗产。这幅名为《中国禹迹图》的成果由正图、说明、表格、照片、资料汇编等五部分组成。从全国 1000 余处禹迹中，精选 26 个省（自治区、直辖市）的 323 个点，分属 11 个流域，详细记述了"禹迹"。

"这些禹迹点绝不是简单地罗列，"《中国禹迹图》主编之一、中国水利学会水利史研究会副会长邱志荣表示，"它们是破解历史文化大案一项重要的学术探究。"

首先，《中国禹迹图》对"禹迹"进行了清晰严格的界定。编制该图的专家们表示，所谓禹迹，就是根据史料中有关大禹治水及其他活动足迹和传说的记载，至今留存的有关大禹的祭祀活动、纪念建筑设施、地物表征、碑刻题刻、地名遗存物等不可移动的自然、历史物质遗存、遗址、遗迹。

"这些禹迹点都是专家学者们经过精挑细选确定的，"邱志荣介绍道，"从 20 世纪 90 年代开始，就有多名学者开始了对各个禹迹的走访、考证。这些研究都为编制和出版《中国禹迹图》奠定了坚实的基础。"

利用该图以及相关的辅助资料，读者们可以快速方便地找到某个禹迹点所处的位置，找出它的名称、所属类别、现状、起源年代以及出处等。

一段时间以来，有些学者认为大禹只是传说中的人物，而非真实的历史存在。但是现代考古学和历史学的一些新发现已经让学界和公众重新审视大禹以及大禹治水的历史性。比如，20 世纪 60 年代，在我国的河南省偃师二里头考古发现了早于商朝（约公元前 16 世纪至公元前 11 世纪）的宫殿和宗庙遗存。再比如，20 世纪 70 年代发掘出的河南省登封王城岗遗址，被认为是先秦文献所载的禹都之阳城，约始建于公元前 2070 年。同样，考古发掘也证实了距今 1 万至 4000 年的黄淮流域、长江中下游和太湖平原等地区已存在多个区域文明。事实上，先贤们早在宋代时期（960—1279）就开始编制《禹迹图》了。现存于陕西西安碑林博物馆的一块石碑上即存有《禹迹图》，刻于 1136 年，被认为是世界上现存最早的、最杰出的国家地图之一。

而《中国禹迹图》的编制实则在 2017 年就已经开始了，当时邱志荣和一众学者启动了《绍兴禹迹图》的编制工作，并于 2018 年发布该图。又经过了一年的努力，《绍兴禹迹图》又被进一步扩展，覆盖了整个浙江省。2019 年，《浙江禹迹图》应运而生。绍兴能够成为禹迹图的"核心"和"焦点"也绝非偶然，因为正是在绍兴，中国的始皇帝秦始皇（前 259—前 210）"祭大禹"，开创了帝王祭禹之先河。

绍兴也是大禹长眠之地——大禹陵就坐落在绍兴市越城区东南稽山门外会稽山麓；同时，绍兴还是大禹最广为流传故事的发生地之一。

相传大禹治水期间，在绍兴遇到涂山氏女，两人一见倾心，喜结连理。但是婚后没有几天，大禹就不得不继续踏上治理洪水的征程中，一去就是 13 年。这 13 年里，因担心治水进度，他曾经三过家门而不入。在此期间，大禹的妻子涂山氏女在家里日盼夜盼，天天盼望夫君平安归来。一天天、一月月、一年年过去了，涂山氏女望穿了秋水，还是不得见禹。据说她不禁叹息，吟咏着"候人兮，猗！"有些学者认为，虽然仅是简单的四个字，这却是中国女性所作的第一首诗。

"禹迹是中华民族面临困境坚忍不拔、奋斗不息的文化图腾。"中国水利学会水利史研究会会长谭徐明认为。几千年来，它们已经成为中国社会和文化的重要组成部分。"作为治水之神的禹迹，是鼓励国人面对灾害，公而忘私、同舟共济，兴水利除水害的道德标识，"谭徐明表示，"是凝聚中华民族的精神纽带。"

大禹文化连接的不仅是中华民族，它对周边的东亚国家，尤其是在日本和韩国民间也有着深远的影响。数据显示，日本目前就有 150 多处禹迹。其实与《中国禹迹图》同时发布的还有经过翻译校正的《日本禹王遗迹分布图》和《韩国禹王遗迹分布图》。这也就意味着，《东亚禹迹图》的框架已基本形成，将会在不远的将来与大家见面。

"就像在中国一样，大禹文化在日本和韩国民间早已生根，"绍兴市文化广电旅游局局长何俊杰说道，"这位上古圣贤在他那个时代不辞辛劳地治水，现如今他的宝贵文化遗产又在作为一个桥梁进一步推动亚洲文明之间的交流互鉴。"

（原载《中国日报》2022 年 6 月 11 日）

关于《中国禹迹图》编制工作的几点认识

陈永明

（中国水利博物馆）

大禹治水精神是中华文明长盛不衰的根骨

世界各地都有关于大洪水的传说，希伯来人在《创世纪》中记载了大洪水时诺亚造方舟的故事，希腊人在神话中讲述丢卡利翁与皮拉登上奥林匹斯山躲避洪水的故事，大禹治水传说则在我国流传了数千年。

有趣的是，和西方"洪水灭世"的故事不同，在大禹治水的传说里，中华民族在面对大灾大难时，没有选择被动接受或逃避，而是迎难而上，选择"手胼足胝，居外十三年，恶衣菲食，日孳孳排决浚瀹"，最终取得"水土平兮生齿繁""九州攸同，四隩既宅，九山刊旅，九川涤源，九泽既陂，四海会同"的成效。

由是代代称颂禹绩，传承精神，知其要者， ·是大公无私，二是以民为本，三是尊重规律，四是科学创新。"禹之决渎也，因水以为师"，习近平总书记曾借这句古语，阐明大禹成功治水原因在于尊重自然规律的道理，这对于新时代治水，乃至国家治理都有很深的借鉴意义。

开展多学科合作打开大禹治水研究新局面

大禹治水研究的内容十分丰富，涉及历史学、考古学、民族学、文学等诸多领域，在学术上百家争鸣，加之禹迹广布，各地根据自己鲜明的地方特色和已有资源条件，往往采取不同的阐释角度和侧重点，因此争论颇多。如大禹是人、是神还是图腾，有无治水事实、治水地域、禹划九州等，不一而足。

随着考古技术的进步，一些新材料的发现，尤其是多学科交叉研究的日益深入，为破解争论提供了新的可能。如考古和古环境学家的研究显示，距今 5500 年和 4000 年左右，全球有过两次较大范围的气候异常（表现为气温降低、降雨异常），我国恰在其间。数处良渚文化遗址考古中都曾发现洪水过后形成的淤泥层和宽大壕沟，在一些龙山时代后期遗址中也发现洪水泛滥的痕迹；考古还发现同一时期，出现了聚落数量减少等大范围的文化变革现象。这些新发现，或许将为解读大禹治水、禹会诸侯等传说提供新的注脚。

禹迹图是绍兴献给大禹治水研究的厚礼

近年来，绍兴在大禹治水研究方面取得的成绩有目共睹，先后发布了《绍兴禹迹图》《浙江禹迹图》，正在全力编制《中国禹迹图》和《东亚禹迹图》，《禹迹图编制导则》也取得了重要成果。这些成绩不仅体现了绍兴市人民政府、市文广旅游局、绍兴市鉴湖研究会对以大禹治水精神为代表的中华优秀传统文化的重视、保护和传承，也是绍兴人民积极践行高质量打造新时代文化高地、推进共同富裕示范区建设的最好例证，并在大禹研究领域担当起了示范引领的责任。

目前编制的禹迹图，用地图的形式直观、简明地呈现大禹文化历史遗迹的分布、类型、现状情况等，反映了大禹文化的影响范围和传播路径。地图的编制经过了调查、考证、价值辨识和分析研判等过程，力求信息的准确性、时效性、实用性和可读性，将在各地推动文旅融合、开展学术研究等方面发挥积极作用。中国水利博物馆作为《中国禹迹图》的参编单位，愿意和相关研究机构与广大同人一起，继续积极开展大禹治水研究，力争用更多的形式和更丰富的内容将大禹治水精神传承下去、发扬光大。

《浙江尧舜遗迹图》发布：
发掘尧舜禹文化的当代价值

项 菁 周 健

（中国新闻网）

记者从浙江省绍兴市鉴湖研究会获悉，《浙江尧舜遗迹图》日前发布，这是以省份为单位的尧舜文化遗迹地图，意味着浙江在尧、舜、禹文化研究领域迈上新台阶。

尧和舜是上古时期的圣王，位列"三皇五帝"之中，所谓"尧天舜日"。尧开创了人类远古文明的灿烂与辉煌，是中华民族勤劳智慧、自强不息的象征。舜是中华道德文化的鼻祖，被后人尊为"百孝之首""文明之源"。

中国水利学会水利史研究会副会长、绍兴市鉴湖研究会会长邱志荣受访时指出，浙江的尧、舜文化是中华尧舜文化的重要分支，历史悠远，不但有文献记载，还有众多传说的遗迹。

尤其在绍兴，尧迹、舜迹众多。譬如若耶溪上游有"尧郭"，传说这是因为尧治水成功，舜特地为尧所建的城郭；在绍兴上虞，还保留了规模颇大、历史悠久的大舜庙；在绍兴柯桥，舜王庙被列为全国重点文物保护单位。

绍兴是大禹陵所在地，越地（绍兴的古称）尧、舜、禹"三圣"故迹及治水活动常常联系在一起。当前，如何挖掘尧舜禹文化、展现其当代价值，是业界共同探索的方向。

2018年以来，绍兴先后发布《绍兴禹迹图》《浙江禹迹图》《中国禹迹图》。2019年绍兴在编制《浙江禹迹图》时，越地37处舜迹也编入其中。2021年，当地发布《绍兴舜迹简图》，共收录舜迹28处。

2022年开始，为更好地研究、保护、传承、利用尧、舜这一中华文化遗产，受绍兴市文化广电旅游局委托，绍兴市鉴湖研究会深入开展《浙江尧舜遗迹图》编制工作。

经过现场考证、文献查阅、专家咨询，《浙江尧舜遗迹图》共精选尧迹16处、舜迹 103 处，反映了尧、舜文化在浙江的传播途径、核心地域、主要内容和形式。

作为《浙江尧舜遗迹图》主编，邱志荣表示，"近年来，浙江地区尧、舜、禹研究成果印证了中华文化传播与文明发展的多元一体，《浙江尧舜遗迹图》的发布必将有益于促进尧、舜、禹文化的研究、交流、弘扬"。

（中国新闻网 2022 年 10 月 23 日）

循着尧舜禹足迹，探源中华文明

童 波

（绍兴日报社）

中华五千年文明，尧舜禹是主要的开创者和奠基者。他们成为后世中华儿女永远的追忆与怀念。绍兴是尧舜禹文化资源较富集的地区，有大量关于尧舜禹的遗迹遗存、典籍记载、典故传说、民间风俗等。

10月22日，绍兴市文化广电旅游局发布了《浙江尧舜遗迹图》，这是我国第一张以省为单位的尧舜文化遗迹地图，标志着绍兴在尧、舜、禹文化研究乃至五千年中华文明史探索道路上又迈出了坚实的一步。

尧舜禹的绍兴"足迹"

绍兴若耶溪上游，柯桥区稽东镇稽江村，有一个地方叫"尧郭"。在大山的掩映中，尧郭显得格外清新壮丽。

此处为何叫尧郭？绍兴市鉴湖研究会的研究人员在走访时发现，尧郭在民间被传为舜敬仰尧治水的英明决策和大获成功而特为尧所建的城郭。尧郭旧有土地庙，庙里主建筑叫"尧王殿"，后来被毁重建。

中国水利学会水利史研究会副会长、绍兴市鉴湖研究会会长邱志荣介绍说，浙江的尧舜文化是中华尧舜文化的重要分支，历史悠远，不但有文献记载，还有众多传说的遗迹，扎根民间土壤的祭祀活动，深刻影响这里的思想信仰、道德民风。

除了尧迹，越地有三处规模颇大、历史悠久的舜庙，分别在绍兴、上虞、余姚境内。

宋代王十朋《会稽风俗赋并序》称：

> 舜生于诸冯，《孟子》以为东夷之人。历世逾远，流传失真。太史公以为冀州。然耶？否耶？然越之邑则有上虞、余姚，山则有虞山、历山，水则有渔浦、

三忧，地则有姚邱、百官；里焉有粟，陶焉有灶，汲焉有井，祀焉有庙。此其遗迹也。意者不生于是则游于是乎？舜为人子，克谐以孝，故其俗至今烝烝是效。舜为人臣，克尽其道，故其俗至今孳孳是蹈。舜为人兄，怨怨不藏，故其俗至今爱而能容。舜为人君，以天下禅，故其俗至今廉而能逊。

从王十朋所记可见舜的传说在越地流传之广、之远，内容之丰富。其中建于唐长庆元年（821）的上虞舜帝庙曾是名震江南的道德圣地和祭祀场所；绍兴王坛舜王庙已是全国重点文物保护单位；绍兴舜王庙会 2021 年成功入选"第五批国家级非物质文化遗产代表性项目名录"。

为何要编制《浙江尧舜遗迹图》？绍兴市委宣传部副部长、市文广旅游局局长何俊杰介绍说，2019 年绍兴在编制《浙江禹迹图》时，将越地 37 处舜迹也编入其中；2021 年 10 月 29 日，在绍兴王坛举行的"2021 年绍兴虞舜文化旅游节"上，《绍兴舜迹简图》发布，共收录舜迹 28 处。为更好地研究、保护、传承、利用尧舜文化这一源远流长的中华文化遗产，实现文旅融合，2022 年绍兴市文化广电旅游局在原有成果基础上，又委托绍兴市鉴湖研究会深化开展《浙江尧舜遗迹图》编制工作。绍兴市鉴湖研究会经过现场考证、文献查阅、专家咨询，编成此图。

《浙江尧舜遗迹图》共精选尧迹 16 处、舜迹 103 处，总 119 处。主要类别有寺庙、地名、山川、井、田、祭舞、雕塑等。图由前言、正图、照片、表格等部分组成。其中在绍兴的尧迹 6 处、舜迹 61 处。参与编制《浙江尧舜遗迹图》的研究人员众多，其中不乏来自国家、省文物部门、中国社科院的专家，还有水利部水利史研究专家、地图测绘专家、地方文史专家等。

古越大地，人杰地灵。尧舜禹的"足迹"遍布绍兴。

宋代的孙因写道："越，舜禹之邦也。古有三圣，越兼其二焉。"这"三圣"就是中国古代的尧、舜、禹，而与绍兴直接相关的就是大舜与大禹。

绍兴是禹迹最多、最集中，也是历史文献上禹迹记载最早的地方之一。2018 年 4 月，绍兴市首次发布了《绍兴禹迹图》，共有禹迹 127 处，包括陵、庙、祠，地名，山、湖自然实体，碑刻、摩崖、雕塑等类别。

何俊杰说，"绍兴是尧舜禹文化资源较富集的地区，有着丰富的历史遗存和民间传说，对尧舜禹文化资源的整体普查、挖掘整理，是为五千年中华文明多元一体化提供印证，有利于尧舜禹文化资源的转化利用"。

解码尧舜禹文化基因

尧舜禹文化中蕴涵着哪些精神？

在中国水利史专家、中国水利报社原副总编辑张卫东看来，尧舜禹文化是华夏文明的源头和根脉所在，博大精深，内涵丰富，影响深远。尧帝"仁爱""民本""勤俭""选贤任能""采言纳谏"等思想和精神，舜帝"宽厚""律己""修德""至孝"等思想和精神，大禹"天下为公""公而忘私""以身作则"等思想和精神，都对华夏文明核心价值观的形成产生了重要的甚至是决定性的影响。

关于尧舜禹，文化典籍最早的记载是《尚书》，后来《史记》《水经注》等也有记载。

《尚书》记载，禹得禅让后说"德惟善政，政在养民"，重视民生，倡行德政。以德治国，始于尧舜。

再比如，帝尧有儿子丹朱，但因为丹朱德才不配，所以就另选贤能，禅位给舜。帝舜有儿子商均，但因为同样的原因，禅位给大禹。大禹的父亲鲧，治水无功，被帝舜处死。舜不计嫌，而起用鲧的儿子禹，禹也不计私仇，慷慨担当了治水重任。此所谓"尧天舜日""天下为公"。

还有，舜开创了中国的孝悌文化，后世编撰的《二十四孝》故事中，舜的故事位列第一。子于父为孝，推而广之，臣于君为忠，由齐家到治国，以孝为基础，演绎出以"忠"为核心的中国政治伦理，形成中国人特有的家国情怀。

经过五千年历史的积淀和演进，尧舜禹文化已经深深地融化在中华民族的血液里。孙中山倡导"天下为公"，十分推崇尧舜禹的公天下、利民生思想。中华人民共和国成立后，毛泽东称自己的理想国是"六亿神州尽舜尧"。

绍兴市鉴湖研究会在研究中发现，绍兴的禹舜遗迹分布很有规律，大禹遗迹主要集中在越城区、柯桥区范围内，舜的遗迹主要分布在会稽山南部地区，上虞区上浦、柯桥区王坛一带。

那么，尧舜禹文化是怎么传播到越地的？

邱志荣说，越地尧、舜、禹"三圣"故迹与治水活动常常是连在一起的。《水经注·浙江水》在记述舜与"百官桥"传说之后，又记："亦云：禹与诸侯会事讫，因相虞乐，故曰上虞。二说不同，未详孰是。"究其原因，应与舜、禹在同一时期共同领导治理洪水有关。这在《史记·夏本纪第二》中也得到了反映："当帝尧之时，鸿水滔天，浩浩怀山襄陵，下民其忧。"于是尧先用鲧治水，"九年而水不息，功用不成。于是帝尧乃求人，更得舜。舜登用，摄行天子之政，巡狩。行视鲧之治水无状，乃殛鲧于羽山以死。天下皆以舜之诛为是。于是舜举鲧子禹，而使续鲧之业"。由此而论，尧、舜、禹治水在同一时期，其中尧、舜更重决策和荐才，而禹更重实践，终致地平天成。此外，还有"舜南治水，死于苍梧；禹东治水，死于会稽"之说。

绍兴的舜禹遗迹传播与第三次卷转虫海侵有关。这是在相对短的地质史时期内，因海面上升或下降，造成海水对大陆区侵进和海退的地质现象。这些遗迹中，舜的遗迹绝大部分位于会稽山南部地区，这是海进时越族山居之地；而禹的遗迹多在山麓地带，这些山麓地带也是宁绍平原卷转虫海退之后最早成陆的地方。

从文化传播的角度，邱志荣说，在绍兴，禹之影响要大于舜。这与著名历史地理学家顾颉刚先生认为的"故尧、舜、禹的传说，禹先起，尧、舜后起"相符。越地是先有大禹治水传说，再有舜、尧在越的传说与祭祀。这在地域分布上也可得到印证，在传说中，禹的活动中心更多在会稽山麓及绍兴平原腹地一带。而舜的活动中心多在会稽山南部及曹娥江以东一带。在不同的地域，文化传播的先后也是有所不同的。

探寻中华文明之源

探寻中华文明之源，砥砺民族精神之魂。

今年5月27日，中共中央政治局就深化中华文明探源工程进行第三十九次集体学习。习近平总书记在主持学习时强调，"中华文明源远流长、博大精深，是中华民族独特的精神标识，是当代中国文化的根基，是维系全世界华人的精神纽带，也是中国文化创新的宝藏"。

穿越历史长河，感悟远古文化神韵，绍兴正循着尧舜禹的"足迹"，追寻古老的华夏文明之美。那么，尧舜禹文化对越文化有什么影响？

邱志荣说，绍兴是越文化核心区，越文化、胆剑精神的源泉是大禹治水的精神。《越绝书》卷八载："故禹宗庙，在小城南门外，大城内，禹稷在庙西，今南里。"说明当时在越国山阴大小城内已建有大禹庙。这是有记载的越人对大禹最早和最有权威的祭祀之地，体现了越人对大禹的崇拜和敬诚之心。这一禹迹定点在飞来山（塔山）北侧。尧舜禹为了国家利益忍辱负重与越王勾践卧薪尝胆、奋发图强的"胆剑精神"是一脉相承的，中华文明多元一体化与此也是一脉相承的。

自2018年以来，从《绍兴禹迹图》《浙江禹迹图》《中国禹迹图》再到今天《浙江尧舜遗迹图》的编制，是开展文献研究、野外考察，运用考古成果，结合自然科学技术手段，综合把握物质、精神关系和社会形态等因素，以学术图文的形式探索、研究、展现尧、舜、禹文化传播和发展的实践。

张卫东认为，"近年来绍兴的尧、舜、禹研究成果也可印证中华文化传播与文明发展的多元一体，尧、舜、禹文化对主导、启示、形成越地文明和人的精神特质起着核心作用"。

何俊杰说，"加强绍兴尧舜禹文化的研究，深入挖掘、研究、传承、弘扬好蕴含其中的思想精华和道德精髓，有利于激活越地尧舜禹文化基因，彰显绍兴在中华文明中的地位，进一步增强绍兴人的文化自信、历史自信"。此前，绍兴安装64个禹迹标识牌，让大家可以直观、全面地了解绍兴的禹迹，对于绍兴传播大禹文化、争创文化高地、实施文旅融合、坚实绍兴"东亚文化之都"的基石，意义重大。下一步，市文广旅游局计划安装尧舜遗迹标识牌，利用尧舜禹遗迹文化资源，串珠成链，将绍兴相应的文化资源转化为旅游资源，让更多的人来到绍兴大地上，寻根问祖。并有意识地组织开展考古研究，为尧舜禹文化的研究提供更多的可能，做好尧舜禹文化和中华历史文化传承发扬这篇大文章。

（原载《绍兴日报·新周刊》2022 年 11 月 2 日）

拨开迷雾看"绝"书

颜越虎

（浙江省社会科学院）

如果称《越绝书》为一部"奇"书、"绝"书，毫不为过。它的书名"奇"，且有争议；它的作者"奇"，且有争议；它的性质"奇"，且有争议。这样的情形，在中国的典籍史上不能说绝无仅有，也是极为少见的。

《越绝书》究竟是一部什么样的书？它何以入选《典籍里的中国》？今天，就让我们再次翻开《越绝书》，拨去笼罩在《越绝书》上的重重迷雾，去探究那一个个引人入胜的谜团。

如何看《越绝书》的书名？

何为《越绝书》？这一书名中，"越"和"书"都不难理解，"越"指越国、越族，"书"的词义很丰富，这里指简册、典籍，古代以"书"为名的典籍很多，《汉书》《后汉书》即是。

比较难理解的是"绝"。有人把"绝"解释为"结束"，意思是勾践灭吴，最终称霸，之后他手下的两位大臣——范蠡与文种，一个泛舟江湖，一个自刎而死，《越绝书》的记载"至此绝笔"；也有的人把"绝"解释为"断灭不继"，意思是因为有了《越绝书》，越国这个春秋强国已经"断灭不继"的历史文化，才得以流传；还有的人把"绝"解释为"超群绝伦"，这是对越族、越国历史文化的一种肯定与赞赏。

绍兴籍学者张仲清则认为，结合《越绝书》本身的记述来看，"绝"应该有三层意思：一是"空前绝后"，这指的是勾践建立了灭吴复国、称霸中原的旷世功业；二是"绝笔"，这是指子贡说齐安鲁等游说活动及其对越国霸业所起的重要作用，后人难以比肩，系史上"绝笔"；三是"继其绝笔"，《越绝书》中有"贤者所述，不可断绝"等话语，是指把这个重要时代及其重要人物的思想言行记载下来，非常必要，正因为有这样一种想法，才有了《越绝书》的诞生。

当然，对"绝"的理解也不一定仅限于此。《典籍里的中国》之《越绝书》中，把"绝"演绎为"绝地反击"，未尝不是一种"新解"。

如何看《越绝书》的作者？

这是比上一个问题更扑朔迷离的问题，因为《越绝书》上没有作者的署名，所以引来后人的种种推想。

一种说法是《越绝书》作者乃伍子胥，另一种说法认为其作者是子贡。

但这两种说法在唐代中期之后，不少学者已经给出了否定的意见。

那么，《越绝书》的作者究竟是谁？

在《典籍里的中国》之《越绝书》中，大家看到了号称"明代三才子之首"的状元杨慎，如解谜一般地"破译"了《越绝书》作者这一未解之谜：《越绝书》的作者是东汉会稽（今绍兴）人袁康、吴平。杨慎的这一说法，得到了明代胡侍、陈垲、田艺蘅、胡应麟等学者的认同；清代编纂《四库全书总目》时，也接受了杨慎的观点；后世许多人包括鲁迅先生在内，在著述中也都采纳了杨慎的说法。杨慎之说成为有关《越绝书》作者影响最广的一种说法。

当然，也不是所有学者都赞同杨慎的说法。明代以来，一直有人提出不同意见，浙江大学仓修良教授认为袁康、吴平两人在历史上并不存在。

更多的人认为，从《越绝书》记述内容、文字风格来看，该书"成非一人"，战国时期就有人开始撰写，到汉代，乃至六朝，一直都有人在增补，而袁康、吴平只是其中的两位，他们做了一些增、删、改、定的工作。所以，说它是众手成书更符合实际。

如何看《越绝书》与方志的关系？

"一方之志，始于《越绝》"，是清代著名学者毕沅、洪亮吉在乾隆《醴泉县志》序言和乾隆《澄城县志》序言中的话。其实，早在明代万历年间，《绍兴府志》在记及《越绝书》时就指出："其文奥古多奇，《地传》具形势，营构始末，道里远近，是地志祖。"此后，至清、至民国、至中华人民共和国成立后，均有学者赞同这一观点。历史学家范文澜认为《越绝书》"开方志之先例"，"方志宗师"朱士嘉则明确指出："《越绝书》是现存最早的方志。"方志学家傅振伦、洪焕春等也持相同观点。

复旦大学谭其骧等学者认为《越绝书》不是地方志，而是地方史，仓修良教授曾经撰写《〈越绝书〉是一部地方史》等文阐述其观点。

浙江大学终身教授陈桥驿则有自己的看法，他说：《越绝书》"按照今本十九篇来看，内容包罗极广，不能一律都作为方志看待。但其中卷二《吴地记》和卷八《地记》两篇，不仅把句吴和于越两国国都及其附近的山川形势、城池道路、宫殿陵墓、农田水利、工场矿山等记载得十分详尽，而且还写出了这两个不同地区即太湖流域和会稽山地的地理特征。……对一个地区的山川地理作这样的记载，无疑为宋代及其以后的地方志编纂开创了先例。把这两篇作为我国最早的地方志，确是恰如其分的。"

众所周知，源头性的事物不同于其成熟时期的事物，就如同三江源区域的涓涓细流，不同于长江、黄河和澜沧江的典型地段一样，但它们毕竟是三江的源头。《越绝书》也是这样，其形态不完全与南宋定型后的志书相同，但不能因此否认它是后世这些成熟志书的源头。

正因为《越绝书》对于地方志的源头性意义，才使得它跻身于《典籍里的中国》，闪耀着独特的光彩！

如何看《越绝书》的价值与意义？

《越绝书》记述的主要是吴越争霸的历史，其中越王勾践复国雪耻的故事最为人所称道。习近平总书记曾经指出："从大禹的因势利导、敬业治水，到勾践的卧薪尝胆、励精图治……都展示了浙江深厚的文化底蕴，凝聚了浙江人民求真务实的创造精神。"以勾践为代表的这种卧薪尝胆、励精图治的精神，已经成为民族精神的重要组成部分。

应当说，《越绝书》确实是一座文化富矿、思想富矿、精神富矿。

在《越绝书》中，我们可以看到"士民者，君之根本也"的民本思想，可以看到"取舍以道"的仁义精神，可以看到"存无忘倾，安无忘亡"的忧患意识，可以看到"宁失千金，毋失一人之心"为政智慧，可以看到"天贵持盈""地贵定倾""人贵节事"的人生哲理……

必须指出，《越绝书》的"绝"还在于书中蕴含的这些思想精髓，千百年来，不但没有消弭，还随着时间的推移，不断焕发出新的生命力，在当今社会熠熠生辉。如为习近平总书记所称道的绍兴城市精神——"胆剑精神"，就是鲜明、生动的一例。

早在 2003 年 1 月，时任浙江省委书记的习近平同志在出席浙江省"两会"绍兴代表团讨论会时说："今天，我们弘扬越王勾践卧薪尝胆、'十年生聚，十年教训'的精神，就是要围绕全面建设小康社会、提前基本实现现代化的目标，卧薪尝胆，艰苦奋斗，努力谱写新时期的'胆剑篇'。"

2004 年，国家进行宏观调控。在此大背景下，绍兴乃至浙江的经济发展速度开始下降。这个时候，习近平同志再次强调要发扬"胆剑精神"，以应对时局之变。

一部书、一种精神，在不同的时代具有如此这般历久弥新、不断激励人们奋勇前进的魅力，不能不说是《越绝书》的独特之处。

　　放眼当下，在全省上下认真学习贯彻二十大精神以及省委十五届二次全体（扩大）会议精神，忠实践行"八八战略"、坚决做到"两个维护"，在"两个先行""五个率先"新征程中勇担使命、勇毅前行，奋力谱写中国式现代化浙江篇章的今天，积极弘扬"胆剑精神"，仍然具有非常重要的意义。

　　在新时代，我们从《越绝书》中可以挖掘的还有很多很多，而《越绝书》能给予我们的也还有很多很多……

《绍兴市水利志》的多元意义

汪 毅

（四川省地方志办公室）

如果说宋代诗人杨万里咏西湖荷花"映日荷花别样红"是一个时代咏荷的经典，那么《绍兴市水利志》便是这朵别样红的"映日荷花"了。信手翻来，直觉告诉我，此书是绍兴水利百科全书，在同类水利志书中称得上一部良志佳作，所凸显的"风光不与四时同"便是客观佐证。不仅如此，此书还让笔者对它的多元意义有了以下憬悟。

一、具有省市级水利志突出意义

《绍兴市水利志》纵横捭阖、洋洋大观，其版权页传递的包括绍兴市水利局、绍兴市鉴湖研究会编，主编邱志荣，副主编魏义君、茹静文、陈鹏儿，中国水利水电出版社，2021 年 3 月出版，210mm×285mm，16 开本，2318 千字，36 插页，全 2 卷等在内的信息，不仅让人视觉震撼，而且心存感佩。

在中国水系图中，浙江无疑是具有代表性的省份之一。《绍兴市水利志》上、下卷的体量，既源于绍兴水资源的丰富性及水利历史的悠久，又取决于绍兴人推出的相应成果的多样性，使之在浙江水利史坐标上具有突出意义。其具体凸显，主要表现在志书格局至大的两个"第一"中。这两个"第一"，一个是《绍兴市水利志》的体量大、规模宏，在《浙江省水利志》《浙江省通志·水利卷》与《杭州市水利志》《宁波市水利志》《湖州市水利志》等省市级水利志中，唯一以上、下卷成全书的水利志，堪称"大器晚成"，不乏"范"的意义。由此推断，《绍兴市水利志》体量独占全国各省市级水利志书鳌头。不仅如此，其上、下卷数和字数，竟可与首轮社会主义新编地方志书中的市级综合志旗鼓相当。

另一个"第一"是《绍兴市水利志》的序言，具有全书的领读意义。此三篇序言开卷有益，先后由著名学者冯建荣、周魁一、谭徐明撰写，不乏学术示范和专业领域的高水准，是书的一大亮点。序言均立意高远，提纲挈领，各呈风采，与志书上、下卷正文相得益彰，构架了志书品质三角形的"稳定性"。其中，序一为冯建荣先生所撰，近4万言，系笔者目览志书中所见"第一"长序，大有昆明大观楼海内外第一长联中的"五百里滇池，奔来眼底……数千年往事，注到心头"与范仲淹《岳阳楼记》中的"衔远山，吞长江，浩浩汤汤，横无际涯，朝晖夕阴，气象万千"的恢宏气势。

冯建荣先生的序分14部分，说山道水，以水先天，具有全书的引领意义。其表达视觉独特，格局博大，旁征博引，引古筹今，文绪辽阔，情愫深远，言之凿凿，语辞雅达，娓娓道来，走向深邃，一定意义上给读者奉献的是一部绍兴水利简史，具有印行单行本的价值。

故可以说，《绍兴市水利志》全书上、下卷体量的"第一"与冯建荣先生序长的"第一"，相得益彰，构成了全书龙头（序言）、猪肚（正文）、豹尾（后记）的完美统一。

至于卷首（前置图），选图优良精美，多达72页（未含拉页《鉴湖赋》与明《浣水源流图》），排版大气（如《绍兴运河园浪桨风帆》《绍兴龙横江鹿湖园》均采用了跨页），突出了前置图与正文内容的呼应和互补，构成了志书一大看点。此卷首体量之大，在现有的省市级综合志和专业志中罕见（图志除外），为笔者所见省市级水利志之第一。倘若此"第一"成立，加上志书上、下两卷体量和序（序一）长的两个"第一"，那么《绍兴市水利志》便拥有了三个"第一"，即夺得水利志书呈现的冠、亚、季军。而这三个"第一"传递的信息量，充分强调了志书定义的"工具书"价值，自然有了同类水利志书突出的意义。

二、具有绍兴水利通史意义

《绍兴市水利志》的结构清晰，章节设计科学，资料翔实。除卷首、序和凡例之外，分上、下卷，有概述、大事记和38章具体内容（上卷为20章，下卷为18章，字数相当），是一部记述绍兴市域内水利历史和现状的专业志。

在具体编纂中，全书强调了时代性和地方特色。此志以凡例为纲，遵循"实事求是，详今明古"总则。其"明古"的理念是智慧表达，体现了对绍兴悠久而丰富的水利历史的尊重和充分肯定，强调了绍兴关于"水"的特殊性，与其他志书表达的"详今略古"具有质别，颇有"我之为我，自有我在"的个性表达，不得不说这是一大特点。

在体裁方面，《绍兴市水利志》遵循了横排门类、纵述史实、以志为主、兼及其他的原则。其结构，以章节体为主，结合绍兴"四山三盆两江一平原"地貌延伸所构成的水系格局，有效地借助历史、地理、考古、水文等最新研究成果，凸显了绍兴水利特色，探索了志书成功路子。

在具体记述上，《绍兴市水利志》从绍兴水利特殊性出发，努力体现了地方水利特色。其水利沿革上不封顶，可一路上溯源起 10 万年前的史实发端，而下迄则至 2013 年 10 月。其间内容"横不缺项"：无论是大禹"水可立国"的先见之明，还是勾践"水可强国"的高瞻远瞩；无论是因水兴城，还是开启山阴故水道（运河）之举；无论是与"山—原—海"台阶式地形相适应的春秋越国水利，还是"境绝利博，莫如鉴湖"的鉴湖水利；无论是代代赓续的筑塘、置闸和平原河网治理，还是全面系统记述"不出城廓而获山水之怡，身居闹市而有林泉之致"的时代水利现状，甚至包括下延的 2019 年 7 月入选的世界文化遗产——良渚古城遗址等重要内容，无不入书为史，形成鲜活可信资料。由此可见，《绍兴市水利志》记述的内容，既古老又年轻，既遥远又现代，既面生又亲切，较好地体现了志书"存史、资政、教化"的功能。

至于《绍兴市水利志》"资料性、科学性、地域性、时代性"的四个鲜明特点及呈现的"历史厚度、时间深度、空间广度、豁达大度、翩翩风度、新鲜程度"等"六度"，冯建荣先生已经是"崔颢题诗在上头"。其话语权之裕如，让我自叹"眼前有景道不得"。

"志为一方之全史。"故可以说，囊括了绍兴千秋水利的《绍兴市水利志》是集绍兴水利之大成，具有绍兴水利通史意义。随着《绍兴市水利志》资源不断的经世致用，相信它的价值会在绍兴"三个文明建设"中进一步凸显。因为通史乃信史，其知往鉴今，以启未来，具有非同寻常的价值。而这个价值，从某种角度上说就是绍兴价值中的高值。

由此而言，如果说《史记·河渠书》具有中国第一部水利史书的意义，是司马迁的一大贡献；那么则可以说《绍兴市水利志》具有绍兴"《史记·河渠书》"的特殊意义，体现了绍兴一群水利修志人的使命担当、志家情怀和特别奉献。

三、具有编修的"高铁速度"意义

在修志过程中，"十年磨一剑"几乎成为定律，特别是志书的首次编修。《绍兴市水利志》是由绍兴市水利局、绍兴市鉴湖研究会联袂编纂的一部水利专志。以书的体量、质量和首修与编纂人员仅 6 人的比例而言，五年完成志书的编纂和交付出版，其速度不可谓不惊人，称得上修志界的"高铁速度"，是可以总结为经验供修志界借鉴的。

《绍兴市水利志》编修的"高铁速度"，诀窍在于长期积累，注重资料搜集（包括田野调查与文献收集），特别是强调夯实一系列水利成果基础，并把它转化为修志速度。在修志之前和修志之中，编纂者主动作为，汤汤水命，"志"存高远，推出了

《中国鉴湖（1—7辑）》《运河论丛·中国大运河水利遗产保护和利用战略论坛文集》《绍兴水利文献丛集（上、下）》《绍兴三江研究文集》《浙江禹迹图》等一系列成果。这些成果，既是志书长编或成书的一种体现，又是志书提速至关重要的一环。其事半功倍的效率和方法论意义，完全可以总结上升为修志经验推而广之。

《绍兴市水利志》不仅有"高铁速度"，而且有与速度相对应的质量。其速度与质量的高度统一，证明了此志书的成功是建立在严肃性和科学性基础上的。志书中，列举的参考文献便是佐证（古籍文献类52种，今人著作类115种，规划报告及总结类34种），亦说明了"只要功夫深，铁杵磨成针"的道理。

与浙江省其他市级水利志比较，虽同为章节体，但《绍兴市水利志》却释放出若干创新的强烈信号。无论是章下设定的广泛性（特别是章下设附录，多达17章46个附录。其体量，是其他省市级水利志单设附录的若干倍，具有涉及面宽泛、信息量大等特点，体现了志书资料价值的重要性），还是内容定位"详今明古"所具有的"标新立异二月花"意义。当然，《绍兴市水利志》表现的创新远不止这些，读者自可在类比之中见仁见智。

志书横陈百科，海量信息，挂万漏一是一个定律。《绍兴市水利志》自然在所难免，如在第三十八章《水利诗词（赋联）》中，便漏掉了朱彝尊辑录于《明诗综》的《绍兴民为汤绍恩歌》（又名《颂汤侯德政歌》）。

四、具有全景式展示绍兴水文化意义

绍兴通江达海，水利尤为发达，有江、河、湖、池、塘、溪、库、堰、井等蓄（流）水形态。其河网密布，达数千条河流，代表性的有山会平原水系、浙东运河水利和绍兴城内的长达2500年之久的护城河、环城河，构成了不断治理的对象。

由此而言，绍兴数千年来的治水过程，其实就是一次又一次兴水过程。这个过程，使绍兴的水利和科技文明创造不断升华，使绍兴城市不断走向兴旺发达。《绍兴市水利志》对此作全景式的科学记录，无疑具有"一部水利志，半部绍兴史"的时代意义。这个意义，呈现了一个长长的治水链，包括历代循吏的奋发有为和新时代加快全面治水的若干史事。其中，大禹治水不仅功毕绍兴，而且"禹迹天下"，在中华治水史上有着崇高地位（见第二章《大禹治水》）。对此的历史记录，《绍兴市水利志》在中国水利史上无疑是浓墨重彩一笔。

在书序中，冯建荣先生还感慨道："一部绍兴史，其实就是一部绍兴水利史。一部绍兴治水史，其实就是万千年来越人化害为利、避害趋利的水利史。而一部水利史，最后凝聚而成的是文化，是作为中华优秀传统文化重要组成部分的水文化。"的确如此，没有水利就没有绍兴，或者说绍兴是相当不完整的。由此推理，绍兴文化形

态的代表是"水",绍兴水城的灵魂是"水"。水与城休戚相关,成为统一体,即可谓"水兴则城兴,水名则城名,水美则城美"。

如此,在一定意义上,绍兴文化就像人体系统,各条水流是他的血液,各个水网是他的经络,各种水系是他的细胞。其中,三江闸工程(第一、二、三代)、古运河(绍兴段)、古鉴湖、环城河等流体,既是绍兴文化的典型标志,又是绍兴水城的根脉。要进一步弘扬绍兴文化,就必须进一步把水文化做大做强。

没有水网、水系、水脉、水流,就没有城市灵魂、灵气、灵动和良好生态。在这方面,《绍兴市水利志》除强调水利环境治理、水利建设、水利管理、水利科技、水政等内容的表达,还格外注重水利人物、水利学术、水利文化、水利文明的探索和叙述,释放了若干关于水利人物、水利学术、水利文化和水利文明的信息,构成了书的一大特色。特别是《绍兴水城》《水文化》《水利遗产》《人物》《水利著述》《水利诗词(赋联)》等专章的设置,逻辑严密,水到渠成,强调绍兴水的特殊性,凸显了绍兴水的魅力。

除卷首之外,书中的 36 插页逾百幅图使上、下卷内容构成了"图文并茂"的格局,这是若干省市级水利志无法相提并论的。志书的图文并茂,增强了文献性,丰富了可读性,系《绍兴市水利志》不能不说的又一个亮点。

五、具有浙川交流时代意义

为贯彻习近平总书记对深化东西部协作的批示,5 月 19 日至 20 日,四川省党政代表团赴浙江考察学习时,交流了"扎实推进新时代、新阶段浙川东西部协作和深化合作,共同开创贯彻新发展理念推动高质量发展新局面"的战略思路;6 月 17 日至 18 日,浙江省党政代表团赴四川学习考察时,交流了"全面续写新时代浙川一家亲新篇章"的战略思路,并在 6 月 21 日的浙江省委常委会上提出了"以更高标准推进浙川东西部协作和交流合作,取得更多标志性成果"的要求。由此,乘势而为,登高放眼,高质量发展浙川协作和深化合作已成为两地新时代的共同使命,具有迫切性、必要性和重要性。

绍兴,持有"东亚文化之都"跨国名片,是国务院批复确定的中国具有江南水乡特色的文化和生态旅游城市,也是杭州都市圈副中心城市,自然在浙江省区域中举足轻重,系浙江的重要组成部分。

从地理位置上而言,绍兴与四川一个在东,一个在西,相隔千里。但从治水兴水而言,两地的交往却源远流长,特别是具有历久弥新的"生死之交"和"汤公情深",不乏浙川两地"一家亲"的表征。在历史长河中,这个"表征"是不可以复制的资源,也是书写新时代浙川"一家亲"代代赓续与交流合作迈向新台阶的重要节点,甚至是圆心点。由此，特别建议：两地有关部门携手，共同策划一个站位高、能落地的实施方案。（目前，绍兴市与四川汶川、北川的水利、文旅部门就大禹文化有互动，绍兴市水利、文旅部门与笔者就汤绍恩有一定交流，但均亟待上升为浙川两地的战略思考并纳入合作交流范畴。）

所谓"生死之交"，是指大禹出生于四川，毕功于绍兴（详见书中第二章《大禹治水》等）。所谓"汤公情深"，是指"天生安岳福越人，堕地嘉名日月仰"的明代绍兴知府汤绍恩（四川安岳人，入《明史·循吏传》，所建三江应宿闸江海两治，具有绍兴明代一部断代史大事记的唯一记录。详见绍兴市博物馆《绍兴历史大事记》与本书第十五章《三江闸》、第三十六章《人物》、第三十八章《水利诗词（赋联）》等）。汤绍恩是大禹治水集大成者，其历史影响具有"公缵禹功""禹稷同功""智侔神禹""功垂禹绩侔""公之恩泽，洵不在禹下""凿山振河海，千年遗泽在三江，缵禹之绪"等高度评价。

浙川两地正在努力贯彻习近平总书记倡导的"新发展理念"和"高质量发展"指示精神，大禹和汤绍恩无疑是东西部（绍兴与四川）协作转化为深化合作的桥梁。放大大禹在川绍两地的"生死之交"与"汤公情深"品牌效应，活化其资源，创建新的旅游和产业模式，共同书写浙川联袂整合大禹、汤绍恩的新篇章（甚至可以联合建于杭州的中国水利博物馆，整合资源，上升至国家水利文化层面），这不能不说是一个值得抓住的机遇。

特别是大禹治水，披九山，通九泽，决九河，定九州，其功伟哉，名满天下，在中国有强大的影响力。其理想、智慧、精神、意志、毅力和为民谋福祉的核心价值观等，已成为中华治水兴水的符号，甚至是中华治水兴水的灵魂，在华夏治水史上享有不可动摇的中流砥柱地位。2006年4月，时任浙江省委书记习近平在对公祭大禹陵活动作出的批示中指出："大禹以其疏导洪患的卓越功勋而赢得后世敬仰，其人其事其精神，展示了浙江文化的魅力，是浙江精神的重要渊源。公祭大禹陵对于坚持以爱国主义为核心的民族精神和以改革创新为核心的时代精神，对于弘扬与时俱进的浙江精神，对于加快建设文化大省，都是有益的。"（载《浙江日报》，2006年4月3日）

此外，还可以链接大禹、汤绍恩出川入绍与陆游的出绍入川。此"出入"也是浙川交流的一篇好文章，系两地策划活动的优质载体。陆游为绍兴人，踪迹四川八年，在蜀有相当影响，在成都杜甫草堂中，他被奉为"一代两宋贤"之一（另外一贤为黄庭坚），崇州还建有浙川两地唯一的陆游祠。陆游虽不是治水者，但他却是大禹治水的评论者，所著《禹庙赋》便是佐证。随着交流合作的不断深化，有关大禹的"生死之交"无疑是浙川交流不可替代的节点，也是两地交流合作的"标志性成果"之一。

以水为媒，凭志搭桥。如果就浙川交流合作作一番深度讨论，还可以将蜀人苏东坡修筑西湖"苏堤"联系起来，以提升更大层面的整合，引发新的水文化效应（大禹、苏东坡均系水利部 2019 年 12 月公布的全国第一批"历史治水名人"）。如是，《绍兴市水利志》的"志"存高远便有了更为广泛的资政意义和时代意义，即成为浙川以"水"为媒交流合作的新载体和新起点（浙江省人民政府设有"大禹杯金奖"，四川曾提出"治水兴川"方略以及"治蜀必先治水"规律），以为浙川两地党委、政府提供宝贵的探索经验与决策参考。

总之，《绍兴市水利志》的多元意义绝非上述，这里只是蜻蜓点水而已。在综合价值考量上，《绍兴市水利志》绝对属于——"接天莲叶无穷碧，映日荷花别样红"的那条旖旎风景线。而这条风景线，随着读志用志走向深邃，将更加壮观和绚丽，并使人赏心悦目。

读志 用志 修志

——《绍兴市水利志》读后感

李能成

为什么要修志，如何修志？这是每一个修志者必然面对的问题，虽然方志理论著作和地方志的法规文件已有现成的答案，但在实际操作过程中未必完全能理解其精神实质。笔者也常读一些方志方面的理论著作和现有地方志的法规文件，也阅读一些旧志，清代方志学家章学诚在《记与戴东原论修志》一文中讲道："夫修志者，非示美观，将其实用也。"而民国方志学家寿鹏飞在他的《方志通义》中则说："纂志必先定志义。"志义则应"正人心，敦风尚，明正谊，重治规，穷兴衰之由，陈利弊之要，补求时政之阙失，研求民生之枯荣，……足为治理龟鉴。"而李铁映同志 1997 年 8 月 20 日在全国地方志颁奖大会上更明确指出："修志的目的在于用，不仅为当代人用，也为后代人用。志书所以具有保存价值，就因为它有使用价值。"也就是说，修志的目的在于"资治"与"教化"，"资治""教化"是志书的最基本属性，通过志书编纂，达到知往鉴来，以启未来。那么《绍兴市水利志》编纂如何在"资治""教化"方面下功夫的呢？本文就《绍兴市水利志》（图 1）在这方面的内容谈一些认识。

图 1 《绍兴市水利志》书影

一、《绍兴市水利志》重要特色

《绍兴市水利志》由绍兴市水利局、绍兴市鉴湖研究会联合编纂，是绍兴市有史以来第一部地级市专业水利志。全面梳理了绍兴境域内水利建设发展的历史脉络，记载自然环境沧海桑田的变迁以及人民顺应和改造自然，治江河、建水城、凿运河、修湖库、筑海塘、置水闸、畅交通、除污染、抗灾害，还记载了域内水利建设发展过程、治水方略、基本规律及重点特色等。全志共 230 万字，分为上、下卷共 38 章，从追溯史前的"海侵及影响""大禹治水"的历史写起，然后分别为地域与行政建置、地质地貌、气象水文、水系、资源、灾异、水利前期、蓄水工程、鉴湖、汤浦水库、海塘、水闸、三江闸、曹娥江大闸、围涂、引水、水力利用、河道整治、灌溉治涝、浙东运河、绍兴水城、城乡供水、水土保持、水环境治理、防汛抗旱、水利机构、工程管理、水政、综合经营、水利科技、水文化、水神祭祀、水利遗产、人物、水利著述和水利诗词（赋联），卷首有图、序、凡例，章前有概述和大事记，卷末为参考文献和后记。全书以志为主，述、记、传、录、表、图诸体并用，同时在篇目结构安排上有所突破，有前置和升格，从而彰显绍兴水利的地方特色、时代特征和专业特点。

（一）地方特色突出

且先不论志书的内容，仅从志书的篇目也可看到鲜明的地方特色。《绍兴市水利志》从"蓄水工程"中升格了"鉴湖""汤浦水库"；在水利设施的"水闸"中升格了"三江闸"和"曹娥江大闸"；又专门设置"绍兴水城"，毫无疑问，志书的地方特色就突出出来了。鉴湖曾经是绍兴的一张名片，如今经常把"稽山鉴水"作为绍兴的代名词，这"鉴水"指的就是鉴湖，鉴湖水利工程的历史悠久，虽然大部分已经湮废，但在南宋以前，鉴湖造就了山会平原长时间富饶的"鱼米之乡"。南宋以后，尤其是明中后期"三江闸"的建造和海塘的修筑，鉴湖蓄水的功能为三江闸所替代，所以南宋时期"复田为湖"说逐渐销声匿迹。但将"鉴湖"升格为章，以及后面的"三江闸"升格为章，皆凸显这两项古代水利工程曾经对绍兴经济社会发展中发挥的重要作用。至于"汤浦水库工程"则事关绍兴市区（越城、柯桥、上虞）的饮水工程，"曹娥江大闸"是中国涌潮河口地区第一大闸，是浙东水资源配置的重要枢纽工程，因此也将它们升格为章。而专设"绍兴水城"一章，则显示绍兴这座古城与水的密切关系。绍兴古城是著名的水城，自范蠡建城以来，至唐代中期已基本形成水城格局，而至南宋时，府城之内，已形成街随河走，河随街流的"一街一河""一河两街"及"有河无街"的街河布局。至清末，城市河网更臻完善。光绪十八年（1892），城内有河道 33 条，总长约 60 千米；石桥 229 座；大小湖池 27 处，总面积约 35 公顷。构成"三山万户巷盘曲，百桥千街水纵横"的典型水城。虽然清末以来，古城内的河道或被填埋，或转为暗河，但仍保留总长 32 千米的 18 条河道及 84 座桥梁构成的河湖系统。

（二）时代特征鲜明

国内许多地方也都编纂过水利专志，如 1996 年出版的《苏州水利志》、2005 年出版的《安阳市水利志》、2006 年出版的《无锡市水利志》以及《宁德市水利志》等，这其中与绍兴市相埒的就是苏州市，都是有着 2000 多年历史的历史文化名城，也都是江南水乡和水城，但是由于《苏州水利志》编纂出版时间较早，文字规模大约在 100 万字，虽然《苏州水利志》的篇目安排专业性颇为突出，但其局限性十分明显，其水利基本上还属于传统意义上的以农业水利为主。《水利志》编纂稍迟于苏州的安阳市（位于河南省），历史十分悠久，著名的红旗渠就在其境域内，《安阳市水利志》共 12 篇，其中前七篇下设章共 32 章，并专门为"红旗渠"设篇，彰显其地方特色；第九篇为"城市水利"，也显示与传统意义上的水利有所发展。而《绍兴市水利志》不仅记述传统意义上农业水利，包括防洪抗旱、灌溉以及水系、水资源、水力利用等，还大量记载了随着工业化、城市化进程加快，城乡供水、水环境治理、综合经营、水利科技等富有时代特征的现代水利，这些篇目的设置较好地体现了绍兴水利的时代性特征，从而也表明水利已不仅仅是"农业的命脉"，更是"国民经济和社会持续稳定发展的重要基础和保障"。而在具体内容的记载上如大型水利设施的建设，其前期的调查研究、规划制订与论证、工程的实施过程和管理，则时代特征更加鲜明。

（三）专业特点显著

关于这一点，首先可以从篇目的名称上知悉，除地域与行政建置、地质地貌、工程管理、综合经营、人物等少量章的名称没带有"水"或"水利"字样外，其余 30 余章皆有"水"或"水利"作为前缀词，而没带"水"或"水利"字样的，其从内容上看也主要是与"水利"相关。如地质地貌章的记载，河网密度的大小与地区的气候、岩性、土壤、植被覆盖等自然环境以及人类改造自然的各种措施有关。在相似的自然条件下，河网密度越大，河水径流量也越大。同时，地质地貌会影响水利工程建设，地质地貌会影响一地的水旱灾害等。《绍兴市水利志》还专设"工程地质"一节，专门从"类型与分布""分区"及"地震活动影响及地壳稳定性"等方面进行记述，便于人们在建设水利设施时进行参考，同时也便于人们对水旱灾害防治，这对于水利事业建设和发展至关重要。比如"鉴湖"，位于萧绍平原，其汇水地区主要是南边会稽山区，共三十六源。据《绍兴市水利志》载："会稽山属于浙东低山丘陵的一部分，山丘南高北低，南部一般为 350～400 米，向北逐渐降低，至平原一般为 4.5～5.5 米，沿海又略高，高差约为 1.5 米。由于江山—绍兴大断裂的影响，南部山丘和北部平原之间在山前近东西向界线比较明显。北部平原区除去零星散布的凝灰岩组成的基岩残丘之外，余皆为冲积、淤积、海积而成的坦荡平原。南部低山丘陵多为远古代、古生代的砂岩、白云岩、灰岩、硅质岩，中生代的火山岩、闪长岩、花岗岩所组成。这些岩石及构造，除对流域内的地貌发育有一定的影响外，对流域内的河流、湖泊水质也有一定影响。会稽山向北延伸，呈北北东向相互平行的岗丘谷地，发源于南部低山区的夏履江、型塘江、漓渚江、娄宫江等河流沿岗丘之间的谷地向北流向萧绍平原。"而且据地质调查揭示，海侵极盛时，整个宁绍平原为一片浅海，海水直拍南部山麓，之后随着海退，这片浅海上自南向北沉积而成了今日的宁绍平原，并留下大量的湖泊，最初是潟湖，后逐渐转化为淡水湖，其中也包括鉴湖的前身——庆湖。再如明代"三江闸"的选址，知府汤绍恩登望海亭，"遍观地形，以浮山为要津，卜闸于此。"又相地形于浮山南、三江之城西北，见东西有交牙状，度其下必有石骨。令工掘地数尺余，果见石如甬道，横亘数十丈。公始快然曰："基可定于斯，事可望其成矣。"汤绍恩选定的建闸之地，原非河道，是两山之间的一块平地之下，山石相连。这也是大闸较快建成的重要原因之一。

从鉴湖的形成及明代三江闸的建成看，地质地貌对水利及设施的建设关系甚大。因此，水利志的地质地貌中专设"工程地质"是十分必要的。

二、《绍兴市水利志》编纂启示

（一）知往鉴今，以启未来

作为一部全面系统地记述本行政区域水利事业发展的历史与现状的资料性文献的志书，《绍兴市水利志》不仅十分详尽地记录了有史记载以来与绍兴水利事业相关的内容，而且还收录境内大量水利设施图片。这些文献性资料及水利设施图片可为后世提供借鉴。

关于鉴湖，志中专设一章，下设十节，其中第八节"鉴湖湮废"，鉴湖大规模湮废主要在两宋间，《嘉泰会稽志》有曾巩的《鉴湖图序》、徐次铎《复鉴湖议》和陈橐《上傅崧卿太守书》，万历《绍兴府志》还增加绍兴通判王十朋《鉴湖说》，大多叙述了"鉴湖湮废"的过程及其危害，"废湖为田"虽然农田有一定增加，但是也造成山会平原水旱灾害的增加。《绍兴市水利志》中特别罗列了宋代绍兴地区的水灾和旱灾，其中水灾 45 次，旱灾 17 次，而就两宋比较，无论水灾还是旱灾，北宋明显大大少于南宋；水灾：北宋 167 年中 7 次，南宋 143 年中多达 38 次；旱灾：北宋 1 次，南宋达 16 次。可见"鉴湖湮废"对山会平原的影响。其实不仅是山会平原的鉴湖，上虞境内的夏盖湖也是如此。不过"鉴湖湮废"对山会平原构成的危害和造成的不利到了明代有所变化，因为明代嘉靖十六年（1537）绍兴知府汤绍恩主持兴建了三江闸，完成了绍兴平原新的水利调整，水旱灾害也得以减少。以至于张元忭在编纂的万历《绍兴府志》中如此说："忭按曾（即曾巩）、王（即王十朋）、徐（即徐次铎）三公之议，非不凿凿可听，然在当时已窒碍不可行，至今又数百年矣。无论二千顷之膏腴，民命所赖，即庐舍坟墓于其上者，无虑千万家，若尽铲而为湖，是激洪水于平世也。且昔之为湖者将以蓄水耳，今既有海塘，有三江闸，谨修筑时启闭，可永无患，而又蓄此二千顷之水，徒以鱼鳖，兹土将安用之哉？"

"鉴湖堙废"对山会平原曾经构成的危害和造成的不利给后世的启示，在尚未完成新的水利调整情况下，一次有较大盲动性和放任性的变迁，不仅损失区域内水利资源，也会给后世水利、生态环境和资源的需要带来巨大影响，此类教训值得后世借鉴。

（二）文以载道，以文化人

《绍兴市水利志》不仅大量记载绍兴水利史上物质文明，即诸多"民命所赖"的水利工程和设施，如鉴湖、汤浦水库、沃洲湖水库、三江闸、曹娥江大闸，诸如曹娥江、浦阳江、浙东运河，诸如绍兴城区环城河和各区（县、市）的城防工程，诸如20世纪60年代以来大规模的围涂工程，等等。同时也十分重视对人文的记述，诸如水文化、水神祭祀、水利遗产、水利人物以及水利著述、水利诗词（赋联），当然还包括第二章的"大禹治水"等，尤其是历代治水人物的治水精神，足为后世提供精神力量。

大禹在越治水的历史传说在占代普遍流传，见之于众多的史籍文献记载。大禹治理滔滔洪水，使人们安居乐业；治理了水患，也使农业生产有了进一步的发展。所以禹死后，江南一些地方的民间把他作为神祇来崇拜，据《吴越春秋》记载，早在夏朝初年就建庙宇。其后江南各地庙宇很多，香火也极旺盛。这方面从《绍兴禹迹图》和《浙江禹迹图》中可以得到印证。当然"禹迹"最为著名的便是会稽山下禹陵禹庙，《史记·秦始皇本纪》载有秦始皇于三十七年（前210）到越地，"上会稽，祭大禹，望于南海，而立石刻颂秦德。"大禹治水的传说在越地产生了广泛的影响，尤其在精神上影响着绍兴历代治水功臣崇尚和实践"献身、负责、开拓"的大禹精神，正如习近平同志在2006年4月2日《绍兴日报》所撰的《祭禹陵，续文脉，明荣辱》一文中所云："大禹以其疏导洪患的卓越功勋而赢得后世景仰，其人其事其精神，展示了浙江的文化魅力，是浙江精神的重要渊源。"

禹之后，境域内治水最为有名的是东汉的马臻和明代的汤绍恩。

马臻，字叔荐，东汉会稽山阴人，一说茂林人。永和五年（140）任会稽太守。时治所山阴，水涝为患，民无所依。为兴利除害，经艰苦考察，制订总纳会稽山北部36源之水为湖之宏伟规划，发动民众，以工代赈，主持修建东至曹娥江，西至钱清江，全长127里，周358里之鉴湖水利工程。工竣，使整个会稽山北部平原免遭洪水之苦，又得灌溉之利，曹娥江以西约9000顷土地，收成大增。宋人王十朋赞为"杭之有西湖，犹人之有眉目；越之有鉴湖，犹人之有肠胃"。鉴湖实为中国水利史上最早最大之水利工程之一。马臻筑湖，淹没豪门冢宅，侵犯豪门利益，遂以溺死百姓罪，列死人姓名，联名具状控告。臻蒙冤入狱，竟被朝廷处以极刑。越人悲愤不平，

497

将其遗骸由洛阳迁回山阴，于鉴湖边建墓立祠以祀。唐元和九年（814）重修，并置墓碑、牌坊，上刻"敕封利济王东汉会稽郡太守马公之墓"，又建马太守庙。后几经重修，保存至今。太守庙内，民间时有祭祀。

汤绍恩，字汝承，号笃斋，明四川安岳县人。历任户部郎中、安德知府、绍兴知府、山东布政使等。为我国古代著名的水利专家。嘉靖十四年（1535）知绍兴府。当时，会稽、山阴、萧山三县之水，均汇三江口入海。由于潮汐日至，拥沙堆积如丘。遇淫雨内潦，则内水被沙堆阻隔不能骤泄于外，致使良田淹没，水涝成灾。汤绍恩到任后，察看山川地势，了解河道流向，在彩凤山与龙背山之间倚峡建闸。历时9个月竣工，全闸28孔，长310尺，并在闸外加筑大堤，形成外扼潮汐，内主蓄汇的三江水系。从此，改变了三县水利状态，对发展农业、渔业、养殖业、航运等具极大作用。为纪念汤绍恩的筑闸利民之功，后人在三江闸建汤太守祠，旧时有司春秋致祭。

"善治越者当以浚河为急。"除马臻、汤绍恩外，境域内还有一些官员诸如太守（内史、知州、知府）贺循、皇甫政、汪纲、戴琥、南大吉、萧良幹、王期昇、俞卿、李亨特，县令有上虞的朱衮、胡思伸，诸暨的刘光复、何文隆等，还有民间人士连仲愚等，这些官员或民间人士，无论是神是人，只要有益于百姓，百姓永远纪念，这也是历代统治者神道设教的重要原因。

（三）数年磨一剑，终成正果

《绍兴市水利志》的主编邱志荣曾经说，执笔编撰虽是近些年的事，但此事从动议开始已经历了30余载。在他牵头编撰《绍兴市水利志》之初，他在思索这样一个问题："没有水利，就没有今日之绍兴。但绍兴这样一个历史悠久、水利业绩伟大、名人辈出的区域，编写水利志这项工作在时间上为何落在了全省各地市之后？"后来，他想明白了：正因为积累深厚、内容丰富，意义深远、期望至高，编写的要求和难度不言而喻。邱志荣本人经常读志用志，又是地域水利文化的研究者，他研读绍兴历代方志中有关水利方面人、事、物，踏遍绍兴境域内重要的水利文物古迹，并出版《鉴水流长》《上善之水——绍兴水文化》《浙东运河史》等专著，主编了《浙东古运河——绍兴运河园》《绍兴——龙横江鹿湖园》《运河论丛——中国大运河水利遗产保护与利用战略论坛论文集》《中国鉴湖》（1—7辑）《绍兴三江研究文集》《浙东水利史论》《闸务全书三刻》，还参与编辑《鉴湖与绍兴水利》《中国运河开发史》中的浙东运河部分，任《绍兴水利文献丛集》副主编；负责《中国水利史典·运河卷》中《三江闸务全书》点校。这些为《绍兴市水利志》的编纂奠定了坚实的基础。

在他的编纂团队中，还有硕士毕业于浙江大学历史系的茹静文，是《绍兴市水利志》副主编，她负责将资料按志书篇目纂修起来，一般的志书多以编年体或纪传体的方法修纂，"但《绍兴市水利志》的目录是有特殊性的。虽然也是以时间顺序为主，但分门别类地把线索贯穿到每一个章节，同时交叉思维特别强。比如书中专题写了水闸、水库等，又把三江闸、曹娥江大闸、汤浦水库等几个在绍兴具有典型意义的水闸、水库拎出来，单独成章。"水利高级工程师魏义君，也是副主编，他说"在收集文字资料的基础上，我们还进行了大量的田野考察。有些水库、水电站因为经过了加固、翻新，其各项数据已经发生了变化，就需要进行实地测量，一一核实。不同的工程数据标准不一，需要进行换算，统一标准。"此外，还有一批热爱绍兴水利和水文化的学者也参与志书的编撰。

其间，还有郦学大家、方志学家陈桥驿，有中国水利水电科学研究院教授、中国水利史研究会名誉会长周魁一和中国水利水电科学研究院教授级高工、副总工，中国水利史研究会会长谭徐明以及《绍兴市志》总纂、研究员任桂全进行专门指导。

正因为有专家学者及编纂者的共同努力，《绍兴市水利志》无论在科学性、学术性以及人文记述上，还是在地方特色、时代特征及专业特点上，均有独到之处。它对于今后修志无论是综合志还是专业志都有一定借鉴意义，尤其是一些重要工程技术的科学记载，治水人物缵禹之绪的人文精神，对后世起到资政育人的作用。

特色和亮点：我读《绍兴市水利志》的感受

何宝康

（绍兴市文化广电旅游局）

阅《绍兴市水利志》，给我最深的感受是其中绍兴的水文化。浓墨重彩，深挖大写，绍兴独有的、非常重要的水文化，这是特色，更是亮点。

志书有志书的要求和规范，但志书同样应该有自己的特色和亮点。鲁迅先生赞誉司马迁的《史记》为"史家之绝唱，无韵之离骚"，正在于《史记》与此前所有的史书相比，有着自己的独特创新，贯通古今，网罗百代，开创纪传，极富文学。事实上，让人喜爱的史志，都有自己的特色和亮点。《绍兴市水利志》甫一问世，很受关注，多有好评，窃以为其中原因之一就在于它有自己的特色和亮点，而花大力气来写绍兴的水文化，就是它成功之处的一个方面。

水城绍兴，水乡绍兴，无论怎么说，水是绍兴之魂，水是绍兴的命脉，这是大家一直公认的。而绍兴的水更有着自己独特和深厚的文化。绍兴传统工业的"三缸"：酱缸、染缸、酒缸，都是水的延伸，水的深化。即使今天，绍兴的一切，依然都有着水的影子，水的精神。水文化，和绍兴的进步、发展密切关联。《绍兴市水利志》就是从绍兴的这个特征着手，在水文化上用功很多，用心良苦。可以说，水文化贯穿于全书，不但有水文化专章，而且每章每节都有水文化的反映和体现，这是相当不易的。

科学和奉献，这是绍兴水文化的精粹。治水、兴修水利，必须遵循客观规律，坚持科学精神；同时，更必须坚持为民兴利，造福于民。因此，必须有一颗奉献之心，而且必须持之以恒。有时，甚至需要贡献自己的身家生命。在绍兴的水利史上，这一直是一以贯之，代代传承。水利之利，就应该于民有利、有益、有助，因而值得大书特书。在《绍兴市水利志》中，对大禹治水、绍兴水城、鉴湖、浙东运河、三江闸、曹娥江大闸、汤浦水库、环城河以及古迁道、海塘等水利工程和治水成就，还有历代治水人的精神，辟有不少专章介绍。这是绍兴和绍兴水利的一大特色，也是这部《绍兴市水利志》的一大特色。这说说简单，但对于《绍兴市水利志》的编撰者来说，可是要下大决心，并且要花大功夫的。说到底，水利志，抒写水文化，是真的要点胆色和勇气，还要用心用功的。《绍兴市水利志》在这方面是有突破的。

正因为要充分突出绍兴的水文化，《绍兴市水利志》不拘泥于 2013 年这个编纂时间的下限，把 2014 年 6 月入选的世界文化遗产——中国大运河浙东运河的相关内容、2015 年 10 月入选的世界灌溉工程遗产——诸暨赵家古井桔槔、2019 年 7 月入选的世界文化遗产——良渚古城遗址等极为重要的信息，都收录于书中。这似乎突破了有关的规范，但却是很有价值、很有意义的，可以让我们对这些很富文化内涵的水利工程有更全面、更深入的了解和认识。这对我们追寻绍兴悠久历史，审视当代水利，走向新的明天，都是很有借鉴和帮助的。

是的，原先并没想到，读《绍兴市水利志》，读到了独有的绍兴水文化，让人颇有收益。这对一个有点喜爱文化的人，有点小喜悦：绍兴这个以江南水乡风光和历史文化著称的首批历史文化名城，水文化，熠熠闪光。

且看长卷画鉴湖

——《绍兴市水利志》出版的前前后后

徐霞鸿

（绍兴日报社）

由绍兴市水利局、绍兴市鉴湖研究会联合编撰的一部有着百科全书功能的区域水利类专门志——《绍兴市水利志》近日出版。

这是绍兴市有史以来第一部水利志，记载了 10 万年来绍兴地区自然环境沧海桑田的变迁，越地人民顺应和改造自然，历代水利建设的艰难困苦与水利科技所取得的伟大成就，揭示了在"山—原—海"的特有地理环境中，绍兴水利建设的发展过程、治水方略、基本规律以及重点特色。

编撰 5 载，动议至今却已 30 余载

"绍兴是地质运动而致的水乡泽国。这种山地丘陵兼备、台地盆地相融、平原河网一体的地貌，恰似一幅错落有致、旖旎多彩的自然风景画。绍兴的一切，便由此而生。"绍兴市政协党组副书记、副主席，绍兴文史馆馆长冯建荣为《绍兴市水利志》写下了一篇近 3 万字的长篇序文，文章的开头，他就用这样一段科学又富有诗意的文字阐述了"绍兴因水而兴"的观点。

在他看来，千万年来，生活于水乡泽国的越人，十分珍惜先天水缘，并将这种缘分的作用，发挥到了淋漓尽致的程度。他们学习和顺的水德，发扬变通的水性，追求最大的水利，治江河、建水城、凿运河、修湖库、围海涂、筑海塘、置水闸、畅交通、除污染、抗灾害，创出了一部以避害趋利为旨归的开天辟地、惊天动地、翻天覆地的越人水利史。

"越地及中华大地上时间最早、规模最大、影响最广的治水活动，莫过于 4000 多年前的大禹治水。而绍兴这座城市，完全称得上是因水而兴的杰作，据水而强的标杆，由水而彰的典范，是越人治水的巧夺天工之作。"冯建荣说。

"可以说，没有水利，就没有今日之绍兴。但绍兴这样一个历史悠久、水利业绩伟大、名人辈出的区域，编写水利志这项工作在时间上为何落在了全省各地市之后？"牵头编撰《绍兴市水利志》之初，绍兴市鉴湖研究会会长邱志荣一直在思索这样一个问题。后来，他想明白了：正因为积累深厚、内容丰富，意义深远、期望至高，编写的要求和难度不言而喻。

幸好，绍兴是名副其实的方志之乡。"据考证，绍兴古代有方志 146 种，名胜游记 284 种，水利专志 141 种，人物志 69 种等……总共 1400 余种。"邱志荣说，因为绍兴是水乡，水在绍兴有着特殊的作用和意义，所以，这些方志中一般都有水利记述，而且其内容多、记述详，是绍兴水利史、水文化上的丰厚遗产，这正是此次编写《绍兴市水利志》的重要基石。

事实上，《绍兴市水利志》执笔编撰虽是近些年的事，但此事从动议开始已经历了 30 余载。"此间的光阴并未虚度，绍兴同志积累了大量的水利研究成果，为这部水利志铺垫了广泛的基础。"中国水利水电科学研究院教授、中国水利史研究会名誉会长周魁一全今还记得 1990 年在绍兴召开的"纪念鉴湖建成 1850 周年暨绍兴平原古代水利学术研讨会"。在那场研讨会上，不仅形成了"没有水利就没有绍兴"的共识，同时影响和培养了一批热爱绍兴水利和水文化的学者及热心参与并涉猎广泛的同好，还出版了许多有影响的著述。"在这个过程中，绍兴市水利局牵头，联合社会各界贤达，成立了绍兴市鉴湖研究会这个学术组织，促进了绍兴水利史志研究的广泛和深入开展，这些成果成为《绍兴市水利志》编撰的坚实基础。"

在周魁一看来，现代水利成就是《绍兴市水利志》当然的主体。2011 年落成的滨海曹娥江大闸，其功能之显著、设备之完善、技术之先进，令参观者倾倒。类似的现代大型工程还有小舜江上的汤浦水库，钱塘江上的引水工程等，都有着各自的重要功能和光辉。在这许多大型现代水利工程实践和史志研究实践的基础上，编撰《绍兴市水利志》可谓水到渠成。

"我们正式启动《绍兴市水利志》的编撰是在 2015 年，总共用了 5 年的时间完成。"邱志荣说。

230 万字，绍兴水利百科全书

1301 页，230 余万字。全书分上、下两卷，共 38 章。

在通读了这部《绍兴市水利志》之后，中国水利水电科学研究院教授级高工、副总工，中国水利史研究会会长谭徐明作出了这样的评价："《绍兴市水利志》是有百科全书功能的区域水利类专门志。"

"绍兴拥有丰富的水利遗产，是可持续古代水利工程留存集中的区域。以大禹陵为代表的禹迹，仍在发挥水利功能的浙东运河、萧绍海塘，分布于城乡的斗门、堰坝、陂塘、桔槔井灌工程，绍兴这些众多的水利遗产，见证的不仅是一个区域的历史，而且是密切关联的中国历史和水利史的若干环节；呈现的何止是古代水利的文化和技术价值，而且是当代和未来探寻人与自然和谐共处的鲜活案例，是以水为中心的区域，在自然与社会相互影响和制约下，生动丰富的人文及地理景观。"谭徐明说。

"特别厚重。从这部书的体量来看，甚至比一些省水利志还要大。这也说明绍兴水利史的源远流长。一般的城市写到5000年前就会有点心虚，但绍兴从10万年前一直写到2013年，每一部分内容都非常扎实。"作为《绍兴市水利志》的特邀审稿，中国水利报社原副总编辑、中国水利水电科学研究院水利史研究所特聘教授、水利遗产保护与研究国家文物局重点科研基地专家张卫东，通读此书至少有三遍。

在他的眼里，《绍兴市水利志》不仅部头大，视野也十分开阔。"它没有仅仅局限在绍兴这一个地市的范围内，而更像是一个中国水利史的缩影，给人一种窥一斑可见全豹的感觉。"张卫东说，他还有一个感受，就是绍兴的这部水利志写得特别细致。从古至今，分门别类，娓娓道来。

另一位特邀审稿，《绍兴市志》总纂任桂全也对这部《绍兴市水利志》的评价颇高。"这是一部很有价值的志书。首先，这是绍兴全市第一部水利志，对绍兴治水的历史进行了系统的梳理。其次，从志书的角度来看，材料非常全面，其中有许多内容是一般水利志不会注意到的，比如对于城市水利的关注。"任桂全认为，绍兴提城市水利是有充分理由的。

"绍兴是水城，水城和水利是密不可分的。绍兴城为什么2500余年城址不变，其中一个重要的原因是绍兴城里没有过大的火灾。33条河，把8.32平方公里的绍兴城分割成一两百个有水包围的小方块，即使一地发生火灾，也不会蔓延开来。同时，一旦火灾发生，随时随地有水可取。"任桂全说，据历史记载，同样是宋朝，杭州城的一场大火烧了4天4夜，烧毁了房屋5万多间。而绍兴最大的一场火灾，也只烧毁了400多间房屋。

"看了这部《绍兴市水利志》，我对绍兴水城的理解，更深了一个层次。"任桂全说，《绍兴市志》中虽有水利卷，但文字最多也就10万字，并不完整与全面。

作为《绍兴市水利志》的责任编辑，《中国水利史典》编委会办公室编辑戴甫青更是深有体会。"《绍兴市水利志》体量之大，在一般的地市级的专志中极为少见。但该书大而不冗，因为绍兴'山—原—海'的地理环境格局决定了绍兴水利的多元化，加之绍兴有着悠久的历史与深厚的水利史，这就决定了《绍兴市水利志》体量必然要大，否则，有言犹未尽之疑。"戴甫青说，《绍兴市水利志》不仅"大"，还有"长""博""精"等特点。

"长"主要体现在时间跨度长。无论是史前的水利遗址，还是大禹治水的传说，以及有明确历史记载的治水史，其源远流长，积淀深厚。不"长"，则无法突出绍兴水利的历史脉络与文化传承。

"博"主要体现在《绍兴市水利志》的结构设置。从史前水利、大禹传说、鉴湖兴废、海塘工程……直至当代水利的治理与水文化的建设、水利史与水文化的研究，洋洋洒洒，可谓大观。

"精"则主要体现在水利史与水文化研究的精深上。既有传统史志的客观与翔实，又在水利史、水文化的传承、弘扬上有所突破。尤其是在大禹文化与鉴湖的研究方面，极为精深。

"一方面固然是因为绍兴得天独厚的历史文化资源优势，另一方面也是主持该书编纂工作者的专业与敬业使然。"戴甫青说。

独具特色，内容体例均有创新

"眼下各地编撰志书甚多，但水利志并不多见。《水经注》特别提出：东南地卑，万流所凑"，故水利志实为这个地区的重点，必须成为此区志书中的'大志'。由于从晚更新世以来，这里曾经有过三次水文的剧变，所以绍兴市水利志的修纂，事涉地质学、地史学与第四纪学。为此，修纂绍兴市水利志，首先要从修志队伍抓起，仔细研究，全面考虑，求精而不求快，才能修成一部值得藏之名山，传之其人的优秀水利志。"这是2015年1月13日，陈桥驿看完《绍兴市水利志》的大纲后写下的建议，他还郑重地在这些建议后面敲上了自己的印章。

《绍兴市水利志》的大纲拟定之初就征求了有关领导和专家意见，其中就有浙江大学终身教授、著名历史地理学家、"郦学泰斗"陈桥驿。

"《绍兴市水利志》实际上是众多专家、学者集体研究成果的综合。"邱志荣说，他们在编撰《绍兴市水利志》的同时，还完成了《中国鉴湖》(1—7辑)，《运河论丛·中国大运河水利遗产保护和利用战略论坛论文集》，《绍兴水利文献丛集》(上、下)等学术论著。这些论著，后来都成了《绍兴市水利志》的重要附录内容补充，也为这本志书的编写奠定了坚实基础。

"书中，既有对以往志书编写体例的传承，也有形式和内容的创新，诸如水文化、水环境、城市水利、浙东运河、水利遗产等，都有较成熟的实践和开创。"邱志荣说。

"一般的志书多以编年体或纪传体的方法修纂，但《绍兴市水利志》的目录是有特殊性的。虽然也是以时间顺序为主，但分门别类地把线索贯穿到每一个章节，同时交叉思维特别强。比如书中专题写了水闸、水库等，又把三江闸、曹娥江大闸、汤浦水库等几个在绍兴具有典型意义的水闸、水库拎出来，单独成章。"硕士毕业于浙江大学历史系的茹静文，是绍兴市水利局为《绍兴市水利志》编撰特招的工作人员，也是《绍兴市水利志》副主编。

她说，除了体例上的创新，《绍兴市水利志》的另一个创举是对于水文化的特别关注。比如书中有单独成章的《水文化》《水神祭祀》与《水利遗产》等。"以前的水利志多以介绍工程为主，但《绍兴市水利志》还体现了水文化研究与实践，这也是绍兴独具特色的一个重要部分。"

"志书不写半句空"，言必有据，注重原创和野外考察，则是《绍兴市水利志》在编纂工程中始终坚持的学术性原则。对于这一点，《绍兴市水利志》的另一位副主编、老水利高工魏义君深有感触。"在收集文字资料的基础上，我们还进行了大量的田野考察。有些水库、水电站因为经过了加固、翻新，其各项数据已经发生了变化，就需要进行实地测量，一一核实。不同的工程数据标准不一，需要进行换算，统一标准。"魏义君说，这种工作不仅难度大，工作量也大。这5年来，他们的足迹几乎遍布绍兴所有的山山水水。

"难能可贵的是来自繁杂的工程档案、文件资料等，通过采集、鉴定、筛选、整编等程序，经过撰写者的分析归纳，将绍兴水利史系统全面地呈现出来，将当代水利建设之工程与管理的历史呈现出来。"谭徐明说。

经世致用，水善利万物而不争

"有着现代科技的背景，当代水利建设的硕果，有着绍兴传统文明和出色的史志文化熏陶，本志可以多维度解读绍兴当代水利及其优秀传统，成为视野开阔、内容丰富的著述。"周魁一在序言中这样写道。

"于历史是总结，于未来是借鉴。追寻绍兴悠久的历史及其成败优劣，审视当代水利的价值取向，《绍兴市水利志》为读者提供了通达的路径，无论是对区域水利的认知，还是对一事一物的把握。"谭徐明更是在序言中直言此书的现实意义。

水善利万物而不争。实际上，这个修志的过程，确实就是一个经世致用的过程。"这些年来，我们一边修志，一边开展绍兴黄酒水源地研究，三江闸水利环境保护研究，水文化理论和实践探索，《绍兴禹迹图》《浙江禹迹图》的编制，浙东运河申遗以及文化园场内、场外文本的主编等，均取得成功实践并得到广泛好评。"邱志荣说。

以绍兴黄酒水源地研究为例，2014年古越龙山陷"水门事件"之时，作为中国水利史研究会副会长、绍兴市鉴湖研究会会长的邱志荣，追溯会稽山"三十六源"，开展绍兴平原河网水系变迁的历史和现状分析，论证了绍兴酒用鉴湖水酿制、品质可靠的事实。

此外，还有2015年关于三江村的拆迁及保护引起的社会广泛关注，也因为邱志荣发表的专业论点阐述而停止了争议。"三江是大自然对绍兴的厚赋，绍兴平原形成和文明发展就在三江潮起潮落的演变中铸就。"邱志荣提出，明代三江所城建设的目的和性质是一个军事设施，核心价值是城及军事遗存。规划在这一区域建遗址园，最好的保护是迁走居民，还地于城。这种有以学术为支撑的正本清源、科学论证，最后赢得了社会各界、民居的理解与支持。

无用之有用，由于水利志编写形成了坚实的理论研究和丰富的实践基础，还使得这个编写团队在我国水工程考古、河长制研究、水文化传播、历史治水名人介绍、水利灌排遗产申遗中成果不断，在全国水利界有着较高的学术地位和良好的声誉。

"善治越者当以浚河为急。"邱志荣认为，《绍兴市水利志》必将在"资政、存史、教化"中发挥久远和积极的作用。

（原载《绍兴日报·新周刊》2021 年 6 月 16 日）

《禹迹图》献词

范子烨

（中国社会科学院）

　　自 2018 年大禹陵公祭首次发布《绍兴禹迹图》以来，先后有《浙江禹迹图》和《汶川禹迹图》问世，同时还有《日本禹迹图》的出现，而中日学者精诚合作的《东亚禹迹图》也在积极谋划之中。

　　《禹迹图》的创制和编纂具有重要的现实意义和深远的历史意义。

　　梁启超《孔子改制考·创教篇》云："洪水者，大地所共地。人类之生，皆在洪水之后，故大地民众，皆区萌于夏禹之时。"大禹治水，奠定了华夏文明的基石。五千年历史，禹风浩荡，禹魂长存，中华民族在大禹精神的指引下，生生不息，创造了辉煌的文明。《尚书大传》曰："天与禹，洛出书，神龟负文而出，列于背有数至于九。禹遂因而第之，以成九类，常道所以次叙。"在平定水患之后，禹乃定天下为"九州"，即《尚书·禹贡》所说的冀、豫、雍、扬、兖、徐、梁、青、荆。大禹还用九州之长贡献的金属铸成九鼎，成为九州方圆和国家政权最高贵的象征以及禹卒之后几代君王的传国之宝。

　　禹迹积淀了大禹治水的精神。举凡传说故事，陵、庙、祠等纪念性建筑，石刻、

图 1　绍兴大禹陵
大禹像及楹联

摩崖、雕塑乃至祭祀、习俗以及自然山湖实体等，无不激扬着此种精神（图1）。大禹文化已经成为中华民族精神信仰的一个重要组成部分。此种精神信仰是民族文化的象征，不仅深化了我国当代文化的建构，而且引领着我国文化发展之未来。以大禹精神为核心，我们自当恪守民族文化之本位，融通世界文化之潮流，从而为我民族之发展创辟新机。"禹行山启路，舜在邑为都。"（唐人宋璟诗）"井邑观秦野，山河念禹功。"（唐人孙逖诗）茫茫禹迹，浩浩神州。壮哉，《禹迹图》！美哉，《禹迹图》！

壮哉！夏盖山

戴哲恒

（绍兴市鉴湖研究会）

老家地处虞北，距离虞北第一高峰——夏盖山仅 7 里路程。

俗话说"物以稀为贵"，说它稀罕，因为这是上虞北端区域（包括沥海、崧厦、盖北、谢塘在内）唯一的一座山，远远望去，形如镬盖（图 1）。

图 1　夏盖山

夏盖山的得名，要归功于一位历史人物——大禹，那么，地处杭州湾畔的夏盖山怎么会与夏朝开国君王大禹有着关联呢？

相传，昔日大禹为治理洪水，曾在此山一带驻地，时常登临此山，观察潮汐变化。后来，为纪念他，人们将华盖山改称夏盖山，其中夏，即大禹姓氏，而盖，指此山的整体形状像镬盖。虽然只简单改了其中一个字，但含义却完全不同。

山随人姓，从古至今，倒不多见，自从有了夏盖山这一称呼，自宋至清，当地也出现了如"夏盖里、夏盖山图、夏盖山镇、夏盖山庄"等地理名称。

除此之外，夏盖山还有"大禹峰、夏驾山"之尊称，当然，这一点有凭有据。不仅地方志书有着详细记载，另外，山前山后的"一寺一庙"便是其中的历史遗迹。这里所说的"一寺"便是净众寺，"一庙"即夏盖庙，均始建于后晋天福四年（939），是主祭大禹和妃子涂山氏的场所。

净众寺，原名见明寺，也称"脚庵"。另外，因背倚夏盖山，也称夏盖寺，同时远远观望，像只鸡笼，故也称鸡笼寺，坐落于夏盖山南麓，南临东进排涝河（谢塘段）、盖沥河（盖北段），与谢塘镇东联村隔河相望，此寺1958年被拆毁，目前建筑为2009年重建。北宋治平三年（1066），宋英宗赵曙为此寺赐名"净众寺"，之后，南宋著名书法家、"榜书奇才"张即之（官至侍郎，安徽和县人）受本寺智渊法师之邀，曾泛舟慕名造访，挥毫泼墨，特为寺院题匾"大禹峰"三字，旧时高悬寺门上端，只可惜，原寺建筑早已不存，而此匾也不知所踪。

以"三过家门而不入"家喻户晓的大禹生前治理洪水，殁后升为下元三品解厄水官，是洞阴大帝的化身，而在民间的一些祠寺庙庵中供奉的三官菩萨之水官菩萨，其原型便是大禹。

今年年初，笔者曾前去探访此寺，发现寺内并未供奉大禹神像，然而目前距离夏盖山南面约2200米处却留一个与大禹相关的村落地名，即谢塘镇禹峰村，应该就是源自"大禹峰"。

夏盖庙，也称夏盖夫人庙，又因坐南朝北，民间俗称"朝北庙"。旧时此庙背山（夏盖山）面海（指后海，即现在钱塘江），也就是说如今夏盖山北面（包括夏盖山村庙前自然村、兴海村等在内）均为茫茫海域、一片荒芜，大殿供奉涂山氏（即女娇，史称夏禹夫人）。相传她死后，葬于夏盖山，南宋时期，敕封"忠顺大圣夫人"，为纪念她，山下河流得名"娘娘河"。山北建造夏盖庙，百姓敬呼"娘娘菩萨"，旧时每年农历六月十五至七月十五，夏盖庙便举行夏盖庙会，由于低矮简陋，此庙于北宋崇宁时期进行翻建，明嘉靖年间重修，清康熙五十年（1711）又进行重修，1978年3月曾被拆除，1994年通过民间集资等方式，此庙在原址上得到恢复重建。

如今，在正殿上方悬挂"夏盖夫人娘娘大殿"牌匾，两侧的廊柱间又挂着一副对联："德高天地四方群黎仰神威；功昭日月千秋后土享太平。"另外，大殿右前方，竖立着一块高大、方正的石碑，碑身镌刻："娘娘菩萨即夏禹皇后，慈悲善良，协助大禹治水，立下万古不朽之功绩，娘娘功德与世长存！"

除了山前山后"一寺一庙"以外，另外山顶还有一座辰元君庙，始建明嘉靖时期，清康熙六十年（1721）进行重建，抗战期间曾被拆除，现建筑是1993年由夏盖山村村民集资重建。正殿门前额仿悬挂一块书有"辰洲娘娘殿"的匾额，殿内供奉辰洲娘娘，相传她是大禹妹妹，因她与涂山氏是姑嫂的关系，故此庙与夏盖庙合称"姑嫂庙"。

众所周知，远古时代大禹率众整治洪水，他头戴笠帽、身披蓑衣、脚穿草鞋、手持耒耜，前后长达十三年。在这期间，他的夫人便成了他的帮手与辅助，采用疏导办法，帮着治理水患，虽吃苦受累，历尽艰辛，但仍呕心沥血，任劳任怨，最后不但治水得到了成功，同时更立下了赫赫功勋，因此她也就自然而然地成了民间信仰的水神。而其妹子镇守夏盖山，也协助他共同治水，且"庇佑众生，灵应九州"，是民间信仰的山神，因此两位历来享受百姓香火祭祀。

另外，民间还有一种说法，据传山顶庙内奉祀的神祇是碧霞元君（一说"碧元神君"，全称"东岳泰山天仙玉女碧霞元君"，民间尊称"泰山圣母碧霞元君"），她掌管山川（坐镇东岳泰山），此庙也是她在世间的一处行宫，由于是知名的"山神"，在仙界威信较高，尤其是明清时期影响深远，故在夏盖山顶建庙供奉，这也是理所应当。

现今夏盖山北麓、夏盖庙西侧留存着一口庞大的古井，名曰"三眼井"。原称"禹王潭"，相传为大禹治水时在此开挖，深度约 3.5 米，类似于小越伏龙山上的磨剑井。千百年来，此井内的水因清冽甘甜而闻名遐迩，提及此井，不觉使虞北一带的百姓备感亲切与熟悉。早在 20 世纪 60 年代初，笔者爷爷曾在此井内挑过水，当时正值"三年困难时期"，受自然灾害影响，各地饥荒连绵，故水自然也十分缺乏。

据说，此井原先没有井台与井亭，井台是清道光年间用两三块石板铺就，且正中间位置凿有三个圆形井圈（井孔），即如今的三个吊水的口子，从上往下看，特别像三只眼睛，故称"三眼井"。另外，井亭也是清道光年间筑造，1998 年曾拆除重建。2019 年，上虞区盖北镇夏盖山村委会在此井旁树立了一块简介碑，旨在保护此井，碑上镌刻"禹潭名泉三眼井"字样。

夏盖山，海拔高 168 米、方圆约 0.56 公里，耸立在广阔无限的虞北平原，是虞北人民心中的"高大上"。小时候常和大人去攀登此山，听当地人讲述此山的传说与由来，但凡农历正月期间，去山顶烧香、求签便有不少。

沧海桑田，时代更替，以夏盖山为中心位置，昔日山的四周早已变了样，不仅北面的后海（钱塘江）已不复存在，同时南面的湖泊（夏盖湖）也已消失，目前仅存夏盖山。从 20 世纪 60 年代末起，在历次开展的上虞围垦海涂中，因采集宕石所需，整座夏盖山的东、南、西麓均实施人工开采，而当年那些开采的地方就是如今夏盖山四周尚存的"山宕"。

近年来，为保护、弘扬、传播大禹文化，通过文史、水利等方面专家的挖掘研究与实地考证，目前夏盖山、夏盖庙等已被列入"禹迹点"，并放置"绍兴禹迹"标识牌柱，进一步实施保护。

东浦，鉴水潋滟听新曲

丁兴根

（绍兴日报社）

江南多古镇。论规模，东浦难与江苏的周庄、同里和浙北的西塘相提并论，甚至不及十几公里外的安昌古镇。然而，东浦之独特，在于其与历史文化名城绍兴相生相伴，日积月累，有了"水乡、酒乡、桥乡、名士之乡"的美誉。

水乡。历史上，东浦位于八百里鉴湖的中心，也是鉴湖三十六源汇聚地之一（图1）。可以说，很少有这样一个集镇，有如此多姿多彩的河湖。这里，北有镜湖，是城市的"绿心"所在；西临瓜渚湖；中有青甸湖，小舜江水库建成前，一直承担城市饮用水的供给。而浙东运河，让东浦由此通江达海，成就了"积水之区"的博大。

图1 东浦老街

酒乡。"越酒行天下，东浦酒最佳。"这里，在宋代已是绍兴酿酒业的中心。宋代朱翼中在《北山酒经》里说："东浦酒最良。"至清朝末年，东浦酒坊林立，酒香氤氲。时代变迁，当下，在东浦已难觅黄酒业当年的盛况，但酒魂依然，黄酒小镇的建设，以另一种姿态呈现着绍兴黄酒的精彩。

桥乡。绍兴是闻名遐迩的"万桥之乡"。而东浦一镇，竟有大小桥梁216座。其中，最有名的当数泗龙桥，整座桥由三孔半圆形拱桥与十七孔平梁桥构成，合计二十孔，俗名"廿眼桥"，是绍兴现存水面跨度最长，拱、梁一体的石桥之一。桥上有联："登新阶级高接梅峰，整旧规程前承鉴水""建近千年路达南北，名驰廿眼水通东西"，道尽沧桑。

名士之乡。在江南，一个镇街，其文化名片与城市高度重合的屈指可数，东浦就在其列。因为陆游、徐锡麟、陈仪、许钦文……东浦成为当之无愧的"名士之乡"。古鉴湖畔的陆游三山故里，大诗人在此度过了半生时光，把国破家亡的悲愤、收回失土的期盼，深深地烙下。

历史不经意间落下的一笔，常常会为接下来的美好"点睛"。新世纪初，绍兴市水利局在东浦建成运河园。园沿浙东运河北岸铺开，六大景区展示了深厚的浙东运河文化。今天，在其一墙之隔的北面，浙东运河博物馆即将开门迎客。在中国大运河沿线，自北而南，有山东聊城的中国运河文化博物馆、江苏扬州的中国大运河博物馆、杭州的京杭大运河博物馆。浙东运河博物馆的建设，也将让东浦又一次被世人重新打量。

越窑青瓷：从浙东运河传播海内外

茹静文

（绍兴市水利局）

历史上的绍兴，物阜民丰，自古繁华，而越窑青瓷占有重要一席。

众所周知，上虞曹娥江流域被认为是我国瓷器的发源地之一，这里曾以"秘色瓷"而闻名于世，也是我国早期青瓷的生产中心。春秋战国时期，境内烧制原始青瓷；东汉时期，成功烧制成熟青瓷；后经魏晋南北朝发展，至唐代中晚期，越窑进入鼎盛时期。曹娥江两岸，瓷窑林立，空前繁荣（图1）。

唐五代时期，越窑的传播主要有两种形势：一是进贡，越窑青瓷传播的主要动力。《新唐书·地理志》中明确记载："越州会稽郡，中都督府，土贡：宝花、花纹等罗，白编、交梭、十样花纹等绫，轻容、生縠、花纱，吴绢，丹沙，石蜜，橘，葛粉，瓷器，纸，笔。"这是目前越窑贡瓷的最早记载。二是销售，越窑青瓷传播的重要形式。越窑属于"民窑"，是以营利为目的的。据已有研究表明，唐五代时期，越窑青瓷产业利润丰厚，销售兴盛，分为内销、外销两种。

图1　绍兴博物馆馆藏青瓷（绍兴博物馆官网）

那么，越窑青瓷是如何传播的呢？古代时期，有陆路交通、水路交通和海路交通三种方式。首先是陆路交通。唐朝时期，联系全国各地和异域疏邦的陆路交通干线有6条，其中与越窑青瓷产地主要相关的一条是：由长安（今陕西西安）出发经洛阳、汴州（今河南开封），经扬州、苏州直抵杭州，又从杭州直达越窑所在的越州（今浙江绍兴）、明州（今浙江宁波）。其次是水路交通。隋唐时期，京杭大运河的开凿，极大地提高了内河航运的地位，加上唐代中期裴耀卿主持实施了节级转运法等一系列改善漕运的措施，水路运输逐渐变为以漕运为主，隋唐大运河成为当时交通运输的大动脉。最后是海路交通。唐五代时期，海上航路不仅联系海外诸国，而且还联系南北。《旧五代史》卷二十记载："（开平）三年，使于两浙。实淮路不通，乘驲者迂回万里，陆行则出荆、襄、潭、桂入岭，自番禺泛海至闽中，达于杭、越。复命则备舟楫，出东海，至于登、莱。"

　　浙东运河作为中国大运河的最南端，海上丝绸之路的南起始端，将越窑窑厂与隋唐大运河、与明州港联系起来，实现了通江达海。鉴于瓷器具有占地空间大、易碎等特点，水运便成为最佳的运输方式。另外，五代十国时期社会动荡，战乱频繁，割据势力的形成对于陆路交通、甚至内行航运产生严重的影响，沿海便成为越窑青瓷传播的择优选择。然而无论选择哪一种交通运输方式，都离不开浙东运河。路线一：以越窑为起点，向西通过浙东运河达到杭州，转隋唐大运河，途经苏州、扬州，直达洛阳，然后采用节级转运法，达到长安。路线二：以越窑为起点，向东到达明州港，或沿着海岸线至海州（今江苏连云港）中转，至渤海湾；或输往日本、高丽等海外国家。

　　由此可见，浙东运河与历史上越窑青瓷的传播具有密不可分的关系。不仅为越窑青瓷的传播提供了便利的交通、廉价的运输成本，也为弘扬越地文化打开了一扇新的大门。

绍兴迎恩门水街与南宋皇帝的不解之缘

戴秀丽

迎恩门名称来历，大概是因历朝帝王和大员皆由运河水路来绍，而均需经过此门，绍兴官民感恩，所以名"迎恩"。迎恩门水街河段是浙东古运河的重要组成部分，是旧绍兴九座城门中最热闹的一座城门所在地，更是绍兴历史上重要的城市门户。这里历史文化悠久，古迹遗存众多，史书记载丰富，名人足迹遍布，是绍兴历史文化的主要积淀区，绍兴水城水街文化的代表。

近年，改造后繁华的迎恩门水街吸引我多此前往游览，有时还去品尝一些丰富鲜美、品种多样的美食。除此之外，还收集了一些迎恩门水街深厚生动的宋韵遗存故事。

浴龙宫。《越中杂识》下卷《古迹》："在西郭门外虹桥北，宋理宗母全氏家也。理宗童时，值秋暑，偕弟與芮浴于河。适鄞人余天锡自杭来，舟抵此，忽雷雨，帝与與芮趋避舡侧。天锡卧舟中，梦龙负舟，惊起视之，则两儿也。""因谓天锡曰：'此吾外甥赵與莒、與芮也。日者尝言二子后当极贵'。"这是一个史书上有记载和民间有传说余天锡在西郭门遇到宋理宗少年时的故事。余天锡（1180—1241），字淳父，号畏斋，庆元府昌国人（今浙江舟山人）。他在举荐赵與莒为皇上应该是有重要作用的，并且也与这个故事有关。到宁宗去世，赵與莒即位，是为理宗。與芮封荣王，改封福王。宋理宗死后，以其弟與芮之子赵禥（1240—1274）继位，为度宗。因此，这虹桥里第，出了两个南宋皇帝；出了一个慈宪夫人（理宗母全氏），一个皇后（度宗皇后，慈宪夫人的侄孙女）。

全后宅。《越中杂识》下卷《古迹》："在西郭门外，宋理宗母全后家。理宗幼时育于外家。"

会龙石。据说"在本世纪初虹桥侧会龙石尚存"。"会龙石"，在虹桥北墩西侧河中。此石，当地人叫作"潋浴墩"，谓理宗兄弟童年时潋浴入水处。对于这块"潋浴墩"，这里的老人有回忆，当时我们还年轻，但我们不晓得用了多少力气，这块石头总不能把它搬开挪动半步。

此外，还有两座桥与此有关并有纪念意义：

虹桥。又名灵芝桥、玉龙桥。位于会龙桥西侧，跨古运河，始建于宋代以前。宋《嘉泰会稽志》卷十一载："虹桥，在县西七里，迎恩门外。"

会龙桥。位于西郭门外古运河南岸，始建于宋代以前。《嘉泰会稽志》卷十一载："瓜咸桥，在县西九里。"嘉庆《山阴县志》卷五云："县西北十里曰瓜咸桥（即会龙桥）。"《越中杂识》上卷《桥梁》："（虹桥）稍东，有会龙堰，为余天锡遇宋理宗处。"因名会龙堰或会龙桥。桥廊石柱上有联曰："亭旁钟山，望月俨同望海；桥临鉴水，会龙即是会源。"

今会龙桥和虹桥还在，皇气尚在，但却找不到"浴龙宫""全后氏""会龙石"。我感到绍兴宋韵文化很深厚，而浙东运河迎恩门水街应该是南宋文化的精华地之一，如能保护、挖掘、传承、利用，并且东与绍兴环城河、古城，西与运河园、浙东运河博物馆、柯桥古镇、古纤道，南与古鉴湖，北与东浦、安昌古镇结合，开展水上游览，这将是一件于绍兴文旅融合很有意义的事（图1）。

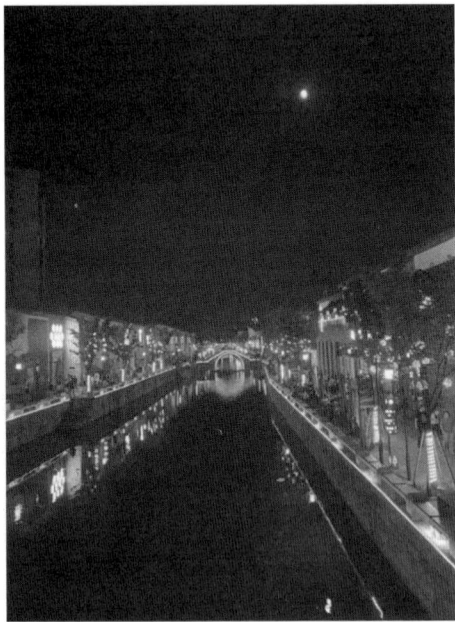

图1 今迎恩门水街风景

则水牌村水利文物的发现与保护

壹 之

（绍兴市鉴湖研究会）

2018 年 9 月 27 日，浙江省建工水利水电有限公司在绍兴古城城东则水牌村文昌阁跨龙桥南侧进行河道拓宽开挖施工，在混里江与大长坂交界处河道内发现明代水则季牌一件。该石牌基本完好，仅上部略有破损，尺寸为 210 厘米 ×30 厘米 ×34 厘米，四面有东春季水牌、南夏季水牌、西秋季水牌、北冬季水牌铭刻，还有四季不同水位刻线。此石牌的发现引起现场施工人员的高度关注，他们从当地村民和《则水牌（村）志》中了解到该村位于绍兴城北河网的中心位置，是南北水位的平衡中心地。又据民国《绍兴县志资料第一辑》记载："则水牌，在第一区会龙乡，县北昌安门外十五里，初名巫山乡……戴琥树则水牌于此。"（图 1）

图 1 《春、夏、秋、冬季水牌》文物发现现场

施工单位及时向项目法人单位越城区建投公司进行情况汇报，区建投公司又很快上报区农水局及市、区文物部门。

根据文物、水利专家的鉴定，确认该石碑应为明代绍兴平原河网水位调蓄与管理测水位的三块石碑之一的季水牌（金木水火土牌，水则牌、季水牌），对绍兴水利航运的发展和综合管理历史具有十分重要的研究价值。

明代是绍兴河网整理的重要时期，其中也是取得管理实践经验和成功的重要时期，其中如戴琥水利碑、山会水则碑及这次发现的水则季牌是重要的实物遗存和完美的组合。

此牌已由绍兴市文物考古研究所收藏保存。

绍兴历史悠久，文物俯拾皆是，沧海桑田，岁月变迁，众多文物遗存已湮埋在地下，而施工单位在作业中常会不经意地发现一些文物，有的甚至会是稀世珍品，文物保护意识和历史责任感，会使这些文物重见天日，成为历史的见证，国家和人民的瑰宝。

（本文基础稿由现场施工技术人员张海敏提供）

绍兴古桥群（组诗）

马元泉

（绍兴市乡土文化研究会）

绍兴是中国的桥都，世界唯一的万桥市。绍兴古桥群包括八字桥、光相桥、广宁桥、泗龙桥、太平桥、谢公桥、题扇桥、迎恩桥、拜王桥、接渡桥、融光桥和泾口大桥等 12 座古桥，分布于绍兴市越城区和柯桥区。绍兴古桥群于 2013 年被列入第七批全国重点文物保护单位。

八 字 桥

坐落在越城区八字桥直街，是我国现存最古老的水上立交桥。

> 石梁横卧三河间，一桥贯通三条道。
> 东南西南成八字，布局合理稳且牢。
> 柱栏纹饰手艺高，民宅栉比古风保。
> 南宋建桥至今朝，鼻祖水上立交桥。

注：关于八字桥是否属于古代立交桥，颇有争议，作者采取的是多数人的说法。

光 相 桥

在越城区黄酒博物馆边，因原桥畔有光相寺而得名。

> 单孔半圆石拱桥，城河南北架通道。
> 光相寺畔得桥名，数百年来不倾倒。
> 上下大路得衔接，市民出入无烦恼。
> 实体栏板覆莲柱，纹饰古朴价值高。

广 宁 桥

在广宁桥直街东，八字桥北 500 米处。因乡人集资，来往百姓受惠而得名。

> 单孔七边石拱桥，年代久远跨度长。
> 多边拱圈结构妙，横跨运河南北方。
> 桥面行人下纤道，立交古桥智慧创。
> 拱顶石刻极精致，柱栏装饰不寻常。

泗 龙 桥

越城东浦镇的鉴湖水面上有一座南北跨向的拱梁组合石桥，因其桥形像龙，桥礅凿有四个龙头，因此叫"泗龙桥"。桥有 20 孔，又叫"廿眼桥"。

> 修建百年贯南北，名驰廿眼水西东。
> 长龙卧波龙头四，梅峰倒映碧水中。
> 半圆拱洞便舟楫，多孔梁洞水畅通。
> 精雕栏板柱顶狮，南端桥亭便民众。

太 平 桥

位于柯桥阮社浙东古运河上，由一孔半圆石拱桥和 8 孔高低石梁桥组成的长桥。传说明朝瘟疫流行时，倪天医在桥头施药，救治百姓，而得康复太平，故名。

> 长桥卧波运河上，拱梁结合构思巧。
> 行舟泄洪两不误，桥面行人下纤道。
> 栏板柱子有浮雕，造型独特工艺高。
> 天医施药战瘟疫，救治百姓太平保。

谢 公 桥

位于越城区西小路与新河弄交接处，系东晋会稽太守谢公所置，故名。

> 单孔七折石拱桥，水面开阔少涛浪。
> 两岸民居鳞次现，四周全是好风光。
> 龙形浮雕栩栩生，莲花图案神采扬。

谢公造桥数百年，便民往来众赞赏。

题 扇 桥

在越城区书圣故里，因晋王羲之为老妪提扇而得名。

美丽传说贯古今，老妪竹扇销路钝。
右军获悉来题字，顷刻百文扇销尽。
其上原有桥灯设，暗夜照明方便人。
桥脚字碑与塑像，悠久历史迎迩闻。

迎 恩 桥

迎恩桥位于绍兴市区西郭运河进城口子处，它是古代绍兴水路进城的西门户。古代皇帝驾临绍兴，百官迎候在此，因而得名。

城西门户迎恩桥，百官在此迎皇到。
建成已有八百年，单孔七边大拱桥。
过往行人多多少，周边菜市曾热闹。
暂时冷清君莫燥，水城建成胜旧貌。

拜 王 桥

在城区府山直街南端，旧传以吴越王平董昌乱，郡人拜谒于此桥，故名。

唐代建筑由来早，谒拜钱镠在此桥。
单孔五边首先造，拱券砌筑特色冒。
小桥流水静悄悄，民居绿化诗意高。
桥梁虽小古意浓，走走瞧瞧喜眉梢。

接 渡 桥

接渡桥位于柯桥中泽村，东西向横跨鸡笼江。桥由中间三孔马蹄形拱桥与两边两孔石梁桥组成。梁桥靠拱桥的一端，支承在拱桥墩悬挑出来的条石上，犹如从拱桥中引伸出来一般，相互连接，故称接渡。

马蹄石拱接石梁，拱桥引渡出桥梁。

薄形桥墩支重量，东西横跨鸡笼江。

灵活石狮栖桥柱，拱楣生在拱圈上。

坐落居民小区内，交通民众作用强。

融 光 桥

融光桥在柯桥老街中心，横跨古运河，因古代桥旁有融光寺而得名。

柯桥老街运河上，融光拱桥跨其中。

南北百年赖此通，明代重修今仍用。

石级栏板和桥面，古意苍苍生气浓。

影视戏剧此取景[1]，古镇有此名更重。

泾 口 大 桥

位于越城区陶堰镇泾口村东鉴湖上，由3孔石拱和3孔石梁组合而成。

长龙卧波飞南北，轻盈矫健古今雄。

利济东南通铁道，长留文字壮陶山。[2]

马蹄石拱连石梁，内侧纤道在北洞。

栏板雕饰柱头狮，庄严精湛两侧拥。

---

① 电影《舞台姐妹》等曾在融光桥拍摄。

② 在该桥的两根龙头长系石上雕刻着一副对联"利济东南通铁道，长留文字壮陶山"。

大美姚江赋

陈 洪 勋

（宁波市电视台）

姚江大美，惊艳人间！汩汩江水，波回丹霞翠岭；盈盈玉带，蜿蜒四明群山。经二千三秀川，纳八方霖雨；过七十二峻岳，汇万古灵泉。滋锦绣江南，四时甘露丰沛；润花团东浙，常年水脉清涟。背依崇山，高峻天之表。经纬宁绍，龙游人芥原。龙泉二黄参卫拱翼，竹山西石砥柱中间。南山北海，更复庄严。沿途石桥过鲫，逶迤古渡泊船。城郭似画，僧舍含烟。夏若瀛海，波涛触天。若春和景明，杨柳披岸，则山如碧浪，水似青天。看乾坤一棹，白帆点点。凝碧波玉带，沙渚白鹇。浑圆丝网，若垂天之云，流光熠熠；锦鳞跳船，似雪银烁目，诗意绵绵。若夜雨初霁，淡云朗星高挂穹幕；或春风拂岸，金钩海月辉映水天。归林渔舟上，鲜鲈佐酒餐。迎红日浴江，江花胜火。听新水来潮，寺钟悠然。"唤取仙人来此住，莫教辛苦上层城"（宋·王安石）。信然！

姚江大美，厚德无言。滋润万物，不厌其繁。郁郁乎青松翠柏，馨馨兮秋菊春兰。梅林竹岭，桑圃茶园。红桃丹橘，雪梨香桔。油菜菽麦，金稻银棉。四鳃鲈，红锦鲤；桃花鳜，乌背鲢。霜雪螯，江瑶柱。横行蟹，傍苇鳊。……湖调旱涝，岁岁丰稔。地献粟米，夏丝冬棉。青碧山河，荡涤世间浊念；馨香百卉，养心怡性平肝。乘不系之舟，赏烟村美景；纵无忧之意，参河岳心禅。行不闭户，因市井无饥子；食必美酒，为四季有鱼鲜。"漉酒蒸糕馈岁时，纷纷儿女换新衣。邻翁七十看鹅鸭，日暮破船撑未归"（宋·赵汝绩）。"姚江千里海汐应，山井亦与江潮通。秋来鱼蟹不知数，日日举案将无穷"（宋·梅尧臣）。醉乎？美乎？

姚江大美，代出英贤。皆学贯古今，山负海涵。古有禹藏秘图，舜耕历山。继随子陵，客星隐居。亮风高节，千古流传。六朝以降，逮至明清，更成文献之邦，风雅之地。人文渊薮，璀璨星繁。炳彪寰宇，时跨千年。虞文兴，王新建，谢文正，倪文忠，……即第取诗，凌铄千古；朱舜水气节学识，扶桑称贤。王阳明理学节义，比肩五岳；黄宗羲高瞻远瞩，一小群山。皆超凡脱俗，臻于圣贤。慕姚江之美而来者，更是不计其数，难以述全。它是道家心中之蓬瀛，葛洪炼丹之仙洞；佛家心中之西天，弥勒筑刹而修禅。骚客心中之桃源，王羲之比邻而居，醉心墨宝；贺秘监皓首回乡，千古留言。若泛舟江上，传说最引遐想；临风把酒，遗迹任君流连。驻足书楼，诗篇汗牛充栋；流连山岳，摩崖随处仰瞻。瞩目城乡，丹青难描画卷；招待宾朋，趣事可佐酒餐。有氤氲文气反哺，姚江仙女霞帔，龙游云端。美不可言！

姚江大美，功在人间。大江遵天规，涝则漫溢，踏门踢户；碧川循地律，枯则海灌，咸水洗田。河姆先民，筑坝引流，小试身手；秦汉志士，挖河开渠，画图稍现。隋唐以降，河网联通，坝堰斐然。大西坝，创江河漕运之首；它山堰，开小流域治理之先。然，浩浩姚江，阻咸蓄淡，却是七千年之梦；解民之苦，唯共产党人重担勇担。乘大跃进东风，地委书记王起，毅然拍板；一万八千英雄儿女，磨破双肩。历时十个月，大江经裁弯取直；百余米宽阔江面，矗起铁壁铜关。从此，永绝海侵，生民无忧；旱涝调剂，大江安澜。后又壮士断臂，铁腕治污；精心养护，碧波映天。姚江遂永若西子矣！

姚江大美，今更空前。连接京杭，水深而岸阔；舳舻万艘，千里而行船。飞虹凌空，青石护坡驳岸；华楼映水，夹岸连绵花园。五大洲游客，徜徉于渡口历史博物馆；七千年骨笛，奏响于湾头现代化剧院。怀古之念，琴瑟奏秦汉之曲；大美传奇，浩歌谱时代新篇！

西兴：一个运河与诗路起始的地方

龚真真

（浙江省水库管理中心）

位于浙东运河西端的西兴，是一座千年古镇。西兴曾叫固陵、西陵，是春秋战国时古越国的关防，亦名敦兵城。《水经·浙江水注》："浙江又迳固陵城北，昔范蠡筑城于浙江之滨，言可固守，谓之固陵，今之西陵也。"东汉建安二年（197），会稽太守王朗"拒孙策于固陵"。到了五代吴越时，吴越国王钱镠觉得西陵的名字不吉利，于是给了它一个新的名字——西兴。从西兴出发，通过浙东运河，可以抵达绍兴、宁波，这条水路，在古代，人流、物流繁忙，西兴之名名不虚传，实可谓隆兴之地。

水路迢迢，舟船劳顿，有水道便有驿站供旅人休息。杜甫有诗云"商胡离别下扬州，忆上西陵古驿楼"，可见唐朝时的西陵驿站已很有名，也为西兴作为浙东唐诗之路的起点提供了例证。遥想当年，不计其数的文人骚客，怀揣着对浙东山水的追慕之情远道而来，其中定有不少领略过西陵古驿楼的风姿，又在离开后一次次梦回，那是一份诗人独有的乡愁。西兴，何其幸也。

或许是因为受到唐诗的加持，西兴驿的历史延续时间之长堪称奇迹。南宋《嘉泰会稽志》载："萧山县有梦笔驿，在县东北三十步；渔浦驿，在县南六十里；钱清驿，在县东北五十里；日边驿（后即西兴驿），在县西十里。"当时，西兴驿是与渔浦驿、钱清驿等萧绍的重要水驿在同一个驿路时空相伴随的。而据学者考证，西兴驿，是萧山存在时间最长的驿站。明嘉靖《萧山县志》记载，元至正二十五年（1365）时，萧山县主簿海牙重建西兴驿。嘉靖三十五年（1556），萧山县令魏堂又重修西兴驿，时设驿丞1人，撰典1人，统领水夫98人，岸夫96人，馆夫12人；有站船11艘，正副铺陈（床位）42个。民国《浙江通志》记载："西兴驿为浙东入境首站，西连省城，中隔钱江，计程三十里；东达绍兴郡，计程一百一十五里；离山阴县蓬莱驿，计程九十里，中无腰站。"清宣统三年（1911），西兴驿最后一个被裁撤。

西兴古镇是钱塘江边最早的渡口城堡、战略要地。古镇沿着浙东运河两岸呈带状分布，而保护着萧绍平原的老海塘西江塘、北海塘则是以西兴永兴闸为连接点，分别往西南、东北延伸。西江塘、北海塘、古镇老街、浙东运河，就像张开的五指，以永兴闸为端点，向外张开。当年范蠡建固陵，确如一枚楔子，有力地伸向吴地。

宋代，西兴浙东运河口与钱塘江连接处便有闸，明初将闸改建为堰，称大堰，以拦截泥沙进入浙东运河。萧山县西诸乡大涝时常掘开大堰排水，因钱塘江潮汐影响很难堵塞。明万历十五年（1587），萧山县令刘会在修西江塘后将堰改建为两孔闸，名永兴闸，俗名龙口闸，"使江潮不得入，河水不得泄淤涂"①。明代后期，永兴闸的主要功能由水运逐渐转变为区域排涝，运输方式也由船只直接通过转变为货物在此转运。清康熙四十四年（1705），明史馆纂修官毛奇龄等48人具名"启闭永兴闸，开浚河碑记"。乾隆五十八年（1793），钱塘县令蒋重耀重修。2013年，文物部门勘探清理出部分闸体，呈对称八字形，包括闸门、闸墙、底石及挡水坝等，并将发掘出的闸体现场加以展示，古闸虽废，仍可资凭吊，追忆往昔。

西兴老街长1.5千米、宽4.8米，街道两旁多是清末民初遗存下来的民居。运通浙东的老街，所修建的民居夹杂着杭、萧、绍、甬四地风格，印证着一座商贸集镇的活跃底色。地处水陆运输要津的西兴，曾有专过客运的"过塘行"。过茶叶、烟叶、药材、棉花绸缎、百杂货等货运的"过塘行"，鼎盛时有72家之多。今官河路110号建筑原为钟大椿"过塘行"，是专过牛羊猪禽鲞的。兴旺的水陆商贸业还因此孕育了一大特产——西兴灯笼，那是热情热心的古镇为客商们夜间投宿照明而准备的。不知这些火红的灯笼，是否也曾经照亮过杜甫、贺知章们脚下的唐诗之路、回乡之路？

西兴灯笼的火光为投宿的客商们点亮，而延续了千年的西兴祝福的仪式上那一支支含泪的蜡烛，却是为了叫黄山、西南的两位传说中的治水英雄而点燃的。民间传说黄山、西南为建西江塘、北海塘，动用了皇仓银子，结果被人告发，朝廷派人前往萧山捉拿。两人在解往京城途中，双双投江。由于建立两条海塘后，钱塘江南岸百姓不受水患之苦，萧绍平原百姓从此安居乐业。祝福习俗，只有钱塘江南岸才有，萧绍虞一带均有此习俗，绍兴一带最为隆重。之后该仪式演变成为家人祝福，祈求来年平安、财运亨通的作福仪式。每年农历十二月二十四至二十八，择黄道吉日祭请，再因正值农历年边，因而，民间又称之为"请年菩萨"，一直延续至今，农村尤甚。2007年，绍兴祝福、西兴祝福被列入浙江省第二批非物质文化遗产名录。西江塘位于钱塘江南岸、萧山之西、浦阳江东岸，故名。自西兴镇向南，经过长河镇、闻堰镇至临浦镇麻溪止，全长31.25千米。北海塘，原北临钱塘江，在萧山之北，故名，为杭州市市级文物保护点。全长41.44公里，从西兴东经长山至瓜沥、党山、益农等镇。地处

---

① ［清］乾隆:《绍兴府志》卷十五《水利志·运河》，乾隆五十七年（1792）刻本。

528

西江塘、北海塘连接点的西兴古镇，承接了萧绍平原历史的忧患，浓缩了此方土地上人民不屈的精神，以一个带泪的祝福，安享它的兴发之运。

西兴，以浙东运河之首的地位成就的"东南第一都会"（明嘉靖《西兴茶亭碑记》），在浙东唐诗之路启航千年之后，依稀结着淡淡的乡愁，在历史的迷雾中熠熠生辉。

往事历历忆陈老

何信恩

（绍兴市乡土文化研究会）

2022 年 12 月 14 日早上，我打开手机，突然看到了久未联系的徐放女士（乡贤徐光宪先生之女）从美国发来的微信："何表哥（她一直这样称呼我，因其祖父系我外祖父世交，排了转折亲），我的表哥陈惟于老先生昨天刚走，您知道吧？"对陈老的离世，我虽然早有心理准备，也曾去医院慰问过他，但真的听到这一噩耗时，心头顿感沉重的一击。在这瘟疫肆虐的年末，久卧病榻的陈惟于先生终于与世长辞了！而作为与他相识多年的晚辈与同事，竟无法前往殡仪馆送他最后一程，这实在是一件令人痛心而又无法弥补的终生憾事。

20 年前，在由我和高军先生合编的、由北京研究出版社与杭州出版社出版的《越中名人谱》（第一卷）的地方史志栏目中，就有陈惟于的小传，虽然只有短短的几百字，但因为系传主本人所提供，内容较为完整，兹抄录如下，从中可以窥见陈老人生的轨迹。

陈惟于，1925 年生，绍兴城区人。历任临海、绍兴等地税局职员。1949 年 5 月后任绍兴市税务局副股长、绍兴市文管会工作人员，民革绍兴市委会专职副主委等职。1957 年起担任政协委员，1985 年任绍兴市政协专职副主席直至 1998 年退休。现任绍兴市人民政府咨询组成员、民革绍兴市委会名誉主委，浙江省政协暨绍兴市政协文史委特邀委员。长期负责政协文史资料工作，累计征集各类文史资料 200 余万字，由本人直接撰写的达 10 余万字。曾参与编写《绍兴市志》《绍兴市志简编》《绍兴酒文化》《绍兴兰文化》等地方文史书籍，主编《绍兴历史文化名城咨询资料》20 余期。1995 年被评为全国政协系统优秀文史工作者，1996年又获省政协文史工作突出贡献奖。先后撰写介绍古城风貌、人文掌故、建设新貌等方面的短文数百篇。

其实，早在我读中学时期，就见过陈惟于先生。那时绍兴轩亭口有一座很别致的三层楼建筑，父亲告诉我：以前这里是一座有名的菜馆，名曰"一一新"，出入者大都为绍兴上流社会人士。新中国成立后，菜馆成为办公用房，"文化大革命"前，一度是绍兴市政协和市委统战部的办公处，门口挂有很多牌子，"文化大革命"中这些机构均受到冲击，处于瘫痪状态，但仍有几位先生坐在那里（一楼），其中就能见到陈惟于先生，那时他还只有40多岁。"文化大革命"前，绍兴只有四个民主党派组织：民革、农工、民盟与民建。陈惟于先生属于民革资深党员。改革开放后，绍兴民革恢复活动，由朱仲华担任民革主委，陈惟于与俞观涛担任副主委。仲老年事已高，具体工作都是由专职副主委陈惟于先生负责的。1983年到1985年，民革与民进合办越英业余补习学校，先后开办高中升学辅导与高考补习班。在中学担任教员的我应邀参与办学工作，也因此结识了常在夜校值班的陈惟于先生。后来，他为拙著《爱乡楷模章传信》所写的序言中称赞我是一名出色的高中语文教师就缘于此事。屈指算来，我和他相识相交已有40个春秋了。

从"小传"可以看出，惟于先生创造了多项绍兴纪录：一是他从1957年起担任政协委员直至退休，时间长达40年之久，这在绍兴政协系统中是很少有的。二是他从1985年担任绍兴市政协专职副主席，直到1998年退休，在早已废除干部终身制的前提下，因工作需要，一直干到73岁才办退休手续，这在绍兴公务员队伍中也是绝无仅有的。三是陈老从事政协文史资料工作的时间之长，成果之多也是首屈一指的（图1）。

图1　陈惟于

1983年，绍兴撤地建市。市政协成立后，各项工作从头开始。文史资料都在县里，市本级的文史工作是另起炉灶，白手起家，经过两年多的征集与筹备，于1985年6月出刊《绍兴文史资料》第一辑，直至1996年出至第十辑，都是在陈惟老的领导下编辑出版的。1996年9月24日三届市政协常委会第十八次会议增补我为文史委专职副主任，1998年陈惟老退休后，由我担任政协文史委主任，从十一辑至二十三辑文史资料均由我主编。在这前后，还出版了《绍兴酒文化》《绍兴兰文化》《绍兴桥文化》《绍兴茶文化》《绍兴石文化》等越文化系列丛书，前三本书都是在陈老的主持下出版的。

这些文史资料的综合辑和专辑，虽然多以内部资料的形式，发行量很小，在社会上流传和影响也不广，但却保存了一批弥足珍贵的绍兴近现代文史资料，尤其是那些由当事人、见证人和知情人所提供的"三亲"（亲历、亲见、亲闻）史料，其中有不少鲜为人知的第一手资料，具有翔实可靠的资料性和具体生动的可读性，在一定程度上填补了文献资料的空白与不足，成为向史志界、文艺界提供历史研究和创作素材的资料源泉，受到各阶层读者的欢迎与好评。陈惟老因此被评为全国政协系统优秀文史工作者，荣获浙江省政协文史工作突出贡献奖，他是当之无愧的。如果说绍兴市政协三至五届的文史工作取得令人瞩目的成绩，其工作基础都是陈惟老打下的。陈老不仅是从事政协文史工作的高手，也是撰写文史文章的高手，撰写序言与碑记便是他的拿手好戏。仅《惟于文丛》收录的各类碑记就多达17篇，内容涉及西园、大禹庙、龙山诗巢、永和塔、曹娥江大闸、雷公殿、蓬莱阁、香炉峰、青藤书屋、鉴湖快阁、绍兴博物馆等。他长期在文物部门工作，从基层工作做起，熟悉文物的历史变迁与来龙去脉，对绍兴的地方掌故了如指掌，写起碑记来可说是得心应手、妙笔生花、令人叹为观止。

陈老也是绍兴有史以来最大的系统文化工程《绍兴市志（1996年版）》的倡议者、推动者和实际领导人之一。从1985年8月1日发文成立《绍兴市志》编委会到1996年市志正式出版，他一直是历届编委会的副主任之一。既挂名，又出征。他关心和了解修志的全过程，历时八年的《绍兴市志》在修志过程中遇到了时间紧、压力大、人手少、条件差等一系列困难，他都竭尽全力予以支持与帮助。局外人都知道，《绍兴市志》的顺利出版与陈桥驿先生的帮助和指导密不可分，却不知其中重要的牵线人却是陈惟于先生，两人同为绍兴一中的老校友，彼此在沟通上可谓心心相印。

陈老的为人与人格魅力，使他与众多统战系统的知名人士，包括绍兴辛亥志士的后裔和海外侨胞之间不但建立起卓有成效的工作联系，而且还建立起良好的个人友谊，从而促成了包括绍兴大学捐资等多项公益事业。陈惟于先生文品好，人品更好。他为人谦和，平易近人，与人为善，助人为乐，生活俭朴，为文严谨。我与他相处这么多年，从未见他发过脾气，也从未见他疾言厉色地训斥别人，作为一位久居市级领导岗位的资深官员与学者，这是十分难能可贵的。

陈惟于先生是一个乡土观念很重的杰出乡贤。他常说："在绍言绍。"知我绍兴、爱我绍兴、扬我绍兴、兴我绍兴是他为人处世的宗旨之一，举凡与绍兴有益之事，不论大小他都会去做。他曾在多种场合引用蔡元培先生名言："故乡尽有好湖山，八载常萦魂梦间。"他是这样说的，也是这样做的。

陈惟于先生对我有知遇与提携之恩，我从事政协文史工作是从当业余通讯员开始的，陈老是我的伯乐之一。1996年调入市政协工作时，他和不久接替其分管文史工作的陈雪樵副主席一起对我说："我们需要培养接班人。"2001年3月，他在为拙著《绍兴文史漫笔》所作的序言中写道：

> 初识信恩同志约在十五六年前，当时我正在编辑《绍兴文史资料》，收到了信恩同志所写的关于绍兴平湖调和绍兴基督教真神堂这两篇文史稿件，感到内容翔实，文笔流利。那时，他在一所中学担任教导主任兼语文教师，教务繁忙，是利用业余时间写就的。绍兴是个文史资料十分丰富的地方，可像他那样能写如此高质量文史稿件的业余作者还真不多见，我在欣喜之余，希望这样的业余作者会不断涌现，同时衷心祝愿信恩同志今后在故乡的文史领域中大有作为。不久，他由教育岗位调入市志办任副主编，从此以后，我们之间的见面机会就多了，彼此志同道合，相互切磋，成为文友。在市志办这个学术风气颇浓的环境里，信恩同志以其家学渊源、多才好学、博识能文的优势，驰骋于史书的海洋中，他钻进去了，而且获得了成功。

这固然是对我的赞许，更是对我的鼓励。

陈老属牛，与我同肖，长我24岁，是我的父辈，更是我的良师益友。内子曾对我戏言：为什么几位与你关系密切的长者都姓陈（指陈惟于、陈祖楠、陈雪樵、陈桥驿、陈宗棠）？我答曰：此乃我的缘分与福分。他们的不幸去世，使我失去了可以时时请益的硕德长者，但他们的高风亮节将超越新陈代谢的大限而永存于后人的记忆之中。

2023年元旦写于绍兴